青岛官报

(1906—1907)

上册

青岛市市南区档案馆 编译

图书在版编目(CIP)数据

青岛官报. 1906－1907：上、下册 / 青岛市市南区档案馆编译. -- 南京：东南大学出版社，2024.10
(青岛市市南区档案资料丛书). -- ISBN 978-7-5766-1665-1

Ⅰ. G219.295.2

中国国家版本馆 CIP 数据核字第 20249LE243 号

责任编辑：魏晓平　　责任校对：张万莹　　封面设计：毕　真　　责任印制：周荣虎

青岛官报（1906—1907）上册

Qingdao Guanbao（1906—1907）Shangce

编　　译：	青岛市市南区档案馆
出版发行：	东南大学出版社
社　　址：	南京四牌楼 2 号　邮编：210096　电话：025－83793330
出 版 人：	白云飞
网　　址：	http://www.seupress.com
电子邮件：	press@seupress.com
经　　销：	全国各地新华书店
印　　刷：	青岛国彩印刷股份有限公司
开　　本：	889 mm×1194 mm　1/16
印　　张：	75.25
字　　数：	1650 千字
版　　次：	2024 年 10 月第 1 版
印　　次：	2024 年 10 月第 1 次印刷
书　　号：	ISBN 978-7-5766-1665-1
定　　价：	312.00 元（全两册）

本社图书若有印装质量问题，请直接与营销部调换。电话（传真）：025－83791830

《青岛官报》(全译本)编委会

主　　任　陈智海
副 主 任　周兆利　吴大钢
委　　员　朱　清　崔圣鹏　朱轶杰　王艳丽

《青岛官报(1906—1907)》编辑部

主　　编　吴大钢
副 主 编　朱　清　崔圣鹏
执行主编　王艳丽
翻　　译　朱轶杰
校　　译　刘　炜
编　　审　周兆利
编　　辑　李姝怡　王　军　赵凯军　陈　磊　韩　佳
　　　　　郑明霞　李　莹　刘圣艳
原版中文整理　徐沛沛　陈晓宇

Editionsausschuss für das „Amtsblatt für das Deutsche Kiautschou-Pachtgebiet" (Übersetzte Ausgabe)

Direktor	CHEN Zhihai	
Stellv. Direktor	ZHOU Zhaoli	WU Dagang
Mitglied	ZHU Qing	CUI Shengpeng
	ZHU Yijie	WANG Yanli

Edition für das „Amtsblatt für das deutsche Kiautschou-Schutzgebiet Jahrgänge 1906–1907"

Chefredakteur	WU Dagang		
Stellv. Chefredakteur	ZHU Qing	CUI Shengpeng	
Exe. Stellv. Chefredateurin	WANG Yanli		
Übersetzer	ZHU Yijie		
Lektor	LIU Wei		
Editionsüberprüferln	ZHOU Zhaoli		
RedakteurIn	LI Shuyi	WANG Jun	ZHAO Kaijun
	CHEN Lei	HAN Jia	ZHENG Mingxia
	LI Ying	LIU Shengyan	

Edition der chinesischsprachigen Texte im Amtsblatt   XU Peipei   CHEN Xiaoyu

总　序

　　1880年代，德国作为"迟到者"加入欧美大国争夺海外殖民地的行列，先后在非洲和南太平洋地区攫取多处"保护（租借）地"。鉴于德国首相奥托·冯·俾斯麦谨慎、保守的殖民政策，为避免政府承担过多的统治殖民地的责任，这一时期德国的海外殖民地交由殖民地协会等组织管理。1884年7月德国在非洲西南部的多哥建立殖民地，德国殖民者试图将其打造为一个"模范殖民地"。所谓"模范殖民地"，就是殖民者基于自身利益对殖民地建设的一种主观要求和期望，具体表现为：殖民地将逐步摆脱对德国政府财政补助的依赖，最终实现财政盈余，经济上盈利；殖民地的统治将维持比较"和平"的方式，不发生大规模的反殖民抵抗行动；建设以殖民者为中心的高质量的基础设施、卫生系统和文化生活。

　　1890年3月俾斯麦辞职，德国的内外政策开始调整，推行被称为"新方针"的变革，"新世界政策"成为其外交战略的主要特征。在国内日益高涨的宣扬殖民扩张和发展海军的舆论推动下，德国外交政策试图在海外各个地区实现不同的目标。第一，在非洲获取更多的殖民地，在中国和太平洋地区谋取军事据点；第二，保持并扩大在近东、中东、南美洲的政治及经济影响。莱奥·冯·卡普里维接任首相之后，军方开始在外交战略的决策中逐渐占据举足轻重的地位，德国的外交政策由此形成了外交政策适应军事战略的结构性特点。

　　在俾斯麦执政时期，德国经济界在对华贸易方面没有得到政府的有力支持。除了军事工业由于中国有持续的需求能够与英国竞争外，德国经济界开拓中国市场的努力几乎毫无进展。进入1890年代，面对长期的通货紧缩和重工业生产过剩，德国经济界和工业界要求政府支持对华贸易方面的呼声不断高涨。甲午战争后，由于中国被迫要向日本支付巨额赔款，其购买德国军火的数量急剧下降，德国对华贸易遭受严重打击。经济界在要求政府对此采取行动的同时，明确支持政府在中国建立一个属于德国的势力范围。1890年代后期，德国通过"放手政策"与其他大国争夺海外市场。这一重大变化也反映在这一时期德国的东亚政策和对华政策中。

甲午战争及其后果加剧了德国在东亚推行其世界政策的紧迫感,三国干涉还辽成为德国直接参与和其他大国在这一地区角逐的一个契机。德国与俄国、法国在远东政策上结为对日三国同盟,标志着威廉二世推行的对华政策进入了新阶段。这一政策主要呈现出三个特点:第一,在东亚及对华政策方面,德国有意靠拢俄国,甚至不惜疏远英国,这对欧洲的大国关系产生了影响。世界政策和欧洲政策的相互交织成为第一次世界大战前国际关系的一个显著的特征。第二,在德国的东亚经济政策方面,中国最终成为其关注的焦点。第三,在中国获取海军据点的计划引起了德国政界及军界,特别是海军和受海军主义影响的威廉二世的持续关注,并由此成为德国在对华及东亚政策中一个首先需要解决的问题。

早在1895年4月德国与俄法两国联手逼迫日本归还辽东期间,威廉二世就下令尽快完成在中国获取海军据点的计划,并要求迅速实施。然而,除了在天津、汉口两处设立租界之外,德国并未因干涉还辽从清政府处获得更多的实质性"回报",尤其是未能在中国获得一个海军据点。1896年8月德国驻华公使海靖致函首相克洛特维希·霍亨洛厄-谢林,建议以中国人与德国传教士或与德国教官的冲突事件为借口占领胶州湾。德军总司令部于12月22日接到通知,威廉二世已批准占领计划。1897年11月13日德国借"巨野教案"事件出兵侵占胶州湾,1898年3月6日中德双方签订《胶澳租借条约》,租借期为99年。在不平等条约背景下胶澳主权的割让,彻底改变了青岛及邻近区域的历史进程,对胶济沿线地区的政治、经济和社会发展也产生了重大影响。

1890年俾斯麦辞职后,德国成立了隶属于外交部的殖民司(1907年5月独立为帝国殖民部),由帝国首相直接领导,德国开始由政府承担海外殖民地管理职责,实行总督制。1896年,此前由帝国海军部掌握的海外殖民地保护部队指挥权也划归外交部殖民司。1897年6月阿尔弗雷德·冯·提尔皮茨担任海军大臣,德国侵占胶州湾后,在他的强烈要求下胶澳租借地交由帝国海军部管辖,理由是胶州湾的主要功能是海军基地。《胶澳租借条约》签订后,胶澳成为德国唯一不属于帝国殖民司统辖的海外租借地,其最高民事与军事长官——胶澳总督由海军军官担任并由提尔皮茨任命。这一特殊性决定了提尔皮茨对胶澳租借地政策的制定和实施拥有无可争议的决策权,这也决定了租借地中心城市青岛未来发展的军事、商业、文化的多功能定位。

以青岛天然良港作为德国东亚舰队在太平洋活动的补给站和海军基地,进而扩大在中国的势力范围,是德国攫取胶澳最主要的外交与军事目标。然而,按照提尔皮茨的构想,由帝国海军部统辖和管制的胶澳租借地必须达成重要的现实目标,这就是将青岛建设成一个"模范殖民地",目的是在德国国内宣扬海军的成就,进而证明优先扩建海军的必要性和紧迫性,最终服务于海军的对英战略。因此,提尔皮茨要求青岛不仅要进行军港及防卫要塞等军事设施的建设,还需要注重城市的基础设施规划和经济及文化发展。首任胶澳总督罗绅达于1898年4月就职,但1899年2月即被提尔皮茨解职,理由是罗绅达只关注军事设施的建设而忽视了青岛作为民用港口的功能,他未超越一个海军基地军事指挥官的眼界,未将租借地的经济快速发展作为城市建设的一个重要目标。

1914年7月第一次世界大战爆发,11月7日胶州湾及青岛被日军占领,胶澳租借地结束了其前后长达17年的历史。按照提尔皮茨的设想和规划,胶澳租借地并未完全实现"模范殖民地"的目标。首先,除了在非洲的多哥和南太平洋的萨摩亚"保护地"之外,德国所有海外殖民地均未实现财政收支平衡,胶澳租借地因军事设施及城市建设和文化发展的大量投入,始终依赖德国政府的财政补助。其次,在胶澳地区受殖民统治的过程中,租借地以及胶济线沿线铁路、矿山的中国居民和绅商与租借地当局和德国公司的矛盾、斗争和冲突始终没有间断,只是在激烈程度和规模上不及德国在东非和南非的殖民地,且有逐渐缓和的趋势。再次,1898年9月2日,德国宣布向各国开放青岛港,该港成为自由港。1899年7月1日,青岛海关(胶海关)开关,青岛逐步发展为中国特别是中国北方的一个重要贸易港口和商贸中心,但就中德贸易和租借地对外贸易而言,其重要性并不突出。对于"模范殖民地",德国人引以为自豪的是,在文化教育方面,租借地当局通过建立多所不同类型的学校将青岛建设成为一个德国对华文化政策的中心,德华大学的设立是两国政府在租借地的一次成功的教育合作,这在德国海外殖民地(租借地)中独一无二。在城市建设方面,租借地当局对青岛进行了分区规划和建设,其中包括按照德国标准建设的基础设施、卫生系统和典型的欧洲人居住区和别墅区。

1890年后德国在海外的殖民统治具有越来越明显的官方特征,除了由政府任命各殖民地总督之外,殖民司在柏林开始定期出版《德国殖民官报》。此后,德国各海外殖民地当局也出版殖民官报,最早的是1900年胶澳租借地的《青岛官报》和东非保护地的《东非官报》。《青岛官报》连续出版至1914年,且保留完整,是解读和研究胶澳殖民统治史、青岛城市发展史、中德关系史重要的第一手文献。

  《青岛官报》是一份中德双语的官方出版物,但刊登的内容并非完全中德文对应,除总督府公告、相关规定等有中德文对照外,其他信息、广告等均以德文刊出,不熟悉德语的读者和研究者无法了解这一部分信息的具体内容。为了全面和完整地再现胶澳及青岛城市近代史,深入发掘德国文献的史料价值,青岛市市南区档案馆决定全文影印和出版历年《青岛官报》。影印版《青岛官报》不仅对其中的汉语公告、布告等进行点校,更重要的是将原版中仅用德语刊出的内容翻译成中文,以点校及翻译版的形式呈现给读者。对中国读者而言,这项成果极大地丰富了《青岛官报》的信息量,为研究、借鉴和批判不同城市治理模式提供了重要的第一手资料。青岛市市南区档案馆这一极有价值的尝试是对历史的尊重,它体现了中国人的民族自信和文化自信,对促进青岛的历史与文化地位的提升具有十分积极的作用。

李乐曾
2021年10月

Vorwort

In den 1880er Jahren trat das Deutsche Reich als ein „Spätkommender" den europäischen und amerikanischen Kolonialmächten bei und besetzte in Afrika und in der Südsee mehrere „Schutzgebiete". Angesichts der vorsichtigen und konservativen Kolonialpolitik des Reichskanzlers Otto von Bismarck unterstanden die deutschen überseeischen Kolonien in diesem Zeitraum der Verwaltung und Organisationen von Kolonialgesellschaften, damit die Regierung nicht zu viel Verantwortung für die Kolonien tragen musste. Im Juli 1884 errichtete Deutschland im südwestafrikanischen Togo eine Kolonie. Die deutschen Kolonisten versuchten, dieses Gebiet zu einer „Musterkolonie" zu entwickeln. Mit dieser Bezeichnung waren eine subjektive Anforderung und Erwartung auf Grund eigener Interessen der Kolonisten verbunden. Gemeint war, dass die Kolonien nicht mehr von finanziellen Subventionen seitens der deutschen Regierung abhängig sein sollten und allmählich einen Finanzüberschuss und wirtschaftlichen Gewinn erzielen könnten. Die Kolonien sollten auf einer relativ „friedlichen" Weise verwaltet werden, es sollten keine größeren antikolonialen Widerstände aufkommen, und ausgehend von den Kolonisten sollte eine hochqualitative Infrastruktur, Abwassersysteme und ein kulturelles Leben aufgebaut werden.

Im März 1890 trat Bismarck von seinem Posten zurück, damit änderten sich auch die deutsche Innen-und Außenpolitik. Bei dem sog. „neuer Kurs" war die „neue Weltpolitik" das Hauptsymbol der deutschen diplomatischen Strategie. Durch das immer stärkere mediale Vorantreiben der kolonialen Ausdehnungspropaganda im Inland und den Ausbau der Marine versuchte die deutsche Außenpolitik in jenen überseeischen Gebieten diverse Ziele zu erreichen. Erstens sollten in Afrika mehr Kolonien und in China und im pazifischen Raum Militärstützpunkte erworben werden. Zweitens sollten die politischen und wirtschaftlichen Einflüsse im Nahen und Mittleren Osten sowie in Südamerika beibehalten und vergrößert werden. Nachdem Leo von Caprivi das Kanzleramt übernommen hatte, bekam das Militär bei der Festsetzung der diplomatischen Politik eine entscheidende Rolle. Damit wurde die strukturelle Prägung der deutschen Außenpolitik herausgebildet, die sich der militärischen Strategie anpasste.

Während der Amtszeit Bismarcks erhielt die deutsche Wirtschaft im Handel mit

China fast keine Unterstützung. Lediglich die Waffenindustrie konnte wegen des kontinuierlichen Bedarfs aus China mit England konkurrieren, sonst erzielte die Bemühung der deutschen Wirtschaftskreise beim Vordringen in den chinesischen Markt keine Fortschritte. In den 1890er Jahren verlangten die deutsche Wirtschaft und Industrie wegen der langanhaltenden Deflation und Überproduktion der Schwerindustrie immer dringender Unterstützungen im Handel mit China seitens der Regierung. Nach dem Sino-japanischen Krieg musste China Reparationen an Japan zahlen, deswegen sank die Menge der Waffenimporte aus Deutschland drastisch. Dadurch litt auch der deutsche Handel mit China schwer. Wirtschaftskreise verlangten Reaktionen der deutschen Regierung auf diese veränderte Situation. Zur gleichen Zeit unterstützten sie ausdrücklich die Etablierung einer deutschen Einflusszone in China. In den späteren 1890er Jahren konkurrierte Deutschland durch die sog. „Freihandpolitik" mit anderen Mächten auf dem überseeischen Markt. Diese Veränderung spiegeln sich auch in der Ostasien-und Chinapolitik des Deutschen Reiches dieser Periode wider.

DerSino-Japanische Krieg und dessen Folgen drängten die Deutschen dazu, ihre Weltpolitik in Ostasien voranzutreiben. Die Tripel-Intervention mit dem Ziel, Japan zur Rückgabe der Halbinsel Liaodong an China zu zwingen, war eine gute Chance für Deutschland, in dieser Gegend als Konkurrent aufzutreten. Bei der Fernostpolitik verbündeten sich Deutschland, Russland und Frankreich gegen Japan, was eine neue Phase der Chinapolitik unter Wilhelm II. symbolisierte. Es zeigte hauptsächlich drei Merkmale: 1. Deutschland näherte sich bei der Ostasien-und Chinapolitik Russland an, sogar durch die Entfremdung von England, was auch Einfluss auf die Beziehungen zwischen den europäischen Mächten hatte. Die wechselseitige Wirkung von Weltpolitik und Europapolitik wurde zu einer klaren Kennzeichnung der internationalen Beziehungen vor dem Ersten Weltkrieg. 2. China wurde schließlich das Zentrum der deutschen Wirtschaftspolitik in Ostasien. 3. Der Plan, einen Marinestützpunkt in China zu erwerben, rief die Aufmerksamkeit der deutschen Politik-und Militärkreise hervor, dazu zählte insbesondere Wilhelm II., der in seiner Ansicht sehr von der Marine und dem Militär begeistert wurde. Damit wurde der Erwerb eines Marinestützpunkts die erste zu lösende Aufgabe der deutschen China-und Ostasienpolitik.

Schon im April 1895, als Deutschland und Russland Japan zwangen, die Liaodong-Halbinsel an China zurückzugeben, befahl Wilhelm II., so schnell wie möglich den Erwerbplan eines Marinestützpunkts in China vorzulegen und den Plan rasch durchzuführen. Jedoch bekam Deutschland durch die Tripel-Intervention neben den Konzessionen in Tientsin und Hankow kein weiteres materielles „Payback" -und damit auch keinen Marinestützpunkt in China. Im August 1896 schrieb der deutsche Gesandte in China, Edmund Friedrich Gustav von Heyking, an Reichskanzler Chlodwig zu Hohenlohe-Schillingsfürst und schlug vor, unter dem Vorwand einer Konfrontation zwischen den Chinesen und den deutschen Missionaren oder Militärlehrern die Kiautschou-Bucht zu besetzen. Das deutsche Oberkommando bekam am 22. Dezember die Mitteilung, dass Wilhelm II. den Plan bereits gebilligt hatte. Am 13. November 1897 erfolgte die deutsche Besetzung der Kiautschou-Bucht mit dem Vorwand des Juye-Zwischenfalls. Am 6. März 1898 schlossen China und Deutschland den „Pachtvertrag zum Kautschou-Gebiet" mit einer Frist von 99 Jahren. Die Abtretung der Kiautschou-Bucht im Zusammenhang dem ungleichen Vertrag änderte die historische Entwicklung von Tsingtau und seiner Umgebung völlig und übte damit auch Einfluss auf die politische, wirtschaftliche und soziale Entwicklung der Zonen entlang der Bahnstrecke zwischen Tsingtau und Jinan aus.

Nach demRücktritt Bismarcks 1890 wurde die Kolonialabteilung im Auswärtigen Amt gegründet (im Mai 1907 wurde daraus das Reichskolonialamt), das direkt vom Reichskanzler geleitet wurde. Damit begann auch die Übernahme der Verwaltung der überseeischen Kolonien durch die deutsche Regierung, die mittels eines Gouverneurssystems praktiziert wurde. 1896 wurde das Kommando der Schutztruppe für die überseeischen Kolonien vom Marineamt an das Kolonialamt übergeben. Im Juni 1897 wurde Alfred von Tirpitz Staatssekretär des Marineamts. Nachdem Deutschland die Kiautschou-Bucht besetzt hatte, wurde das Kiautschou-Pachtgebiet auf sein starkes Drangs dem Marineamt unterstellt. Grund hierfür war die Hauptfunktion der Kiautschou-Bucht als Marinebasis. Nach dem Abschluss des „Pachtvertrag zum Kautschou-Gebiet" wurde Kiautschou damit das einzige „Schutzgebiet", das nicht dem Reichskolonialamt unterstand. Der Gouverneur, der höchste Zivil-und Militärbeamte, wurde von Tirpitz ernannt. Diese Besonderheit führte dazu, dass Tirpitz das unstreitige Zugriffsrecht auf die Entscheidungen der Politik im Kiautschou-Pachtgebiet hatte. Das Reichsmarineamt hatte damit auch die Befugnis, die multi-funktionale Ausrichtung der zukünftigen militärischen, kommerziellen und kulturellen Entwicklung der Hauptstadt des Pachtgebiets festzulegen.

Mit demTsingtauer Hafen als Proviantstation und Marinebasis für das im Pazifischen Ozean eingesetzte ostasiatische Geschwader und einschließlich der Verstärkung der deutschen Einflusszone in China war das außenpolitische und militärische Hauptziel der Besitzergreifung der Kiautschou-Bucht. Nach der Vorstellung von Tirpitz war jedoch vornehmlich das Ziel zu erreichen, das unter dem Marineamt stehende Kiautschou-Pachtgebiet zu einer „Musterkolonie" aufzubauen.

Dadurch sollte das Prestige der Marine in Deutschland gesteigert und damit die Pläne zum weiteren Ausbau der Flotten befördert werden. Dies sah Tirpitz vor dem Hintergrund der Konkurrenz mit England um die Hoheit der Meere für geboten. Deshalb verlangte Tirpitz, dass Tsingtau nicht nur Militäranlagen wie einen Marinehafenund Fortifikationen baute, sondern auch Wert auf die Planung der städtischen Infrastruktur und die wirtschaftliche und kulturelle Entwicklung legte. Der erste Gouverneur Rosendahl übernahm sein Amt im April 1898, aber schon im Oktober desselben Jahres wurde er von Tirpitz entlassen, weil er nur auf den Bau der Militäranlagen achtete und die Funktion Tsingtaus als Zivilhafen unterschätzte. Rosendahl hatte sein Aufgabenfeld nicht über das eines Militärkommandanten einer Marinebasis hinaus erweitert und nicht die wirtschaftlich rasche Entwicklung des Pachtgebiets als eine der wichtigen Ziele für den Aufbau der Stadt verfolgt.

Im Juli 1914 brach der Erste Weltkrieg aus, am 7. November wurden die Kiautschou-Bucht und Tsingtau von den Japanern besetzt, damit endete auch die 16jährige deutsche Kolonialherrschaft. Nach der Vorstellung und Planung von Tirpitz hatte das Kiautschou-Pachtgebiet sein Ziel als eine „Musterkolonie" nicht erfüllt. Das lag zum einen daran, dass außer den Schutzgebieten im afrikanischen Togo und auf Samoa in der Südsee alle anderen deutschen Kolonien-und damit auch das Kiautschou-Pachtgebiet-der Ausgleich der Finanzeinnahmen und ausgaben nicht erreicht hatten. Das Kiautschou-Pachtgebiet war wegen des Baus von Militäranlagen sowie wegen des Stadtaufbaus und der Kulturentwicklung immer von der Finanzhilfe der deutschen Reichsregierung abhängig geblieben. Zum anderen gab es im Laufe der Kolonialisierung des Kiautschou-Gebiets ununterbrochene Widersprüche, Kämpfe und Konfrontationen zwischen der chinesischen Bevölkerung, den Geschäftsleuten aus der Kolonie und entlang der Bahn sowie dem deutschen Gouvernement und den Handelshäusern. Nur die Härte und das Ausmaß der Konflikte waren nicht ähnlich groß wie in Deutsch-Ostafrika und Südafrika. Sie entspannten sich auch allmählich. Schließlich konnte Tsingtau auch nicht die erhoffte wirtschaftliche Wirkung entfalten. Deutschland hatte am 2. September 1898 die internationale Öffnung Tsingtaus erklärt, damit wurde dieser Hafen ein Freihafen. Am 1. Juli 1899 war das Tsingtauer Seezollamt (Kiautschou Zoll) eröffnet wurden. Die Stadt entwickelte sich allmählich zu einem wichtigen Handelshafen und -zentrum Chinas, besonders Nordchinas. Für den Handel zwischen China und Deutschland und den Außenhandel des Pachtgebiets war Tsingtau jedoch nicht so bedeutend. Die Deutschen waren trotzdem sehr stolz auf die „Musterkolonie". Im Bereich Kultur-und Bildungswesen hatte das Gouvernement mehrere Schulen unterschiedlicher Art gegründet, Tsingtau war somit auch ein Zentrum der deutschen

Kulturpolitik für China geworden. Die Gründung der deutsch-chinesischen Hochschule in Tsingtau war eine erfolgreiche Zusammenarbeit zwischen den beiden Regierungenim Pachtgebiet, was einzigartig in den deutschen Kolonien war. Hinsichtlich des Städtebaus hatte das Gouvernement die Stadt in unterschiedliche Bezirke eingeteilt und dementsprechend aufgebaut. Dazu zählte auch die Infrastruktur, das Abwassersystem und die typischen Europäerwohnviertel und -villenviertel nach deutschem Standard.

Nach 1890 zeigte die deutsche überseeische koloniale Verwaltung immer deutlichere Amtsmerkmale. Neben den von der Regierung ernannten Gouverneurenveröffentlichte die Kolonialabteilung in Berlin regelmäßig „Deutsches Kolonialblatt-Amtsblatt für die Schutzgebiete des Deutschen Reichs". Danach erschienen in den jeweiligen Kolonien auch eigene Amtsblätter, zu den frühesten zählen das von Kiautschou aus dem Jahr 1900 und das von Deutsch-Ostafrika. Das „Amtsblatt für das Deutsche Kiautschou-Gebiet" erschien ununterbrochen bis 1914 und ist komplett erhalten. Es ist eine wichtige Quelle aus erster Hand zur Erforschung und Deutung der Kolonialgeschichte des Kiautschou-Gebiets, der Stadtentwicklungsgeschichte von Tsingtau und der Geschichte der chinesisch-deutschen Beziehungen.

Das „Amtsblatt für das DeutscheKiautschou-Gebiet" ist ein deutsch-chinesisch-sprachiger Amtsanzeiger, aber der Inhalt ist nicht komplett bilingual. Neben einem Teil der Verordnungen, Vorschriften usw. sind die anderen Teile nur auf Deutsch publiziert. Die Forscher und Leser ohne deutsche Sprachkenntnisse können diese nicht verstehen. Um die Geschichte der Kiautschou-Bucht und der Stadt Tsingtau allseitig und vollständig zu präsentieren und den Wert der deutsch-sprachigen Dokumenten als Quelle einschätzen zu können, hat sich das Archiv des Shinan-Bezirks der Stadt Tsingtau dazu entschieden, alle Jahrgänge des „Amtsblatts" in Kopie und Übersetzung neu zu publizieren. Es hat nicht nur Interpunktionszeichen für die chinesisch-sprachigen Bekanntmachungen gesetzt, noch wichtiger ist, dass auch die nur in Deutsch publizierten Inhalte komplett ins Chinesische übersetzt wurden. Für chinesische Leser stellen die Inhalte des „Amtsblatts für das Deutsche Kiautschou-Gebiets" eine wichtige Bereicherung dar. Sie bieten sehr wichtige Materialien aus erster Hand, die für die Erforschung dieser Epoche sehr wichtig sind. Dieses sehr wertvolle Projekt des Archivs des Shinan-Bezirks zollt der Geschichte Respekt und zeigt zugleich das nationale und kulturelle Selbstbewusstsein des chinesischen Volks. Es leistet damit einen sehr positiven Beitrag zur Steigerung der historischen und kulturellen Stellung von Tsingtau.

LI Lezeng
Oktober 2021

在事实中寻找真相

——一手史料对于研究青岛外来统治时期历史的价值

19世纪末,青岛和山东省沦为鼎盛期帝国主义的势力范围,而帝国主义本身就是欧洲持续500多年扩张的一部分。对外国领土的占领和对当地的统治,影响了许多非欧洲地区的历史和文化,其中也包括青岛和山东,它们主要受到德意志帝国的影响。

帝国主义时代的影响至今仍在世界各地可见,特别是在地方和区域的土地利用、城市结构、建筑以及许多地方的社会塑造方面,其中许多方面也适用于青岛市和山东省的情况。

进入21世纪以来,无论是在青岛还是在世界上的许多地方,都加强了对这一早已结束的外来统治历史的研究。其中一个主要原因是,当前的全球化特征使得这个世界相互间的联系变得更加紧密。想更多地了解对方的过去和现在,是学者们在全球史视角下研究殖民主义历史切面的动机,例如,19世纪末德国人和中国人在胶澳的冲突。

与中国一样,世界上许多地方的历史科学、民族学和文化研究(包括博物馆等文化机构)目前都在更加深入地研究前外来统治的各个阶段。

在此过程中,研究者主要通过对书面史料的分析来开展历史研究。归类于这些一手史料来源的有条约、法令、历史文献、日记以及其他各种历史文件。来自艺术和文化、人种学和考古学领域的传世物品也是重要的史料来源,它们是另一类一手史料。此外,一些非物质遗产(intangible heritage),如传统叙事和其他形式的文化表达,也是历史研究人员了解历史和文化的重要史料来源。

原始资料是历史研究的基础和终结,因为它们是在接近历史事件的时间产生的,它们贴近历史场景。尽管如此,对它们进行批判性的刨根问底仍然是值得讨论的。通过对史料的批判,将一手史料与科学出版物等二手文献进行比对,最终可以对历史的实际进程做出更精确的表述。

外来统治时期的一手史料一般都有较好的记录。但是,这些资料主要存放在全球北方的前殖民列强国家的档案馆、图书馆和博物馆中,而在曾受殖民统治的地区则较少。空间距离上的优势使来自全球北方的研究人员更易获取史料,而不利于那些因空间距离限制而无法或只能有限获取史料的学者。获取一手史料机会的不同,可能与形成不同的历史观有关。

如今,由于技术,特别是电子技术方面的文献编辑和通信技术的巨大革新,以及国际科学交流的日益频繁,地理位置已不再像过去那样具有决定性意义。今天,一手史料的获取无疑更加容易,即使在世界范围内也是如此。

然而,获取信息的第二个主要障碍依然存在——语言障碍。语言障碍仍然阻碍着大多数学者实际获取一手史料。对于那些不懂一手史料语言的人来说,他们研究的唯一选择就是参考现有的二手文献。

因此,史料翻译为许多对历史感兴趣的人提供了基本信息,研究者可依托这些信息开展学术研究,更加精准地书写历史,对历史进程做出基于史料的叙述,并从中提炼出新的见解。

就德占时期的青岛历史而言,自 2021 年起,中德双语版的《青岛官报》(*Amtsblatt für das deutsche Kiautschou-Gebiet*。自 1911 年起更名为《胶澳官报》,德文名称更名为 *Amtsblatt für das Schutzgebiet Kiautschou*)(简称《官报》)持续出版。该出版物涵盖《官报》出版的整个时期,从而几乎完整地记录了青岛的德国统治。青岛市市南区档案馆对《官报》进行了科学的编研和项目管理,由中国南京的东南大学出版社出版,图书质量上乘。

除了双语之外,《官报》还影印了报纸原件,这也为读者的阅读提供了便利。

如果只看《官报》的标题,可能会认为报纸涉及的是胶澳总督府的官方法令。虽然确实如此,但是《官报》除此之外也是一个综合性出版物,全面记录了诸多发展和生活领域的内容,让这份报纸成为青岛及周边地区的一份周报。对读者来说,如果按照时间顺序深入阅读《官报》,由于报纸中信息覆盖面广泛,青岛的发展和生活仿佛复现眼前,尽管报纸展现的主要是当时的德国殖民视角。

报纸公布的法令提供了有关城市规划、发展和实施的丰富信息,从中我们可以清晰看到对不同的居民群体独立的居住区的规划。土地拍卖的招标通告、使用率和建筑施工时限规定、地籍册的引入等等,展现了城市建设快速动态发展的丰富图景,城市在短短几年内就达到了较高的发展水平。

对财产关系的管理、对青岛市华民人口的控制、婚姻法令、警察和法院报告都反映了当时的统治情况。早在 1900 年,德国当局就发布了一项有关华民的法令,并在整个统治时期持续实施。以批判性视角来看,这些法令和条例就是不公统治的书面化体现。

在青岛的德国公司密集地在《官报》上刊登产品和服务广告。这些广告以及许多关于经济和企业的单独报道，展示了这座城市中生机勃勃的经济生活。

《官报》还清楚地表明，青岛也是一处重要的海军据点。关于港口扩建、德国水兵的训练、装备和规则等方面的报道都印证了这一点。大量关于德国和其他国家海军舰船访问青岛的报告，以及许多国际商船的信息，都说明了青岛这座海港城市在军事和经济方面的重要性。旅客名单和青岛的酒店宾客名单也清晰地表明，青岛当时已成为旅游和海滨度假胜地。

然而，《官报》远不止是报道当地事件的信息媒体，事实上，它报道了大量德意志帝国的事件，还有中国国内和国际政治以及在中国发生的重要事件。例如，读者可以获得有关1900年和1901年义和团运动及其各个阶段的详细信息（德意志帝国视角），还可以详细了解中国人民的反抗，例如对山东铁路建设的反抗以及遭到德国士兵的镇压。恰恰是从这些军事报告中，可以清楚地看到外来统治者的残暴。

让《官报》的读者熟悉中国文化显然是总督府关心的问题。刊印中国古典文献摘录和有关清代中国法律制度（《大清律例》）的文章就说明了这一点。

这套丛书是地方和区域历史研究的里程碑。此外，《官报》系列图书也为完善中德关系史的图景做出了重要贡献。特别是对于该出版物的主要目标群体——中国的历史学家来说，《官报》的中文译文是进行基于史料的学术研究的基础。

大量的翻译工作要归功于来自青岛的知识渊博的历史学和日耳曼语言文学学者朱轶杰，他在德国和中国研究青岛的早期历史，是当今研究德国在华殖民统治和青岛早期城市发展的最内行的专家之一。

他还翻译了另一份重要的一手史料，同样以双语出版，为了解20世纪初青岛的历史状况提供了很好的视角。这是弗里德里希·贝麦（Friedrich Behme）和M. 克里格（M. Krieger）在1904年所著的第一本青岛旅游指南，名为《青岛及周边导游手册》（*Führer durch Tsingtau und Umgebung*）。该书提供了大量关于城市的详细信息，并辅以出色的城市规划图和地图。作为一名出色的摄影师，贝麦用相机记录下青岛的生活，让读者不仅能感受到青岛早期的城市发展，还能对青岛和青岛人有一个感性的认识，了解青岛当时的生活状态。

新的、扩展的历史知识可以影响实际中的历史传播，从而产生相当广泛的影响。这既适用于教育机构，也适用于文化组织。尤其是提供历史展览的博物馆，可以从历史科学研究工作中受益，因为这是对博物馆收藏的物质形式一手史料（原件展品）的支持、补充和归类。

即将全部翻译成中文的《官报》和其他早期史料，会在今天和未来成为研究外来统治时期城市和地区历史的非常重要的基础史料，供所有对历史课题感兴趣的人参考。目的很明确：学习历史意味着更好地了解过去和现在。

汉斯-马丁·辛茨教授博士　2024 年 10 月写于柏林
2024 年中国政府友谊奖获得者
国际博物馆协会(ICOM)前主席，巴黎，2010—2016 年
柏林德国历史博物馆(DHM)前管理层成员
德国拜罗伊特大学(巴伐利亚)现代史荣誉教授

„Die Wahrheit in den Tatsachen suchen"

Vom Wert der Primärquellen für die historische Forschung
über die Zeit der Fremdherrschaft in Qingdao

Qingdao und die Provinz Shandong gerieten am Ende des 19. Jahrhunderts in die Einflusszone des Hoch-Imperialismus, der selbst Teil der über fünfhundert Jahre dauernden europäischen Expansion gewesen ist. Die Besetzung fremder Territorien und die dortige Herrschaftsausübung haben die Geschichte und die Kulturen vieler außereuropäischer Regionen geprägt, so auch in Qingdao und Shandong, hier vor allem durch das Deutsche Reich.

Die Auswirkungen der Epoche des Imperialismus zeigen sich weltweit noch heute, vor allem lokal und regional in Landnutzung, Stadtstrukturen, Architektur sowie vielerorts auch in gesellschaftlichen Prägungen. Vieles trifft auch auf die Stadt Qingdao und die Provinz Shandong zu.

Insbesondere die historische Forschung zu dieser längst vergangenen Zeit der Fremdherrschaft hat sich im 21. Jahrhundert intensiviert, in Qingdao und in vielen Teilen der Welt. Ein wesentlicher Grund dafür wird in der heutigen Ausprägung der Globalisierung gesehen, die die Welt dichter zusammengebracht hat. Mehr voneinander aus Vergangenheit und für die Gegenwart wissen zu wollen ist Antrieb für Wissenschaftler und Wissenschaftlerinnen, die global-historischen Schnittflächen des Kolonialismus, wie das Aufeinandertreffen von Deutschen und Chinesen an der Kiautschou Bucht ab dem Ende des 19. Jahrhunderts, zu studieren.

Wie in China, so befassen sich gegenwärtig in vielen Teilen der Erde historische Wissenschaften, aber ebenso Ethnologie und Kulturwissenschaften-auch Kultureinrichtungen wie Museen-intensiver mit der Zeit der jeweiligen Phase einstiger Fremdherrschaft.

Dabei vergewissert sich die historische Forschung vor allem durch das Studium schriftlicher historischen Quellen. Zu diesen Primärquellen zählen historische Dokumente wie Verträge, Verordnungen, historische Schriften, Tagebücher und vieles mehr. Auch die materiellen Überlieferungen der Vergangenheit aus den Bereichen Kunst und Kultur, Ethnologie sowie Archäologie gehören zu den wichtigen Quellen; Primärquellen anderer Art. Darüber hinaus können selbst nicht-materielle Überlieferungen (intangible heritage), wie tradierte Erzählungen und andere Formen kultureller Äußerungen dem historisch Forschenden wichtige Quellen zum Verständnis von Geschichte und Kultur sein.

Primärquellen sind das A und O historischer Forschung, da sie in zeitlicher Nähe zum historischen Ereignis entstanden sind. Sie kommen der historischen Situation nahe, bleiben aber trotzdem für kritische Hinterfragungen diskussionswürdig. Mit Hilfe der Quellenkritik werden die Primärquellen mit Sekundärliteratur wie wissenschaftlichen Publikationen abgeglichen, was letztlich präzisere Aussagen zum tatsächlichen Verlauf von Geschichte zulässt.

In Bezug auf die Zeit der Fremdherrschaft sind die Primärquellen generell gut dokumentiert. Allerdings - aber nicht ausschließlich-befinden sie sich überwiegend in den Archiven, Bibliotheken und Museen des globalen Nordens, den einstigen Kolonialmächten und weniger in den einst kolonisierten Regionen. Forschenden aus dem globalen Norden erleichterte dieser Standortvorteil den Zugang zu den Quellen und benachteiligte diejenigen Wissenschaftlerinnen und Wissenschaftler, die aufgrund der räumlichen Distanz keinen oder einen nur begrenzten Zugang zu den Quellen fanden. Für die Formulierung unterschiedlicher Geschichtsbilder mag die ungleiche Zugänglichkeit zu Primärquellen relevant gewesen sein.

Heute ist der geographische Standortfaktor bezüglich der Primärquellen infolge enormer technischer, besonders elektronischer Dokumentations- und Kommunikations- Innovationen und aufgrund des zunehmenden internationalen wissenschaftlichen Austausches nicht mehr so ausschlaggebend wie in der Vergangenheit. Die Primärquellen sind heute, auch weltweit, definitiv leichter zugänglich.

Es bleibt jedoch eine zweite große Hürde der Zugänglichkeit: die Sprachbarrieren. Sie hindern weiterhin einen Großteil der wissenschaftlich Interessierten am realen Zugang zu den Quellen. Denjenigen, die der Sprache der

Primärquellen nicht mächtig sind, verbleibt für die eigenen Studien im Wesentlichen nur der Rückgriff auf die vorliegende Sekundärliteratur.

Quellenübersetzungen erschließen daher für viele Interessierte Basisinformationen, mit denen Geschichte wissenschaftlich präziser gefasst werden kann, die neue Erkenntnisse hervorbringen und Quellen basierte Aussagen über historische Prozesse erlauben.

Was die Geschichte Qingdaos zur Zeit der deutschen Fremdherrschaft anbelangt, so wird seit 2021 „Amtsblatt für das Deutsche Kiautschou-Gebiet"(ab 1911 umbenannt: Amtsblatt für das Schutzgebiet Kiautschou) auf Deutsch und in Chinesischer Übersetzung und zwar fortlaufend herausgegeben. Die Publikation, die den gesamten Zeitraum des Erscheinens des Amtsblattes berücksichtigen wird und damit die Zeit der deutschen Fremdherrschaft fast komplett abbildet, wird wissenschaftlich vom Archiv des Shinan-Bezirks der Stadt Qingdao erarbeitet und betreut und erscheint in qualitätsvoller Buchform der Southeast University Press, Nanjing, China.

Neben der Zweisprachigkeit wird den Benutzerinnen und Benutzern das Lesen dadurch erleichtert, dass der deutsche Text in Form des originalen Formats der Amtsblätter abgedruckt ist.

Liest man nur den Titel des Amtsblatts würde man vermuten, dass es sich um die Veröffentlichung staatlicher Erlasse des Gouvernements des Kiautschou-Gebietes handelt. Das ist zwar zutreffend, aber darüber hinaus ist das Amtsblatt ein Publikationsorgan gewesen, das umfänglich viele Entwicklungs- und Lebensbereiche dokumentiert, die das Blatt quasi zu einer Wochenzeitung für Qingdao und Umgebung macht. Ein großes Plus für Leserinnen und Leser, die sich in die chronologische Reihung der Amtsblätter vertiefen, ist es, die Entwicklung und das Leben in Qingdao wegen der breiten Fächerung der Informationen quasi vor Augen nachempfinden zu können, allerdings vor allem aus deutscher Perspektive.

Sehr aufschlussreich sind die veröffentlichten Verordnungen, die Hinweise auf die Stadtentwicklung, ihre Planung und Umsetzung geben. Deutlich wird die Planung separater Wohnbezirke für unterschiedliche Bewohnergruppen. Die Ausschreibung von Grundstücksversteigerungen und der vorgeschriebenen Nutzungs- und Zeitrahmen für die Gebäudeerrichtungen, die Einführung von Grundbüchern und vieles mehr geben einen aufschlussreichen Eindruck von einer raschen dynamischen Bauentwicklung, wodurch die Stadt schon nach wenigen Jahren einen hohen Entwicklungsstand erreichen konnte.

Die Regelung von Besitzverhältnissen, die Kontrolle über die chinesische Bevölkerung der Stadt Qingdao, Heiratsverordnungen, Polizei- und Gerichtsberichte lassen gut auf die Herrschaftsverhältnisse schließen. Dies begann bereits im Jahr 1900 mit der Veröffentlichung einer Chinesenordnung und zog sich durch die gesamte Zeitspanne der Fremdherrschaft. Kritisch könnte man diese Verordnungen und Anordnungen als Verschriftlichung des Unrechts bezeichnen.

Die deutschen Unternehmen in Qingdao haben in den Amtsblättern intensiv Werbeanzeigen für Ihre Produkte und Dienstleistungen geschaltet. Dies und die vielen Einzelberichte über die Wirtschaft und ihre Betriebe vermittelt ein Bild vom lebhaften Wirtschaftsleben in der Stadt.

Die Amtsblätter machen zudem deutlich, dass Qingdao vor allem auch ein bedeutender Marinestützpunkt war. Davon zeugen die Berichte über den Hafenausbau, die Ausbildung, Ausstattung und Regeln für die deutschen Matrosen und vieles mehr. Unzählige Einzelberichte von Besuchen deutscher und anderer Marineschiffe in Qingdao, aber auch die der vielen internationalen Handelsschiffe verdeutlichen die militärische und wirtschaftliche Bedeutung der Hafenstadt Qingdao. Passagierlisten und Gästelisten Qingdaoer Hotels vermitteln beeindruckend, dass Qingdao auch Touristenziel und Badeort wurde.

Die Amtsblätter sind aber viel mehr als nur Informationsmedien für lokale Vorkomnisse gewesen. Ganz im Gegenteil, es wird viel über Ereignisse im Deutschen Reich berichtet, ebenso wie über chinesische Politik national und international und über wichtige Ereignisse, die in China stattfanden. So konnten sich die Leser und Leserinnen der Jahre 1900 und 1901 sehr detailliert über den Boxerkrieg und seine einzelnen Etappen (aus deutscher Sicht) informieren. Auch über die Widerstände der chinesischen Bevölkerung etwa beim Eisenbahnbau in der Provinz Shandong und deren Niederschlagung durch deutsche Soldaten erfuhr man ausführlich. Gerade aus diesen militärischen Berichten konnte die Brutalität der Fremdherrschaft deutlich herausgelesen werden.

Offenbar war es ein Anliegen des Gouvernements, den Leserinnen und Lesern des

Amtsblatts chinesische Kultur näher zu bringen. Der Abdruck von Auszügen klassischer chinesischer Schriften und Artikel zum chinesischen Rechtssystem in der Qing-Dynastie(Gesetzbuch der Tsching-Dynastie) weisen darauf hin.

Die Bände dieser Publikationsreihe sind Meilensteine für die historische Forschung zur Lokal- und Regionalgeschichte. Die Amtsblätter leisteten darüber hinaus einen wichtigen Beitrag zur Vervollständigung des Bildes der historischen Beziehungen zwischen China und Deutschland. Gerade für chinesische Historiker und Historikerinnen, die die Hauptzielgruppe der Publikationen bilden, leisten die Übersetzungen des deutschen Amtsblatts grundlegende Verbesserungen für quellenbasierte wissenschaftliche Forschung.

Die umfangreiche Übersetzungsarbeit ist dem sehr sachkundigen Historiker und Germanist, ZHU Yijie aus Qingdao zu verdanken, der sowohl in Deutschland als auch in China zur Frühgeschichte Qingdaos forscht und heute zu den versiertesten Kennern der deutschen Fremdherrschaft in China und der frühen Stadtentwicklung Qingdaos zählt.

Seiner Übersetzungsarbeit hat ebenso dazu geführt, dass nun eine weitere wichtige Original-Quelle zweisprachig vorliegt, die gute Einblicke in die historische Situation von Qingdao am Beginn des 20. Jahrhunderts bietet. Es handelt sich um den allererste Reiseführer für Qingdao aus dem Jahr 1904 mit dem Titel „Führer durch Tsingtau und Umgebung" von Friedrich Behme. Er bietet eine Vielzahl von Details zur Stadtbeschreibung, die mit vorzüglichen Stadtplänen und Karten ergänzt werden. Behme hat als ausgezeichneter Fotograf zudem das Leben in Qingdao vortrefflich mit der Kamera festgehalten und erlaubt dem Betrachter nicht nur einen Eindruck über die Stadtentwicklung zu diesem frühen Zeitpunkt, sondern auch eine sinnliche Wahrnehmung von Qingdao und seinen Menschen, vom Leben dort, wie es damals war.

Neue, erweiterte historische Erkenntnisse können auf die angewandte Geschichtsvermittlung Einfluss nehmen und dadurch eine erhebliche Breitenwirkung erzielen. Dies betrifft die Bildungseinrichtungen, aber auch Kultureinrichtungen. Gerade Museen, die historische Ausstellungen bieten, profitieren von historischer wissenschaftlicher Forschungsarbeit, weil diese die materiellen Primärquellen (originale Ausstellungsobjekte), über die Museen mit ihren Sammlungen verfügen, unterfüttern, ergänzen und ordnen.

Die bald vollständig ins Chinesische übersetzten Amtsblätter für das Kiautschou-Gebiet und weitere frühe Quellen werden heute und in Zukunft allen am historischen Thema Interessierten sehr wichtige historischen Basisunterlagen für das Studium der Stadt- und Regionalgeschichte in der Zeit der Fremdherrschaft sein. Das Ziel ist klar: Aus der Geschichte lernen bedeutet, Vergangenheit und Gegenwart besser zu verstehen.

Prof. Dr. Hans-Martin HINZ, Oktober 2024 in Berlin

Träger des Chinese Friendship Award 2024,

Präsident des Weltverbandes der Museen, dem International Council of Museums (ICOM), Paris 2010—2016,

ehemals Mitglied der Geschäftsführung Deutsches Historisches Museum (DHM) Berlin,

Honorarprofessor Neueste Geschichte, Universität Bayreuth (Bayern).

世界与中国格局下的青岛社会

——《青岛官报（1906—1907）》导读

《青岛官报》是德国胶澳总督府统治胶澳租借地时期的官方记录，是记录、研究相关历史的关键文献，记录了德国在军事、经济、法律和文化领域的统治策略。1906—1907年的《青岛官报》在一定程度上反映了清廷、山东地方政府及华人社会的应对与抗争，并透视出此时世界与中国的格局。

鉴于1906—1907年两个年份对胶澳租借地的特殊意义，笔者尝试从德国的全球战略的推进、德国与清廷和山东地方及华人社会的博弈、在胶澳租借地实施殖民统治过程中1906—1907年两年的特征性变化、1906—1907年两年《青岛官报》文本解读等多个维度进行全方位研究。

一、德国以青岛为支点的全球战略的推进

《青岛官报（1906—1907）》文本内容不仅反映了德国在山东的统治策略，而且与德皇威廉二世的国内外政策，尤其是海军扩张与"世界政策"紧密关联。德国"世界政策"的核心目标是夺取"阳光下的地盘"、建立全球海军基地网络和通过殖民地获取原料和市场，而在远东的战略重点则主要是通过经营"东亚模范殖民地"，抗衡英国（香港）和日本（旅顺）的影响力，并以青岛为"支点"建立通往中国腹地的跳板。

从《1898年海军法案》到青岛作为德国远东舰队母港，即是德国远东战略重点的体现。如果说1898年只是这一战略的初步实施，那么1906—1907年德国对青岛的政策明显升级，这尤其体现为其军事战略的深化：扩建俾斯麦炮台（280毫米克虏伯炮）、东亚舰队常驻舰艇增至8艘，以及制定《青岛要塞十年扩建计划》等。

青岛的"支点"地位还表现在：在威廉二世的推动下，伴随海军优先战略的实施，1906年扩建青岛港船坞；德国以"模范殖民地"标榜青岛，1907年的青岛气象天测所在观测业务、信息交流和服务等方面取得一定成就，在东亚地区的气象领域占据着重要位置，除进行气象观测、天气预报、地震监测和地磁观测外，还与其他气象台进行气象资料交换，获取了更广泛的气象信息，提高了气象预报的准确性，并以此更好地服务全球航运，使技术殖

民主义成为德国有别于其他西方列强海外殖民的一大特点。

以青岛为"支点"的全球战略在1906—1907年的推进,也较好地践行了德国对抗英国和日本的国际竞争战略:一是1906年的《港口税则》,胶澳租借地对英籍商船加征吨位税15%,1907年铁路货运刻意压低胶济铁路运费,较英国航线低20%,以与英国争夺华北贸易主导权;二是加强对日本的防备,1907年的《情报条例》限制日本商社活动范围,进行军事部署,炮台射程覆盖日本航运路线。1907年,胶济铁路的全线通车和运营的改善,直接挑战日本南满铁路的垄断地位(日本外务省档案记载货运量下降15%)。

二、中德博弈:清廷的妥协与地方抗争

1906—1907年中德双方的博弈主要体现在崂山划界纠纷和胶济铁路驻军越界行动问题上,最终均以清廷的妥协而告终。

(一)德国崂山扩界事件

关于1906—1907年德国在崂山地区的扩界行动,目前可查的中外史料记载较为零散,但通过清政府外交档案、地方志及德国殖民统治档案的片段,我们仍可梳理出关键脉络。以下是那两年的详细情况:

德国自1898年强租胶澳后,逐步将青岛建设为远东基地,但初始租界(551平方千米)未完全涵盖崂山主峰及东部战略要地。崂山地区资源丰富(木材、石材、水源),且地势险要,德国希望控制崂山地区以巩固军事防御(如信号站、海岸炮台视野)。1906年春,德国以"剿匪"为名,派兵进入崂山腹地(如柳树台一带),修建哨所和简易公路,将实际控制范围向东扩展。6月,德国胶澳总督府向清廷山东巡抚杨士骧提出"调整租界边界"的要求,要求将崂山东部(约30平方千米)划入租界,理由为"维持治安及开发资源"。对此,清政府的初步反应为,山东巡抚杨士骧通过外交照会拒绝,强调《胶澳租借条约》未允许单方面扩界,但清政府未采取军事对抗措施;清廷总理衙门指示驻德公使孙宝琦与德国外交部交涉,德方以"临时军事需要"为由搪塞。

1907年3月,冲突升级,德国在崂山南麓强征土地,修建梅克伦堡疗养院,并设立警察所,驱逐当地居民。5月,德国人进入崂山太清宫附近勘测,计划开采石材,与道士和乡民爆发冲突,德方拘捕数名抗议者。6月,山东巡抚吴廷斌派登莱青道道员徐世光与德国胶澳总督罗尔曼谈判,要求德方停止越界行动,罗尔曼声称崂山部分区域"属于租界附属地",拒绝撤出,但同意"暂缓工程"(实际未停止)。8月,崂山民众联合即墨乡绅向清政府请愿,指控德人"毁坟伐树,霸占山田",引发《申报》等媒体报道。部分德国媒体批评胶澳总督府过度扩张可能激化矛盾,但军方坚持战略必要性。清政府始终未签署任何扩界协议,但德国通过事实上的占领控制了崂山部分区域(如疗养院、公路沿线)。至1914年日

本占领青岛前,崂山东部实际处于德国军事管控下,但法律上仍属中国领土。德国援引《胶澳租借条约》中模糊的"附属地"条款,将崂山部分区域地图标为"租界扩展区",实际上,早在《青岛官报》1906年1月6日(第一号)劝谕民间谨遵禁止崂山斫树剪枝章程、1907年6月15日(第三十号)《崂山"梅克伦堡之家"疗养院的管理规定》等,既是德方重视对崂山生态植被保护的体现,更是德方对崂山扩界地区进行有效治理的宣示。而清政府认为崂山明确在租界外,仍在地图上将其标注为即墨县辖地。

1906—1907年在崂山的扩界是德国利用清政府的软弱和条约漏洞逐步蚕食的行径,实施"事实占领"策略的典型。尽管德国未修改正式条约,但通过军事存在和工程建设实现了实际控制。这一过程既反映了晚清边疆危机的地方性应对困境,也为日后中日青岛争端埋下了伏笔。

(二) 1907年胶济铁路驻军越界行动

作为控制山东的重要手段,德国在1907年强化了胶济铁路(青岛—济南)沿线的驻军。德国意在保持铁路沿线的军事存在,保护铁路运营,镇压地方反抗并巩固殖民统治。以下是简要情况:

德国据《胶澳租借条约》(1898年),获得胶济铁路修筑权及沿线15千米内采矿权,并有权派驻军队保护铁路。1904年胶济铁路全线通车后,德国在沿线关键站点设立兵营、警察所,形成军事控制网络。1905年,清政府据《中德胶济铁路章程》,要求德国减少铁路驻军,但德方以"保护铁路安全"为由拒绝撤军。1907年,德军在高密、潍县等地越界行动,引发地方冲突。山东巡抚杨士骧曾抗议德军在高密、潍县等地的越界行动,但德方未予理会。清廷无力驱逐德军,仅能通过外交照会表达不满。同年,德国巡捕房越界至胶州抓人,引发中德士兵对峙。清廷抗议后,德方同意"跨境抓捕需中方陪同",但实际仍常单独行动。

1900年,德国以"护路"为借口在胶州、高密驻军,在胶济铁路沿线保持较强的军事存在。1905年11月28日,由山东巡抚杨士骧与德国胶澳总督师孟在济南签订《胶高撤兵善后条款》。条约签订后,虽胶州驻军即时全行撤退,但高密驻军分阶段撤退,迟滞一年,至1906年11月才全部完成。值得一提的是,胶州、高密两处兵房全由中国以实价40万银圆购回。德国这一驻军体系强化了其对山东的控制,直至1914年日本占领青岛后才被瓦解。

三、1906—1907年的胶澳

1898—1905年可视为德国在胶澳施行其殖民统治的初期阶段,其特征为以军事占领和基础设施建设为主:1898年《胶澳租借条约》签订后重点建设港口和军事设施;行政管理体系初步建立,但缺乏系统性。

1906—1907年进入德国对胶澳施行统治策略的转变期,即从军事占领转变为系统化治理,其系统化治理主要通过以下六个转变得以逐步实现:

(一)统治策略的转变

此时的德国统治策略主要表现为打击殖民烙印的治理体系精细化:胶澳总督府在1906年意识到1899年制订的《华民词讼审判规条》已跟不上当时的实际情况,准备修订。1907年颁布《治安管理令》,规定华人夜间通行需"特许灯牌",司法体系更加严密;实施新的《户籍修订案》,人口管理趋于规范化。特别值得注意的是,《青岛官报》(1907)对督署参议会的4次详细报道,一方面展示了督署参议会在胶澳总督府统治策略精细化中所扮演的重要角色,更是德国胶澳租借地有序治理的集中体现。

(二)经济政策的演变

这一演变主要体现在铁路运营、土地政策和财政结构多个方面:

1904年胶济铁路全线通车,货运量激增,铁路从建设期转入运营收益期;1905年以前为初步土地拍卖(以欧人区为主),1906年新增"华人限购区"制度,土地开发进入精细化管控阶段;1905年前财政结构依赖德国本土拨款,1906年胶济铁路货运量大幅提升30%,1907年鸦片税占财政收入的比例从21%升至23%,财政自给率达85%,胶澳租借地经济独立性增强。德国通过提升胶济铁路货运量、鸦片经济等措施加强了对租借地的控制。

(三)社会控制的强化

社会控制的强化尤其体现在法律体系的完善和空间管控的升级上。

一是法律体系的完善:1905年前主要沿用德国本土法律,1906—1907年出台12项专门针对华人的管理条例;建立混合法庭制度(1906年)。

二是空间管控的升级:1906年《建筑控制补充条例》严格规定了建筑样式;1907年实施分区照明制度(欧人区通宵供电,华人区限时供电)。1906年竣工的总督府办公大楼、总督府官邸(1905—1907年)、警察局监狱、法院大楼、气象台站、发电厂、防御工事、兵营、军火库和德华大学(1909年交付),青岛这些建筑样式充分展现了德国试图要发展一套特殊的、德国的殖民建筑风格的努力(参阅[德]余凯思著、孙立新译《在"模范殖民地"胶州湾的统治与抵抗》,山东大学出版社2005年版),即广泛采用现代科学技术和装备。

(四)与清政府关系的转变

透过前文所述的1906—1907年的中德博弈,不难看出,德国与清政府的关系发生了转变,即1905年前以武力威慑为主,1906—1907年开始转向"合法化"扩张:1897年直接出兵占领胶州湾,1900年借义和团事件扩大特权;1906年通过"边界勘定"实现领土扩张,

1907年利用铁路附属地条款延伸控制,更注重法律层面的博弈。

(五) 技术治理的深化

技术治理的深化尤其表现在城市建设和工业技术引进两个方面:1906年完成全市排水系统,1907年建成现代化自来水厂;1906年引入德国最新的纺织机械,1907年电厂采用西门子最新发电设备等。

(六) 殖民文化的渗透

殖民文化的渗透主要表现在教育领域和日常生活中:1905年以前仅开办了少量教会学校,1906—1907年筹建德华大学(1909年正式成立,为清政府和德国合办),建立了系统的德语培训体系;1906年推行"德国标准时间",1907年强制使用公历纪年。

据此,不难得出以下结论:1906—1907年胶澳租借地的殖民模式发生阶段性转变:从"军事占领"到"制度殖民",从"输血式"到"造血式"殖民,从"显性统治"到"隐性控制"。这两年的变化标志着德国对胶澳地区施行的殖民统治进入成熟期,为理解殖民主义的演进提供了典型样本,对研究近代殖民城市发展具有重要参考价值。

四、《青岛官报(1906—1907)》中的青岛"支点"建设

1906—1907年的《青岛官报》既是德国"世界政策"的地方实践,即德国青岛"支点"建设的记录,也是殖民统治从军事占领向制度化治理转型的见证。其栏目设置与内容变化,深刻反映了威廉二世德国海外扩张的技术化、制度化和竞争性特征。

由德国胶澳督署主办的《青岛官报》(德文部分),自创办之日起,主要面向在青岛的德国侨民及德国本土,同时也面向华人。"治理成就"的凸显,既是威廉二世世界政策推行中"模范殖民地"价值的体现,更是展现德国海军部海外殖民统治的"非凡"能力。1906—1907年两年初步实现了德国将胶澳租借地作为典型贸易殖民地的经济功能定位。

如《胶澳发展备忘录》年度报告所言,与德国其他殖民地不同,胶澳地区作为一个地理上狭小局限的地区,其主要经济功能是充当两个广阔经济区之间进行商品交往的中介。青岛一开始就被视为贸易市场和商品转运港——欧洲,特别是德国的商品从海上运到这里,由这里分发到广袤的中国内地,并把内地的产品集中到这里装船出海。因缺少中国其他较古老的沿海通商口岸所具有的起交通干线作用的天然水道,从一开始这个口岸就担负起一项特别任务:必须修建一条人工交通大道——铁路。这条铁路的起点是青岛,应尽可能远地通往华北重要经济区。这条铁路在1904年已告完成,此后对以青岛为中心的胶州湾地区的经济发展起决定作用的首先是以往发展所依赖的因素,即海运事业的继续扩大和内地交通路线的进一步扩建。上述报告的表述与李希霍芬在《中国》一书中对胶州湾区位特点的分析颇为一致。

两年的《青岛官报》对前者多有述及,涉及船讯、航运、船运公司及为航运服务的气象、邮政等多个栏目。至于后者,德国尽管在1906—1907年两年做出了极大的努力,然而在近代中国路权之争的大背景下,加之英国对津镇(津浦)铁路的强力争夺,内地交通路线进一步扩建的设想未获得实质进展。

1906—1907年两年间德国青岛"支点"建设,既表现在对连接"支点"两端——铁路线的扩建和新航线的开辟上,也体现在"支点"本身的开发与建设上。港口建设在这两年取得了显著成绩,就装卸设备的方便与安全而言,青岛超过了东亚其他港口。甚至在诸多老牌的海上贸易中心(如香港、上海、芝罘、天津、长崎和神户等),大船的装卸也必须借助舢板才行,但在青岛,即使最大的货轮也可以在码头上将货物直接转装上火车。海岸的形状、符合各种要求的航道灯标及其他标志,可使船只能在任何天气、任何季节和每天的任何时候进港,且可找到一个免受风暴袭击的地方,避免了时间损失和装卸中的货物损失。在总督府船坞工艺厂和浮船坞建成以后,船舶和机器就有了一个符合需要、价格合理、质量稳定的修理场所,如《胶澳发展备忘录》所述,"在东亚还没有比这里更好的地方"。青岛具备了从事大规模对外贸易的交通技术前提。

《青岛官报》中海关和山东铁路统计数字、外商及华商的进驻、土地拍卖、租赁、外国领事馆的设立、德华银行发行钞票等表明,尽管那两年受世界经济,尤其是东亚经济萧条及银圆牌价下跌的极大影响,以港口开发建设为依托的青岛"支点"建设,使租借地在不利的国际经济形势下仍呈现出繁荣景象。

如前文所述,胶澳租借地向帝国议会及青岛居民所展示的,不同于德国其他殖民地及其他列强海外殖民地的制度殖民和技术治理做法,保证了租借地经济社会的平稳持续发展。治理手段的精细化及经济控制的深化成为1906—1907年两年德国青岛"支点"建设的核心内容,这也不难理解为何与此相关的内容成为那两年《青岛官报》文本和栏目设置的重心。

值得一提的是,青岛商会、华商、外商、中国政府(含地方政府)等相关利益者均成为胶澳总督府协调的对象;外国居民在租借地的婚丧嫁娶也成为公报内容,据统计,《青岛官报》发布的结婚公告明显增多,1906年为52次,1907年为47次;对上诉法院在青岛的设置及军事法院业务扩大的多次报道,一方面增强了各方人士对青岛"支点"的认同感,改善了青岛的营商环境,另一方面也显示出在胶澳总督府的努力下,青岛中心地位逐步确立。

治理手段的精细化也集中表现在1906—1907年两年《青岛官报》刊登的法规和告白上,所涉领域以及与之相关的立法前督署参议会的会议记录,注重细节的法规和告白几乎每期可见,数量之多也超过以往,1906年为36条,1907年为47条。尤其是在立法前对法案草案的讨论,显示了立法过程中利益群体覆盖面的广泛性,照顾了各方诉求。

治理手段的精细化在每年的《胶澳发展备忘录》中得到验证,备忘录将治理手段的精细化当作租借地发展特点的形成原因予以总结:"海军当局自一开始就希望看到称心如意的有条不紊且持续发展的情况。从以往发展状况看,这一观点是正确的。在这方面,海军当局很善于与那些在国民经济上很重要的相关利益集团协调一致,其全部经济活动不在于一次巨大的盈利,而在于创造并始终巩固与东亚大经济集团有保证的、持久的、富有成果的关系。"

关于租借地的技术治理,前文已述及,在此需要提请注意的是,在研读时应看到技术治理的虚伪性:德国虽以"模范殖民地"标榜青岛,但法律、经济上的种族压迫始终存在。也应看到在殖民主义的历史背景下,青岛华人社会的适应性抵抗,相关内容在那两年的《青岛官报》中也多有报道,说明市民社会通过商业行会、司法诉讼、实业兴办等方式已悄然成长。

当然,置于世界视野,透过这两年《青岛官报》文本的有关栏目内容,德国在青岛的经营仍未改变其在国际竞争中相对弱势的地位,如青岛在进口方面占主要地位的仍是外国货,尤其是日本、英国和美国的产品。

《青岛官报(1906—1907)》涵盖的内容丰富,笔者因学识所限、认知局限,不免挂一漏万,对全貌或认知不全,对局部或认知不深,此书或可作引玉之砖。

任银睦

青岛市地方史志研究院研究员

2024 年 10 月

Die Gesellschaft von Tsingtau in der Welt- und China-Landschaft

Eine Einführung ins *Amtsblatt für das deutsche Kiautschou-Gebiet* (1906—1907)

Das *Amtsblattsblatt für das deutsche Kiautschou-Gebiet* (im Folgenden „Amtsblatt" genannt) ist ein offizielles Dokument der deutschen Herrschaft über Tsingtau und ein Schlüsseldokument, das die deutschen Herrschaftsstrategien auf militärischem, wirtschaftlichem, rechtlichem und kulturellem Gebiet dokumentiert. Das Amtsblatt der Jahrgänge 1906—1907 spiegelt in gewisser Weise die Reaktionen und Widerstände des Qing-Hofes, der lokalen Regierung in Schantung und der chinesischen Gemeinschaft wider und eine Perspektive auf die Struktur der Welt und Chinas zu dieser Zeit.

In Anbetracht der speziellen Bedeutung der beiden Jahre 1906 und 1907 für das Kiautschou-Pachtgebiet versucht der Autor der Einleitung, sie unter verschiedenen Gesichtspunkten zu betrachten, wie z. B. die Weitervorantreibung der deutschen Weltpolitik, Deutschlands Spiel mit dem Qing-Hof und der lokalen Regierung von Schantung sowie der chinesischen Gesellschaft, die charakteristischen Veränderungen im kolonialen Prozess von Kiautschou während der beiden Jahre 1906—1907 und die Interpretation der Texte des Amtsblattes in den beiden Jahren 1906—1907 usw. und andere Dimensionen für ein umfassendes Verständnis.

I. Deutschlands Förderung der Weltpolitik mit Tsingtau als Stützpunkt

Die Texte des Amtsblattes für das deutsche Kiautschou-Gebiet (1906—1907) spiegelt nicht nur die Strategie der deutschen Herrschaft in Schantung wider, sondern ist auch eng mit der Innen- und Außenpolitik Kaiser Wilhelms II. verbunden, insbesondere mit der Expansion der Marine und der „Weltpolitik". Die Kernziele der deutschen „Weltpolitik" waren die Eroberung von „Plazt an der Sonne", die Errichtung eines weltweiten Netzes von Marinestützpunkten und die Gewinnung von Rohstoffen und Märkten durch Kolonien, während der strategische Schwerpunkt in Fernost vor allem auf der Herrschaft der „Musterkolonie in Ostasien" lag, um dem britischen (Hongkong) und japanischen (Port Arthur, heute Lüshun) Einfluss entgegenzuwirken und mit Tsingtau als Stützpunkt ein Sprungbrett ins chinesische Hinterland zu schaffen.

Vom *Marinegesetz* von 1898 bis hin zu Tsingtau als Mutterhafen der deutschen ostasiatischen Kreuzergeschwaders war dies eine Manifestation der strategischen Ausrichtung Deutschlands im Fernen Osten. War 1898 nur die erste Umsetzung dieser Strategie, so wurde die deutsche Politik gegenüber Tsingtau 1906—1907 deutlich aufgewertet, vor allem durch die Vertiefung der militärischen Strategie: u. a. durch den Ausbau der Bismarck-Batterie (280 mm Krupp-Geschütz), die Aufstockung der Ostasienflotte auf acht Kriegsschiffe und die Ausarbeitung des *Zehn-Jahres-Ausbauplans für die Festung Tsingtau*.

Die Verwirklichung des Stützpunktstatus von Tsingtau zeigte sich auch im Ausbau der Hafenwerft von Tsingtau im Jahr 1906 auf Vorantreiben Wilhelms II. und in der Umsetzung der Strategie des Vorrangs der Marine; Deutschland bezeichnete Tsingtau als „Musterkolonie", und das 1907 fertig gebaute Meteorologische und Astronomische Observatorium von Tsingtau hatte bestimmte Leistungen in den Bereichen Beobachtung, Informationsaustausch und Dienstleistungen erbracht und nahm damit eine wichtige Stellung auf dem Gebiet der Meteorologie in der ostasiatischen Region ein. Neben der meteorologischen Beobachtung, der Wettervorhersage, der seismischen Überwachung und der geomagnetischen Beobachtung, insbesondere dem Austausch meteorologischer Daten mit anderen meteorologischen Stationen, erlangte es ein breiteres Spektrum an meteorologischen Informationen, verbesserte die Genauigkeit der meteorologischen Vorhersagen und diente auf diese Weise besser der weltweiten Schifffahrt, was den technologischen Kolonialismus zu einem wichtigen Merkmal der deutschen Kolonisierung in Übersee machte, das sie von den anderen Westmächten unterschied.

Die Weiterentwicklung der Weltpolitik mit Tsingtau als Stützpunkt in den Jahren 1906—1907 setzte auch Deutschlands internationale Wettbewerbsstrategie gegen Großbritannien und Japan besser in die Praxis um: erstens die *Hafensteuerordnung* von 1906, die die Tonnagesteuer für britische Handelsschiffe im Kiautschou-Pachtgebiet um 15% erhöhte, und 1907 die absichtsvolle Erniedrigung der Frachttarife der Schantung-Eisenbahn, die 20% unter der der britischen Reedereien lag, um mit Großbritannien um Nordchina zu kämpfen. Zweitens sollte die Vorbeugung und

Verteidigung gegen Japan gestärkt werden, indem mit der *Geheimdienstverordnung* von 1907 der Aktionsradius japanischer Handelshäuser beschränkt werden sollte, und der Einsatz von Militär, sodass die Reichweite von Geschützbatterien auf japanischen Schifffahrtsrouten decken sollte. Seitdem die Schantung Eisenbahn mit der Strecke zwischen Tsingtau und Tsinanfu Gewinne zu machen begann, wurde 1907 das Monopol der japanischen Südmandschurei-Eisenbahn direkt herausgefordert (Nach Akten des Archivs des japanischen Außenministeriums wurde ein Rückgang des Güterverkehrs um 15% verzeichnet).

II. Das deutsch-chinesische Spiel: der Kompromiss des Qing-Hofs und der lokale Widerstand

Das deutsch-chinesische Spiel von 1906—1907 spiegelt sich wider vor allem in den Grenzstreitigkeiten vom Lauschan-Gebirge und der grenzüberschreitenden Aktion des detuschen Militärs, das entlang der Tsingtau-Tsinanfu-Strecke der Schantung Eisenbahn stationierte, und endete schließlich mit einem Kompromiss des Qing-Hofes.

(i) Der Zwischenfall bei der Grenzerweiterung seitens des Kiautschou-Gouvernements im Lauschan-Gebirge

Über die Grenzerweiterung von 1906—1907 im Lauschan-Gebirge sind die derzeit verfügbaren chinesischen und ausländischen Quellen eher bruchstückhaft, aber durch die diplomatischen Archivalien der Qing-Regierung, die lokalen Geschichtesaufzeichnungen und die Fragmente in den deutschen Kolonialakten lassen sich dennoch die wichtigsten Adern ausmachen. Im Folgenden wird ausführlich über diese beiden Jahre näher erleuchtet:

Deutschland baute Tsingtau seit der Zwangspacht von Kiautschou im Jahr 1898 allmählich als Stützpunkt im Fernen Osten auf, aber die anfängliche Pacht (551 Quadratkilometer) deckte die Hauptgipfel vom Lauschan-Gebirge und den strategischen östlichen Teil des Gebiets nicht vollständig ab. Das Lauschan-Gebiet war reich an Ressourcen (Holz, Stein, Wasser), und die Landschaft des Geländes war steil und wichtig. Deutschland hoffte, das Lauschan-Gebiet zu kontrollieren, um die militärische Verteidigung (wie Signalstationen, Küstenbatterien Vision) zu konsolidieren. Im Frühling 1906 schickte das Kiautschou-Gouvernement im Namen der „Bekämpfung der Räuber" Truppen in das Hinterland des Lauschan-Gebirges (wie das Gebiet Liushutai), den Bau von Wachposten und improvisierte Wege, und der tatsächliche Umfang der Kontrolle wurde nach Osten erweitert. Im Juni schlug das deutsche Kiautschou-Gouvernement dem Gouverneur von Schantung der Qing-Dynastie, Yang Shixiang, vor, „die Grenzen des Pachtgebiets überarbeiten" und den östlichen Teil von Lauschan (etwa 30 Quadratkilometer) ins Pachtgebiet einzubeziehen, mit der Begründung der „Aufrechterhaltung von Recht und Ordnung und der Erschließung von Ressourcen". Die erste Reaktion der Qing-Regierung dazu ist, dass der Schantung-Gouverneur Yang Shixiang durch eine diplomatische Note ablehnte, und betonte, dass der „Kiautschou-Pachtvertrag" einseitige Erweiterung der Grenze nicht zulässt, aber keine militärische Konfrontation geschah; Zungli-Yamen des Qing-Hofes beauftragte Sun Baoqi, chinesischer Gesandte in Deutschland, mit dem deutschen Außenministerium zu verhandeln, die deutsche Seite entledigte sich diesen Anspruch der chinesischen Seite nur mit der Ausrede „vorübergehende militärische Bedürfnisse".

Im März 1907 begann die deutsche Seite im südlichen Abhang des Lauschan-Gebirges zwangsweise Grundstücke zu erwerbenund die lokalen Anwohner zu vertreiben. Im Mai gelangten die Deutschen in die Umgebung des Taiqing-Klosters im Lauschan-Gebirge, um die Landschaft zu ermessen, und planten, Stein zu befördern, damit gerieten sie in Konflikt mit den taoistischen Priestern und Dörfern, die deutsche Seite verhaftete einige Demonstranten. Im Juni entsandte der Schantung-Gouverneur Wu Tingbin Xu Shiguang, Mitglied des Dao (Sonderbehörde aus der Provinzregierung) für Tengtschoufu, Laitschoufu, Tsingtschoufu und die Stadt Kiautschou, mit Rollmann, dem deutschen Gouverneur für Kiautschou, zu verhandeln. Er forderte auf, dass die deutsche Seite die grenzüberschreitende Aktion zu stoppen. Mit der Begründung, dass manche Teile von Lauschan „zu den Abhängigkeiten des Pachtgebiets" gehörten, weigerte sich Rollmann, sich zurückzuziehen, erklärte sich aber bereit, „die Arbeiten vorübergehend einzustellen" (was aber nicht geschah). Im August richteten die Bewohner von Lauschan zusammen mit den Literaten von Tsimo eine Petition an die Qing-Regierung, in der sie die Deutschen beschuldigten, „Gräber zu zerstören, Bäume zu fällen und die Felder mit Gewalt zu besetzen", was zu Berichten in der „Shen-Zeitung" und anderen Medien führte. Einige deutsche Medien kritisierten das Kiautschou-Gouvernement für eine übermäßige Expansion, die Konflikte verschärfen könnte, aber das Marineamt bestand auf der strategischen Notwendigkeit. Die Qing-Regierung unterzeichnete nie ein Abkommen zur

Erweiterung der Grenze, aber Deutschland kontrollierte Teile von Lauschan (z. B. das Mecklenburghaus, Stellen entlang der Wege) durch faktische Besetzung. Bis zur japanischen Besetzung von Tsingtau im Jahr 1914 stand der östliche Teil von Lauschan unter der tatsächlich Militärkontrolle von den Deutschen, blieb aber rechtlich gesehen chinesisches Gebiet. Deutschland berief sich auf die vage „Abhängigkeitsklausel" im Vertrag über das Kiautschou-Pachtgebiet, um einen Teil von Lauschan als „Erweiterung des Pachtgebiets" zu kartieren, aber tatsächlich wurde bereits in dem Amtsblatt vom 6. Januar 1906 (Nr. 1), in der die Bevölkerung zur *Einhaltung des Verbots der Abholzung von Lauschan-Bäumen* ermahnt wurde, *Bestimmungen über die Bewirtschaftung des Genesungsheims „Mecklenburghaus" im Lauschan* vom 15. Juni 1907 (Nr. 30), etc., die demonstrierten, die Deutschen legten sowohl Wert auf den Schutz der ökologischen Vegetation in Lauschan, zeigten sondern auch in der Lauschan Erweiterung der wirksamen Verwaltung der Proklamation des Gebietes; und die Qing-Regierung meinte, dass Lauschan ist eindeutig außerhalb der Grenzen des Pachtvertrags und immer noch in der Karte als die Zuständigkeit des Landkreises Jimo beschriftet wird.

Die Ausweitung der Grenze bei Lauschan in den Jahren 1906—1907 war ein typisches Beispiel für die deutsche Strategie der „De-facto-Besetzung", bei der die Schwäche der Qing-Regierung und die Schlupflöcher in den Verträgen ausgenutzt wurden, um schrittweise in das Land einzudringen. Obwohl Deutschland den formellen Vertrag nicht änderte, erlangte es durch seine militärische Präsenz und die Errichtung von Bauwerken eine De-facto-Kontrolle. Dieser Prozess spiegelte das lokale Dilemma bei der Bewältigung der Grenzkrise in der späten Qing-Dynastie wider und legte auch den Grundstein für den Tsingtau-Streit zwischen China und Japan.

(ii) Überquerung der deutschen Militärgarnison entlang der Tsingtau-Tsinanfu-Strecke der Schantung-Eisenbahn im Jahr 1907

Als wichtiges Mittel zur Kontrolle von Schantung wurde 1907 die deutsche Militärgarnison entlang der Schantung-Eisenbahn (Tsingtau-Tsinanfu) verstärkt. Die deutsche Absicht war es, eine militärische Präsenz entlang der Bahnlinie aufrechtzuerhalten, um deren Betrieb zu schützen, lokalen Widerstand zu unterdrücken und die Kolonialherrschaft zu festigen. Im Folgenden eine kurze Zusammenfassung:

Gemäß dem *Vertrag über das Kiautschou-Pachtgebiet* (1898) erhielt das Deutsche

Reich das Recht, die Schantung-Eisenbahn zu bauen und in einem Umkreis von 15 Kilometern um die Bahnlinie Bergbau zu betreiben, und hatte das Recht, Truppen zum Schutz der Eisenbahn zu stationieren; nach der Eröffnung der Schantung-Eisenbahn im Jahr 1904 errichtete Deutschland Kasernen und Polizeistationen an wichtigen Bahnhöfen entlang der Bahnlinie, um ein Netz militärischer Kontrolle zu schaffen. 1905 bat die Qing-Regierung gemäß dem „Statut der Jiaoji-Eisenbahn zwischen China und Deutschland" Deutschland, die Eisenbahngarnison zu reduzieren, doch die deutsche Seite führte den „Schutz der Eisenbahnsicherheit" als Grund für die Ablehnung der Reduzierung der Eisenbahngarnison an. 1907 überschritten deutsche Truppen die Grenze in Kaumi und Weihsien und lösten lokale Konflikte aus. Der Gouverneur von Schantung, Yang Shichang, hatte gegen die grenzüberschreitenden Aktionen der deutschen Armee in Kaumi und Weihsien protestiert, aber die deutsche Seite schenkte dem keine Beachtung. Der Qing-Hof war nicht in der Lage, die deutsche Armee des Landes zu verweisen, sondern konnte nur durch diplomatische Noten seine Unzufriedenheit zum Ausdruck bringen. Im selben Jahr überquerte das deutsche Polizeiamt des Kiautschou-Gouvernements die Grenze nach Kiautschou, um Personen zu verhaften, was zu einer Konfrontation zwischen chinesischen und deutschen Soldaten führte. Nach dem Protest des Qing-Hofes erklärte sich die deutsche Seite damit einverstanden, dass „grenzüberschreitende Verhaftungen von der chinesischen Seite begleitet werden müssen", aber in der Praxis handelten sie dennoch oft allein.

Im Jahr 1900, Deutschland zum „Schutz der Eisenbahn" als Vorwand in Kiautschou, Kaumi Garnison, in der Schantung-Eisenbahnlinie, um eine starke militärische Präsenz zu halten. Am 28. November 1905, unterzeichnete der Schantung Gouverneur Yang Shixiang und van Semmern, der deutsche Gouverneur von Kiautschou, in Tsinanfu die „Ergänzungsbestimmungen über den Rückzug der Truppen aus Kiautschou und Kaumi". Nachdem der Vertrag unterzeichnet worden war, zog das ganze Detachement in Kiautschou sofort aus der Stadt Kiautschou zurück, aber das Detachement Kaumi in Stufen, der Rückzug verzögerte ein Jahr bis November 1906 zu vervollständigen. Es ist erwähnenswert, dass die beiden Kasernen in Kiautschou und Kaumi von China zu einem realen Preis von 400.000 Silberdollar zurückgekauft wurden, und dieses deutsche Garnisonssystem stärkte seine Kontrolle über Schantung bis 1914, als es nach der japanischen Besetzung von Tsingtau aufgelöst wurde.

III. Kiautschou im Jahre 1906—1907

Die Zeit von 1898—1905 kann als Frühphase der deutschen Kolonialherrschaft im Kiautschou-Pachtgebiet angesehen werden, die durch militärische Besatzung und den Aufbau von Infrastrukturen gekennzeichnet war. Nach der Unterzeichnung des Kiautschou-Pachtvertrages im Jahr 1898 lag der Schwerpunkt auf dem Bau von Häfen und Militäranlagen, und es wurde zunächst ein Verwaltungssystem aufgebaut, dem es jedoch an Systematik mangelte.

In den Jahren 1906—1907 trat die deutsche Herrschaftsstrategie in Kiautschou in eine Phase der Transformation ein, d. h. von der militärischen Besetzung zur systematischen Verwaltung, die schrittweise durch die folgenden Veränderungen realisiert wurde:

(i) Transformation der Herrschaftsstrategie

Die deutsche Herrschaftsstrategie zu dieser Zeit manifestierte sich hauptsächlich in der Verfeinerung des vom Kolonialismus geprägten Verwaltungssystems: Im Jahr 1906 fand das Kiautschou-Gouvernement die im Jahr 1899 bekanntgemachten *Bestimmungen für Prozesse unter Chinesen* schon nicht mehr geeignet für die *Gegebenheit* und plante, es zu überarbeiten. 1907 die Verkündung der *Verordnung für die Verwaltung der öffentlichen Sicherheit*, die festlegte, dass die Chinesen eine „lizenzierte Laterne" benötigen, um nachts durch das Gebiet zu gehen, was das Justizsystem dichter macht. Mit der Einführung der neuen *Revision des Herkunftsregisters* wurde die Verwaltung der Bevölkerung vereinheitlicht. Besonders hervorzuheben sind die vier ausführlichen Protokolle über den Gouvernementsrat im Amtsblatt (1907), die einerseits die wichtige Rolle des Gouvernementsrat bei der Verfeinerung der Herrschaftsstrategie aufzeigten und andererseits eine konzentrierte Manifestation der geordneten Verwaltung des deutschen Kiautschou-Pachtgebiets darstellten.

(ii) Entwicklung der Wirtschaftspolitik

Diese Entwicklung spiegelte sich vor allem in verschiedenen Aspekten des Eisenbahnbetriebs, der Bodenpolitik und der Finanzwesensstruktur wider:

Am 1. Juni 1904 wurde die gesamte Strecke nach Jinanfu eröffnet, das Frachtaufkommen stieg sprunghaft an, und die Eisenbahn ging von der Bauphase in die Betriebs- und Einnahmephase über. Vor 1905 wurde die vorläufige

Landversteigerung durchgeführt (hauptsächlich im Europärviertel), und 1906 kam das Einschränkungsssystem der „Gebiete für Grundstückankauf durch Chinesen" hinzu, und die Landentwicklung trat in die Phase der Feinsteuerung ein; die Finanzstruktur war vor 1905 von der deutschen Heimat Zuweisungen abhängig. Im Jahr 1906 stieg das Frachtaufkommen der Schantung-Eisenbahn um 30%, und 1907 erhöhte sich der Anteil der Opiumsteuer an den Steuereinnahmen von 21% auf 23%, der finanzielle Selbstversorgungsgrad erreichte damit 85%, und die wirtschaftliche Unabhängigkeit des Kiautschou-Pachtgebiets wurde gestärkt. Deutschland verstärkte seine zunehmende Kontrolle über das Pachtgebiet, indem es das Frachtaufkommen der Schantung-Eisenbahn und die Opiumwirtschaft ausbaute.

(iii) Verstärkung der sozialen Kontrolle

Die Stärkung der sozialen Kontrolle spiegelte sich insbesondere in der Verbesserung des Rechtssystems und der Erhöhung der räumlichen Kontrolle wider.

Erstens die Verbesserung des Rechtssystems: Vor 1905 wurden hauptsächlich die deutschen Ortsgesetze befolgt; 1906—1907 wurden 12 Vorschriften speziell für Chinesen eingeführt und ein gemischtes Gerichtssystem eingerichtet (1906).

Zweitens kam es zu einer Verschärfung der räumlichen Kontrolle: Die ergänzenden Vorschriften zur Baukontrolle von 1906 reglementierten die Baustile streng; 1907 wurde ein zoniertes Beleuchtungssystem eingeführt (nächtliche Stromversorgung im europäischen Viertel und begrenzte Stunden im chinesischen Viertel); 1906 wurden das Dienstgebäude des Gouvernements, Wohnhaus des Gouverneurs (1905—1907), die Polizeidienstgebäude und das Gefängnis, das Gerichtsgebäude und die meteorologische Station fertiggestellt, Kraftwerk, Befestigungsanlagen, Kaserne, Zeughaus und die Deutsch-Chinesische Hochschule (1909 übergeben). Der Baustil der oben genannten Gebäude hatte alle moderne Technologie und Vorrichtungen angewendet, was deutlich das Bestreben zeigte, einen bestimmten, deutschen, kolonialen Baustil zu entwickeln (siehe Klaus Mühlhahn, übersetzt von Lixin Sun: Herrschaft und Widerstand in der „Musterkolonie" Kiautschou, Schantung University Press, 2005). Diese Bemühungen wurden dann fortgesetzt und damit auch zum wichtigen Inhalt der räumlichen Kontrolle.

(iv) Veränderung der Beziehungen zur Qing-Regierung

Anhand des oben erwähnten deutsch-chinesischen Spiels von 1906—1907 lässt sich unschwer erkennen, wie sich die Beziehungen zwischen dem Deutschen Reich und der Qing-Regierung wandelten, d. h. von der gewaltsamen Abschreckung vor 1905 zur „legalisierten" Expansion in den Jahren 1906—1907: 1897 schickte Deutschland direkt Geschwader, um die Kiautschou-Bucht zu besetzen; 1900 weitete es seine Privilegien durch den Boxeraufstand aus; 1906 erreichte es eine territoriale Ausdehnung durch die „Grenzvermessung"; und 1907 erweiterte es seine Kontrolle durch die Nutzung der Eisenbahnabhängigkeitsklausel, wobei es sich mehr auf die rechtlichen Aspekte des Spiels konzentrierte.

(ⅴ) **Vertiefung der technologischen Steuerung**

Die Vertiefung der technologischen Herrschaft manifestierte sich insbesondere in den beiden Aspekten des Städtebaus und der Einführung industrieller Technologie: die Fertigstellung des städtischen Entwässerungssystems im Jahr 1906 und der Bau eines modernen Wasserwerks im Jahr 1907; die Einführung der neuesten deutschen Textilmaschinen im Jahr 1906 und die Übernahme der neuesten Siemens-Stromerzeugungsanlagen für das Kraftwerk im Jahr 1907 usw.

(ⅵ) **Eindringen der kolonialen Kultur**

Das Eindringen der kolonialen Kultur zeigte sich vor allem im Bereich der Bildung und des täglichen Lebens: Vor 1905 wurden nur wenige kirchliche Schulen eröffnet, aber von 1906 bis 1907 wurde die Deutsch-Chinesische Hochschule (offiziell 1909 als Koorperation zwischen der Qing-Regierung und Deutschland gegründet) eingerichtet, um das System der deutschen Sprachausbildung zu etablieren; 1906 wurde die „deutsche Standardzeit" eingeführt und 1907 verbindlich vorgeschrieben.

Daraus lassen sich unschwer folgende Schlüsse ziehen: Der koloniale Modus im Kiautschou-Pachtgeboet in den Jahren 1906—1907 durchlief einen Phasenübergang: von der „militärischen Besetzung" zur „systematischen Kolonisierung", von der „Bluttransfusion" zur „blutbildenden" Kolonisation und von der „expliziten Herrschaft" zur „impliziten Kontrolle". Die Veränderungen in diesen beiden Jahren markieren den Reifegrad der deutschen Kolonialherrschaft in Kiautschou und stellen ein typisches Beispiel für das Verständnis der Entwicklung des Kolonialismus und einen wichtigen Referenzwert für die Untersuchung der modernen kolonialen Stadtentwicklung dar.

IV. Tsingtaus „Stützpunkt"-Konstruktion im Amtsblatt für das deutsche Kiautschou-Gebiet (1906—1907)

Das Amtsblatt von Tsingtau (1906—1907) ist nicht nur ein Dokument der lokalen Praxis der deutschen „Weltpolitik", d. h. der Konstruktion des „Stützpunkts" Tsingtau in Deutschland, sondern auch ein Zeugnis des Übergangs der Kolonialherrschaft von der militärischen Besatzung zur institutionalisierten Herrschaft. Die Veränderungen in ihren Spalten und Inhalten spiegeln zutiefst den technologisierten, institutionalisierten und wettbewerbsorientierten Charakter der deutschen Übersee-Expansion unter Kaiser Wilhelm II. wider.

Das vom deutschen Kiautschou-Gouvernement organisierte Amtsblatt für das deutsche Kiautschou-Gebiet (Teile in Deutsch) richtete sich seit seiner Gründung hauptsächlich an die deutschen Ansiedler in Tsingtau und auf dem deutschen Festland sowie an die Chinesen. Die Hervorhebung der „Regierungsleistungen" spiegelte den Stellenwert der „Musterkolonie" in der Weltpolitik Wilhelms II. wider und demonstrierte die „außerordentliche" Fähigkeit der deutschen Admiralität, in Übersee zu kolonisieren. In den Jahren 1906 und 1907 wurde zunächst die deutsche Wirtschaftsfunktion des Kiautschou-Pachtgebiets als typische Handelskolonie realisiert.

Wie in der *Denkschrift über die Entwicklung des Kiautschou-Gebiets* dargelegt, anders als die anderen Kolonien des Deutschen Reiches, bestand die wirtschaftliche Hauptfunktion des Kiautschou-Gebiets als geografisch kleines Gebiet darin, als Vermittler für den Warenaustausch zwischen den beiden großen Wirtschaftszonen zu fungieren. Tsingtau wurde von Anfang an als Handelsmarkt und Umschlaghafen für Waren gesehen - ein Ort, an dem europäische und insbesondere deutsche Waren auf dem Seeweg ankamen, von dem aus sie in das weite Innere Chinas verteilt wurden, und an dem die Produkte des Inneren konzentriert und auf Schiffe für die Verschiffung auf See verladen wurden. In Ermangelung natürlicher Wasserwege, die die Hauptverkehrsader der anderen älteren Küstenhäfen Chinas waren, stellte sich für diesen Hafen von Anfang an eine besondere Aufgabe: der Bau einer künstlichen Hauptverkehrsader, der Eisenbahn. Der Ausgangspunkt der Eisenbahn war Tsingtau, und sie sollte möglichst weit in die wichtigen Wirtschaftsregionen Nordchinas reichen. Die Eisenbahn wurde 1904 fertiggestellt, und danach waren für den wirtschaftlichen Aufschwung des Kiautschou-Gebiets in erster Linie die Faktoren ausschlaggebend, von denen die bisherige Entwicklung abhing, nämlich der weitere Ausbau der Schifffahrt und der weitere Ausbau der Transportwege im Landesinneren. Die Formulierung des obigen Berichts deckt sich durchaus mit der Analyse der Standorteigenschaften der Kiautschou-Bucht durch Richthofen in seinem Buch China.

Ersteres wurde im Amtsblatt der beiden Jahre erwähnt, in denen über Schiffsnachrichten, Schifffahrt, Reedereien und die meteorologischen und postalischen Dienste für die Schifffahrt berichtet wurde. Was letztere anbelangt, so kam der Gedanke des weiteren Ausbaus der Binnentransportwege trotz der großen Anstrengungen Deutschlands in den Jahren 1906 und 1907 vor dem Hintergrund des Streits um die Wegerechte im modernen China und der starken Rivalität Großbritanniens um die Tientsin (Jinpu)-Eisenbahn nicht wesentlich voran.

In den Jahren 1906 und 1907 wurde der deutsche „Stützpunkt" Tsingtau gebaut, und zwar nicht nur durch den Ausbau der Eisenbahnlinien und die Eröffnung neuer Schiffslinien, die die beiden Enden des „Stützpunkts" verbinden, sondern auch durch die Entwicklung und den Bau des „Stützpunkts" selbst. Beim Bau des Hafens wurde in den letzten zwei Jahren viel erreicht, und Tsingtau übertrifft alle ostasiatischen Häfen, was den Komfort und die Sicherheit seiner Be- und Entladeeinrichtungen angeht. Selbst in den ältesten Seehandelszentren (Hongkong, Schanghai, Tschifu, Tientsin, Nagasaki, Kobe usw.) mussten große Schiffe mit Hilfe von Sampans be- und entladen werden, während in Tsingtau selbst die größten Frachter ihre Ladung direkt auf Züge am Kai umladen können. Die Form der Küste, die Kanalbefeuerung und andere Markierungen, die allen Anforderungen gerecht werden, ermöglichen es den Schiffen, bei jedem Wetter, zu jeder Jahreszeit und zu jeder Tageszeit in den Hafen einzulaufen, und die Schiffe können einen sturmgeschützten Platz finden, so dass beim Be- und Entladen kein Zeit- und Ladungsverlust entsteht. Mit der Fertigstellung der Werft des Gouvernements und des Schwimmdocks hatten Schiffe und Maschinen einen Ort, an dem sie repariert werden konnten, der ihren Bedürfnissen entsprach, preisgünstig und von gleichbleibender Qualität war, und wie es im Memorandum über die Entwicklung von Jiao-Ao heißt, „gibt es keinen besseren Ort in Ostasien". Tsingtau verfügte über die verkehrstechnischen Voraussetzungen, um im großen Stil Außenhandel zu betreiben.

Die Statistiken des Zolls und der Schantung-Eisenbahn im Amtsblatt, der Zuzug ausländischer Geschäftsleute und chinesischer Kaufleute, die Versteigerung von

Grundstücken, die Verpachtung, die Einrichtung ausländischer Konsulate und die Ausgabe von Banknoten durch die Deutsch-Asiatische Bank usw. zeigen, dass trotz der Tatsache, dass Tsingtau in den vergangenen zwei Jahren stark von der Weltwirtschaft, insbesondere von der Depression der ostasiatischen Wirtschaft, und dem Wertverlust des Silberdollars betroffen war, der Bau des „Stützpunkts" von Tsingtau, der durch die Entwicklung und den Bau des Hafens unterstützt wurde, den Bau des Pachtgebiets in einem ungünstigen wirtschaftlichen Umfeld ermöglichte.

Wie bereits erwähnt, wurde die institutionelle Kolonisierung und technische Verwaltung des Kiautschou-Pachtgebiets, die sich von der anderer deutscher Kolonien und überseeischer Kolonien anderer Mächte unterschied, dem Reichstag und den Einwohnern von Tsingtau vorgeführt und sorgte für eine reibungslose und nachhaltige wirtschaftliche und soziale Entwicklung des Pachtgebiets. Die Verfeinerung der Verwaltungsstrategien und die Vertiefung der wirtschaftlichen Kontrolle wurden in den Jahren 1906 und 1907 zum Kernstück des Aufbaus des „Stützpunkts" Tsingtau, und es ist nicht schwer zu verstehen, warum die damit verbundenen Inhalte in diesen beiden Jahren zum Schwerpunkt der Texte und Spalten des Amtsblatts wurden.

Es ist erwähnenswert, dass die Handelskammer von Tsingtau, chinesische Kaufleute, ausländische Geschäftsleute, die chinesische Regierung (einschließlich lokaler Regierungen) und andere relevante Interessengruppen zum Gegenstand der Koordinierung zwischen den Behörden des Kiautschou-Gouvernements wurden; die Heirat und Beerdigung ausländischer Einwohner im Pachtgebiet wurde ebenfalls zum Inhalt der Mitteilungen, und den Statistiken zufolge gab es einen erheblichen Anstieg der Zahl der Heiratsanzeigen im Amtsblatt, 52 Mal im Jahr 1906 und 47 Mal im Jahr 1907; und es gab viele Berichte über die Einrichtung des Berufungsgerichts und die Ausweitung der Tätigkeit des Militärgerichts in Tsingtau. Die Berichte über Tsingtau haben einerseits das Identitätsgefühl von Tsingtau als „Stützlpunkt" gestärkt und das Geschäftsumfeld in Tsingtau verbessert und andererseits gezeigt, dass sich der Status von Tsingtau als Zentrum dank der Bemühungen des Kiautschou-Gouvernements allmählich durchsetzte.

Die Verfeinerung der Regierungsführung von Kiautschou konzentrierte sich auch auf die 1906 und 1907 im Amtsblatt veröffentlichten Statuten und Bekenntnisse, die behandelten Bereiche und die dazugehörigen Protokolle der vorlegislativen Sitzungen des Gouvernementsrats. Die Liebe zum Detail war in fast jeder Ausgabe sichtbar, und die Anzahl der Statuten und Bekenntnisse war mit 36 Artikeln im Jahr 1906 und 47 Artikeln im Jahr 1907 größer als je zuvor. Insbesondere die Erörterung von Gesetzesentwürfen im Vorfeld der Gesetzgebung zeigt, wie umfassend die Interessengruppen in den Gesetzgebungsprozess einbezogen wurden, wobei den Forderungen aller Parteien Rechnung getragen wurde.

Die Verfeinerung der Verwaltungsstrategien des Kiautschou-Gouvernements wird in der jährlichen Denkschrift über die Entwicklung des Kiautschou-Gebiets bestätigt, in der die Verfeinerung der kolonialen Verwaltung als Grund für die Herausbildung der Entwicklungsmerkmale des Pachtgebiets zusammengefasst wird: *„ Die Marineverwaltung hat von Anfang an nicht in einzelnen sprunghaften Erfolgen, auf welche notwendigerweise ein Rückschlag eintreten müßte, sondern eben in jener Gleichmäßigkeit und Stetigkeit des Fortschritts die wünschenswerte Entwicklung erblickt und sieht ihren Standpunkt durch die bisherige Entwicklung der Kolonie gerechtfertigt. Die Verwaltung weiß sich hierin in Übereinstimmung mit den volkswirtschaftlich wichtigsten Interessenkreisen, deren ganzer wirtschaftlicher Betrieb nicht so sehr auf große einmalige Gewinne, als vielmehr auf die Schaffung und stetige Konsolidierung gesicherter, dauernd ertragreicher Beziehungen zu dem großen ostasiatischen Wirtschaftsgebiete gerichtet ist"*.

In Bezug auf die technische Verwaltung der Konzessionen, die bereits erörtert wurde, ist es wichtig, auf die Heuchelei der technischen Verwaltung hinzuweisen, die trotz des Anspruchs Deutschlands, eine „Musterkolonie" zu sein, durch das Fortbestehen der rechtlichen und wirtschaftlichen Rassenunterdrückung gekennzeichnet war. Es ist auch wichtig, den adaptiven Widerstand der chinesischen Gemeinschaft in Tsingtau im Kontext des Kolonialismus zu sehen, über den in den letzten zwei Jahren in der offiziellen Presse ausführlich berichtet wurde und der das stille Wachstum der Zivilgesellschaft durch Geschäftsgilden, Rechtsstreitigkeiten und industrielle Organisation zeigt.

Natürlich hat die deutsche Wirtschaft in Tsingtau ihre relativ schwache Position im internationalen Wettbewerb noch nicht geändert, wenn man sich die entsprechenden Spalten in den Texten der offiziellen Zeitungen dieser zwei Jahre ansieht. So werden die Importe Tsingtaus immer noch von ausländischen Waren dominiert, insbesondere von japanischen, britischen und amerikanischen Produkten.

Amtblatt für das deutsche Kiautschou-Gebiet (1906—1907) umfasst eine Fülle von

Inhalten. Der Autor der Einleitung kann wegen der begrenzte Wissen und Kognition aber Stellen verpassen, um das volle Bild unvollständig darzustellen, kann diese Einführung als ein Ziegelstein verwendet werden, Jade zu gewinnen.

Ren Yinmu

Forscher, Institut der Lokalen Geschichte der Stadt Qingdao

Oktober 2024

编辑说明

《青岛官报》作为德国胶澳总督府发行的官方报纸,是中国境内第一份中德双语报纸,具有极其重要的史料和资政价值,对研究青岛城市发展及中外关系具有重要意义,是相关领域研究的重要一手文献,同时也为青岛历史城区的保护发展和世界文化遗产申报工作提供了宝贵的史料支撑。

按照青岛市有关加强德文档案整理挖掘的工作部署,青岛市市南区档案馆秉承"立足所在,不拘所有,但施所为,力求所成"的编研理念,继《青岛官报(1900—1901)》《青岛官报(1902—1903)》《青岛官报(1904—1905)》之后,接续开展了《青岛官报(1906—1907)》的翻译整理和组编出版工作。全书为中德对照本,按年度分为上下两册,德文部分按照原件影印,原件分别来自青岛市档案馆、德国法兰克福大学图书馆等。中文部分除对原版中的德语部分进行了翻译外,还保留了原版的中文部分;为方便读者阅读,对其进行了繁简体转换和标点句读;对必要的词汇进行了注释;总序和导读译文中出现的用外文拼写的中文地名尽可能采用《青岛官报》时期的德文拼写方式;由于年代久远,原版中的部分地名、人名、洋行、商号等对应中文专有名词难以考证和翻译,编者均保留原文,未加改动;本书按照原版报纸排版顺序编译,并附录相应年份的青岛大事记;与之前两年的《青岛官报》相同,《青岛官报(1906—1907)》中同样附带了是年《青岛官报》上刊登的法律法规汇总表、重要的关键词以及对应期数列表,我们参照当年的相关名称,将其与《青岛全书》上刊登的名称进行了对照检查,一并翻译列出。

此次组编出版,得到了青岛市档案馆和东南大学出版社的大力支持,青岛大学外语学院朱轶杰先生倾注了极大的心血和精力,对1906、1907年《青岛官报》全部资料进行了翻译整理;2024年中国政府友谊奖获得者、国际博物馆协会(ICOM)前主席、拜罗伊特大学荣誉教授汉斯-马丁·辛茨博士(Prof. Dr. Hans-Martin Hinz)

为本书撰写了序言；中国欧洲学会德国研究会副会长、同济大学德国问题研究所李乐曾教授为本书撰写了总序；青岛市地方史志研究院任银睦研究员为本书撰写了导读；青岛市档案馆周兆利先生参与了本书的策划和编审工作；复旦大学德语系刘炜先生对全书进行了校译；德国拜罗伊特大学和班贝格大学文化学系马库斯·穆尔尼克博士（Dr. Marcus Mühlnikel）对本书德文部分做了校对；山东大学博士研究生徐沛沛和北京语言大学博士研究生陈晓宇对原版中文部分进行了繁简体转换和标点句读。此外，青岛市社会科学院文化与历史研究所柳宾先生为去年的《青岛官报（1904—1905）》撰写了导读，在此一并致以诚挚的谢意！

为保持史料原貌，本书在编译时尽量不做改动，对于原文中带有殖民主义色彩的语句词汇，请读者甄别阅读与引用。由于时间仓促及编者水平所限，本书的疏漏和不足之处在所难免，敬请读者教正。

本书编委会

2024年10月

Anmerkung zur Edition

„Das Amtsblatt für das Deutsche Kiautschou-Gebiet" als ein von dem deutschen Kiautschou-Gouvernement herausgegebener Amtsanzeiger ist die erste chinesisch-deutsche bilinguale Zeitung in China, eine sehr wichtige Quelle zur Geschichtsforschung und sehr wertvoll für das Stadtverwaltung Qingdaos. Insbesondere ist die Quelle wichtig für die Er Erforschung der Stadtentwicklung von Qingdao und der chinesisch-ausländischen Beziehungen. Sie zählt damit zu den wichtigste Werken für die diesbezüglichen Forschungen. Auch liefert das Amtsblatt sehr wertvolle Quelleneinsichten, die für den Denkmalschutz der Altstadt von Qingdao sowie für den Weltkulturerbe-Antrag verwendet werden können.

Aufgrund der Arbeitsplanung der Stadtregierung von Qingdao zur Verstärkung der Bearbeitung und Edition der deutschsprachigen Archivalien setzt sich das Archiv des Shinan-Bezirks der Stadt Qingdao für die Übersetzungs- und Editionsarbeit des „Amtsblatts für das Deutsche Kiautschou-Gebiet" (Jahrgänge 1906 – 07) ein. Das „Amtsblatt für das deutsche Kiautschou-Gebiet 1900 – 1901", das „Amtsblatt für das deutsche Kiautschou-Gebiet 1902 – 1903" sowie das „Amtsblatt für das deutsche Kiautschou-Gebiet 1904 – 1905" sind bereits erschienen. Dabei wurde das Konzept verfolgt: „Vom Standort losgehend, aber nicht vom Vorhandenen eingeschränkt, wird gearbeitet und versucht, das Ziel zu erreichen". Das ganze Buch ist zweisprachig, in zwei Bänden, jeweils nach dem Jahrgang, eingeteilt. Der deutsche Teil ist die Kopie der originalen Zeitungen. Sie stammt zum Teil aus der Bibliothek der Universität Frankfurt, zum Teil aus dem Stadtarchiv von Qingdao. Im chinesischen Teil sind sowohl chinesische Übersetzungen der deutschsprachigen Texte der Zeitung als auch chinesische Texte in der im Original enthalten, deren traditionelle Schriftzeichen wir zur vereinfachten Version umgewandelt und in die wir zur Vereinfachung des Lesens Interpunktionszeichen gesetzt haben. Notwendige Begriffe sind erklärt und interpretiert. Damit das Buch möglichst mit dem Original übereinstimmt, sind im Vorwort sowie in den Begleiteinleitungen vorkommende

Ortsnamen möglichst nach der alten deutschsprachigen Methode (wie im Amtsblatt üblich) übertragen worden. Manche Sonderbezeichnungen wie Orts-, Personen- und Firmennamen sind schwer zu finden bzw. zu übersetzen. Hier haben wir das Original beibehalten und nichts geändert. Wie in den Amtsblattausgaben der den letzten Jahrgänge ist im „Amtsblatt für das deutsche Kiautschou-Gebiet 1906–1907" auch das Gesamtverzeichnis der in den letzten zwei Jahren erschienen Gesetze, Verordnungen, Bekanntmachungen usw. sowie eine Registerliste beigefügt. Für diesen Teil haben wie die in den Verzeichnissen enthaltenen Bezeichnungen mit den Zeitungstexten sowie mit dem von Heinrich Mohr herausgegebenen Handbuch für Kiautschou verglichen und übersetzt.

Bei der diesmaligen Editions- und Publikationsarbeit haben wir sehr starke Unterstützungen vom Stadtarchiv von Qingdao und vom Verlag der Universität Südostchinas erhalten. Herr Yijie Zhu von der Fremdsprachenfakultät der Universität Qingdao hat das ganze „Amtsblatt für das deutsche Kiautschou-Gebiet 1906–1907" übersetzt und bearbeitet. Prof. Dr. Hans-Martin Hinz, ehemaliger Präsident des International Council of Museums (ICOM), Preisträger des Freundschaftspreises der chinesischen Zentralregierung und Ehrenprofessor der Universität Bayreuth, hat das Vorwort für dieses Buch verfasst. Prof. Lezeng Li vom Institut zu Deutschlandstudien der Tongji-Universität, Stellvertretender Präsident der Gesellschaft für Deutschlandstudien der chinesischen Forschungsgemeinschaft für Europa, hat speziell für das Buch ein Leitvorwort geschrieben. Herr Yinmu Ren, Forscher des Instituts zur Forschung über einheimische Geschichtsbücher der Stadt Qingdao hat ein Begleitvorwort für das Buch verfasst, Herr Zhaoli Zhou vom Stadtmuseum Qingdao hat an der Planung und Überprüfung dieses Buches teilgenommen. Herr Wei Liu von der Deutschabteilung der Fudan-Universität hat das ganze Buch lektoriert, und Dr. Marcus Mühlnikel von der Geschichtsabteilung der Universitäten Bayreuth und Bamberg hat den deutschsprachigen Teil lektoriert. Die Doktoranden Peipei Xu aus der Shandong Universtität und Xiaoyu Chen von der Beijing Language and Culture University haben die Schriftzeichen der chinesisch-sprachigen Teile umgeschrieben und Interpunktionszeichen eingesetzt. Darüber hinaus hat Herr Bin Liu vom Institut für Kultur und Geschichte der Akademie für Sozialwissenschaften der Stadt Qingdao ein Begleitvorwort für das „Amtsblatt für das deutsche Kiautschou-Gebiet 1904–1905" verfasst, das im letzten Jahr erschienen ist. Hierfür möchten wir uns nun auch bei ihm ganz herzlichen bedanken.

Um die Geschichtsquellen möglichst im Original zu präsentieren, haben wir bei der Edition versucht, keine Änderungen vorzunehmen. Wir bitten unsere Leser, die sehr kolonial geprägten Sätze und Begriffe im Originaltext reflektiert und sorgfältig zu lesen und zu benutzen. Wegen Zeitmangels sowie der Kapazitätsgrenzen der Herausgeber sind in dem Buch bestimmt noch Fehler und Mängel vorhanden. Wir bitten unsere Leser, uns darauf hinzuweisen und uns beim Korrigieren zu helfen.

Editionsausschuss des Buches
Oktober 2024

目　录

《青岛官报》（全译本）编委会
《青岛官报（1906—1907）》编辑部
总序
在事实中寻找真相——一手史料对于研究青岛外来统治时期历史的价值
世界与中国格局下的青岛社会——《青岛官报（1906—1907）》导读
编辑说明

第七年	第一号	1906年1月6日（德文版）	001
第七年	第一号	1906年1月6日（中文版）	010
第七年	第二号	1906年1月13日（德文版）	019
第七年	第二号	1906年1月13日（中文版）	030
第七年	第三号	1906年1月16日（德文版）	042
第七年	第三号	1906年1月16日（中文版）	053
第七年	第四号	1906年1月20日（德文版）	064
第七年	第四号	1906年1月20日（中文版）	074
第七年	第五号	1906年2月3日（德文版）	082
第七年	第五号	1906年2月3日（中文版）	087
第七年	第六号	1906年2月10日（德文版）	090
第七年	第六号	1906年2月10日（中文版）	099
第七年	第七号	1906年2月17日（德文版）	108
第七年	第七号	1906年2月17日（中文版）	112
第七年	第八号	1906年2月24日（德文版）	115
第七年	第八号	1906年2月24日（中文版）	121
第七年	第九号	1906年3月3日（德文版）	125
第七年	第九号	1906年3月3日（中文版）	129
第七年	第十号	1906年3月10日（德文版）	132

第七年	第十号	1906年3月10日（中文版）	139
第七年	第十一号	1906年3月17日（德文版）	146
第七年	第十一号	1906年3月17日（中文版）	150
第七年	第十二号	1906年3月24日（德文版）	153
第七年	第十二号	1906年3月24日（中文版）	157
第七年	第十三号	1906年3月31日（德文版）	160
第七年	第十三号	1906年3月31日（中文版）	168
第七年	第十四号	1906年4月7日（德文版）	175
第七年	第十四号	1906年4月7日（中文版）	182
第七年	第十五号	1906年4月21日（德文版）	186
第七年	第十五号	1906年4月21日（中文版）	191
第七年	第十六号	1906年4月28日（德文版）	195
第七年	第十六号	1906年4月28日（中文版）	200
第七年	第十七号	1906年5月5日（德文版）	204
第七年	第十七号	1906年5月5日（中文版）	210
第七年	第十八号	1906年5月12日（德文版）	216
第七年	第十八号	1906年5月12日（中文版）	219
第七年	第十九号	1906年5月19日（德文版）	221
第七年	第十九号	1906年5月19日（中文版）	224
第七年	第二十号	1906年5月26日（德文版）	227
第七年	第二十号	1906年5月26日（中文版）	231
第七年	第二十一号	1906年6月2日（德文版）	234
第七年	第二十一号	1906年6月2日（中文版）	244
第七年	第二十二号	1906年6月9日（德文版）	251
第七年	第二十二号	1906年6月9日（中文版）	255
第七年	第二十三号	1906年6月16日（德文版）	258
第七年	第二十三号	1906年6月16日（中文版）	262
第七年	第二十四号	1906年6月23日（德文版）	265
第七年	第二十四号	1906年6月23日（中文版）	268
第七年	第二十五号	1906年6月30日（德文版）	270
第七年	第二十五号	1906年6月30日（中文版）	274
第七年	第二十六号	1906年7月7日（德文版）	276
第七年	第二十六号	1906年7月7日（中文版）	282
第七年	第二十七号	1906年7月14日（德文版）	290

第七年	第二十七号	1906年7月14日（中文版）	293
第七年	第二十八号	1906年7月21日（德文版）	296
第七年	第二十八号	1906年7月21日（中文版）	300
第七年	第二十九号	1906年7月28日（德文版）	304
第七年	第二十九号	1906年7月28日（中文版）	321
第七年	第三十号	1906年8月4日（德文版）	328
第七年	第三十号	1906年8月4日（中文版）	335
第七年	第三十一号	1906年8月8日（德文版）	342
第七年	第三十一号	1906年8月8日（中文版）	350
第七年	第三十二号	1906年8月11日（德文版）	354
第七年	第三十二号	1906年8月11日（中文版）	357
第七年	第三十三号	1906年8月18日（德文版）	359
第七年	第三十三号	1906年8月18日（中文版）	363
第七年	第三十四号	1906年8月25日（德文版）	367
第七年	第三十四号	1906年8月25日（中文版）	375
第七年	第三十五号	1906年9月1日（德文版）	384
第七年	第三十五号	1906年9月1日（中文版）	390
第七年	第三十六号	1906年9月8日（德文版）	395
第七年	第三十六号	1906年9月8日（中文版）	402
第七年	第三十七号	1906年9月15日（德文版）	409
第七年	第三十七号	1906年9月15日（中文版）	413
第七年	第三十八号	1906年9月22日（德文版）	416
第七年	第三十八号	1906年9月22日（中文版）	420
第七年	第三十九号	1906年9月29日（德文版）	423
第七年	第三十九号	1906年9月29日（中文版）	429
第七年	第四十号	1906年10月6日（德文版）	433
第七年	第四十号	1906年10月6日（中文版）	439
第七年	第四十一号	1906年10月13日（德文版）	445
第七年	第四十一号	1906年10月13日（中文版）	448
第七年	第四十二号	1906年10月20日（德文版）	450
第七年	第四十二号	1906年10月20日（中文版）	454
第七年	第四十三号	1906年10月27日（德文版）	457
第七年	第四十三号	1906年10月27日（中文版）	461
第七年	第四十四号	1906年11月3日（德文版）	463

第七年	第四十四号	1906年11月3日（中文版）	468
第七年	第四十五号	1906年11月10日（德文版）	473
第七年	第四十五号	1906年11月10日（中文版）	477
第七年	第四十六号	1906年11月17日（德文版）	481
第七年	第四十六号	1906年11月17日（中文版）	483
第七年	第四十七号	1906年11月24日（德文版）	484
第七年	第四十七号	1906年11月24日（中文版）	486
第七年	第四十八号	1906年12月1日（德文版）	488
第七年	第四十八号	1906年12月1日（中文版）	495
第七年	第四十九号	1906年12月8日（德文版）	501
第七年	第四十九号	1906年12月8日（中文版）	507
第七年	第五十号	1906年12月15日（德文版）	514
第七年	第五十号	1906年12月15日（中文版）	518
第七年	第五十一号	1906年12月22日（德文版）	521
第七年	第五十一号	1906年12月22日（中文版）	529
第七年	第五十二号	1906年12月29日（德文版）	535
第七年	第五十二号	1906年12月29日（中文版）	541

1906年《青岛官报》内含法规和告白的内容索引（德文版） ……… 544

1906年《青岛官报》内含法规和告白的内容索引（中文版） ……… 548

1906年《青岛官报》刊登的法规和告白目录，按照时间排序（德文版） ……… 551

1906年《青岛官报》刊登的法规和告白目录，按照时间排序（中文版） ……… 553

附录 1906年青岛大事记 ……… 555

Amtsblatt
für das
Deutsche Kiautschou-Gebiet.

青島官報

Herausgegeben vom Kaiserlichen Gouvernement Kiautschou.

Der Bezugspreis beträgt jährlich $ 2 = M 4.
Bestellungen nehmen sämtliche deutsche Postanstalten entgegen.

Jahrgang 7.   Nr. 1.   Tsingtau, den 6. Januar 1906.

Verordnungen und Bekanntmachungen.

Nachstehende Bekanntmachung des Kaiserlich Chinesischen Seezollamtes wird hierdurch zur allgemeinen Kenntnis gebracht:

Zollamtliche Bekanntmachung Nr. 66.

Auf Grund von Abschnitt VII der Verordnung, betreffend das Verzollungsverfahren im Schutzgebiete, vom 2. Dezember 1905, sowie der Übergangsbestimmungen von demselben Tage und unter Aufhebung der zollamtlichen Bekanntmachung Nr. 44 vom 23. Dezember 1903 treten für die zollamtliche Behandlung der Postpakete folgende Bestimmungen vom 1. Januar 1906 in Kraft.

I. Aufgelieferte Pakete.

§ 1.

Alle ausgehenden, mit Ausnahme der nach dem Hinterlande bestimmten Pakete sind bei der Paketabfertigungsstelle des Zollamts unter Einreichung einer Inhaltserklärung zu deklarieren bezw. nach folgenden Grundsätzen zu verzollen.

a.) Der tarifmässige Ausfuhrzoll wird erhoben auf alle aus dem Hinterlande stammende, nach Deutschland, dem Auslande und Peking ausgeführte Waren.

b.) Auf Waren nicht chinesischen Ursprungs, die bereits Einfuhrzoll entrichtet haben, wird bei der Ausfuhr Zoll nicht erhoben.

c.) Im Falle der Nichtöffnung eines Paketes wird Zoll in der Höhe von 5% des angegebenen Wertes erhoben.

d.) Beträgt der Zoll weniger als $ 0,75, so wird er nicht erhoben. Mehrere Pakete desselben Absenders an dieselbe Adresse und gleichen Inhalts sind zollpflichtig, wenn der Gesammtzoll 0,75 $ übersteigt.

e.) Die Zollabfertigung erfolgt durch Abstempelung. Abgefertigte Pakete sind vom Absender der Post zu überreichen.

II. Eingehende Pakete.

§ 2.

Pakete aus dem Hinterlande, sowie aus chinesischen Häfen, falls sie den Zollvermerk des Aufgabehafens tragen, unterliegen keiner Zollkontrolle.

§ 3.

Pakete aus Deutschland oder dem Auslande oder den chinesischen Häfen sind, soweit sie für den Privatgebrauch im Schutzgebiete bestimmt sind und der zu erhebende Zoll $ 1 nicht übersteigt, vom Postamte abzuholen, nachdem sie vom Zollamte als zollfrei bezeichnet worden sind.

§ 4.

Alle übrigen eingehende Pakete werden

nach Entrichtung des tarifmässigen Einfuhrzolls nnd der fälligen Gebühren den Empfangsberechtigten gegen Quittung auf dem Zollamte ausgehändigt, soweit diese Empfangsberechtigten für die Verzollung nicht von der Post vertreten werden. Im letzteren Falle besorgt die Post die Zustellung.

III. Durchgangspakete.

§ 5.

Durchgangspakete nach dem Innern unterliegen der Zollkontrolle, sofern sie nicht den Zollvermerk eines chinesischen Hafens tragen.

§ 6.

Alle Durchgangspakete aus dem Innern unterliegen der Zollkontrolle und zahlen den tarifmässigen Zoll.

§ 7

Die im Hinterlande ansässigen Empfänger bezw. Absender können sich für die Verzollung durch die Post vertreten lassen, wofür eine Gebühr von 0,20 $ erhoben wird.

IV. Formulare, Zollwährung und Dienststunden.

§ 8.

Inhaltserklärungsformulare sind im Zollamte zu erhalten; einzelne Exemplare kosten 10 Käsch, 10 Exemplare kosten 0,10 $.

§ 9.

Der Zoll ist zahlbar in Dollarwährung. Für den bezahlten Betrag wird eine Quittung verabfolgt.

§ 10.

Der Paketschalter des Zollamts ist geöffnet für den Paketverkehr an Werktagen von 9 - 12 und 1 - 5 Uhr.

Tsingtau, den 29. Dezember 1905.

E. Ohlmer.
Kaiserlich Chinesischer Seezolldirektor.

Tsingtau, den 29. Dezember 1905.
Kaiserliches Gouvernement

Nachstehende Bekanntmachung des Kaiserlich Deutschen Postamtes wird hierdurch zur allgemeinen Kenntnis gebracht:

Bekanntmachung.

Im Anschluss an die vom Kaiserlich Chinesischen Seezollamte erlassene Bekanntmachung Nr. 66 über die zollamtliche Behandlung der Postpakete wird Folgendes bekannt gemacht.

I. Aufgelieferte Pakete.

1. Pakete nach dem Hinterlande gelangen ohne Zollkontrolle zur Annahme und Absendung.

2. Alle übrigen Pakete müssen vor der Auflieferung beim Zollamte vorgezeigt sein und einen entsprechenden Vermerk tragen.

II. Eingehende Pakete.

1. Pakete aus dem Hinterlande, sowie aus chinesischen Häfen- letztere, sofern sie einen Zollvermerk des Aufgabeorts tragen- können beim Postamt in Empfang genommen werden, ohne dass eine weitere Zollkontrolle stattfindet.

2. Für alle übrigen Pakete werden dem Zollamte die Begleitpapiere überreicht. Die daraufhin vom Zollamt als zollfrei bezeichneten Sendungen bleiben beim Postamt und werden von dort an die Empfänger ausgeliefert. Die zollpflichtigen Pakete werden dem Zollamte überwiesen; der Empfänger erhält nach Entrichtung der etwa zu zahlenden Porto-und Nachnahmebeträge den Abschnitt der Postpaketadresse in einem besonderen Umschlage, der als Ausweis bei der Zollstelle dient, zugefertigt. Gegen Quittung auf dem Umschlage werden die Pakete nach Zahlung der Zollgebühren vom Zollamt verabfolgt.

III. Durchgangspakete.

1. Alle Durchgangspakete aus dem Innern unterliegen der Zollkontrolle.

2. Durchgangspakete nach dem Innern unterliegen ebenfalls der Zollkontrolle, sofern sie nicht aus chinesischen Häfen kommen und einen Zollvermerk des Aufgabeorts tragen.

3. Die im Innern wohnenden Absender bezw. Empfänger können sich für die Verzollung durch die Post vertreten lassen, wofür eine Gebühr von 20 Cents für jedes Paket erhoben wird Ist die

Öffnung eines Pakets nötig, so wird der Absender bezw. Empfänger vorher entsprechend benachrichtigt.

Tsingtau, den 1. Januar 1906.

Kaiserlich Deutsches Postamt.

Henniger.

Tsingtau, den 2. Januar 1906.

Kaiserliches Gouvernement.

Nachstehende Bekanntmachung des Kaiserlich Chinesischen Seezollamts wird hierdurch zur allgemeinen Kenntnis gebracht:

Zollamtliche Bekanntmachung Nr. 67.

I.

Für die Ausübung der Zollkontrolle im Freibezirk werden vorläufig 3 Stationen errichtet:

1. **ein Examinationsschuppen an der Hafenstrasse** zum Freibezirk, unweit des Hafenbahnhofs, für die Untersuchung bezw. Verzollung aller auf dem Landwege den Freibezirk verlassenden Waren;

2. **eine Kontrollstation in der Nähe der Blockstation der Eisenbahn** für die Kontrolle aller mit der Eisenbahn den Freibezirk verlassenden Waren;

3. **eine Kontrollstation in der Nähe des Pegelhäuschens** auf Mole I für die Kontrolle aller auf dem Seewege den Freibezirk verlassenden Waren.

II.

Die Kontrolle von Proviant, Materialien und Ausrüstungsgegenständen für Schiffe im Freibezirk erfolgt zweckmässig in den Stationen an der Hafenstrasse oder am Hafenpegel durch die dort stationierten Beamten. Die Abstempelung des den Inhalt der Kolli angebenden Begleitscheins, der von der Lieferungsfirma unterzeichnet sein muss, tritt an die Stelle des Zollscheins und berechtigt zur Annahme an Bord.

Dasselbe Verfahren kann für Schiffe auf der Rhede in den Stationen an der Tsingtaubrücke und am kleinen Hafen eingeschlagen werden.

Tsingtau, den 1. Januar 1906.

E. Ohlmer,

Kaiserlich Chinesischer Seezolldirektor.

Tsingtau, den 2. Januar 1906.

Kaiserliches Gouvernement.

Amtliche Anzeigen.

Bei der in Abteilung A Nr. 6 des Handelsregisters vermerkten offenen Handelsgesellschaft Diederichsen, Jebsen & Co. ist folgendes eingetragen worden:

Die Gesamtprokura des Kaufmanns Emil Walckhoff und Werner Geim in Tsingtau ist erloschen.

Dem Kaufmann Karl Eichwede in Tsingtau ist Prokura erteilt.

Tsingtau, den 28. Dezember 1905.

Kaiserliches Gericht von Kiautschou I.

Beschluss.

Das Konkursverfahren über das Vermögen des Schlossers

Hermann Gesenger,

früher in Tsingtau, wird nach erfolgter Schlussverteilung hierdurch aufgehoben.

Tsingtau, den 29. Dezember 1905.

Kaiserliches Gericht von Kiautschou III.

李村副按察司密為

出示曉諭事竇考周官所載山林藪澤禁令掌自虞官從古迄今未有不以種植樹木為國家之要務案查一千八百九十八年五月三十一日（前督憲羅立定章程禁止刨草斫伐樹株以致損壞各樹又一千九百四年十一月二十三日）輔政司憲單出示曉諭內載按西國兒識攷方法論之如嶗山一帶欲沾光景格外妙美之名並欲增盛其利益即應珍惜樹木比往來愈形叢茂又勸諭民間謹遵以上之禁止斫樹翦枝各程切勿視為具文各在案查敝前任魏業經遵照上憲札飭從嚴辦理本副臬司自應一律照辦昨據闔境首事人等稟請仍准斫伐樹枝餘已稟請各憲及奉札外現應出示曉諭或云樹枝若不剪斫則幹不長而本不壯然青島會前一帶種植松樹等樹方及五戴比較嶗山各區分外茂盛況嶗山之樹或數十年或數百年土地膏腴風道通順而會前則地近海隅地力遠遜或云株如不剪枝則生毛蟲必多但毛蟲冬天則入地內倘枝葉茂密則太陽遮蔽地下不得暖氣而毛蟲不生此為饕樹最妙之法或云此法雖妙惟富裕之國家則可而小民無此力量本副臬司查山居之民雖非富厚而現在之情形遠過往昔因從前山裏居民子弟多係游手好閒間受父母培養今則各家子弟皆赴青島傭工獲利以養其父母茲已派許巡查官按町揀出樹木不勝行伐去以留其根俟明春將白核籠松樹並外國槐樹或他橡樹之樹種樹棵多多發給各町種植指明之處或不毛荒山此項樹株爾人民等業經親眼目睹發生甚速待幾年後再可年年斫伐如孟子所云斧斤以時入山林則材木不可勝用洵不誤也為此諭仰闔境週知自示之後仍係禁止剪斫樹枝倘有胆敢抗違不遵此章者不但將本人科罪並將闔町人等從嚴重罰其各懍遵切切特諭

右諭通知

大德一千九百五年十二月二十八日

告示

(Übersetzung.)
Bekanntmachung.

Die Erhaltung und Pflege des Baumbestandes ist seit Alters eine wichtige Angelegenheit staatlicher Verwaltung, gab es doch schon in den Zeiten der Tschou-Dynastie Forstbeamte.

Wie aus den Akten sich ergibt, hat der frühere Gouverneur Rosendahl durch eine Verordnung vom 31. Mai 1898 das Raufen des Grases, sowie das Abhauen und Beschädigen von Bäumen und Sträuchern verboten. Durch Bekanntmachung vom 23. November 1904 hat der Kommissar für chinesische Angelegenheiten Dr. Schrameier ausdrücklich betont, wie europäische Erfahrungen und europäisches Wissen lehren, dass noch viel mehr als bisher geschehen kann, um die landschaftliche Schönheit des Lauschan und seinen wirtschaftlichen Wert zu erhöhen, und die Dorfbevölkerung noch einmal auf jene Verordnung hingewiessen. Mein Amtsvorgänger Dr. Wirtz ist streng nach diesen Vorschriften verfahren und es ist selbstverständlich, dass auch ich dieselben zur Norm nehmen werde.

Vor einigen Tagen nun habe ich eine Eingabe der Ortsältesten des Gebietes erhalten, in der diese bitten, das Schneideln zu gestatten. Nachdem ich pflichtgemäss meinen Vorgesetzten hiervon Bericht erstattet und deren Anweisung erhalten habe, erlasse ich die nachstehende Bekanntmachung zur allgemeinen Kenntnis.

Es giebt da Leute, die sagen: werden die Bäume nicht geschneidelt, so wachsen sie nicht hoch und werden nicht stark. In Tsingtau (Huitschien) hat das Gouvernement Fichten und andere Bäume gepflanzt. Obwohl es noch keine fünf Jahre her sind, sind dieselben grösser und stärker als im Lauschan, wo die Bäume Jahrzehnte, Jahrhunderte stehen und wo der Boden fetter, der Wind günstiger ist.

Andere wieder geben zu bedenken: schneide man nicht die Zweige ab, so werden die Kiefernspinner überhand nehmen. Allein werden die Zweige der Bäume erst so dicht, dass die Sonne nicht den Boden erwärmen kann, so werden die Kiefernspinner, die im Boden überwintern, erfrieren. Das ist also das beste Mittel.

Endlich sagen auch welche: dieses Mittel, sei es auch wirklich das beste, eigne sich doch nur für ein reiches Land. Obwohl ich weiss, dass die Bergbevölkerung nicht reich ist, so sind doch die jetzigen Verhältnisse nicht mit früher zu vergleichen. Die Söhne der Bergbewohner, die früher sich müssig zu Hause herumtrieben und von ihren Eltern ernähren liessen, gehen nach Tsingtau zur Arbeit, verdienen Geld und ernähren ihrerseits ihre Eltern.

Ich habe den Wachtmann Schütze angewiesen, in den einzelnen Dörfern einzelne Berge mit schlechtem Baumbestande herauszusuchen, wo ich das Abschlagen der Bäume bis auf die Wurzeln gestatten werde. Im nächsten Frühjahr werde ich dann Samen und junge Pflanzen in grosser Menge zur Anpflanzung dieser und anderer kahler Stellen unentgeltlich verteilen und zwar weissköpfige Kiefern, Akazien und andere europäische Bäume, die, wie Ihr selber gesehen habt, schnell wachsen.

Wenn Ihr nur wenige Jahre wartet, werdet Ihr jedes Jahr Bäume fällen können, und es wird sein, wie Mencius sagt: „Dringen Axt und Beil zur richtigen Zeit in die Wälder ein, so wird Bauholz im Überfluss da sein."

Ich verbiete daher nach wie vor das Schneideln und Fällen der Bäume und werde im Falle von Zuwiderhandlungen gegen dieses Verbot ausser dem Täter auch das ganze Dorf auf das strengste bestrafen.

Litsun, den 28. Dezember 1905.

Kaiserliches Bezirksamt.

Dr. Michelsen.

Aufgebot.

Es wird hiermit bekannt gemacht, dass

Fritz Heidemeier, seines Standes Steiger, geboren zu Coerne bei Dortmund, Provinz Westfalen, 28 Jahre alt, wohnhaft in Fangtse, Sohn des zu Hörde verstorbenen Fabrikarbeiters Caspar Heidemeier und seiner zu Wambel verstorbenen Ehefrau Lisette, geborenen Jäger,

und

Lina Henseleit, geboren zu Öspel bei Marten, Provinz Westfalen, 23 Jahre alt, wohnhaft in Huckarde bei Dortmund, Tochter des Bergmannes Wilhelm Henseleit und seiner Ehefrau Charlotte, geborenen Neide, beide in Huckarde wohnhaft,

beabsichtigen, sich mit einander zu verheiraten und diese Ehe in Gemässheit des Reichsgesetzes vom 4. Mai 1870 vor dem unterzeichneten Beamten abzuschliessen.

Tsingtau, den 2. Januar 1906.

Der Kaiserliche Standesbeamte

Günther

Bekanntmachung.

Als gestohlen angemeldet: 1 wasserdichtes Segeltuch, 6 qm gross; 210 m. Bronzedraht; 18 Mulden Kupfer, je 11½ Kätty schwer; 16 Pakete Baumwollengarn, 3 mal verschnürt.

Tsingtau, den 3. Januar 1906.

Kaiserliches Polizeiamt.

白 告

啓者茲將本署據報被竊
各物列左
六方米打蓬布
黃銅線長二百十米打
紅銅釘子十八個每個重
十一斤半
棉線十六包每包用繩三
道綑綁
以上各物切勿輕買如
見亦宜報明本署此佈
德一千九百六年正月初三日
青島巡捕衙門啓

Mitteilungen.

Der stellvertretende Gouverneur, Kapitän zur See van Semmern, hat die Geschäfte des Gouvernements am 2. d. Mts. wieder übernommen.

*   *   *

Der Kurs bei der Gouvernementskasse beträgt vom 2. d. Mts. ab: 1 $ = 2,12 M.

*   *   *

Standesamtliche Nachrichten.
Eheschliessung: 30. 12. 1905. Schlossermeister Hermann Diekmann in Tsingtau und Auguste Schönrock aus Hongkong.
Aufgebot: 2. 1. 1906. Steiger Fritz Heidemeier in Fangtse und Lina Henseleit in Huckarde bei Dortmund.

*   *   *

Über die Stallungen der Bismarckkasernen ist wegen eines Rotzfalles unter dem dortigen Pferdebestande eine sechswöchentliche Quarantäne vom 29. Dezember 1905 ab verhängt.

*   *   *

Vom 1. Januar 1906 ab betragen die Worttaxen für Telegramme nach

Europa	2,25	$
Europäisches Russland via Kiachta	0,85	„
Asiatisches Russland via Kiachta	0,65	„
San Francisco via Pacific	2,25	„
New York via Pacific	2,50	„
Hongkong	0,66	„
Japan	0,91	„
Korea	1,21	„

Die übrigen Taxen bleiben ziemlich unverändert; genauere Auskunft gibt die Telegramm-Annahmestelle des Kaiserlich Deutschen Postamtes.

*   *   *

Der heutigen Nummer liegen Titelblatt, chronologisches Inhaltsverzeichnis und Sachregister der im Amtsblatt für das Deutsche Kiautschougebiet vom Jahre 1905 enthaltenen Verordnungen und Bekanntmachungen bei.

Einzelne Nummern des Amtsblattes für das Deutsche Kiautschougebiet können von der Registratur der Landesverwaltung zum Preise von 10 Cents für das Stück bezogen werden.

Schiffsverkehr

in der Zeit vom 28. Dezember 1905 — 4. Januar 1906.

Ankunft am	Name	Kapitän	Flagge	Reg. Tonnen.	von	Abfahrt am	nach
28. 12.	D. Maria Rickmers	Pope	Deutsch	2256	Manila	4. 1.	Yokohama
29. 12.	D. Gouv. Jaeschke	Treumann	„	1045	Schanghai	30. 12.	Schanghai
1. 1.	D. Adm. v. Tirpitz	Block	„	1199	„	2. 1.	Tschifu
2. 1.	D. Peiho	Deinat	„	476	„	3. 1.	Tschemulpo
3. 1.	D. Tsintau	Enigk	„	977	Tschifu	„	Schanghai

Durchschnittsmarktpreise.

December 1905.
1 Kätty = 577,6 g.
Durchschnittskurs für 1 $ in
Tsingtau: 1680 kleine Käsch.
Tai tung tschen: 1700 ,, ,,
Litsun: 1700 ,, ,,
Hsüe tschia tau: 1700 ,, ,,

Bezeichnung.	Einheit	Tsingtau kl. Käsch	Tai tung tschen kl. Käsch.	Litsun kl. Käsch	Hsüe tschia tau kl. Käsch
Bohnen	1 Kätty	80	60	60	50
,, , aufgekeimte	,,	—	—	—	—
Schnittbohnen	,,	—	—	50	—
Bohnenkäse	,,	36	35	34	39
Bohnenöl	,,	220	180	180	172
Bohnenkuchen	,,	48	46	48	32
Erdnüsse	,,	120	100	50	75
Erdnussöl	,,	220	204	190	180
Erbsen	,,	64	46	54	—
Gerste	,,	64	38	47	50
Gurken	,,	240	—	—	—
Hirse	,,	80	64	70	64
Hirsenmehl	,,	84	76	67	—
Kartoffeln, chin.	,,	20	7	10	20
Kartoffelscheiben, chin.	,,	60	12	—	28
Kauliang	,,	64	56	48	—
Kauliangstroh	,,	—	—	15	12
Kleie	,,	56	50	36	38
Kürbis	,,	—	—	—	—
Mais	,,	80	—	—	—
Radieschen	,,	—	—	—	—
Reis	,,	80	75	80	60
Weizen	,,	80	62	50	55
Weizenmehl	,,	80	85	90	75
Gänse	1 Stück	1700	—	—	—
,, , wilde	,,	—	—	—	—
Hühner	,,	500	—	385	380
Schnepfen	,,	—	—	—	—
Enteneier	10 Stück	300	300	320	200
Hühnereier	,,	240	220	220	160
Hasen	1 Stück	600	—	—	—
Brennholz	1 Kätty	—	—	—	10
Petroleum	,,	—	—	—	120

Bezeichnung.	Einheit	Tsingtau kl. Käsch	Tai tung tschen kl. Käsch	Li tsun kl. Käsch	Hsüetschia tau kl. Käsch
Weizenbrot	1 Stück	88	85	20	—
Dampfbrot	”	88	26	20	—
Hirsebrot	”	44	26	46	—
Rostbrot	”	84	30	—	—
Aepfel	1 Kätty	320	30	—	—
Apfelsinen	”	—	—	140	—
Birnen	”	160	—	—	—
Kohlrabi	”	120	—	—	—
Kohl in Köpfen	”	24	—	12	8
Kohl, kleine Pflanzen	”	160	14	—	—
Knoblauch	”	120	—	80	54
Mohrrüben	”	36	62	40	—
Pfeffer, roter	”	120	18	600	20
” , schwarzer	”	640	550	750	700
Rettig, chin.	”	120	752	20	30
Rüben, weisse	”	120	—	10	—
Spinat	”	40	12	28	—
Wallnüsse	”	160	—	120	—
Zwiebeln	”	169	140	55	60
Salz	”	20	40	10	20
Tabak	”	320	6	270	150
Bratfische	”	480	290	315	—
Kochfische	”	480	160	—	—
Fische, trocken	”	180	180	180	—
Tintenfische	”	—	160	450	—
Krabben	”	120	—	170	—
Schweinefleisch	”	260	—	200	200
Schweinefett	”	320	180	270	—
Rindfleisch, roh	”	320	300	180	—
” , gekocht	”	—	180	180	—
Rindertalg	”	329	200	260	—
Enten	1 Stück	500	—	—	400
” , wilde	”	600	—	—	—

6. Januar 1906. Amtsblatt—青島官報 9.

Meteorologische Beobachtungen
in Tsingtau.

Da-tum. Dez	Barometer (mm) reduz. auf 0° C., Seehöhe 78,64 m			Temperatur (Centigrade)								Dunst-spannung in mm			Relat. Feuchtigkeit in Prozenten		
				trock. Therm.			feucht. Therm.										
	7 Vm	2 Nm	9 Nm	7 Vm	2 Nm	9 Nm	7 Vm	2 Nm	9 Nm	Min.	Max.	7 Vm	2 Nm	9 Nm	7 Vm	2 Nm	9 Nm
28	764,9	762,9	763,1	-0,9	2,6	1,7	-1,8	0,8	0,4	-1,2	2,7	3,6	3,8	4,0	82	69	77
29	61,8	60,5	62,1	0,2	4,5	-0,6	-0,9	3,1	-1,3	-1,4	4,9	3,7	4,9	3,8	80	78	86
30	63,1	63,6	65,9	-3,5	-1,0	-2,8	-4,4	-2,6	-3,9	-3,8	-0,1	2,8	2,9	2,8	80	69	76
31	67,6	67,5	68,4	-4,1	-2,2	-5,3	-5,9	-4,0	-5,9	-5,9	-0,5	2,0	2,4	2,6	59	63	85
Jan.																	
1	69,1	67,5	66,4	-6,4	2,5	-1,4	-7,5	-3,3	-2,2	-7,0	-0,9	2,0	3,2	3,5	71	83	84
2	64,3	62,7	64,1	-2,0	4,1	2,0	-3,9	2,4	0,8	-2,2	5,5	2,4	4,4	4,2	62	72	78
3	66,3	64,1	65,7	-1,3	5,3	1,7	-2,5	2,0	0,1	-2,8	5,6	3,2	3,3	3,7	76	50	71

Da-tum. Dez	Wind Richtung & Stärke nach Beaufort (0—12)			Bewölkung						Niederschläge in mm		
				7 Vm		2 Nm		9 Nm				
	7 Vm	2 Nm	9 Nm	Grad	Form	Grad	Form	Grad	Form	7 Vm	9 Nm	9 Nm / 7 Vm
28	N 3	NNW 3	NNW 4	10	Cu-str	9	Cu-str	3	Cum			
29	N 3	N 5	N 5	4	Cicci-cum	1	Cum					
30	N 6	NNW 7	NNW 8	6	Cicci-str	5	Cu-str	3	Cu-str			
31	N 7	NNW 6	NNW 6	4	„	9	Cu-nim	7	Cu-nim			
Jan.												
1	NW 5	NW 4	SSW 2	1	Cicci-str	1	Cu-str					
2	S 2	S 2	SSW 1	1	Cu-str							
3	N 1	0 1	SSO 2	1	„	2	Cu-str	4	Cu-str			

Druck der Missionsdruckerei Tsingtau.

第七年 第一号

1906年1月6日

法令与告白

谨此公布下列大清海关告白：

海关告白第66号

根据1905年12月2日的《关于在租借地清关程序的法令》、当日的《过渡规定》以及对1903年12月23日第44号海关告白的取消，自1906年1月1日起，下列对邮政包裹进行海关处理的规定生效。

Ⅰ. 投寄的包裹

第1条

除寄往腹地的包裹外，所有寄出的包裹须向海关包裹处理处递交包裹物并进行报关，按照下列原则清关：

a) 对所有来自腹地、寄往德国、国外和北京的商品按照税率表征收出口税。

b) 对非中国来源、在进口时已经交过税的商品，在出口时不再征收关税。

c) 在不打开包裹的情况时，按照报关价值的5%征收关税。

d) 如果关税少于0.75元，则不征收关税。同一寄出者的多个包裹如果寄往同一地址、含有同样的物品，当总关税超出0.75元时，则须要缴税。

e) 海关处理程序在盖章后完成。处理完的包裹须由寄出者交给邮局。

Ⅱ. 收到的包裹

第2条

来自腹地以及中国港口的包裹，如果上面带有托运港口的海关标注，则不进行海关检查。

第3条

来自德国、外国或者中国港口的包裹，只要在保护地用于私人目的、须征收关税金额不超过1元时，则在海关标注完免税标识后，须从邮局领取。

第 4 条

所有其他抵达的包裹,在按照税率表足额缴纳过进口税后,只要不是由邮局代理清关,则由收件人在海关递交发票。前一种情况由邮局负责投递。

Ⅲ. 中转包裹

第 5 条

中转包裹如果发往内地,只要没有中国港口的海关标注,就须进行海关检查。

第 6 条

所有来自内地的包裹都须要进行海关检查,按照税率表支付关税。

第 7 条

身处腹地的收件人和寄件人可以由邮局代理清关,每次收费 0.20 元。

Ⅳ. 表格、海关货币和服务时间

第 8 条

保管表格可以在海关获取,单张表格价格为 10 个铜钱,10 份表格价格为 0.10 元。

第 9 条

关税可以用银元支付。所支付的款项都会有一张发票。

第 10 条

海关的包裹窗口在工作日处理包裹的时间为是上午 9 至 12 点以及下午 1 至 5 点。

青岛,1905 年 12 月 29 日

阿理文

大清海关税务司

青岛,1905 年 12 月 29 日

皇家总督府

谨此公布下列皇家德意志邮政局的告白:

告白

在大清海关发布关于《邮政包裹海关处理办法》的第 66 号告白之后,现公布下列事项:

Ⅰ. 投寄的包裹

1. 寄往腹地的包裹在接收和寄出时不进行海关检查。
2. 其他所有包裹在投寄之前必须经过海关检视并带有相应的标识。

Ⅱ. 收到的包裹

1. 邮局可以接收来自腹地以及来自中国港口、带有交寄地海关标识的包裹,不再对其进行海关检查。
2. 其他所有包裹须要向海关递交附带文件,之后由海关标注为免税的包裹留在邮局,向收件人派送。需要缴税的包裹会转到海关,收件人在缴纳过需要支付的运费和代收费用后,会收到一份放在特制信封中的邮局包裹地址凭单,作为在海关单位出示的证明。在缴纳过关税、提交信封上的发票后,由海关交付包裹。

Ⅲ. 中转包裹

1. 所有来自内地的中转包裹均须进行海关检查。

2. 寄往内地的中转包裹,只要不是来自中国港口、没有交寄地的海关标注,都同样须要进行海关检查。

3. 邮局可以为居住在内地的寄件人或收件人代理清关,每件包裹收费 20 分。如果需要打开包裹,会提前通知收寄件人相关情况。

青岛,1906 年 1 月 1 日
皇家德意志邮政局
海尼格
青岛,1906 年 1 月 2 日
皇家总督府

谨此公布下列大清海关告白:

海关告白第 67 号

Ⅰ.

为在免税区进行海关检查,现临时设立 3 个站点:

1. 位于港口街街边的检查大棚设立为免税区,它离港口火车站不远,用于对所有从陆地离开免税区的商品进行检查或者清关。

2. 在铁路闭塞[①]站附近的检查站,用于检查所有通过铁路离开免税区的商品。

3. 在一号码头水位计小屋附近的检查站,用于检查所有通过水路离开免税区的商品。

Ⅱ.

免税区内船只的给养、材料和装备物品,按照用途,由在港口街或者码头水位计旁的驻守官员进行检查。用海关证代替对货包内含物附带文件的盖章,授权在船上进行交接。同样的程序也适用于在青岛桥和小港站点海湾的船只。

青岛,1906 年 1 月 1 日
阿理文
大清海关税务司
青岛,1906 年 1 月 2 日
皇家总督府

---

① 译者注:闭塞为铁路信号的专用名词,指在列车进入区间后,为使之与外界隔离,区间两端车站都不再向这一区间发车,以防止列车相撞和追尾。

官方通告

在商业登记 A 部第 6 号登记的无限责任公司"迪德里布森和耶布森公司"①已登记入下列事项：

取消青岛的商人艾米尔·瓦尔克霍夫和维尔纳·盖姆的共同商业代理权。

授予青岛的商人卡尔·艾希维德商业代理权。

青岛，1905 年 12 月 28 日
胶澳皇家审判厅一处

决议

对之前在青岛的钳工赫尔曼·格僧格财产的破产程序在经过最后分配后，谨此撤销。

青岛，1905 年 12 月 29 日
胶澳皇家审判厅三处

李村副按察司密　为

出示晓谕事：尝考《周官》所载山林薮泽禁令，掌自虞官，从古迄今，未有不以种植树木为国家之要务。案查一千八百九十八年五月三十一日，前督宪罗立定章程，禁止刨草、斫伐树株以致损坏各树。又一千九百四年十一月二十三日，辅政司宪单出示晓谕，内载按西国见识及方法，论之如崂山一带，欲沾光景格外妙美之名，并欲增盛其利益，即应珍惜树木，比往来愈形丛茂。又劝谕民间谨遵以上之禁止斫树剪枝章程，切勿视为具文。各在案查敝前任魏业经遵照上宪，札饬从严办理，本副臬司自应一律照办。昨据合境首事人等禀请，仍准斫伐树枝，除已禀请各宪及奉来札外，现应出示晓谕。或云树枝若不剪斫，则干不长而本不壮。然青岛会前一带种植松树等树方及五载，比较崂山各处分外茂盛。况崂山之树，或数十年或数百年，土地膏腴，风道通顺，而会前则地近海隅，地力远逊。或云树株如不剪枝则生毛虫必多，但毛虫冬天则入地内，倘枝叶茂密则太阳遮蔽地下，不得暖气而毛虫不生，此为养树最妙之法。或云此法虽妙，惟富裕之国家则可，而小民无此力量。本副臬司查，山居之民虽非富厚，而现在之情形远过往昔。因从前山里居民子弟多系游手好间（闲），受父母培养，今则各家子弟皆赴青岛佣工，获利以养其父母。兹已派许巡查官按町拣出树木不胜之区，准其将树尽行伐去，以留其根，俟明春将白核笼松树并外国槐树，或

---

①　译者注：中文行名为"捷成洋行"。

他样树之树种、树棵多多发给各町，绝不取值，以令种植指明之处或不毛荒山。此项树株，尔人民等业经亲眼目睹，发生甚速，待几年后再可年年斫伐。如孟子所云"斧斤以时入山林，则材木不可胜用"，洵不误也。为此谕，仰合境周知。自示之后，仍系禁止剪斫树枝，倘有胆敢抗违不遵此章者，不但将本人科罪，并将合町人等从严重罚。其各懔遵。切切特谕。

右谕通知

大德一千九百五年十二月二十八日　告示

结婚公告

弗利茨·海德迈耶尔，职业为采矿工长，出生于威斯特法伦省多特蒙德附近的克尔纳，现年28岁，居住地为坊子，为在赫尔德去世的工厂工人卡斯帕·海德迈耶尔与在旺贝尔去世、出生时姓耶格尔的妻子里塞特的儿子。

丽娜·亨瑟莱特，出生于威斯特法伦省马尔顿附近的尔斯贝尔，现年23岁，居住地为多特蒙德附近的胡佳尔德，是矿工威廉·亨瑟莱特和出生时姓奈德的妻子夏洛特的女儿，二人均居住于胡佳尔德。

谨此宣布二人结婚，此婚约按照1870年5月4日颁布的法律规定在本官员前缔结。

青岛，1906年1月2日
代理皇家户籍官
贡特

告白

启者：兹将本署据报被窃各物列左：

六方米打[①]蓬布；黄铜线长二百十米打[②]；红铜钉子十八个，每个重十一斤半；棉线十六包，每包用绳三道捆绑。

以上各物切勿轻买，如见亦宜报明本署。此布。

德一千九百六年正月初三日
青岛巡捕衙门启

[①] 译者注：即平方米。
[②] 译者注：德语Meter，即米。

消息

代理总督、海军上校师孟已于本月 2 日再次接手了总督府的事务。

总督府财务处自本月 2 日起的汇率为：1 元＝2.12 马克。

户籍所消息：

结婚：1905 年 12 月 30 日，青岛的钳工师傅赫尔曼·迪克曼与来自香港的奥古斯特·勋罗克。

结婚公告：1906 年 1 月 2 日，坊子的采矿工长弗利茨·海德迈耶尔和多特蒙德附近的胡佳尔德的丽娜·亨瑟莱特。

因俾斯麦兵营的马匹中确诊一例鼻涕症，已下令，自 1905 年 12 月 29 日起，对该处马厩进行为期六周的隔离。

自 1906 年 1 月 1 日起的电报每单词收费费率为：

欧洲	2.25 元
经恰克图发往俄国的欧洲部分	0.85 元
经恰克图发往俄国的亚洲部分	0.65 元
经太平洋电报公司发往旧金山	2.25 元
经太平洋电报公司发往纽约	2.50 元
香港	0.66 元
日本	0.91 元
朝鲜	1.21 元

剩余的费率大多没有变化，更准确的信息可以在皇家德意志邮政局的电报接收处了解。

今天这一期报纸附带封面页、1905 年度《青岛官报》所包含的法令和告白按时间排序的内容索引和关键词表。

各期《青岛官报》可在胶澳行政总署登记处以每份 10 分的价格购买。

船运

1905年12月28日—1906年1月4日期间

到达日	轮船船名	船长	挂旗国籍	登记吨位	出发港	出发日	到达港
12月28日	玛丽亚·里克尔梅号	波普	德国	2 256	马尼拉	1月4日	横滨
12月29日	叶世克总督号	特洛依曼	德国	1 045	上海	12月30日	上海
1月1日	提尔皮茨号	布洛克	德国	1 199	上海	1月2日	芝罘
1月2日	白河号	代纳特	德国	476	上海	1月3日	济物浦①
1月3日	青岛号	恩尼克	德国	977	芝罘	1月3日	上海

市场平均物价

1905年12月

1斤＝577.6克

1银元在各地的平均汇率

青　岛：1 680个铜板

台东镇：1 700个铜板

李　村：1 700个铜板

薛家岛：1 700个铜板

商品名称	单位	青岛,铜板	台东镇,铜板	李村,铜板	薛家岛,铜板
黄豆	1斤	80	60	60	50
豆芽	1斤	—	—	—	—
豌豆	1斤	—	—	50	—
豆腐	1斤	36	35	34	39
豆油	1斤	220	180	180	172
豆饼	1斤	48	46	48	32
花生	1斤	120	100	50	75
花生油	1斤	220	204	190	180
扁豆	1斤	64	46	54	—

---

① 译者注：韩国仁川的旧称。

(续表)

商品名称	单位	青岛,铜板	台东镇,铜板	李村,铜板	薛家岛,铜板
大麦	1斤	64	38	47	50
黄瓜	1斤	240	—	—	—
小米	1斤	80	64	70	64
小米面	1斤	84	76	67	—
土豆,中国品种	1斤	20	7	10	20
土豆片,中国品种	1斤	60	12	—	28
高粱	1斤	64	56	48	—
高粱秆	1斤	—	—	15	12
麸皮	1斤	56	50	36	38
南瓜	1斤	—	—	—	—
玉米	1斤	80	—	—	—
小红萝卜	1斤	—	—	—	—
大米	1斤	80	75	80	60
麦子	1斤	80	62	50	55
面粉	1斤	80	85	90	75
鹅	1只	1 700	—	—	—
野鹅	1只	—	—	—	—
鸡	1只	500	—	385	380
塍鹬	1只	—	—	—	—
鸭蛋	10个	300	300	320	200
鸡蛋	10个	240	220	220	160
兔子	1只	600	—	—	—
柴火	1斤	—	—	—	10
煤油	1斤	—	—	—	120
小麦面包	1个	88	85	20	—
馒头	1个	88	26	20	—
窝头	1个	44	26	46	—
火烧	1个	84	30	—	—
苹果	1斤	320	30	—	—
橘子	1斤	—	—	140	—

(续表)

商品名称	单位	青岛,铜板	台东镇,铜板	李村,铜板	薛家岛,铜板
梨	1斤	160	—	—	—
大头菜	1斤	120	—	—	—
大白菜	1斤	24	—	12	8
小白菜	1斤	160	14	—	—
大蒜	1斤	120	—	80	54
胡萝卜	1斤	36	62	40	—
胡椒,红色	1斤	120	18	600	20
胡椒,黑色	1斤	640	550	750	700
中国品种萝卜	1斤	120	752	20	30
白萝卜	1斤	120	—	10	—
菠菜	1斤	40	12	28	—
核桃	1斤	160	—	120	—
洋葱	1斤	169	140	55	60
盐	1斤	20	40	10	20
烟草	1斤	320	6	270	150
煎鱼	1斤	480	290	315	—
炖鱼	1斤	480	160	—	—
干鱼	1斤	180	180	180	—
墨鱼	1斤	—	160	450	—
螃蟹	1斤	120	—	170	—
猪肉	1斤	260	—	200	200
猪大油	1斤	320	180	270	—
生牛肉	1斤	320	300	180	—
熟牛肉	1斤	—	180	180	—
牛油	1斤	329	200	260	—
鸭子	1只	500	—	—	400
野鸭	1只	600	—	—	—

(续表)

Amtsblatt
für das
Deutsche Kiautschou-Gebiet.

青島官報

Herausgegeben vom Kaiserlichen Gouvernement Kiautschou.

Der Bezugspreis beträgt jährlich $ 2=M 4.
Bestellungen nehmen sämtliche deutsche Postanstalten entgegen.

Jahrgang 7.   Nr. 2.   Tsingtau, den 13. Januar 1906.

Verordnungen und Bekanntmachungen.

Bekanntmachung.

Auf Grund des § 3 der Wildschon-Verordnung vom 9. November 1905 (Amtsblatt 1905, Seite 254) wird die Jagd auf Hasen bis zum 29. Januar d. Js. einschliesslich verlängert. Die Schonzeit für Hasen beginnt somit am 30. Januar d. Js.

Tsingtau, den 9. Januar 1906.

Der Kaiserliche Gouverneur.

Allerhöchst mit der Stellvertretung beauftragt.

van Semmern.

Bekanntmachung.

Das chinesische Komittee hat folgende vier Ersatzmitglieder für das Jahr 1906 gewählt:
1. Tschu tsze hsing, Schantung Kaufmann;
2. Hsü hsi san, Schantung Kaufmann;
3. Fu tschi tang, Tschetschiang Kaufmann;
4. Tschou tschi fang, Komprador.

Einsprüche im Sinne des § 3 der Verordnung, betreffend die provisorische Errichtung eines chinesischen Kommittees vom 15. April 1902 (Amtsblatt 1902, Seite 59) sind von den dazu Berechtigten bis zum 22. Januar 1906 in der chinesischen Kanzlei einzureichen.

Tsingtau, den 6. Januar 1906.

Der Kommissar für chinesische Angelegenheiten.

大德欽命管理中華事宜輔政司單為

諭

出示曉諭事案查青抱島華商值年董事定章每屆中華年節更易四人歷經照辦在案茲又據商務公所各董公舉浙江商人傅介堂又買辦浙江人周季芳山東商人朱子興又徐錫三四人接充新董稟請核准批示前來本輔政司據此當經查核屬寔合亟曉諭仰諸商如有與新舉之四董內意不佩服者准按一千九百二年四月十五日訂章第三欵辦理可以親投署本指名報明以便核辦限至西歷本年正月二十二日截止仰各知悉切切特諭

大德一千九百六年正月初六日

右諭通知

告示

Bekanntmachung.

Nach der Verordnung, betreffend Schutzpockenimpfung vom 17. Juni 1902 (Amtsblatt 1902, Seite 101) ist
a. jedes Kind vor dem Ablaufe des auf sein Geburtsjahr folgenden Kalenderjahres,
b. jeder Zögling einer öffentlichen Lehranstalt oder einer Privatschule innerhalb des Jahres, in dem er das 12. Lebensjahr zurücklegt, sofern er nicht nach ärtzlichem Zeugnis in den letzten 5 Jahren die natürlichen Blattern überstanden hat oder mit Erfolg geimpft ist,
der Impfung mit Schutzpockenzu unterziehen.

Im Anschluss daran wird hiermit bekannt gemacht, dass die Impfung der Europäer Marine-Stabsarzt Dr. Opper in seiner Wohnung Prinz Heinrichstrasse 145 II während des Monats Februar an jedem Donnerstag von 8—9 vormittags vornimmt.

Die unentgeltlichen Impfungen für Chinesen finden in den Monaten Februar und März jeden Sonnabend von 10—12 Uhr vormittags im Faberhospital in Tapautau statt. In Litsun werden die Impfungen bis auf weiteres an jedem Markttage vorgenommen.

Tsingtau, den 10. Januar 1906.

Der Kaiserliche Zivilkommissar.

大德管理中華事宜輔政司單為

援案出示通行曉諭華民種痘事照得茲擬於

西本年二三兩月每逢禮拜六上午十點鐘起

至十二點鐘止其青島一帶可赴青島花之安

醫院請種其李村一帶每逢集日可赴該處醫

院請種為此諭仰闔屬人民一體知悉毋誤特

諭

右諭通知

德一千九百六年正月初十日

告示

Amtliche Anzeigen.

Bekanntmachung.

Das Bataillon beabsichtigt am 16., 18., 20. und 22. d. Mts. im Gelände nordöstlich von Hu tau tsy mit Schussrichtung gegen den Ku schan und am 23. und 25. d. Mts. im Gelände nordöstlich der Strasse Hsiau tsung tschwang - Syfang mit Schussrichtung gegen die Höhen 110,5 und 113,5 in der Zeit von 7 Uhr vormittags bis 4 Uhr nachmittags gefechtsmässig zu schiessen.

Vor Betreten des Geländes zu den angegebenen Zeiten wird gewarnt.

Syfang, den 9. Januar 1906.

I. Bataillon
I. Ostasiatischen Infanterieregiments.

Bekanntmachung.

Am Dienstag, den 16. Januar 1906, 10 Uhr vormittags, sollen bei den Baubuden auf dem Bismarckberge
100 cbm Brennholz
öffentlich meistbietend gegen Barzahlung versteigert werden.

Tsingtau, den 9. Januar 1906.

Kaiserliche Fortifikation.

Bekanntmachung.

Als gestohlen angemeldet: 1 silberne Remontoiruhr mit Stahlkette; 1 goldene Brosche mit einer Rosette, in der Mitte eine Perle; 1 Papiermesser in Form eines Dolches; 6 Bettlaken, gez. O. A. B. C. S. J. G.

Als verloren angemeldet: 1 lange Damenboa aus grauen Straussenfedern.

Tsingtau, den 10. Januar 1906.

Kaiserliches Polizeiamt.

告示

大德輔政司崑爲

出示曉諭事照得駐紥四方兵隊訂於西歷本年正月十六十八二十二十二等五日每日早自七點鐘起至午後四點鐘止在湖島子泉北係演鎗向孤山一帶施放又於正月二十三二十五兩日每日早自七點鐘起午後四點鐘止在四方去小村庄馬略東北櫟演鎗向東北之山施放屆期禁止人民在於該處行走以防不測仰各遵照切切特諭

右諭通知

大德一千九百六年正月初九日

告白

啓者本局現有柴火一百厪必米打擬於西本月十六日早十點鐘在東營盤北山板房處拍賣如有欲買者屆期攜帶垜洋臨場面議可也此佈

大德一千九百六年正月初九日

青島礮台工程局啓

告白

啓者兹將本署據報被竊遺失各物列左

被竊各物
把𢇁銀表一枚帶有鋼鍊一條女人領扣針一個面有金星花樣中間嵌有珠子
裁布紙刀一把形式一似短劍
戎布六塊每塊上有西字 O. A. B. C. S. I. G.

遺失各物
女人豹毛長圍脖一條上有駝鳥毛以上被竊遺失各物切勿輕買見亦官報明本署此佈

大德一千九百六年正月初十日

青島巡捕衙門啓

Mitteilungen.

Die Witterung zu Tsingtau im Monat Dezember 1905 nach den Aufzeichnungen der Meteorologisch-astronomischen Station.

Im Monat Dezember stand die Temperatur der Luft hauptsächlich unter dem Einfluss der herrschenden Winde. Die mittlere Tagestemperatur betrug +2,6°; den absolut höchsten bezw. niedrigsten Stand im Monat zeigte das Thermometer am 5. mit +13,5° und am 21. mit —8,0°.

Zu Anfang des Monats herrschte bei leichten südlichen Winden steigende Temperatur, dann fiel dieselbe infolge der andauernden frischen bis stürmischen Winde aus nördlichen Richtungen vom 9. bis 13. um rund 13°, um darauf wieder bis zum 18. allmählig um 8° zu steigen; dieser Aufwärtsbewegung folgte innerhalb zweier Tage wieder ein Temperatursturz um 8°, welcher jedoch kurz darauf bis zum 24. wieder um 9° in die Höhe gebracht wurde. Von nun an ging die Temperatur, eine kleine Schwankung nach oben abgerechnet, allmählig immer mehr herunter und hatte am 31. mit —4,2° einen Stand von 6,8° unter dem Monatsmittel. An 17 Tagen im Monat hatte das Thermometer einen Stand unter Null, an 6 von diesen Tagen, sogenannten Eistagen, blieb selbst das Maximum-Thermometer stetig unter dem Gefrierpunkte.

Der starken Bewölkung des Himmels entsprechend, die 5,4 Zehntel im Durchschnitt ausmachte, kamen 10 trübe und nur 6 heitere Tage im Monat vor.

Durch den Sonnenscheinautographen wurden 130,9 Stunden Sonnenschein, das sind etwa 43 % des möglichen, aufgezeichnet. An 10 Tagen im Monat war die Sonne weniger als 1 Stunde sichtbar.

Der relative Feuchtigkeitsgehalt der Luft nahm mit dem Steigen und Fallen der Temperatur zu bezw. ab, derselbe betrug durchschnittlich 72 %, erreichte aber an einigen Tagen nahezu 100 %.

An 5 Tagen fiel Regen, an 1 Tage messbarer Schnee; die Gesamtniederschlagsmenge erreichte eine Höhe von 20,8 mm. Seit dem 18. morgens waren die Spitzen des Lauschans mit Schnee bedeckt.

In den Morgenstunden wurde öfters Reif und Nebel beobachtet; letzterer war besonders am 24. sehr dicht, sodass das Gesichtsfeld zeitweise auf etwa 60 Meter begrenzt war.

Die Winde, welche sich hauptsächlich auf den Quadranten von Nord-West über Nord bis Nord-Ost beschränkten, wehten zum grossen Teil frisch bis stürmisch.

Die durchschnittliche Windstärke im Monat betrug 3,8 der Beaufort-Skala.

An folgenden Tagen wurden zur Zeit der täglichen 3 Beobachtungstermine Windstärken 6 und darüber beobachtet: am 8. NW Stärke 8, am 11. NW Stärke 8, am 13. NW Stärke 8, am 19. NNW Stärke 8, am 20. NNW Stärke 9 und NW Stärke 8, am 24. NNW Stärke 7, am 25. N Stärke 6, am 26. N Stärke 6, am 30. N Stärke 6 und NNW Stärke 8 und am 31. N Stärke 7 und NNW Stärke 6.

*   *   *

Der Kurs bei der Gouvernementskasse beträgt vom 10. d. Mts. ab: 1 $ =2,10 M.

*   *

Standesamtliche Nachrichten.

Geburt: 9. 1. 1906. ein Sohn dem Marine - Intendantursekretär Köster.

*   *

Fahrplan des Truppentransportdampfers „Borussia" mit dem Ablösungstransport für das Gouvernement Kiautschou:

Wilhelmshaven	ab 13.	Januar 1906.
Port Said	„ 26.	„ „
Suez	„ 27.	„ „
Colombo	an 8.	Februar „
„	ab 9.	„ „
Hongkong	an 19.	„ „
„	ab 20.	„ „
Tsingtau	an 24.	„ „
„	ab 7.	März „
Singapore	an 16.	„ „
„	ab 17.	„ „
Colombo	an 23.	„ „
„	ab 24.	„ „
Suez	„ 5.	April „
Port Said	„ 6.	„ „
Wilhelmshaven	an 19.	„ „

Wenn der Dampfer infolge günstiger Fahrt einen der Häfen früher erreicht, als vorgesehen ist, so kann die Abfahrt auch entsprechend früher erfolgen.

16.   Amtsblatt—報官島靑   13. Januar 1906.

*   *   *

Die Schantung-Eisenbahn-Gesellschaft hat vom 15. d. Mts. ab folgenden Ausnahme-Tarif für Petroleum eingeführt:

Ausnahme-Tarif Nr. 11.

Für die Beförderung von Petroleum in Wagenladungen wird im Versand von den Stationen Tsingtau-Bahnhof und Tsingtau-Hafenhaltestelle Gr. Hafen nach den Stationen Tschinglingtschen, Hutien, Tschangtien, Nanting, Tsetschuan, Takuenlun, Poschan, Maschang, Yatschuang, Tschoutsun, Talintschyh, Wangtsun, Putschi, Mingschui, Tsauyuantschuang, Lungschan, Schyhlipu, Kotien, Wangschyhyentschuang, Tsinanfu-Ost und Tsinanfu-West ohne Rücksicht auf die Zahl der aufgegebenen Wagenladungen bis auf Widerruf ein Frachtnachlass von 30 % auf Tarif IV gewährt.

Der Frachtberechnung dieses Ausnahmetarifs wird mindestens ein Gewicht von 15000 kg zu Grunde gelegt.

Der bisherige Ausnahmetarif Nr. 11 für Petroleum wird aufgehoben.

Meteorologische Beobachtungen
in Tsingtau.

Datum. Jan.	Barometer (mm) reduz. auf 0° C., Seehöhe 78,64 m			Temperatur (Centigrade).								Dunstspannung in mm			Relat. Feuchtigkeit in Prozenten		
				trock. Therm.			feucht. Therm.										
	7 Vm	2 Nm	9 Nm	7 Vm	2 Nm	9 Nm	7 Vm	2 Nm	9 Nm	Min.	Max.	7 Vm	2 Nm	9 Nm	7 Vm	2 Nm	9 Nm
4	764,8	763,2	763,7	0,6	3,8	1,9	-07,	0,9	0,7	-2,8	5,2	3,7	3,2	4,1	76	52	78
5	65,5	64,2	64,9	-1,4	4,0	2,4	-2,0	3,1	1,6	-2,9	4,4	3,6	5,2	4,7	88	85	85
6	64,0	61,8	61,2	-1,2	5,7	3,8	-1,9	4,8	1,9	-3,0	6,8	3,6	5,9	4,1	86	86	69
7	61,0	60,9	61,7	2,8	5,3	4,3	1,6	3,2	3,0	1,8	7,2	4,5	4,5	4,9	79	68	79
8	63,0	62,4	62,9	5,5	7,0	6,0	4,0	5,1	4,6	3,8	7,5	5,2	5,4	5,5	77	72	79
9	61,7	57,9	57,5	2,9	3,5	-0,8	2,1	2,8	-1,0	-0,8	4,6	4,9	5,2	4,2	86	88	96
10	57,7	58,3	61,4	-3,7	-2,5	-3,7	-4,1	-3,3	-4,3	-4,8	-1,9	3,1	3,2	2,9	91	83	87

Datum. Jan.	Wind Richtung & Stärke nach Beaufort (0—12)			Bewölkung						Niederschläge in mm		
				7 Vm		2 Nm		9 Nm				
	7 Vm	2 Nm	9 Nm	Grad	Form	Grad	Form	Grad	Form	7 Vm	9 Nm	9 Nm / 7 Vm
4	S 2	S 3	SSO 2	2	Cicci-str	1	Cu-str					
5	N 2	NW 2	ONO 2									
6	N 2	SSO 2	SSO 4	3	Cicci-str	7	Cu-str	4	Cu-str			
7	SW 1	S 5	SO 3	4	Cu-str	7	„	2	Cicci-str			
8	OSO 1	OSO 4	ONO 4	9	„	9	„	7	Cu-str			1,0
9	ONO 4	N 4	N 8	10	Nim	10	Nim	10	Nim	1,0	4,2	5,6
10	N 9	N 10	NNW 6	8	Str	7	Cu-str	2	Cu-str	1,4		

13. Januar 1906.   Amtsblatt—膠州官報   17.

Verzeichnis
der Hausnummern in Tsingtau.

Nr.	Strasse	Bewohner
1	Hui tschüen	Mohrstedt
2	„	Waschanstalt
3	„	„ (Beamtenwohnhaus)
4	„	„ („)
5/7	„	Iltiskasernen
9	Forstweg	Försterhaus
10	„	Oberförsterei
11	Bergstrasse	Friedhofswächter
12	Iltispassstrasse	Rasthaus Poloklub
19	Prinz Adalbertstrasse	Diederichsen, Jebsen & Co.
20	„ „	„
21	„ „	„
23	„ „	Mohrstedt
24	„ „	Mörsel
27	„ „	Dabelstein
28	„ „	Bernick
29	„ „	Snethlage & Siemssen
31	„ „	Diederichsen, Jebsen & Co.
32	Iltispassstrasse	Beamtenwohnhaus (Schrameier)
33	„	„ (Engels)
34	„	Gouverneurshaus
37	„	Ohlmer
38	„	Strandhotel Prinz Heinrich
43/44	Auguste Viktoria Ufer	Baracken Petroleumhalbinsel
45	„	Marine Werkstatt
46	„	„ (Beamtenwohnhaus)
47	„	Sägewerk Reinhard
51	Kaiser Wilhelm Ufer	Kiautschou Leichter Gesellschaft
52	„	Baudirektion
53	„	Yamen
63/64	„	Yamenlager
67	„	Gericht
68	Ostlagerstrasse	Gefängnis
69	„	Beamtenwohnhaus
70 u. 73	„	„
74/77	„	Fortifikation
78	„	Bauhof der Garnison-Verwaltung
79	Iltispassstrasse	Artillerielager
80/82	Ostpassstrasse	Bismarckkasernen
83	„	Baracke der Bauverwaltung IIIa
84	Ostlagerstrasse	Feldlazarett Baracke I.
85	„	„ II.
86	„	„ III.
87	„	„ IV.
88	„	„ V.

89	Ostlagerstrasse	Feldlazarett Baracke VI.
90	”	Tischlerei Meier & Wilde
91	”	Beamtenwohnhaus
92	”	Meier & Wilde
93	Ostpassstrasse	Neues Gouverneurswohnhaus
99	Kaiser Wilhelm Ufer	Chinesischer Tempel
103	”	Schantung-Bergbau-Gesellschaft
105	Johann Albrechtstrasse	Schantung-Eisenbahn-Gesellschaft
108	Wilhelmstrasse	Deutsch-Asiatische Bank
111	Kaiser Wilhelm Ufer	Hotel Prinz Heinrich
113	”	Central-Hotel
115	Prinz Heinrichstrasse	Gebr. Bodewig
123	Kaiser Wilhelm Ufer	Altes Hafenamt
124	”	Proviantamt
125	Friedrichstrasse	Hotel Kiautschou
126	Irenestrasse	Behrens
128	Prinz Heinrichstrasse	Oertel
129	”	Landmann
130	”	Larz (Rote Kreuz-Apotheke)
135	”	Postamt
136	Albertstrasse	Kiautschou-Gesellschaft
137	Irenestrasse	” ”
139	”	Wolf
140	Tirpitzstrasse	Gebr. Laengner
141	”	Wolf
144	Prinz Heinrichstrasse	Pickardt
145	”	Snethlage & Siemssen
146	”	”
147	”	”
148	Tirpitzstrasse	Bernick & Pötter (Eiche)
149	”	Mauerer
152	Prinz Heinrichstrasse	Katholische Mission
158	Irenestrasse	”
159	”	Wolf
160	”	Ritthausen
161	”	Bergen
162	”	Siemssen
167	Bismarckstrasse	Prüss
168/69	”	Watson
170	”	Behn
171	”	Reuter
172	”	Beamtenwohnhaus (Dr. Crusen)
173	”	Gouvernementskapelle
174	”	Gouvernementsschule
176	”	Lazarett-Verwaltungsgebäude
177	Westpassstrasse	Beamtenwohnhaus
178	”	”
179	”	Meteorologische Station
180	Bismarckstrasse	Gouvernementslazarett
182	Lazarettweg	Bauverwaltung III c
183	”	” III a
184	Diederichsweg	Beamtenwohnhaus (König)
185	”	Stickforth

186	Diederichsweg	Diederichsen, Jebsen & Co.
187	„	Bataillonshaus
188	Gouvernementsplatz	Gouvernementsgebäude
189	Irenestrasse	Röper
190	„	Gebr. Laengner
191	„	Bernick & Pötter
198	Hohenloheweg	Luther
199	Irenestrasse	Snethlage & Siemssen
200	„	„
201	„	„ (Kiautschou- Bibliothek)
209	„	„
210	„	Wagner
211	„	„
212	Friedrichstrasse	„
213	„	Meier & Wilde
214	„	Arnhold, Karberg & Co
218	„	Seemannshaus
219	„	Eggeling
221	Berlinerstrasse	Kappler
223/24	Kronprinzenstrasse	Snethlage & Siemssen
225/26	„	„
231	„	Müller, Robert
236	Hohenloheweg	Wöniger
237	„	Kliene
240	„	Diederichsen, Jebsen & Co.
242	„	Lindner
243	„	Beermann
244	„	Tschou tschi fang
249	Luitpoldstrasse	Katholische Mission
252	Bremerstrasse	„ (Heilige Geist- Kloster)
258	Friedrichstrasse	Vogt
259	„	Richter
260	„	Baumann
261	„	Krogh
264	Bremerstrasse	Johannsen
265	Friedrichstrasse	Fuhlroth Erben
268	„	Schierwagen & Scheithauer
269	„	Ehrlich
270	Hohenloheweg	Ahrens
271	Friedrichstrasse	„
272	„	„
273	Hohenloheweg	Röber und Kluckow
274	„	Ehrlich
301	Friedrichstrasse	Polizei- Station Tsingtaubrücke
302	Kaiser Wilhelm Ufer	Zollstation Tsingtaubrücke
303/05	„	Garnison- Verwaltung
306	Hohenzollernstrasse	„
308/09	Kaiser Wilhelm Ufer	Schwarzkopf & Co.
310	„	Siemssen & Co.
311	„	Carlowitz & Co.
312	„	Cheap Jack & Söhne
313	Wilhelmshavenerstrasse	„
314	Hohenzollernstrasse	Schui fu hsiang (Bahnhofs- Hotel)

20.   Amtsblatt—青島官報   13. Januar 1906.

315	Hohenzollernstrasse	Fu ping tschau
318/19	"	Schwarzkopf & Co.
320	Kaiser Wilhelm Ufer	Kroebel & Co.
322	Kaiser Wilhelm Ufer	Diederichsen, Jebsen & Co.
323	"	Anz & Co.
324	"	Ritthausen & Co.
326	"	"
327	Kronprinzenufer	Feldbatterie
332		Ritthausen & Co.
337	Kielerstrasse	Bahnhof
339		Eisenbahn-Abteilungsgebäude
342	Kielerstrasse	Yü lai & Co.
346	Hohenzollernstrasse	Sietas, Plambeck & Co.
347	"	Eberhardt, Bollweg & Co.
348	Prinz Heinrichstrasse	Sietas, Plambeck & Co.
349	Hamburgerstrasse	"
350	Hohenzollernstrasse	Seezollamt
351	Friedrichstrasse	Beamtenwohnhaus
354	"	"
355	Prinz Heinrichstrasse	Sietas, Plambeck & Co.
391	Hamburgerstrasse	Fechner
393	"	Richter
394	Friedrichstrasse	Beamtenwohnhaus (Berger)
400/3	Kronprinzenstrasse	F. H. Schmidt
404/5	Friedrichstrasse	Weber
406	"	Bauverwaltung II
408	Berlinerstrasse	Rose
410	Friedrichstrasse	Snethlage & Siemssen
411	"	Herold
413/14	Hamburgerstrasse	Bernick & Pötter
436	Kronprinzenstrasse	Polizeiamt
437	Hamburgerstrasse	Steffens
441	"	Wang kung yü
444	Bremerstrasse	Snethlage & Siemssen
445	"	"
446	"	"
447	"	"
448	Hamburgerstrasse	Tschou You ting
450	Takustrasse	Kliene
452	Hamburgerstrasse	Matz
453	Bremerstrasse	"
482	Münchenerstrasse	Diederichsen, Jebsen & Co.

31. Januar 1906. Amtsblatt—青島官報 21.

Schiffsverkehr
in der Zeit vom 4.—11. Januar 1906.

Ankunft am	Name	Kapitän	Flagge	Reg. Tonnen.	von	Abfahrt am	nach
4. 1.	D. Labor	Jensen	Norweg.	949	Tschifu	6. 1.	Schanghai
„	D. Gouv. Jaeschke	Treumann	Deutsch	1045	Schanghai	„	„
5. 1.	D. Victoria	Messer	Chines.	934	Tschifu	7. 1.	„
6. 1.	D. Lok Sang	Hussy	Englisch	979	Schanghai	8. 1.	„
7. 1.	D. Ohio II	Gundersen	Amerik.	755	Tschifu	7. 1.	„
„	D. Peiho	Deinat	Deutsch	476	Tschemulpo	8. 1.	„
8. 1.	D. Staatssekr. Kraetke	Hansen	„	1208	Schanghai	„	Tschifu
9. 1.	D. Adm. v. Tirpitz	Block	„	1199	Tschifu	9. 1.	Schanghai
„	D. Forstek	Jasper	„	1814	Hongkong		
10. 1.	D. Roon	Meiners	„	5033	Schanghai	11. 1.	Nagasaki

Druck der Missionsdruckerei Tsingtau.

第七年　第二号

1906年1月13日

法令与告白

告白

根据1905年11月9日的《狩猎条例》《保卫滋生走兽章程》)(1905年《官报》,第254页)第三条,猎兔的时间延长到今年1月29日,兔子保育期自今年1月30日开始。

青岛,1906年1月9日
皇家总督
最高敕令委任代理
师孟

大德钦命管理中华事宜辅政司单　为

出示晓谕事:案查《青抱(鲍)岛华商值年董事定章》,每届中华年节更易四人,历经照办在案。兹又据商务公所各董公举浙江商人傅介堂,又买办浙江人周季芳、山东商人朱子兴,又徐锡三四人接充新董,禀请核准批示前来本辅政司。据此当经查核属实,合亟晓谕。仰诸商如有与新举之四董内意不佩服者,准按一千九百二年四月十五日订章第三款办理。可以亲投署本(本署),指名报明,以便核办,限至西历本年正月二十二日截止。仰各知悉。切切特谕。

右谕通知
大德一千九百六年正月初六日　告示

告白

根据1902年6月17日的《关于接种牛痘疫苗的命令》(1902年《官报》,第101页),下列情况须接种牛痘疫苗:

a. 每名儿童在出生年度的下一日历年度内;

b. 每名公共教育机构或者私立学校寄宿生在年满12岁的年度里,在过去五年没有医生出具证明已平安度过自然感染的天花或者成功接种时。

谨承上述通知,欧洲人由海军上尉军医奥普博士在其位于海因里希亲王街145II号的住处接种,时间为二月份的每周四上午8至9点。

在二、三两月的每周六上午10至12点为华民免费在大鲍岛接种。在另行通知之前,在李村的接种时间为每次大集当天。

青岛,1906年1月10日
皇家民政长

大德管理中华事宜辅政司单　为

援案出示通行晓谕华民种痘事:照得兹拟于西本年二、三两月每逢礼拜六上午十点钟起至十二点钟止,其青岛一带,可赴青岛花之安医院请种;其李村一带,每逢集日可赴该处医院请种。为此谕,仰阖属人民一体知悉。毋误。特谕。

右谕通知
德一千九百六年正月初十日　告示

官方通告

大德辅政司崑　为

出示晓谕事:照得驻扎四方兵队订于西历本年正月十六、十八、二十、二十二等五日,每日早自七点钟起,至午后四点钟止,在湖岛子东北操演枪,向孤山一带施放。又于西正月二十三、二十五两日,每日早自七点钟起,午后四点钟止,在四方去小村庄马路东北操演枪,向东北之山施放。届期禁止人民在于各该处行走,以防不测。仰各遵照。切切特谕。

右谕通知
大德一千九百六年正月初九日　告示

告白

启者:本局现有柴火一百库必米打[①],拟于西本月十六日早十点钟在东营盘北山板房处拍卖。如有欲买者,届期携带现洋,临场面议可也。此布。

大德一千九百六年正月初九日
青岛炮台工程局启

---

① 译者注:德语 Kubikmeter 音译,即立方米。

告白

启者：兹将本署据报被窃、遗失各物列左：

被窃各物：

把上弦银表一枚，带有钢链一条；女人领扣针一个，面有金星花样，中间嵌有珠子；裁纸刀一把，形式一似短剑；床布六块，每块上有西字"O. A. B. C. S. I. G."。

遗失各物：

女人羽毛长围脖一条，上有鸵鸟毛。

以上被窃、遗失各物切勿轻买，如见亦宜报明本署，此布。

大德一千九百六年正月初十日
青岛巡捕衙门启

消息

气象天文台记录的青岛在1905年12月的天气情况

12月的气温主要受到大风的影响，平均温度为2.6度，气温计记录的当月绝对最高值和最低值分别为5日的13.5度和21日的－8度。

月初时有微弱的南风，气温上升，之后在9日至13日从北方刮来持续的凉风直至暴风，气温下降约13度。此后到18日，气温逐渐又上升8度。此次气温上升后，接着在两天内骤降8度，而之后不久，一直到24日，气温又冲高9度。这时的气温有一次小幅升高的波动，逐渐不断下滑，在31日达到－4.2度，比月度平均气温低了6.8度。本月中，气温计测得17天的气温处于零下，其中有6天是所谓的冰冻天，即使是最高温气温计也总是处于冰冻点以下。

与平均占比为54%的云量相应的是，当月出现了10个阴天，只有6个晴天。

日照指数计记录下130.9小时的日照时间，约占可能日照时间的43%。本月有10天时间，可以看见太阳的时间少于1小时。

空气相对湿度随着气温的升降而起伏变化，平均数值为72%，但是有几天也达到了近100%。

有5个降雨天，有一天有可测量的降雪，平均降水量为20.8毫米。自18日晨起，崂山各山峰均有降雪覆盖。

早晨经常观测到露水和雾，尤其是24日为大雾，这导致能见度有时被限制在约60米之内。

风向主要局限在从西北经北方到东北方向的范围，风力大多为冷风到暴风级别。

本月平均风力强度为3.8蒲福风级。

在下列几天里,每天的3个观测时间点观测到风力为6级及以上:8日西北风8级,11日西北风8级,13日西北风8级,19日西北偏北风8级,20日西北偏北风9级以及西北风8级,24日西北偏北风7级,25日北风6级,26日北风6级,30日北风6级和西北偏北风8级,31日北风7级和西北偏北风6级。

总督府财务处自本月10日起的汇率为:1元＝2.10马克。

户籍所的消息:
出生:1906年1月9日,海军军需部秘书科斯特得子一名。

为胶澳总督府运载轮换部队的军队运输船"普鲁士"号的行驶计划为:

威廉港	1906年1月13日起航
塞得港	1906年1月26日起航
苏伊士运河	1906年1月27日起航
科伦坡	1906年2月 8日抵达
科伦坡	1906年2月 9日起航
香港	1906年2月19日抵达
香港	1906年2月20日起航
青岛	1906年2月24日抵达
青岛	1906年3月 7日起航
新加坡	1906年3月16日抵达
新加坡	1906年3月17日起航
科伦坡	1906年3月23日抵达
科伦坡	1906年3月24日起航
苏伊士运河	1906年4月 5日起航
塞得港	1906年4月 6日起航
威廉港	1906年4月19日抵达

如果轮船由于航行顺利提前抵达港口,预计起航时间会相应提前。

山东铁路公司自本月15日起对煤油实行下列特别费率:

第11号特别费率

对于从青岛火车站和青岛大港港口停车点向金岭镇、湖田、张店、南定、淄川、大昆仑、博山、马尚、涯庄、周村、大临池、王村、普集、明水、枣园庄、龙山、十里堡、郭店、王舍人庄、济南东和济南西火车站按车皮运送的煤油,不管交运车皮的数量多少,在本规定撤销之前,都对4号费率减收30%的运费。

本特别运费均按照每车皮重量最低15 000千克为基础进行计算。

撤销目前为止施行的第11号特别煤油运输费率。

目录

青岛门牌号

1	会前①	摩尔施泰特
2	会前	洗衣房
3	会前	洗衣房(官员住宅)
4	会前	洗衣房(官员住宅)
5/7	会前	伊尔蒂斯兵营
9	森林道	林业局办公楼
10	森林道	高等林业局
11	大山街②	公墓守护房
12	伊尔蒂斯道街③	马球俱乐部休息楼
19	阿达尔伯特亲王街④	捷成洋行
20	阿达尔伯特亲王街	捷成洋行
21	阿达尔伯特亲王街	捷成洋行
23	阿达尔伯特亲王街	摩尔施泰特
24	阿达尔伯特亲王街	莫尔泽尔
27	阿达尔伯特亲王街	达波尔施坦
28	阿达尔伯特亲王街	伯尼克
29	阿达尔伯特亲王街	祥福洋行
31	阿达尔伯特亲王街	捷成洋行
32	伊尔蒂斯道街	单维廉别墅
33	伊尔蒂斯道街	恩格斯别墅

---

① 译者注:青岛内界9个村庄之一,形成于明代,旧址位于今中山公园内。1901年,德国胶澳总督府征收会前村全部土地,废村拆屋,在此建立植物试验场和狩猎场。
② 译者注:即今大学路。
③ 译者注:即今文登路。
④ 译者注:即今栖霞路。

(续表)

34	伊尔蒂斯道街	总督府
37	伊尔蒂斯道街	阿理文别墅
38	伊尔蒂斯道街	海因里希亲王沙滩饭店
43/44	奥古斯特·维多利亚海岸①	煤油半岛营房
45	奥古斯特·维多利亚海岸	海军修船厂
46	奥古斯特·维多利亚海岸	海军修船厂(官员住宅)
47	奥古斯特·维多利亚海岸	莱茵哈德和罗帕公司锯木厂
51	威廉皇帝海岸②	驳船公司
52	威廉皇帝海岸	工程总局
53	威廉皇帝海岸	衙门
63/64	威廉皇帝海岸	衙门兵营
67	威廉皇帝海岸	法院
68	东大营街③	监狱
69	东大营街	官员住宅
70和73	东大营街	官员住宅
74/77	东大营街	炮台局
78	东大营街	管理公家什物局建材堆场
79	伊尔蒂斯道街	炮营
80/82	东关街④	俾斯麦兵营
83	东关街	第一工部局一部营房
84	东大营街	野战医院1号营房
85	东大营街	野战医院2号营房
86	东大营街	野战医院3号营房
87	东大营街	野战医院4号营房
88	东大营街	野战医院5号营房
89	东大营街	野战医院6号营房
90	东大营街	迈耶尔和维尔德木匠厂
91	东大营街	官员住宅

---

① 译者注：即今莱阳路。
② 译者注：即今太平路。
③ 译者注：即今黄县路，还包括广西路东头的一部分。
④ 译者注：即今大学路。

(续表)

92	东大营街	迈耶尔和维尔德公司
93	东关街	新的总督官邸
99	威廉皇帝海岸	天后宫
103	威廉皇帝海岸	山东矿业公司
105	约翰·阿尔布莱希特街①	山东铁路公司
108	威廉街②	德华银行
111	威廉皇帝海岸	海因里希亲王饭店
113	威廉皇帝海岸	中和饭店
115	海因里希亲王街③	博德维希兄弟公司
123	威廉皇帝海岸	老的船政局
124	威廉皇帝海岸	给养处
125	弗里德里希街④	胶澳饭店
126	依蕾娜街⑤	相宜洋行
128	海因里希亲王街	厄尔特尔理发店
129	海因里希亲王街	德基洋行
130	海因里希亲王街	拉尔茨（费寿药房）
135	海因里希亲王街	邮局
136	阿尔伯特街⑥	胶澳公司
137	依蕾娜街	胶澳公司
139	依蕾娜街	伍尔夫公司
140	提尔皮茨街⑦	馥香洋行
141	提尔皮茨街	伍尔夫公司
144	海因里希亲王街	菲哈唎洋行
145	海因里希亲王街	祥福洋行
146	海因里希亲王街	祥福洋行
147	海因里希亲王街	祥福洋行

---

① 译者注：即今九水路。
② 译者注：即今青岛路。
③ 译者注：即今广西路。
④ 译者注：又译作"斐迭里街"等，即今中山路南段。
⑤ 译者注：即今湖南路。
⑥ 译者注：即今安徽路。
⑦ 译者注：即今莒县路。

(续表)

148	提尔皮茨街	贝泥各和波特公司（橡树饭店）
149	提尔皮茨街	毛利洋行
152	海因里希亲王街	天主教会
158	依蕾娜街	天主教会
159	依蕾娜街	伍尔夫别墅
160	依蕾娜街	里特豪森别墅
161	依蕾娜街	卑尔根别墅
162	依蕾娜街	工业辛迪加
167	俾斯麦街①	普吕斯
168/169	俾斯麦街	沃特森别墅
170	俾斯麦街	贝恩别墅
171	俾斯麦街	罗伊特别墅
172	俾斯麦街	官员住宅（克鲁森博士）
173	俾斯麦街	督署小教堂
174	俾斯麦街	督署小学
176	俾斯麦街	野战医院办公大楼
177	西关街②	官员住宅
178	西关街	官员住宅
179	西关街	气象台
180	俾斯麦街	督署野战医院
182	野战医院道③	第三工部局三部
183	野战医院道	第三工部局一部
184	棣德利道④	官员住宅（医师长柯尼希）
185	棣德利道	斯迪克福特别墅
186	棣德利道	捷成洋行
187	棣德利道	第三海军营营部
188	督署广场	总督府大楼
189	依蕾娜街	罗帕

---

① 译者注：即今江苏路南段。
② 译者注：即今江苏路北段。
③ 译者注：即今平原路。
④ 译者注：即今沂水路。

(续表)

190	依蕾娜街	馥香洋行
191	依蕾娜街	贝泥各和波特公司
198	霍恩洛厄道①	路德公寓
199	依蕾娜街	祥福洋行（路德膳食旅店）
200	依蕾娜街	祥福洋行（路德膳食旅店）
201	依蕾娜街	祥福洋行（胶澳图书馆）
209	依蕾娜街	祥福洋行
210	依蕾娜街	瓦格纳②
211	依蕾娜街	瓦格纳
212	弗里德里希街	瓦格纳
213	弗里德里希街	迈耶尔和维尔德公司
214	弗里德里希街	嘉卑世洋行
218	弗里德里希街	水师饭店
219	弗里德里希街	双和洋行
221	柏林街③	卡普勒别墅
223/224	皇太子街④	祥福洋行
225/226	皇太子街	祥福洋行
231	皇太子街	罗伯特·穆勒（理发师）
236	霍恩洛厄道	沃尼戈
237	霍恩洛厄道	保大洋行
240	霍恩洛厄道	捷成洋行
242	霍恩洛厄道	林德那
243	霍恩洛厄道	大丰洋行
244	霍恩洛厄道	周至方（音译）
249	路易波德街⑤	天主教会
252	不来梅街⑥	天主教会（圣灵修道院）

① 译者注：即今德县路。
② 译者注：时装店。
③ 译者注：即今曲阜路。
④ 译者注：即今湖北路。
⑤ 译者注：即今浙江路。
⑥ 译者注：即今肥城路。

(续表)

258	弗里德里希街	佛格特
259	弗里德里希街	里希特
260	弗里德里希街	宝满洋行
261	弗里德里希街	福利洋行
264	不来梅街	禅臣洋行
265	弗里德里希街	福尔洛特
268	弗里德里希街	色瓦改洋行
269	弗里德里希街	业利公司
270	霍恩洛厄道	阿伦斯公司
271	弗里德里希街	阿伦斯公司
272	弗里德里希街	阿伦斯公司
273	霍恩洛厄道	罗伯和克鲁科夫公司
274	霍恩洛厄道	业利公司
301	弗里德里希街	青岛桥警察站
302	威廉皇帝海岸	海关大楼
303/305	威廉皇帝海岸	管理公家什物局
306	霍恩佐伦街①	管理公家什物局
308/309	威廉皇帝海岸	顺和洋行
310	威廉皇帝海岸	禅臣洋行
311	威廉皇帝海岸	礼和洋行
312	威廉皇帝海岸	耀记
313	威廉港街②	耀记
314	霍恩佐伦街	瑞福祥（火车站饭店）
315	霍恩佐伦街	傅炳昭
318/319	霍恩佐伦街	顺和洋行
320	威廉皇帝海岸	立中洋行
322	威廉皇帝海岸	捷成洋行
323	威廉皇帝海岸	益斯洋行
324	威廉皇帝海岸	大森洋行

---

① 译者注：即今兰山路。
② 译者注：即今郯城路。

(续表)

326	威廉皇帝海岸	大森洋行
327	皇太子海岸①	野战炮队
332		大森洋行
337	基尔街②	火车站
339		铁路办公楼
342	基尔街	裕莱号
346	霍恩佐伦街	哈唎洋行
347	霍恩佐伦街	德威洋行
348	海因里希亲王街	哈唎洋行
349	汉堡街③	哈唎洋行
350	霍恩佐伦街	海关
351	弗里德里希街	官员住宅
354	弗里德里希街	官员住宅
355	海因里希亲王街	哈唎洋行
391	汉堡街	费希纳
393	汉堡街	里希特
394	弗里德里希街	寄宿学校
400/403	皇太子街	广包公司
404/405	弗里德里希街	韦伯
406	弗里德里希街	第二工部局
408	柏林街	罗斯洋行
410	弗里德里希街	祥福洋行
411	弗里德里希街	赫洛尔德（克莱默和居朔夫）
413/414	汉堡街	贝泥各和波特公司
436	皇太子街	巡捕局
437	汉堡街	世泰公司
441	汉堡街	王宫羽（音译，kung yu）
444	不来梅街	祥福洋行

---

① 译者注：即今贵州路。
② 译者注：即今泰安路。
③ 译者注：即今河南路。

(续表)

445	不来梅街	祥福洋行
446	不来梅街	祥福洋行
447	不来梅街	祥福洋行
448	汉堡街	周又庭(音译)
450	大沽街①	保大洋行
452	汉堡街	马此洋行
453	不来梅街	马此洋行
482	慕尼黑街②	捷成洋行

船运

1906年1月4日—11日期间

到达日	轮船船名	船长	挂旗国籍	登记吨位	出发港	出发日	到达港
1月4日	劳动号	延森	挪威	949	芝罘	1月6日	上海
1月4日	叶世克总督号	特洛依曼	德国	1 045	上海	1月6日	上海
1月5日	维多利亚号	梅瑟	中国	934	芝罘	1月7日	上海
1月6日	乐生号	胡西	英国	979	上海	1月8日	上海
1月7日	俄亥俄Ⅱ号	贡德尔森	美国	755	芝罘	1月7日	上海
1月7日	白河号	代纳特	德国	476	济物浦	1月8日	上海
1月8日	克莱特克号	韩森	德国	1 208	上海	1月8日	芝罘
1月9日	提尔皮茨号	布洛克	德国	1 199	芝罘	1月9日	上海
1月9日	福斯特克号	雅思帕	德国	1 814	香港		
1月10日	鲁恩号	迈纳斯	德国	5 033	上海	1月11日	长崎

---

① 译者注：即今大沽路。
② 译者注：即今蒙阴路。

Amtsblatt
für das
Deutsche Kiautschou-Gebiet.

Herausgegeben vom Kaiserlichen Gouvernement Kiautschou.

Der Bezugspreis beträgt jährlich $ 2 = M 4.
Bestellungen nehmen sämtliche deutsche Postanstalten entgegen.

Jahrgang 7. | Nr. 3. | Tsingtau, den 16. Januar 1906.

Verordnungen und Bekanntmachungen.

Verordnung,
betreffend
Entwässerung und Anschluss an die Kanalisation.

§ 1.

Soweit die Strassen und öffentlichen Plätze im Stadtgebiet von Tsingtau mit Regenwasserkanalisation und mit Schmutzwasserkanalisation versehen sind oder versehen werden, müssen alle an diesen Strassen und Plätzen liegenden Grundstücke, sobald es die Bauverwaltung verlangt, gemäss den hierüber von der Bauverwaltung erlassenen technischen Vorschriften mit Entwässerungsanlagen versehen und an die Kanalisation angeschlossen werden.

Schon bestehende den Vorschriften nicht entsprechende Entwässerungsanlagen müssen auf Verlangen der Bauverwaltung umgeändert werden.

Die Eigentümer der an die Kanalisation angeschlossenen Grundstücke haben eine noch festzusetzende Kanalisationsabgabe zu entrichten.

§ 2.

Die Herstellung neuer und die Veränderung oder Ergänzung bestehender Entwässerungsanlagen und ihr Anschluss an die Kanalisation bedarf der Genehmigung der Bauverwaltung.

§ 3.

Für die Abführung von Schmutzwasser erfolgt die Herstellung sämtlicher Anlagen ausserhalb der Häuser und für die Abführung von Regenwasser die Herstellung der Leitungen vom Strassenkanal bis zum Hofsinkkasten oder Spundkasten einschliesslich auf Kosten des Eigentümers des anzuschliessenden Grundstückes durch die Bauverwaltung.

Der auf fiskalischem Gelände liegende Teil der Entwässerungsanlage geht in das Eigentum des Fiskus über und wird auf dessen Kosten unterhalten.

§ 4.

Zur Prüfung der in Betrieb genommenen Entwässerungsanlagen, die in der Regel nur alle sechs Monate stattfinden wird, ist dem mit einem Ausweis versehenen Beamten Zutritt zu den Entwässerungsanlagen zu gestatten.

Der Eigentümer des Grundstücks hat notwendige Ausbesserungen auf schriftliche Aufforderung innerhalb der von der Bauverwaltung bestimmten Frist zu bewirken.

Wenn die Herstellung, Umänderung oder Ausbesserung von Entwässerungsanlagen nach Aufforderung nicht innerhalb der bestimmten Frist bewirkt ist, so ist die Bauverwaltung berechtigt, die erforderlichen Arbeiten auf Kosten des Eigentümers des Grundstückes vornehmen zu lassen.

Unterhaltungsarbeiten, welche an den von der Bauverwaltung ausgeführten Leitungsstrecken nötig werden und auf Mängel in der Arbeit oder im Material zurückgeführt werden müssen, werden innerhalb eines Zeitraumes von zwei Jahren vom Tage der Fertigstellung der betreffenden Leitungsstrecke ab von der Bauverwaltung auf ihre Kosten ausgeführt.

§ 5.

Bei Ausführung von Entwässerungsanlagen ohne die vorgeschriebene Genehmigung oder mit Abweichung von dem genehmigten Bauplane tritt Strafverfolgung nach § 367 Ziffer 15 des Strafgesetzbuches ein.

Ferner wird auf Antrag der Bauverwaltung mit Geldstrafe bis zu 75,00 $, im Unvermögensfalle mit Haft bis zu 14 Tagen bestraft:

a. wer nach Aufforderung durch die Bauverwaltung nicht innerhalb der von dieser bestimmten Frist die vorgeschriebenen Entwässerungspläne zur Genehmigung einreicht;

b. wer nach Genehmigung der eingereichten Entwässerungspläne nicht innerhalb der von der Bauverwaltung bestimmten Frist die Entwässerungsanlage fertigstellt;

c. wer durch die Entwässerungsleitung Stoffe abführt, deren Abführung verboten ist.

§ 6.

Die Verordnung tritt mit ihrer Veröffentlichung in Kraft.

Gleichzeitig wird die Verordnung vom 23. Januar 1902, betreffend Hausanschlüsse an die Regenwasserkanalisation (Amtsblatt 1902, Seite 10) aufgehoben.

Tsingtau, den 25. November 1905.

Der Kaiserliche Gouverneur.

Allerhöchst mit der Stellvertretung beauftragt.

van Semmern.

大德欽命署理總督膠澳文武事宜大臣師

為

更訂青抱島各地主分別接通雨水幹筒章程列左

第一條凡街道中或已經或將來修有消流雨水幹筒水幹筒其沿街各地主若經工部局飭令接通幹筒即應遵照該局曉諭之造法章程辦理

至現有未經按章程修築引水各項溝渠一經工部局飭令更改各該地主必宜照辦

所有修通幹筒地方各該地主概宜繳納筒費其數將來再行續訂

第二條各該地主如欲新修或改修或推廣枝筒並接通幹筒者均應報明工部局核准方可興工

第三條接通消流水枝筒房基以外者歸工部局承修至接通消流雨水之枝筒自幹筒以至積水井無論修在地界

内外皆歸工部局承修但各該地主必須照交工費修在公地街道之枝筩叚節將來即歸督署爲主經理

第四條所有已經使用之枝筩嗣後約於每屆六閱月由工部局派員查驗委派之員持有執照不准禁阻進內查驗

工部局如函諭該地主修理枝筩各該地主應即遵照該局所訂期限竣工各該地主若經工部局飭令或新修或更改或修理枝筩者倘在限內並未興工即由工部局自行修造費項若干該地主毋須償費

第五條所有接修枝筩未經工部局核准或核准未按工部局批准之圖樣辦理者一經查出即按德國刑律罰辦

另訂罰章

一 如有接修枝筩圖樣如經工部局飭呈並未依限者
二 如有接修枝筩經工部局核准圖樣後有不按所訂期限竣工者
三 如有將不准傾倒之物拋入枝筩者

若由工部局報告即行究罰洋銀至七十五元之多或監押至十四日之久

第六條此項章程自出示日起一律遵行至西歷一千九百二年正月二十三日所訂之修通雨水幹筩章程應即作廢

大德一千九百五年十一月二十五日

Technische Vorschriften
für
Entwässerungsanlagen
und
Kanalisationsanschlüsse.

§ 1.
Aufforderung zur Herstellung der Anschlüsse.

1. Oeffentlicher Aufruf.

Die Kaiserliche Bauverwaltung bestimmt durch öffentliche Bekanntmachung, an welchen Strassen und öffentlichen Plätzen die Kanalanschlüsse herzustellen sind. Innerhalb dreier Monate nach erfolgter Bekanntmachung haben die Besitzer der an diesen Strassen belegenen Grundstücke oder deren Bevollmächtigte bei der Kaiserlichen Bauverwaltung Abteilung II Entwässerungspläne nach Massgabe der nachstehenden Bestimmungen mit dem schriftlichen Antrage auf Genehmigung zur Neuausführung bezw. zum Umbau der Entwässerungsanlage einzureichen. Erst nach erteilter Genehmigung und unter Einhaltung der darin gestellten Bedingungen ist die Entwässerungsanlage auszuführen.

2. Fristen.

Die Ausführung muss bei Neubauten, bevor die Gebäude bezogen werden, in allen übrigen Fällen innerhalb 3 Monaten nach Genehmigung des Entwässerungsgesuches, beendet sein.

§ 2.
Bestimmungen über die einzuleitenden Abwässer.

1. Flüssige Abgänge.

Durch die Anschlussleitungen müssen alle flüssigen Abgänge von den zum Anschluss verpflichteten Grundstücken abgeführt werden. Das Regenwasser ist getrennt von den Wirtschafts-, Abort- und Stallabwässern abzuleiten.

2. Gewerbliche Abwässer.

Die Ableitung von Abwässern gewerblicher Anlagen bedarf der besonderen Genehmigung des Gouvernements, welche nur widerruflich erteilt und nach der Art der Abwässer an besondere Bedingungen geknüpft werden kann.

3. Feste Stoffe.

Verboten ist die Abführung fester Stoffe irgend welcher Art, namentlich von Küchenabfällen, Schutt, Kehricht, Sand, Asche, Lumpen, sowie von feuergefährlichen, explosionsfähigen und solchen Stoffen, welche geeignet sind, die Kanalwandungen zu beschädigen, Verstopfungen zu veranlassen, oder schädliche und lästige Ausdünstungen zu verbreiten.

4. Haftpflicht.

Für Schäden, welche durch vorschriftswidrige Einleitung vorschriftswidriger Stoffe entstehen, haftet der Grundstücksbesitzer, durch dessen Entwässerungsanlage der Zufluss stattfindet oder stattgefunden hat.

5. Spülaborte.

Für Spülaborte und Pissoire gelten besondere Bestimmungen.

§ 3.
Anträge auf Genehmigung von Hausentwässerungsanlagen.

1. Form des Antrages.

Der Antrag auf Genehmigung einer Hausentwässerungsanlage ist auf vorgeschriebenem Formular mit in zweifacher Ausfertigung beigefügten Plänen, bei der Kaiserlichen Bauverwaltung Abteilung II einzureichen. Die Zeichnungen müssen bei Neubauten mit Bezeichnung der Strasse, Kartenblatt und Parzelle, sowie Unterschrift des Grundstücksbesitzers und des mit der Ausführung betrauten sachverständigen Unternehmers versehen sein und nachstehende Einzelheiten enthalten:

a. den Lageplan des Grundstückes mit Angabe sämtlicher Gebäude im Massstabe 1 : 500 oder 1 : 250;
b. die Grundrisse der in Betracht kommenden Geschosse unter Angabe der Bestimmung der einzelnen Räumlichkeiten im Massstabe 1 : 100;
c. die Längenprofile für sämtliche Hauptleitungen bis zur Höhe des Erdgeschosses mit den ausgerechneten Höhen für die Ableitung und Angabe der Lage des Strassenkanals im Massstabe 1 : 100;
d. die für Fallstränge erforderlichen Durchschnit-

te durch die Gebäude bis einschliesslich des Dachgeschosses im Massstabe 1 : 100.

2. Anträge für bestehende Häuser.

Bei bestehenden Häusern können die bei der Baupolizei vorliegenden Zeichnungen oder Duplikate derselben als Unterlagen für den einzureichenden Antrag in sinngemässer Weise wie bei Neubauten benutzt werden.

3. Ausführung der Pläne.

In den Zeichnungen muss die Entwässerungsanlage selbst klar und verständlich mit Bezug sowohl auf bestehende, wie geplante Anlagen und auf sämtliche bei der Entwässerung in Betracht kommenden Angaben dargestellt werden. Die Zeichnungen müssen enthalten:

a. die Lage etwa vorhandener Kanäle, Wasserleitungen, Bezeichnung der Richtung des oberirdischen Wasserlaufs, der Regenrohre und Ausgussstellen, sowie Art derselben (Küchen-, Wasch- oder Badeausguss und dergleichen), der Zapfkrähne, Brunnen, Pumpen, Cysternen und anderer Wasserspeisevorrichtungen, Springbrunnen und dergleichen;

b. die Lichtweiten und die Gefälle der einzelnen Leitungen, die Tiefenlage der Anschlussleitung an der Frontmauer und die Entfernung derselben von der Nachbargrenze. Sämtliche Höhenangaben sind auf Normalnull zu beziehen;

c. das Material, aus welchen die Leitungen bestehen sollen, durch Verschiedenartigkeit der benutzten Farben.

4. Äussere Ausstattung.

Von den einzureichenden Plänen muss das eine Exemplar auf Pausleinwand oder Lichtpausleinen mit weissem Untergrund ausgeführt sein, das zweite Exemplar kann auf Lichtpauspapier mit weissem Untergrund ausgeführt sein. Vorhandene Anlagen sind schwarz, Trinkwasserleitungen blau, Schmutzwasserableitungen rot und Regenwasserableitungen gelb darzustellen. Grüne Farben dürfen auf der Zeichnung nicht verwendet werden. Die Befestigungsart des Hofes ist anzugeben. Alle Zeichnungen sind mit Massstäben zu versehen und alle zur Beurteilung des Entwurfs erforderlichen Masse einzuschreiben. Als Format für die Zeichnungen ist ein vielfaches des Actenformats 21 : 33 cm erwünscht und zwar in Streifen von 33 cm Höhe und 21, 42, 63 oder 84 cm Länge oder in Blättern von 42 : 66 oder 66 : 84 cm.

5. Behandlung der Gesuche.

Ein Exemplar des Entwurfs bleibt bei den Akten der Bauverwaltung Abteilung II. Das zweite Exemplar erhält der Antragsteller mit dem Genehmigungsvermerk zurück. Dieses oder eine beglaubigte Abzeichnung muss während der Ausführung stets zur Einsicht des beaufsichtigenden Beamten auf der Baustelle bereit liegen.

6. Gesuchsunterlagen.

Über die Höhenlage der nächsten Festpunkte, sowie über die in den Strassenkanälen vorhandenen Einlassstücke erteilt die Kaiserliche Bauverwaltung II auf schriftlichen Antrag Auskunft. Diese Angaben sind dem Baugesuche beizufügen.

7. Erlöschen der Genehmigung.

Wird bei Neubauten von der erteilten Baugenehmigung binnen Jahresfrist kein Gebrauch gemacht, so gilt sie als erloschen und es bedarf bei späterer Bauausführung eines erneuten Baugesuches.

§ 4.

Ausführung der Arbeiten durch die Kaiserliche Bauverwaltung und den Eigentümer.

1. Anlagen auf dem Grundstück.

Die Ausführung der Anlagen im Innern des Grundstücks, soweit sie dem Besitzer überlassen ist, darf nur einem Unternehmer übertragen werden, welcher sich durch eine förmliche Erklärung zur Einhaltung der allgemeinen Vorschriften, sowie der im Einzelfalle zu erlassenden besonderen Vorschriften zu verpflichten hat. Unternehmer, welche sich wiederholt Verstösse gegen die Vorschriften zu Schulden kommen lassen, können von der Ausführung der Anlagen ausgeschlossen werden.

2. Beaufsichtigung der Arbeiten.

Die Bauabteilung II hat das Recht, die Arbeiten durch ihre Beamten überwachen und während der Ausführung jeder Zeit in allen Teilen prüfen zu lassen. Der Besitzer und der Unternehmer haben alle zur Ermöglichung dieser Überwachung erforderlichen Massnahmen zu treffen und den Anordnungen unbedingt nachzukommen. Vor der bevorstehenden Verdeckung der nicht freiliegenden Teile der Anlage ist der Bauabteilung II so zeitig schriftlich Anzeige zu machen, dass zwischen dem Eingange der Anzeige und dem Beginn der Verdeckungsarbeiten mindestens 2 Arbeitstage liegen. Die Verdeckung darf erst nach Besichtigung der Anlage durch den zuständigen Beamten oder nach Ablauf dieser Frist beginnen, dann aber auch in dem Falle, dass innerhalb der Frist die Anlage nicht besichtigt worden ist.

§ 5.
Allgemeine Anordnung der Entwässerungsanlage.

1. In vollständig kanalisierten Strassen.

Wo getrennte Strassenkanäle für Regen- und Schmutzwasser vorhanden sind, sind auch für die Grundstücke getrennte Ableitungen für Regen- und Schmutzwasser anzulegen und den entsprechenden Strassenkanälen gesondert zuzuführen.

2. In unvollständig kanalisierten Strassen.

In Strassen, in welchen nur Regenwasserkanäle vorhanden sind, darf bis zur Fertigstellung von Schmutzwasserkanälen das Wirtschaftswasser in die Regenwasserkanalisation abgeleitet werden. Die Abgänge von Aborten, Ställen und Pissoiren sind in diesen Fällen in wasserdichten Kübeln zu sammeln und zur Abfuhr zu bringen.

3. Anschlussleitungen.

Die Ableitung der Abwässer verschiedener Grundstücke in eine gemeinschaftliche Leitung oder die Führung einer Leitung durch ein anderes Entwässerungsgebiet ist nur dann statthaft, wenn eine andere Art der Entwässerung nicht ermöglicht werden kann. Jedes anzuschliessende Grundstück muss selbständige Anschlussleitungen für Regen- und Schmutzwasser getrennt erhalten. Ob mehrere Kanalanschlüsse der einen oder anderen Art angeordnet werden können, bleibt dem Ermessen der Kaiserlichen Bauverwaltung Abteilung II überlassen.

4. Einlassstücke.

Die einzelnen Leitungen sind in die Strassenkanäle mittelst der zu diesem Zweck vorgesehenen Einlassstücke einzuführen. Die Abänderung oder Neuanlage eines Einlassstückes kann nur ausnahmsweise, sofern die Bauabteilung II es als notwendig und zulässig erachtet, auf Antrag und Kosten des Anschliessenden bewirkt werden.

5. Weite der Leitungen.

Die Rohrweiten aller Ableitungen, namentlich auch derjenigen des Hauptstranges, sind so klein anzulegen, wie die abzuleitende Wassermenge und die festgesetzten Massbestimmungen es gestatten. Die Weite der Hauptleitung soll bei Regenwasser und bei Schmutzwasser mm 150 betragen.

6. Übergang zwischen Anschluss und Grundstücksleitung.

Die Unterbrechung der Hauptleitung durch einen Hauptwasserverschluss ist nicht gestattet. Hinter der Frontmauer der Gebäude bezw. der Grundstücksgrenze ist in jede Schmutzwasserleitung ein gusseisernes Rohrstück mit luftdichtverschliessbarem, abnehmbarem Deckel (Spundstück) mit mindestens 30 cm langer freizulegender Öffnung einzuschalten und bei unterirdischer Lage mittelst eines gemauerten Schachtes von 100 cm Länge und 100 cm Breite zugänglich zu machen.

7. Ableitungen auf dem Grundstücke.

Die Führung der Ableitungen von den einzelnen Entwässerungsstellen hat in solcher Weise zu geschehen, dass die Abwässer auf möglichst wenig Grundleitung vereinigt werden, letztere möglichst kurz und gradlinig wird, möglichst günstige Gefälle erhält und ein zweckmässig angelegtes Entwässerungsnetz bildet.

8. Richtungsänderungen.

Auf den Brechpunkten sind im allgemeinen Schächte anzulegen. Bei Hausanschlussleitungen können diese (bei Schmutzwasser) durch einen möglichst flachen Bogen (die Bogenstücke nicht über 30°, so dass in einer Krümmung von 90° 3 Bogenstücke in Anwendung kommen) ersetzt werden. Wo ein stehendes in ein liegendes Rohr übergeht, ist der Übergang durch ein gusseiernes Bogenstück (Fusskrümmer) zu vermitteln, welches samt dem liegenden Rohre zur Vermeidung des Rückpralles von Wasser und Luft eine gewisse Erweiterung erhält.

9. Zweigleitungen.

Zweigleitungen sind, abgesehen von Hofeinläufen und den im Innern der Gebäude besonders vorgeschriebenen Sand- und Fettfängen, ohne weitere Einschaltung von Sinkkasten und dergleichen unmittelbar in die Hauptleitung zu führen. Richtungsänderungen sind durch flache Bogen zu bewirken. Jede Einmündung eines Rohrstranges in einen anderen muss unter spitzem Winkel von 45 oder 60° in der Stromrichtung gemessen erfolgen. Nie dürfen Rohre in der Richtung des Abflusses in andere von geringerer Weite übergehen. Rohrleitungen über Kellersohle müssen derartig befestigt werden, dass ein Setzen der Leitung ausgeschlossen ist.

10. Gefälle der Ableitungen.

Die Gefälle der Abflussleitung sind möglichst gleichmässig durchlaufend nicht unter 1:50, wenn möglich 1:30, anzuordnen. Schwächere Gefälle sind nur ausnahmsweise bei Anbringung kräftiger Spülvorrichtungen statthaft.

11. Frost- Schutz.

Alle Anlagen müssen gegen Frost geschützt sein und zu diesem Zwecke ausserhalb der Gebäude unterirdisch geführte Rohrleitungen in der Regel 0,80 m, keinesfalls aber weniger als 0,60 m, Überdeckung haben.

12. Rückstauverschluss.

Die Entwässerung von Grundstücken, welche bei Hochwasser durch Rücktritt des Wassers aus dem Strassenkanal einer Überschwemmung ausgesetzt sind, ist an die Bedingung geknüpft, dass dieselben durch Abschlussschieber gegen das Eindringen des Hochwassers geschützt werden. Die Abschlussschieber sind als Spindelschieber aus Gusseisen mit Metallspindeln und Dichtung herzustellen und so anzubringen, dass sie zu jeder Zeit zugänglich sind und gehandhabt werden können.

13. Anordnung der Fallstränge pp.

Ausgüsse und Badeeinrichtungen sind möglichst gruppenweise um ein einziges Abfallrohr anzuordnen. Eine Gruppe von mehreren senkrecht übereinanderliegenden Ausgüssen ist zerstreut liegenden mit längeren geneigten Leitungen vorzuziehen. Alle Ausgüsse sind in gut beleuchtete und bequem lüftbare Räume zu legen und nebst ihren Geruchsverschlüssen frei zugänglich anzuordnen. Abflussrohre von Eisschränken und anderen Aufbewahrungsräumen von Lebensmitteln dürfen niemals unmittelbar an den Hausentwässerungskanal angeschlossen werden, sind vielmehr besonders abzuleiten. Die Fallrohre und die in denselben einmündenden Leitungen sind frei, entweder vor der Wand oder in einer entsprechend grossen Nische, welche nach aussen leicht geschlossen werden kann, in derselben herunterzuführen. Auf dem Dachboden ist in das Fallrohr eine schräge Abzweigung von der Weite des Fallrohres als Revisionsöffnung einzuschalten und luftdicht zu verschliessen.

§ 6.
Abführung des Regenwassers.

1. Besondere Fallrohre für Regenwasser.

Regenwasser muss im allgemeinen durch besondere Fallrohre ausserhalb der Gebäude bis in das Hauptleitungsrohr oder den Strassenkanal geleitet werden. Schleifungen der Rohre, das heisst Führung in schräger Lage mittelst Sprüngen oder Bögen, sind möglichst zu vermeiden, vielmehr sind die Regenrohre vom Dach bis in eine Tiefe von mindestens rund 0,6 m unter der Erdoberfläche tunlichst in gerader Linie herab und dann in geneigter Richtung dem Kanal zuzuführen. Vorkehrungen zum Zurückhalten von groben Unreinigkeiten können an zugänglicher Stelle verlangt werden.

2. Geruchsverschluss.

Sofern das obere Ende der Regenfallrohre in der Nähe der unteren Fenster bewohnter Räume mündet, kann jederzeit die Anbringung eines Aufsatzrohres oder eines Geruchsverschlusses am Fusse des Fallrohres verlangt werden, wobei die Wasserverschlusstiefe mindestens 100 mm betragen muss. Im übrigen sind die Regenfallrohre an der Strassenseite der Gebäude so weit als möglich zur Lüftung der Entwässerungsanlage zu benutzen. Regenrohre von kleinen Dachflächen, Balkons und dergleichen im Innern der Grundstücke können unmittelbar frei über einen Hofeinlauf münden.

3. Fallrohrweiten.

Als normale Fallrohrweite ist vorgeschrieben: 100, 125, höchstens 150 mm; bei kleineren Flächen, Balkons und Vordächern mindestens 65 mm.

4. Hofsinkkasten.

Die Entwässerung der vom Regen getroffenen Bodenflächen darf nur durch Sinkkasten erfolgen. Den Hofflächen ist ein allseitiges Gefälle nach den Hofsinkkasten zu geben. Sind die Hofflächen nicht gepflastert, so sind sie mit Gefälle nach den Sinkkasten hin sorgfältig zu ebenen und zu stampfen. Die Hofsinkkasten müssen eine Lichtweite von mindestens 300 mm haben, mit wasserdichtem Schlammfang von mindestens 500 mm Höhe, Wasserverschluss von mindestens 10 cm, und einem Einlaufrost abgedeckt sein, dessen Stäbe nicht weiter als 20 mm von einander entfernt sind. Die Hofsinkkasten der Regenwasserkanalisation sind auf Anordnung der Bauabteilung II mit einer eisernen, mit Hülfe eines Schlüssels abnehmbaren Abdeckung derart zu versehen, dass die Abwässer seitlich unter dem Deckel durch den Rost einfliessen.

5. Einleitung anderweitiger Abwässer in die Regenkanäle.

Der Wasserspiegel vom Sinkkasten muss im Freien mindestens 0,60 m unter der Sinkkastenoberkante liegen. In die Regenkanäle können ferner mit besonderer Genehmigung und unter besonderen Bedingungen eingeleitet werden:
a. Überläufe von Regencysternen, Reservoiren, Springbrunnen oder anderen Wasserbehältern;
b. Drainageleitungen, wenn Sicherheit gegen Rückstauung des Wassers in den Boden stattfindet;
c. Condensationswasser, wenn es durch Abkühlungsvorrichtungen auf die zulässige Temperatur von 40° Celsius gebracht ist.

§ 7.
Abführung des Schmutzwassers.

1. Lage der Fallrohre.

Neuanzulegende Fallrohre für Schmutz- und Verbrauchswasser sind im Innern der Gebäude möglichst senkrecht von oben bis unten anzulegen. Verbindungen an Fallrohren sind unter einem Winkel von nicht über 45° herzustellen.

2. Weiten.

Als geringste Fallrohrweite ist anzusehen:

	stehend	liegend
Für ein einzelnes Ausgussbecken und dergleichen	50 mm	65 mm
für 2-3 Küchenausgänge (=güsse)	65 „	100 „
für 4 und mehr Küchenausgüsse	100 „	125 „
für Badewannen	50-65 „	65-80 „
für 1-4 Wasserklossette	100 „	125 „
für mehr als 4 „	125 „	125-150 „

3. Ausgüsse.

Für den Ausguss von Haushaltungwasser darf der Hofsinkkasten nicht benutzt werden, sondern es sind dafür besondere über dem Boden erhöhte Ausgussvorrichtungen anzuordnen. Über jedem Ausguss muss zur Spülung ein Wasserhahn angebracht sein, der ständig unter Druck ist, damit der Ausguss nach Bedarf gespült werden kann.

4. Geruchsverschlüsse.

Jeder Spülstein, Ausguss oder sonstige Ablauf, aus welchem die Einführung von Abwasser in die Fallrohre oder Ableitungen erfolgt, ist für sich mit einem möglichst nahe an der Ausmündung des Ausgussgefässes gelegenen Geruchsverschluss und einem unbeweglichen Sieb zu versehen, das kreisrunde Öffnungen von höchstens 6 mm Durchmesser haben muss und dessen durchlassende Fläche nicht mehr als die Hälfte des freien Querschnittes des Geruchsverschlusses beträgt. Geruchsverschlüsse sind als glatte, in U oder S Form gebogene Rohre mit einfachem Wasserverschluss herzustellen. Sämtliche Geruchverschlüsse sind mit leicht zugänglichen und mit luftdichtverschliessbaren Reinigungsöffnungen mit aussen geschnittenem Gewinde zu versehen. Der Durchmesser der Geruchsverschlüsse soll betragen:
bei 50 mm weiten Fallrohren höchstens 40 mm,
bei weiteren Fallrohren muss die Weite des Geruchsverschlusses stets mindestens 15 mm geringer sein, als die des Abfallrohres.

5. Sand- und Fettfänge.

Die Wasserhöhe der Geruchsverschlüsse muss mindestens 70 mm betragen; in besonderen Fällen kann die Bauabteilung II eine grössere Höhe vorschreiben. An den Eingüssen in grösseren Küchen (Hotels, Restaurants u. s. w.) und überall dort, wo die Bauabteilung II dieses für nötig erachtet, sind ausreichend grosse Fettfänge anzubringen, die mit entsprechender Kühlfläche, sowie mit leicht und, wo tunlich, vom Freien aus zugänglichen Putzöffnungen und reichlicher Lüftung versehen sind.

6. Fabrikwässer.

Über die Einleitung von Fabrik- und Gewerbe-Abwässern werden von Fall zu Fall Bestimmungen getroffen und können unter Umständen besondere Einrichtungen für Neutralisation, Abkühlung, Desinfection, Ablagerung und dergleichen vorgeschrieben werden.

7. Spülaborte und Pissoire.

Spülaborte und Pissoire müssen beim Anschluss an den Strassenkanal mit Wasserspülung versehen sein. Die Aborte müssen mit Spülkasten von mindestens 9 Liter Inhalt mit Schwimmerventil und Überlauf versehen sein. Der Boden des Spülkastens muss bei diesem Inhalt mindestens 1,80 m über dem Fussboden des Abortraumes angebracht werden, das Spülrohr muss mindestens 30 mm lichte Weite haben. Die Einmündung des Schwimmerventiles in den Spülkasten ist oberhalb des höchsten Wasserspiegels anzuordnen. Unmittelbar vor dem Spülkasten ist vor dem Schwimmerventil ein besonderer Absperrhahn in die Wasserleitung einzuschalten. In Pissoiranlagen kann die Einrichtung von Spülkasten gefordert werden. Aborte müssen Trichter oder Becken aus emailliertem Eisen, Steingut oder Porzellan erhalten. Die Aborttrichter und Becken sind freistehend ohne Geschränk anzuordnen. Die Abflussöffnung des Aborttrichters darf nicht weiter als 100 mm sein, sie muss wenigstens 25 mm geringer sein als die Weite der anschliessenden Ableitung. Der Wasserverschluss muss mindestens 7 cm Tiefe haben. Pissoirableitungen müssen mit Geruchsverschlüssen und Lüftungen versehen sein. Für Fabriken, Schulen, Krankenhäuser und ähnliche Bauten, sowie für die Chinesen werden besondere Einrichtungen zugelassen. Besondere Vorschriften für Chinesenaborte in Tapautau und Tsingtau werden noch erlassen werden.

§ 8.
Lüftung.

Führung der Fallrohre bis über Dach.

Jede Hausleitung ist ausreichend zu lüften. Zu diesem Zwecke ist jedes Fallrohr in seiner vollen Lichtweite und möglichst ohne Krümmung bis über Dach und etwaige daselbst befindliche Fenster hinauszuführen und mit einer Schutzkappe zu überdecken. Die Ausmündung muss etwaige Öffnungen um mindestens einen Meter überragen. Münden mehr als ein Abwassereinlauf in ein Fallrohr, so sind sämtliche Wasserverschlüsse nach dem Fallrohre oder nach einem besonderen Dunstrohr durch steigende Entlüftungsrohre zu entlüften. Die Weite dieses Entlüftungsrohres ist nicht unter 30 mm zu nehmen.

§ 9.
Material.

1. Ableitungen.

Deutsche oder gleichwertige Tonrohre sind zulässig für Abflussleitungen ausserhalb der Gebäude mit mindestens 0,60 m (bei normalen Belastungsverhältnissen), sowie innerhalb der Gebäude mit 0,40 m Überdeckung. In allen anderen Fällen, sowie auch in schlechtem und aufgefülltem Boden sind Eisenrohre zu verwenden. Als sicherste und solideste Entwässerungsleitung werden überall in Gebäuden Eisenrohre mit Bleidichtung empfohlen. Für Regenwasserableitungen auf Grundstücken, auf welchen kein Verkehr von schweren Lasten stattfindet, ist die Verwendung japanischer Rohre bei einer Überdeckung von mindestens 0,5 m zulässig.

2. Fall- und Lüftungsrohre.

Fall- und Lüftungsrohre (letztere innerhalb der Gebäude) über 50 mm Weite sind einschliesslich der Nebenleitungen innerhalb der Gebäude aus gusseisernen Rohren herzustellen. Bei Weiten unter 50 mm sind bei kurzer Länge der Nebenleitungen Bleirohre zulässig.

3. Regenrohre.

Für Regenfallrohre und Entlüftungsrohre ausserhalb der Gebäude sind Rohre aus Zinkblech Nr. 13 zulässig. Für die Fussstücke der Regenfallrohre bis auf 1,75 m über dem Boden können gusseiserne Rohre gefordert werden.

4. Geruchsverschlüsse.

Geruchsverschlüsse sind aus Gusseisen herzustellen, nur bei Hofeinläufen sind solche aus Steingut gestattet. Die gusseisernen Geruchsverschlüsse erhalten mindestens dieselbe Stärke, wie die Rohre von gleichem Durchmesser.

5. Mauerwerk.

Alles Mauerwerk muss in Cementmörtel 1:3 hergestellt und gefugt werden.

6. Güte der Materialien.

Sämtliche bei den Entwässerungsanlagen zur Verwendung kommenden Materialien, Gegenstände und Vorrichtungen müssen von bester Beschaffenheit sein, frei von Mängeln oder Schäden und in Bezug auf die Güte den von der Bauabteilung II gestellten Bedingungen entsprechen, die grösstenteils in vorliegenden Vorschriften wiedergegeben sind.

7. Tonrohre.

Deutsche oder gleichwertige fremde Tonrohre, in Abmessung den deutschen Steinzeugrohren entsprechend, müssen von gleichmässiger Wandstärke, genau in der Form, von glatter Oberfläche mit gleichmässiger Salzglasur, vollständig durchgebrannt und frei von Blasen, Kalkeinsprengungen, Rissen, Sprüngen und sonstigen Fehlern sein. An japanische Tonrohre werden bezüglich der Güte geringere Anforderungen gestellt.

8. Eisenrohre.

Die zu den Leitungen mit Ausnahme der Fall- und Lüftungsrohrleitungen zu verwendenden gusseisernen Muffenrohre müssen den Bestimmungen entsprechen, welche vom Verein deutscher Ingenieure und dem deutschen Verein von Gas- und Wasserfachmännern im Jahre 1903 aufgestellt sind. Die zu den Fall- und Lüftungsrohren zu verwendenden gusseisernen Muffenrohre müssen bei einer lichten Weite

von nicht mehr als	65 mm	3,5 mm	
65 mm bis einschliesslich	105 mm	5 "	
105 " " "	130 "	6 "	
130 " " "	157 "	7 "	
157 " " "	250 "	8 "	

als geringste Wandstärke haben. Ferner sind zu Ausführungen von Grund-, Fall- und Lüftungsrohrleitungen die vom Verband deutscher Architekten- und Ingenieur- Vereine im Jahre 1903 aufgestellten sogenannten deutschen Normalabflussröhren (D N A) zugelassen, welche bei einer Lichtweite von

a. 50 mm . . . . 5 mm
b. 70 " . . . . 6 "
c. 100 " . . . . 7 "
d. 125 " . . . . 7,5 "
e. 150 " . . . . 8 "
f. 200 " . . . . 8 "

als geringste Wandstärke haben. Die Verwendung von sogenannten schottischen Rohren ist untersagt. Die geraden Rohre sind in möglichst grossen Baulängen zu verwenden. Eisenrohre sind aussen und innen asphaltiert zu verwenden.

9. Bleirohre.

Die Bleirohre müssen genau centrisch hergestellt sein und muss das Gewicht
bei 30 mm Weite mindestens 4,2 kg für das Meter
" 40 " " " 5,4 " " " "
" 50 " " " 8,7 " " " "

betragen. Bleirohre sind im Mauerwerk oder Putz mit Papier zu umwickeln oder anderweit gegen die chemischen Einwirkungen des Putzes zu schützen.

§ 10.
Besondere Bedingungen für die Ausführung der Anlagen.

1. Forderungen an die Ausführung.

Die Ausführung sämtlicher Entwässerungsanlagen muss diesen Vorschriften und den erteilten Anweisungen entsprechend mit der grössten Sorgfalt und Genauigkeit in bester Weise erfolgen.

2. Rohrgräben.

Die Baugruben über 1 m Tiefe sind mindestens 70 cm breit anzulegen und müssen durch Absteifen gegen Einsturz gesichert sein. Bei schlechtem Untergrund oder bei durchweg angefülltem Boden können besondere Sicherheitsmassregeln vorgeschrieben werden.

3. Rohrlage.

Alle Rohre sind mit den Muffen in aufsteigender Richtung genau in dem vorgeschriebenen Gefälle auf einer mindestens 10 cm starken Sandunterlage zu verlegen und beim Zuwerfen der Baugrube mit einer 20 cm starken Sandüberdeckung zu überschütten. Beim Durchgang der Rohrleitung durch die Hausmauern sind jene nicht einzumauern, sondern in Ton oder Sand einzubetten. Der Übergang eines engeren in ein weiteres Rohr muss stets durch ein Verjüngungsstück bewirkt werden. Die Rohranschlüsse an Sand- und Fettfänge sind zu untermauern. Bleiabflussrohre sind auf ihrer ganzen Länge zu unterstützen und vor Beschädigung nach besonderer Vorschrift zu schützen. Senkrechte Bleirohre sind durch anzulötende Blechstreifen zu befestigen. Verbindungen und Anschlüsse aller Rohre müssen vollständig luft- und wasserdicht hergestellt sein.

4. Rohrdichtungen.

Alle Dichtungen sind derart auszuführen, dass im Innern der Rohrstränge keinerlei Vorsprünge oder sonstige Unebenheiten entstehen. Als Dichtungsmaterial der Tonrohre dienen Teerstrick und Asphaltkitt. Die Verbindung der gusseisernen Rohre muss durch Teerstrick mit Bleiverstemmung erfolgen. Bleirohre sind mit Lötmetall zu dichten, Zinkrohre in den Nähten und Stössen dicht zu verlöten und die Nähte überall sichtbar nach aussen zu verlegen. Verbindungen zwischen Blei- und Eisenrohren oder Porzellan müssen durch Ansatzstücke aus Messing oder durch eiserne Flanschstücke hergestellt werden.

§ 11.

Abnahme.

1. Prüfung der Anlage.

Nach Fertigstellung der ganzen Entwässerungsanlage ist die Abnahme schriftlich bei der Bauabteilung II zu beantragen. Die fertige Anlage wird innerhalb 3 Tagen, bei Neubauten innerhalb 6 Tagen nach erfolgter Anzeige in Gegenwart eines Beamten auf Luft- und Wasserdichtigkeit geprüft. Es darf keine Anzeige gemacht werden, bevor die Anlage soweit hergestellt ist, dass die Prüfung tatsächlich erfolgen kann.

2. Haftung.

Durch Beaufsichtigung und Prüfung der Anlage wird indessen keine Gewähr für die Güte und dauernde Haltbarkeit derselben übernommen.

3. Inbetriebnahme.

Erst nach erfolgter Abnahme und schriftlich erteiltem Bescheide darf die Inbetriebnahme der Anlage erfolgen. Nach Inbetriebnahme sind alle bestehenden oberirdischen und älteren unterirdischen Abwässerungsvorrichtungen vollständig ausser Betrieb zu setzen.

§ 12.

Instandhaltung der Hausentwässerung.

Die Anlagen sind von dem Grundstücksbesitzer oder dessen Vertreter stets in gutem, baulich vorschriftsmässigem Zustand zu erhalten, zu reinigen und zu spülen. Veränderungen oder Erweiterungen dürfen nach der Abnahme ohne besondere Genehmigung nicht vorgenommen werden.

§ 13.

Vorschriften für bestehende Entwässerungsanlagen.

1. Teilweise Anpassung.

Bei Erlass dieser Vorschrift bereits bestehende Hausentwässerungen oder einzelne Bestandteile derselben sind den vorstehenden Bestimmungen nach näherer Feststellung der Kaiserlichen Bauverwaltung Abteilung II anzupassen. Dabei dürfen von Entwässerungsanlagen, welche bei Erlass dieser Verordnung bereits bestanden, beibehalten werden:

a. Fallrohre aus leichtem Eisen, Blei, Zink und Steinzeug, solange dieselben in gutem Zustande, namentlich auch luft- und wasserdicht sind und nicht allzusehr von den vorgeschriebenen Abmessungen abweichen;

b. Ableitungen, sofern sie aus gutem Eisen oder Tonrohren bestehen und genügende Abmessungen und Gefälle haben, sowie gut und wasserdicht verlegt sind;

c. Hofeinläufe für Regenwasser, sofern sie sich in gutem Zustande befinden, der Wasserspiegel frostfrei liegt und eine zweckentsprechende Abdeckung, sowie ein Geruchsverschluss vorhanden ist;

d. Die oberirdische Zuleitung von Dachwasser nach den Hofeinläufen, wenn eine wasserdichte Rinne erhalten und hergestellt wird;

e. Gemeinschaftliche Regenrohre zweier Nachbargrundstücke, wenn diese durch ein besonderes Anschlussrohr unmittelbar in den Strassenkanal abgeleitet werden.

2. Vollständige Anpassung.

Der Ersatz durch neue und diesen Bedingungen vollkommen entsprechende Anlagen hat überall dort zu geschehen, wo grössere Arbeiten oder Reparaturen an dem betreffenden Teile der Anlage vorgenommen werden.

§ 14.

Abweichungen.

Abweichungen von den vorstehenden Vorschriften können in besonderen Fällen, aber nur mit ausdrücklicher Genehmigung des Baudirektors, zugelassen werden. Anträge auf Genehmigung von Abweichungen sind an die Kaiserliche Bauverwaltung Abteilung II zu richten.

Tsingtau, den 21. Dezember 1905.

Der Kaiserliche Baudirektor.

Rollmann.

第七年 第三号

1906年1月16日

法令与告白

大德钦命署理总督胶澳文武事宜大臣师 为

更订《青抱(鲍)岛各地主分别接通雨水脏水干筒章程》列左：

第一条 凡街道中或已经，或将来修有消流雨水、脏水干筒，其沿街各地主若经工部局饬令接通干筒，即应遵照该局晓谕之造法章程办理。

至现有未经按章程修筑引水各项沟渠，一经工部局饬令更改，各该地主必宜照办。

所有修通干通(筒)地方，各该地主概宜缴纳筒费，其数将来再行续订。

第二条 各该地主如欲新修，或改修，或推广枝筒并接通干筒者，均应报明工部局核准，方可兴工。

第三条 接通消流脏水枝筒房基以外者，归工部局承修，至接通消流雨水之枝筒自干筒以至积水井，无论修在地界内外皆归工部局承修，但各该地主必须照交工费。

修在公地街道之枝筒段(假)节，将来即归督署为主经理。

第四条 所有已经使用之枝筒，嗣后约于每届六阅月由工部局派员查验。委派之员持有执照，不准禁阻进内查验。

工部局如函谕该地主修理枝筒，各该地主应即遵照该局所订期限竣工。

各该地主若经工部局饬令或新修，或更改，或修理枝筒者，倘在限内并未兴工，即由工部局自行修造，费项若干，该地主必须如数赔偿。

至工部局承修之各枝筒，将来或因修造不妥，或因物料不坚，如在两年期内有破绽者，应由工部局重修，各该地主毋须偿费。

第五条 所有接修枝筒未经工部局核准，或核准未按工部局批准之图样办理者，一经查出，即按德国刑律罚办。

另订罚章：

一、如有接修枝筒图样，如经工部局饬呈并未依限者；

二、如有接修枝筒经工部局核准图样后，有不按所订期限竣工者；

三、如有将不准倾倒之物抛入枝筒者；

若由工部局报告,即行究罚洋银至七十五元之多,或监押至十四日之久。

第六条 此项章程自出示日起一律遵行。

至西历一千九百二年正月二十三日所订之《修通雨水干筒章程》应即作废。

大德一千九百五年十一月二十五日

关于排水设施与下水道连接的技术规定

第1条 建造连接方面的要求

1. 公开传讯

皇家工部局通过张贴公开告白的方式决定在何处街道和公共地点可以建造下水道连接。位于该街道上的地块业主或其授权人需要在发布告白后3个月内,到皇家第二工部局处递交符合下列规定的排水图纸,附带有新建或改建排水设施许可的书面申请。只有在下发许可证后,在遵守其中提出的条件的前提下,方可建造排水设施。

2. 期限

新建建筑在搬入之前,无论何种情况,必须在排水申请获得许可后3个月内完成设施建造。

第2条 关于排出废水的规定

1. 液体废物

有连接义务地块产生的所有液体废物必须通过连接管道排放。雨水必须与经济部门废水、厕所废水和马厩废水分离,单独排放。

2. 商业废水

排放商业设施产生的废水,须要获得总督府的特别许可,该许可证签发后可撤销,并根据废水类型,附带特别条件。

3. 固体物质

禁止排放任何类型的固体物质,即厨余垃圾、碎石、废料、沙砾、灰烬、破布,以及易燃、易爆物质,或可能损坏下水道管道、引起堵塞或者散发有害及恶臭气体的物质。

4. 赔偿责任

因违反规定排放违规物质而引起的损害,由曾经或正在排放的地块业主进行赔偿。

5. 冲水厕所

冲水厕所和男厕所适用特别规定。

第3条 家庭排水设施许可证的申请

1. 申请形式

申请家庭排水设施,须向皇家第二工部局递交规定的表格,一式两份,附带图纸。新建建筑的图纸上必须带有街道名称、地籍页和地块,带有地块业主以及受托施工的专业公司老板签名，含有下列细节：

a. 地块位置图，带有所有的建筑说明，比例尺为1∶500或1∶250；

b. 需要考虑到的楼层平面图，带有各个单独房间的用途说明，比例尺为1∶100；

c. 到达房屋底层高度的全部主管道纵剖面，带有经过计算的排放高度，说明街道管道的位置，比例尺为1∶100；

d. 落水管道所需要的包括阁楼在内的房屋高度平均值，比例尺为1∶100。

2. 已有房屋的申请

已有房屋可以使用存放在建筑警察局的图纸或者其副件，用作递交申请的附件，与新建建筑的程序相同。

3. 图纸的规格

图纸上的排水设施必须清晰展示，明确涉及已有和规划的设施，以及排放时需要全部考虑的说明。图纸必须包含的内容：

a. 已有下水道、水管、地表水流方向、雨水管和排水口及其类型（厨房排水、洗衣排水或洗澡排水，以及类似的排水）、栓塞水龙、水井、水泵、贮水箱和其他储水设施、喷泉，以及类似设施；

b. 各水管净宽和落差，前部墙壁连接管道的埋藏深度和与邻居边界之间的距离。全部高度说明均按照基准面标注。

c. 管道所使用的材料，类型不同时，使用不同颜色。

4. 外在格式

在所递交的图纸中，其中一份使用晒图亚麻布或者蓝图亚麻布制作，白色底衬；第二份可以使用白色底衬的蓝图纸制作。已有的设施使用黑色标注，饮用水管道为蓝色，污水管为红色，雨水管为黄色。不允许在图纸上使用绿色。需要说明庭院的加固形式。所有的图纸都须带有比例尺，并注明所有评判该设计时所需要的计量单位。图纸开本方面，希望使用档案所使用的21∶33厘米开本倍数，即图纸为条状时，尺寸为高33厘米，长21、42、63或84厘米，或者以书页形式，即42∶66或者66∶84厘米。

5. 申请的处理

第一份设计图放在第二工部局的档案中。第二份设计图在加盖许可印章后，交还给申请者。该份图纸或者一份经过公证的复制图纸必须在施工期间一直放在工地，以备监督官员查看。

6. 申请文件

在经过书面申请后，由皇家第二工部局提供相邻受力点高度以及在街道管道上已有的接口方面信息。这些说明均须附带在建造申请中。

7. 取消许可

如新建建筑在已颁发的建造许可年度期限内未使用，则被视为取消。之后再次施工时,须要重新申请建造许可。

第4条 通过皇家工部局和业主施工

1. 在地块上的设施

在地块以内的设施施工时,只要是由业主负责,则只允许一家企业承担。该企业须发布一份官方声明,承担遵守一般性规定以及在个别情况下颁布的特殊规定的义务。多次违反规定、负有责任的企业,会被排除在这些设施的工程设计之外。

2. 工程的监理

第二工部局有权通过其官员监管这些工程,在施工时随时对各部分进行检查。业主和企业须为该项监管做好所有的准备,严格服从要求。对设施非裸露部分即将填埋时,第二工部局会及早发出书面通知,在通知到达和填埋工作开始之间必须有2个工作日。设施的填埋只有在相关官员对设施进行检查或该期限过期后才可开始,但是即使在该期限内未完成设施检查时,也要遵守该项规定。

第5条 排水设施的一般性命令

1. 在完全排水的街道

在存在雨污分流管道的情况下,也须要为地块建造雨污分流排水管,并分别引入相应的街道管道。

2. 在非完全排水的街道

在只存在雨水排水管道的街道上,在污水管建成之前,允许商业用水排放入雨水下水道。此时,厕所、马厩和男厕的排放物须收集到不漏水的水桶中,然后排放。

3. 连接管道

只有在其他形式的排水无法实施时,才可以将不同地块的废水排放到一个共用管道,或者通过另一个排水区域的管道排水。每一个将要连接的地块必须拥有独立的连接管道,用于雨污分流排放。是否会颁布命令进行一种或另一种类型的多个管道连接,留待皇家第二工部局评估。

4. 连接口

各个管道通过专用连接口连到街道管道。只有在特殊情况时,如果第二工部局认为有必要并许可,方可根据申请修改或重新设置连接口,费用由申请人承担。

5. 管道宽度

所有排水管的管道宽度,还包括主管道的宽度,须按照排放水量以及确定的尺寸规定设定。污水和雨水主管道宽度为150毫米。

6. 连接管道与地块管道之间的过渡

不允许主水阀中断主管道。在建筑正墙或地块边界后部,须在每一个污水管道上设置一个铸铁管件,带有密封可拧、可以取掉的盖子(塞件)和至少30厘米长、可露出的开口,在地下位置,通过一个100厘米长、100厘米宽的筑墙井进入。

7. 在地块上的排放

单个排水点的排放引导方式为：废水须以尽可能少的地面管道汇聚到一起，该管道应尽可能短，并且采取直线形式，尽可能具有有利的落差，并构成有目的性的排水网。

8. 方向变化

在转换点位上一般应该设置竖井。家庭连接管道（用于污水）可以通过尽可能平的弧线（弧度不超过30度，这样在一个90度的弯道中就可以使用3个弧段）来替代。在纵向管穿过横向管的地方，过渡部分通过铸铁弧段（管道褶皱）引导，它可以让整个横向管具有一定程度的扩展，以避免水和气体倒灌。

9. 支线管道

所有规定的庭院注水口和建筑内部沙砾和油脂拦截槽，直线管道均不能有其他的集水沟和类似结构的开口，而要直接连通主管道。通过平弧线进行方向改变。每一管道支线向另一管道的注入口在水流方向须呈现45度或60度的锐角。绝不允许管道与下水方向上其他更小直径的管道有交叉。地下室地面上方的管道必须进行加固，以防其下陷。

10. 排水落差

下水管道的落差应该使其尽可能均衡地贯流，不得低于1∶50，如有可能，应达到1∶30。仅在特殊情况下允许出现较弱的落差，如在安装强力冲洗设备的时候。

11. 防冻

所有设施必须防冻，为此目的，在建筑以外地下布设的管道一般情况下应该有0.80米的覆盖物，但是绝不能少于0.60米。

12. 壅水①倒流盖

对于在发生洪水时，由于街道水沟的水倒灌而面临淹没风险的地块，其排水系统必须满足以下条件：须安装截止阀，以防止洪水涌入。作为主轴滑块的截止阀使用铸铁材质制作，配备金属轴和密封件，并确保其安装位置可以随时接近并便于操作。

13. 落水支线管道等方面的规定

排水槽和洗浴设施应尽可能组团式地安排在一条排水管周围。一组多个垂直方向相互叠加的排水槽须分散安放，最好有较长的管道。所有排水槽均应安放在照明和通风均良好的房间，此外，它们的气味密封件应该可以无障碍使用。冰箱和其他储存食品房间的排水管绝不允许直接连接到房间排水沟上。下落管道和注入同样管道中的水管须空置，或者在墙壁前方，或者在一个相应的大的空隙中，其向外的地方应容易封闭，并在其中通向下方。在阁楼上的下落管中，要开一个斜向分叉用作探查开口，口径与下落管相同，须气密密封。

---

① 译者注：壅水指因水流受阻而导致的水位升高现象。

第6条 雨水的引流

1. 用于雨水的特制下落管

一般情况下,雨水必须通过建筑物外部的特制下落管导入主管道或街边水沟。要尽可能避免管道平走,即在斜向位置导水时,要借助挑高或者弧线;相反的是,从屋顶到地面以下至少大约0.6米深度的雨水管要尽可能做到直线向下,之后再以合适的方向引导至水沟。在够得到的位置可以做预防措施,以防范较大的污物。

2. 气味密封

只要是雨水下落管的上端通到有人居住房间的下窗附近,则随时可以安装一个顶部管或者在下落管底部安装一个气味密封件,其中水密封深度必须最少100毫米。此外,建筑临街一侧的雨水下落管须尽可能远离排水设施通风处。面积小的屋顶、阳台和地块内类似地方的雨水管可以直接裸露在庭院入口上方。

3. 下落管的口径

普通的下落管口径规定为:100毫米、125毫米,最大150毫米;在较小面积、阳台和棚顶位置时,最少65毫米。

4. 庭院集水井

受雨水冲刷的地面排水必须使用集水井实现。庭院区域须向庭院集水井方向设置均匀的坡度。如果庭院区域未经铺设,则须仔细地对其进行平整,并向集水井方向的倾斜。庭院集水井的内径必须至少为300毫米带有高度至少为500毫米的淤泥阱,水封深度至少为10厘米,并覆盖一个进水格栅,其格栅之间距离不得超过20毫米。雨水管网中的集水井须按照第二工部局的规定,配备可拆卸式铸铁盖板(须用钥匙开启),要求确保废水从盖子侧下方通过格栅流入。

5. 将其他类型废水导入雨水沟

集水井在室外时,水平面必须至少在集水井上角下方0.60米处。在有特别许可、特殊条件时,可以引入雨水沟的其他废水为:

a. 雨水蓄水池、水库、喷泉或者其他水容器的溢出;

b. 有针对土地壅水防范措施的排水系统水管;

c. 通过冷却设施降到40摄氏度许可温度的冷凝水。

第7条 污水的排放

1. 下落管的位置

新设置的用于污水和生活用水的下落管,在建筑物内部须尽可能地在垂直方向,从上方向底部设置。连接到下落水管时,角度不应超过45度。

2. 口径

最小的下落管口径为:

	竖放时	平放时
用于单个地排水槽或类似设施	50 毫米	65 毫米
用于 2~3 个厨房出口（排放口）	65 毫米	100 毫米
用于 4 个及以上数量的厨房排放口	100 毫米	125 毫米
用于浴缸	50~65 毫米	65~80 毫米
用于 1~4 个水房	100 毫米	125 毫米
用于 4 个以上数量水房	125 毫米	125~150 毫米

3. 排水槽

不允许将庭院集水井设置为生活污水的排水槽，须设置专用的、在地面上方的排水槽设施。在每个排水槽上方必须安装一个常压水龙头，以确保水槽可按需冲洗。

4. 气味密封件

每处冲洗槽、排水口或其他将废水导入下落管或者排水道的下水自身必须带有气味密封件，尽可能安装在离排水槽容器出口近的位置，还要有一个不可移动的筛网，其圆形开口的直径必须最大 6 毫米，其通过区域面积不多于气味密封件横截面面积的一半。气味密封件应为平滑、弯成 U 形或 S 形的水管，带有简单的水密封措施。全部的气味密封件均须带有可以轻松够到、含有空气密封、外部带有螺纹的清洁开口。空气密封件的口径为：50 毫米口径下落水管时最大口径为 40 毫米，在使用其他下落水管时，气味密封件的口径要比下落管最少小 15 毫米。

5. 沙砾和隔油池

气味密封装置的水高必须至少 70 毫米，特殊情况下，第二工部局可以规定更大高度。较大型厨房（旅店、饭店等）以及在第二工部局认为有必要的地方，须安装足够大的隔油池，带有相应的冷冻区域以及在适当的地方可以轻松从室外够到的清洁开口，还须具有足够的通风。

6. 工厂用水

对于工厂和商业废水可以视情况做出规定，也可能会规定安装用于中和、冷却、杀菌、沉淀和类似情况的特殊设施。

7. 冲水厕所和男厕所

冲水厕所和男厕所在连接到街道水沟时，必须带有冲水。厕所必须带有容量最少 9 升的冲洗槽，上面有浮阀和溢流口。这一容量的水槽平面要高于厕所内部空间地面至少 1.80 米，清洗管口径最少为 30 毫米。清洗水槽内浮阀的注入口要在最高水平面上方。在清洗水槽正前方，须在浮阀前打开一个通向水管的特别隔离阀门。也可以要求在男厕所中设置清洗槽。厕所必须具有使用搪瓷铁、陶器或瓷器制作的漏斗或水盆。厕所漏斗和水盆为独立式，无阻碍。厕所漏斗排放口不得宽于 100 毫米，必须至少比所连接排放管道的直径少 25 毫米。水密封件必须最少为 7 厘米深。男厕排水管必须带有气味密封件和通风。允许工厂、学校、医院和类似建筑以及华民使用特殊设施。对大鲍岛区和青岛区的华民厕所还会发布特别规定。

第8条 通风

屋顶上方的下落管

各处房屋管道必须有足够的通风。为此目的,每根下落管需要全尺寸、尽可能无弧度地引到屋顶和可能位于的窗户上方,并覆盖防护盖。出口必须超出开口至少1米。如果有多于一个的废水注入口通向一个下落管,则所有通向下落管或者特殊的蒸汽管水密封件通过上升气管通风,该通风管的直径不能低于30毫米。

第9条 材料

1. 排水管

允许德国制或同等水平的陶制管用于建筑外部的排水管道,应带有最少0.60米厚的覆盖(普通承重条件时),在建筑内部为0.40米。遇到其他情况以及恶劣地面和填积土①时,须使用铁管。推荐在建筑物内使用最安全、最可靠的排水管道,即带有铅涂层的铁管。对于在地块上的雨水排放,如果没有大的负重,也允许使用日标管,其覆盖物最少为0.5米厚。

2. 下落管和通风管

超过50毫米直径的下落管和通风管(后者使用在建筑物内),包括其建筑物内部附属管道在内,必须使用铸铁管。如果直径小于50毫米,在长度较少时,允许附属管道使用铅管。

3. 雨水管

建筑物外部的雨水下落管和通风管允许使用13号锌板制作的水管。会要求地面高度1.75米以上的雨水下落管导向件使用铸铁管。

4. 气味密封件

气味密封件须使用铸铁,只允许在庭院入口位置使用陶制管。铸铁气味密封件的强度至少应与同样口径的水管相同。

5. 墙体

所有墙体必须使用1∶3的混凝土并勾缝。

6. 材料质量

所有在排水设施使用的材料、物品和器件必须为最佳质量,无瑕疵和损坏,符合第二工部局提出的质量要求,它们大部分都体现在本规定中。

7. 陶制管

德国或同等规格的外国陶土管,尺寸与德国炻器②管相当,必须壁厚均匀,形状准确,

---

① 译者注:填积土一般指人类工程和生活中随机堆填而成的无规则、无序堆积体。
② 译者注:炻器又称缸器,是介于陶器和瓷器之间的制品,许多建筑陶瓷属于缸器。

表面光滑,盐釉均匀,完全烧透,无气泡、石灰屑、裂纹、裂缝和其他缺陷。日本陶器管的质量要求较低。

8. 铁管

除落水管和通风管外,管道所用的铸铁承插管必须符合德国工程师协会和德国燃气与供水专家协会于1903年的规定。用于落水管和通风管的铸铁承插管最小壁厚必须是:

在不多于65毫米时,为3.5毫米

在 65～105毫米时,为5毫米

在105～130毫米时,为6毫米

在130～157毫米时,为7毫米

在157～250毫米时,为8毫米

不得使用所谓的苏格兰水管。直管的长度应尽可能长。在使用铁管时,内外须抹沥青。

此外,在设置地面管道、落水管道和通风管道时,允许使用德国建筑师协会和工程师协会在1903年提出的所谓德标普通排水管(DNA),各净宽的最小壁厚为:

a. 50毫米 ················ 5 毫米

b. 70毫米 ················ 6 毫米

c. 100毫米 ················ 7 毫米

d. 125毫米 ················ 7.5 毫米

e. 150毫米 ················ 8 毫米

f. 200毫米 ················ 8 毫米

9. 铅管

铅管中心必须准确居中,其质量规格必须为:

30毫米口径时至少4.2千克每米

40毫米口径时至少5.4千克每米

50毫米口径时至少8.7千克每米。

铅管在墙体或抹灰中须用纸包裹或采用其他措施,防护抹灰的化学作用。

第10条 设施设计时的特别规定

1. 对设计的要求

全部排水设施的设计必须符合上述规定以及发布的指示,以最大的认真和准确性精准实施。

2. 管道沟

超过1米深度的建筑水沟至少应为70厘米宽,必须确保防止倒塌。如果下层土质较差或遇到完全是填积土时,可规定特殊的安全措施。

3. 管道位置

所有管道的套管都必须按照规定的坡度准确地沿上升方向铺设在至少 10 厘米厚的沙基上，并在填满基坑后覆盖 20 厘米厚的沙层。如果管道穿过房屋墙壁，则不应将其砌墙，而应将其嵌入黏土或沙子中。从较窄的管道过渡到较宽的管道，必须始终使用锥形管。与沉砂池和隔油池连接的管道必须打底。铅排水管必须在整个长度上都有支撑，并按照特殊规定加以保护以防损坏。垂直的铅管必须用焊接的金属板条固定。所有管道的接头和连接处必须完全气密和防水。

4. 管道密封

所有密封件的设计都必须确保管段内部没有突出物或其他不平整的地方。黏土管的密封材料是柏油绳和沥青胶泥，铸铁管的连接必须使用柏油绳和铅填缝剂。铅管必须用焊料密封，锌管的接缝和连接处必须焊牢，接缝处必须明显向外。铅管与铁管或陶瓷之间的连接必须使用铜附件或铁法兰件。

第 11 条 验收

1. 对设施的检查

在全部排水设施完成后，须书面向第二工部局申请验收。在设施完成 3 日内、新造建筑完成 6 日内，经通知后，官员现场检查气密性和水密封性。在设施建造没有达到可以进行事实上的检验前，不得发出通知。

2. 责任

对设施的监理和检查并不承担对其质量以及耐用性保证。

3. 投入使用

只有在完成验收并发出书面通知后，才可以将设施投入使用。在投入使用后，所有已有的地面和老的地下排水设施均须完全停用。

第 12 条 房屋排水的维护

这些设施均须由地块业主或者其代表始终保持其良好、符合建筑规定的状态，并进行清洁和清洗。在验收之后，没有特别许可，不允许对其做出改扩建。

第 13 条 对于已有排水设施的规定

1. 部分定制

在公布该项规定时已经存在的房屋排水设施或其一部分，须在皇家第二工部局近期进行确认后，按照上述规定改动。其中，在本项法令公布时已经存在的排水设施可以保留的情况为：

a. 由轻质铁、铅、锌和炻器制作的落水管，只要其状态良好，即其气密和水密情况良好，没有过多偏离所规定的规格；

b. 排水管道只要是使用优质铁或陶土管构成，具有足够的尺寸和落差，状态良好，水密封性好；

c. 庭院雨水进口，只要状态良好，水面不上冻，具有符合相关目的的覆盖物以及气味密封件；

d. 从屋顶水向庭院入水口的地面引导管，如果具有防漏水的水渠；

e. 两个相邻地块公用的雨水管，如果可以通过特别连接水管直接将其引到街道水沟中时。

2. 完全定制

在对设施的相关部分进行重大工程或维修时，须将各设施更换为新的、完全符合这些条件的新设施。

第14条　偏离条款

特殊情况下可能会出现与上述规定相偏离的部分，但是必须获得工部局局长的明确许可。偏离内容许可的申请，可以联系皇家第二工部局。

青岛，1905年12月21日

皇家工部局局长

罗尔曼

Amtsblatt
für das
Deutsche Kiautschou-Gebiet.

Herausgegeben vom Kaiserlichen Gouvernement Kiautschou.

Der Bezugspreis beträgt jährlich $ 2=M 4.
Bestellungen nehmen sämtliche deutsche Postanstalten entgegen.

| Jahrgang 7. | Nr. 4. | Tsingtau, den 20. Januar 1906. | 號四第 | 年七第 |

Verordnungen und Bekanntmachungen.

Bekanntmachung.

Auf Grund des § 1 der Verordnung vom 25. November 1905 (Amtsblatt 1906, Seite 23) betreffend Entwässerung und Anschluss an die Kanalisation ergeht hiermit die Aufforderung an die Grundbesitzer, die Kanalanschlüsse in den unter A im nachstehenden Verzeichnis aufgeführten Strassen und öffentlichen Plätzen herzustellen.

In den unter B im Verzeichnis aufgeführten Strassen dürfen Kanalanschlüsse in dem im Verzeichnis angegebenen Umfange hergestellt werden.

Die Anträge auf Genehmigung der Hausentwässerungsanlagen sind bis zum 1. Juni 1906 auf vorschriftsmässigem Formular an die Bauverwaltung Abteilung II einzureichen, die die Formulare und Vorschriften unentgeltlich abgiebt.

Tsingtau, den 23. Dezember 1905.

Der Kaiserliche Baudirektor.

##
Verzeichnis der Strassen, in denen vorschriftsmässige Grundstücksentwässerungen anzulegen sind.

Lfd. Nr.	Strasse	von	bis	Bemerkung.
	Tsingtau:			
1	Bismarckstrasse	Gouvernementslazarett	Kaiser Wilhelmstr.	einschl. Lazarett
2	Diederichsweg	Bismarckstrasse	Gouvernementsplatz	
3	Bülowstrasse	Irenestrasse	Prinz Heinrichstrasse	

Lfd. Nr.	Strasse	von	bis	Bemerkungen.
4.	Gouvernementsplatz			
5.	Hohenloheweg	Schantungstrasse	Gouvernementsplatz	
6.	Albertstrasse	Prinz Heinrichstrasse	Kaiser Wilhelmufer	
7.	Friedrichstrasse	Schantungstrasse	Hohenzollernstr.	
8.	Wilhelmshavenerstrasse	Prinz Heinrichstrasse	Kaiser Wilhelmufer	
9.	Berlinerstrasse	Hohenloheweg	Friedrichstrasse	
10.	Irenestrasse	Bismarckstrasse	Friedrichstrasse	
11.	Prinz Heinrichstrasse	Bismarckstrasse	Wilhelmshavenerstr.	
12.	Kaiser Wilhelmufer	Yamen	Albertstrasse	einschl. Yamen
13.	Hohenzollernstrasse	Friedrichstrasse	Wilhelmshavenerstr.	
	Tapautau:			
14.	Tsiningstrasse	Kiautschoustrasse	Kaumistrasse	
15.	Schantungstrasse	Tsangkoustrasse	Friedrichstrasse	
16.	Schansistrasse	Kleiner-Hafen	Tientsinstrasse	
17.	Litsunstrasse	Tschifustrasse	Schantungstrasse	
18.	Kiautschoustrasse	Tsiningstrasse	Schantungstrasse	
19.	Haipostrasse	Poschanstrasse	Schantungstrasse	
20.	Tientsinstrasse	Schantungstrasse	Schansistrasse	

B.

Verzeichnis der Strassen, in denen Schmutz- und Regenwasserableitungen an die Strassenkanäle angeschlossen werden dürfen.

Lfd. Nr.	Strasse	von	bis	Bemerkungen.
	Tsingtau:			
1.	Johann Albrechtstrasse	Prinz Heinrichstrasse	Kaiser Wilhelmufer	
2.	Wilhelmstrasse	Prinz Heinrichstrasse	Kaiser Wilhelmufer	
3.	Wilhelmstrasse	Prinz Heinrichstrasse	Gouvernementsplatz	nur Regenwasser
4.	Tirpitzstrasse	Irenestrasse	Prinz Heinrichstrasse	
5.	Albertstrasse	Berlinerstrasse	Irenestrasse	nur westliche Seite und nur Schmutzwasser
6.	Albertstrasse	Irenestrasse	Prinz Heinrichstrasse	
7.	Luitpoldstrasse	Missionsplatz	Irenestrasse	

20. Januar 1906.　　　　　　　　　Amtsblatt—青島官報　　　　　　　　　37.

Lfd. Nr.	Strasse	von	bis	Bemerkungen.
8.	Luitpoldstrasse	Irenestrasse	Prinz Heinrichstrasse	nur Schmutzwasser
9.	Luitpoldstrasse	Prinz Heinrichstrasse	Kaiser Wilhelmufer	
10.	Missionsplatz			nordwestliche Seite
11.	Bischofstrasse	Hohenloheweg	Bremerstrasse	
12.	Hamburgerstrasse	Takustrasse	Kaiser Wilhelmufer	
13.	Friedrichstrasse	Hohenzollernstrasse	Kaiser Wilhelmufer	nur Schmutzwasser
14.	Kielerstrasse	Prinz Heinrichstrasse	Hohenzollernstrasse	nur Schmutzwasser
15.	Strasse hinter dem Bahnhof	Hohenzollernstrasse	Kleiner Hafen	nur Schmutzwasser
16.	Bremerstrasse	Missionsplatz	Hamburgerstrasse	
17.	Berlinerstrasse	Friedrichstrasse	Hamburgerstrasse	
18.	Kronprinzenstrasse	Luitpoldstrasse	Hamburgerstrasse	
19.	Irenestrasse	Friedrichstrasse	Hamburgerstrasse	
20.	Prinz Heinrichstrasse	Wilhelmshavenerstr.	Kielerstrasse	
21.	Kaiser Wilhelmufer	Albertstrasse	Friedrichstrasse	
22.	Kaiser Wilhelmufer	Friedrichstrasse	Wilhelmshavenerstr.	nur Schmutzwasser
23.	Hohenzollernstrasse	Luitpoldstrasse	Friedrichstrasse	
24.	Hohenzollernstrasse	Wilhelmshavenerstr.	Strasse hinter dem Bahnhof	nur Schmutzwasser
	Tapautau:			
25.	Tsiningstrasse	Litsunstrasse	Kiautschoustrasse	
26.	Tschifustrasse	Tsangkoustrasse	Litsunstrasse	nur Schmutzwasser
27.	Tschifustrasse	Litsunstrasse	Kiautschoustrasse	
28.	Tschifustrasse	Kiautschoustrasse	Haipostrasse	nur Schmutzwasser
29.	Itschoustrasse	Tsangkoustrasse	Kiautschoustrasse	
30.	Itschoustrasse	Kiautschoustrasse	Syfangstrasse	nur Schmutzwasser
31.	Poschanstrasse	Tsangkoustrasse	Hohenloheweg	
32.	Weihsienstrasse	Tsangkoustrasse	Hohenloheweg	
33.	Tschylistrasse	Tsinanstrasse	Pekingstrasse	nur Schmutzwasser
34.	Tschylistrasse	Pekingstrasse	Paotingstrasse	
35.	Honanstrasse	Tsinanstrasse	Pekingstrasse	nur Schmutzwasser
36.	Tsangkoustrasse	Tschifustrasse	Schantungstrasse	
37.	Honanstrasse	Pekingstrasse	Hamburgerstrasse	

Lfd. Nr.	Strrasse	von	bis	Bemerkungen.
38.	Tsinanstrasse	Schantungstrasse	Kielerstrasse	nur Schmutzwasser
39.	Litsunstrasse	Tsiningstrasse	Tschifustrasse	
40.	Tsimostrasse	Tsiningstrasse	Schantungstrasse	
41.	Pekingstrasse	Schantungstrasse	Kielerstrasse	
42.	Kaumistrasse	Tsiningstrasse	Schantungstrasse	
43.	Haipostrasse	Tschifustrasse	Poschanstrasse	nur Schmutzwasser
44.	Tientsinstrasse	Schansistrasse	Takustrasse	
45.	Platz am Strandlager			nur nördliche Seite und nur Schmutzwasser
46.	Syfangstrasse	Itschoustrasse	Poschanstrasse	nur Schmutzwasser
47.	Syfangstrasse	Poschanstrasse	Schantungstrasse	
48.	Huangtaustrasse	Tschifustrasse	Poschanstrasse	nur Regenwasser
49.	Paotingstrasse	Schantungstrasse	Honanstrasse	
50.	Takustrasse	Friedrichstrasse	Hamburgerstrasse	nur Schmutzwasser
51.	Strasse am kleinen Hafen	Schansistrasse	Strasse hinter dem Bahnhof	nur Schmutzwasser

Tsingtau, den 23. Dezember 1905.

Der Kaiserliche Baudirektor.

Amtliche Anzeigen.

Bei der in Abteilung A Nr. 14 des Handelsregisters vermerkten offenen Handelsgesellschaft

Snethlage & Siemssen

ist folgendes eingetragen worden:

Der Kaufmann Hermann Snethlage ist durch Tod und dessen Witwe Mary Lily Snethlage geb. Percival als seine alleinige Erbin auf Grund des Vertrages vom 2. September 1905 aus der Gesellschaft ausgeschieden.

Die offene Handelsgesellschaft ist aufgelöst. Das Geschäft wird unter der alten Firma von dem bisherigen Gesellschafter Kaufmann Alfred Siemssen in Tsingtau fortgeführt.

Tsingtau, den 16. Januar 1906.

Kaiserliches Gericht von Kiautschou I.

20. Januar 1906.   Amtsblatt—青島官報   39.

Tarif für das Tsingtauer 16000 Tonnen Dock.

Es haben zu bezahlen:

	pro Brutto Tonne Dollarcents
Schiffe von 6000 Tonnen Brutto und mehr.	
Für das Docken zur Besichtigung, 24 Stunden	20
„ jeden weiteren Tag	8
„ Docken und Boden reinigen	25
„ jeden Unterwasseranstrich mit Schiffsbodenfarbe	17
„ „ Mennigeanstrich	8
Schiffe von 3000 Tonnen Brutto und weniger als 6000 Tonnen.	
Für das Docken zur Besichtigung, 24 Stunden	23
„ jeden weiteren Tag	9
„ Docken und Boden reinigen	27
„ jeden Unterwasseranstrich mit Schiffsbodenfarbe	17
„ „ Mennigeanstrich	9
Schiffe von 2000 Tonnen Brutto und weniger als 3000 Tonnen.	
Für das Docken zur Besichtigung, 24 Stunden	23
„ jeden weiteren Tag	9
„ Docken und Boden reinigen	27
„ jeden Unterwasseranstrich mit Schiffsbodenfarbe	18
„ „ Mennigeanstrich	10
Schiffe von 1500 Tonnen Brutto und weniger als 2000 Tonnen.	
Für das Docken zur Besichtigung, 24 Stunden	23
„ jeden weiteren Tag	9
„ Docken und Boden reinigen	27
„ jeden Unterwasseranstrich mit Schiffsbodenfarbe	19
„ „ Mennigeanstrich	11
Schiffe von 1000 Tonnen Brutto und weniger als 1500 Tonnen.	
Für das Docken zur Besichtigung, 24 Stunden	30
„ jeden weiteren Tag	9
„ Docken und Boden reinigen	30
„ jeden Unterwasseranstrich mit Schiffsbodenfarbe	20
„ „ Mennigeanstrich	12
Schiffe von 500 Tonnen Brutto und weniger als 1000 Tonnen.	
Für das Docken zur Besichtigung, 24 Stunden	40
„ jeden weiteren Tag	9
„ Docken und Boden reinigen	40
„ jeden Unterwasseranstrich mit Schiffsbodenfarbe	25
„ „ Mennigeanstrich	15

Schiffe unter 500 Tonnen Brutto docken nach besonderen Abmachungen.

Bei diesem Tarif wird den Schiffen für jeden Unterwasseranstrich ein Docktag gewährt.

Liefern die Schiffe die Schiffsbodenfarbe selbst, so wird ihnen diese zu dem Preise gutgeschrieben, zu welchem die Werkstatt die Farbe kauft — abzüglich einer Commission von 15%.

啓者本局茲將各項船隻駛入新建船塢托起查驗擦乾油刷所訂價洋分別列左

一 端按照船皮度核六十噸及六千多噸之大船費洋
甲 托起查驗船身時至二十四點鐘之久每噸須納費洋一角
乙 船停塢內時過二十四點鐘以外者接續每天每噸納費洋八分
丙 吊起擦乾船底每噸須納費洋二角五分
丁 欲將船身吃水線下油刷船底色者每噸須納費洋一角七分
戊 欲將船身吃水線下油刷紅鉛色者每噸須納費洋八分

二 端按照船皮度核自三千噸起至五千九百九十九噸船隻費洋
甲 托起查驗船身時至二十四點鐘之久每噸須納費洋二角三分
乙 船停塢內時過二十四點鐘以外者接續每天每噸費洋九分
丙 吊起擦乾船底每噸須納費洋二角七分
丁 欲將船身吃水線下油刷船底色之顏色每層顏色每噸須納費洋一角七分
戊 欲將船身吃水線下油刷紅鉛色者每噸須納費洋九分

三 端按照船皮度核自二千九百九十九噸起至船費洋
甲 托起查驗船身時至二十四點鐘之久每噸須納費洋二角三分
乙 船停塢內時過二十四點鐘以外者接續每天每噸費洋九分
丙 吊起擦乾船底每噸須納費洋二角七分
丁 欲將船身吃水線下油刷船底色之顏色每層顏色每整須納費洋一角八分
戊 欲將船身吃水線下油刷紅鉛色者每整須納費洋一角

四 端按照船皮度核自一千五百九十九噸起至止合船費洋
甲 托起查驗船身時至二十四點鐘之外每整須納費洋二角三分
乙 船停塢內時過二十四點鐘以外者接續每天每墩費洋九分
丙 吊起擦乾船底每整須納費洋二角七分

丁 欲將船身吃水線下油刷船底色之顏色每層顏色每墊須納貲洋二角九分

戊 欲將船身吃水線下油刷紅鉛色每墊須納貲洋一角一分

五端 按照船皮度核自一千四百九十九墊止各船貲洋

甲 托起查驗船身時至二千四百點鐘之久每墩須納貲洋三分

乙 船停塢內時過二十四點鐘以外者接續每天每墩貲洋九分

丙 吊起乾船底每墊須納貲洋二角

丁 欲將船身吃水線下油刷船底色之顏色每層顏色每墊須納貲洋二角

戊 欲將船身吃水線下油刷紅鉛色者每墩須納貲洋一角二分

六端 按照船皮度核自五百墩起至九百九十九墊止各船貲洋

甲 托起查驗船時至二十四點鐘之久每墊須納貲洋四角

乙 船停塢內時過二十四點鐘以外者接續每天每墊洋九分

丙 吊起擦筭船底每墊須納貲洋四角

丁 欲將船身吃水線下油擦船底之顏色每層顏色每墊須納貲洋二角五分

戊 欲將船身吃水線下油刷紅鉛色者每墊須納貲洋一角五分

其餘五百墊以內之各船可另訂價

所有右列之欲將船身吃水線下油刷顏色之工每刷一層時本局免徵一日住塢貲洋倘自備色料即按本局購買該色料價洋多寡即減收貲洋多寡惟須將減收之項按十五分利息由船主加給本局此佈

德 一千九百六年正月初九日

青島水師工務局啟

Bekanntmachung.

Als gestohlen angemeldet: 7 kleine Kisten Stearinkerzen mit je 25 Paketen, welche in blaues Papier eingewickelt sind, das Etiquette stellt ein segelndes Schiff vor.

Als verloren angemeldet: 1 Wagenkapsel aus Messing, auf der äusseren Fläche stehen die Worte: „Sun Da Schanghai"; 1 Uhr mit Kapsel und Nickelkette.

Als gefunden angemeldet: 1 Ordensstern aus Emaille mit Eichenlaubverzierungen und den Inschriften „Republique Française" auf der Vorderseite und „Honneur et Patrie" auf der Rückseite.

Tsingtau, den 17. Januar 1906.

Kaiserliches Polizeiamt.

Landversteigerung.

Auf Antrag des Diplomingenieurs Friedrich v. Brückner zu Tsingtau findet am Montag, den 5. Februar 1906, vormittags 11 Uhr, die Versteigerung des Grundstückes Kbl. 12 Nr. 78 am Hohenloheweg im Landamte statt.

Grösse: 1866 qm.
Mindestpreis: 1548,78 $.
Benutzungsplan: Errichtung eines Landhauses.
Bebauungsfrist: 28. Februar 1909.
Gesuche zum Mitbieten sind bis zum 29. Januar 1906 hierher zu richten.

Tsingtau, den 13. Januar 1906.

Kaiserliches Landamt.

Landversteigerung.

Auf Antrag der offenen Handelsgesellschaft Lieb und Leu hierselbst findet am Montag, den 5. Februar 1906, vormittags 11$\frac{1}{2}$ Uhr, die Versteigerung des Grundstückes Kbl. 8 Nr. $\frac{222}{134}$ etc. Ecke Münchener-und Prinz Heinrich-Strasse, im Landamte statt.

Grösse: 2345 qm.
Mindestpreis: 3095,40 $.
Benutzungsplan: Errichtung eines Wohn-und Geschäftshauses mit gewerblichen Anlagen.
Bebauungsfrist: 28. Februar 1909.
Gesuche zum Mitbieten sind bis zum 29. Januar 1906 hierher zu richten.

Tsingtau, den 18. Januar 1906.

Kaiserliches Landamt.

告白

啟者本署據報被竊並遺失以及送按各物分別列左

被竊之物

白蠟燭七箱每箱內有藍紙包二十五包紙包上有蓬船牌號

還失各物

小車軸黃銅帽一個上有順大字樣帶盒表一枚上繫白銅練子一條

送案之物

砝藍寶星一座上有象樹葉子之花面亦有法國Republique Française字樣以上被竊並遺失各物切勿輕買如兒面報明本署並送案之物亦准具領此佈

大德一千九百六年正月十七日

青島巡捕衙門啓

告示

大德管理青島地畝局

拍買地畝事茲據工部局員畢克納稟稱欲買青島赫很羅黑路地圖第十二號第七十八塊計一千八百六十六米打暫惟價洋一千五百四十八元七角八分今訂於西歷一千九百六年二月初五日上午十一點鐘在局拍賣定後准蓋華麗房屋限一千九百零九年二月二十八日一律修竣如他人亦欲買者可以投票截至正月二十九日止屆期前來本局面議可也勿誤特諭

西一千九百六年正月十三日

右諭通知

大德青島管理地畝局

拍賣地畝事茲據[利來]公司稟稱欲買青島迷黑諾街暨晉林慾街兩街轉角地圖第八號第二百二十二塊計二千三百四十五米達暫惟價洋三千零九十五元四角今訂於西歷一千九百六年二月初五日上午十一點半鐘在本局拍賣定後准蓋住房舖房機器廠限至西一千九百零九年二月二十八日止一律修竣如他人亦欲買者可以投票截至正月二十九日止屆期前來本局面議可也勿悞特諭

大德一千九百六年正月十八日

右諭通知

20. Januar 1906. Amtsblatt—青島官報 43.

Bekanntmachung.

Für die Feier des chinesischen Neujahrsfestes in diesem Jahre werden folgende Bestimmungen getroffen:

Feuerwerkskörper dürfen in Tapautau und dem nicht für Europäer vorbehaltenen Stadtteile Tsingtaus abgebrannt werden:

a. am 17. Januar, abends 6 Uhr bis nachts 12 Uhr,
b. am 24. und 25. Januar von Mitternacht bis Mitternacht,
c. am 28. und 30. Januar von Mitternacht bis Mittags 12 Uhr,
d. vom 7. bis 9. Februar täglich abends von 6 Uhr bis nachts 12 Uhr.

Die sogenannten „Kanonenschläge" haben zu unterbleiben. Auf den Reit-und Fuhrverkehr ist Rücksicht zu nehmen.

Tsingtau, den 16. Januar 1906.

Der Kommissar für chinesische Angelegenheiten.

大德欽命管理守華事官輔政司單示曉諭遵行事照得中華習俗每逢年節各處必演燃放鞭砲茲者年關伊邇亟宜定示准放之期以便爲遵行如西本年正月十七即中本年十二月二十三日以

大德一千九百六年正月十七日

特諭
用砲定不准放砲
起善華人居住房屋各處施放鞭砲亦皆宜留意遠避爆烈如雷之馬之驚傷寶人民之患爲此仰諸色人等遵照勿違

告示

即晚自六點鐘起至半夜十二點鐘止又
一日即西正月二十四日自半夜十二點鐘起至翌午西正月二十五日即中正月初四
六、兩日自半夜十二點鐘起至中午西正月二十八日及三十日即中正月初四、初六日每日自晚
七、初八日即中正月十四、十五、十六三日每日自晚六點鐘起至夜十二點鐘止均准在於大包島及車馬之准晚

Mitteilungen.

Am 21. und 28. d. Mts. findet in der Gouvernementskapelle kein Gottesdienst statt.

Am 27. d. Mts., vormittags 10 Uhr, wird ein Festgottesdienst für Kaisers Geburtstag und die Einweihung der Kirchenglocken abgehalten.

* * *

Standesamtliche Nachrichten.
Geburt: 13. 1. 1906 ein Sohn dem Tischlermeister Radau.

* * *

Die Schantung-Eisenbahn-Gesellschaft hat vom 20. d. Mts. folgenden Ausnahme-Tarif für Kohlen eingeführt:

Ausnahmetarif Nr. 12.

Für die Beförderung von Steinkohlen und Steinkohlenkoks in Wagenladungen werden die folgenden Frachtsätze bei Frachtzahlung für mindestens 15000 kg. für jeden Wagen berechnet:

von Wangtsun nach	Frachtsatz für 100 kg. $	15000 kg $
Putung	0,22	33,00
Tschingtschoufu	0,23	34,50
Putschi	0,10	15,00
Mingschui	0,10	15,00
Tsauyuantschuang	0,11	16,50
Lungschan	0,13	19,50
Schyhlipu	0,14	21,00
Kotien	0,15	22,50
Talintschyh	0,10	15,00
Tschoutsun	0,11	16,50
Yatschuang	0,12	18,00
Maschang	0,13	19,50
Tschangtien	0,14	21,00
Hutien	0,15	22,50
Tschinglingtschen	0,17	25,50
Hsintien	0,19	28,50
Tsehotien	0,20	30,00
Wangschyhyentschuang	0,17	25,50
Patschienpu	0,18	27,00
Tsinanfu-Ost	0,20	30,00
Tsinanfu-West	0,20	30,00

Der für Patschienpu angegebene Satz gilt erst von dem Zeitpunkt der Ausführung eines Ladegleises auf dieser Station.

Meteorologische Beobachtungen
in Tsingtau.

Datum. Jan.	Barometer (mm) reduz. auf 0° C., Seehöhe 78,64 m			Temperatur (Centigrade).								Dunstspannung in mm			Relat. Feuchtigkeit in Prozenten		
				trock. Therm.			feucht. Therm.										
	7 Vm	2 Nm	9 Nm	7 Vm	2 Nm	9 Nm	7 Vm	2 Nm	9 Nm	Min.	Max.	7 Vm	2 Nm	9 Nm	7 Vm	2 Nm	9 Nm
11	763,8	764,7	767,1	-5,5	-2,3	-5,1	-6,0	-3,0	-6,5	-7,3	-1,7	2,6	3,3	2,0	87	85	66
12	66,3	62,5	62,8	-6,8	-1,1	-3,3	-8,1	-4,0	-5,0	-8,0	-0,3	1,8	1,9	2,2	65	45	63
13	65,6	63,9	62,8	-5,9	-0,8	-1,9	-7,2	-3,3	-2,5	-6,7	0,3	1,9	2,3	3,5	67	53	88
14	60,2	56,9	57,5	-2,8	3,3	0,7	-4,9	-0,2	-2,0	-7,3	3,6	2,1	2,7	2,5	55	46	52
15	57,9	56,3	57,6	0,9	5,4	2,5	-1,3	0,7	0,4	-1,2	6,4	3,0	2,1	3,5	61	32	63
16	60,7	61,7	64,7	-2,5	2,5	-1,1	-2,9	0,7	-3,0	-3,1	3,0	3,5	3,8	2,7	92	69	63
17	65,3	63,1	64,1	-0,7	4,2	2,7	-1,8	1,9	0,6	-3,3	5,5	3,4	3,9	3,6	79	63	63

Datum. Jan.	Wind Richtung & Stärke nach Beaufort (0—12)			Bewölkung						Niederschläge in mm		
				7 Vm		2 Nm		9 Nm				9 Nm
	7 Vm	2 Nm	9 Nm	Grad	Form	Grad	Form	Grad	Form	7 Vm	9 Nm	7 Vm
11	N W 6	N W 4	N 3	5	Cu-str	2	Cu-str	7	Cum			
12	N W 2	W S W 3	N N W 8	2	Cicci-cum	1	,,					
13	W N W 2	W 3	W S W 2	2	Cicci-str							
14	S W 2	S S W 2	S W 4	1	,,							
15	S W 1	S S O 4	N W 1									
16	N N W 2	N W 2	N 3	1	Str	3	Str					
17	O 2	S S O 3	S S O 3	2	Cu-str	6	Cu-str					

Schiffsverkehr
in der Zeit vom 11.—18. Januar 1906.

Ankunft am	Name	Kapitän	Flagge	Reg. Tonnen.	von	Abfahrt am	nach
(17.12.05.)	S. Edward R. West	Dahler	Amerik.	762	Portland	16.1.	San Francisco
(9. 1.)	D. Forsteck	Jaspers	Deutsch	1814	Hongkong	,,	Wladiwostock
12. 1.	D. Gouv. Jaeschke	Treumann	,,	1045	Schanghai	13.1.	Schanghai
13. 1.	D. Ohio II	Gundersen	Amerik.	755	,,	,,	Tschifu
15. 1.	D. Lok Sang	Hussy	Englisch	979	,,	16.1.	Schanghai
,,	D. Adm. v. Tirpitz	Block	Deutsch	1199	,,	,,	Tschifu
16. 1.	D. Miyo Maru	Jenuma	Japan.	917	Otaru		
17. 1.	D. Staatssekr Kraetke.	Hansen	Deutsch	1208	Tschifu	17.1.	Schanghai
,,	D. Toonan	Boyd	Chines.	942	Wuhu		
,,	D. Tungchow		Russ.		Schanghai		

Druck der Missionsdruckerei Tsingtau.

第七年 第四号

1906年1月20日

法令与告白

告白

根据1905年11月25日的更订《青抱(鲍)岛各地主分别接通雨水脏水干筒章程》第1条(1906年《官报》,第23页),谨此敦促各业主,在下面A表中所列街道和公共广场上建造下水道连接。

下面B表中所列街道可以在表中注明的范围内建造下水道连接。

对房屋排水设施许可证的申请须在1906年6月1日前将规定的表格递交至第二工部局,他们免费发放表格和规定文件。

青岛,1905年12月23日
皇家工部局局长

A. 可以按照规定建造地块排水设施的街道列表

连续排号	街道	始于	止于	备注
	青岛区			
1	俾斯麦街	督署野战医院	威廉皇帝海岸	包括野战医院
2	棣德利道	俾斯麦街	总督府广场	
3	比洛街①	依蕾娜街	海因里希亲王街	
4	总督府广场			
5	霍恩洛厄道	山东街②	总督府广场	
6	阿尔伯特街	海因里希亲王街	威廉皇帝海岸	
7	弗里德里希街	山东街	霍恩佐伦街	
8	威廉港街	海因里希亲王街	威廉皇帝海岸	
9	柏林街	霍恩洛厄道	弗里德里希街	
10	依蕾娜街	俾斯麦街	弗里德里希街	

---

① 译者注:即今日照路。
② 译者注:即今中山路北段。

(续表)

连续排号	街道	始于	止于	备注
11	海因里希亲王街	俾斯麦街	威廉港街	
12	威廉皇帝海岸	衙门	阿尔伯特街	包括衙门
13	霍恩佐伦街	弗里德里希街	威廉港街	
大鲍岛区				
14	济宁街	胶州街	高密街	
15	山东街	沧口街	弗里德里希街	
16	山西街	小港	天津街	
17	李村街	芝罘街	山东街	
18	胶州街	济宁街	山东街	
19	海泊街	博山街	山东街	
20	天津街	山东街	山西街	

B. 可以将雨污排水管连接到街道下水道的街道列表

连续排号	街道	始于	止于	备注
青岛区				
1	约翰·阿尔布莱希特街	海因里希亲王街	威廉皇帝海岸	
2	威廉街	海因里希亲王街	威廉皇帝海岸	
3	威廉街	海因里希亲王街	总督府广场	只有雨水
4	提尔皮茨街	依蕾娜街	海因里希亲王街	
5	阿尔伯特街	柏林街	依蕾娜街	只有西面,仅污水
6	阿尔伯特街	依蕾娜街	海因里希亲王街	
7	路易波德街	教会广场	依蕾娜街	
8	路易波德街	依蕾娜街	海因里希亲王街	仅污水
9	路易波德街	海因里希亲王街	威廉皇帝海岸	
10	教会广场			西北面
11	主教街①	霍恩洛厄道	不来梅街	
12	汉堡街	大沽街	威廉皇帝海岸	
13	弗里德里希街	霍恩佐伦街	威廉皇帝海岸	仅污水
14	基尔街	海因里希亲王街	霍恩佐伦街	仅污水
15	火车站后面的街道	霍恩佐伦街	小港	仅污水

① 译者注:原圣灵修道院建筑背面的街道,与不来梅街交叉,现均为肥城路。

(续表)

连续排号	街道	始于	止于	备注
16	不来梅街	教会广场	汉堡街	
17	柏林街	弗里德里希街	汉堡街	
18	皇太子街	路易波德街	汉堡街	
19	依蕾娜街	弗里德里希街	汉堡街	
20	海因里希亲王街	威廉港街	基尔街	
21	威廉皇帝海岸	阿尔伯特街	弗里德里希街	
22	威廉皇帝海岸	弗里德里希街	威廉港街	仅污水
23	霍恩佐伦街	路易波德街	弗里德里希街	
24	霍恩佐伦街	威廉港街	火车站后面的街道	仅污水
大鲍岛区				
25	济宁街	李村街	胶州街	
26	芝罘街	沧口街	李村街	仅污水
27	芝罘街	李村街	胶州街	
28	芝罘街	胶州街	海泊街	仅污水
29	沂州街	沧口街	胶州街	
30	沂州街	胶州街	四方街	仅污水
31	博山街	沧口街	霍恩洛厄道	
32	潍县街	沧口街	霍恩洛厄道	
33	直隶街	济南街	北京街	仅污水
34	直隶街	北京街	保定街	
35	河南街	济南街	北京街	仅污水
36	沧口街	芝罘街	山东街	
37	河南街	北京街	汉堡街	
38	济南街	山东街	基尔街	仅污水
39	李村街	济宁街	芝罘街	
40	即墨街	济宁街	山东街	
41	北京街	山东街	基尔街	
42	高密街	济宁街	山东街	
43	海泊街	芝罘街	博山街	仅污水
44	天津街	山西街	大沽街	
45	小泥洼兵营广场			仅北面,仅污水
46	四方街	沂州街	博山街	仅污水

(续表)

连续排号	街道	始于	止于	备注
47	四方街	博山街	山东街	
48	黄岛街	芝罘街	博山街	仅污水
49	保定街	山东街	河南街	
50	大沽街	弗里德里希街	汉堡街	仅污水
51	小港边的街道	山西街	火车站后面的街道	仅污水

青岛，1905年12月23日
皇家工部局局长

官方通告

在商业登记A部第14号登记的无限责任公司"斯内特拉格和希姆森"[①]已登记入下列事项：

商人赫尔曼·斯内特拉格去世，其出生时姓佩尔西瓦尔的遗孀玛丽·莉莉·斯内特拉格为其唯一继承人，根据1905年9月2日的公司合约，赫尔曼·斯内特拉格被从公司中除名。

营业中的贸易公司解散。

公司业务由前公司目前为止的股东、青岛的商人阿尔弗雷德·希姆森继续经营。

青岛，1906年1月16日
胶澳皇家审判厅一处

启者：本局兹将各项船只驶入新建船坞托起查验、擦干油刷所订价洋分别列左：

一端，按照船皮度核，六十(千)吨及六千多吨之大船费洋：

甲、托起查验船身时至二十四点钟之久，每吨须纳费洋二角。

乙、船停坞内时过二十四点钟以外者，接续每天每吨纳费洋八分。

丙、吊起擦干船底，每吨须纳费洋二角五分。

丁、欲将船身吃水线下油刷船底色之颜色，每层颜色每吨须纳费洋一角七分。

戊、欲将船身吃水线下油刷红铅色者，每吨须纳费洋八分。

二端，按照船皮度核，自三千吨起至五千九百九十九吨船只费洋：

甲、托起查验船身时至二十四点钟之久，每吨须纳费洋二角三分。

---

① 译者注：中文行名为"祥福洋行"。

乙、船停坞内时过二十四点钟以外者，接续每天每吨费洋九分。

丙、吊起擦干船底，每吨须纳费洋二角七分。

丁、欲将船身吃水线下油刷船底色之颜色，每层颜色每吨须纳费洋一角七分。

戊、欲将船身吃水线下油刷红铅色者，每吨须纳费洋九分。

三端，按照船皮度核，自二千吨起至二千九百九十九吨各船费洋：

甲、托起查验船身时至二十四点钟之久，每吨须纳费洋二角三分。

乙、船停坞内时过二十四点钟以外者，接续每天每吨费洋九分。

丙、吊起擦干船底，每墩（吨）须纳费洋二角七分。

丁、欲将船身吃水线下油刷船底色之颜色，每层颜色每墩（吨）须纳费洋一角八分。

戊、欲将船身吃水线下油刷红铅色者，每墩（吨）须纳费洋一角。

四端，按照船皮度核，自一千五百墩（吨）起至一千九百九十九墩（吨）止各船费洋：

甲、托起查验船身时至二十四点钟之久，每墩（吨）须纳费洋二角三分。

乙、船停坞内时过二十四点钟以外者，接续每天每墩（吨）费洋九分。

丙、吊起擦干船底，每墩（吨）须纳费洋二角七分。

丁、欲将船身吃水线下油刷船底色之颜色，每层颜色每墩（吨）须纳费洋一角九分。

戊、欲将船身吃水线下油刷红铅色（者），每墩（吨）须纳费洋一角一分。

五端，按照船皮度核，自一千墩（吨）起至一千四百九十九墩（吨）止各船费洋：

甲、托起查验船身时至二十四点钟之久，每墩（吨）须纳费洋三分。

乙、船停坞内时过二十四点钟以外者，接续每天每墩（吨）费洋九分。

丙、吊起（擦）干船底，每墩（吨）须纳费洋三角。

丁、欲将船身吃水线下油刷船底色之颜色，每层颜色每墩（吨）须纳费洋二角。

戊、欲将船身吃水线下油刷红铅色者，每墩（吨）须纳费洋一角二分。

六端，按照船皮度核，自五百墩（吨）起至九百九十九墩（吨）止各船费洋：

甲、托起查验船时至二十四点钟之久，每墩（吨）须纳费洋四角。

乙、船停坞内时过二十四点钟以外者，接续每天每墩（吨）费洋九分。

丙、吊起擦干船底，每墩（吨）须纳费洋四角。

丁、欲将船身吃水线下油擦船底色之颜色，每层颜色每墩（吨）须纳费洋二角五分。

戊、欲将船身吃水线下油刷红铅色者，每墩（吨）须纳费洋一角五分。

其余五百墩（吨）以内之各船可另订（定）价。

所有右列之欲将船身吃水线下油刷颜色之工，每刷一层时，本局免征一日住坞费洋。倘自备色料，即按本局购买该色料价洋多寡，即减收费洋多寡。惟须将减收之项按十五分利息由船主加给本局。此布。

德一千九百六年正月初九日

青岛水师工务局启

告白

启者：本署据报被窃并遗失以及送按各物分别列左：

被窃之物：

白蜡烛七箱，每箱内有蓝纸包二十五包，纸包上有篷船牌号。

遗失各物：

小车轴黄铜帽一个，上有顺大字样；带盒表一枚，上系白铜练（链）子一条。

送案之物：

砝蓝（珐琅）宝星一座，上有象（像）树叶子之花，面有法国"Republique Francaise"字样，背面亦有法国"Honneur at Patrie"字样。

以上被窃并遗失各物切勿轻买，如见立宜报明本署，送案之物亦准具领。此布。

大德一千九百六年正月十七日
青岛巡捕衙门启

大德管理青岛地亩局　为

拍卖地亩事：兹据工部局员毕克纳禀称，欲买青岛赫很罗黑路①地图第十二号第七十八块，计一千八百六十六米打，暂拟价洋一千五百四十八元七角八分。今订于西历一千九百六年二月初五日上午十一点钟在局拍卖。买定后准盖华丽房屋，限一千九百零九年二月二十八日一律修竣。如他人亦欲买者，可以投禀，截至正月二十九日止，届期前来本局面议可也。勿误。特谕。

右谕通知

西一千九百六年正月十三日　告示

大德青岛管理地亩局　为

拍卖地亩事：兹据利来公司禀称，欲买青岛迷黑诺街②暨晋（普）林慈街③两街转角地图第八号第二百二十二块，计二千三百四十五米达（打），暂拟价洋三千零九十五元四角。今订于西历一千九百六年二月初五日上午十一点半钟在本局拍卖。买定后准盖住房、铺房、机器厂，限至西一千九百九年二月二十八日一律修竣。如他人亦欲买者，可以投禀，截至正月二十九日止，届期前来本局面议可也。勿误。特谕。

右谕通知
大德一千九百六年正月十八日

---

① 译者注：即今德县路。

② 译者注：即今蒙阴路。

③ 译者注：即今广西路。

大德钦命管理中华事宜辅政司单　为

出示晓谕遵行事：照得中华习俗，每逢年节各处必须演燃放鞭炮。兹者年关伊迩，亟宜定示准放之期，以便遵行。如西本年正月十七，即中本年十二月二十三日，晚自六点钟起至半夜十二点钟止。又西正月二十四，即中十二月三十日，自半夜起至二十五，即中正月初一日半夜止。又西正月二十八、三十，即中正月初四、初六两日，自半夜起均至翌午十二点钟止。又西二月初七、初八、初九，即中正月十四、十五、十六三日，每日皆晚自六点钟起，至夜十二点钟止，均准在于大包岛①及准起盖华人居住房屋各处施放鞭炮。至于爆烈如雷之炮，定不准放。即元旦放鞭亦皆宜留意，远避往来车马，用防马惊伤害人民之患。为此，仰诸色人等禀（凛）遵勿违。特谕。

右谕通知

大德一千九百六年正月十七日　告示

消息

督署小教堂在本月21日和28日不举办弥撒。

本月27日上午10时将为皇帝诞辰以及教堂钟的启用举办弥撒。

户籍所消息：

出生：1906年1月13日，木匠拉道得子一名。

山东铁路公司从本月20日起施行下列煤炭特别费率：

第12号煤炭运输特别费率和出发地：

普通	0.22	33.00
青州府	0.23	34.50
普集	0.10	15.00
明水	0.10	15.00
枣园庄	0.11	16.50
龙山	0.13	19.50
十里堡	0.14	21.00
郭店	0.15	22.50

---

① 译者注：即大鲍岛。

整车皮运输的焦炭如果最低运输量为 15 000 千克时,从王村发出的每车皮费率为:

目的地	元/100 千克	元/15 000 千克
大临池	0.10	15.00
周村	0.11	16.50
涯庄	0.12	18.00
马尚	0.13	19.50
张店	0.14	21.00
湖田	0.15	22.50
金岭镇	0.17	25.50
辛店	0.19	28.50
淄河店	0.20	30.00
王舍人庄	0.17	25.50
八涧堡	0.18	27.00
济南东	0.20	30.00
济南西	0.20	30.00

适用于八涧堡的费率从该站装配好装车轨道的时间起施行。

船运

1906 年 1 月 11 日—18 日期间

到达日	轮船船名	船长	挂旗国籍	登记吨位	出发港	出发日	到达港
(1905 年 12 月 17 日)	爱德华·韦斯特号	达勒尔	美国	762	波特兰	1 月 16 日	旧金山
(1 月 9 日)	福斯特克号	雅思帕	德国	1 814	香港	1 月 16 日	海参崴
1 月 12 日	叶世克总督号	特洛依曼	德国	1 045	上海	1 月 13 日	上海
1 月 13 日	俄亥俄 II 号	贡德尔森	美国	755	上海	1 月 13 日	芝罘
1 月 15 日	乐生号	胡西	英国	979	上海	1 月 16 日	上海
1 月 15 日	提尔皮茨号	布洛克	德国	1 199	上海	1 月 16 日	芝罘
1 月 16 日	美代丸	河努玛	日本	917	小樽		
1 月 17 日	克莱特克号	韩森	德国	1 208	芝罘	1 月 17 日	上海
1 月 17 日	图南号	博伊德	中国	942	芜湖		
1 月 17 日	通州号		俄国		上海		

Amtsblatt
für das
Deutsche Kiautschou-Gebiet.

青島官報

Herausgegeben vom Kaiserlichen Gouvernement Kiautschou.

Der Bezugspreis beträgt jährlich $ 2=M 4.
Bestellungen nehmen sämtliche deutsche Postanstalten entgegen.

| Jahrgang 7. | Nr. 5. | Tsingtau, den 3. Februar 1906. | 第五號 | 第七年 |

Verordnungen und Bekanntmachungen.

Ich verleihe dem Gouverneur des Kiautschougebietes für die Dauer seines Amtes und seines Aufenthaltes ausserhalb Europas das Prädikat „Excellenz".

Neues Palais, den 9. Dezember 1905.

Wilhelm.

In Vertretung des Reichskanzlers.

von Tirpitz.

An den Reichskanzler (Reichs-Marine-Amt).

Amtliche Anzeigen.

Bekanntmachung.

Das Bataillon beabsichtigt am 6., 7., 8., 9. und 10. Februar d. Js. von 7 Uhr vormittags bis 4 Uhr nachmittags im Gelände nordöstlich der Strasse Hsiau tsun tschwang-Syfang mit Schussrichtung gegen die Höhen 110,5 und 113,5 gefechtsmässig zu schiessen.

Vor dem Betreten des Geländes zu den angegebenen Zeiten wird gewarnt.

Syfang, den 29. Januar 1906.

**I. Bataillon
1. Ostasiatischen Infanterie-Regiments.**

告示

大德輔政司為出示曉諭事照得駐紮四方兵隊訂於西歷本年二月初六初七初八九十等五日每日早自七點鐘起至下午四點鐘止在四方去小村庄馬路東北一帶操演槍向東北之山施放居期禁止人民在於該處往來行走以防不測仰各遵照切切特諭

大德一千九百六年正月二十九日

右諭通知

46.   Amtsblatt—青島官報   3. Februar 1906.

Bekanntmachung.

W. Eddelbüttel hat ein Gesuch um Übertragung der Erlaubnis zum Ausschank alkoholischer Getränke auf seinen Namen für die bisher von E. Ehrlich geführte Gastwirtschaft in Syfang eingereicht.

Einwendungen im Sinne der Gouvernementsbekanntmachung vom 10. Oktober 1899 sind bis zum 18. Februar d. Js. an das Polizeiamt zu richten.

Tsingtau, den 22. Januar 1906.

Kaiserliches Polizeiamt.

Bei der in Abteilung B Nr. 14 des Handelsregisters vermerkten Firma

Hamburg-Amerikanische Paketfahrt-Aktien-Gesellschaft

ist folgendes eingetragen worden:

Willi Theodor Weselmann, Heinrich Johannes Wilhelm Ballüder, beide in Hamburg, und Ernst Stangen in Berlin ist Prokura erteilt. Jeder von ihnen ist berechtigt, in Gemeinschaft mit einem Vorstandsmitgliede die Firma der Gesellschaft zu zeichnen.

Tsingtau, den 22. Januar 1906.

Kaiserliches Gericht von Kiautschou I.

Bekanntmachung.

Über das Vermögen des Schlossermeisters
Artur Grau
in Tsingtau ist am 26. Januar 1906 der Konkurs eröffnet.

Verwalter: Gerichtssekretär Tabbert.

Anmeldefrist bis zum 26. Februar 1906.

Erste Gläubigerversammlung und allgemeiner Prüfungstermin am 14. März 1906, vormittags 10 Uhr, an Gerichtsstelle, Zimmer Nr. 2.

Offener Arrest und Anzeigefrist bis zum 26 Februar 1906.

Tsingtau, den 26. Januar 1906.

Kaiserliches Gericht von Kiautschou III.

Mitteilungen.

Der Königliche Rote Adlerorden III. Klasse mit der Schleife ist dem Marine-Generalarzt König, der Königliche Rote Adlerorden IV. Klasse den Hauptleuten Ingenohl, von Valentini und Timme verliehen worden.

* * *

Standesamtliche Nachrichten:

Eheschliessung: 28. 1. 1906 Sergeant Paul Weinreich aus Tsingtau und Marie Nöthling aus Eisenach;

Geburten: 21. 1. 1906 ein Sohn dem Kapitänleutnant Frielinghaus,
22. 1. 1906 ein Sohn dem Marineoberzahlmeister Renken,
23. 1. 1906 eine Tochter dem Gastwirt Hinney,
25. 1. 1906 eine Tochter dem Kaufman Grill;

Todesfälle: 22. 1. 1906 Claus Frielinghaus, 4 Stunden alt,
27. 1. 1906 Seesoldat Ernst Vogtmann, 22 Jahre alt.

* * *

Nach Mitteilung der deutschen Gesandtschaft in Tokio hat die japanische Regierung Bestimmungen erlassen, wonach Fremden, die Eigentum in Port Arthur oder Dalny zurückgelassen haben, oder ihren Bevollmächtigten die Zureise auf dem Seewege durch einen Erlaubnisschein des japanischen Kriegsministers gestattet wird. Die Gesuche, welche durch Vermittelung der Gesandtschaft in Tokio einzureichen sind, müssen Angaben enthalten darüber, wann der Gesuchsteller Kuantung verlassen hat, ferner über Beschreibung, Zahl, Gewicht und Wert der zurückgelassenen Güter und über den Ort, wo sie liegen.

* * *

Über die Zulässigkeit von Ansichts-Postkarten mit brieflichen Mitteilungen auf der linken Hälfte der Vorderseite, die bisher nur innerhalb Europas gegen die Postkartentaxe befördert wurden, sonst aber der Brieftaxe unterlagen, hat das Reichs-Postamt in Berlin neuerdings erweiterte Bestimmung getroffen. Danach ist die Beförder-

3. Februar 1906.   Amtsblatt—青島官報   47.

ung solcher Postkarten gegen die Postkartentaxe auch zulässig:
1. im innern Verkehr der deutschen Schutzgebiete,
2. im Verkehr zwischen den deutschen Post-

anstalten im Auslande und den deutschen Schutzgebieten einerseits und Deutschland andererseits, sowie
3. im Verkehr aller dieser Schutzgebiete und Postanstalten untereinander.

Meteorologische Beobachtungen
in Tsingtau.

Datum. Jan	Barometer (mm) reduz. auf 0° C., Seehöhe 78,64 m			Temperatur (Centigrade).								Dunstspannung in mm			Relat. Feuchtigkeit in Prozenten		
				trock. Therm.			feucht. Therm.										
	7 Vm	2 Nm	9 Nm	7 Vm	2 Nm	9 Nm	7 Vm	2 Nm	9 Nm	Min.	Max.	7 Vm	2 Nm	9 Nm	7 Vm	2 Nm	9 Nm
18	763.8	762.6	764.1	-0,1	-0,2	-1,5	-1,4	-0,7	-2,2	-2,6	3,8	3,4	4,1	3,5	73	90	86
19	67,9	68,3	69,6	-8.0	-6,5	-8,4	-8,7	-7,6	-8,7	-8,7	-1,5	1,9	2,0	2,2	80	71	91
20	68,7	67,5	67.8	-10.5	-1,9	-3,3	-11,7	-3,0	-4,5	-10,7	-1.5	1,2	3,1	2,6	60	78	74
21	65,7	64,4	65.4	-1,6	0,1	1,3	-4,7	-2,4	-0,3	-3,4	2,6	1,6	2,6	4,1	39	58	82
22	67,3	67,4	67,9	-3,5	-0,8	-4,4	-4,4	-2,3	-5,5	-5,2	-0,1	2,8	3,1	2,4	80	71	75
23	66.6	64,3	63.2	-5,5	-1,5	-1,6	-6,6	-2,6	-2,8	-6,4	-0,9	2,2	3,2	3,1	73	78	76
24	59.8	58.6	61.3	-0,2	-1,3	-3,0	-1,6	-2,6	-4,6	-3,4	0,3	3,3	3,1	2,4	74	74	66
25	65,0	63,8	65,5	-6,1	-1,2	-5,8	-7,4	-2,7	-7,0	-7,4	-0,6	1,9	3,0	2,0	66	71	69
26	64,4	63,9	63,0	-2,5	0,4	2,0	-3,5	-1,3	1,1	-3,0	2,3	3,0	2,3	4,4	79	70	84
27	62,5	61,9	65,5	0,7	3,1	-2,8	-0,7	-1,2	-5,0	-2,8	3,6	3,6	3,9	2,0	75	68	53
28	67,4	65,7	65,7	-7,3	-1,6	-2,5	-8,7	-3,0	-4,0	-8,1	-1,2	1,6	3,9	1,9	61	72	50
29	65,2	64,3	64,8	-2,4	2,0	0,5	-5,3	0,6	-1,0	-2,5	2,9	1,5	4,0	3,5	40	73	73
30	64,0	63,3	63,9	2,0	4,0	3,1	0,3	2,6	1,6	-2,6	5,9	3,7	4,7	4,3	69	77	74
31	61,5	59,5	62,6	3,5	4,5	-4,3	2,2	3,1	-5,8	-4,3	6,2	4,6	4,9	2,2	78	78	66

Datum. Jan.	Wind Richtung & Stärke nach Beaufort (0—12)			Bewölkung						Niederschläge in mm		
				7 Vm		2 Nm		9 Nm				9 Nm
	7 Vm	2 Nm	9 Nm	Grad	Form	Grad	Form	Grad	Form	7 Vm	9 Nm	7 Vm
18	NW 2	NNW 2	N 1	3	Str	10	Cu-str	10	Nim		2,7	3,1
19	N 6	NNW 6	NW 4	2	Cum	7	,,			0,4		
20	N 1	SSW 1	SSO 1	2	Cu-str							
21	SO 2	OSO 3	ONO 3	9	,,	10	Cu-str					
22	N 2	N 4	N 3	8	,,	8	,,					
23	NNW 2	NNW 1	NNW 1	8	,,	10	,,	6	Cum			
24	SW 2	NNW 3	NNW 7	10	,,	10	,,					
25	WNW 4	NW 5	N 2	2	Cum	2	Cu-str					
26	O 2	SO 3	SO 5	8	Str	9	,,	10	Cu-str			
27	NNO 1	NNW 4	NNW 6	3	Cu-str							
28	NNW 2	W 2	SW 1			7	Cu-str					
29	O 2	OSO 3	SO 4	1	Cum	1	Cum					
30	SSO 3	SO 4	SO 3	8	,,	7	Cu-str	4	Cu-str			
31	SO 3	NNW 2	NNW 9	9	Cu-str	10	,,	6	,,			

Hochwassertabelle für den Monat Februar 1906.

Datum	Tsingtau - Hauptbrücke.		Grosser Hafen, Mole I.		Nükuk'ou.	
	Vormittags	Nachmittags	Vormittags	Nachmittags	Vormittags	Nachmittags
1.	9 U. 06 M.	9 U. 45 M. ☽	9 U. 36 M.	10 U. 15 M.	10 U. 06 M.	10 U. 45 M.
2.	10 „ 12 „	10 „ 39 „	10 „ 42 „	11 „ 09 „	11 „ 12 „	11 „ 39 „
3.	11 „ 08 „	11 „ 47 „	11 „ 38 „	—	—	0 „ 08 „
4.	—	0 „ 23 „	0 „ 17 „	0 „ 53 „	0 „ 47 „	1 „ 23 „
5.	1 „ 00 „	1 „ 34 „	1 „ 30 „	2 „ 04 „	2 „ 00 „	2 „ 34 „
6.	2 „ 09 „	2 „ 39 „	2 „ 39 „	3 „ 09 „	3 „ 09 „	3 „ 39 „
7.	3 „ 09 „	3 „ 34 „	3 „ 39 „	4 „ 04 „	4 „ 09 „	4 „ 34 „
8.	4 „ 00 „	4 „ 23 „	4 „ 30 „	4 „ 53 „	5 „ 00 „	5 „ 23 „
9.	4 „ 46 „ ○	5 „ 07 „	5 „ 16 „	5 „ 37 „	5 „ 46 „	6 „ 07 „
10.	5 „ 28 „	5 „ 49 „	5 „ 58 „	6 „ 19 „	6 „ 28 „	6 „ 49 „
11.	6 „ 10 „	6 „ 30 „	6 „ 40 „	7 „ 00 „	7 „ 10 „	7 „ 30 „
12.	6 „ 50 „	7 „ 10 „	7 „ 20 „	7 „ 40 „	7 „ 50 „	8 „ 10 „
13.	7 „ 30 „	7 „ 51 „	8 „ 00 „	8 „ 21 „	8 „ 30 „	8 „ 51 „
14.	8 „ 12 „	8 „ 35 „	8 „ 42 „	9 „ 05 „	9 „ 12 „	9 „ 35 „
15.	8 „ 57 „	9 „ 23 „	9 „ 27 „	9 „ 53 „	9 „ 57 „	10 „ 23 „
16.	9 „ 49 „ ●	10 „ 20 „	10 „ 19 „	10 „ 50 „	10 „ 49 „	11 „ 20 „
17.	10 „ 51 „	11 „ 29 „	11 „ 21 „	11 „ 59 „	11 „ 51 „	—
18.	—	0 „ 07 „	—	0 „ 37 „	0 „ 29 „	1 „ 07 „
19.	0 „ 47 „	1 „ 28 „	1 „ 17 „	1 „ 58 „	1 „ 47 „	2 „ 28 „
20	2 „ 04 „	2 „ 39 „	2 „ 34 „	3 „ 09 „	3 „ 04 „	3 „ 39 „
21.	3 „ 09 „	3 „ 39 „	3 „ 39 „	4 „ 09 „	4 „ 09 „	4 „ 39 „
22.	4 „ 03 „	4 „ 27 „	4 „ 33 „	4 „ 57 „	5 „ 03 „	5 „ 27 „
23.	4 „ 48 „ ●	5 „ 09 „	5 „ 18 „	5 „ 39 „	5 „ 48 „	6 „ 09 „
24.	5 „ 27 „	5 „ 46 „	5 „ 57 „	6 „ 16 „	6 „ 27 „	6 „ 46 „
25.	6 „ 04 „	6 „ 21 „	6 „ 34 „	6 „ 51 „	7 „ 04 „	7 „ 21 „
26.	6 „ 37 „	6 „ 53 „	7 „ 07 „	7 „ 23 „	7 „ 37 „	7 „ 53 „
27.	7 „ 09 „	7 „ 24 „	7 „ 39 „	7 „ 54 „	8 „ 09 „	8 „ 24 „
28.	7 „ 40 „	7 „ 56 „	8 „ 10 „	8 „ 26 „	8 „ 40 „	8 „ 56 „

1) ○ = Vollmond; 2) ☾ = Letztes Viertel; 3) ● = Neumond; 4) ☽ = Erstes Viertel.

Anmerkung: In T'a pu t'ou tritt das Hochwasser 10 Minuten früher als in Nükuk'ou auf.

Schiffsverkehr
in der Zeit vom 18. Januar — 1. Februar 1906.

Ankunft am	Name	Kapitän	Flagge	Reg. Tonnen.	von	Abfahrt am	nach
(17. 1.)	D. Miyo Maru	Jenuma	Japan.	917	Otaru	21. 1.	Nagasaki
(„)	D. Toonan	Boyd	Chines.	942	Wuhu	19. 1.	Schanghai
(„)	D. Tungchow	Roudakoff	Russ.	952	Schanghai	21. 1.	Wladiwostock
18. 1.	D. Süllberg	Luppi	Deutsch	782	Moji	22. 1.	Kobe
19. 1.	D. Gouv. Jaeschke	Treumann	„	1045	Schanghai	20. 1.	Schanghai
21. 1.	D. Hirundo	Björnes	Norweg.	1343	Otaru	29. 1.	Otaru
„	D. Castor	Heyerdahl	„	775	Futschou	24. 1.	Hongkong
22. 1.	D. Adm. v. Tirpitz	Block	Deutsch	1199	Tschifu	22. 1.	Schanghai
„	D. Staatssekr. Kraetke	Hansen	„	1208	Schanghai	„	Tschifu
„	D. Tashu Maru	Jasteumte	Japan.	901	Moji	31. 1.	Moji
„	D. Shazada	Anastasieff	Russ.	1046	Schanghai	26. 1.	Wladiwostock
23. 1.	D. Schleswig	Woronzoff	„	783	„	28. 1.	„
25. 1.	D. Lok Sang	Hussy	Englisch	978	„	30. 1.	Schanghai
26. 1.	D. Gouv. Jaeschke	Treumann	Deutsch	1045	„	27. 1.	„
29. 1.	D. Tsintau	Artelt	„	977	„	29. 1.	Tschifu
1. 2.	D. Staatssekr. Kraetke	Hansen	„	1208	Tschifu		

3. Februar 1906. Amtsblatt—青島官報 49.

Sonnen-Auf-und Untergang
für Monat Februar 1906.

Dt.	Mittelostchinesische Zeit des			
	wahren	scheinbaren	wahren	scheinbaren
	Sonnen-Aufgangs.		Sonnen-Untergangs.	
1.	7 U. 4.7 M.	6 U. 59.5 M.	5 U. 20.1 M.	5 U. 25.3 M.
2.	3.9	58.7	21.2	26.4
3.	3.1	57.9	22.3	27.5
4.	2.2	57.0	23.4	28.6
5.	1.3	56.1	24.4	29.6
6.	0.4	55.2	25.4	30.6
7.	6 U. 59.5 M.	54.3	26.5	31.7
8.	58.6	53.4	27.6	32.8
9.	57.6	52.4	28.6	33.8
10.	56.6	51.4	29.6	34.8
11.	55.6	50.4	30.6	35.8
12.	54.6	49.4	31.7	36.9
13.	53.6	48.4	32.7	37.9
14.	52.5	47.3	33.7	38.9
15.	51.4	46.2	34.7	39.9
16.	50.3	45.1	35.7	40.9
17.	49.2	44.0	36.7	41.9
18.	48.1	42.9	37.7	42.9
19.	46.9	41.7	38.7	43.9
20.	45.7	40.5	39.7	44.9
21.	44.5	39.3	40.7	45.9
22.	43.3	38.1	41.7	46.9
23.	42.1	36.9	42.7	47.9
24.	40.8	35.6	43.7	48.9
25.	39.5	34.3	44.7	49.9
26.	38.2	33.0	45.6	50.8
27.	36.9	31.7	46.6	51.8
28.	35.6	30.4	47.6	52.8

Druck der Missionsdruckerei Tsingtau.

第七年 第五号

1906 年 2 月 3 日

法令与告白

朕授予胶澳总督在任职以及在欧洲之外停留期间享有"阁下"头衔。

新皇宫,1905 年 12 月 9 日

威廉

代理帝国总理

冯·提尔皮茨

发给帝国总理(帝国海军部)

官方通告

大德辅政司崑 为

出示晓谕事:照得驻扎四方兵队订于西历本年二月初六,初七,初八、九、十等五日,每日早自七点钟起,至下午四点钟止,在四方去小村庄马路东北一带操演,枪向东北之山施放。届期禁止人民在于该处往来行走,以防不测。仰各遵照。切切特谕。

右谕通知

大德一千九百六年正月二十九日 告示

告白

W.艾德尔布特尔递交申请,请求将目前由 E.艾尔里希在四方经营饭店的酒类饮料经营许证可转入他的名下。

如有根据 1899 年 10 月 10 日总督府告白提出的异议,须在今年 2 月 18 日前递交至本处。

青岛,1906 年 1 月 22 日

青岛巡捕衙门

在商业登记 B 部第 14 号登记的公司"汉堡—美洲包裹运输股份公司"已登记入下列事项：

授予均在汉堡的维利·特奥多·魏泽尔曼、海因里希·约翰内斯·威廉·巴吕德尔以及柏林的恩斯特·施党根公司代理权。

他们每人均有权与一名公司董事会成员一起代表公司签名。

青岛，1906 年 1 月 22 日

胶澳皇家审判厅一处

告白

1906 年 1 月 26 日，启动对青岛的钳工师傅阿图尔·格劳财产的破产程序。

代理人：法庭秘书塔伯特。

报名期限截至 1906 年 2 月 26 日。

第一次债权人会议以及共同检查的时间为 1906 年 3 月 14 日上午 10 点，地点为法院 2 号房间。

财物扣押及起诉期限为 1906 年 2 月 26 日前。

青岛，1906 年 1 月 26 日

胶澳皇家审判厅三处

消息

已授予海军军医总监柯尼希三等皇家红鹰绶带勋章，授予上尉英格诺尔、冯·瓦伦蒂尼和蒂莫四等皇家红鹰勋章。

户籍所消息：

结婚：1906 年 1 月 28 日，来自青岛的保罗·韦因莱希和来自埃森纳赫的玛丽·诺特灵。

出生：1906 年 1 月 21 日，海军中尉福里零豪斯得子一名；1906 年 1 月 22 日，海军高级军需官伦肯得女一名；1906 年 1 月 23 日，饭店店主西尼得女一名；1906 年 1 月 25 日，商人吉利得女一名。

去世：1906 年 1 月 22 日，克劳斯·福里零豪斯，存世 4 小时；1906 年 1 月 27 日，海军陆战士兵恩斯特·福克特曼，享年 22 岁。

根据德国驻东京公使馆的消息，日本颁布规定，允许在旅顺和大连遗留财物的外国人或者其全权代表，在获得日本战争部长的通行证后，通过海路前往那里。通过东京公使馆转交的申请，必须包含关于申请人是何时离开关东的说明，此外还须有遗留物品的名称、数量、重量、价值以及所在位置的说明。

在正面左半部分写有书面消息的风景明信片，目前在欧洲内部按明信片邮资寄递，其他的则按照书信收费，对于这一情况，柏林帝国邮政局新制定了补充规定。根据这一规定，可对此类明信片按照明信片邮资收费：

1. 在德国租借地内部的邮件往来；
2. 在德国海外邮局与德国租借地以及德国本土之间；
3. 在所有的租借地和海外邮局之间的寄递。

船运

1906年1月18日—2月1日期间

到达日	轮船船名	船长	挂旗国籍	登记吨位	出发港	出发日	到达港
(1月17日)	美代丸	河努玛	日本	917	小樽	1月21日	长崎
(1月17日)	图南号	博伊德	中国	942	芜湖	1月19日	上海
(1月17日)	通州号	隆达科夫	俄国	952	上海	1月21日	海参崴
1月18日	居尔堡号	卢皮	德国	782	门司	1月22日	神户
1月19日	叶世克总督号	特洛依曼	德国	1 045	上海	1月20日	上海
1月21日	燕子号	比阳内斯	挪威	1 343	小樽	1月29日	小樽
1月21日	海狸号	海耶达尔	挪威	775	福州	1月24日	香港
1月22日	提尔皮茨号	布洛克	德国	1 199	芝罘	1月22日	上海
1月22日	克莱特克号	韩森	德国	1 208	上海	1月22日	芝罘
1月22日	塔舒丸	雅斯特穆特	日本	901	门司	1月31日	门司
1月22日	沙扎达号	阿纳斯塔西	俄国	1 046	上海	1月26日	海参崴
1月23日	施莱辛号	沃伦佐夫	俄国	783	上海	1月28日	海参崴
1月25日	乐生号	胡西	英国	978	上海	1月30日	上海
1月26日	叶世克总督号	特洛伊曼	德国	1 045	上海	1月27日	上海
1月29日	青岛号	阿特尔特	德国	977	上海	1月29日	芝罘
2月 1日	克莱特克号	韩森	德国	1 208	芝罘		

Amtsblatt
für das
Deutsche Kiautschou-Gebiet.

青島官報

Herausgegeben vom Kaiserlichen Gouvernement Kiautschou.

Der Bezugspreis beträgt jährlich $ 2=M 4.
Bestellungen nehmen sämtliche deutsche Postanstalten entgegen.

Jahrgang 7. Nr. 6.   Tsingtau, den 10. Februar 1906.

Verordnungen und Bekanntmachungen.

Bekanntmachung,
betreffend
Ableistung der Wehrpflicht bei der Besatzung des Kiautschougebiets und Meldung Militärpflichtiger.

1. Es wird erneut in Erinnerung gebracht, dass den in der Kolonie, sowie im Auslande sich aufhaltenden Militärpflichtigen die Vergünstigung gewährt wird, ihre gesetzlich vorgeschriebene aktive Dienstpflicht als Ein- bezw. Dreijährig-Freiwillige bei den Besatzungstruppen des Kiautschougebietes abzuleisten.

Gemäss § 106,7 der Wehrordnung hat das Gouvernement bei der Kontrolle über die im Schutzgebiete befindlichen Wehrpflichtigen mitzuwirken. Zur Vermeidung von Zwangsmassregeln durch die heimatlichen Behörden wird auf die pünktliche Erfüllung der Militärpflichten besonders hingewiesen.

2. Die Meldepflicht der Wehrpflichtigen beginnt mit der Militärpflicht, d. i. in demjenigen Kalenderjahre, in welchem der Betreffende 20 Jahre alt wird. Diese Anmeldungen finden bestimmungsgemäss in der Zeit vom 15. Januar bis 1. Februar statt und zwar bei der Ortsbehörde desjenigen Ortes, an welchem der Militärpflichtige seinen dauernden Wohnsitz hat. Liegt dieser im Auslande, so erfolgt die Meldung am Geburtsorte, und wenn auch dieser Ort im Auslande liegt, am letzten Wohnsitz der Eltern oder Familienhäupter im deutschen Reichsgebiete. Der Anmeldung ist ein Geburtszeugnis beizufügen.

Um den hier befindlichen Militärpflichtigen die Anmeldung zu vereinfachen, wird „die Meldestelle für Militärdienst" des Gouvernements diese Meldung im Laufe des Monats Oktober des dem ersten Jahr der Militärpflicht vorangehenden Jahres behufs Übermittelung an die zuständige heimische Behörde entgegennehmen.

Die in der Kolonie sich aufhaltenden Militärpflichtigen können durch das Gouvernement die Zurückstellung von der Aushebung bis zu ihrem dritten Militärpflichtjahre erlangen; ferner führt das Gouvernement auf Ansuchen von Militärpflichtigen die endgültige Entscheidung über ihre Militärpflicht herbei.

3. Den freiwillig Eintretenden steht die Wahl des Truppenteils frei.

Diejenigen, welche bei der Marineinfanterie oder Marinefeldbatterie eingestellt zu werden wünschen, haben ihr Gesuch an das Kommando des III. Seebataillons, diejenigen, welche bei der Matrosenartillerie (Küstenartillerie) zu dienen wünschen, an das Kommando der Matrosenartillerieabteilung und diejenigen, welche als Matrosen, Heizer u. s. w. eingestellt zu werden wünschen, an das Gouvernement zu richten.

Dem Gesuch um Einstellung sind beizufügen:
a. ein selbstgeschriebener Lebenslauf,
b. die im Besitz befindlichen Ausweispapiere, (Geburtsschein, Losungsschein, Reisepass pp.)
c. von den ausserhalb der Kolonie Wohnenden möglichst ein ärztliches Zeugnis über Diensttauglichkeit.

Die Einstellungen erfolgen in der Regel am 1. Oktober und 1. April, ausser diesen Zeiten nur ausnahmsweise. Einjährig-Freiwillige werden bei der Marinefeldbatterie des III. Seebataillons in der Regel nur am 1. Oktober eingestellt. Ausserhalb der Kolonie Wohnende können, wenn sie bereits von einem der genannten Kommandos einen Annahmeschein besitzen, für die Reise nach Tsingtau und für die Rückreise nach beendeter Dienstpflicht oder Übung- vorausgesetzt, dass freier Platz vorhanden ist- Ablösungstransportdampfer gegen Erstattung der entstehenden Kosten benutzen.

4. Personen des Beurlaubtenstandes des Heeres und der Marine können nach Massgabe der verfügbaren Mittel die gesetzlichen Übungen bei den Truppenteilen der Besatzung des Kiautschougebietes ableisten. Anträge sind unter Beifügung der Militärpapiere an das Gouvernement zu richten.

Alle Personen des Beurlaubtenstandes des Heeres und der Marine (Reserve, Land-und Seewehr, Ersatzreserve), welche sich länger als 3 Monate im Kiautschougebiete aufzuhalten gedenken, haben sich auf Grund des § 106,7 der Wehrordnung nach ihrem Eintreffen in Tsingtau mündlich oder schriftlich beim Gouvernement zu melden.

5. Auf Grund vorgekommener Fälle wird unter Hinweis auf die in den Militär- pp. Pässen enthaltenen Bestimmungen über Auslandsurlaub an die rechtzeitige Beantragung der Verlängerung desselben aufmerksam gemacht. Gesuche werden auf Antrag vom Gouvernement vermittelt.

6. Das Geschäftszimmer, an welches sich die Militärpflichtigen und Personen des Beurlaubtenstandes zu wenden haben, hat die Bezeichnung „Meldestelle für Militärdienst" und befindet sich im Yamen; Dienststunden für Meldungen sind von 9 Uhr morgens bis 1 Uhr nachmittags und von 3 bis 5½ Uhr nachmittags.

Tsingtau, den 31. Januar 1906
Gouvernement Kiautschou.
Meldestelle für Militärdienst.

Nachstehende Bekanntmachung des Kaiserlich Chinesischen Seezollamtes wird hierdurch zur allgemeinen Kenntnis gebracht:

Zollamtliche Bekanntmachung Nr. 69.

Für die schnellere Abfertigung zollfreier Einfuhrwaren und sonstiger Artikel wird im Interesse der Empfänger auf folgende Punkte besonders aufmerksam gemacht.

1. Der Antrag auf Zollbefreiung von Einfuhrartikeln erfolgt zweckmässig auf der Deklaration in folgender Form:

„Zollbefreiung wird beantragt auf Grund von § .... (Angabe des in Frage kommenden Paragraphen der Zollverordnung oder der Übergangsbestimmungen)..............

Der üblichen Deklaration ist unter Angabe der Zahl und Bezeichnung der Kolli, der vorschriftsmässigen Inhaltserklärung unter Angabe des Wertes, des Herkunftslandes und im Falle von Durchfuhrgut, des Namens des Durchfuhrdampfers, noch folgendes beizufügen:

a. falls für das Gouvernement bestimmt, die vorschriftsmässige Bescheinigung des Kaiserlichen Gouvernements;
b. falls für Fabriken oder industrielle Anlagen bestimmt, die vorgeschriebene Erklärung der betreffenden Firma, dass die Artikel lediglich zum Gebrauch in der genannten Anlage bestimmt sind u. s. w. Formulare dafür sind im Zollamt erhältlich;
c. falls auf Grund der Übergangsbestimmungen für den Gebrauch im Schutzgebiete bestimmt, eine diesbezügliche Erklärung und die in Frage kommenden Kontrakte und sonstigen schriftlichen Nachweise.

2. Die Deklarationen und Erklärungen müssen von der betreffenden Firma gezeichnet werden.

3. In Anbetracht der Entfernung des grossen Hafens und des Geschäftsandranges nachmittags empfiehlt es sich, die mit der Bahn aus dem Freigebiet zu befördernden Güter am Tage vorher durch das Zollamt zu passieren.

Für das Aufladen von Massengütern, wie Reis, Holz, Petroleum und dergleichen, vor Eingang des Zollscheins wird auf schriftlichen Antrag beim Oberkontrolleur im Freigebiete die Erlaubnis erteilt; dahingegen ist die Abfuhr von beladenen Wagen nicht zulässig vor Eingang des Zollscheins.

10. Februar 1906.   Amtsblatt—青島官報   53.

Das Zollamt ist nicht verantwortlich für Verzögerung verursacht durch Nichtbeachtung obiger Vorschriften.

Kiautschou Zollamt.

Tsingtau, den 7. Februar 1906.

E. Ohlmer.

Tsingtau, den 8. Februar 1906.

Kaiserliches Gouvernement.

Amtliche Anzeigen.

Bekanntmachung.

Das Bataillon beabsichtigt am 12. und 13. d. Mts., vormittags 7 Uhr bis nachmittags 2 Uhr, im Gelände nordöstlich der Strasse Hsiau tsun tschwang - Syfang mit Schussrichtung gegen die Höhe 110,5 gefechtsmässig zu schiessen.

Vor Betreten dieses Geländes zu den angegebenen Zeiten wird gewarnt.

Syfang, den 2. Februar 1906.

I. Bataillon
1. Ostasiatischen Infanterie-Regiments.

Bekanntmachung.

Als gestohlen angemeldet: 1 silberne Cylinderuhr mit Nickelkette; 8 m schwarze, schwere Seide.

Als verloren angemeldet: 1 schwarzbraune Pferdedecke; 1 Gürtel mit silbernem Schloss.

Als gefunden angemeldet: 1 gelbbrauner Spazierstock mit Hirschhornkrücke; 1 Stück Rundholz 9,50 m lang und 30 cm im Durchmesser am Strande bei Yen tai tschien.

Tsingtau, den 7. Februar 1906.

Kaiserliches Polizeiamt.

大德輔政司崑　為

出示曉諭事照得駐紮四方兵隊訂

於西歷本年二月十二十三兩日早

七點鐘起至下午兩點鐘止在四方

去小付庄馬路東北一帶探演槍向

東北之山施放屆期禁止人民在於

該處往來行走以防不測仰各遵照

切切特諭

右諭通知

告示

大德一千九百六年二月初二日

白 告

啟者茲將本署據報被竊遺失以及送案各物

分別列左

被竊各物

銀表一枚帶有鎳鋦鍊子一條

黑色卓紬一塊長八米打

遺失各物

黑紅紫三色馬毯一條　腰帶一條上有銀鉤

送案各物

鹿角柄黃色手棍一根

圓木料一根長九米打半圓徑二十森的米打

此木漂在烟台前海沿

以上被竊遺失各物切勿輕買以見亦宜報

明本署送案之物亦准具領此佈

大德一千九百六年二月初七日

青島巡捕衙門啟

Bekanntmachung.

Am Montag, den 19. März 1906, vormittags 10 Uhr, sollen im Polizeidienstgebäude folgende gefundene Gegenstände öffentlich versteigert werden: 1 silberne Uhr mit Kette von 20-Centstücken und einem kleinen silbernen Herz, 1 chinesische Cylinderuhr mit Kette und Etui, 1 kleine Lampe, 1 Briefbeschwerer, 1 Metallschreibzeug, 1 Remontoiruhr Nr. 234570, 1 Bettlaken, 1 schwarze Boa, 1 Beisszange, 1 amerikanischer Nickelrevolver, 1 Maulkorb, 1 grünes Cigarrenetui, 1 Brille mit Etui, 1 Portemonnaie, 1 goldene Brille mit Etui, 12 silberne Teelöffel, 1 Paket Wäsche, 1 Cigarrenetui, 3 Portemonnaies, 1 Kneifer, 2 Schiebkarren, 1 preussische Dienstauszeichnung III. Klasse, 1 China-Denkmünze.

Gemäss § 983 B.G.B. werden hiermit die Empfangsberechtigten, deren Aufenthalt unbekannt ist, zur Anmeldung ihrer Rechte aufgefordert.

Ein Verzeichniss der einzelnen Gegenstände hängt im Geschäftsraum des Polizeiamts aus.

Tsingtau, den 7. Februar 1906.

Kaiserliches Polizeiamt.

Verdingung.

Der Bedarf an
    Materialien
für den Garnisonhaushalt für das Rechnungsjahr 1906 soll verdungen werden.

Bedingungen liegen während der Dienststunden im Geschäftszimmer der Garnisonverwaltung zur Einsicht aus.

Angebote mit entsprechender Aufschrift sind bis zum 14. d. Mts., vormittags 10 Uhr, der Garnisonverwaltung zu übermitteln.

Tsingtau, den 2. Februar 1906.

Kaiserliche Garnisonverwaltung.

Beschluss.

Das Konkursverfahren über das Vermögen des Gastwirts
    Conrad Fiedler
wird nach erfolgter Schlussverteilung hierdurch aufgehoben.

Tsingtau, den 31. Januar 1906.

Kaiserliches Gericht von Kiautschou III.

10. Februar 1906.   Amtsblatt—青島官報   55.

In das bei dem unterzeichneten Gericht geführte Güterrechtsregister ist folgendes eingetragen worden:

Zwischen dem stellvertretenden Direktor der Deutsch-Asiatischen Bank Carl Laurösch und dessen Ehefrau Georgine, geborenen von Lorch, beide in Tsingtau, ist durch notariellen Vertrag vom 7. Dezember 1905 Errungenschaftsgemeinschaft vereinbart.

Tsingtau, den 3. Februar 1906.

Kaiserliches Gericht von Kiautschou I.

Verdingungsanzeige.

Die im Rechnungsjahre 1906 bei der Garnisonverwaltung vorkommende Baureparaturarbeit und Baumaterialien-Lieferung, und zwar:
a. die Erd-, Maurer-, Asphalt- und Zimmerer-Arbeiten,
b. die Materiallieferung hierfür,
c. die Tischler-, Beschlags- und Glaser-Arbeiten,
d. die Materiallieferung hierfür
sollen im öffentlichen Verfahren vergeben werden.

Die Verdingungsunterlagen können im Geschäftszimmer der Garnisonverwaltung eingesehen, auch gegen Erstattung der Herstellungskosten von 1 $ bezogen werden.

Versiegelte und mit der Aufschrift „Angebot auf Baureparaturarbeit pp." versehene Angebote sind bis zu dem auf **Dienstag, den 20. Februar d. Js., vormittags 10 Uhr,** festgesetzten Eröffnungstermin an die unterzeichnete Verwaltung einzureichen.

Tsingtau, den 7. Februar 1906.

Kaiserliche Garnisonverwaltung.

Mitteilungen.

Die Witterung zu Tsingtau während des Monats Januar 1906 nach den Aufzeichnungen der Meteorologisch-astronomischen Station.

Während im ersten Monatsdrittel des Januar die mittlere Tagestemperatur fast stets über dem Nullpunkt des Thermometers lag, blieb diese nach tiefem Temperatursturz im 2. Drittel, welches gleichzeitig den kältesten Teil des Monats darstellte, im letzten fast immer unter dem Gefrierpunkt.

Die mittlere Tagestemperatur im Monat betrug -0,5°; dies ergiebt gegen das fünfjährige Monatsmittel des Januar eine Abweichung von + 0,3°. Das Maximum-Thermomter hatte am 3. mit 7,5° seinen höchsten Stand im Monat inne. Das Minimum-Thermometer zeigte seinen tiefsten Stand mit -10,7° am 20. morgens an. Dem mittleren Temperaturmaximum des Monats im Jahrfünft (1898-1903), 2,5° betragend, steht in diesem Januar ein solches von 2,7° gegenüber; nahezu gleiche Werte ergaben auch die mittleren Minima; während sie dort -4,0° betrugen, war im diesjährigen Januar ein solches von -4,2° zu verzeichnen.

An 29 Tagen, sogenannten Frosttagen, zeigte das Minimum Thermometer unter 0°; 9 von diesen Tagen waren Eistage, das sind Tage, an denen auch das Maximum-Thermometer seinen Stand stets unter dem Gefrierpunkt behält.

Die mittlere Bewölkung des Himmels betrug 3,7 Zehntel, sie war namentlich während der Kälteperiode im 2. Monatsdrittel sehr gering. Es wurden 13 heitere und 4 trübe Tage gezählt.

Der Sonnenscheinautograph registrierte 159,1 Stunden, das sind etwa 50 % der möglichen Sonnenscheindauer.

Die relative Feuchtigkeit der Luft, im Mittel 72% betragend, war etwas geringer als im selben Monat früherer Jahre. Es waren 2 Regen- und 2 Schneetage zu verzeichnen, welche um diese Jahreszeit ihren Ursprung barometrischen Depressionen über dem Gebiet des Yang tse kiang verdankten. So lag auch am 8. ein Gebiet niedrigen Luftdrucks über dem mittleren Yang tse-Tale mit östlich fortschreitender Bewegung. In Tsingtau bezog bei östlichen Winden der Himmel mehr und mehr; in der Nacht vom 8. zum 9. holte der Wind nach Nord herum, es fing an zu regnen und regnete mit Unterbrechungen bis zum Nachmittag des 9. Um diese Zeit war das Minimum bis zur Mündung des Yang tse kiang vorgerückt; in Tsingtau nahm der Wind nun stürmischen Charakter an, brachte am Abend Schneetreiben, erreichte in der Nacht volle Sturmstärke und wehte mit Stärke 9 bis 10 der Beaufort-Skala bis zum

Nachmittag des folgendes Tages. Während dieser Zeit betrug die Niederschlagsmenge 6,6 mm, hiervon waren 5,2 mm Regen und 1,4 mm Schnee. Eine etwas grössere Schneemenge brachte der 18., für welchen sich nach Auftauen des im Sammelapparat befindlichen Schnees 4,1 mm Schmelzwasser ergaben. Infolge der niedrigen Temperatur, verbunden mit dem um diese Zeit herrschenden trüben Wetter blieb der zuletzt gefallene Schnee mehrere Tage liegen. Der Lauschan bot in seinen höher gelegenen Partieen noch am Monatsschluss eine prächtige Winterlandschaft.

Die Winde kamen, wenigstens die stärkeren, hauptsächlich aus den nördlichen Himmelsrichtungen und entwickelten eine Durchschnittsstärke von 3,1 der Beaufort-Skala. Frische bis stürmische Winde wurden zur Zeit der täglichen Beobachtungstermine an folgenden Tagen notiert: am 9. N Stärke 8, am 10, N Stärke 10, am 12. NNW Stärke 8, am 19. N und NNW Stärke 6, am 24. NNW Stärke 7, am 27. NNW Stärke 6, und am 31. NNW Stärke 9.

* * *

Im Monat Januar 1906 wurden im Gouvernements-Schlachthause geschlachtet und tierärztlich untersucht:

804 Rinder;
154 Kälber;
161 Hammel und Ziegen;
796 Schweine.

Minderwertig, das heisst im Nahrungs- und Genusswert herabgesetzt, waren:

69 Rinder;
3 Kälber;
1 Hammel;
54 Schweine.

Als menschliches Nahrungsmittel ungeeignet, daher verworfen, waren:

13 Rinder;
21 Schweine.

* * *

Die Geschäfte des Landamtes hat am 3. d. Mts. der Dolmetscher-Eleve Dr. Krieger übernommen.

* * *

Marinebaumeister Troschel hat am 1. d. Mts. die Heimreise angetreten. Bis zum Eintreffen des als Nachfolger bestimmten Marine-Hafenbaumeisters Bökemann führt Staatsbauassistent von Binzer vertretungsweiss die Geschäfte der Bauabteilung I.

* * *

Die bisher probeweise angestellten Polizeiwachtmänner Krewerth und Schulz sind zu etatsmässigen Polizeiwachtmännern ernannt worden.

* * *

Standesamtliche Nachrichten.

Geburten 1. 2. 1906 eine Tochter dem geheimen expedierenden Sekretär und Kalkulator Schmidt, 3. 2. 1906 ein Sohn dem Maschinisten Sommerlade.

Schiffsverkehr

in der Zeit vom 1.— 7. Februar 1906.

Ankunft am	Name	Kapitän	Flagge	Reg. Tonnen.	von	Abfahrt am	nach
(1. 2.)	D. Staatssekr. Kraetke	Hansen	Deutsch	1208	Tschifu	1. 2.	Schanghai
„	D. Hazel Dollar	Bruce	Englisch	2804	Port Townsend		
3. 2.	D. Gouv. Jaeschke	Treumann	Deutsch	1045	Schanghai	3. 2.	Schanghai
5. 2.	D. Adm. v. Tirpitz	Block	„	1199	„	5. 2.	Tschifu
„	D. Tsintau	Artelt	„	977	Tschifu	6. 2.	Schanghai
6. 2.	D. Peiho	Deinat	„	476	Schanghai	7. 2.	Tschemulpo
„	D. Lok Sang	Hussy	Englisch	978	„	„	Schanghai
„	D. Süllberg	Luppi	Deutsch	782	Kobe	„	„

10. Februar 1906.   Amtsblatt -- 青島官報   57.

Durchschnittsmarktpreise.

Januar 1906.
1 Kätty = 577,6 g.
Durchschnittskurs für 1 $ in
Tsingtau: 1760 kleine Käsch.
Tai tung tschen: 1700 ,, ,,
Litsun: 1750 ,, ,,
Hsüe tschia tau: 1700 ,, ,,

Bezeichnung.	Einheit	Tsingtau kl. Käsch	Tai tung tschen kl. Käsch.	Litsun kl. Käsch	Hsüe tschia tau kl. Käsch
Bohnen	1 Kätty	80	60	60	50
,, aufgekeimte	,,	—	—	—	—
Schnittbohnen	,,	—	—	53	—
Bohnenkäse	,,	36	30	34	40
Bohnenöl	,,	220	165	180	180
Bohnenkuchen	,,	48	36	49	32
Erdnüsse	,,	120	100	52	80
Erdnussöl	,,	220	180	190	160
Erbsen	,,	64	48	54	36
Gerste	,,	64	44	48	40
Gurken	,,	—	—	—	—
Hirse	,,	80	66	70	64
Hirsenmehl	,,	84	68	68	—
Kartoffeln, chin.	,,	20	7	10	22
Kartoffelscheiben, chin.	,,	50	15	—	26
Kauliang	,,	64	50	50	40
Kauliangstroh	,,	—	—	15	15
Kleie	,,	36	50	36	38
Kürbis	,,	—	—	—	—
Mais	,,	80	—	—	—
Radieschen	,,	—	—	—	—
Reis	,,	84	64	80	76
Weizen	,,	64	84	40—60	64
Weizenmehl	,,	—	—	90	76
Weizenbrot	1 Stück	—	80	20	—
Dampfbrot	,,	84	20	20	—
Hirsebrot	,,	48	42	46	—
Rostbrot	,,	—	30	50	—
Aepfel	1 Kätty	320	—	—	—
Apfelsinen	,,	200	—	140	—
Birnen	,,	240	—	—	—
Kohlrabi	,,	160	—	—	—
Kohl in Köpfen	,,	42	9	12	8
,, kleinen Pflanzen	,,	—	—	—	—
Knoblauch	,,	160	120	80	34

Bezeichnung.	Einheit	Tsingtau kl. Käsch	Tai tung tschen kl. Käsch	Li tsun kl. Käsch	Hsüetschia tau kl. Käsch
Mohrrüben	1 Kätty	64	6	40	20
Pfeffer, roter	″	160	180	600	8
″ , schwarzer	″	640	600	750	600
Rettig, chin.	″	120	—	20	34
Rüben, weisse	″	160	7	10	8
Spinat	″	64	10	30	—
Wallnüsse	″	160	140	120	—
Zwiebeln	″	160	60	60	80
Salz	″	30	7	10	24
Tabak	″	320	180	277	280
Bratfische	″	480	160	303	—
Kochfische	″	480	140	—	—
Fische, trocken	″	240	150	178	200
Tintenfische	″	…	—	455	—
Krabben	″	—	—	173	—
Schweinefleisch	″	320	200	200	200
Scheinefett	″	320	280	280	—
Rindfleisch, roh	″	320	180	180	—
″ , gekocht	″	—	200	180	—
Rindertalg	″	320	200	260	—
Enten	1 Stück	600	—	—	—
″ , wilde	″	500	—	—	—
Gänse	″	1800	—	—	—
″ , wilde	″	—	—	—	—
Hühner	″	500	—	395	400
Hasen	″	600	—	—	—
Enteneier	10 Stück	360	300	317	200
Hühnereier	″	240	200	300	180

10. Februar 1906.   Amtsblatt—青島官報   59.

Meteorologische Beobachtungen
in Tsingtau.

Da-tum. Febr.	Barometer (m m) reduz. auf 0° C., Seehöhe 78,64 m			Temperatur (Centigrade).								Dunst-spannung in mm			Relat. Feuchtigkeit in Prozenten		
				trock. Therm.			feucht. Therm.										
	7 Vm	2 Nm	9 Nm	7 Vm	2 Nm	9 Nm	7 Vm	2 Nm	9 Nm	Min.	Max.	7 Vm	2 Nm	9 Nm	7 Vm	2 Nm	9 Nm
1	762,5	761,7	764,5	-8,7	-6,2	-8,5	-10,0	-7,7	-10,4	-12,2	-4,1	1,4	1,7	1,0	61	61	43
2	63,2	62,7	64,7	-9,2	-5,3	-7,1	-10,4	-6,4	-8,4	-10,5	-3,8	1,4	2,2	1,7	63	73	64
3	65,3	62,6	62,6	-7,9	-2,5	-1,5	-9,1	-3,8	-3,1	-10,4	-0,2	1,6	2,8	2,8	65	72	68
4	60,9	60,1	62,6	-1,4	1,1	-5,1	-3,7	-0,1	-6,2	-5,4	1,8	2,3	4,0	2,3	55	79	74
5	61,4	57,7	56,7	-3,3	2,8	2,7	-5,1	1,2	1,1	-5,8	3,6	2,2	4,1	4,0	60	72	72
6	55,1	54,9	56,9	2,5	6,3	1,5	1,5	4,9	-0,1	-1,7	-7,3	4,6	5,7	3,7	82	79	72
7	59,8	58,7	58,9	-0,5	2,9	2,8	-1,1	1,0	1,3	-0,9	4,3	3,9	3,8	3,8	88	68	68

Da-tum. Febr.	Wind Richtung & Stärke nach Beaufort (0—12)			Bewölkung						Niederschläge in mm	
				7 Vm		2 Nm		9 Nm			9 Nm
	7 Vm	2 Nm	9 Nm	Grad	Form	Grad	Form	Grad	Form	7 Vm|9 Nm	7 Vm
1	WNW 8	NNW 7	NNW 5	8	Cu-str	6	Cu-str	4	Cum		
2	NNW 2	NW 3	NNW 3	2	Cum	8	Cum				
3	NW 1	WNW 1	SSW 3	1	"	1	Cicci-str				
4	SW 2	NW 6	NNW 2			1	Cum				
5	OSO 3	S 0 7	SO 5			4	Cu-str	1	Cicci		
6	SO 2	NNW 1	SO 3	2	Cu-str	1	Cum				
7	ONO 1	SSO 5	SO 4	9	"	3	Cu-str	4	Cu-str		

Druck der Missionsdruckerei Tsingtau.

第七年　第六号

1906 年 2 月 10 日

法令与告白

关于在胶澳地区占领军中服兵役以及义务兵役人员报到的告白

1. 再次提醒注意,身处租借地以及国外的义务兵役人员拥有在胶澳地区占领军执行法律规定的一年或者三年现役义务兵的便利条件。

根据《军队法》第 106 条第 7 款的规定,由总督府协助检查身处租借地的军事义务人员。为了避免家乡部门的强制手段,特别提醒军事义务人员准时履责。

2. 军事义务人员的报到义务始于兵役,即在相关人员达到 20 周岁的日历年度。根据规定,报到在 1 月 15 日至 2 月 1 日间进行,地点为军事义务人员拥有长期住址的地方部门。如该地位于国外,则在出生地报到。如果出生地也位于国外,则在父母或家庭户主在德意志帝国区域内的最后一个居住地报到,报到时须附带出生证明。

为简化身处本地的军事义务人员报到手续,总督府"兵役报到处"将在 10 月份接收首年服兵役人员的材料,并协助转交至家乡相关部门。

在租借地停留的军事义务人员可以通过总督府将征召入伍的服役时间一直延期至兵役第三年。此外,总督府根据军事义务人员的申请,执行其关于兵役情况的最终决定。

3. 志愿加入的人员可以自由选择军队部门。

希望加入海军陆战队或者海军野战炮队的人员,将申请递交至第三海军营司令部;希望加入水兵炮队(海岸炮队)的人员,将申请交至水兵炮队;希望加入水兵、锅炉兵等其他单位的人员,与总督府联系。

申请加入时需要的文件:

a. 一份自己手写的简历;

b. 自身拥有的身份证件(出生证、抽签服役证、旅行证件等);

c. 居住在租借地以外的人员,尽可能提供医生出具的适合服役证明。

一般情况下,入役时间为10月1日和4月1日,此时间之外只能特别处理。一年期志愿兵只能在10月1日加入第三海军营的海军野战炮队。在租借地以外居住的人员,如已有一家上述单位司令部出具的接收证,在有空位的前提下,可以在前来青岛以及在服役或训练期满后的回程中,在支付产生费用后,乘坐轮换部队的运输船。

4. 所有处于休假状态的陆海军人员(预备役、陆海防、替补预备役),如果希望在胶澳地区停留时间超过3个月,须根据《军队法》第106条第7款在抵达青岛后4周内,口头或书面向总督府报到。

5. 根据之前出现的情况,特别提请注意在军事证件等证件中关于及时申请延长度假时间的规定。该申请向总督府递交。

6. 义务兵役人员和休假中的军队人员需要联系的办公室名称为"兵役报到处",位于衙门内。报到的工作时间为上午9点至下午1点,下午3点至5点30分。

青岛,1906年1月31日

胶澳总督府

兵役报到处

谨此公布大清海关的下列告白:

第69号海关告白

为了加速处理免税进口商品和其他商品,保障接收人的利益,现特别提醒注意下列要点:

1. 申请进口商品免关税时,以下列格式进行纳税申报:

"根据_____条(说明《海关法》或者《过渡规定》中涉及问题的段落)申请免税"

剩余纳税申报,在说明货包的数量和名称后,要根据规定申报货包内物品、价值以及来源地,如为过境运输,则须申明运输船只名称,还须加上以下内容:

a. 如果是寄给总督府,需要符合规定的皇家总督府的证明;

b. 如果是寄给工厂或者为工业设备,需要规定中的相关公司声明,即该物品只用于所列举的设施内等,相关表格可以在海关内获取;

c. 如果根据《过渡规定》用于在租借地内使用,则需要相关声明、相应的合同以及其他书面证明。

2. 上述申报和声明必须有相关公司的签名。

3. 考虑到大港的距离和下午时的业务高峰,在此推荐从免税区用火车运输的货物提前一天通过海关。

装载大米、木料、煤油或类似的大宗商品的许可证,可以在海关入口前书面向免税区的高等检察官申请;除此以外,不允许已装载货物在海关入口前运走。

如不遵守上述规定导致延误,海关不承担责任。

胶海关
青岛,1906年2月7日
阿理文
青岛,1906年2月8日
皇家总督府

官方通告

大德辅政司崑　为

出示晓谕事：照得驻扎四方兵队订于西历本年二月十二、十三两日,早七点钟起,至下午两点钟止,在四方去小村庄马路东北一带操演,枪向东北之山施放。届期禁止人民在于该处往来行走,以防不测。仰各遵照。切切特谕。

右谕通知
大德一千九百六年二月初二日　告示

告白

启者：兹将本署据报被窃、遗失以及送案各物分别列左：

被窃各物：

银表一枚,带有镍镉链子一条；黑色车绸一块,长八米打。

遗失各物：

黑、红、紫三色马毯一条；腰带一条,上有银钩。

送案各物：

鹿角柄黄色手棍一根；圆木料一根,长九米打半,圆径二十森的米打①,此木漂在烟台前海沿。

以上被窃、遗失各物切勿轻买,如见亦宜报明本署,送案之物亦准具领。此布。

大德一千九百六年二月初七日
青岛巡捕衙门启

告白

启者：木（本）局兹将以前送案各物定于西历本年三月十九日早十点钟拍卖,其物

---

① 译者注：德语 Centimeter 的音译,即厘米。

列左：

银表一枚，带有两角洋钱镶连之链，并系有银作似心形之物；华洋银表一枚，带有表链表套；小灯一盏；压纸器一件；外国铜墨水池架一座；柄上弦表一枚，上有外国字"234570"数目；床单一条；黑羽毛长围脖一条；快嘴钳子一把；美国镍镉数响小枪一杆；狗笼头一付（副）；绿色烟卷架一座；钱夹子一个；金义（叉）子眼镜一付（副），带盒；眼镜子一付（副），带盒；外国眼茶匙一打；衣服一包；烟卷架子一个；钱夹子三个；夹鼻梁眼镜一付（副）；单轮小车两辆；布国次等功牌一面；因联军剿匪德国颁赏功牌一面。

以上各物，按照德国律例章程，本局应谕各该失主，或先期投局具领原物，或于十九后具领卖价以免受亏，所有各物详细清单现存本局，可以随时前来查看。此布。

德一千九百六年二月初七日
青岛巡捕衙门启

告白

启者：本局自西历本年四月初一日起，至西明年三月三十一日止，所需一切物件，拟于招人承包。如有意欲包供者，可以随时赴本局查看详细规条，必须投函。截至西本月十四日早十点钟为止，信封应写"Angebot auf Materialien an G. V."西字样。特布。

德一千九百六年二月初二日
青岛军需局启

决议

对饭店老板康拉德·费德勒财产的破产程序，在经过最终分配后，谨此撤销。

青岛，1906年1月31日
胶澳皇家审判厅三处

由本法庭执行的物权登记中现登记入下列事项：

德华银行副经理卡尔·劳罗施和其出生时姓罗尔施的妻子格奥尔金纳，二人均在青岛，通过1905年12月7日的公证合约达成一致，共享家产。

青岛，1906年2月3日
胶澳皇家审判厅一处

发包广告

管理公家什物局1906年会计年度的建筑维修工程和建筑材料供应将公开发包，包括：

1. 土石方、砌墙、柏油和木匠工程；

2. 相关的材料供应；

3. 木工、管件、玻璃工程；

4. 相关的材料供应。

发包材料可以在管理公家什物局查看，也可以支付1元的制作费用后取走。

报价须密封并注明"对建筑维修等工程的报价"字样，于今年2月20日星期二上午10点的开标日期前递交至本处。

青岛，1906年2月7日
皇家管理公家什物局

消息

气象天文台记录的青岛在1906年1月的天气情况

在1月份上旬期间，日平均气温几乎在0度以上，而在中旬气温骤降，中旬成为1月份最冷的时间，下旬的气温几乎总是在冰点以下。

1月份日平均气温为－0.5度，比5年统计的1月气温高0.3度。最高温度计在3日录得7.5度，是本月最高温度，最低温度计在20日早上达到了最低点－10.7度。5年(1898—1903)间1月份平均最高气温为2.5度，而今年1月份的数值为2.7度，平均最低气温几乎也达到了同样的数值，5年平均值为－4.0度，而今年1月份的数值为－4.2度。

在29个所谓的霜冻天里，温度计最低值在0度以下，其中9天为冰天，即最高温度计的数值也总是在结冰点以下的天数。

天空平均云量为37%，这一数值在本月中旬的寒冷时期非常低，共计有13个晴天和4个阴天。

日照指数计记录了159.1小时的日照时长，约占总可能日照时长的50%。

空气相对湿度平均为72%，比去年同月偏低。记录了2个雨天和2个雪天，这类天气是由这个季节前后长江上空的低气压引起的。在8日的长江中游河谷内也有低气压，向东运动，在青岛刮东风，天空云层越来越厚。8日至9日夜，风向变成北风后开始下雨，一直下到9日下午，中间有停顿。其间小雨一直下到长江口，而青岛的风呈现风暴特征，在晚间带来降雪，在夜间则狂风大作，风力达到蒲福风级9~10级，一直持续到第二天下午。其间降水量为6.6毫米，其中5.2毫米为降雨，1.4毫米为降雪。18日的降雪量较大，收集容器内的雪融化后达到4.1毫米融水。由于温度较低，加上这一时间内存在的阴天，前面提及的降雪多日不融，崂山较高位置的地段直到月底仍然是一片壮观的雪景。

风向，至少是较强风的风向，主要来自北方，平均风力为蒲福风级3.1级。在下列几天的每日观测中记录下轻风至狂风：9日北风8级，10日北风10级，12日西北偏北风

8级,19日北风和西北偏北风6级,24日西北偏北风7级,27日西北偏北风6级,31日西北偏北风9级。

1906年1月份在督署官宰局屠宰和进行兽医检验的牲畜数量为:
804头牛、154头小牛、161只绵羊和山羊、796头猪。
其中低价值、即食品和营养价值较低的牲畜数量为:
69头牛、3头小牛、1只绵羊、54头猪。
不适宜用作人类食物而丢弃的有:
13头牛、21头猪。

在本月3日,实习翻译官克里格博士接手了地亩局的事务。

海军建筑师特罗舍尔于本月1日启程回国。在继任者海军港口建筑师伯克曼到达之前,国家建筑助理冯·宾策代理第一工部局的事务。

此前处于试用阶段的巡捕房警卫克雷维尔特和舒茨被任命为正式编制的巡捕房警卫。

户籍所消息:
出生:1906年2月1日,秘密事务秘书兼会计师施密特得女一名;1906年2月3日,机械师索摩拉德得子一名。

船运

1906年2月1日—7日期间

到达日	轮船船名	船长	挂旗国籍	登记吨位	出发港	出发日	到达港
(2月1日)	克莱特克号	韩森	德国	1 208	芝罘	2月1日	上海
(2月1日)	哈泽尔·多拉号	布鲁斯	英国	2 804	汤森城		
2月3日	叶世克总督号	特洛依曼	德国	1 045	上海	2月3日	上海
2月5日	提尔皮茨号	布洛克	德国	1 199	上海	2月5日	芝罘
2月5日	青岛号	阿特尔特	德国	977	芝罘	2月6日	上海
2月6日	白河号	代纳特	德国	476	上海	2月7日	济物浦
2月6日	乐生号	胡西	英国	978	上海	2月7日	上海
2月6日	居尔堡号	卢皮	德国	782	神户		

市场平均物价

1906年1月

1斤＝577.6克

平均汇率为：1元＝

青　　岛：1 760个铜板

台东镇：1 700个铜板

李　　村：1 750个铜板

薛家岛：1 700个铜板

商品名称	单位	青岛,铜板	台东镇,铜板	李村,铜板	薛家岛,铜板
黄豆	1斤	80	60	60	50
豆芽	1斤	—	—	—	—
豌豆	1斤	—	—	53	—
豆腐	1斤	36	30	34	40
豆油	1斤	220	165	180	180
豆饼	1斤	48	36	49	32
花生	1斤	120	100	52	80
花生油	1斤	220	180	190	160
扁豆	1斤	64	48	54	36
大麦	1斤	64	44	48	40
黄瓜	1斤	—	—	—	—
小米	1斤	80	66	70	64
小米面	1斤	84	68	68	—
土豆,中国品种	1斤	20	7	10	22
土豆片,中国品种	1斤	50	15	—	26
高粱	1斤	64	50	50	40
高粱秆	1斤	—	—	15	15
麸皮	1斤	36	50	36	38
南瓜	1斤	—	—	—	—
玉米	1斤	80	—	—	—

(续表)

商品名称	单位	青岛,铜板	台东镇,铜板	李村,铜板	薛家岛,铜板
小红萝卜	1斤	—	—	—	—
大米	1斤	84	64	80	76
小麦	1斤	64	84	40~60	64
面粉	1斤	—	—	90	76
小麦面包	1个	—	80	20	—
馒头	1个	84	20	20	—
窝头	1个	48	42	46	—
火烧	1个	—	30	50	—
苹果	1斤	320	—	—	—
橘子	1斤	200	—	140	—
梨	1斤	240	—	—	—
大头菜	1斤	160	—	—	—
大白菜	1斤	42	9	12	8
小白菜	1斤	—	—	—	—
大蒜	1斤	160	120	80	34
胡萝卜	1斤	64	6	40	20
红胡椒	1斤	160	180	600	8
黑胡椒	1斤	640	600	750	600
萝卜,中国品种	1斤	120	—	20	34
白萝卜	1斤	160	7	10	8
菠菜	1斤	64	10	30	—
核桃	1斤	160	140	120	—
洋葱	1斤	160	60	60	60
盐	1斤	30	7	10	24
烟草	1斤	320	180	277	280
煎鱼	1斤	480	160	303	—
炖鱼	1斤	480	140	—	—
干鱼	1斤	240	150	178	200
墨鱼	1斤	—	—	455	—

(续表)

商品名称	单位	青岛,铜板	台东镇,铜板	李村,铜板	薛家岛,铜板
螃蟹	1斤	—	—	173	—
猪肉	1斤	320	200	200	200
猪大油	1斤	320	280	280	—
生牛肉	1斤	320	180	180	—
熟牛肉	1斤	—	200	180	—
牛油	1斤	320	200	260	—
鸭子	1只	600	—	—	—
野鸭	1只	500	—	—	—
鹅	1只	1 800	—	—	—
野鹅	1只	—	—	—	—
鸡	1只	500	—	395	400
兔子	1只	600	—	—	—
鸭蛋	10个	360	300	317	200
鸡蛋	10个	240	200	300	180

Amtsblatt
für das
Deutsche Kiautschou-Gebiet.

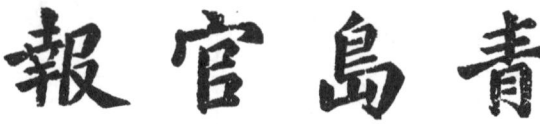

Herausgegeben vom Kaiserlichen Gouvernement Kiautschou.

Der Bezugspreis beträgt jährlich $ 2=M 4.
Bestellungen nehmen sämtliche deutsche Postanstalten entgegen.

Jahrgang 7.   Nr. 7.   Tsingtau, den 17. Februar 1906.

Amtliche Anzeigen.

Aufgebot.

Es wird hiermit bekannt gemacht, dass

Eduard Spielmann, seines Standes Kasernenwärter, geboren zu Hatten, Bezirk Unterelsass, 24 Jahre alt, wohnhaft in Tsingtau, Sohn des zu Hatten wohnhaften Ackerers Heinrich Spielmann und seiner in Hatten verstorbenen Ehefrau Magdalena, geborenen Stücklé,

und

Magdalena Haushalter, geboren zu Forstfeld, Bezirk Unterelsass, 22 Jahre alt, wohnhaft in Forstfeld, Tochter des Ackerers Heinrich Haushalter und seiner Ehefrau Magdalena, geborenen Heldt, beide in Forstfeld wohnhaft,

beabsichtigen, sich miteinander zu verheiraten und diese Ehe in Gemässheit des Reichsgesetzes vom 4. Mai 1870 vor dem unterzeichneten Beamten abzuschliessen.

Tsingtau, den 14. Februar 1906.

Der Kaiserliche Standesbeamte.

Günther.

Berichtigung.

Die Veröffentlichung der Technischen Vorschriften für Entwässerungsanlagen und Kanalisationsanschlüsse vom 21. Dezember 1905 im Amtsblatt vom 16. Januar 1906 bedarf nachstehender Berichtigungen:

1. Absatz c von Nr. 3 des § 3 muss lauten „c. Das Material, aus welchem die Leitungen bestehen sollen, durch Anschreiben an die Leitungen."

2. Der letzte Satz in Nr. 1 des § 9 muss lauten: „Für Regenwasserableitungen auf Grundstücken, auf welchem kein Verkehr von schweren Lasten stattfindet, ist die Verwendung japanischer Rohre bei einer Überdeckung von mindestens 0,6 m zulässig."

Tsingtau, den 13. Februar 1906.

Der Kaiserliche Baudirektor.

Bekanntmachung.

In dem Konkursverfahren über das Vermögen des Kaufmanns

Karl Schmidt,

früher in Tsingtau, wird zur Abnahme der Schlussrechnung des Verwalters und zur Beschlussfassung der Gläubiger über die nicht verwertbaren Vermögensstücke des Gemeinschuldners Schlusstermin vor dem Kaiserlichen Gericht von Kiautschou III auf den **3. März 1906, vormittags 10 Uhr,** anberaumt.

Tsingtau, den 8. Februar 1906.

Kaiserliches Gericht von Kiautschou III.

Landversteigerung.

Auf Antrag des Händlers Tschou p'ei tschü findet am Montag, den 5. März 1906, vormittags 11 Uhr, die Versteigerung des Grundstückes Kbl. 12 Nr. 80 des Grundbuchbezirks Tsingtau Stadt, Ecke Syfang-, Itschou- und Huangtaustrasse, im Landamte statt.

Grösse: 686 qm.
Mindestpreis: 658, 56 $.
Benutzungsplan: Errichtung eines Geschäftshauses.
Bebauungsfrist: 31. März 1909.
Gesuche zum Mitbieten sind bis zum 26. Februar 1906 hierher zu richten.

Tsingtau, den 14. Februar 1906.

Kaiserliches Landamt.

Bekanntmachung.

In Sachen des Tschau hsi tschen aus Hou tschia tschuang gegen Tschau yü te, daselbst, z. Z. unbekannten Aufenthalts, wegen 271,010 tiau kl. Käsch ist heute auf Antrag des Klägers folgendes Versäumnisurteil erlassen worden:

„Beklagter wird verurteilt an Kläger 271,010 tiau kl. Käsch, sowie $ 3,30 Gerichtskosten und die Kosten der Veröffentlichung des Urteils binnen einem Monate vom Eintritt der Rechtskraft an bei Gefahr einer zweimonatlichen Freiheitsstrafe vor dem Bezirksamte zu zahlen. Falls Beklagter nicht bis zum 3. März d. Js. Einspruch einlegt, erlangt dieses Urteil Rechtskraft."

Litsun, den 13. Februar 1906.

Kaiserliches Bezirksamt.

Bekanntmachung.

Als gestohlen angemeldet: 1 silberne Uhr mit Fabr. Nr. 1502031, eingraviert ist der Name „Lentsch."
Als gefunden angemeldet: 1 goldener Kneifer ohne Fassung mit Gläsern Nr. 8; 1 Manschettenknopf.
Als verloren angemeldet: 1 Offizierssattelzeug; 1 brauner Spazierstock mit silberner Krücke; 1 Goerz'sches Fernglas.

Tsingtau, den 14. Februar 1906.

Kaiserliches Polizeiamt.

17. Februar 1906.   Amtsblatt—青島官報   63.

Mitteilungen.

Am Sonntag, den 25. d. Mts., findet in der Gouvernementskapelle kein Gottesdienst statt.

*   *   *

Dem Oberveterinär Hellmuth ist der Königliche Kronenorden 4. Klasse verliehen worden.

*   *   *

Anstelle des in die Heimat zurückkehrenden Korvettenkapitäns Funke ist der Fregattenkapitän Schäfer als Chef des Admiralstabes zum Gouvernement kommandiert worden.

*   *   *

Standesamtliche Nachrichten:
Aufgebot: 14. 2. 1906 Kasernenwärter Spielmann zu Tsingtau und Magdalena Haushalter zu Forstfeld.
Eheschliessung: 15. 2. 1906 Steiger Fritz Heidemeier aus Fangtse und Lina Henseleit aus Öspel in Westfalen.

Meteorologische Beobachtungen

in Tsingtau.

Datum Febr.	Barometer (m m) reduz. auf 0° C., Seehöhe 78,64 m			Temperatur (Centigrade).								Dunstspannung in mm			Relat. Feuchtigkeit in Prozenten		
				trock. Therm.			feucht. Therm.										
	7 Vm	2 Nm	9 Nm	7 Vm	2 Nm	9 Nm	7 Vm	2 Nm	9 Nm	Min.	Max.	7 Vm	2 Nm	9 Nm	7 Vm	2 Nm	9 Nm
8	756,1	756,6	760,6	4,3	0,5	-3,3	3,0	0,0	-4,8	-3,7	4,5	4,9	4,3	2,4	79	90	68
9	62,8	62,2	63,8	-5,8	-3,5	-6,6	-7,0	-4,8	-7,9	-11,4	-2,9	2,0	2,5	1,8	69	72	65
10	66,0	66,1	68,2	-5,4	-3,7	-3,6	-6,2	-5,0	-5,3	-10,4	0,1	2,4	2,4	2,2	80	71	62
11	68,3	67,3	67,2	-2,4	1,8	0,1	-3,8	0,7	-1,6	-3,5	3,9	2,7	4,2	3,2	71	80	69
12	66,5	64,9	64,5	-3,7	-0,3	-1,9	-4,9	-1,8	-3,0	-4,6	0,6	2,5	3,2	3,1	73	72	78
13	62,8	61,5	61,9	-2,3	-0,5	0,9	-3,6	-2,0	0,1	-2,8	2,5	2,8	3,2	4,2	73	71	85
14	61,6	60,2	62,2	1,0	2,9	2,2	-0,1	1,4	0,6	0,7	4,1	4,0	4,2	3,8	80	74	72

Datum Febr.	Wind Richtung & Stärke nach Beaufort (0—12)			Bewölkung						Niederschläge in mm		
				7 Vm		2 Nm		9 Nm				
	7 Vm	2 Nm	9 Nm	Grad	Form	Grad	Form	Grad	Form	7 Vm	9 Nm	9 Nm / 7 Vm
8	S O 6	N N W 6	N N O 10	10	Nim	10	Nim	10	Cu-str			
9	N 5	N 7	N N O 3	2	Cum	1	Cu-str		Cu-str			
10	O S O 3	S O 3	S S O 3	8	Cu-str	8	„	6	Cu-str			
11	S S O 2	S S W 2	S W 3	2	Cum	5	„	1	„			
12	N N O 2	S W 1	S S O 1	10	Cu-str	10	„	3	„			
13	O S O 1	S S O 4	S S W 2	10	Nim	10	„	9	Cum			
14	S S W 3	S 2	S 4	10	Cu-str	9	„	6	Cu-str			

Schiffsverkehr

in der Zeit vom 7.—14. Februar 1906.

Ankunft am	Name	Kapitän	Flagge	Reg. Tonnen.	von	Abfahrt am	nach
(1. 2.)	D. Hazel Dollar	Bruce	Englisch	2804	Portland	13. 2.	Moji
(6. 2.)	D. Süllberg	Luppi	Deutsch	782	Kobe	8. 2.	Kobe
9. 2.	D. Gouv. Jaeschke	Treumann	"	1045	Schanghai	10. 2.	Schanghai
10. 2.	D. Michael Jebsen	Bendixen	"	951	Hongkong	12. 2.	Tschifu
"	D. Fri	Wagle	Norweg.	860	"	11. 2.	"
11. 2.	D. Adm. v. Tirpitz	Block	Deutsch	1199	Tschifu	12. 2.	Schanghai
12. 2.	D. Staatssekr. Kraetke	Hansen	"	1208	Schanghai	"	Tschifu

Druck der Missionsdruckerei Tsingtau.

第七年 第七号

1906年2月17日

官方通告

结婚公告

爱德华·施皮尔曼，职业为兵营警卫，出生于下埃尔萨斯区的哈顿，现年24岁，居住地为青岛，为居住于哈顿的耕夫海因里希·施皮尔曼与在哈顿去世、出生时姓施图克雷的妻子玛德雷娜的儿子。

玛德雷娜·豪斯哈尔特，出生于下埃尔萨斯区的福斯特菲尔德，现年22岁，居住地为福斯特菲尔德，是均居住于福斯特菲尔德的耕夫海因里希·豪斯哈尔特和出生时姓赫尔德的妻子玛德雷娜的女儿。

谨此宣布二人结婚，此婚约按照1870年5月4日颁布的法律规定在本官员面前缔结。

青岛，1906年2月14日
代理皇家户籍官
贡特

更正

1906年1月16日的《官报》所公布的1905年12月21日施行的《关于排水设施与下水道连接的技术规定》须做下列更正：

1. 第3条第3款的c项中应为："c.管道的制作材料致函给领导部门。"

2. 第9条第1款的最后一个句子应为："在没有重型负载地块上的雨水排水允许使用日本管，上面须至少有0.6米的覆盖物。"

青岛，1906年2月13日
皇家工部局局长

告白

关于原居住于青岛的商人卡尔·施密特的破产程序,现定于 1906 年 3 月 3 日上午 10 时,在胶澳皇家审判厅三处,由破产管理人对共同债权人无法确定价值的财产物品进行最终决算。

青岛,1906 年 2 月 8 日
胶澳皇家审判厅三处

大德管理青岛地亩局　为

拍卖地亩事:兹据周丕住禀称,欲买大包岛、四方沂州并黄岛三街转角地图第十二号第八十块,计地六百八十六米打,暂拟价洋六百五十八元五角六分。今定于西历一千九百六年三月初五日早十一点钟在本局拍卖。买定后准盖铺房,限至一千九百九年三月三十一日一律修竣。如他人亦欲买者,可以投禀,截至二月二十六日止,届期前来本局面议可也。勿误。特谕。

右谕通知
大德一千九百六年二月十四日　告示

李村副臬司密　为

出示晓谕事:兹因侯家庄赵锡桢呈控赵玉德拖欠京钱二百七十一吊零一十文,订于西历二月十三日堂期,届期赵玉德未曾到案。暂且断令赵玉德应偿赵锡桢京钱二百七十一吊零一十文,并堂费洋二元三角。限期于西三月初三,即中二月初九日,赵玉德如或到案禀请,再行传讯,本副臬司仍传原被两造当堂对质。倘过期不到,即照所断定案仍展限一月,饬赵玉德将京钱二百七十一吊零一十文,并堂费洋二元三角缴案具结。如至期不付,监押二阅月①之久,偿欠款并登报费洋。仰其知悉。勿误。特谕。

右谕知悉
大德一千九百六年二月十四日　告示

告白

启者:兹将本局据报被窃、遗失、送案各物列左:

被窃之物:

银表一枚,上有洋字"1502031"号数,并有外国"Lentsch"名字。

---

① 译者注:经一月。

遗失各物：

武官马鞍一付（副）；紫色手棍一根，镶有银柄；千里镜一付（副）。

送案之物：

夹鼻梁金镶眼镜一付（副）；袖头钮（纽）子一个。

以上被窃、遗失各物切勿轻买，如见亦宜报明本署，送案之物亦准具领。此布。

德一千九百六年二月十四日

青岛巡捕局

消息

督署小教堂在本月 25 日星期天不举行弥撒。

高等兽医赫尔穆特被授予四等皇家皇冠勋章。

海军中校舍费尔被任命为督署海军少将参谋处处长，以接替返回家乡的海军少校冯克。

户籍所消息：

结婚公告：1906 年 2 月 14 日，青岛的兵营警卫施皮尔曼与来自福斯特菲尔德的管家玛德雷娜。

结婚：1906 年 2 月 15 日，来自坊子的施泰格·弗利茨·海德迈耶尔和来自威斯特法伦的奥斯珀尔的丽娜·亨泽莱特。

船运

1906 年 2 月 7 日—14 日期间

到达日	轮船船名	船长	挂旗国籍	登记吨位	出发港	出发日	到达港
（2 月 1 日）	哈泽尔·岛拉号	布鲁斯	英国	2 804	波特兰	2 月 13 日	门司
（2 月 6 日）	居尔堡号	卢皮	德国	782	神户	2 月 8 日	神户
2 月 9 日	叶世克总督号	特洛依曼	德国	1 045	上海	2 月 10 日	上海
2 月 10 日	迈克尔·叶布森号	本迪克森	德国	951	香港	2 月 12 日	芝罘
2 月 10 日	福里号	瓦格勒	挪威	860	香港	2 月 11 日	芝罘
2 月 11 日	提尔皮茨号	布洛克	德国	1 199	芝罘	2 月 12 日	上海
2 月 12 日	克莱特克号	韩森	德国	1 208	上海	2 月 12 日	芝罘

Amtsblatt
für das
Deutsche Kiautschou-Gebiet.

Herausgegeben vom Kaiserlichen Gouvernement Kiautschou.

Der Bezugspreis beträgt jährlich $ 2 = M 4.
Bestellungen nehmen sämtliche deutsche Postanstalten entgegen.

| Jahrgang 7. | Nr. 8. | Tsingtau, den 24. Februar 1906. |

Verordnungen und Bekanntmachungen.

Der württembergische Gerichtsassessor
Manfred Zimmermann
ist zur Rechtsanwaltschaft beim Kaiserlichen Gericht von Kiautschou zugelassen worden.

Tsingtau, den 1?. Februar 1906.

Der Kaiserliche Oberrichter.

In Vertretung

Rosenberger.

Amtliche Anzeigen.

Aufgebot.

Es wird hiermit bekannt gemacht, dass
Richard **Hermann Trautmann**, seines Standes Trichinenschauer, geboren zu Eisleben, Provinz Sachsen, 26 Jahre alt, wohnhaft in Tsingtau, Sohn des Arbeiters Hermann Trautmann und seiner Ehefrau Amalie, geborenen Schülbe, beide in Eisleben wohnhaft,
und
Sophia Helmstetter, geboren zu Hambach in Unterelsass, 24 Jahre alt, wohnhaft in Waldhambach, Tochter des Schuhmachers Karl Helmstetter und seiner Ehefrau Sophia, geborenen Reppert, beide in Waldhambach wohnhaft,
beabsichtigen, sich miteinander zu verheiraten und diese Ehe in Gemässheit des Reichsgesetzes vom 4. Mai 1870 vor dem unterzeichneten Beamten abzuschliessen.

Tsingtau, den 19. Februar 1906.

Der Kaiserliche Standesbeamte.

Günther.

Bekanntmachung.

Auf Grund der Verordnung vom 12. November 1904, betreffend Chinesen-Friedhof (Amtsblatt 1904, Seite 261) gibt die Friedhofsverwaltung folgende Abrechnung:

I. Einnahmen:
  a. Für 3 Beigesetzte   15,00 $
    Für Beerdigungen:
    1 Erwachsener, 1 Kind in der II. Klasse   6,75 „
    28 Erwachsene, 4 Kinder in der III. Klasse   30,00 „
    Für 58 Erwachsene wurden Kosten wegen Mittellosigkeit nicht erhoben.   51,75 $
  b. An Landpacht für das noch nicht in Benutzung genommene Friedhofsland: 84,467 mou zu 2 $ 168,93 „
    Summe der Einnahmen   220,68 $

II. Ausgaben:
  a. Abgaben an das Gouvernement gemäss § 11 der oben genannten Verordnung
    1. für Beisetzungen   4,50 $
    2. für Beerdigungen 17,00 „   21,50 „
  b. Ausgaben für Bäume, Arbeitslöhne, Verwaltung   489,73 „
  c. Ausgaben für Hausbau   4200,00 „
    Summe der Ausgaben   4711,23 $
Somit bleibt ein Fehlbetrag von   4490,55 „ welcher durch Sammlungen aufgebracht worden ist.

Tsingtau, den 17. Februar 1906.

Der Kommissar für chinesische Angelegenheiten.

Bekanntmachung.

Als verloren angemeldet: 1 schwarze Tasche mit Visitenkarten; 1 braune Pferdedecke mit gelben Streifen; 1 Ledergurt; 1 goldener Kneifer, an dem rechten Glas ist ein kleiner Riss.

Tsingtau, den 21. Februar 1906.

Kaiserliches Polizeiamt.

24. Februar 1906. Amtsblatt—靑島官報 67.

Bekanntmachung.

Gemäss § 7 der Verordnung, betreffend die provisorische Errichtung eines chinesischen Kommittees (Amtsblatt 1902, Seite 59) wird hiermit die Abrechnung über die Fonds des Kommittees für das Jahr 1905 bekannt gegeben.

I. Einnahmen
   a. aus den Abgaben der Hausbesitzer 1165,20 $
   b. aus Stiftungen und dergleichen   290.10 „
                                             1455,30 $

II. Ausgaben
   a. für Besoldungen, Hausmiete, Anschaffungen für das Haus: 1480,83 „

Mithin bleibt ein Fehlbetrag für 1905 von 25,53 $

Der Fehlbetrag von 172,45 $ des Jahres 1904 ist durch die Mitglieder des Kommittees gedeckt.

Tsingtau, den 17. Februar 1906.

Der Kommissar für chinesische Angelegenheiten.

Bekanntmachung.

Das Bataillon beabsichtigt, am 2. und 3. März d. Js. von 8 Uhr vormittags bis 2 Uhr nachmittags in dem Gelände nordöstlich von Hu tau tsy mit Schussrichtung gegen den Ku schan gefechtsmässig zu schiessen.

Vor Betreten des Geländes in der angegebenen Zeit wird gewarnt.

Syfang, den 20. Februar 1906.

**I. Bataillon
des 1. Ostasiatischen Infanterieregiments.**

Bekanntmachung.

Die baulichen Anlagen des Schiessstandes beim Artillerielager sollen an den Meistbietenden auf Abbruch verkauft werden.

Verschlossene Angebote mit entsprechender Aufschrift sind bis zum 27. Februar 1906, vormittags 10 Uhr, bei der unterzeichneten Verwaltung einzureichen, bei der auch die Bedingungen zur Einsicht ausliegen.

Tsingtau, den 15. Februar 1906.

Kaiserliche Garnison-Verwaltung.

Im Konkurse des Restaurateurs
Paul Müller
soll, nachdem der gerichtliche Schlusstermin stattgefunden haben wird, die Verteilung der Masse erfolgen.

Zu berücksichtigen sind 15466,55 $. Im December 1904 war bereits eine Abschlagszahlung in Gestalt einer 15 % Dividende zur Ausschüttung gekommen. Die noch verfügbare Masse beträgt etwa 1740 $.

Tsingtau, den 20. Februar 1906.

Der Konkursverwalter.

大德欽命管理中華事宜輔政司單曉諭週知事案查西歷一千九百二年四月十五日釐訂商務公所章程第七欵內載每屆中華年節該公所必須開一出入經費總單呈查符否歷經照辦在案茲將該公所呈報西歷一千九百五年分出入各欵列計開入欵
一房捐共收洋一千一百六十五元二角二他項各捐共洋二百九十元零一角 共合一千四百五十
五元三角 計開出欵
公所房租並在事谷人薪工以及一切經費共需支洋一千四百八十五元三角三分至西一千九百四年除收淨虧洋二十五元三角三分計開入欵
屬寔合亟登報仰各知照特諭
分所虧之欵業已從中提補繕具清單到署當經查核
右諭通知
告示
大德一千九百六年正月十七日

大德輔政司崑出示曉諭事照得駐紮方兵隊訂於西歷本年三月初二初三兩日早八點鐘起下午兩點鐘止在島子東北嶽演鎗向孤山施放屆期禁止人民在於各該處行走以防不測仰各遵照切切特諭
右諭通知
告示
大德一千九百六年二月廿日

68. Amtsblatt—青島官報 24. Februar 1906.

Mitteilungen.

Anlässlich der Feier der silbernen Hochzeit Ihrer Majestäten wird am 27. d. Mts., vormittags 10 Uhr, ein Festgottesdienst in der Gouvernementskapelle abgehalten, während am Sonntag, den 25. d. Mts., kein Gottesdienst stattfindet.

* * *

Der Königliche Kronenorden 4. Klasse ist dem Dolmetscher Dr. Wirtz und dem Leutnant Schümann verliehen worden.

* * *

Standesamtliche Nachrichten.
Aufgebot: 19. 2. 1906 Trichinenschauer Hermann Trautmann zu Tsingtau und Sophia Helmstetter zu Waldhambach in Unterelsass.

Geburt: 19. 2. 1906 Ein Sohn dem Kaufmann Gottfried Landmann.

* * *

Am 18. d. Mts. hat der Dampfer „Gouverneur Jäschke" eine treibende Mine in ungefähr
    32° 55' Nord-Breite
    122° 18' Ost-Länge
und der Dampfer „Admiral von Tirpitz" eine ebensolche in ungefähr
    31° 51' Nord-Breite
    122° 25' Ost-Länge
gesichtet.

Meteorologische Beobachtungen
in Tsingtau.

Datum Febr.	Barometer (mm) reduz. auf 0° C., Seehöhe 78,64 m			Temperatur (Centigrade).								Dunstspannung in mm			Relat. Feuchtigkeit in Prozenten		
				trock. Therm.			feucht. Therm.										
	7 Vm	2 Nm	9 Nm	7 Vm	2 Nm	9 Nm	7 Vm	2 Nm	9 Nm	Min.	Max.	7 Vm	2 Nm	9 Nm	7 Vm	2 Nm	9 Nm
15	761,6	759,9	761,0	0,8	4,5	4,3	0,0	2,8	4,0	0,1	5,5	4,1	4,6	5,9	85	73	96
16	60,3	61,9	64,5	-2,7	-2,9	-4,7	-3,1	-4,4	-6,1	-4,8	3,2	2,8	2,6	2,1	74	68	67
17	64,1	63,0	64,7	-7,0	-0,1	-4,9	-7,8	-1,6	-6,4	-8,2	-0,6	2,1	3,3	2,0	78	72	64
18	64,1	62,0	63,2	-6,8	-0,7	-0,7	-7,9	-1,3	-1,3	-8,6	0,3	1,9	3,9	3,9	70	88	88
19	59,8	59,0	59,5	-1,2	0,0	-0,1	-1,3	0,0	-0,3	-1,5	0,5	4,1	4,6	4,4	98	100	96
20	59,3	58,2	58,4	-1,0	0,9	0,3	-1,6	0,3	0,3	-1,3	1,7	3,8	4,4	4,7	88	89	100
21	58,0	56,8	57,6	-0,3	1,3	1,3	-0,3	0,7	0,6	-1,4	2,1	4,5	4,5	4,4	100	89	87

Datum Febr.	Wind Richtung & Stärke nach Beaufort (0—12)			Bewölkung						Niederschläge in mm		
				7 Vm		2 Nm		9 Nm				
	7 Vm	2 Nm	9 Nm	Grad	Form	Grad	Form	Grad	Form	7 Vm	9 Nm	9 Nm / 7 Vm
15	S 1	S 3	S 2	10	Nim	9	Cum-str	10	Nim	0,7	0,8	1,5
16	NNO 4	NNO 5	NNO 5	10	Cum-str	10	„	6	Cum-str	0,7		
17	NNO 2	NNO 5	NNO 3	5	Cir	2	„	10	Cum-str			
18	NNO 4	NW 2	ONO 3	8	Cum-str	10	„	10	Cum-str			0,7
19	O 1	NNO 3	NNO 4	10	Nim	10	Nim	10	Nim	0,7	2,7	2,8
20	N 2	NNW 1	O 1	10	„	10	„	10	Cum-str	0,1	4,0	4,0
21	NO 1	ONO 1	NO 1	10	„	10	Cum-str	10	„			

24. Februar 1906.   Amtsblatt—青岛官報   69.

Schiffsverkehr

in der Zeit vom 14.—22. Februar 1906.

Ankunft am	Name	Kapitän	Flagge	Reg. Tonnen.	von	Abfahrt am	nach
16. 2.	D. Lok Sang	Hussy	Englisch	979	Schanghai	17. 2.	Schanghai
״	D. Gouv. Jaeschke	Treumann	Deutsch	1045	״	״	״
18. 2.	D. Tsintau	Artelt	״	977	״	19. 2.	״
19. 2.	D. Staatssekr. Kraetke	Hansen	״	1208	Tschifu	״	״
20. 2.	D. Adm. v. Tirpitz	Block	״	1199	Schanghai	20. 2.	Tschifu
״	D. Chinkiang	Robertson	Englisch	1229	Hongkong	״	״
21. 2.	D. Süllberg	Luppi	Deutsch	782	Kobe	22. 2.	Kobe

Hochwassertabelle für den Monat März 1906.

Datum	Tsingtau - Hauptbrücke.		Grosser Hafen, Mole I.		Nükuk'ou.	
	Vormittags	Nachmittags	Vormittags	Nachmittags	Vormittags	Nachmittags
1.	7 U. 45 M.	8 U. 02 M.	8 U. 13 M.	8 U. 32 M.	8 U. 43 M.	9 U. 02 M.
2.	8 ״ 31 ״	8 ״ 48 ״	9 ״ 01 ״	9 ״ 18 ״	9 ״ 31 ״	9 ״ 48 ״
3.	9 ״ 30 ״ ◐	9 ״ 42 ״	10 ״ 00 ״	10 ״ 12 ״	10 ״ 30 ״	10 ״ 42 ״
4.	10 ״ 35 ״	10 ״ 57 ״	11 ״ 09 ״	11 ״ 27 ״	11 ״ 39 ״	11 ״ 57 ״
5.	—	0 ״ 08 ״	—	— ״ 38 ״	—	1 ״ 08 ״
6.	0 ״ 13 ״	1 ״ 22 ״	0 ״ 43 ״	1 ״ 52 ״	1 ״ 13 ״	2 ״ 22 ״
7.	1 ״ 19 ״	2 ״ 29 ״	1 ״ 49 ״	2 ״ 59 ״	2 ״ 19 ״	3 ״ 29 ״
8.	2 ״ 14 ״	3 ״ 16 ״	2 ״ 44 ״	3 ״ 46 ״	3 ״ 14 ״	4 ״ 16 ״
9.	2 ״ 56 ״	3 ״ 54 ״	3 ״ 26 ״	4 ״ 24 ״	3 ״ 56 ״	4 ״ 54 ״
10.	3 ״ 34 ״	4 ״ 30 ״ ○	4 ״ 04 ״	5 ״ 00 ״	4 ״ 34 ״	5 ״ 30 ״
11.	4 ״ 14 ״	5 ״ 06 ״	4 ״ 44 ״	5 ״ 36 ״	5 ״ 14 ״	6 ״ 06 ״
12.	4 ״ 54 ״	5 ״ 38 ״	5 ״ 24 ״	6 ״ 08 ״	5 ״ 54 ״	6 ״ 38 ״
13.	5 ״ 35 ״	6 ״ 12 ״	6 ״ 05 ״	6 ״ 42 ״	6 ״ 35 ״	7 ״ 12 ״
14.	6 ״ 21 ״	6 ״ 49 ״	6 ״ 51 ״	7 ״ 18 ״	7 ״ 21 ״	7 ״ 48 ״
15.	7 ״ 11 ״	7 ״ 30 ״	7 ״ 41 ״	8 ״ 00 ״	8 ״ 11 ״	8 ״ 30 ״
16.	8 ״ 00 ״	8 ״ 13 ״	8 ״ 30 ״	8 ״ 43 ״	9 ״ 00 ״	9 ״ 13 ״
17.	9 ״ 03 ״ ●	9 ״ 16 ״	9 ״ 33 ״	9 ״ 46 ״	10 ״ 03 ״	10 ״ 16 ״
18.	10 ״ 31 ״	10 ״ 41 ״	11 ״ 01 ״	11 ״ 11 ״	11 ״ 31 ״	11 ״ 41 ״
19.	—	0 ״ 13 ״	—	0 ״ 43 ״	—	1 ״ 13 ״
20.	0 ״ 13 ״	1 ״ 37 ״	0 ״ 43 ״	2 ״ 07 ״	1 ״ 13 ״	2 ״ 37 ״
21.	1 ״ 23 ״	2 ״ 44 ״	1 ״ 53 ״	3 ״ 14 ״	2 ״ 23 ״	3 ״ 44 ״
22.	2 ״ 18 ״	3 ״ 31 ״	2 ״ 48 ״	4 ״ 01 ״	3 ״ 18 ״	4 ״ 31 ״
23.	3 ״ 03 ״	4 ״ 04 ״	3 ״ 33 ״	4 ״ 34 ״	4 ״ 03 ״	5 ״ 04 ״
24.	3 ״ 40 ״	4 ״ 35 ״ ◉	4 ״ 10 ״	5 ״ 05 ״	4 ״ 40 ״	5 ״ 35 ״
25.	4 ״ 20 ״	5 ״ 05 ״	4 ״ 50 ״	5 ״ 35 ״	5 ״ 20 ״	6 ״ 05 ״
26.	4 ״ 55 ״	5 ״ 28 ״	5 ״ 25 ״	5 ״ 58 ״	5 ״ 55 ״	6 ״ 28 ״
27.	5 ״ 30 ״	5 ״ 52 ״	6 ״ 00 ״	6 ״ 22 ״	6 ״ 30 ״	6 ״ 52 ״
28.	6 ״ 04 ״	6 ״ 21 ״	6 ״ 34 ״	6 ״ 51 ״	7 ״ 04 ״	7 ״ 21 ״
29.	6 ״ 38 ״	6 ״ 48 ״	7 ״ 08 ״	7 ״ 18 ״	7 ״ 38 ״	7 ״ 48 ״
30.	7 ״ 17 ״	7 ״ 20 ״	7 ״ 47 ״	7 ״ 50 ״	8 ״ 17 ״	8 ״ 20 ״
31.	8 ״ 01 ״	8 ״ 02 ״	8 ״ 31 ״	8 ״ 32 ״	9 ״ 01 ״	9 ״ 02 ״

1) ○ = Vollmond; 2) ◐ = Letztes Viertel; 3) ● = Neumond; 4) ◉ = Erstes Viertel.

Anmerkung: In T'a pu t'ou tritt das Hochwasser 10 Minuten früher als in Nükuk'ou auf.

Sonnen-Auf-und Untergang
für Monat März 1906.

Dt.	Mittelostchinesische Zeit des			
	wahren	scheinbaren	wahren	scheinbaren
	Sonnen-Aufgangs.		Sonnen-Untergangs.	
1.	6 U. 34.3 M.	6 U. 29.3 M.	5 U. 48.3 M.	5 U. 53.3 M.
2.	33.0	28.0	49.3	54.3
3.	31.7	26.7	50.3	55.3
4.	30.4	25.4	51.2	56.2
5.	29.0	24.0	52.1	57.1
6.	27.6	22.6	53.0	58.0
7.	26.2	21.2	54.0	59.0
8.	24.8	19.8	54.9	59.9
9.	23.4	18.4	55.8	6 U. 0.8
10.	22.0	17.0	56.7	1.7
11.	20.6	15.6	57.6	2.6
12.	19.2	14.2	58.5	3.5
13.	17.8	12.8	59.4	4.4
14.	16.4	11.4	6 U. 0.3	5.3
15.	15.0	10.0	1.1	6.1
16.	13.5	8.5	1.9	6.9
17.	12.1	7.1	2.8	7.8
18.	10.6	5.6	3.7	8.7
19.	9.2	4.2	4.5	9.5
20.	7.7	2.7	5.3	10.3
21.	6.3	1.3	6.1	11.1
22.	4.8	5 U. 59.8	7.0	12.0
23.	3.4	58.4	7.9	12.9
24.	1.9	56.9	8.8	13.8
25.	0.4	55.4	9.6	14.6
26.	5 U. 5.9	54.0	10.4	15.4
27.	57.5	52.5	11.3	16.3
28.	56.1	51.1	12.2	17.2
29.	54.6	49.6	13.0	18.0
30.	53.1	48·1	13.8	18 8
31.	51.8	46.8	14 6	19.6

Druck der Missionsdruckerei Tsingtau.

第七年 第八号

1906年2月24日

法令与告白

已许可符腾堡的法庭陪审员曼弗雷德·齐默尔曼担任胶澳皇家审判厅律师。

青岛，1906年2月16日
代理皇家高等法官
罗森博格

官方通告

结婚公告

李夏德·赫尔曼·特劳特曼，职业为旋毛虫检查官，出生于萨克森省的艾斯雷本，现年26岁，居住地为青岛，为工人赫尔曼·特劳特曼与出生时姓舒尔伯的妻子阿玛莉的儿子，二人均居住于艾斯雷本。

索菲亚·赫尔姆斯泰特，出生于下埃尔萨斯的哈姆巴赫，现年24岁，居住地为瓦尔特哈姆巴赫，是均居住于瓦尔特哈姆巴赫的制鞋人卡尔·赫尔姆斯泰特和出生时姓莱波特的妻子索菲亚的女儿。

谨此宣布二人结婚，此婚约按照1870年5月4日颁布的法律规定在本官员前缔结。

青岛，1906年2月19日
代理皇家户籍官
贡特

大德钦命管理中华事宜辅政司单　为

晓谕周知事：案查西历一千九百四年十一月十二日厘订《义地章程》第十一款内载，该管义地公会每年所收新葬浮丘两项费款应行提交本署之费，每届中华正月间由该公会核明汇缴等语在案，兹公会已将西一千九百五年分出入款项造具清册，呈报到署。

计开入款：

一、收浮丘灵柩三口，费洋十五元；二等葬埋尸棺二口，费洋六元七角五分（内有小孩一口，费洋减半）；三等葬埋尸棺二十八口，费洋二十八元，又小孩尸棺四口，费洋二元，共洋三十元。另有实在贫穷无力缴费，葬埋之尸棺五十八口。

二、收出租地租洋一百六十八元九角三分。

二共合洋二百二十元零六角八分。

计开出款：

一、按照《义地章程》第十一款提交衙门款项列左：浮丘灵柩三口，洋四元五角；埋葬各棺，洋十七元。共洋二十一元五角。

二、购买树株以及工人等，洋四百八十九元七角三分；修造义地房屋，共需洋四千二百元正（整）。通共支洋四千七百一十一元二角三分。除收净长支洋四千四百九十元零五角五分，惟建造房屋一款业由各帮绅商捐助，合并声明。既经据报前来，亟宜登报示众，以昭公允。为此，仰各知照。特谕。

右谕通知

大德一千九百六年正月十七日　告示

告白

启者：兹将本局据报遗失各物列左：

黑色名片夹子一个，内存有名片；黄边紫地（底）马毯一条；皮腰带一条；金镶夹鼻眼镜一付（副），右镜下边有小璺一道。

以上各物切勿轻买，如见亦宜报明本署，此布。

德一千九百六年二月廿一日

青岛巡捕局启

大德钦命管理中华事宜辅政司单　为

晓谕周知事：案查西历一千九百二年四月十五日厘订《商务公所章程》第七款内载，每届中华年节该公所必须开一出入经费总单呈查符否，历经照办在案。兹将该公所呈报西历一千九百五年分出入各款列左：

计开入款：

一、房捐共收洋一千一百六十五元二角。

二、他项各捐共洋二百九十元零一角。共合一千四百五十五元三角。

计开出款：

公所房租并在事各人薪工以及一切经费，共需支洋一千四百八十元零八角三分。

除收净亏洋二十五元五角三分，至西一千九百四年分所亏之款业已从中提补。缮具清单到署，当经查核属实，合亟登报。仰各知照。特谕。

右谕通知
大德一千九百六年正月十七日　告示

大德辅政司崑　为

出示晓谕事：照得驻扎四方兵队，订于西历本年三月初二、初三两日，早八点钟起，下午两点钟止，在湖岛子东北操演，枪向孤山施放。届期禁止人民在于各该处行走，以防不测。仰各遵照。切切特谕。

右谕通知
大德一千九百六年二月廿日　告示

告白

炮兵营附近的射击靶建筑设施将出售，价高者得。

报价须密封并带有相应字样，于1906年2月27日上午10点前递交至本局，这里也张贴了相关条件，以供查看。

青岛，1906年2月15日
皇家管理公家什物局

关于饭店老板保罗·穆勒的破产案件，经法庭最终审理结束后，将进行财物分配。

需要考虑的索款金额为15 466.55元。在1904年12月已经按照15%的比例进行了部分支付。目前剩余可分配财产约为1 740元。

青岛，1906年2月20日
破产案件管理员

消息

适值皇帝陛下银婚庆典之际，将于本月27日上午10点在督署小教堂举行节日弥撒，在本月25日星期日不再举行弥撒。

已授予翻译官维尔茨博士和舒曼少尉四等皇家皇冠勋章。

户籍所消息：

结婚公告：1906年2月19日，青岛的旋毛虫检查官赫尔曼·特劳特曼与来自下埃尔萨斯区瓦尔特哈姆巴赫的索菲亚·赫尔姆斯泰特。

出生：1906年2月19日，商人歌特弗里德·朗特曼得子一名。

本月18日，轮船"叶世克总督"号发现一枚漂浮鱼雷，方位坐标大致为：北纬32度55分，东经122度18分；轮船"提尔皮茨"号也发现了同一枚鱼雷，方位坐标大致为：北纬31度51分，东经122度25分。

船运

1906年2月14日—22日期间

到达日	轮船船名	船长	挂旗国籍	登记吨位	出发港	出发日	到达港
2月16日	乐生号	胡西	英国	979	上海	2月17日	上海
2月16日	叶世克总督号	特洛依曼	德国	1 045	上海	2月17日	上海
2月18日	青岛号	阿特尔特	德国	977	上海	2月19日	上海
2月19日	克莱特克号	韩森	德国	1 208	芝罘	2月19日	上海
2月20日	提尔皮茨号	布洛克	德国	1 199	上海	2月20日	芝罘
2月20日	镇江号	罗伯森	英国	1 229	香港	2月20日	芝罘
2月21日	居尔堡号	卢皮	德国	782	神户	2月22日	神户

Amtsblatt
für das
Deutsche Kiautschou-Gebiet.

青島官報

Herausgegeben vom Kaiserlichen Gouvernement Kiautschou.

Der Bezugspreis beträgt jährlich $ 2 = M 4.
Bestellungen nehmen sämtliche deutsche Postanstalten entgegen.

Jahrgang 7.   Nr. 9.   Tsingtau, den 3. März 1906.

Verordnungen und Bekanntmachungen.

Bekanntmachung.

Auf Grund der Verordnung vom 13. März 1899 (Amtsblatt 1900, Seite 58) hat im Monat März die Neuwahl von zwei Vertretern der Zivilgemeinde stattzufinden.

Ein Vertreter wird gewählt von den im Handelsregister eingetragenen, nichtchinesischen Firmen aus ihrer Mitte. Jede Firma hat nur eine Stimme.

Ein Vertreter wird gewählt von den im Grundbuche eingetragenen, steuerpflichtigen Grundbesitzern aus ihrer Mitte. Der jährliche Betrag der Grundsteuer muss mindestens 50 Dollar betragen. Für jedes Grundstück gilt nur ein Stimme; kein Grundbesitzer darf zugleich mehr als eine Stimme haben.

Die Listen der Wähler liegen am
    Donnerstag, den 15. März 1906,
in dem Geschäftszimmer des Zivilkommissars zur Einsicht aus. Einwendungen gegen die Richtigkeit der Listen sind bis zum 20. März d. Js. zulässig und schriftlich einzureichen.

Die Wahl erfolgt durch persönliche Stimmenabgabe am
    Montag, den 26. März 1906,
im Geschäftszimmer des Zivilkommissars in den Stunden von 9—12 Uhr vormittags.

Derjenige Kandidat, welcher die meisten Stimmen auf sich vereinigt, gilt als gewählt. Bei Stimmengleichheit entscheidet das Los.

Tsingtau, den 24. Februar 1906.

Der Kaiserliche Gouverneur.

Allerhöchst mit der Stellvertretung beauftragt.

van Semmern.

Amtliche Anzeigen.

Bekanntmachung.

Als verloren angemeldet: 1 Spazierstock, gelber Rohrstock mit Silberkrücke, vorn mit Monogramm O. P.

Tsingtau, den 28. Februar 1906.

Kaiserliches Polizeiamt.

Bekanntmachung.

Auf Antrag des Trichinenschauers Karl Klein zu Tsingtau findet am Montag, den 19. März 1906, vormittags 11 Uhr, die Versteigerung des Grundstücks Kbl. 5 Nr. 7 des Grundbuchbezirks Tsingtau Stadt südlich von der Larz'schen Seifenfabrik im Landamte statt.

Grösse: 1189 qm.
Mindestpreis: 927,42 $.
Benutzungsplan: Bau eines Wohnhauses.
Bebauungsfrist: 31. März 1909.

Gesuche zum Mitbieten sind bis zum 12. März 1906 hierher zu richten.

Tsingtau, den 26. Februar 1906.

Kaiserliches Landamt.

Bekanntmachung.

Ein Teil der Holzbaracken und der in chinesischer Bauart aufgeführten Häuser des Höhenlagers sollen nach Losen getrennt an den Meistbietenden auf Abbruch verkauft werden.

Verschlossene Angebote mit entsprechender Aufschrift sind bis zum 13. März 1906, vormittags 10 Uhr, bei der unterzeichneten Verwaltung einzureichen, bei der auch die Bedingungen zur Einsicht ausliegen.

Tsingtau, den 22. Februar 1906.

Kaiserliche Garnisonverwaltung Kiautschou.

3. März 1906. Amtsblatt—青島官報 73.

Pachtversteigerung.

Auf Antrag der Liu tsze schan aus Tapautau findet am Dienstag, den 6. März 1906, vormittags 11 Uhr, die Pachtversteigerung der Parzelle 77 am kleinen Hafen im Landamte statt.

Grösse: 1738 qm.

Mindestjahrespacht: 347,60 $.

Benutzungsplan: Lagerplatz für Rohmaterialien.

Pachtdauer: 1 Jahr fest, dann vierteljährliche Kündigung.

Mitbieter werden ersucht, sich zum Termine einzufinden.

Tsingtau, den 1. März 1906.

Kaiserliches Landamt.

Pachtversteigerung.

Auf Antrag des Hsü tschi ying aus Tapautau findet am Dienstag, den 6. März 1906, vormittags 11 Uhr, die Pachtversteigerung der Parzelle 75 am kleinen Hafen im Landamte statt.

Grösse: 2385 qm.

Mindestjahrespacht: 477 $.

Benutzungsplan: Lagerstätte für Rohmaterialien gegen einmonatliche Kündigung.

Mitbieter werden ersucht, sich zum Termine einzufinden.

Tsingtau, den 1. März 1906.

Kaiserliches Landamt.

大德管理青島地畝局拍租地畝事茲據劉子山稟稱欲租大包島小碼頭地第七十七塊計一千七百三十八米打每年暫擬租價銀三百四十七元六角今訂於西一千九百六年三月初六日上午十一點鐘在本局拍租定後准其在該地內堆放木料石沙等物迨繳一年以後每逢三閱月本局仍准該地主留用如他人亦欲租此地者屆期可以來赴本局面議可也勿誤特諭

右諭通知

西一千九百六年三月初一日

告示

大德管理青島地畝局拍租地畝事茲據徐其瑛稟稱欲租大包島小碼頭地第七十五塊計二千三百八十五米打每年暫擬租價銀四百七十七元今訂於西一千九百六年三月初六日上午十一點鐘在局拍租定後准其在該地內堆放木料石沙等物迨繳一年以後每一月終本局仍准該地主留用如他人亦欲租此地者屆期可以來赴本局面議可也勿誤特諭

右諭通知

西一千九百六年二月二十六日

告示

Mitteilungen.

Der Kurs bei der Gouvernementskasse beträgt vom 28. Februar d. Js. ab: 1 $ = 2,16 M.

*

Der Königliche Kronenorden 4. Klasse ist dem Festungsbauleutnant Steffen verliehen worden.

*

Standesamtliche Nachrichten.

Geburten: 21. Februar eine Tochter dem Hilfsbauaufseher Adolf Müller, 24. Februar ein Sohn dem Former Hermann Reploeg, 26. Februar ein Sohn dem Kaufmann Roland Behn, 27. Februar eine Tochter dem Feuerwerker Heinrich Siebert.

Schiffsverkehr
in der Zeit vom 22.—28. Februar 1906.

Ankunft am	Name	Kapitän	Flagge	Reg. Tonnen.	von	Abfahrt am	nach
23.2.	D. Gouv. Jaeschke	Treumann	Deutsch	1099	Schanghai	24.2.	Schanghai
25.2.	D. Adm. v. Tirpitz	Block	„	1199	Tschifu	26.2.	„
„	D. Mameluke	Johnston	Englisch	1736	Wladiwostock		
„	D. Labor	Jensen	Norweg.	949	Kobe		
26.2.	D. Staatssekr. Kraetke	Hansen	Deutsch	1208	Schanghai	26.2.	Tschifu
„	D. Borussia	Hahn	„	4272	Hongkong		
„	D. Kenkou Maru	Migasaki	Japan.	1728	Otaru		
27.2.	D. Tai Sang	Lee	Englisch	1550	Schanghai	28.2.	Schanghai
28.2.	D. Kowloon	Stehr	Deutsch	1487	Hongkong		

Meteorologische Beobachtungen
in Tsingtau.

Datum. Febr.	Barometer (mm) reduz. auf 0º C., Seehöhe 78,64 m			Temperatur (Centigrade).								Dunstspannung in mm			Relat. Feuchtigkeit in Prozenten		
				trock. Therm.			feucht. Therm.										
	7 Vm	2 Nm	9 Nm	7 Vm	2 Nm	9 Nm	7 Vm	2 Nm	9 Nm	Min.	Max.	7 Vm	2 Nm	9 Nm	7 Vm	2 Nm	9 Nm
22	756,4	755,4	756,7	-0,1	0,6	-1,7	-0,7	-1,0	-2,5	-2,2	1,9	4,0	3,4	3,4	89	71	84
23	56,8	57,8	58,4	-2,0	1,0	-3,9	-2,5	0,1	-5,2	-4,0	1,2	3,5	4,1	2,4	90	83	71
24	59,1	59,0	60,8	-4,3	1,5	-2,1	-5,4	0,4	-3,3	-4,9	2,1	2,5	4,1	2,9	75	80	75
25	60,9	60,7	61,1	-1,8	2,7	1,1	-2,7	0,5	0,0	-2,3	3,4	3,3	3,5	3,9	82	62	79
26	60,8	60,2	62,2	-0,1	2,3	-0,6	-0,7	0,4	-1,4	-0,6	5,1	4,0	3,6	3,7	89	66	85
27	62,8	61,9	63,1	-3,4	2,8	0,4	-4,1	1,3	-1,5	-4,1	4,3	3,0	4,2	3,1	85	74	66
28	64,8	64,0	64,6	-2,5	5,0	1,3	-3,5	2,8	0,2	-3,1	5,7	3,0	4,3	4,0	79	66	80

Datum. Febr.	Wind Richtung & Stärke nach Beaufort (0—12)			Bewölkung						Niederschläge in mm		
				7 Vm		2 Nm		9 Nm				9 Nm
	7 Vm	2 Nm	9 Nm	Grad	Form	Grad	Form	Grad	Form	7 Vm	9 Nm	7 Vm
22	N N O 3	N 4	N N W 4	10	Cum-str	10	Cum-str	10	Cum-str			1,1
23	N 4	N 7	N N W 8	10	„	7	„	7	Nim	1,1		
24	N N O 7	N N O 7	N N O 5	9	„	6	„	3	Cum			
25	N N O 5	N N O 3	N N O 2	10	„	10	Cir-cum	10	Cum-str			
26	N N O 3	N 4	N N W 4	8	„	9	Nim	10	Nim			
27	N 3	N 4	N 3	7	„	6	Cum-str					
28	N 2	N 2	S S O 2	6	Cir-str	9	Str.	7	Cum-str			

Druck der Missionsdruckerei Tsingtau.

第七年 第九号

1906年3月3日

法令与告白

告白

根据1899年3月13日的命令(1900年《官报》,第58页),在3月将新选举2名民政区的代表。

一名代表由在商业登记中注册的非华人公司中选出。每家公司只有一票。

一名代表由在地籍册中登记、有纳税义务的地产所有人中选出,其年度缴纳的地税必须为至少50元。每名地产所有人的票数不超过1张。

候选人名单将在1906年3月15日星期四张贴在民政长的办公室内,以供查看。对于名单真实性的异议必须在今年3月20日之前以书面形式提交。

选举在1906年3月26日上午9至12点进行,需本人亲自投票,地点为民政长的办公室。

获得最多票数的候选人当选。如果票数相同,则通过抽签决定。

青岛,1906年2月24日
皇家总督
最高敕令授权代理
师孟

告白

启者:兹将本局据报遗失之物列左:

黄色手棍一根,上有银柄,柄之前面有西字"O. P."。

以上之物切勿轻买,如见亦宜报明本署。此布。

德一千九百六年二月廿八日
青岛巡捕局启

大德管理青岛地亩局　为

拍卖地亩事：兹据查验猪肉毒虫医官柯来禀称，欲买青岛胰子机器房南边地图第五号第七块地，计一千一百八十九米打，暂拟价洋九百二十七元四角二分。今定于西历一千九百六年三月十九日早十一点钟在本局拍卖。买定后准盖住房，限至西一千九百九年三月三十一日一律修竣。如他人亦欲买者，可以投禀，截至三月十二日止，届期前来本局面议可也。勿误。特谕。

右谕通知

德一千九百六年二月二十六日　告示

告白

启者：本局现拟招人包拆承买小泥洼营盘内板房，以及华式旧房各数所，如有意欲包拆者，可以投函本局，截至西历三月十三日早十点钟为止，函内须书明一定包价。其拍卖包拆详细章程存放本局，欲览者随时投局查阅可也。此布。

德一千九百六年二月二十七日

青岛军需局启

大德管理青岛地亩局　为

拍租地亩事：兹据刘子山禀称，欲租大包岛小码头地第七十七块，计一千七百三十八米打，每年暂拟租价银三百四十七元六角。今订于西一千九百六年三月初六日上午十一点钟在本局拍租，租定后准其在该地内堆放木料、石沙等物。迨一年以后，每逢三阅月，本局如不追缴，此地仍准该地主留用。如他人亦欲租此地者，届期可以来赴本局面议可也。勿误。特谕。

右谕通知

西一千九百六年三月初一日　告示

大德管理青岛地亩局　为

拍租地亩事：兹据徐其瑛禀称，欲租大包岛小码头地第七十五块，计二千三百八十五米打，每年暂拟租价银四百七十七元。今订于西一千九百六年三月初六日上午十一点钟在局拍租，租定后准其在该地内堆放木料、石沙等物。迨一月以后，每一月终本局如不追缴,此地仍准该地主留用。如他人亦欲租此地者,届期可以来赴本局面议可也。勿误。特谕。

右谕通知

西一千九百六年二月二十六日　告示

消息

总督府财务处自今年2月28日起的汇率为:1元＝2.16马克。

要塞建设少尉施特芬被授予四等皇家皇冠勋章。

户籍所消息:

出生:2月21日,助理建筑监督员阿道夫·穆勒得女一名;2月24日,(冶金)造型工赫尔曼·雷普洛格得子一名;2月26日,商人罗兰德·贝恩得子一名;2月27日,火药师海因里希·齐贝尔特得女一名。

船运

1906年2月22日—28日期间

到达日	轮船船名	船长	挂旗国籍	登记吨位	出发港	出发日	到达港
2月23日	叶世克总督号	特洛依曼	德国	1 099	上海	2月24日	上海
2月25日	提尔皮茨号	布洛克	德国	1 199	芝罘	2月26日	上海
2月25日	马穆鲁克号	约翰斯顿	英国	1 736	海参崴		
2月25日	劳动号	延森	挪威	949	神户		
2月26日	克莱特克号	韩森	德国	1 208	上海	2月26日	芝罘
2月26日	普鲁士号	哈恩	德国	4 272	香港		
2月26日	健康丸	宫崎	日本	1 728	小樽		
2月27日	太仓号	李	英国	1 550	上海	2月28日	上海
2月28日	九龙号	施特尔	德国	1 487	香港		

Amtsblatt
für das Deutsche Kiautschou-Gebiet.

青島官報

Herausgegeben vom Kaiserlichen Gouvernement Kiautschou.

Der Bezugspreis beträgt jährlich $ 2 = M 4.
Bestellungen nehmen sämtliche deutsche Postanstalten entgegen.

75.
德曆一千九百六年三月初十日

| Jahrgang 7. Nr. 10. | Tsingtau, den 10. März 1906. | 第十號 第七年 |

Verordnungen und Bekanntmachungen.

Bekanntmachung für Seefahrer.

Am Leuchtturm Yu nui san ist eine Glocke angebracht, welche geläutet werden wird, so lange bei Nebel das Signal eines passierenden Schiffes oder Fahrzeuges gehört wird.

Tsingtau, den 8. März 1906.

Kaiserliches Hafenamt.

Amtliche Anzeigen.

Bekanntmachung.

Als gestohlen angemeldet: 1 schwarze Pferdedecke mit gelben Streifen; Sparren, je 10 cm breit und hoch, und Latten zu 3½ : 7 cm, im Werte von 300 $.
Als verloren angemeldet: 1 goldenes Armband.

Tsingtau, den 7. März 1906.

Kaiserliches Polizeiamt.

告白

啓者茲將本局據報被竊
遺失各物分別列左 被竊
各物 黃邊黑地馬氈
一條 方徑谷十森的
竊各物 黃邊黑地馬氈
打房懷並三森的米打半
厚七森的米寬小木杆
各若干根價洋約值三百
元左右 遺失之物
手鐲一隻 以上各物
勿輕買如見亦宜報明
局此佈
青島巡捕局啓
德一千九百六年三月初七日

Landversteigerung.

Auf Antrag des Gouvernementspfarrers Winter findet am Montag, den 26. März 1906, vormittags 11 Uhr, die Versteigerung des Grundstückes Kbl. 12 Nr. 82 des Grundbuchbezirks Tsingtau-Stadt am Lazarettwege im Landamte statt.
 Grösse: 1462 qm.
 Mindestpreis: 1213,46 $.
 Benutzungsplan: Landhausmässige Bebauung.
 Bebauungsfrist: 31. März 1909.
 Gesuche zum Mitbieten sind bis zum 19. März 1906 hierher zu richten.

Tsingtau, den 6. März 1906.

Kaiserliches Landamt.

Landversteigerung.

Auf Antrag des Katasterkontrolleurs Goedecke und Obersekretärs Bergemann findet am Montag, den 26. März 1906, vormittags 11 ½ Uhr, die Versteigerung des Grundstückes Kbl. 12 Nr. 83 des Grundbuchbezirks Tsingtau-Stadt am Lazarettwege im Landamte statt.
 Grösse: 1652 qm.
 Mindestpreis: 1371, 16 $.
 Benutzungsplan: Landhausmässige Bebauung.
 Bebauungsfrist: 31. März 1909.
 Gesuche zum Mitbieten sind bis zum 19. März 1906 hierher zu richten.

Tsingtau, den 6. März 1906.

Kaiserliches Landamt.

Bekanntmachung.

Ein Teil der Holzbaracken und der in chinesischer Bauart aufgeführten Häuser des Höhenlagers sollen nach Losen getrennt an den Meistbietenden auf Abbruch verkauft werden.
 Verschlossene Angebote mit entsprechender Aufschrift sind bis zum 13. März 1906, vormittags 10 Uhr, bei der unterzeichneten Verwaltung einzureichen, bei der auch die Bedingungen zur Einsicht ausliegen.

Tsingtau, den 22. Februar 1906.

Kaiserliche Garnisonverwaltung Kiautschou.

10. März 1906.   Amtsblatt—青島官報   77.

Bekanntmachung.

Bei der im Handelsregister Abteilung B Nr. 13 vermerkten Firma
„The Anglo German Brewery Company Limited"
in Hongkong - Zweigniederlassung Tsingtau ist folgendes eingetragen worden:

John Prentice, Clarance Ward Wrightson und Jürgen J. Block sind aus dem Vorstande ausgeschieden.

Der Rentier J. Johnston in Schanghai und der Kaufmann H. C. Augustesen in Tsingtau sind zu Vorstandsmitgliedern ernannt.

Tsingtau, den 3. März 1906.

Kaiserliches Gericht von Kiautschou I.

Mitteilungen.

Die Witterung zu Tsingtau im Monat Februar d. Js. nebst kurzem Rückblick auf den verflossenen Winter. Mitgeteilt von der Meteorologisch-astronomischen Station.

Februar 1906.

Der Monat Februar dieses Jahres zeichnete sich zeitweise durch verhältnismässig sehr niedrige Temperaturen aus. Die mittlere Tagestemperatur lag bei —1,6°, das ist 2,4° niedriger als der im Jahrfünft 1898-1903 für Februar gefundene Mittelwert. Vom 31. Januar zum 1. Februar fiel die Temperatur infolge des zur Zeit wehenden NNW-Sturmes um volle 8°. Gegen Morgen des 1. Februar wurde die bisher in Tsingtau seit Bestehen der Meteorologischen Station niedrigste Temperatur, nämlich —12,2°, beobachtet. Noch zweimal fiel die Temperatur stark und zwar vom 8. zum 9. um 5,2° und vom 15. zum 16. um 7,3°. Vom 17. an ging die Temperatur langsam in die Höhe, machte vom 21. bis 23. noch einen kleinen Knick nach unten, und stand am Schluss des Monats mit einem Tagesmittel von + 1,3° um 2,9° über dem Monatsdurchschnitt. Das Maximum-Thermometer zeigte als höchste Temperatur im Monat am Mittag des 6. + 7,3° an.

Zum Vergleich der Temperaturen mit früheren Jahren diene folgende Zusammenstellung: Es wurde beobachtet bezw. errechnet im Monat Februar

Jahrfünft 1898-1903:   **1906:**

	1898-1903	1906
Mittlere Tagestemperatur	+0,8°	—1,6°
Mittleres Maximum der Temperatur	+4,8°	+2,1°
Absolutes „ „ „	+14,3°	+7,3°
Mittleres Minimum „	—2,4°	—4,6°
Absolutes „ „ „	—10,2°	—12,2°

Da die Station im Mai 1905 verlegt wurde und jetzt um rund 55 Meter höher liegt als vorher, dürfte bei vorstehendem Vergleich der aus dem Jahrfünft hergeleiteten bezw. beobachteten Temperaturen mit denen im diesjährigen Februar beobachteten, niedrigen Temperaturen die Erklärung für letztere Erscheinung in der grösseren Höhe und freieren Lage ohne weiteres gefunden sein; weitere Beobachtungsresultate müssen jedoch noch abgewartet werden.

Es wurden 26 Frosttage gezählt; 5 von diesen Tagen, an denen selbst als Maximum der Temperatur unter dem Gefrierpunkt lag, waren Eistage.

Die Bewölkung des Himmels war namentlich im zweiten Drittel des Monats sehr gross, sie betrug durchschnittlich 6,4 Zehntel; an 10 Tagen war der Himmel nahezu vollständig bezogen. Der Sonnenscheinautograph registrierte nur 97,4 Stunden Sonnenschein, das sind ungefähr 30 % des möglichen. Den 5 heiteren stehen 12 trübe Tage gegenüber.

Entsprechend der Bewölkung war auch die relative Feuchtigkeit der Luft gross: im Mittel 76 % betragend, war sie an einigen Tagen fast vollständig mit Wasserdampf gesättigt.

An 2 Tagen fiel Regen (1,5 mm) und an 7 Tagen Schnee (9,3 mm); die Gesamtniederschlagsmenge betrug 10,8 mm im Monat. Einige Tage brachten zeitweise dichten Nebel, ebenso wurde in den Morgenstunden des öfteren Dunst und Reif beobachtet.

Die Winde erreichten eine Durchschnittsstärke von 3,4 der Beaufort-Skala und wehten zum überwiegenden Teile aus nördlichen Richtungen. An 3 Tagen erreichte der Wind Sturmstärke. Zur Zeit der täglichen Beobachtungstermine wurden an folgenden Tagen starke bis stürmische Winde beobachtet: am 1. NNW Stärke 8, am 4. NW Stärke 6. am 5. SO Stärke 7, am 8. SO Stärke 6, NNW Stärke 6 und NNO Stärke 10, am 9. N Stärke 7 und NNO Stärke 8 und am 24. NNO Stärke 7.

Winter 1905-06.

Was in Bezug auf die Temperatur bei Beschreibung des Februar gesagt ist, gilt auch für den verflossenen Winter wie nachstehende Zusammenstellung zeigt, nur dass die Unterschiede nicht ganz so schroff hervortraten. Es wurden gefunden für Winter:

	1898-1903	1905-06
Mittlere Tagestemperatur	+0,7°	+0, 3°
Mittleres Maximum der Temperatur	+4,4°	+3, 4°
Absolutes „ „ „	+14,3°	+13,5°
Mittleres Minimum „ „	—2,4°	—3, 0°
Absolutes „ „ „	—11,0°	—12,2°

Frosttage wurden im verflossenen Winter 72 gezählt, hiervon waren 20 sogenannte Eistage.

Die Bewölkung machte im Durchschnitt 5,2 Zehntel aus; es wurden 24 heitere und 26 trübe Tage gezählt.

Bei einer mittleren relativen Feuchtigkeit der Luft von 73 % waren 19 Tage mit Niederschlägen zu verzeichnen, welche eine Gesamthöhe von 41,3 mm erreichten.

Die Winde hielten der Jahreszeit entsprechend hauptsächlich nördliche Richtungen inne und entwickelten eine Durchschnittsstärke von 3,4 der Beaufort-Skala. An 15 Tagen erreichte der Wind Sturmstärke, ohne jedoch zerstörend zu wirken. Es entfielen auf Dezember 8, auf Januar 4, und auf Februar 3 Sturmtage.

Auffallend war das Fehlen jeglichen Sandsturmes, welche in den früheren Jahren während der Wintermonate mehr oder weniger in die Erscheinung traten. Nur am 11. Dezember 1905 führte der aus Nord-West wehende Sturm in den Nachmittagsstunden etwas Sand mit sich.

*

Im Februar wurden im Gouvernementsschlachthause geschlachtet und tierärztlich untersucht:
262 Rinder,
154 Kälber,
154 Hammel,
424 Schweine.
Als minderwertig beanstandet wurden:
3 Rinder,
4 Rinder - Hinterviertel,
1 Schwein.

*

In der Gouvernementskapelle findet am 18. d. Mts. kein Gottesdienst statt.

*

Der Kurs bei der Gouvernementskasse beträgt vom 7. d. Mts. ab: 1 $ = 2,11 M.

*

Die Geschäfte des Konsulates in Futschau hat der Kaiserliche Konsul Siemssen am 19. v. Mts. wieder übernommen.

Schiffsverkehr

in der Zeit vom 1. — 7. März 1906.

Ankunft am	Name	Kapitän	Flagge	Reg. Tonnen.	von	Abfahrt am	nach
(25.2.)	D. Labor	Jensen	Norweg.	949	Kobe	3.3.	Kobe
(26.2.)	D. Borussia	Hahn	Deutsch	4272	Hongkong	7.3.	Singapore
(„)	D. Kenkou Maru	Migasaki	Japan.	1728	Otaru	3.3.	Moji
(28.2.)	D. Kowloon	Stehr	Deutsch	1487	Hongkong	6.3.	Wladiwostock
2.3.	D. Gouv. Jaeschke	Treumann	„	1045	Schanghai	3.3.	Schanghai
„	D. Hupeh	Matthies	Englisch	1204	Hongkong	4.3.	Tschifu
5.3.	D. Staatssekr. Kraetke	Hansen	Deutsch	1208	Tschifu	6.3.	Schanghai
6.3.	D. Tsintau	Artelt	„	977	Schanghai	„	Tschifu

10. März 1906.　　　　Amtsblatt—青島官報　　　　79.

Durchschnittsmarktpreise.

Februar 1906.
1 Kätty = 577,6 g.
Durchschnittskurs für 1 $ in
Tsingtau: 1840 kleine Käsch.
Tai tung tschen: 1860　　,,　　,,
Litsun: 1850　　,,　　,,
Hsüe tschia tau: 1700　　,,　　,,

Bezeichnung.	Einheit	Tsingtau kl. Käsch	Tai tung tschen kl. Käsch.	Litsun kl. Käsch	Hsüe tschia tau kl. Käsch
Bohnen	1 Kätty	80	60	60	55
,, , aufgekeimte	,,	—	15	—	—
Schnittbohnen	,,	—	—	52	—
Bohnenkäse	,,	30	15	34	43
Bohnenöl	,,	240	190	182	174
Bohnenkuchen	,,	—	15	50	35
Erdnüsse	,,	160	100	53	79
Erdnussöl	,,	220	180	192	188
Erbsen	,,	—	—	55	—
Gerste	,,	—	50	49	53
Hirse	,,	64	64	70	66
Hirsenmehl	,,	80	60	68	—
Kartoffeln, chin.	,,	24	14	10	20
Kartoffelscheiben, chin.	,,	56	24	—	29
Kauliang	,,	64	—	52	—
Kauliangstroh	,,	—	—	16	14
Kleie	,,	60	50	36	40
Meis	,,	72	—	—	—
Radieschen	,,	90	—	—	—
Reis	,,	72	60	80	—
Weizen	,,	44	—	52	64
Weizenmehl	,,	80	75	90	57
Weizenbrot	1 Stück	24	20	20	—
Dampfbrot	,,	24	—	20	—
Hirsebrot	,,	24	—	46	—
Röstbrot	,,	—	10	50	—
Äpfel	1 Kätty	320	—	—	—
Apfelsinen	,,	—	180	140	—
Birnen	,,	240	—	—	—
Kohlrabi	,,	120	—	—	—
Kohl in Köpfen	,,	—	24	13	8
Knoblauch	,,	80	60	80	48
Mohrrüben	,,	40	15	40	27
Pfeffer, roter	,,	120	100	600	—
,, , schwarzer	,,	640	800	790	670

Bezeichnung.	Einheit	Tsingtau kl. Käsch	Tai tung tschen kl. Käsch	Li tsun kl. Käsch	Hsüetschia tau kl. Käsch
Rettig, chin.	1 Kätty	36	—	20	30
Rüben, weisse	„	80	12	10	10
Spinat	„	40	—	30	—
Wallnüsse	„	160	140	135	—
Zwiebeln	„	50	60	60	60
Salz	„	20	14	10	28
Tabak	„	320	300	280	300
Bratfische	„	320	—	300	—
Kochfische	„	320	—	—	—
Fische, trocken	„	200	220	190	210
Tintenfische	„	—	—	450	—
Krabben	„	120	—	180	—
Schweinefleisch	„	320	180	200	200
Schweinefett	„	320	300	—	—
Rindfleisch, roh	„	320	180	180	—
„ , gekocht	„	320	200	180	—
Rindertalg	„	320	250	260	—
Enten	1 Stück	500	—	—	—
Gänse	„	1800	—	—	—
Hühner	„	500	—	380	420
Schnepfen	„	—	—	—	—
Enteneier	10 Stück	300	300	310	—
Hühnereier	„	240	200	298	200

10. März 1906. Amtsblatt--青島官報 81.

Meteorologische Beobachtungen
in Tsingtau.

Datum. März	Barometer (mm) reduz. auf 0° C., Seehöhe 78,64 m			Temperatur (Centigrade).								Dunstspannung in mm			Relat. Feuchtigkeit in Prozenten		
				trock. Therm.			feucht. Therm.										
	7 Vm	2 Nm	9 Nm	7 Vm	2 Nm	9 Nm	7 Vm	2 Nm	9 Nm	Min.	Max.	7 Vm	2 Nm	9 Nm	7 Vm	2 Nm	9 Nm
1	763,4	762,7	763,3	0,8	3,6	2,2	-1,3	1,8	0,3	-1,0	4,8	3,1	4,2	3,6	63	70	66
2	63,8	64,7	66,9	-2,0	5,3	0,4	-2,8	1,2	-2,2	-3,0	6,3	3,3	2,6	2,5	84	39	54
3	67,3	65,5	63,3	-2,2	1,6	1,3	-3,0	-0,2	0,1	-4,3	3,0	3,2	3,6	3,9	83	69	78
4	58,5	54,9	58,0	2,3	5,7	1,4	1,2	3,8	-0,8	1,2	7,9	4,4	4,9	3,2	80	71	62
5	62,1	64,7	68,5	-4,5	-1,7	-4,3	-5,4	2,5	-5,1	-4,7	-0,5	2,6	3,4	2,7	79	84	81
6	67,1	64,9	66,9	-4,8	1,6	0,7	-5,3	0,7	0,7	-5,6	4,7	2,8	4,3	3,6	88	84	75
7	68,5	69,2	69,2	-2,5	3,4	0,8	-4,5	2,6	0,0	-3,0	5,2	2,2	5,1	4,1	58	87	85

Datum. März	Wind Richtung & Stärke nach Beaufort (0—12)			Bewölkung						Niederschläge in mm		
				7 Vm		2 Nm		9 Nm				9 Nm
	7 Vm	2 Nm	9 Nm	Grad	Form	Grad	Form	Grad	Form	7 Vm	9 Nm	7 Vm
1	SSO 1	SSO 3	S 1	4	Cir-str	6	Cir-str	5	Str.			
2	NNO 3	WNW 2	NO 3			4	„	10	Cum-str			
3	Stille 0	O 3	SSO 4			1	Cir					
4	S 6	SSW 3	N 8	9	Cum-str	10	Cum-str	9	Cum			
5	NNW 8	N 9	N 8	8	Cum	8	Cum					
6	NW 4	NNW 6	SSW 1									
7	NNO 4	N 3	SSW 1									

Druck der Missionsdruckerei Tsingtau.

第七年　第十号

1906 年 3 月 10 日

法令与告白

对海员的告白

在游内山①灯塔内已安装一口钟,凡遇大雾天气,若有路过船只或其他交通工具发出信号,此钟将鸣响以作回应。

青岛,1906 年 3 月 8 日
皇家船政局

官方通告

告白

启者:兹将本局据报被窃、遗失各物分别列左:

被窃各物:

黄边黑地(底)马毡一条;方径各十森的米打房檩,并三森的米打半厚、七森的米打宽小木杆各若干根,价洋约值三百元左右。

遗失之物:

金手镯一只。

以上各物切勿轻买,如见亦宜报明本局。此布。

德一千九百六年三月初七日
青岛巡捕局启

大德管理青岛地亩局　为

拍卖地亩事:兹据官府牧师温德尔禀称,欲买医院西边地图十二号第八十二块地,计

---

① 译者注:即今团岛山。

一千四百六十二米打,暂拟价洋一千二百一十三元四角六分。今订于西一千九百六年三月二十六日上午十一点钟在本局拍卖。买定后准盖住房,限至西一千九百九年三月三十一日一律修竣。如他人亦欲买者,可以投禀,截至三月十九日止,届期前来本局面议可也。勿误。特谕。

右谕通知
大德一千九百六年三月初六日　告示

大德管理青岛地亩局　为

拍卖地亩事:兹据总办丈量局郭达克及臬署总办文案贝格满禀称,欲卖(买)医院西边地图第十二号第八十三块地,计一千六百五十二米打,暂拟价洋一千三百七十一元一角六分。今订于西一千九百六年三月二十六日上午十一点半钟在本局拍卖。买定后准盖住房,限至一千九百九年三月三十一日一律修竣。如他人亦欲买者,可以投禀,截至三月十九日止,届期前来本局面议可也。勿误。特谕。

右谕通知
西一千九百六年三月初六日　告示

告　白

启者:本局现拟招人包拆承买小泥洼营盘内板房,以及华式旧房各数所,如有意欲包拆者,可以投函本局,截至西历三月十三日早十点钟为止。函内须书明一定包价,其拍卖包拆详细章程存放本局,欲览者随时投局查阅可也。此布。

德一千九百六年二月二十(日)
青岛军需局启

告　白

在商业登记B部第13号登记的公司"盎格鲁－日耳曼酿酒有限公司香港分公司(青岛分支机构"已登记入下列事项:

约翰·普伦泰斯、克莱伦斯·沃德·莱特森和于尔根·J.布洛克被从董事会中除名。

上海的年金收入者J.约翰斯顿和青岛的商人H.C.奥古斯特森被任命为董事会成员。

青岛,1906年3月3日
胶澳皇家审判厅一处

消息

气象天文台记录的青岛在今年2月的天气情况和对过去的冬天的回顾

1906年2月

今年2月份的突出情况是短时间出现相对很低的温度。日平均气温为－1.6度,比1898—1903年5年间测得的2月份平均值低了2.4度。由于当时的西北偏北向的风暴,气温从1月31日到2月1日降了8度。2月1日早晨观测到青岛有气象台以来的最低温度－12.2度,还出现了两次强降温,是从8日到9日的下降5.2度和从15日到16日的下降7.3度。从17日起,气温缓慢上升,但在21日到23日期间出现了小幅下挫,月底有了1.3度的日平均气温,比月平均气温高了2.9度。最高温度计在6日中午测得本月最高温7.3度。

下面列表可以看出与之前年份的气温对比,其都是在2月份观测或者算出:

	1898—1903年	1906年
日平均气温/度	＋0.8	－1.6
平均最高气温/度	＋4.8	＋2.1
绝对最高气温/度	＋14.3	＋7.3
平均最低气温/度	－2.4	－4.6
绝对最低气温/度	－10.2	－12.2

因为气象台在1905年5月份搬迁,现在比以前的位置高出大约55米[①],在将之前5年推算或观测到的数据与今年2月份观测到的低气温进行对比时,可能把上述现象用较高的高度与平地间的差别来解释是没有问题的,然而仍需等待其他观测结果。

共计有26个霜冻天,其中5天的最高温也位于冰点以下,也就是冰冻天。

云量在本月第二季度很高,平均值为64%。在10天时间里,天空几乎被完全覆盖。日照指数计仅记录到97.4小时的日照时长,占总可能日照时长的30%。相对于5个晴天,阴天数量为12天。

与云量情况相对应的是较高的空气相对湿度:平均值为76%,有几天几乎存在完全饱和的水汽。

降雨天为2天(雨量1.5毫米),7天有降雪(9.3毫米),月总降水量为10.8毫米。有几天里有短时浓雾,同样在清晨也频繁出现雾气和露水。

风力平均强度为3.4级蒲福风级,其中大部分为北风。有3天达到了暴风等级,在每

---

① 译者注:德占青岛初期,天文台设置在平地,后移至山上。

日观测的时间点中,在下列几天观测到强风到暴风:1日西北偏北风8级,4日西北风6级,5日东南风7级,8日东南风6级、西北偏北风6级和东北偏北风10级,9日北风7级和东北偏北风8级,24日东北偏北风7级。

1905—1906年的冬天

如下面列表所示,2月份气温状况描述也适用于过去这个冬天,只是差别不那么明显。冬天的情况对比:

	1898—1903年	1905—1906年
日平均气温/度	+0.7	+0.3
平均最高气温/度	+4.4	+3.4
绝对最高气温/度	+14.3	+13.5
平均最低气温/度	-2.4	-3.0
绝对最低气温/度	-11.0	-12.2

过去的冬天共有72个霜冻天,其中有20个所谓的冰冻天。

云量平均值为52%,共统计到24个晴天和26个阴天。

平均空气相对湿度为73%,19天有降水,总降水量达到41.3毫米。

与这个季节相适应,主要刮的是北风,平均风力强度为3.4级蒲福风级。有15天的风达到了风暴等级,但未造成破坏。在12月份有8个风暴天,1月份有4个,2月份有3个。

值得注意的是,没有出现之前年份在冬季月份或多或少会出现的沙尘暴,只有在1905年12月11日从西北方刮来的风暴,在下午带来了沙尘。

2月份在督署官宰局屠宰和进行兽医检验的牲畜数量为:

262头牛,154头小牛,154只绵羊,424头猪。

被定为低价值而拒收的有:

3头牛,4个牛后四分之一部分,1头猪。

督署小教堂在本月18日不举办弥撒。

总督府财务处自本月7日起的汇率为:1元=2.11马克。

皇家领事希姆森在本月19日再次接手福州领事馆的事务。

船运

1906年3月1日—7日期间

到达日	轮船船名	船长	挂旗国籍	登记吨位	出发港	出发日	到达港
(2月25日)	劳动号	延森	挪威	949	神户	3月3日	神户
(2月26日)	普鲁士号	哈恩	德国	4 272	香港	3月7日	新加坡
(2月26日)	健康丸	宫崎	日本	1 728	小樽	3月3日	门司
(2月28日)	九龙号	施特尔	德国	1 487	香港	3月6日	海参崴
3月2日	叶世克总督号	特洛依曼	德国	1 045	上海	3月3日	上海
3月2日	湖北号	马蒂斯	英国	1 204	香港	3月4日	芝罘
3月5日	克莱特克号	韩森	德国	1 208	芝罘	3月6日	上海
3月6日	青岛号	阿特尔特	德国	977	上海	3月6日	芝罘

市场平均物价

1906年2月

1斤＝577.6克

平均汇率为：1元＝

青　岛：1 840个铜板

台东镇：1 860个铜板

李　村：1 850个铜板

薛家岛：1 700个铜板

商品名称	单位	青岛,铜板	台东镇,铜板	李村,铜板	薛家岛,铜板
黄豆	1斤	80	60	60	55
豆芽	1斤	—	15	—	—
豌豆	1斤	—	—	52	—
豆腐	1斤	30	15	34	43
豆油	1斤	240	190	182	174
豆饼	1斤	—	15	50	35
花生	1斤	160	100	53	79
花生油	1斤	220	180	192	188

(续表)

商品名称	单位	青岛,铜板	台东镇,铜板	李村,铜板	薛家岛,铜板
扁豆	1斤	—	—	55	—
大麦	1斤	—	50	49	53
小米	1斤	64	64	70	66
小米面	1斤	80	60	68	—
土豆,中国品种	1斤	24	14	10	20
土豆片,中国品种	1斤	56	24	—	29
高粱	1斤	64	—	52	—
高粱秆	1斤	—	—	16	14
麸皮	1斤	60	50	36	40
玉米	1斤	72	—	—	—
小红萝卜	1斤	90	—	—	—
大米	1斤	72	60	80	—
小麦	1斤	44	—	52	64
面粉	1斤	80	75	90	57
小麦面包	1个	24	20	20	—
馒头	1个	24	—	20	—
窝头	1个	24	—	46	—
火烧	1个	—	10	50	—
苹果	1斤	320	—	—	—
橘子	1斤	—	180	140	—
梨	1斤	240	—	—	—
大头菜	1斤	120	—	—	—
大白菜	1斤	—	24	13	8
大蒜	1斤	80	60	80	48
胡萝卜	1斤	40	15	40	27
红胡椒	1斤	120	100	600	—
黑胡椒	1斤	640	800	790	670
萝卜,中国品种	1斤	36	—	20	30
白萝卜	1斤	80	12	10	10

(续表)

商品名称	单位	青岛,铜板	台东镇,铜板	李村,铜板	薛家岛,铜板
菠菜	1斤	40	—	30	—
核桃	1斤	160	140	135	—
洋葱	1斤	50	60	60	60
盐	1斤	20	14	10	28
烟草	1斤	320	300	280	300
煎鱼	1斤	320	—	300	—
炖鱼	1斤	320	—	—	—
干鱼	1斤	200	220	190	210
墨鱼	1斤	—	—	450	—
螃蟹	1斤	120	—	180	—
猪肉	1斤	320	180	200	200
猪大油	1斤	320	300	—	—
生牛肉	1斤	320	180	180	—
熟牛肉	1斤	320	200	180	—
牛油	1斤	320	250	260	—
鸭子	1只	500	—	—	—
鹅	1只	1 800	—	—	—
鸡	1只	500	—	380	420
沙锥鸟	1只	—	—	—	—
鸭蛋	10个	300	300	310	—
鸡蛋	10个	240	200	298	200

Amtsblatt
für das
Deutsche Kiautschou-Gebiet.

83.

德歷一千九百零六年三月十七日

青島官報

Herausgegeben vom Kaiserlichen Gouvernement Kiautschou.

Der Bezugspreis beträgt jährlich $ 2=M 4.
Bestellungen nehmen sämtliche deutsche Postanstalten entgegen.

Jahrgang 7.   Nr. 11.   Tsingtau, den 17. März 1906.   第十一號   第七年

Amtliche Anzeigen.

Zwangsversteigerung.

Im Wege der Zwangsvollstreckung soll das in Tsingtau belegene, im Grundbuche von Tsingtau Band III. Blatt Nr. 134 verzeichnete, zur Zeit der Eintragung des Versteigerungsvermerkes auf den Namen des jetzt verstorbenen **Bauassistenten Heinrich Fuhlrott** eingetragene Grundstück am 7. Juli 1906, vormittags 9 Uhr, durch das unterzeichnete Gericht- Zimmer Nr. 2 - versteigert werden.

Das Grundstück, ein mit grossem Wohnhaus bebauter Hofraum an der Friedrichstrasse und Bremerstrasse in Tsingtau, ist unter Artikel 130 in der Grundsteuermutterrolle eingetragen. Es besteht aus zwei Parzellen, von denen die eine 9 a 52 qm, die andere 1 a 89 qm gross ist. Grundsteuerreinertrag und Gebäudesteuernutzungswert sind in das Grundbuch nicht eingetragen. Der letzte Kaufpreis betrug: $ 49226,00.

Der Versteigerungsvermerk ist am 21. Februar 1906 in das Grundbuch eingetragen worden.

Es ergeht die Aufforderung, Rechte, soweit sie zur Zeit der Eintragung des Versteigerungsvermerkes aus dem Grundbuche nicht ersichtlich waren, spätestens im Versteigerungstermine vor der Aufforderung zur Abgabe von Geboten anzumelden und, wenn der Gläubiger widerspricht, glaubhaft zu machen, widrigenfalls sie bei der Feststellung des geringsten Gebots nicht berück- sichtigt und bei der Verteilung des Versteigerungserlöses dem Anspruche des Gläubigers und den übrigen Rechten nachgesetzt werden.

Diejenigen, welche ein der Versteigerung entgegenstehendes Recht haben, werden aufgefordert, vor der Erteilung des Zuschlags die Aufhebung oder einstweilige Einstellung des Verfahrens herbeizuführen, widrigenfalls für das Recht der Versteigerungserlös an die Stelle des versteigerten Gegenstandes tritt.

Tsingtau, den 6. März 1906.

Kaiserliches Gericht von Kiautschou III.

Aufgebot.

Es wird hiermit bekannt gemacht, dass Carl Oscar **Wilhelm Lunkwitz**, seines Standes Kaufmann, geboren zu Berlin, 25 Jahre alt, wohnhaft in Tsingtau, Sohn des Bäckermeisters Oskar Lunkwitz und seiner Ehefrau Bertha, geborenen Gericke, beide in Berlin wohnhaft,

und

Michalina Manowski, ihres Standes Schneiderin, geboren zu Nakel an der Netze, Provinz Posen, 21 Jahre alt, wohnhaft in Tsingtau, Tochter des Arbeiters Johann Manowski und seiner Ehefrau Eleonore, gebore-

non Wozna, beide in Rudtko bei Nakel an der Netze wohnhaft,
beabsichtigen, sich miteinander zu verheiraten und diese Ehe in Gemässheit des Reichsgesetzes vom 4. Mai 1870 vor dem unterzeichneten Beamten abzuschliessen.

Tsingtau, den 14. März 1906.

Der Kaiserliche Standesbeamte.
Günther.

Bekanntmachung.

Bei der in Abteilung A Nr. 9 des Handelsregisters vermerkten offenen Handelsgesellschaft
Arnhold Karberg & Co.
ist folgendes eingetragen:
Arthur E. Dowler in New York ist am 1. Januar 1906 als persönlich haftender Gesellschafter in die Firma eingetreten.

Tsingtau, den 12. März 1906.

Kaiserliches Gericht von Kiautschou I.

Pachtversteigerung.

Auf Antrag des Tschu tzu hsing findet am Dienstag, den 20. März 1906, vormittags 11 Uhr, die Pachtversteigerung der Parzelle 79 am kleinen Hafen im Landamte statt.

Grösse: 1435 qm.

Mindestjahrespacht: 287 $.

Benutzungsplan: Lagerplatz für Rohmaterialien.

Pachtdauer: 1 Jahr fest, dann vierteljährliche Kündigung.

Mitbieter werden ersucht, sich zum Termine einzufinden.

Tsingtau, den 15. März 1906.

Kaiserliches Landamt.

Bekanntmachung.

Der Kaufmann Paul Behrens in Tsingtau, Kläger, vertreten durch den Rechtsanwalt Dr. Koch in Tsingtau, klagt gegen den chinesischen Kaufmann Dschung Jia Tschin (Hong-Name Gi Li Tschung 吉利成), früher in Syfang, jetzt unbekannten Aufenthalts, Beklagten, wegen einer Warenschuld mit dem Antrage,

1. den Beklagten zu verurteilen, an den Kläger 406,15 $ nebst 7 % Zinsen von 50 $ seit 1. Dezember 1905 und von 356,15 $ seit 10. Dezember 1905 zu zahlen;
2. das Urteil gegen Sicherheitsleistung für vorläufig vollstreckbar zu erklären.

Zur Verhandlung des Rechtsstreites ladet Kläger den Beklagten vor das Kaiserliche Gericht von Kiautschou auf
Donnerstag, den 10. Mai 1906, vormittags 9 Uhr.

Zum Zwecke der öffentlichen Zustellung wird dieses bekannt gemacht.

Tsingtau, den 9. März 1906.

Kaiserliches Gericht von Kiautschou II.
Gerichtsschreiberei.
Tabbert, Sekretär.

大德管理青島地畝局
拍租地畝事茲據朱子與稟爾欲為
大包島小碼頭地七十九塊計一千
四百二十五米達每年暫擬租價銀
二百八十元訂於西一千九百
六年三月二十日上午十一點鐘在
局拍租定後准其在該地內堆放
木料石沙等物迨一年以後每逢三
閏月本局如不遵此地仍准該地
可以留用如他人亦欲租此地者届期
以來赴本局面議可也勿誤特諭
告示
西一千九百六年三月十五日
右諭通知

17. März 1906.   Amtsblatt—青島官報   85.

Mitteilungen.

In der Gouvernementskapelle findet am 18. d. Mts. kein Gottesdienst statt.

*　*　*

Standesamtliche Nachrichten.

Aufgebot: 14. März, Kaufmann Wilhelm Lunkwitz und Michalina Manowski, beide zu Tsingtau.

Geburt: 9. März, ein totgeborenes Kind dem Bauschreiber Franz Wagner.

*　*　*

Für den in die Heimat beurlaubten Kaiserlichen Konsul Müller Beeck in Nagasaki hat der Dolmetscher Dr. Mechlenburg die Geschäfte des Konsulates daselbst einstweilen übernommen.

Meteorologische Beobachtungen

in Tsingtau.

Datum März	Barometer (mm) reduz. auf 0° C., Seehöhe 78,64 m			Temperatur (Centigrade).								Dunstspannung in mm			Relat. Feuchtigkeit in Prozenten		
				trock. Therm.			feucht. Therm.										
	7 Vm	2 Nm	9 Nm	7 Vm	2 Nm	9 Nm	7 Vm	2 Nm	9 Nm	Min.	Max.	7 Vm	2 Nm	9 Nm	7 Vm	2 Nm	9 Nm
8	767,9	766,4	767,1	0,9	3,8	2,7	0,0	1,8	2,0	0,3	6,7	4,1	4,0	4,9	84	67	87
9	63,0	60,6	60,1	3,1	4,8	4,0	2,4	4,0	3,1	2,4	6,7	5,0	5,6	5,2	88	87	85
10	58,0	57,3	58,1	4,1	4,6	3,1	3,9	4,4	2,8	2,0	5,7	5,9	6,1	5,4	97	97	95
11	60,4	60,2	60,0	2,6	7,0	3,9	2,3	5,7	3,7	1,2	8,5	5,2	6,1	5,9	94	81	97
12	58,1	56,8	56,8	4,4	8,4	8,4	4,1	6,7	5,2	3,1	11,5	5,9	6,3	4,7	96	77	57
13	58,7	59,2	57,5	2,2	11,7	5,3	1,9	7,3	2,9	1,3	14,0	5,1	5,0	4,2	94	48	63
14	55,6	58,1	60,2	5,4	8,1	4,6	2,5	4,7	2,8	4,1	11,9	3,8	4,3	4,5	56	55	71

Datum März	Wind Richtung & Stärke nach Beaufort (0—12)			Bewölkung						Niederschläge in mm		
				7 Vm		2 Nm		9 Nm				9 Nm / 7 Vm
	7 Vm	2 Nm	9 Nm	Grad	Form	Grad	Form	Grad	Form	7 Vm	9 Nm	
8	S 2	S O 2	S S O 4			9	Cir-str	9	Cum-str			
9	S S O 5	N N O 3	S O 4	10	Cum-str	10	Nim	10	Nim		1,5	6,0
10	O N O 1	N 2	N N O 2	10	Nim	10	„	10	„	4,5	0,9	0,9
11	N N W 5	S S O 3	S S O 3	9	Cum-str			6	Cir-str			
12	S O 3	N W 2	S 5	9	„	7	Cir-str	8	Cum-str			
13	N N W 4	N W 2	S S O 2	10	Nebel	3	„					
14	S 2	S S O 3	S S O 2									

Schiffsverkehr

in der Zeit vom 7.—14. März 1906.

Ankunft am	Name	Kapitän	Flagge	Reg. Tonnen.	von	Abfahrt am	nach
8.3.	D. Tak Sang	Clure	Englisch	978	Schanghai	9.3.	Schanghai
9.3.	D. Adm. v. Tirpitz	Block	Deutsch	1199	"	10.3.	"
"	D. Ellerbeck	Martens	"	1899	Hongkong		
10.3.	D. Suevia	Knaisel	"	2663	Manila		
"	D. Jorihime Maru	Asai	Japanisch	2347	Otaru		
11.3.	D. Swatou Maru	Hirai	"	658	Kobe	12.3.	Tientsin
12.3.	D. Staatssekr. Kraetke	Hansen	Deutsch	1208	Schanghai	13.3.	Tschifu
"	D. Süllberg	Luppi	"	781	Kobe		

Druck der Missionsdruckerei Tsingtau.

第七年 第十一号

1906年3月17日

官方通告

强制拍卖

在强制执行过程中,位于青岛、登记在青岛区地籍册第3卷第134页、拍卖后登记在现已去世的海因里希·福尔罗特名下的地块,将于1906年7月7日上午9点由本法院2号审判庭拍卖。

该地产位于青岛的弗里德里希街和不来梅街街角,是一处带有大型居住楼的庭院,登记在地税母卷的第130项。它由两个地块组成,其中一个为952平方米,另一个为189平方米。地籍册内没有登记入地产税金额和建筑税利用价值。最后的购买价格为49 226.00元。

拍卖备注已经于1906年2月21日登记入地籍册。

现发布要求:对于在将拍卖备注登记入地籍册的时间前所有未呈现的权益,如债权人提出反对意见并进行了证实,须最晚在拍卖日期要求出价之前进行登记;否则,在确定最低出价金额时不予考虑,在分配拍卖金额时也将该债权人的要求和其他权益放在最后。

那些对于该拍卖有权益冲突的人,须在成交前取消拍卖或者临时终止拍卖程序;否则,将支持所拍卖物品成交金额的权益。

青岛,1906年3月6日
胶澳皇家审判厅三处

结婚公告

卡尔·奥斯卡·威廉·隆克维茨,职业为商人,出生于柏林,现年25岁,居住地为青岛,为面包师奥斯卡·隆克维茨与出生时姓格里克的妻子贝尔塔的儿子,二人均居住于柏林。

米夏丽娜·马诺夫斯基,职业为裁缝,出生于波森省奈策河畔的纳克尔,现年21岁,居住地为青岛,是工人约翰·马诺夫斯基和出生时姓沃茨纳的妻子爱利欧诺尔的女儿,二人均居住于奈策河畔的纳克尔。

谨此宣布二人结婚,此婚约按照1870年5月4日颁布的法律规定在本官员前缔结。

青岛,1906年3月14日
代理皇家户籍官
贡特

告白

在商业登记A部第9号登记的无限责任公司"安霍尔德·卡尔伯格公司"①已登记入下列事项:

纽约的阿瑟·E.道勒于1906年1月1日作为个人担责的股东加入公司。

青岛,1906年3月12日
胶澳皇家审判厅一处

告白

原告,青岛的商人保罗·贝伦斯②,代理人为青岛的律师科赫,因商品亏钱,起诉被告、之前在四方的华人商人钟家勤③(行名为Gi Li Tschung 吉利成),并带有下列要求:

1. 判决被告向原告支付406.15元,另加自1905年12月1日起按照7%计算的其中50元的利息,和自1905年12月10日起计算的356.15元的利息;
2. 判决为临时执行支付保证金。

原告要求被告前往胶澳皇家审判厅参加该案件的庭审,日期为1906年5月10日星期四上午9点。

为了公开投递目的,现做此公告。

青岛,1906年3月9日
胶澳皇家审判厅二处
法庭书记处
塔伯特,秘书

大德管理青岛地亩局　为

拍租地亩事:兹据朱子兴禀称,欲租大包岛小码头地七十九块,计一千四百三十五米

---

① 译者注:中文行名为"嘉卑世洋行"。
② 译者注:中文行名为"相宜洋行"。
③ 译者注:该姓名为音译。

达(打),每年暂拟租价银二百八十七元。今订于西一千九百六年三月二十日上午十一点钟在局拍租,租定后,准其在该地内堆放木料、石沙等物。追一年以后,每逢三阅月本局如不追缴,此地仍准该地主留用。如他人亦欲租此地者,届期可以来赴本局面议可也。勿误。特谕。

右谕通知

西一千九百六年三月十五日　告示

消息

督署小教堂在本月18日不举办弥撒。

户籍所消息:

结婚公告:3月14日,商人威廉·隆克维茨和米夏丽娜·马诺夫斯基,二人均在青岛。

出生:3月9日,建造秘书弗朗茨·瓦格纳诞下一名死婴。

翻译官麦西伦伯格博士临时接手了回国度假的驻长崎皇家领事穆勒·贝克的业务。

船运

1906年3月7日—14日期间

到达日	轮船船名	船长	挂旗国籍	登记吨位	出发港	出发日	到达港
3月8日	太仓号	克鲁尔	英国	978	上海	3月9日	上海
3月9日	提尔皮茨号	布洛克	德国	1 199	上海	3月10日	上海
3月9日	埃勒贝克号	马滕斯	德国	1 899	香港		
3月10日	苏维亚号	凯泽尔	德国	2 663	马尼拉		
3月10日	井上丸	浅井	日本	2 347	小樽		
3月11日	汕头丸	平井	日本	658	神户	3月12日	天津
3月12日	克莱特克号	韩森	德国	1 208	上海	3月13日	芝罘
3月12日	居尔堡号	卢皮	德国	781	神户		

Amtsblatt
für das
Deutsche Kiautschou-Gebiet.

青島官報

Herausgegeben vom Kaiserlichen Gouvernement Kiautschou.

Der Bezugspreis beträgt jährlich $ 2=M 4.
Bestellungen nehmen sämtliche deutsche Postanstalten entgegen.

| Jahrgang 7. Nr. 12. | Tsingtau, den 24. März 1906. | 第十二號 第七年 |

Amtliche Anzeigen.

Das Konkursverfahren über das Vermögen des Kaufmanns

Karl Schmidt,

früher in Tsingtau, wird nach erfolgter Abhaltung des Schlusstermins hierdurch aufgehoben.

Tsingtau, den 15. März 1906.

Kaiserliches Gericht von Kiautschou III.

Bekanntmachung.

Das Bataillon beabsichtigt am 28. und 31. d. Mts. von 9 Uhr vormittags bis 2 Uhr nachmittags im Gelände nordöstlich von Uu tau tsy mit Schussrichtung gegen den Ku schan gefechtsmässig zu schiessen.

Vor Betreten des Geländes zu den angegebenen Zeiten wird gewarnt.

Syfang, den 21. März 1906.

I. Bataillon
1. Ostasiatischen Infanterieregiments.

Bei der in Abteilung A Nr. 31 des Handelsregisters vermerkten Firma

Julius Richardt

ist folgendes eingetragen worden:

Dem Kaufmann August Harrs in Tsingtau ist Prokura erteilt.

Tsingtau, den 16. März 1906.

Kaiserliches Gericht von Kiautschou I.

大德輔政司崑　為
出示曉諭事照得駐紮四方兵隊訂
於西歷本年自三月二十八日起至
三十一日止每早自九點鐘起至下
午兩點鐘止在湖島子迤東一帶操
演槍向孤山一帶施放屆期禁止人
民在於該處往來行走以防不測仰
各遵照切切特諭
右諭通知
告示
大德一千九百六年三月二十一日

Bekanntmachung.

Als gestohlen angemeldet: 1 silberne Remontoiruhr mit einfacher Nickelkette, auf dem Deckel sind Blumenverzierungen.

Tsingtau, den 21. März 1906.

Kaiserliches Polizeiamt.

告白

啟者茲將本局據報被竊之物列左

枘上絃銀表一枚盖刻有花帶有鎳鎘質鍊一條

此物切勿輕買如見亦宜報明本局此佈

德一千九百六年三月二十一日

青島巡捕局啟

Die im Handelsregister Abteilung A Nr. 43 eingetragene Firma

Carl Schmidt

ist nach Aufhebung des Konkursverfahrens gelöscht.

Tsingtau, den 17. März 1906.

Kaiserliches Gericht von Kiautschou I.

Mitteilungen.

× Obsternte im Jahre 1905.

Im Jahre 1905 stellte sich der Ernteertrag an chinesischem Obst im Landgebiete des Schutzgebietes nach den Feststellungen des Bezirksamtes in Litsun, wie folgt:

    rund 2500000 Kätties Birnen,
    rund 10600—10700 Kätties Aepfel.

An europäischem Obst wurden geerntet:

    rund 900—1000 Kätties Birnen,
    rund 700—800 „ Aepfel.

Der Marktpreis betrug:

    für 1 Kätty Birnen: chinesische 10 kl. Käsch
        europäische 40 „ „
    für 1 Kätty Aepfel: chinesische 10 „ „
        europäische 20 „ „

Somit stellte die Ernte an:

europäischen Birnen 0,04 % des Gewichtes und 0,16 % des Wertes der gesamten Birnenernte,

europäischen Aepfeln 6,96 % des Gewichtes und 13,01 % des Wertes der gesamten Apfelernte dar.

Die Obsternte im Jahre 1905 war infolge von Gitterrost (yang mau ting) eine sehr schlechte. Der Ertrag an chinesischem Obst beläuft sich in einem mittleren Erntejahr auf rund 10000000 Kätties Birnen und 30000 Kätties Aepfel.

Chinesischen Beobachtungen gemäss ist die europäische Birne in unreiferem Zustande schwerer, in der Reife leichter als die chinesische Birne. Eine Traglast (2 Körbe) europäische Aepfel wiegen 130 Kätties, während dieselbe Menge chinetischer Aepfel nur 100 Kätties wiegt.

Geerntet wurde das europäische Obst von den im Jahre 1902 vorgenommenen Veredelungen (491 Apfelbäume mit 528 Edelreisern, 104 Birnenbäume mit 363 Edelreisern). Die im Jahre 1904 erfolgten Veredelungen, obwohl gut angegangen, gaben noch keinen Ertrag. Die Ortschaften, in denen das grösste Quantum europäischer Frucht gewonnen wird, sind die Tung Hsiau schui—Dörfer. In den Schang liu tschuang—Dörfern am Fusse des Tung liu schui sind in früheren Jahren, angeblich von amerikanischen Missionaren, Obstbäume, vorzugsweise Apfelbäume, veredelt worden, deren Erträge indessen nicht in obigen Zahlen mitinbegriffen sind.

Zu erwähnen ist, dass auch auf chinesischem Gebiet, in T'opu, Kreis Tsimo, seit Jahren europäisches Obst gezogen wird.

        *   *

24. März 1906. Amtsblatt—青島官報 89.

Der Königliche Kronenorden III. Klasse ist dem Korvettenkapitän Funke verliehen worden.

* * *

Der Kurs bei der Gouvernementskasse beträgt vom 19. d. Mts. ab: 1 $ = 2,13 M.

* * *

Über den Pferdestall der 2. Kompagnie des III. Seebataillons ist wegen eines Rotzfalles unter den Pferden eine vierwöchige Quarantäne vom 21. d. Mts. ab verhängt worden. Während dieser Zeit ist das Betreten desselben mit Pferden und Maultieren verboten.

Meteorologische Beobachtungen

in Tsingtau.

Datum. März	Barometer (mm) reduz. auf 0°C., Seehöhe 78,64 m			Temperatur (Centigrade).								Dunstspannung in mm			Relat. Feuchtigkeit in Prozenten		
				trock. Therm.			feucht. Therm.										
	7 Vm	2 Nm	9 Nm	7 Vm	2 Nm	9 Nm	7 Vm	2 Nm	9 Nm	Min.	Max.	7 Vm	2 Nm	9 Nm	7 Vm	2 Nm	9 Nm
15	761,2	761,2	761,2	3,3	11,3	5,7	2,2	4,4	0,1	2,5	12,0	4,7	2,1	1,3	82	21	19
16	61,4	60,1	57,0	3,8	7,2	3,1	2,6	5,2	1,0	3,1	10,8	4,8	5,4	3,7	80	72	64
17	55,1	50,2	48,7	5,9	7,3	5,6	5,0	6,3	4,0	4,1	9,4	6,0	6,5	5,1	87	86	75
18	48,7	48,8	51,0	12,8	12,0	11,2	9,3	7,5	6,8	5,4	18,1	6,6	5,0	4,7	60	48	48
19	49,6	49,5	49,4	8,0	12,0	11,1	7,2	10,5	9,3	7,8	15,9	7,1	8,6	7,7	89	83	78
20	49,4	50,0	56,0	6,2	10,5	7,3	5,4	8,8	5,2	6,0	14,0	6,2	7,4	5,4	88	79	70
21	59,2	61,0	60,9	2,0	6,2	3,1	0,1	2,2	1,6	0,6	8,3	3,5	3,0	4,3	66	42	74

Datum. März	Wind Richtung & Stärke nach Beaufort (0—12)			Bewölkung						Niederschläge in mm		
				7 Vm		2 Nm		9 Nm				9 Nm
	7 Vm	2 Nm	9 Nm	Grad	Form	Grad	Form	Grad	Form	7 Vm	9 Nm	7 Vm
15	SSO 2	N 2	NNO 2									
16	S 3	SSO 5	S 5									
17	SSO 6	SSO 7	SSO 5	3	Cir-str	8	Cir-str					
18	WNW 3	NNW 5	SSO 2	10	Cum-str							
19	SSO 4	SSO 4	OSO 3	4	Cir-str	8	Cir-str					
20	SO 4	NNO 5	NNO 7	10	Nebel	10	Cum-str					
21	N 4	NNO 5	SO 2	4	Cir-str	4	Cir-str	7	Cum-str			

90. Amtsblatt—報官島青 24. März 1906.

Schiffsverkehr

in der Zeit vom 15. — 21. März 1906.

Ankunft am	Name	Kapitän	Flagge	Reg. Tonnen.	von	Abfahrt am	nach
(25.2.)	D. Mameluke	Johnston	Englisch	1736	Wladiwostock	15.3.	Wladiwostock
(10.3.)	D. Jorihime Maru	Asai	Japanisch	2347	Otaru	„	Tschifu
(„)	D. Suevia	Knaisel	Deutsch	2663	Manila	16.3.	Moji
(12.3.)	D. Süllberg	Luppi	„	781	Kobe	„	Kobe
15.3.	D. Tak Sang	Clure	Englisch	977	Schanghai	„	Schanghai
16.3.	D. Gouv. Jaeschke	Treumann	Deutsch	1045	„	17.3.	
„	D. Hunan	Puket	Englisch	1143	Hongkong	„	Tschifu
17.3.	D. Progress	Shjervig	Norweg.	1641	Schanghai	20.3.	Schanghai
„	D. Hans Jürg Kiaer	Larssen	„	691	Hongkong	19.3.	Tschifu
„	D. Tsintau	Hansen	Deutsch	977	Tschifu	18.3.	Schanghai
19.3.	D. Adm. v. Tirpitz	Block	„	1199	Schanghai	19.3.	Tschifu
20.3.	D. Ching Ping	Chapmann	Englisch	1062	Tschingwantau		
21.3.	D. Nedjed	Austen	„	1734	Wladiwostock	21.3.	Schanghai
„	D. Shahzada	Anastasio	Russisch	1046	„		

Druck der Missionsdruckerei Tsingtau.

第七年 第十二号

1906 年 3 月 24 日

官方通告

关于之前在青岛的商人卡尔·施密特财产的破产程序,在召开了终结会议后,谨此撤销。

青岛,1906 年 3 月 15 日
胶澳皇家审判厅三处

在商业登记 A 部第 31 号登记的公司"尤利乌斯·李夏特"①已登记入下列事项:
授予青岛的商人奥古斯特·哈斯代理权。

青岛,1906 年 3 月 16 日
胶澳皇家审判厅一处

大德辅政司崑 为

出示晓谕事:照得驻扎四方兵队,订于西历本年自三月二十八日起至三十一日止,每早自九点钟起,至下午两点钟止,在湖岛子迤东一带操演,枪向孤山一带施放。届期禁止人民在于该处往来行走,以防不测。仰各遵照。切切特谕。

右谕通知
大德一千九百六年三月二十一日　告示

告白

启者:兹将本局据报被窃之物列左:

---

① 译者注:中文行名为"驳物公司"。

柄上弦银表一枚,盖刻有花,带有镍镉质链一条。

此物切勿轻买,如见亦宜报明本局。此布。

德一千九百六年三月二十一日
青岛巡捕局启

在商业登记A部第43号登记的公司"卡尔·施密特",在破产案结案后已注销。

青岛,1906年3月17日
胶澳皇家审判厅一处

消息

1905年的水果收成。

李村理事兼华民审判厅确认租借地农村地区在1905年的中国品种水果产量如下:

约2 500 000斤梨,

约10 600~10 700斤苹果。

收获的欧洲水果数量为:

约900~1 000斤梨,

约700~800斤苹果。

市场价格为:

每斤梨:	中国品种	10个铜钱
	欧洲品种	40个铜钱
每斤苹果:	中国品种	10个铜钱
	欧洲品种	20个铜钱

按照这些数据,收成状况为:

欧洲品种的梨在梨的全部收成中,重量占比为0.04%,价值占比为0.16%;

欧洲品种的苹果在苹果的全部收成中,重量占比为6.96%,价值占比为13.01%.

1905年的由于锈病(yang mau ting)的影响,水果收成相当差。正常年份中国品种的水果平均年收成为约10 000 000斤梨和30 000斤苹果。

按照华民的观察,欧洲品种的梨在不成熟的时候比中国品种的梨重,在成熟后又比中国品种的梨轻。一担(2筐)的欧洲品种苹果重量为130斤,而同样数量的中国品种苹果只有100斤重。

欧洲品种的水果收成源于1902年的嫁接项目(491棵苹果树嫁接528个芽,104棵梨树嫁接363个芽)。1904年实施的嫁接,虽然完成情况良好,但还没有结果。欧洲品种水果收获量最大的地方是东小水村(Tung Hsiau schui),在上刘庄(Schang liu tschuang)的

东流水(Tung liu shcui),据说在前些年有美国的传教士进行过果木嫁接,主要是苹果树,其产量没有纳入上面的数字中。

值得一提的是,在即墨县托埠(Topu)村①已经种植欧洲品种水果好多年。

已经向海军少校冯克颁发了三等皇家皇冠勋章。

总督府财务处自本月19日起的汇率为:1元＝2.13马克。

第三海军营2连的马厩因在马匹中确诊了一例鼻疽症,已下令自本月21日起实施为期4周的隔离。在此期间,禁止携带马匹或骡子进入该马厩。

船运

1906年3月15日—21日期间

到达日	轮船船名	船长	挂旗国籍	登记吨位	出发港	出发日	到达港
(2月25日)	马穆鲁克号	约翰斯顿	英国	1 736	海参崴	3月15日	海参崴
(3月10日)	井上丸	浅井	日本	2 347	小樽	3月15日	芝罘
(3月10日)	苏维亚号	凯泽尔	德国	2 663	马尼拉	3月16日	门司
(3月12日)	居尔堡号	卢皮	德国	781	神户	3月16日	神户
3月15日	太仓号	克鲁尔	英国	977	上海	3月16日	上海
3月16日	叶世克总督号	特洛依曼	德国	1 045	上海	3月17日	上海
3月16日	湖南号	普克特	英国	1 143	香港	3月17日	芝罘
3月17日	进步号	谢尔韦格	挪威	1 641	上海	3月20日	上海
3月17日	汉斯·于尔克号	拉尔森	挪威	691	香港	3月19日	芝罘
3月17日	青岛号	韩森	德国	977	芝罘	3月18日	上海
3月19日	提尔皮茨号	布洛克	德国	1 199	上海	3月19日	芝罘
3月20日	清平号	查普曼	英国	1 062	秦皇岛		
3月21日	内杰德号	奥斯顿	英国	1 734	海参崴	3月21日	上海
3月21日	沙赫扎达号	阿纳斯塔谢	俄国	1 046	海参崴		

---

① 译者注:上述地名均为音译。

Amtsblatt
für das
Deutsche Kiautschou-Gebiet.

報官島青

Herausgegeben vom Kaiserlichen Gouvernement Kiautschou.

Der Bezugspreis beträgt jährlich $ 2 = M 4.
Bestellungen nehmen sämtliche deutsche Postanstalten entgegen.

91.

| Jahrgang 7. | Nr. 13. | Tsingtau, den 31. März 1906. | 號三十第 | 年七第 |

Verordnungen und Bekanntmachungen.

Bekanntmachung.

Auf Grund der Verordnung vom 13. März 1899 (Amtsblatt 1900, Seite 58) ist der

Kaufmann Conrad Miss

zum Vertreter der Zivilgemeinde ernannt worden.

Von den im Handelsregister eingetragenen, nichtchinesischen Firmen ist der

Kaufmann R. Goecke

und von den Eigentümern der im Grundbuche eingetragenen, steuerpflichtigen Grundstücke der

Kaufmann H. C. Augustesen

zum Vertreter der Zivilgemeinde gewählt worden.

Tsingtau, den 26. März 1906.

Der Kaiserliche Gouverneur.

Allerhöchst mit der Stellvertretung beauftragt.

van Semmern.

Amtliche Anzeigen.

Bekanntmachung.

In das Handelsregister ist in Abteilung A unter Nr. 51 die Firma

Warenhaus Arnold Baumann

mit dem Sitz in Tsingtau eingetragen worden.

Alleiniger Inhaber ist der Kaufmann Arnold Baumann in Tsingtau.

Tsingtau, den 27. März 1906.

Kaiserliches Gericht von Kiautschou I.

Aufgebot.

Es wird hiermit bekannt gemacht, dass **Jakob** Johann Bernhard **Döcker**, seines Standes Bureaubeamter, geboren zu Krefeld, Rheinprovinz, 26 Jahre alt, wohnhaft in Tsingtau, Sohn des zu Düsseldorf verstorbenen Rentners Jakob Döcker und seiner in Düsseldorf wohnhaften Ehefrau Gertrud, geborenen Büllgen,

und

Minna Dorothea Juliane **Reese**, geboren zu Langenhagen, Provinz Schleswig-Holstein, 18 Jahre alt, wohnhaft in Tsingtau, Tochter des in Kiel wohnhaften Arbeiters Heinrich Reese und seiner zu Kiel verstorbenen Ehefrau Wilhelmine, geborenen Evers,

beabsichtigen, sich miteinander zu verheiraten und diese Ehe in Gemässheit des Reichsgesetzes vom 4. Mai 1870 vor dem unterzeichneten Beamten abzuschliessen.

Tsingtau, den 29. März 1906.

Der Kaiserliche Standesbeamte
Günther.

Bekanntmachung.

Als gestohlen angemeldet: 28 Spulen gelbe Schantungseide; 13 — 15 Spulen graue Tschifuseide; 1 Tesching, Kal. 9 mm, der Schaft hat Verzierungen, am Verschluss fehlt eine Schraube.

Als gefunden angemeldet: 1 Hundemaulkorb.

Tsingtau, den 28. März 1906.

Kaiserliches Polizeiamt.

Bekanntmachung.

In dem Konkurse über das Vermögen des Schlossermeisters

Arthur Grau

hierselbst soll eine Abschlagsverteilung erfolgen.

Dazu sind 1832, 80 $ verfügbar. Zu berücksichtigen sind 410, 65 $ bevorrechtigte und 9484, 63 $ nicht bevorrechtigte Forderungen. Das Verzeichnis der zu berücksichtigenden Forderungen kann auf der Gerichtsschreiberei 3 des Kaiserlichen Gerichts von Kiautschou hierselbst eingesehen werden.

Tsingtau, den 22. März 1906.

Der Verwalter
Tabbert.

白 告

啓者茲將本局據報被竊以及送案
各物分別列左
被竊各物
黃色山東絲線二十八綑　灰色烟
台絲線十三綑或十五綑之多　洋
槍一桿口徑圓九米里米打耗子上
刻有花樣機鎭上失去螺絲一個
送案之物
狗龍頭一個
以上被竊各物切勿
輕買如見立宜報明本局送案之物
亦准具領此佈

大德一千九百六年三月二十八日
青島巡捕局啟

Mitteilungen.

Standesamtliche Nachrichten.

Geburt: 20 März, ein Sohn dem Werkführer August Eisermann.

Todesfall: 21. März, Karl Eisermann, 1 Tag alt.

Aufgebot: 29. März, Bureaubeamter Jakob Döcker und Minna Reese, beide zu Tsingtau.

31. März 1906.   Amtsblatt—青島官報   93.

Durchschnittsmarktpreise.

März 1906.
1 Kätty = 577,6 g.
Durchschnittskurs für 1 $ in
Tsingtau: 1940 kleine Käsch.
Tai tung tschen: 1920　„　„
Litsun: 1870　„　„
Hsüe tschia tau: 1800　„　„

Bezeichnung.	Einheit	Tsingtau kl. Käsch	Tai tung tschen kl. Käsch.	Litsun kl. Käsch.	Hsüe tschia tau kl. Käsch
Bohnen	1 Kätty	—	—	60	—
Bohnenkäse	„	30	15	30	38
Bohnenöl	„	180	150	180	165
Bohnenkuchen	„	48	44	35	40
Erdnüsse	„	100	90	80	76
Erdnussöl	„	200	170	190	190
Erbsen	„	—	—	50	—
Gerste	„	60	50	50	55
Hirse	„	64	60	70	66
Hirsenmehl	„	68	64	68	—
Kartoffeln, chin.	„	20	14	15	15
Kartoffelscheiben, chin.	„	40	30	—	30
Kauliang	„	60	52	54	—
Kauliangstroh	„	—	20	30	—
Kleie	„	56	50	37	40
Radieschen	„	24	—	—	—
Reis	„	64	64	80	—
Weizen	„	64	58	53	—
Weizenmehl	„	60	68	90	—
Weizenbrot	1 Stück	64	—	20	—
Dampfbrot	„	24	—	20	—
Hirsebrot	„	—	—	46	—
Rostbrot	„	—	170	10	—
Aepfel	1 Kätty	400	—	—	—
Apfelsinen	„	—	180	—	—
Birnen	„	240	—	—	—
Kohlrabi	„	160	—	—	—
Kohl in Köpfen	„	30	30	113	—
Knoblauch	„	80	160	90	50
Mohrrüben	„	48	30	48	—
Pfeffer, roter	„	100	80	600	—
„ , schwarzer	„	960	900	793	—
Rettig, chin.	„	36	—	26	—
Rüben, weisse	„	30	14	12	12
Spinat	„	30	20	29	—

Bezeichnung.	Einheit	Tsingtau kl. Käsch	Tai tung tschen kl. Käsch	Li tsun kl. Käsch	Hsüetschia tau kl. Käsch
Wallnüsse	„	160	140	158	—
Zwiebeln	„	56	40	70	60
Salz	„	30	20	10	27
Tabak	„	280	240	300	300
Bratfische	„	260	120	300	—
Kochfische	„	260	—	—	—
Fische, trocken	„	200	160	188	200
Tintenfische	„	—	—	425	—
Krabben	„	160	160	120	—
Schweinefleisch	„	260	200	200	200
Schweinefett	„	320	280	200	—
Rindfleisch, roh	„	320	200	200	—
„ , gekocht	„	—	240	200	—
Rindertalg	„	320	300	260	—
Enten	1 Stück	500	—	565	—
Gänse	„	2000	—	—	—
Hühner	„	500	—	398	400
Enteneier	10 Stück	360	—	290	—
Hühnereier	„	180	160	200	180

Hochwassertabelle für den Monat April 1906.

Datum	Tsingtau - Hauptbrücke.		Grosser Hafen, Mole I.		Nükuk'ou.	
	Vormittags	Nachmittags	Vormittags	Nachmittags	Vormittags	Nachmittags
1.	8 U. 58 M.	8 U. 59 M.	9 U. 28 M.	9 U. 29 M.	9 U. 58 M.	9 U. 59 M.
2.	10 „ 03 „ ☾	10 „ 03 „	10 „ 33 „	10 „ 33 „	11 „ 03 „	11 „ 03 „
3.	11 „ 14 „	11 „ 28 „	11 „ 44 „	11 „ 58 „	—	0 „ 14 „
4.	—	0 „ 48 „	—	1 „ 18 „	0 „ 28 „	1 „ 48 „
5.	0 „ 43 „	1 „ 57 „	1 „ 13 „	2 „ 27 „	1 „ 43 „	2 „ 57 „
6.	1 „ 44 „	2 „ 48 „	2 „ 14 „	3 „ 18 „	2 „ 44 „	3 „ 48 „
7.	2 „ 31 „	3 „ 25 „	3 „ 01 „	3 „ 55 „	3 „ 31 „	4 „ 25 „
8.	3 „ 12 „	4 „ 01 „	3 „ 42 „	4 „ 31 „	4 „ 12 „	5 „ 01 „
9.	3 „ 54 „ ○	4 „ 33 „	4 „ 24 „	5 „ 03 „	4 „ 54 „	5 „ 33 „
10.	4 „ 36 „	5 „ 06 „	5 „ 06 „	5 „ 36 „	5 „ 36 „	6 „ 06 „
11.	5 „ 20 „	5 „ 42 „	5 „ 50 „	6 „ 12 „	6 „ 20 „	6 „ 42 „
12.	6 „ 08 „	6 „ 15 „	6 „ 38 „	6 „ 45 „	7 „ 08 „	7 „ 15 „
13.	7 „ 00 „	7 „ 04 „	7 „ 30 „	7 „ 34 „	8 „ 00 „	8 „ 04 „
14.	7 „ 57 „	7 „ 54 „	8 „ 27 „	8 „ 24 „	8 „ 57 „	8 „ 54 „
15.	9 „ 06 „	8 „ 58 „ ●	9 „ 36 „	9 „ 28 „	10 „ 06 „	9 „ 58 „
16.	10 „ 20 „	10 „ 22 „	10 „ 50 „	10 „ 52 „	11 „ 20 „	11 „ 22 „
17.	—	11 „ 55 „	—	0 „ 30 „	—	1 „ 00 „
18.	—	1 „ 22 „	0 „ 25 „	1 „ 52 „	0 „ 55 „	2 „ 22 „
19.	1 „ 07 „	2 „ 21 „	1 „ 37 „	2 „ 51 „	2 „ 07 „	3 „ 21 „
20.	2 „ 00 „	3 „ 03 „	2 „ 30 „	3 „ 33 „	3 „ 00 „	4 „ 03 „
21.	3 „ 42 „	3 „ 32 „	3 „ 12 „	4 „ 02 „	3 „ 42 „	4 „ 32 „
22.	3 „ 21 „	4 „ 02 „	3 „ 51 „	4 „ 32 „	4 „ 21 „	5 „ 02 „
23.	4 „ 02 „	4 „ 29 „ ●	4 „ 32 „	4 „ 59 „	5 „ 02 „	5 „ 29 „
24.	4 „ 37 „	4 „ 53 „	5 „ 07 „	5 „ 23 „	5 „ 37 „	5 „ 53 „
25.	5 „ 06 „	5 „ 19 „	5 „ 36 „	5 „ 49 „	6 „ 06 „	6 „ 19 „
26.	5 „ 41 „	5 „ 45 „	6 „ 11 „	6 „ 15 „	6 „ 41 „	6 „ 45 „
27.	6 „ 20 „	6 „ 14 „	6 „ 50 „	6 „ 44 „	7 „ 20 „	7 „ 14 „
28.	6 „ 58 „	6 „ 49 „	7 „ 28 „	7 „ 19 „	7 „ 58 „	7 „ 49 „
29.	7 „ 42 „	7 „ 39 „	8 „ 12 „	8 „ 00 „	8 „ 42 „	8 „ 30 „
30.	8 „ 31 „	8 „ 20 „	9 „ 01 „	8 „ 50 „	9 „ 31 „	9 „ 20 „

1) ○ = Vollmond; 2) ☾ = Letztes Viertel; 3) ● = Neumond; 4) ☽ = Erstes Viertel.

Anmerkung: In T'a pu t'ou tritt das Hochwasser 10 Minuten früher als in Nükuk'ou auf.

31. März 1906. Amtsblatt—報官島青 95.

Meteorologische Beobachtungen
in Tsingtau.

Datum. März	Barometer (m m) reduz. auf 0º C., Seehöhe 78,64 m			Temperatur (Centigrade).								Dunstspannung in mm			Relat. Feuchtigkeit in Prozenten		
				trock. Therm.			feucht. Therm.										
	7 Vm	2 Nm	9 Nm	7 Vm	2 Nm	9 Nm	7 Vm	2 Nm	9 Nm	Min.	Max.	7 Vm	2 Nm	9 Nm	7 Vm	2 Nm	9 Nm
22	761,5	756,9	755,8	1,4	4,4	4,1	0,1	2,5	2,2	0,1	8,0	3,9	4,4	4,2	76	70	64
23	55,4	52,6	55,8	4,1	7,4	4,0	3,1	4,9	2,1	2,4	8,3	5,1	5,0	4,2	84	65	69
24	60,2	60,3	63,9	-1,2	5,1	2,5	-2,4	1,7	1,0	-1,8	6,2	3,2	3,2	4,1	76	48	79
25	67,0	66,4	65,8	-1,0	6,3	4,1	-1,9	2,4	1,7	-1,7	7,5	3,5	3,1	3,8	82	44	61
26	67,7	65,6	61,8	0,4	4,8	2,2	-2.2	1,9	0,1	-2,0	6,3	2,5	3,5	3,4	54	55	63
27	61,6	59,8	59,6	4,2	6,6	5,1	2.6	4,9	3,0	2,2	8,1	4.6	5,5	4,4	74	76	68
28	60,0	58,4	56,4	4,6	6,1	5,0	4,1	5,0	4,1	4,4	9,0	5,8	5,9	5,6	92	85	86

Datum. März	Wind Richtung & Stärke nach Beaufort (0—12)			Bewölkung						Niederschläge in mm		
				7 Vm		2 Nm		9 Nm				9 Nm
	7 Vm	2 Nm	9 Nm	Grad	Form	Grad	Form	Grad	Form	7 Vm	9 Nm	7 Vm
22	S O 3	S S O 8	S S O 5	10	Cum-str	9	Cum-str	5	Cum-str			
23	S O 4	S S O 2	N 9	3	Cir-str	9	Cir-str	8	„			
24	N N O 6	N 7	N 2	5	Cir-str	3	„	6	Cir-str			
25	N N O 2	N N O 4	N N O 3			6	Cum-str					
26	N N O 1	S 4	S 5	4	Cir-str	5	Cir-str					
27	S 2	S 5	S S O 4									
28	S 1	S S O 4	S S O 4			4	Cir-cum	10	Cum-str			

Schiffsverkehr

in der Zeit vom 22.— 28. März 1906.

Ankunft am	Name	Kapitän	Flagge	Reg. Tonnen.	von	Abfahrt am	nach
(9.3.)	D. Ellerbeck	Martens	Deutsch	1900	Hongkong	25.3.	Tschifu
(20.3.)	D. Ching Ping	Chapmann	Englisch	1061	Tschingwantau	„	Schanghai
(21.3.)	D. Shahzada	Anastasieff	Russisch	1046	Wladiwostock	27.3.	Wladiwostock
23.3.	D. Tak Sang	Clure	Englisch	977	Schanghai	24.3.	Schanghai
„	D. Gouv. Jaeschke	Treumann	Deutsch	1045	„	„	„
25.3	D. Staatssekr. Kraetke	Hansen	„	1208	Tschifu	25.3.	„
26.3.	D. Tsintau	Artelt	„	977	Schanghai	27.3.	Tschifu
„	D. Dott	Gjemre	Norweg.	629	„	„	Tschemulpo
27.3.	D. Miyo Maru	Jenuma	Japanisch	918	Kobe	29.3.	Tschifu

Schantung-Eisenbahn. Fahrplan giltig ab 1. April 1906.

Gm. Zug 1. Kl. 1–3. An-kunft	Gm. Zug 1. Kl. 1–3. Ab-fahrt	Gm. Zug 3. Kl. 1–3. An-kunft	Gm. Zug 3. Kl. 1–3. Ab-fahrt	Gm. Zug 5. Kl. 1–3. An-kunft	Gm. Zug 5. Kl. 1–3. Ab-fahrt	Kilo-meter	Stationen	Gm. Zug 2. Kl. 1–3. An-kunft	Gm. Zug 2. Kl. 1–3. Ab-fahrt	Gm. Zug 4. Kl. 1–3. An-kunft	Gm. Zug 4. Kl. 1–3. Ab-fahrt	Gm. Zug 6. Kl. 1–3. An-kunft	Gm. Zug 6. Kl. 1–3. Ab-fahrt
	700		300			—	Tsingtau	718	712	1102	1053		655
706	707	309	312			3	Gr. Hafen	711	659	1050	1040	654	640
719	720	322	326			8	Syfang	649	633	1036	1015	638	625
735	736	347	352			18	Tsangkou	632	619	1010	953	617	602
749	750	409	412			28	Nükukou	618	610	950	938	600	547
758	800	424	429			33	Tschengyang	608	551	933	910	532	519
817	824	452	502			47	Nantschuan	541	526	900	840	501	506
839	841	522	532			57	Lantsun	524	515	830	818	436	441
850	850	544	545			62	Likotschuang	515	504	816	801	403	418
901	901	600	602			73	Tahuang	504	452	756	739	345	346
913	924	619	639			81	Klautschou	439	428	719	703		333
935	935	655	656			88	Tahang	428	420	701	649		
943	943	708	710			93	Tselantschuang	419	410	646	638		
952	953	723	725			99	Yaukotschuang	410	358	628	612		
1005	1015	742	—	600	600	107	Kaumi	342	319				
1038	1038			630	631	122	Tsaitschiatschuang	319	309				
1048	1048			645	647	129	Taerlpu	309	250				
1058	1100			700	708	135	Tschangting	257	246				
1111	1111			723	726	142	Taipautschuang	246	236				
1121	1129			739	752	148	Tsoschan	228	219	Gm. Zug 8. Kl. 1–3.	Gm. Zug 8. Kl. 1–3.		
1138	1138			805	810	157	Huantschipu	219	212				
1145	1146			819	827	163	Nanliu	211	156				
1203	1203	Gm. Zug 7. Kl. 1–3.	Gm. Zug 7. Kl. 1–3.	848	853	173	Hamatun	156	142				
1217	1227			911	920	183	Fangtse	132	118				
1240	1240		325	937	938	191	Erischylipu	118	110				
1248	108	343	346	950		196	Weihsien	1250	1237	1029	1011		
121	121	359	401			205	Tayüho	1237	1227	1009	956		
131	131					211	Tschullutien	1227		954			

31. März 1906.   Amtsblatt—青島官報   97.

144	154	419	433			1204	1214	624	936
204	204	447	449		Tschänglo	1154	1154	907	910
217	217	507	509		Yauku	1141	1141	847	849
227	227	528	525	220	Tantschiafangtse	1131	1131	831	833
243	251	547	605	227	Yangtschiatschuang	1107	1115	749	809
308	308	622	624	235	Tsingtschoufu	1055	1055	730	782
313	314	638	638	243	Putung	1044	1045	711	716
324	325	657	648	255	Tsehotien	1033	1034	654	657
340	342	720	700	263	Hsintien	1016	1018	629	634
351	351	738	725	270	Tsinglingtschen	1007	1007	614	617
401		754	740	280	Hutien		957		600
				290	Tschangtien				
				296					
				302					
Gm. Zug 23.		Gm. Zug 21.				Gm. Zug 20.		Gm. Zug 22.	
Kl. 2—3.		Kl. 2—3.				Kl. 2—3.		Kl. 2—3.	
440		1050			Tschangtien	926	915		
500		1110		11	Nanting	910	852		253
534		1144		21	Tsetschuan	842	824	304	288
607		1217		32	Takuenlun	814	757	288	290
		1253		43	Poschan			220	202
								152	135
Gm. Zug 1.		Gm. Zug 9.				Gm. Zug 2.		Gm. Zug 10.	
		Kl. 1—3.						Kl. 1—3.	
427	419	651	639	302	Tschangtien	943	935	728	716
437	427	707	653	308	Mäschang	935	925	714	700
447	437	723	709	314	Yatschuang	925	915	658	644
457	447	738	738	320	Tschoutsun	905	844	624	566
522	523	808	809	335	Talingtschyh	843	832	555	540
534	536	824	834	343	Wangtsun	830	819	530	516
546	556	848	858	349	Putschi	809	751	506	444
618	614	920	923	361	Mingschui	750	740	441	427
624	625	937	989	367	Tsauyuantschuang	739	723	425	404
641	649	1000	1010	378	Lungschan	715	706	352	340
658	658	1022	1023	384	Schyhlipu	706	657	339	327
707	707	1035	1037	389	Kotien	657	645	325	309
719	719	1053	1055	397	Wangschyhjentschuang	645	638	307	257
726	726	1105	1106	401	Patschienpu	638	633	256	245
734	744	1117	1132	406	Tsinanfu-Ost	620	614	227	219
750	752	1140	1142	409	Tsinanfu-Nordwest	612	606	217	208
758		1151		412	Tsinanfu-West				

Die Zeiten von 6 Uhr abends bis 5 Uhr 59 Min. morgens sind durch Unterstreichung der Minutenziffern kenntlich gemacht.

Sonnen-Auf-und Untergang
für Monat April 1906.

Dt.	Mittelostchinesische Zeit des			
	wahren	scheinbaren	wahren	scheinbaren
	Sonnen-Aufgangs.		Sonnen-Untergangs.	
1.	5 U. 50.4 M.	5 U. 45.3 M.	6 U. 15.4 M.	6 U. 20.5 M.
2.	49.9	44.8	16.2	21.3
3.	47.5	42.4	17.0	22.1
4.	46.1	41.0	18.8	23.9
5.	45.7	39.6	18.6	24.7
6.	43.3	38.2	19.5	24.6
7.	42.9	37.8	20.3	25.4
8.	40.5	35.4	21.1	26.2
9.	39.1	34.0	22.9	27.0
10.	38.7	32.6	23.8	28.9
11.	36.3	31.2	24.7	29.8
12.	35.9	30.8	24.6	30.2
13.	33.5	28.4	25.4	30.5
14.	32.2	27.1	26.2	31.3
15.	31.9	26.8	27.0	32.1
16.	29.6	24.5	28.8	33.9
17.	28.2	23.1	29.7	34.8
18.	27.9	22.8	29.9	35.7
19.	25.6	20.5	30.4	35.5
20.	24.3	19.2	31.2	36.3
21.	23.0	18.9	32.0	37.1
22.	22.8	17.7	33.9	38.0
23.	20.6	15.5	34.8	39.9
24.	19.4	14.3	34.6	40.7
25.	18.2	13.1	35.4	40.5
26.	17.0	12.9	36.3	41.3
27.	16.8	11.7	37.1	42.2
28.	14.6	9.5	38.0	43.1
29.	13.4	8.3	39.8	44.9
30.	12.3	7.2	39.6	45.7

Druck der Missionsdruckerei Tsingtau.

第七年　第十三号

1906年3月31日

法令与告白

告白

根据1899年3月13日的法令（1900年《官报》，第58页），已任命商人康拉德·米斯为民政区代表。

从商业登记中登记的非华民公司中选举商人R.戈克，从地籍册登记的有纳税义务地块业主中选举商人H.C.奥古斯特森为民政区代表。

青岛，1906年3月26日
最高敕令代理皇家总督
师孟

官方通告

告白

在商业登记A部第51号现登记注册以下公司："阿诺德·鲍曼商店"[①]，所在地为青岛。

公司唯一所有人为青岛的商人阿诺德·鲍曼。

青岛，1906年3月27日
胶澳皇家审判厅一处

结婚公告

雅各布·约翰·贝恩哈德·多克尔，职业为办公室官员，出生于莱茵省德克雷费尔德，现年26岁，居住地为青岛，为在杜塞尔多夫去世的退休人士雅各布·多克尔与在杜塞

---

① 译者注：中文行名为"宝满洋行"。

尔多夫居住、出生时姓比尔根的妻子格特鲁德的儿子。

明娜·多罗忒亚·朱丽安娜·雷泽,出生于石勒苏益格－荷尔施泰因省的朗根哈根,现年18岁,居住地为青岛,为居住在基尔的工人海因里希·雷泽和在基尔去世、出生时姓艾佛斯的妻子威廉娜的女儿。

谨此宣布二人结婚,此婚约按照1870年5月4日颁布的法律规定在本官员前缔结。

青岛,1906年3月29日
代理皇家户籍官
贡特

告白

在对本地的钳工师傅阿图尔·格劳财产的破产程序案中,将进行下列金额分配:

可用金额为1 832.80元。要考虑的是410.65元的优先索款要求和9 484.63元的非优先索款要求。需要考虑的索款要求目录可以在胶澳皇家审判厅3号法庭书记处查看。

青岛,1906年3月22日
管理人　塔伯特

告白

启者:兹将本局据报被窃以及送案各物分别列左:

被窃各物:

黄色山东丝线二十八捆;灰色烟台丝线十三捆或十五捆之多;洋枪一杆,口径圆九米里米打,托子上刻有花样,机锁上失去螺丝一个。

送案之物:

狗笼头一个。

以上被窃各物切勿轻买,如见立宜报明本局,送案之物亦准具领。此布。

大德一千九百六年三月二十八日
青岛巡捕局启

消息

户籍所消息:

出生:3月20日,工厂经理奥古斯特·艾泽曼得子一名。

去世:3月21日,卡尔·艾泽曼,在世一天。

结婚公告：3月29日，办公室官员雅各布·多克尔和明娜·雷泽，二人均在青岛。

市场平均物价

1906年3月

1斤＝577.6克

1银元在各地的平均汇率

青　岛：1 940个铜板

台东镇：1 920个铜板

李　村：1 870个铜板

薛家岛：1 800个铜板

商品名称	单位	青岛,铜板	台东镇,铜板	李村,铜板	薛家岛,铜板
黄豆	1斤	—	—	60	—
豆腐	1斤	30	15	30	38
豆油	1斤	180	150	180	165
豆饼	1斤	48	44	35	40
花生	1斤	100	90	80	76
花生油	1斤	200	170	190	190
扁豆	1斤	—	—	50	—
大麦	1斤	60	50	50	55
小米	1斤	64	60	70	66
小米面	1斤	68	64	68	—
土豆,中国品种	1斤	20	14	15	15
土豆片,中国品种	1斤	40	30	—	30
高粱	1斤	60	52	54	—
高粱秆	1斤	—	20	30	—
麸皮	1斤	56	50	37	40
小红萝卜	1斤	24	—	—	—
大米	1斤	64	64	80	—
麦子	1斤	64	58	53	—
面粉	1斤	60	68	90	—

(续表)

商品名称	单位	青岛,铜板	台东镇,铜板	李村,铜板	薛家岛,铜板
小麦面包	1个	64	—	20	—
馒头	1个	24	—	20	—
窝头	1个	—	—	46	—
火烧	1个	—	170	10	—
苹果	1斤	400	—	—	—
橘子	1斤	—	180	—	—
梨	1斤	240	—	—	—
大头菜	1斤	160	—	—	—
大白菜	1斤	30	30	113	—
大蒜	1斤	80	160	90	50
胡萝卜	1斤	48	30	48	—
胡椒,红色	1斤	100	80	600	—
胡椒,黑色	1斤	960	900	793	—
中国品种萝卜	1斤	36	—	26	—
白萝卜	1斤	30	14	12	12
菠菜	1斤	30	20	29	—
核桃	1斤	160	140	158	—
洋葱	1斤	56	40	70	60
盐	1斤	30	20	10	27
烟草	1斤	280	240	300	300
煎鱼	1斤	260	120	300	—
炖鱼	1斤	260	—	—	—
干鱼	1斤	200	160	188	200
墨鱼	1斤	—	—	425	—
螃蟹	1斤	160	160	120	—
猪肉	1斤	260	200	200	200
猪大油	1斤	320	280	200	—
生牛肉	1斤	320	200	200	—
熟牛肉	1斤	—	240	200	—

(续表)

商品名称	单位	青岛,铜板	台东镇,铜板	李村,铜板	薛家岛,铜板
牛油	1斤	320	300	260	—
鸭子	1只	500	—	565	—
鹅	1只	2 000	—	—	—
鸡	1只	500	—	398	400
鸡蛋	10个	360	—	290	—
鸭蛋	10个	180	160	200	180

船运

1906年3月22日—28日期间

到达日	轮船船名	船长	挂旗国籍	登记吨位	出发港	出发日	到达港
(3月9日)	埃勒贝克号	马滕斯	德国	1 900	香港	3月25日	芝罘
(3月20日)	清平号	查普曼	英国	1 061	秦皇岛	3月25日	上海
(3月21日)	沙赫扎达号	阿纳斯塔谢	俄国	1 046	海参崴	3月27日	海参崴
3月23日	太仓号	克鲁尔	英国	977	上海	3月24日	上海
3月23日	叶世克总督号	特洛依曼	德国	1 045	上海	3月24日	上海
3月25日	克莱特克号	韩森	德国	1 208	芝罘	3月25日	上海
3月26日	青岛号	阿特尔特	德国	977	上海	3月27日	芝罘
3月26日	多特号	盖莫尔	挪威	629	上海	3月27日	济物浦
3月27日	美代丸	河努玛	日本	918	神户	3月29日	芝罘

山东铁路时刻表

自1906年4月1日起生效

1号车 1—3等车厢		3号车 1—3等车厢		5号车 1—3等车厢		千米	站点	2号车 1—3等车厢		4号 1—3等车厢车		6号车 1—3等车厢	
到达	出发	到达	出发	到达	出发			到达	出发	到达	出发	到达	出发
	7.00		3.00				青岛	7.18		11.02			
7.06	7.07	3.09	3.12			3	大港	7.11	7.12	10.50	10.53		
7.19	7.20	3.22	3.26			8	四方	6.49	6.59	10.36	10.40		

(续表)

1号车 1—3等车厢		3号车 1—3等车厢		5号车 1—3等车厢		千米	站点	2号车 1—3等车厢		4号车 1—3等车厢		6号车 1—3等车厢	
到达	出发	到达	出发	到达	出发			到达	出发	到达	出发	到达	出发
7.35	7.36	3.47	3.52			18	沧口	6.32	6.33	10.10	10.15		
7.49	7.50	4.09	4.12			28	女姑口	6.18	6.19	9.50	9.53		
7.58	8.00	4.24	4.29			33	城阳	6.08	6.10	9.33	9.38		
8.17	8.24	4.52	5.02			47	南泉	5.41	5.51	9.00	9.10		
8.39	8.41	5.22	5.32			57	蓝村	5.24	5.26	8.30	8.40		
8.50	8.50	5.44	5.45			62	李哥庄	5.15	5.15	8.16	8.18		
9.01	9.01	6.00	6.02			73	大荒	5.04	5.04	7.56	8.01		
9.13	9.24	6.19	6.39			81	胶州	4.39	4.52	7.19	7.39		
9.35	9.35	6.55	6.56			88	腊行	4.28	4.28	7.01	7.03		
9.43	9.43	7.08	7.10			93	芝兰庄	4.19	4.20	6.46	6.49		
9.52	9.53	7.23	7.26			99	姚哥庄	4.10	4.10	6.28	6.33		
10.05	10.15	7.42			6.00	107	高密	3.42	3.58		6.12	7.25	
10.38	10.38			6.30	6.31	122	蔡家庄	3.19	3.19			6.54	6.55
10.48	10.48			6.45	6.47	129	塔耳堡	3.09	3.09			6.38	6.40
10.58	11.00			7.00	7.08	135	丈岭	2.57	2.59			6.17	6.25
11.11	11.11			7.23	7.26	142	太堡庄	2.46	2.46			6.00	6.02
11.21	11.29			7.39	7.52	148	岞山	2.28	2.36			5.32	5.47
11.38	11.38	7号车 1—3等车厢		8.05	8.10	157	黄旗堡	2.19	2.19	8号车 1—3等车厢		5.15	5.19
11.45	11.46			8.19	8.27	163	南流	2.11	2.12			5.01	5.06
12.03	12.03			8.48	8.53	173	虾蟆屯	1.56	1.56			4.36	4.41
12.17	12.27			9.11	9.20	183	坊子	1.32	1.42	11.10		4.03	4.18
12.40	12.40			9.37	9.38	191	二十里堡	1.18	1.18	10.51	10.53	3.45	3.46
12.48	1.08		3.25	9.50		196	潍县	12.50	1.10	10.29	10.39		3.33
1.21	1.21	3.43	3.46			205	大圩河	12.37	12.37	10.09	10.11		
1.31	1.31	3.59	4.01			211	朱刘店	12.27	12.27	9.54	9.56		
1.44	1.54	4.19	4.33			220	昌乐	12.04	12.14	9.24	9.36		
2.04	2.04	4.47	4.49			227	尧沟	11.54	11.54	9.07	9.10		
2.17	2.17	5.07	5.09			235	谭家坊	11.41	11.41	8.47	8.49		
2.27	2.27	5.23	5.25			243	杨家庄	11.31	11.31	8.31	8.33		
2.43	2.51	5.47	6.05			255	青州府	11.07	11.15	7.49	8.09		
3.03	3.03	6.22	6.24			263	普通	10.55	10.55	7.30	7.32		

(续表)

1号车 1—3等车厢		3号车 1—3等车厢		5号车 1—3等车厢		千米	站点	2号车 1—3等车厢		4号 1—3等车厢车		6号车 1—3等车厢	
到达	出发	到达	出发	到达	出发			到达	出发	到达	出发	到达	出发
3.13	3.14	6.38	6.43			270	淄河店	10.44	10.45	7.11	7.16		
3.24	3.25	6.57	7.00			280	辛店	10.33	10.34	6.54	6.57		
3.40	3.42	7.20	7.25			290	金岭镇	10.16	10.18	6.29	6.34		
3.51	3.51	7.37	7.40			296	湖田	10.07	10.07	6.14	6.17		
4.01		7.54				302	张店		9.57		6.00		
23号车 2—3等车厢				21号车 2—3等车厢				20号车 2—3等车厢				22号车 2—3等车厢	
	4.40				10.50	—	张店	9.26				3.04	
4.55	5.00	8.24		11.05	11.10	11	南定	9.10	9.15			2.38	2.53
5.24	5.34			11.34	11.44	21	淄川	8.42	8.52			2.20	2.30
5.57	6.07			12.07	12.17	32	大昆仑	8.14	8.24			1.52	2.02
6.33				12.43		43	博山		7.57				1.35
1号车				9号车 1—3等车厢				2号车				10号车 1—3等车厢	
	4.19				6.39	302	张店	9.43				7.28	
4.27	4.27			6.51	6.53	308	马尚	9.35	9.35			7.14	7.16
4.37	4.37			7.07	7.09	314	涯庄	9.25	9.25			6.58	7.00
4.47	4.57			7.23	7.38	320	周村	9.05	9.15			6.24	6.44
5.22	5.23			8.08	8.09	335	大临池	8.43	8.44			5.55	5.56
5.34	5.36			8.24	8.34	343	王村	8.30	8.32			5.30	5.40
5.46	5.56			8.48	8.58	349	普集	8.09	8.19			5.06	5.16
6.13	6.14			9.20	9.23	361	明水	7.50	7.51			4.41	4.44
6.24	6.25			9.37	9.39	367	枣园庄	7.39	7.40			4.25	4.27
6.41	6.49			10.00	10.10	378	龙山	7.15	7.23			3.52	4.04
6.58	6.58			10.22	10.23	384	十里堡	7.06	7.06			3.39	3.40
7.07	7.07			10.35	10.37	389	郭店	6.57	6.57			3.25	3.27
7.19	7.19			10.53	10.55	397	王舍人庄	6.45	6.45			3.07	3.09
7.26	7.26			11.05	11.06	401	八涧堡	6.38	6.38			2.56	2.57
7.34	7.44			11.17	11.32	406	济南东	6.20	6.33			2.27	2.45
7.50	7.52			11.40	11.42	409	济南西北	6.12	6.14			2.17	2.19
7.58				11.51		412	济南西		6.06				2.08

晚上6点到早上5点59分的时间段通过在分钟数字下面画线表示。

Amtsblatt
für das
Deutsche Kiautschou-Gebiet.

青島官報

Herausgegeben vom Kaiserlichen Gouvernement Kiautschou.

Der Bezugspreis beträgt jährlich $ 2=M 4.
Bestellungen nehmen sämtliche deutsche Postanstalten entgegen.

Jahrgang 7.   Nr. 14.   Tsingtau, den 7. April 1906.

Verordnungen und Bekanntmachungen.

Bekanntmachung.

Vom 1. April 1906 ab tritt folgende Änderung der im Amtsblatt vom 25. Juni 1904 bekannt gegebenen und im Amtsblatt vom 11. Februar 1905 und vom 8. Juli 1905 geänderten **Bestimmungen über den Bezug von Wasser aus dem fiskalischen Wasserwerk** in Kraft:

Der ganze bisherige Abschnitt „4. Wasserpreis" verliert seine Gültigkeit, an seine Stelle tritt folgender Abschnitt:

„4. Wasserpreis.

Der Preis für das nach Messern bezahlte Wasser beträgt für jedes Kubikmeter 0,20 $. Die für die Bezahlung des Wassers massgebende Ablesung der Wassermesser geschieht in der Zeit von 5 Tagen vor jedem Vierteljahresschluss bis 5 Tage nach demselben und gilt für den Vierteljahresschluss. Das Wassergeld und die nach lfdr. Nr. 3 zu entrichtende Wassermessermiete sind vierteljährlich nachträglich oder bei Ablauf des Vertragsverhältnisses binnen 14 Tagen nach Zustellung der Rechnung zu bezahlen.

Für Grundstücke, für die bereits die Wasserabgabe nach der Anzahl der bewohnbaren Räume für das Vierteljahr in voraus bezahlt ist, tritt die Bezahlung der Wassermessermiete und des Wasserpreises erst vom nächsten auf den Einbau des Wassermessers folgenden Vierteljahrsersten ein. In Neubauten, die von vornherein Wasserleitungsanschluss erhalten, ist die Wassermessermiete vom 1. Tage des Monats an zu entrichten, in dem der Wassermesser aufgestellt wird.

Wenn eine Leitung aus irgend welchem Grunde vorübergehend ohne Wassermesser in Benutzung gewesen ist, so wird für diesen Zeitraum eine Pauschmenge berechnet, welche nach dem Verbrauch während der Zeit von der Wiedereinsetzung des Wassermessers bis zu seiner nächsten Ablesung bestimmt wird.

Der Umstand, dass das Wasser nicht zur gewünschten Höhe gestiegen, oder nicht in der erwarteten Menge und Reinheit geliefert, oder dass eine zeitweise Unterbrechung der Wasserförderung eingetreten ist, berechtigt den Abnehmer nicht, Anspruch auf Ermässigung des Wasserpreises oder auf sonstigen Schadenersatz zu erheben.

Beim Ausbruch eines Schadenfeuers ist jeder Abnehmer verpflichtet, seine Leitung den öffentlichen Löschanstalten zur Verfügung zu stellen, auf Verlangen auch, bis das Feuer gelöscht ist, geschlossen zu halten.

Für den mutmasslichen Wasserverbrauch zum Zwecke des Feuerlöschens wird nachträglich eine billig zu bemessende Vergütung gewährt."

Der 2. und 3. Absatz des Abschnittes „5.

Beendigung des Vertragsverhältnisses." von „Dem Abnehmer steht das Recht zu . . . . bis . . . . . gebraucht wird" erhält statt des bisherigen den nachstehenden Wortlaut:

„Dem Abnehmer steht das Recht zu, das Vertragsverhältnis mit vierzehntägiger Frist zum Schlusse eines Kalender-Monats zu kündigen.

Bis zum Ablauf des Vertragsverhältnisses ist die Wassermessermiete zu zahlen, auch wenn nach der Kündigung kein Wasser mehr gebraucht wird."

Tsingtau, den 22. März 1906.

Der Kaiserliche Baudirector.
Rollmann.

大德青島總工部局　爲

再曉諭更章事照得西歷一千九百四年五月二十八日釐訂自來水接通章程曾於西歷一千九百五年正月二十六及是年六月二十九等日更訂各在案茲又將第四第五兩條更訂列左

原章第四條一律更改

凡需用之水過於量水表數目每一苦必米打價洋二角每屆三閱月之期前後十日內查驗量水表即按表針核定繳納三個月內所需之水價並第三條內載之量水表租惟各價均於每季後始行繳納倘接通自來水合同作罷一經工部局送單索費該人湏於兩禮拜內照付

其已按住房核數先繳三個月水價旋又接通自來水者當安設水管水表完竣若未滿三個月則勿湏重納各費即俟下季後再行繳納凡在新蓋樓房接通自來水者其水表安在何月即自何月一號起繳納表費

凡接通自來水無論何故暫無水表者應繳水費即按將來工部局下列算法照繳

工部局以後即接自設水表時起至平常查驗水表時止測核用水多少則知原先無表時用去水之多少

偶遇水禾能隨意激於高處或水出之不敷或出水混濁或水暫停流該房地各主並不得減少水價及索賠償

每遇火警凡設有自來水者湏准救火會人吸用其水灌救若囑其至火息時扭閉亦宜遵從

約用之水事後公平議定賠償

原章第五條內之第二段第三段現在稍爲變通

凡接通自來水者如欲退罷宜於西歷每月之十五日報明月底合同作罷惟報明後雖點水未用其水表租洋仍當照繳直至合同作罷日止仰各週知切切特諭

大德一千九百六年三月二十二日

102. Amtsblatt—青島官報 7. April 1906.

Amtliche Anzeigen.

Bekantmachung

Als gestohlen angemeldet: 1 silberne Remontoir-Uhr mit Goldrändern und dem Monogramm D. W.

Tsingtau, den 4. April 1906.
Kaiserliches Polizeiamt.

Aufgebot.

Es wird hiermit bekannt gemacht, dass **Paul** Friedrich Franz **Weber,** seines Standes Baumeister, geboren zu Ziggelmark bei Wittenburg, 28 Jahre alt, wohnhaft in Tsingtau, Sohn des Mühlenbauers Theodor Weber und seiner Ehefrau Elise, geborenen Piehl, beide in Dümmerstück wohnhaft,

und

Emma Olga Elisabeth **Häseler,** geboren zu Rondeshagen, Kreis Lauenburg, 22 Jahre alt, wohnhaft in Tsingtau, Tochter des Zimmermeisters Friedrich Häseler und dessen Ehefrau Henriette, geborenen Seemann, beide in Lübeck wohnhaft,

beabsichtigen, sich miteinander zu verheiraten und diese Ehe in Gemässheit des Reichsgesetzes vom 4. Mai 1870 vor dem unterzeichneten Beamten abzuschliessen.

Tsingtau, den 6. April 1906.
Der Kaiserliche Standesbeamte.
Günther.

白 告

啓者茲將本局礟報被窃之物列左

柄上絃金邊銀表一枚上刻有 D. W. 西字樣

此物切勿輕買如見亦宜報明本局此佈

德一千九百六年四月初四日

青島巡捕局啟

Die im Handelsregister Abteilung A Nr 26 eingetragene Firma

H. Kliene & Krogh

ist erloschen.

Tsingtau, den 29. März 1906.

Kaiserliches Gericht von Kiautschou I.

Mitteilungen.

Jm Monat März d. Js. wurden im Gouvernementsschlachthofe geschlachtet und tierärztlich untersucht:

399 Rinder,
88 Kälber,
197 Hammel,
547 Schweine.

Minderwertig und durch Sterilisieren als menschliches Nahrungsmittel brauchbar gemacht waren:
6 Rinder.

Als menschliches Nahrungsmittel ungeeignet und vernichtet wurden:
3 Rinder,
2 Rinder-Vorderviertel,
1 Hammel,
8 Schweine.

* * *

Gottesdienst in der Gouvernementskapelle. Gründonnerstag, den 12. d. Mts., nachmittags 5 ½ Uhr: Feier des heiligen Abendmahles (An-

7. April 1906.   Amtsblatt—青島官報   103.

meldungen hierzu werden bis zum 11. d. Mts. beim Gouvernementspfarrer erbeten);

Karfreitag, den 13. d. Mts, vormittags 10 Uhr: Gottesdienst unter Mitwirkung des Hoboisten-Chores, im Anschluss daran Feier des heiligen Abendmahles;

I. Ostertag, den 15. d. Mts., vormittags 10 Uhr: Gottesdienst unter Mitwirkung des Hoboisten Chores.

Am II. Ostertage findet kein Gottesdienst statt.

* *
*

Der Kurs bei der Gouvernementskasse beträgt vom 30. März d. Js. ab: 1 $ = 2,14 M.

* *
*

Korvettenkapitän Funke ist zum Fregattenkapitän unter gleichzeitiger Ernennung zum Chef des Admiralstabes des Gouvernements Kiautschou, Oberleutnant zur See Pundt zum Kapitänleutnant und Leutnant zur See Killmann zum Oberleutnant zur See befördert worden.

* *
*

Die Stationärgeschäfte vor Tsingtau hat S. M. S. „Luchs" von S. M. S. „Hansa" übernommen.

* *
*

Fahrplan des Dampfers „Neckar" für die Heimbeförderung der Ostasiatischen Besatzungsbrigade:

Taku-Reede	an 5. April 1906
Tsingtau	ab 25. „ „
Hongkong	„ 30. „ „
Colombo	„ 12. Mai „
Suez	„ 23. „ „
Port Said	„ 24. „ „
Bremerhaven	an 6. Juni „

Wenn der Dampfer infolge günstiger Fahrt einen der Häfen früher erreicht, als vorgesehen ist, so kann die Abfahrt auch entsprechend früher erfolgen.

Schiffsverkehr
in der Zeit vom 29. März — 4. April 1906.

Ankunft am	Name	Kapitän	Flagge	Reg. Tonnen.	von	Abfahrt am	nach
29.3.	D. Adm. v. Tirpitz	Block	Deutsch	1199	Tschifu	29.3.	Schanghai
„	D. Shantung	Robinson	Englisch	1835	Hongkong	30.3.	Tschifu
1.4.	D. Gouv. Jaeschke	Treumann	Deutsch	1045	Schanghai	31.3.	Schanghai
30.3.	D. Neumühlen	Fischer	„	1940	Manila		
2.4.	D. Staatssekr. Kraetke	Hansen	„	1208	Schanghai	3.4.	Tschifu
3.4.	D. Tak Sang	Clure	Englisch	977	„	„	„
„	D. Süllberg	Luppi	Deutsch	782			

Übersicht

über den Stand des Vermögens der Kaisers Geburtstagsstiftung
am Schlusse des Rechnungsjahres 1905.

Einnahme	$	₵	$	₵	Ausgabe	$	₵	$	₵
Saldo laut Abschluss vom 31. 3. 1905			3376	69	Bewilligte Unterstützung			43	11
Kaisers-Geburtstags-Beiträge 1906			436	—	„ „			50	—
Zurückgezahlte Unterstützungs-darlehne			203	65	„ „			150	—
Zinsen 5 % von 911,63 $	45	60			„ „			50	—
„ „ „ 1050,— „	52	50			Saldo für 1906: Baarbestand	3	50		
„ „ „ 500,— „	25	—			Kontokurrent	683	94		
„ „ „ 578,80 „	28	94			Jahresdeposit bei der Deutsch-Asiatischen Bank	957	23		
„ vom Kontokurrent I	1	95			desgl.	1102	50		
„ „ „ II	2	69	156	68	desgl.	525	—		
					desgl.	607	74	3879	91
Summe			4173	02	Summe			4173	02

Tsingtau, den 31. März 1906.

Der Kassenwart.
Köster.

Geprüft und richtig befunden.

Tsingtau, den 31. März 1906.

Der Schriftführer.
Dr. Schrameier.

Vorstehende Übersicht wird gemäss § 4 der Statuten der Kaisers Geburtstagsstiftung bekannt gegeben.
    Am 10. April 1906, 12 Uhr mittags, findet im Sitzungssaale des Yamens eine Versammlung der Zeichner der Stiftung statt.
    Zweck der Versammlung: Entlastung des Kassenwarts; Neuwahl von Vorstandsmitgliedern

Tsingtau, den 31. März 1906.

Der Kaiserliche Gouverneur.
Allerhöchst mit der Stellvertretung beauftragt.

van Semmern.

7. April 1906. Amtsblatt—青島官報 105.

Meteorologische Beobachtungen
in Tsingtau.

Da-tum. März	Barometer (mm) reduz. auf 0° C., Seehöhe 78,64 m			Temperatur (Centigrade).								Dunst-spannung in mm			Relat. Feuchtigkeit in Prozenten		
				trock. Therm.			feucht. Therm.										
	7 Vm	2 Nm	9 Nm	7 Vm	2 Nm	9 Nm	7 Vm	2 Nm	9 Nm	Min.	Max.	7 Vm	2 Nm	9 Nm	7 Vm	2 Nm	9 Nm
29	757,2	754,7	755,7	5,5	17,5	10,9	4,7	9,4	6,6	4,9	18,0	5,9	3,9	4,7	88	26	49
30	61,0	60,7	61,9	4,6	10,8	5,2	3,0	4,0	3,1	4,2	11,9	4,7	2,0	4,5	74	21	68
31	59,8	56,0	55,9	5,6	9,1	6,0	3,9	5,9	3,1	4,5	10,3	5,0	5,0	4,0	74	58	57
Apr. 1	55,1	51,4	50,0	6,5	10,2	8,4	6,0	8,1	7,1	5,6	12,8	6,7	6,8	6,8	93	73	82
2	49,6	51,9	53,4	8,3	15,5	11,2	6,1	8,3	6,1	5,9	15,6	5,7	3,8	4,0	70	30	40
3	55,5	53,0	53,3	6,2	12,6	8,7	2,4	5,5	6,0	6,1	14,6	3,2	2,5	5,4	45	23	64
4	57,3	59,1	59,1	6,1	6,4	4,0	3,1	2,8	1,1	4,2	12,8	3,9	3,5	3,3	56	48	53

Da-tum. März	Wind Richtung & Stärke nach Beaufort (0—12)			Bewölkung						Niederschläge in mm		
				7 Vm		2 Nm		9 Nm				9 Nm
	7 Vm	2 Nm	9 Nm	Grad	Form	Grad	Form	Grad	Form	7 Vm	9 Nm	7-¹-Vm
29	S 1	N W 2	S 2	2	Cir	1	Cir-s	7	Cir-c			
30	N N O 4	N 5	S W 2									
31	S 4	S 8	S 6					2	Cir-c			
Apr. 1	S S O 5	S 5	S S O 4									
2	N 3	N N O 6	N N O 3	10	Cum-s							
3	W 2	S S W 4	S S O 3			10	Cum-s					
4	O S O 2	S S O 6	S S O 3	10	Cum-s	5	Cir-s					

Druck der Missionsdruckerei Tsingtau.

第七年　第十四号

1906年4月7日

法令与告白

大德青岛总工部局　为

再晓谕更章事：照得西历一千九百四年五月二十八日厘订《自来水接通章程》，曾于西历一千九百五年正月二十六及是年六月二十九等日更订各在案。兹又将第四、第五两条更订列左：

原章第四条一律更改：

凡需用之水过于量水表数目，每一苦必米打①价洋二角。每届三阅月之期前后十日内查验量水表，即按表针核定缴纳三个月内所需之水价，并第三条内载之量水表租。惟各价均于每季后始行缴纳，倘接通自来水合同作罢，一经工部局送单索费，该人须于两礼拜内照付。

其已按住房核数先缴三个月水价，旋又接通自来水者，当安设水管、水表完竣若未满三个月，则勿须重纳各费，即俟下季后再行缴纳。凡在新盖楼房接通自来水者，其水表安在何月，即自何月一号起缴纳表费。

凡接通自来水，无论何故暂无水表者，应缴水费即按将来工部局下列算法照缴：

工部局以后即按自设水表时起，至平常查验水表时止，测核用水多少，则知原先无表时用去水之多少。

偶遇水未能随意激于高处，或水出之不敷，或出水混浊，或水暂停流，该房地各主并不得减少水价及索赔偿。

每遇火警，凡设有自来水者，须准救火会人吸用其水灌救。若嘱其至火息时扭闭，亦宜遵从。

约用之水事后公平议定赔偿。

原章第五条内之第二段、第三段现在稍为变通：

凡接通自来水者，如欲退罢，宜于西历每月之十五日报明，月底合同作罢。惟报明后

---

① 译者注：德语 Kubikmeter，即立方米。

虽点水未用,其水表租洋仍当照缴,直至合同作罢日止。仰各周知。切切特谕。

大德一千九百六年三月二十二日

官方通告

告白

启者:兹将本局据报被窃之物列左:

柄上弦金边银表一枚,上刻有"D. W."西字样。

此物切勿轻买,如见亦宜报明本局。此布。

德一千九百六年四月初四日

青岛巡捕局启

结婚公告

保罗·弗里德里希·弗朗茨·韦伯,职业为建筑师,出生于维滕堡附近的齐格尔马克,现年28岁,居住地为青岛,为磨坊建造师特奥多·韦伯与出生时姓皮尔的妻子艾莉莎的儿子,二人均居住在杜摩尔施图克。

艾玛·奥尔加·伊丽莎白·海瑟乐,出生于劳恩堡县的龙德斯哈根,现年22岁,居住地为青岛,是木匠师傅弗里德里希·海瑟乐和出生时姓泽曼的妻子亨丽埃特的女儿。

谨此宣布二人结婚,此婚约按照1870年5月4日颁布的法律规定在本官员前缔结。

青岛,1906年4月6日

代理皇家户籍官

贡特

在商业登记A部第26号登记的公司"H. 克里恩纳和克罗格"已经注销。

青岛,1906年3月29日

胶澳皇家审判厅一处

消息

今年3月份在督署官宰局宰杀和进行兽医检查的牲畜数量为:

399头牛,88头小牛,197只绵羊和547头猪。

其中有6头牛品质不达标,灭菌后可供人类食用。

不适宜人类食用并被销毁的有:3头牛,2头牛的前四分之一部位,1只绵羊和8头猪。

在督署小教堂的弥撒。

本月12日下午5点30分,濯足节①：圣餐礼（请在本月11日前在督署牧师处报名）；

本月13日上午10点,耶稣受难节：由双簧管乐队共同参与的弥撒,之后接着是圣餐礼；

本月15日上午10点,复活节第1天：由双簧管乐队共同参与的弥撒。

复活节第2天不举办弥撒。

总督府财务处自今年3月30日起的汇率为：1元＝2.14马克。

海军少校冯克被晋升为海军中校,同时被任命为胶澳总督府海军少将参谋处处长；海军中尉彭特被晋升为海军上尉；海军少尉吉尔曼被晋升为海军中尉。

"臭鼬"号军舰已从"汉萨"号军舰处接手了青岛的驻站业务。

"内卡"号轮船运送回国的东亚占领军旅的时刻表：

大沽停泊地	1906年4月 5日
青岛	1906年4月25日
香港	1906年4月30日
科伦坡	1906年5月12日
苏伊士运河	1906年5月23日
塞得港	1906年5月24日
不来梅港	1906年6月 6日

如果轮船因航程顺利提前到达某港口,则预计离港时间也会相应提前。

船运

1906年3月29日—4月4日期间

到达日	轮船船名	船长	挂旗国籍	登记吨位	出发港	出发日	到达港
3月29日	提尔皮茨号	布洛克	德国	1 199	芝罘	3月29日	上海
3月29日	山东号	罗宾逊	英国	1 835	香港	3月30日	芝罘
4月 1日	叶世克总督号	特洛依曼	德国	1 045	上海	3月31日	上海

---

① 译者注：直译为"绿色星期四",为基督教宗教节日,是基督教纪念耶稣建立圣体圣血之圣餐礼的节日。

(续表)

到达日	轮船船名	船长	挂旗国籍	登记吨位	出发港	出发日	到达港
3月30日	新木伦号	费舍尔	德国	1 940	马尼拉		
4月2日	克莱特克号	韩森	德国	1 208	上海	4月3日	芝罘
4月3日	太仓号	克鲁尔	英国	977	上海	4月3日	芝罘
4月3日	居尔堡号	卢皮	德国	782			

概览

皇帝诞辰基金会在1905年会计年度年底财产状况

收入	元	分	元	分	支出	元	分	元	分
根据1905年3月31日的结余			3 376	69	审批通过的支持金			43	11
皇帝诞辰基金会1906年的会费			436	—	审批通过的支持金			50	—
					审批通过的支持金			150	—
					审批通过的支持金			50	—
退还的支持借款			203	65	1906年的余额：				
911.63元的5%利息	45	60			现金	3	50		
1 050.00元的5%利息	52	50			当前账户	683	94		
500.00元的5%利息	25	—			在德华银行的年度存款	957	23		
578.80元的5%利息	28	94			在德华银行的年度存款	1 102	50		
I号现账户利息	1	95			在德华银行的年度存款	525	—		
II号现账户利息	2	69	156	68	在德华银行的年度存款	607	74	3 879	91
总计			4 173	02	总计			4 173	02

经过检查，上述金额正确无误。

青岛，1906年3月31日 　　　　　　　　　　　　　青岛，1906年3月31日
出纳员：科斯特 　　　　　　　　　　　　　　　书记官：单维廉博士

根据《皇帝诞辰基金会章程》第四章之规定，特公开发布上述概览。

1906年4月10日中午12点将在衙门会议室举办皇帝基金会认捐者大会。会议目的：任免出纳员，重新选举董事会成员。

青岛，1906年3月31日
最高敕令任命代理皇家总督 师孟

Amtsblatt
für das
Deutsche Kiautschou-Gebiet.

青島官報

Herausgegeben vom Kaiserlichen Gouvernement Kiautschou.

Der Bezugspreis beträgt jährlich $ 2 = M 4.
Bestellungen nehmen sämtliche deutsche Postanstalten entgegen.

| Jahrgang 7. | Nr. 15. | Tsingtau, den 21. April 1906. | 第十五號 | 第七年 |

Amtliche Anzeigen.

Bekanntmachung.

Gemäss § 6 der Bekanntmachung, betreffend die Verwaltung von Tai tung tschen, vom 15. August 1904 (Amtsblatt 1904, Seite 187) wird hiermit die Abrechnung über die Einnahmen und Ausgaben der Gemeinde Tai tung tschen vom 1. Januar 1905 bis zum 31. März 1906 bekannt gegeben:

Bestand der Kasse am 1. Januar 1905 . . . . 1992,86 $
Einnahmen (Pachtzuschlag, Stand- und Wiegegebühren, Fäkalienabfuhr, Bankzinsen) . . . . . 6984,27 „
Summe: 8977,13 $
Ausgaben (Gehalt des Distriktsvorstehers, der Arbeiter und des Personals zur Bedienung der Marktwage, Beitrag zum Hospital, Ankauf einer Feuerspritze und sonstige Ausgaben) . 7057,56 „
Bestand am 31. März 1906: 1919,57 $

Tsingtau, den 15. April 1906.

Der Kommissar
für chinesische Angelegenheiten.

大德欽命管理中華事宜輔政司單
出示曉諭經費事案查台東鎮常年出入欵項訂章每年須將支存
數目核清登列青島官報俾衆週知以昭愨實在案茲將自西歷一
千九百五年正月初一日起至西歷一千九百六年二月三十一日
止出入欵項分別列左
一西歷一千九百四年分存洋一千九百九十二元八角六分
二入欵即贏餘之地租集場之灘子並公稱大糞谷項公費以及德華
銀行存洋利息共洋六千九百八十四元二角七分
二共合洋八千九百七十七元一角三分
三支欵即區長薪水稱夫並各項小工洋醫院街燈各經費以及零
星雜費共洋七千零五十七元五角六分
四截至西歷一千九百六年三月三十一日止實存洋一千九百一十
九元五角七分亦應登入官報以符定則而示公允特諭
右諭通知
告示
大德一千九百六年四月十五日

Bekanntmachung.

Als gestohlen angemeldet: ein 20- Literfass Nr. 602; ein 51- Literfass Nr. 1879; 21 Kasten für Zinkschutzplatten; 2 längliche Postkartenalben; 2 etwa 15 cm. hohe Kristallvasen mit Silberfuss; 2 silberne Schalen; 2 Bilder auf Holz gemalt, Rehe darstellend; 1 leinene, etwa 1 qm. grosse Tischdecke mit Maiglöckchen bestickt; 1 grosse und 3 kleine rotwollene Decken mit Plüschrand; 3 rot und blau geblümte Gartentischdecken; 6 messingene Aschenschalen, 3 davon mit Frauenfiguren, 3 mit Auerhahn; 1 Glassascheschale mit Nickelrand in Hufeisenform; mehrere Biergläser; 14 Handtücher mit rotgestreiften Rändern; 1 Kleiderbürste; 1 messingene Zugkette mit Porzellangriff; 1 Waschbeckenventil mit Kette.

Als verloren angemeldet: 1 Weichselstock mit gebogener Krücke; 1 Bund Schlüssel (4 Stück).

Als gefunden angemeldet: 1 Pferdepeitsche.

Tsingtau, den 18. April 1906.

Kaiserliches Polizeiamt.

Bekanntmachung.

Es wird darauf hingewiesen, dass vom 1. April d. Js. ab die Steuer für das Halten von Hunden im Stadtgebiete neu zu entrichten ist.

Nach § 2 der Verordnung, betreffend Hundesteuer, vom 9. April 1902 (Amtsblatt 1902, Seite 43) hat die Zahlung der Steuer bei der Gouvernementskasse im Laufe des Monats April gegen Aushändigung einer Hundemarke zu erfolgen.

Tsingtau, den 7. April 1906.

Der Kaiserliche Zivilkommissar.

Aufgebot.

Es wird hiermit bekannt gemacht, dass **Wilhelm** Christian Johannes **Petersen**, seines Standes Bureauassistent, geboren zu Harburg an der Elbe, 25 Jahre alt, wohnhaft in Tsingtau, Sohn des zu Leimbach Provinz Sachsen, verstorbenen Chemikers August Petersen und seiner in Leimbach wohnhaften Ehefrau Charlotte, geborenen Christiansen,

und

Adelheide **Clara Wagener**, geboren zu Bromberg, Provinz Posen, 35 Jahre alt, wohnhaft in Tsingtau, Tochter des zu Karlshorst bei Berlin verstorbenen Kaufmanns Otto Wagener und seiner zu Berlin verstorbenen Ehefrau Wilhelmine, geborenen Neander,

beabsichtigen, sich miteinander zu verheiraten und diese Ehe in Gemässheit des Reichsgesetzes vom 4. Mai 1870 vor dem unterzeichneten Beamten abzuschliessen.

Tsingtau, den 17. April 1906.

Der Kaiserliche Standesbeamte.

Günther.

21. April 1906.   Amtsblatt—青島官報   109.

Mitteilungen.

Die Witterung zu Tsingtau während des Monats März 1906 nach den Aufzeichnungen der Meteorologisch-astronomischen Station.

Im allgemeinen stand die Witterung im Monat März unter dem Wechsel der Jahreszeit. Häufige frische bis stürmische Winde, sowohl aus nördlichen wie aus südlichen Richtungen riefen grössere Temperaturschwankungen hervor.

Die mittlere Tagestemperatur der Luft im Monat (4,6°) war um 0,5° tiefer als im Jahrfünft 1899-1903.

Das absolute Maximum derselben betrug 18,1° am 18. und blieb mit diesem Wert um 1,8° hinter dem im März früherer Jahre beobachteten zurück. Die niedrigste Temperatur (-5,6°) wurde am 6. beobachtet, nachdem ein Sturm 2 Tage lang aus N bezw. NNW geweht hatte; zum letzten Male ging die Temperatur in der Nacht vom 25. zum 26. unter den Gefrierpunkt und zwar auch wieder infolge vorheriger starker nördlicher Winde.

Die Bewölkung des Himmels, im Mittel 4,0 Zehntel betragend, war im ersten Drittel des Monats am stärksten; es kamen 9 heitere und 3 trübe Tage zur Auszählung.

Bei einer durchschnittlichen Feuchtigkeit der Luft von 71 % fiel nur an 2 Tagen im Monat Regen, im Ganzen 6,9 mm. An einigen Tagen wurde Nebel und meist in den Morgenstunden Dunst beobachtet, abends war fast immer klarer, heiterer Himmel vorherrschend.

Die Winde wehten während des Monats mit einer Durchschnittsstärke von 3,8 der Beaufort-Skala aus fast allen Himmelsrichtungen; zeitweise nahmen dieselben, unter dem Einfluss der Äquinoctien, kurz hintereinander umspringend, volle Sturmstärke an. So wurden an stärkeren bezw. stürmischen Winden beobachtet: am 4. S Stärke 6 und N Stärke 8, am 5. NNW Stärke 8 und N Stärke 9, am 6. NNW Stärke 6, am 17. SSO Stärke 7, am 20. NNO Stärke 7, am 22. SSO Stärke 8, am 23. N Stärke 9, am 24. NNO Stärke 6 und N Stärke 7 und am 31. S Stärke 8. Die am 4. und 23. wehenden Stürme führten Sand mit sich, waren also sogenannte Sandstürme.

Die ersten Frühlingsboten waren wie immer die Wildgänse, sie zogen schon vom Anfang des Monats an von SW nach NO; um Monatsmitte folgten die Schwalben und gegen Ende des Monats Drosseln, Finken, Tauben und Wiedehopfe.

Die Vegetation litt anscheinend unter der geringen Feuchtigkeit und dem minimalen Niederschlag, denn erst am Ende des Monats blühten in den günstigeren Lagen und an den Südhängen der Berge das wilde Veilchen, Huflattich und Küchenschelle.

*

Der Rote Adlerorden IV. Klasse ist dem Marine-Maschinenbaumeister Breymann und das Allgemeine Ehrenzeichen dem Maschinenschlosser Limbach verliehen worden.

*

Leutnant Freiherr von Wangenheim ist zum Oberleutnant befördert worden.

*

Der Kurs der Gouvernementskasse beträgt vom 8. d. Mts. ab: 1 $ = 2,13 M. und vom 12. d. Mts. ab: 1 $ = 2,15 M.

*

Standesamtliche Nachrichten.

Aufgebote: 6. April Baumeister Paul Weber und Emma Häseler, beide zu Tsingtau; 17. April, Bureauassistent Wilhelm Petersen und Clara Wagener, beide zu Tsingtau.

Eheschliessungen: 7. April, Kasernenwärter Eduard Spielmann zu Tsingtau und Magdalena Haushalter aus Forstfeld im Elsass; Trichinenschauer Hermann Trautmann zu Tsingtau und Sophia Helmstetter aus Waldhambach im Elsass; 14. April, Baumeister Paul Weber und Emma Häseler, beide in Tsingtau.

Geburt: 10. April, ein Sohn dem Zollbeamten Heinrich Goetze.

Todesfall: 7. April, Kaufmann Bunsuke Usui, 50 Jahre alt.

*

Die Iltispassstrasse wird, soweit sie die Rennbahn schneidet, bis auf weiteres täglich bis 9 Uhr vormittags für den Verkehr gesperrt. In dieser Zeit wird der Verkehr um die Rennbahn herum geleitet.

*

Wegen der durch treibende Minen drohenden Gefahr wird durch die Kaiserlich Deutsche Handelsagentur in Wladiwostock erneut darauf hingewiesen, dass nach der Vorschrift der dortigen Hafenbehörde nach Wladiwostock fahrende Dampfer die Bucht Najesdnik auf der Insel Askold anzulaufen haben, um einen Minenführer an Bord zu nehmen, der sie durch die gefährliche Zone in den Hafen bringt.

Meteorologische Beobachtungen
in Tsingtau.

Datum April	Barometer (mm) reduz. auf 0° C., Seehöhe 78,64 m			Temperatur (Centigrade).								Dunstspannung in mm			Relat. Feuchtigkeit in Prozenten		
				trock. Therm.			feucht. Therm.										
	7 Vm	2 Nm	9 Nm	7 Vm	2 Nm	9 Nm	7 Vm	2 Nm	9 Nm	Min.	Max.	7 Vm	2 Nm	9 Nm	7 Vm	2 Nm	9 Nm
5	759,4	757,2	756,2	5,5	8,1	7,2	4,3	6,7	5,0	3,5	10,5	5,5	6,5	5,2	82	81	69
6	55,3	53,7	52,1	8,0	11,1	9,2	7,8	9,8	7,1	7,1	13,4	7,8	8,3	6,3	98	84	72
7	52,1	50,8	50,6	6,7	13,1	12,0	6,6	11,3	9,7	5,9	15,3	7,2	8,9	7,6	99	80	73
8	49,2	48,5	50,2	6,6	4,1	3,9	3,8	2,4	2,0	2,6	8,9	4,3	4,4	4,2	59	72	69
9	53,5	55,1	56,4	3,7	9,9	6,0	1,1	4,2	4,0	2,0	11,2	3,4	2,8	4,9	57	30	70
10	59,5	58,2	58,4	5,1	11,1	11,7	1,9	7,5	7,2	2,4	13,7	3,4	5,6	4,9	51	57	47
11	60,1	57,4	58,0	8,9	14,8	7,9	5,8	8,9	6,7	7,8	16,5	5,0	5,0	6,6	59	40	83
12	58,9	58,5	60,1	8,0	10,0	9,9	6,7	8,7	7,1	7,2	12,7	6,6	7,6	5,8	82	83	64
13	60,1	59,6	59,7	8,5	13,5	8,6	6,7	7,2	7,3	7,0	15,9	6,3	3,8	6,8	76	33	83
14	57,8	55,5	54,6	8,5	10,8	9,5	8,3	9,3	9,0	8,3	12,4	8,1	7,8	8,3	98	82	94
15	52,9	52,0	52,9	9,3	10,0	7,9	9,0	9,7	7,8	9,0	10,2	8,4	8,8	7,9	96	96	99
16	53,5	50,6	54,2	10,7	12,1	10,0	9,3	10,0	8,2	7,4	15,6	7,9	7,9	7,0	83	75	76
17	57,1	57,8	58,1	7,3	15,3	11,1	5,8	7,5	7,0	7,0	16,9	6,0	3,1	5,0	79	24	51
18	58,6	58,2	58,0	10,0	15,8	10,0	6,6	8,7	6,1	9,0	17,5	5,2	4,1	4,7	57	31	51

Datum April	Wind Richtung & Stärke nach Beaufort (0—12)			Bewölkung						Niederschläge in mm		
				7 Vm		2 Nm		9 Nm				
	7 Vm	2 Nm	9 Nm	Grad	Form	Grad	Form	Grad	Form	7 Vm	9 Nm	9 Nm + 7 Vm
5	SSO 2	SSO 6	SSO 6									
6	S 2	S 5	SSO 4	4	Cir-s	2	Cir-s	4	Cir-s			
7	SO 2	SSO 5	OSO 2	10	Cum-s	10	Cum-s	10	Cum-s			
8	NNO 7	NNO 7	NNO 7	10	"	10	"	10	"		5,6	5,6
9	NNO 6	NNO 8	NNO 2	3	Cir-s	2	Cir-s					
10	Stille 0	S 3	SSW 4									
11	S 2	SSW 5	SSW 4									
12	SSO 3	S 4	S 2					10	Cum-s			
13	S 1	SSO 4	SO 4	4	Str	4	Cum-s					
14	SO 2	SSO 4	SSO 3	.	Nebel	3	Cir-s	10	"			1,2
15	SSO 1	S 2	S 2	10	Nim	10	Cum-s	5	Cum	1,2	1,4	1,4
16	NNW 1	S 3	N 4	7	Cir-cum	10	"	10	Cum-s		7,1	7,1
17	N 5	NNO 6	NNO 3			2	Cir-cum					
18	NNW 1	S 4	S 3									

21. April 1906. Amtsblatt—青島官報 111.

Schiffsverkehr
in der Zeit vom 5.—19. April 1906.

Ankunft am	Name	Kapitän	Flagge	Reg. Tonnen.	von	Abfahrt am	nach
(2.4.)	D. Neumühlen	Fischer	Deutsch	1940	Manila	8.4.	Tschifu
(3.4.)	D. Süllberg	Luppi	"	782	Tschifu	7.4.	Kobe
5.4.	D. Tsintau	Artelt	"	977	"	5 4.	Schanghai
6.4.	D. Gouv. Jaeschke	Treumann	"	1045	Schanghai	7.4.	"
8.4.	D. Dacia	Brock	"	3422	Moji	18.4.	Hongkong
9.4.	D. Tak Sang	Clure	Englisch	977	Tschifu	10 4.	Schanghai
"	D. Vorwärts	Ulderup	Deutsch	643	Tientsin	13.4.	Tschifu
"	D. Adm. v. Tirpitz	Block	"	1199	Schanghai	10.4.	"
10.4.	D. G. Ferd. Laeisz	Meyerdiercks	"	3799	"	17.4.	Kobe
11.4.	D. Staatssekr.Kraetke	Hansen	"	1208	Tschifu	11.4.	Schanghai
12.4.	D. Hoangho	Geissel	"	690	Hongkong	17.4.	Kobe
"	D. Hokoshin Maru	Takai	Japan.	737	Kobe	18.4.	"
13.4.	D. Gouv. Jaeschke	Treumann	Deutsch	1045	Schanghai	14.4.	Schanghai
15.4.	D. Neckar	Harrassawitz	"	6199	Tientsin	19.4.	Hongkong
"	D. Istria	Girstenbräu	"	2894	Nagasaki		
16.4.	D. Adm. v. Tirpitz	Block	"	1199	Tschifu	17.4.	Schanghai
17.4.	D. Tak Sang	Clure	Englisch	977	Schanghai	"	"
"	D. Tsintau	Artelt	Deutsch	977	"	18.4.	Tschifu
"	D. Stepney	Ablett	Englisch	442	Tschingwantau	"	Schanghai

Druck der Missionsdruckerei Tsingtau.

第七年　第十五号

1906年4月21日

官方通告

大德钦命管理中华事宜辅政司单　为

出示晓谕经费事：案查台东镇常年出入款项订章，每年须将支存数目核清登列《青岛官报》，俾众周知，以昭核实在案。兹将自西历一千九百五年正月初一日起，至西历一千九百六年三月三十一日止，出入款项分别列左：

一、西历一千九百四年分存洋一千九百九十二元八角六分。

二、入款即赢（赢）余之地租、集场之滩子并公称、大粪各项公费，以及德华银行存洋利息，共洋六千九百八十四元二角七分。

二共合洋八千九百七十七元一角三分。

三、支款即区长薪水、称夫并各项小工工洋、医院、街灯各经费以及零星杂费，共洋七千零五十七元五角六分。

四、截至西历一千九百六年三月三十一日止，实存洋一千九百一十九元五角七分，亟应登入《官报》以符定则而示公允。特谕。

右谕通知

大德一千九百六年四月十五日　告示

启者：兹将本局据报被窃、遗失、送案各物分别列左：

被窃之物：

二十利他皮（啤）酒筒一个，上有外国"602"号数目字样；五十一利他皮（啤）酒筒一个，上有外国"1879"号数目字样；白铅里木箱二十一个；套信片夹子两册；精石瓶一对，镶有银座；银盆两个；图画洋狍，可挂木板画儿两张；洋麻布台布一条，大一方米打，绣有铃铛花；带绒边红毡子四条，一大三小；红蓝花桌布三条，即花园所用之物；黄铜装烟灰池六个，三个上有女人花，其余三个上有雉鸠花；玻璃装烟池一个，镶有白铜边，其式类似马掌；皮（啤）酒玻璃杯甚多；手巾十四条，上有红道；衣服刷子一把；黄铜小链一条，带磁把；洗手盆黄铜塞子一个，上带有链。

遗失各物：

弯把香樱桃木手棍一条,系在一处钥匙四把。

送案之物：

马鞭一根。

以上被窃、遗失各物切勿轻买,如见立宜报明本局,送案之物亦准具领。此布。

大德一千九百六年四月十八日
青岛巡捕局启

大德辅政司单　为

援案晓谕事：照得西历一千九百二年四月初九日曾经示谕,附近青岛划为内界之包岛[①]、台西镇、台东镇等处畜养之狗,每只按年须纳税课洋银十元,至迟须于每年西五月初一日以前,应赴支应局即粮台先纳一年之税,给领准养牌一面在案。兹已届四月初旬,合亟示知养狗之家,至迟于本年五月初一日以前,各赴支应局即粮台缴纳一年之税,以免干罚。勿误。特示。

右谕通知
大德一千九百六年四月初七日　告示

结婚公告

威廉·克里斯蒂安·约翰内斯·彼得森,职业为办公室助理,出生于易北河畔的哈尔堡,现年25岁,居住地为青岛,为在萨克森省莱姆巴赫去世的化学师奥古斯特·彼得森与居住在莱姆巴赫、出生时姓克里斯蒂安森的妻子夏洛特的儿子。

阿德尔海德·克拉拉·瓦根纳,出生于波森省的布隆伯格,现年35岁,居住地为青岛,是在柏林附近的卡尔斯霍斯特去世的商人奥托·瓦根纳和在柏林去世、出生时姓尼安德的妻子威廉娜的女儿。

谨此宣布二人结婚,此婚约按照1870年5月4日颁布的法律规定在本官员前缔结。

青岛,1906年4月17日
代理皇家户籍官
贡特

---

① 译者注：即鲍岛。

消息

气象天文台记录的青岛在1906年3月的天气情况。

3月份的天气情况总的来说还是处于季节交替之际,经常刮风,级别从轻风到狂风,既有北风,也有南风,引起较大程度的气温下降。

月平均白天气温(4.6度)比起1899—1903年这五年来说,低了0.5度。

气温的最大值为18日的18.1度,比起去年3月份观测到的气温,低了1.8度。在6日观测到最低气温(-5.6度),之前刮了两天的北风和西北偏北风,级别为狂风。气温在25日到26日夜间最后一次达到冰点以下,原因也是之前的强北风。

天空平均云量为40%,其中本月上旬最高,出现了9个晴天和3个阴天。

空气平均湿度为71%,只有2天下雨,雨量为6.9毫米。有几天有雾,在清晨经常观察到雾气,晚上的天空总是清澈、无云。

这个月的风力平均强度为3.8级蒲福风级,几乎来自各个方向。受春分的影响,风在短时间内不断变换风向,出现了狂风级别,因此观测到了强风或狂风:4日南风6级和北风8级,5日西北偏北风8级和北风9级,6日西北偏北风6级,17日东南偏南风7级,20日东北偏北风7级,22日东南偏南风8级,23日北风9级,24日东北偏北风6级和北风7级,31日南风8级。在4日和23日刮的狂风带着沙,也就是所谓的沙尘暴。

如往常一样,春天的信使野鹅在本月初就从西南方飞向东北方。月中时,燕子接踵而至,将近月底时,又出现了斑鸠、燕雀、鸽子和戴胜鸟。

植被似乎受到湿度低和几乎为零的降水的影响,直到月底时才在较好的位置和山麓南坡看到有紫罗兰、款冬和西洋白头翁开花。

海军机械工程师布莱曼被授予四等红鹰勋章,机械工利姆巴赫被授予普通荣誉勋章。

海军少尉冯·旺根海姆男爵被晋升为海军中尉。

总督府财务处自本月8日起的汇率为:1元=2.13马克,本月12日起的汇率为:1元=2.15马克。

户籍所消息:

结婚公告:4月6日,建筑师保罗·韦伯和艾玛·海瑟乐,二人均在青岛;4月17日,办公室助理威廉·彼得森和克拉拉·瓦根纳,二人均在青岛。

结婚:4月7日,青岛的军营看守爱德华·施皮尔曼和来自埃尔萨斯区福斯特菲尔德的玛德雷娜·豪斯哈尔特;青岛的旋毛虫检查官赫尔曼·特劳特曼和来自埃尔萨斯区瓦尔特哈姆巴赫的索菲亚·赫姆斯泰特;4月14日,建筑师保罗·韦伯和艾玛·海瑟乐,二人均在青岛。

出生:4月10日,海关官员海因里希·格策得子一名。

死亡:4月7日,商人唯井文助,享年50岁。

在另行通知前,穿过跑马场的伊尔蒂斯道部分在上午9点前封闭,不得通行。该时间段的交通须绕行跑马场。

由于漂浮水雷所带来的危险,海参崴皇家德意志贸易代表处再次提醒,根据当地港口部门的规定,前往海参崴的轮船需要驶入阿斯科尔德岛那耶斯德尼克(Najesdnik)湾停泊,以便水雷向导登船,引导船只穿过危险区域入港。

船运

1906年4月5日—19日期间

到达日	轮船船名	船长	挂旗国籍	登记吨位	出发港	出发日	到达港
(4月2日)	新木伦号	费舍尔	德国	1 940	马尼拉	4月8日	芝罘
(4月3日)	居尔堡号	卢皮	德国	782	芝罘	4月7日	神户
4月5日	青岛号	阿特尔特	德国	977	芝罘	4月5日	上海
4月6日	叶世克总督号	特洛依曼	德国	1 045	上海	4月7日	上海
4月8日	达契亚号	布洛克	德国	3 422	门司	4月18日	香港
4月9日	太仓号	克鲁尔	英国	977	芝罘	4月10日	上海
4月9日	前进号	乌尔德鲁普	德国	643	天津	4月13日	芝罘
4月9日	提尔皮茨号	布洛克	德国	1 199	上海	4月10日	芝罘
4月10日	费迪南·来茨号	迈耶尔迪克斯	德国	3 799	上海	4月17日	神户
4月11日	克莱特克号	韩森	德国	1 208	芝罘	4月11日	上海
4月12日	黄河号	盖瑟尔	德国	690	香港	4月17日	神户
4月12日	北神丸	高井	日本	737	神户	4月18日	神户
4月13日	叶世克总督号	特洛依曼	德国	1 045	上海	4月14日	上海
4月15日	内卡号	哈拉萨维茨	德国	6 199	天津	4月19日	香港
4月15日	伊斯特丽亚号	济尔森布罗伊	德国	2 894	横滨		
4月16日	提尔皮茨号	布洛克	德国	1 199	芝罘	4月17日	上海
4月17日	太仓号	克鲁尔	英国	977	上海	4月17日	上海
4月17日	青岛号	阿特尔特	德国	977	上海	4月18日	芝罘
4月17日	斯特普尼号	阿布莱特	英国	442	秦皇岛	4月18日	上海

Amtsblatt
für das
Deutsche Kiautschou-Gebiet.

青 島 官 報

Herausgegeben vom Kaiserlichen Gouvernement Kiautschou.

Der Bezugspreis beträgt jährlich $ 2=M 4.
Bestellungen nehmen sämtliche deutsche Postanstalten entgegen.

Jahrgang 7. Nr. 16. | Tsingtau, den 28. April 1906. | 第十六號 第七年

Verordnungen und Bekanntmachungen.

Bekanntmachung.

Der Betriebskontrolleur Peter Paffrath ist gemäss § 12 der Bahnpolizeiordnung vom 20. Dezember 1901 (Amtsblatt 1901, Seite 304) zum Bahnpolizeibeamten ernannt worden.

Tsingtau, den 23. April 1906.

Der Kaiserliche Gouverneur.

Allerhöchst mit der Stellvertretung beauftragt.

van Semmern.

Amtliche Anzeigen.

Bekanntmachung.

Als verloren angemeldet: 1 blaues Sitzkissen, unten mit dünnem Leder überzogen.

Als gestohlen angemeldet: 1 silberne Remontoiruhr, das Zifferblatt befindet sich auf der oberen Hälfte der Vorderseite, daneben Blumenverzierungen, darunter ein kleines Zahnrad.

Tsingtau, den 25. April 1906.

Kaiserliches Polizeiamt.

告白

啟者茲將本局據報被竊
暨遺失之物開列於左

被竊之物

柄上絲銀表一枚針面在
表面之上截下截刻露小
齒輪一個兩旁邊刻花

遺失之物

藍色坐褥一條背面上有
薄皮套兒以上竊失之
物切勿輕買如見立宜
明本局特佈

青島巡捕局啟
德一千九百六年四月廿五日

114. Amtsblatt—報官島靑 28. April 1906.

Landversteigerung.

Auf Antrag der Firma Ho scheng tschi zu Tapautau, vertreten durch den Kaufmann Ting tschih lo, findet am Moutag, den 14. Mai 1906, vormittags 11 Uhr, die Versteigerung des Grundstückes Kbl. 12 Nr. 84, Tsingtau Stadt, Ecke Pingtu-und Poschan-Strasse, im Landamte statt.

Grösse: 712 qm.
Mindestpreis: 683,52 $.
Benutzungsplan: Erbauung eines Wohn- und Geschäftshauses.
Bebauungsfrist: 31. Mai 1909.
Gesuche zum Mitbieten sind bis zum 7. Mai 1906 hierher zu richten.

Tsingtau, den 21. April 1906.

Kaiserliches Landamt.

大德青島地畝局拍賣地畝事茲據何生記票稱欲買
米碼頭平度博山兩街轉角地圖第
十二號第八十四塊計七百十二
大打暫擬價洋六百八十三元五角
二分今訂於西歷一千九百六年五
月十四日上午十一點鐘在本局拍
賣定後准住房舖房限至本年五
千九百九年五月三十一日一律修
竣如他人亦欲買者可以投票截至本局面
西五月初七日止屆期
議可也勿悞特諭
西一千九百六年 四月 二十一日
告示 右諭通知

Aufgebot.

Es wird hiermit bekannt gemacht, dass
Paul **Rudolf Willkomm**, seines Standes Bankbeamter, geboren zu Berlin, 34 Jahre alt, wohnhaft in Tsinanfu, Sohn des zu Berlin wohnhaften Kaufmannes Robert Theodor Willkomm und seiner verstorbenen Ehefrau Anna Charlotte, geborenen Dressler,
und
Caroline Marie Olga **Seeliger**, geboren zu Osterburg, Provinz Sachsen, 24 Jahre alt, wohnhaft zu Ballenstedt, Tochter des Oberlehres Adolf Seeliger und seiner Ehefrau Adelheid, geborenen Dieterici, beide zu Ballenstedt wohnhaft,
beabsichtigen, sich miteinander zu verheiraten und diese Ehe in Gemässheit des Reichsgesetzes vom 4. Mai 1870 vor dem unterzeichneten Beamten abzuschliessen.

Tsingtau, den 24. April 1906.

Der Kaiserliche Standesbeamte.

Günther.

Bekanntmachung.

Die im Handelsregister Abteilung A. Nr 48 eingetragene Firma
Alfons Brackenhoeft in Tsingtau
ist erloschen.

Tsingtau, den 20. April 1906.

Kaiserliches Gericht von Kiautschou I.

Mitteilungen.

Der Kurs bei der Gouvernementskasse beträgt vom 26. d. Mts. ab: 1 $ = 2,20 M.

* * *

Marinebaumeister Bökemann ist im Schutzgebiet eingetroffen und hat am 14. d. Mts. die Geschäfte der Bauabteilung I übernommen.

* * *

Standesamtliche Nachrichten.
Aufgebot: 24. April, Bankbeamter Rudolf Willkomm zu Tsinanfu und Caroline Seeliger zu Ballenstedt.
Geburten: 9. März, Schuzi Matsuwo, unehelich; 19. April, Shina Kasagi, unehelich; 22. April, ein Sohn dem Gastwirt Robert Filtzinger.

28. April 1906.   Amtsblatt—青島官報   115.

Todesfälle: 13. April, Tome Uyeno, 21 Jahre alt; 19. April, Shina Kasagi, ³/₄ Stunden alt; 19. April, Matrose Rudolf Ravasz, 24 Jahre alt.

* * *

Die Kaiserliche Gesandtschaft in Tokio ist seit dem 10. d. Mts. zur Kaiserlichen Botschaft erhoben worden.

* * *

Die Schantung Eisenbahn-Gesellschaft hat mit Gültigkeit vom 1. Mai 1906 nachstehende Tarifänderungen eingeführt:

I.
Ausnahmetarif Nr. 1 (Feinkohle).

Die nachfolgenden Stationen werden mit den nachstehend bezifferten Frachten in den oben bezeichneten Ausnahmetarif aufgenommen:

von Fangtse nach	Fracht für 15000 kg mex. $
Tahuang	29,50
Likotschuang	31,00
Lantsun	32,00
Nantschuan	33,50
Tschengyang	35,00
Nükukou	36,00
Tsangkou	37,50

Die Fracht von Fangtse nach Syfang wird auf $ 39,00 für 15000 kg ermässigt.

Der für Likotschuang angegebene Frachtbetrag tritt erst mit dem Zeitpunkt der Ausführung eines Ladegleises in Kraft.

II.
Ausnahmetarif Nr. 3 (Steinkohle jeglicher Art mit Ausnahme von Feinkohle).

Die nachfolgenden Stationen werden mit den nachstehend bezifferten Frachten in den oben bezeichneten Ausnahmetarif aufgenommen:

von Fangtse nach	Fracht für 15000 kg mex. $
Tahuang	38,10
Likotschuang	39,20
Lantsun	40,20
Nantschuan	41,60
Tschengyang	43,30
Nükukou	44,00
Tsangkou	45,40
Syfang	46,80

Der für Likotschuang angegebene Frachtbetrag tritt erst mit dem Zeitpunkt der Ausführung eines Ladegleises in Kraft.

Der bisherige Ausnahmetarif Nr. 2 wird aufgehoben; die bestehenden Frachten bleiben, insoweit durch die obigen Frachten eine Ermässigung nicht eintritt, unter Einbeziehung in den Ausnahmetarif Nr. 3 in Kraft.

III.
Der bisherige Ausnahmetarif Nr. 2a (Kohlen in Sonderzügen) erhält die Nr. 2.

Schiffsverkehr
in der Zeit vom 20.—26. April 1906.

Ankunft am	Name	Kapitän	Flagge	Reg. Tonnen.	von	Abfahrt am	nach
(15.4.)	D. Istria	Girstenbräu	Deutsch	2895	Nagasaki	24.4.	Hankau
20.4.	D. Gouv. Jaeschke	Treumann	„	1045	Schanghai	21.4.	Schanghai
21.4.	D. Süllberg	Luppi	„	782	Kobe	23.4.	Tschifu
23.4.	D. Staatssekr. Kraetke	Hansen	„	1208	Schanghai	24.4.	„
„	D. Tak Sang	Clure	Englisch	977	„	„	Schanghai
„	D. El Dorado	Brissander	Schwedisch	892	Tientsin		
25.4.	D. Kanchow	Meathrel	Englisch	1217	Hongkong		
„	D. Dageid	Steensen	Norweg.	789	Tschifu		
„	D. Tsintau	Artelt	Deutsch	977	„		

Hochwassertabelle für den Monat Mai 1906.

Datum	Tsingtau - Hauptbrücke. Vormittags	Tsingtau - Hauptbrücke. Nachmittags	Grosser Hafen, Mole I. Vormittags	Grosser Hafen, Mole I. Nachmittags	Nükuk'ou. Vormittags	Nükuk'ou. Nachmittags
1.	9 U. 28 M.	9 U. 23 M.	9 U. 58 M.	9 U. 53 M.	10 U. 28 M.	10 U. 23 M.
2.	10 „ 50 „	10 „ 47 „ ◐	11 „ 20 „	11 „ 17 „	11 „ 50 „	11 „ 47 „
3.	—	0 „ 12 „	—	0 „ 42 „	—	1 „ 12 „
4.	0 „ 11 „	1 „ 18 „	0 „ 41 „	1 „ 48 „	1 „ 11 „	2 „ 18 „
5.	1 „ 12 „	2 „ 11 „	1 „ 42 „	2 „ 41 „	2 „ 12 „	3 „ 11 „
6.	2 „ 05 „	2 „ 52 „	2 „ 35 „	3 „ 22 „	3 „ 05 „	3 „ 52 „
7.	2 „ 49 „	3 „ 27 „	3 „ 19 „	3 „ 57 „	3 „ 49 „	4 „ 27 „
8.	3 „ 37 „	4 „ 01 „ ○	4 „ 07 „	4 „ 31 „	4 „ 37 „	5 „ 01 „
9.	4 „ 18 „	4 „ 37 „	4 „ 48 „	5 „ 07 „	5 „ 18 „	5 „ 37 „
10.	5 „ 05 „	5 „ 13 „	5 „ 35 „	5 „ 43 „	6 „ 05 „	6 „ 13 „
11.	5 „ 57 „	5 „ 55 „	6 „ 27 „	6 „ 25 „	6 „ 57 „	6 „ 55 „
12.	6 „ 56 „	6 „ 44 „	7 „ 26 „	7 „ 14 „	7 „ 56 „	7 „ 44 „
13.	7 „ 55 „	7 „ 35 „	8 „ 25 „	8 „ 05 „	8 „ 55 „	8 „ 35 „
14.	8 „ 55 „	8 „ 34 „	9 „ 25 „	9 „ 04 „	9 „ 55 „	9 „ 34 „
15.	10 „ 05 „ ●	9 „ 55 „	10 „ 35 „	10 „ 25 „	11 „ 05 „	10 „ 55 „
16.	11 „ 33 „	11 „ 30 „	—	0 „ 03 „	—	0 „ 33 „
17.	—	0 „ 46 „	—	1 „ 16 „	0 „ 30 „	1 „ 46 „
18.	0 „ 38 „	1 „ 43 „	1 „ 08 „	2 „ 13 „	1 „ 38 „	2 „ 43 „
19.	1 „ 46 „	2 „ 23 „	2 „ 06 „	2 „ 53 „	2 „ 46 „	3 „ 23 „
20.	2 „ 20 „	2 „ 56 „	2 „ 50 „	3 „ 26 „	3 „ 20 „	3 „ 56 „
21.	3 „ 05 „	3 „ 27 „	3 „ 35 „	3 „ 57 „	4 „ 05 „	4 „ 27 „
22.	3 „ 43 „	3 „ 56 „	4 „ 13 „	4 „ 26 „	4 „ 43 „	4 „ 56 „
23.	4 „ 18 „ ●	4 „ 23 „	4 „ 48 „	4 „ 53 „	5 „ 18 „	5 „ 23 „
24.	4 „ 52 „	4 „ 47 „	5 „ 22 „	5 „ 17 „	5 „ 52 „	5 „ 47 „
25.	5 „ 27 „	5 „ 17 „	5 „ 57 „	5 „ 47 „	6 „ 27 „	6 „ 17 „
26.	6 „ 04 „	5 „ 50 „	6 „ 34 „	6 „ 20 „	7 „ 04 „	6 „ 50 „
27.	6 „ 44 „	6 „ 24 „	7 „ 14 „	6 „ 54 „	7 „ 44 „	7 „ 24 „
28.	7 „ 23 „	7 „ 02 „	7 „ 53 „	7 „ 32 „	8 „ 23 „	8 „ 02 „
29.	8 „ 08 „	7 „ 50 „	8 „ 58 „	8 „ 20 „	9 „ 08 „	8 „ 50 „
30.	9 „ 01 „	8 „ 53 „	9 „ 31 „	9 „ 23 „	10 „ 01 „	9 „ 53 „
31.	10 „ 07 „ ◑	10 „ 08 „	10 „ 37 „	10 „ 38 „	11 „ 07 „	11 „ 08 „

1) ○ = Vollmond; 2) ◐ = Letztes Viertel; 3) ● = Neumond; 4) ◑ = Erstes Viertel.

Anmerkung: In T'a pu t'ou tritt das Hochwasser 10 Minuten früher als in Nükuk'ou auf.

Sonnen-Auf-und Untergang für Monat Mai 1906.

Dt.	Mittelostchinesische Zeit des wahren Sonnen-Aufgangs	Mittelostchinesische Zeit des scheinbaren Sonnen-Aufgangs	Mittelostchinesische Zeit des wahren Sonnen-Untergangs	Mittelostchinesische Zeit des scheinbaren Sonnen-Untergangs
1.	5 U. 10.5 M.	5 U. 5.0 M.	6 U. 38.7 M.	6 U. 44.2 M.
2.	9.4	3.9	39.5	45.0
3.	8.3	2.8	40.3	45.8
4.	7.3	1.8	41.1	46.6
5.	6.3	0.8	42.0	47.5
6.	5.3	4 U. 59.8	42.9	48.4
7.	4.2	58.7	43.8	49.3
8.	3.2	57.7	44.7	50.2
9.	2.3	56.7	45.6	51.1
10.	1.2	55.7	46.5	52.0
11.	0.2	54.7	47.4	52.9
12.	4 U. 59.3	53.8	48.2	53.7
13.	58.4	52.9	49.0	54.5
14.	57.6	52.1	49.8	55.3
15.	56.8	51.3	50.6	56.1
16.	56.0	50.5	51.4	56.9
17.	55.3	49.8	52.1	57.6
18.	54.6	49.1	52.8	58.3
19.	54.0	48.5	53.5	59.0
20.	53.4	47.9	54.2	59.7
21.	52.8	47.3	54.8	7 U. 0.3
22.	52.1	46.6	55.6	1.1
23.	51.4	45.9	56.4	1.9
24.	50.7	45.2	57.3	2.8
25.	50.0	44.2	58.2	3.7
26.	49.3	43.8	59.1	4.6
27.	48.9	43.4	59.8	5.3
28.	48.5	43.0	7 U. 0.4	5.9
29.	48.1	42.6	1.0	6.5
30.	47.7	42.2	1.6	7.1
31.	47.4	41.9	2.2	7.7

Meteorologische Beobachtungen
in Tsingtau.

Datum. April	Barometer (mm) reduz. auf 0° C., Seehöhe 78,64 m			Temperatur (Centigrade).								Dunstspannung in mm			Relat. Feuchtigkeit in Prozenten		
				trock. Therm.			feucht. Therm.										
	7 Vm	2 Nm	9 Nm	7 Vm	2 Nm	9 Nm	7 Vm	2 Nm	9 Nm	Min.	Max.	7 Vm	2 Nm	9 Nm	7 Vm	2 Nm	9 Nm
19	758,6	758,9	760,1	10,1	11,1	9,0	5,9	6,7	6,2	8,0	14,0	4,4	4,7	5,4	48	47	63
20	59,9	58,5	57,0	7,3	9,0	10,1	7,0	7,7	9,5	6,9	10,7	7,3	7,1	8,5	96	83	92
21	53,9	52,0	52,6	10,1	15,3	13,2	10,0	13,3	10,1	9,6	16,5	9,1	10,2	7,3	99	79	65
22	58,5	53,6	51,9	8,3	15,4	10,8	8,1	12,1	9,5	7,6	16,8	8,0	8,5	8,1	98	65	84
23	54,6	54,8	55,1	9,3	17,5	11,1	6,8	9,3	9,4	7,8	19,3	5,9	3,8	7,8	67	26	79
24	56,8	57,2	57,2	12,1	16,3	11,0	9,1	11,9	10,3	9,7	18,6	6,8	7,7	8,9	65	56	91
25	58,6	58,5	56,8	10,3	12,5	10,1	6,8	8,5	7,5	8,5	13,6	5,3	5,9	6,2	57	94	67

Datum. April	Wind Richtung & Stärke nach Beaufort (0—12)			Bewölkung						Niederschläge in mm		
				7 Vm		2 Nm		9 Nm				9 Nm / 7 Vm
	7 Vm	2 Nm	9 Nm	Grad	Form	Grad	Form	Grad	Form	7 Vm	9 Nm	
19	S 1	SSO 3	S O 4	6	Cir-cum	4	Cir-s	2	Cum			
20	S O 7	S O 6	S O 7	10	Nim	10	Nim	10	Nim		3,2	15,6
21	S O 1	NNW 3	NNW 3	10	„	8	Cum-s	10	Cum-s	12,4		
22	NNW 2	NNW 2	N 9	10	Cum-s	10	Cum	10	Nim			1,0
23	N W 2	WNW 2	SSO 2	10	„					1,0		
24	SSO 3	S 4	S O 5	6	„	5	Str	10	Cum-s			
25	S O 5	SSO 5	SSO 3	10	Cum	10	Cum-s	10	„			

Druck der Missionsdruckerei Tsingtau.

第七年　第十六号

1906年4月28日

法令与告白

告白

根据1901年12月20日的《铁路警察法》(1901年《官报》,第304页)第12条,企业检查官彼得·帕夫拉特被任命为铁路警官。

青岛,1906年4月23日
皇家总督
最高敕令授权代理
师孟

官方通告

告白

启者:兹将本局据报被窃并遗失之物开列于左:

被窃之物:

柄上弦银表一枚,针面在表面之上截,下截明露小齿轮一个,两旁边刻花。

遗失之物:

蓝色坐褥一条,背面上有薄皮套儿。

以上窃失之物切勿轻买,如见立宜报明本局。特布。

德一千九百六年四月廿五日
青岛巡捕局启

大德青岛地亩局　为

拍卖地亩事:兹据何生记禀称,欲买大码头平度、博山两街转角地图第十二号第八十四块,计七百一十二米打,暂拟价洋六百八十三元五角二分。今订于西历一千九百六年五

月十四日上午十一点钟在本局拍卖。买定后准盖住房、铺房，限至西一千九百九年五月三十一日一律修竣。如他人亦欲买者，可以投禀，截至西五月初七日止，届期前来本局面议可也。勿误。特谕。

右谕通知
西一千九百六年四月二十一日　告示

结婚公告

保罗·鲁道夫·威尔克姆，职业为银行职员，出生于柏林，现年 34 岁，居住地为济南府，为居住于柏林的商人罗伯特·特奥多·威尔克姆与出生时姓德莱斯勒、已去世的妻子安娜·夏洛特的儿子。

卡罗利娜·玛丽·奥尔加·谢丽格，出生于萨克森省的奥斯特堡，现年 24 岁，居住地为巴伦施泰特，为高等教师阿道夫·谢丽格和出生时姓迪特利奇的妻子阿德尔海特的女儿，二人均居住在巴伦施泰特。

谨此宣布二人结婚，此婚约按照 1870 年 5 月 4 日颁布的法律规定在本官员前缔结。

青岛，1906 年 4 月 24 日
代理皇家户籍官
贡特

告白

在商业登记 A 部第 48 号登记的公司"青岛阿尔丰斯·布拉肯霍夫特"已经注销。

青岛，1906 年 4 月 20 日
胶澳皇家审判厅一处

消息

总督府财务处自本月 26 日起的汇率为：1 元＝2.20 马克。

海军建筑师伯克曼已经抵达租借地，于本月 14 日接手了第一工部局的工作。

户籍所消息：

结婚公告：4 月 24 日，济南府的银行职员鲁道夫·威尔克姆和巴伦施泰特的卡罗利娜·谢丽格。

出生：3月9日，舒齐·马苏沃，非婚生；4月19日，笠木希娜，非婚生；4月22日，饭店老板罗伯特·菲尔青格得子一名。

死亡：4月13日，上野留，享年21岁；4月19日，笠木希娜，存活45分钟；4月19日，水兵鲁道夫·拉瓦茨，享年24岁。

东京的皇家领事馆自本月10起被升级为皇家大使馆。

山东铁路公司的下列费率修订自1906年5月1日起生效：

I.
1号特别费率（精煤）

下列站点的货运将被纳入上述特别费率：

从坊子运到	墨西哥鹰洋/15 000千克的货运
大荒	29.50
李哥庄	31.00
蓝村	32.00
南泉	33.50
城阳	35.00
女姑口	36.00
沧口	37.50

从坊子运往四方的费率优惠为每15 000千克39.00墨西哥鹰洋。

标明适用为李哥庄的运费生效时间为铺设装卸轨道的时间点。

II.
3号特别费率（除精煤外的各类煤炭）

下列站点的货运将被纳入上述特别费率：

从坊子运到	墨西哥鹰洋/15 000千克的货运
大荒	38.10
李哥庄	39.20
蓝村	40.20
南泉	41.60
城阳	43.30
女姑口	44.00
沧口	45.40
四方	46.80

标明适用为李哥庄的运费生效时间为铺设装卸轨道的时间点。

取消目前适用的 2 号特别费率,已有的运输货物只要该费率没有更加优惠,则适用 3 号特别费率。

Ⅲ.

目前的 2a 号特别费率(专车运输的煤炭)变更编号为 2 号。

船运

1906 年 4 月 20 日—26 日期间

到达日	轮船船名	船长	挂旗国籍	登记吨位	出发港	出发日	到达港
(4 月 15 日)	伊斯特丽亚号	济尔森布罗伊	德国	2 895	长崎	4 月 24 日	汉口
4 月 20 日	叶世克总督号	特洛依曼	德国	1 045	上海	4 月 21 日	上海
4 月 21 日	居尔堡号	卢皮	德国	782	神户	4 月 23 日	芝罘
4 月 23 日	克莱特克号	韩森	德国	1 208	上海	4 月 24 日	芝罘
4 月 23 日	太仓号	克鲁尔	英国	977	上海	4 月 24 日	上海
4 月 23 日	黄金岛号	布里桑德	瑞士	892	天津		
4 月 25 日	赣州号	米特雷尔	英国	1 217	香港		
4 月 25 日	达哥艾德号	斯蒂恩森	挪威	789	芝罘		
4 月 25 日	青岛号	阿特尔特	德国	977	芝罘		

Amtsblatt
für das Deutsche Kiautschou-Gebiet.

青島官報

Herausgegeben vom Kaiserlichen Gouvernement Kiautschou.

Der Bezugspreis beträgt jährlich $ 2=M 4.
Bestellungen nehmen sämtliche deutsche Postanstalten entgegen.

| Jahrgang 7. | Nr. 17. | Tsingtau, den 5. Mai 1906. | 第十七號 | 第七年 |

Amtliche Anzeigen.

Bekanntmachung.

Als gestohlen angemeldet: ein Korb mit folgenden weissen, E. H. gezeichneten Wäschestücken: 3 Betttücher, 2 Bettbezüge, 1 Badetuch, 2 Handtücher, 22 Küchenhandtücher, 29 Stück Kinderwäsche, 3 Servietten, 1 Tischtuch, 2 Paar Strümpfe, 14 Stück Wagenbezüge, sowie 2 blaue Mafuanzüge.

Mit E. K. gezeichnete Wäsche: 3 bunte Hemden, 6 Kragen, 10 Taschentücher, 1 Handtuch, 3 Paar Strümpfe, 1 Bettbezug, 1 Betttuch und 1 Kopfkissenbezug.

Ferner: 3 Bronzecylinder, 170 mm lang, 140 mm Durchmesser, der Länge nach durchbohrt; 1 Bock, 144 mm lang, 360 mm hoch, 110 mm breit, daran 2 Oeffnungen für Rohranschluss.

Als gefunden angemeldet: 1 chin. Papierfächer.

Tsingtau, den 2. Mai 1906.

Kaiserliches Polizeiamt.

Landversteigerung.

Auf Antrag des Unternehmers Hon yung kuei aus Tapautau findet am Montag, den 21. Mai 1906, vormittags 11 Uhr, die Versteigerung des Grundstückes Kbl. 12 Nr. 14 an der Haipostrasse im Landamte statt.

Grösse: 797 qm.
Mindestpreis: 765,12 $.
Benutzungsplan: Errichtung eines Wohn- und Geschäftshauses.
Bebauungsfrist: 31. Mai 1909.
Gesuche zum Mitbieten sind bis zum 14. Mai 1906 hierher zu richten.

Tsingtau, den 3. Mai 1906.

Kaiserliches Landamt.

大德管理青島地畝局拍賣地畝事今據候永奎稟稱欲買大包島海泊街地圖第十二號第十四塊計地七百九十七米打暫概償洋七百六十五元一角二分今定於西歷一千九百六年五月二十一日早十一點鐘在本局拍賣買定後准蓋住房舖房限至西歷一千九百九年五月三十一日一律修竣如他人亦欲買者可以投稟截至五月十四日此屆時前來本局面議可也勿悞特諭

德歷一千九百六年　五月初二日　右諭通知　告示

Aufgebot.

Es wird hiermit bekannt gemacht, dass
Arthur Max **Feyerabend**, seines Standes Feuerwerker, geboren zu Thorn, Provinz Ostpreussen, 29 Jahre alt, wohnhaft in Tsingtau, Sohn des in Thorn wohnhaften Lithographen Otto Feyerabend und seiner zu Thorn verstorbenen Ehefrau Hedwig, geborenen Mann,

und

Elfriede Adelgunde Charlotte **Karnuth**, geboren zu Mariensiel, Grossherzogtum Oldenburg, 22 Jahre alt, wohnhaft in Tsingtau, Tochter des Depotvizefeldwebels Albert Karnuth und seiner Ehefrau Anna, geborenen Polzin, beide in Tsingtau wohnhaft, beabsichtigen, sich miteinander zu verheiraten und diese Ehe in Gemässheit des Reichsgesetzes vom 4. Mai 1870 vor dem unterzeichneten Beamten abzuschliessen.

Tsingtau, den 2. Mai 1906.

Der Kaiserliche Standesbeamte.
Günther.

Mitteilungen.

Die Witterung zu Tsingtau während des Monats April 1906 nach den Zusammenstellungen der Meteorologisch-astronomischen Station.

Die allgemeine Wetterlage war im verflossenen Monat annähernd dieselbe, wie in den früheren Beobachtungsjahren. Die Temperatur der Luft, im ersten Drittel des Monats noch grösseren Schwankungen unterworfen, ging langsam in die Höhe und stand am Monatsschluss mit 11,8° um 1,7° über dem Monatsmittel. Die Extremthermometer zeigten mit —2,0° am 9. den tiefsten und mit 20,4° am 29. den höchsten Stand der Lufttemperatur während des Monats an, sodass demnach die Amplitude 22,4° betrug. Zu einem Vergleich mit den im Jahrfünft 1898/1903 gefundenen Werten mögen folgende Zahlen dienen:

	Jahrfünft 1898 - 1903	April 1906
Mittlere Tagestemperatur	10,5°	10,1°
Mittleres Maximum	14.6°	14,9°
Absolutes „	26,1°	20,4°
Mittleres Minimum	7,9°	7,0°
Absolutes „	0,7°	—2,0°

Bei einer durchschnittlichen Bewölkung des Himmels von 4,6 Zehntel wurde eine gleiche Anzahl von heiteren und trüben Tagen gezählt, nämlich je 8. Trotzdem die relative Feuchtigkeit der Luft während des Monats im Mittel nur 67 % betrug, wurde doch an vielen Tagen, namentlich in den Vormittagsstunden, Nebel und Dunst und am 10. noch einmal Reif beobachtet. An 6 regnerischen Tagen fiel eine Gesammtregenmenge von 31,9 mm, etwas weniger als das Mittel aus dem Jahrfünft aufweist, nämlich 35,0 mm. Die Winde wehten zum grössten Teile aus den Richtungen zwischen S und SO, entwickelten im Durchschnitt eine Stärke von 3,5 der Beaufort-Skala und erreichten an 4 Tagen zeitweilig Sturmstärke. Es wurden zur Zeit der täglichen 3 Beobachtungstermine an frischen bis stürmischen Winden beobachtet: Am 2. NNO Stärke 6, am 4. SSO Stärke 6, am 5. SSO Stärke 6, am 8. NNO Stärke 7, am 9. NNO Stärke 8, am 17. NNO Stärke 6, am 20. SO Stärke 7 und am 22. N Stärke 9.

Unter dem Einfluss des gefallenen Regens, verbunden mit der allmählig sich steigernden Wärme, schritt das Wachstum in der Pflanzenwelt rüstig vorwärts. Jm ersten Drittel blühten schon Flieder, Pfirsich und Kirsche, die Weiden schlugen aus, Akazien und Erlen trieben, die grossblättrige Schantungeiche warf das vorjährige Laub ab. Der Zug der Wandervögel ist vorüber.

* * *

Standesamtliche Nachrichten.

Aufgebot: 2. Mai, Feuerwerker Arthur Feyerabend und Elfriede Karnuth, beide zu Tsingtau.

Eheschliessung: 28. April, Kaufmann Wilhelm Lunkwitz und Michalina Manowski, beide zu Tsingtau.

Geburten: 27. April, eine Tochter dem Maschinenbauer Bonifazius Kandulski; 2. Mai, eine Tochter dem Zivilkrankenwärter Gustav Philipp.

Todesfall: 19. April, Obermeister Friedrich Eggebrecht, 45 Jahre alt.

* * *

Im Monat April d. Js. wurden im Schlachthofe geschlachtet und tierärztlich untersucht:

419 Rinder,
 70 Kälber,
180 Hammel,
513 Schweine.

Als menschliches Nahrungsmittel ungeeignet und vernichtet wurden:

6 Rinder,
2 Kälber,
8 Schweine.

* * *

Fahrplan des Transportdampfers „Borussia" mit der Ablösung für die Schiffe des Kreuzergeschwaders:

Hamburg - Stadt	ab 10. Mai 1906
Port Said	an 24. „ „
Suez	ab 25. „ „
Colombo	an 5. Juni „
„	ab 6. „ „
Hongkong	an 16. „ „
„	ab 17. „ „
Tsingtau	an 21. „ „
„	ab 29. „ „
Singapore	an 8. Juli „
„	ab 9. „ „
Colombo	an 15. „ „
„	ab 16. „ „
Suez	an 27. „ „
Port Said	ab 28. „ „
Hamburg	an 11. August „

Durchschnittsmarktpreise.

April 1906.
1 Kätty = 577,6 g.
Durchschnittskurs für 1 $ in
Tsingtau: 1960 kleine Käsch.
Tai tung tschen: 1940 „ „
Litsun: 1900 „ „
Hsüe tschia tau: 1880 „ „

Bezeichnung.	Einheit	Tsingtau kl. Käsch	Tai tung tschen kl. Käsch.	Litsun kl. Käsch	Hsüe tschia tau kl. Käsch
Bohnen	1 Kätty	30	52	60	—
„ , aufgekeimte	„	32	24	—	—
Schnittbohnen	„	—	—	—	—
Bohnenkäse	„	32	30	30	36
Bohnenöl	„	180	150	180	170
Bohnenkuchen	„	48	56	35	44
Erdnüsse	„	100	90	80	80
Erdnussöl	„	200	—	190	190
Erbsen	„	—	54	50	—
Gerste	„	60	54	52	60
Gurken	„	180	—	—	—
Hirse	„	64	64	72	66
Hirsemehl	„	68	64	68	—
Kartoffeln, chin.	„	20	—	10	18
Kartoffelscheiben, chin.	„	40	30	11	36
Kauliang	„	50	50	56	—
Kauliangstroh	„	—	22	30	30
Kleie	„	56	52	40	45
Kürbis	„	—	—	—	—
Mais	„	—	78	—	—
Radieschen	„	—	—	—	—
Reis	„	64	64	80	80
Weizen	„	—	54	54	—
Weizenmehl	„	—	70	90	—
Weizenbrot	1 Stück	—	—	20	—
Dampfbrot	„	24	—	20	—
Hirsebrot	„	—	—	46	48
Rostbrot	„	—	—	10	—
Äpfel	1 Kätty	540	—	—	—
Birnen	„	260	200	—	—
Kohl in Köpfen	„	40	—	120	—
Knoblauch	„	80	—	100	70
Mohrrüben	„	36	—	50	46

5. Mai 1906.   Amtsblatt—青島官報   123.

Bezeichnung.	Einheit	Tsingtau kl. Käsch	Tai tung tschen kl. Käsch	Litsun kl. Käsch	Hsüetschia tau kl. Käsch
Pfeffer, roter	1 Kätty	160	160	60-70	—
„ , schwarzer	„	800	650	790	—
Rettig, chin.	„	—	—	30	—
Rüben, weisse	„	20	20	12	24
Spinat	„	—	12	38	30
Wallnüsse	„	160	—	160	—
Zwiebeln	„	110	24	72	64
Salz	„	40	16	10	20
Tabak	„	280	320	300	300
Bratfische	„	160	192	300	—
Kochfische	„	300	184	300	—
Fische, trocken	„	—	—	180	190
Tintenfische	„	200	—	400	—
Krabben	„	80	60	120	140
Schweinefleisch	„	280	200	200	200
Schweinefett	„	320	280	200	240
Rindfleisch, roh	„	—	200	200	—
„ , gekocht	„	—	210	200	—
Rindertalg	„	—	260	260	—
Enten	1 Stück	—	—	600	—
Hühner	„	540	—	390	380
Schnepfen	„	140	—	—	—
Enteneier	10 Stück	300	300	280	—
Hühnereier	„	160	140	193	160

Schiffsverkehr
in der Zeit vom 27. April — 2. Mai 1906.

Ankunft am	Name	Kapitän	Flagge	Reg. Tonnen.	von	Abfahrt am	nach
(23.4.)	D. El Dorado	Brissander	Schwedisch	892	Tientsin	27.4.	Wladiwostock
(25.4.)	D. Kanchow	Meathrel	Englisch	1217	Hongkong	26.4.	Tschifu
(„)	D. Dageid	Steensen	Norweg.	789	Tschifu	28.4.	„
(„)	D. Tsintau	Artelt	Deutsch	977	„	26.4.	Schanghai
27.4.	D. Gouv. Jaeschke	Treumann	„	1045	Schanghai	28.4.	„
„	D. Doyo Maru	Oguri	Japanisch	1343	Moji	30.4.	Niutschuang
30.4.	D. Tak Sang	Clure	Englisch	977	Schanghai	1.5.	Schanghai
„	D. Hoangho	Geissel	Deutsch	690	Kobe		
„	D. Staatssekr. Kraetke	Hansen	„	1208	Tschifu	1.5.	Schanghai
„	D. Peiho	Deinat	„	417	„	2.5.	„
„	D. Adm. v. Tirpitz	Block	„	1199	Schanghai	1.5.	Tschifu
1.5.	D. Lodsen	Stensholt	Norweg.	757	„	„	Wladiwostock
„	D. Hokoshin Maru	Takai	Japanisch	737	Kobe		
„	D. Sutherland	Wallace	Englisch	2277	Portland		

Meteorologische Beobachtungen
in Tsingtau.

Datum. April	Barometer (m m) reduz. auf 0° C., Seehöhe 78,64 m			Temperatur (Centigrade). trock. Therm.			feucht. Therm.					Dunstspannung in mm			Relat. Feuchtigkeit in Prozenten		
	7Vm	2Nm	9Nm	7Vm	2Nm	9Nm	7Vm	2Nm	9Nm	Min.	Max.	7Vm	2Nm	9Nm	7Vm	2Nm	9Nm
26	754,6	755,7	757,6	11,7	15,3	10,2	10,0	11,8	8,0	9,1	16,2	8,1	8,2	6,7	79	63	72
27	59,5	59,4	61,6	8,8	16,1	11,7	6,3	12,1	6,7	7,1	18,1	5,6	8,1	4,3	67	59	42
28	62,1	60,4	60,5	10,3	16,0	12,0	7,3	10,1	7,1	10,2	19,2	5,8	5,7	4,6	63	42	44
29	61,6	61,0	61,2	11,3	16,8	11,9	9,1	10,9	9,0	11,0	10,4	7,3	6,2	6,8	73	43	66
30	60,1	60,3	60,3	11,0	14,8	10,7	8,3	10,1	9,0	9,6	18,4	6,5	6,4	7,6	67	51	79
Mai 1	57,7	56,4	56,1	11,8	14,7	11,5	10,9	11,0	9,8	10,4	15,9	9,2	7,5	8,0	90	60	80
2	54,3	53,5	52,1	14,1	17,1	12,1	9,5	11,7	9,3	11,0	17,6	6,1	7,0	7,1	51	48	67

Datum. April	Wind Richtung & Stärke nach Beaufort (0—12)			Bewölkung						Niederschläge in mm		
	7 Vm	2 Nm	9 Nm	7 Vm Grad	Form	2 Nm Grad	Form	9 Nm Grad	Form	7Vm	9Nm	9Nm/7Vm
26	O N O 1	N N O 2	S S O 2	9	Cum-s	10	Cum-s					
27	N 3	N 5	N N O 2	5	Str	6	Str					
28	N N W 1	S 3	S 4									
29	W N W 1	S O 3	S O 2			8	Cir-s	9	Cum			
30	O S O 2	S O 3	O S O 3	1	Cir-s	3	„	10	Cum-s			
Mai 1	S O 1	S O 4	S S O 2	9	Cum-s	8	Cum-s	10	Str			
2	N O 1	S S O 2	S S O 2	10	Str	6	Str	8	„			

Druck der Missionsdruckerei Tsingtau.

第七年 第十七号

1906年5月5日

官方通告

告白

启者：兹将本局据报被窃并送案各物分别列左：

篓子一个，内装有床布三条、裌被套两条、洗澡巾一条、手巾二条、厨房所用手巾二十二条、小孩衣服二十九件、饭单三条、台布一块、袜子两双、马车褥套十四条，此项衣服皆洋式白色，绣有洋文"EH"字样，并有马夫蓝色衣裳两件；花色洋衫三件、白洋领子六条、擦鼻巾子十条、手巾一条、袜子三双、被套一条、床布一条、枕套一个，绣有洋文"EK"字样；黄铜圆筒三个，长十七森的米打，径圆十四森的米打，接筒头儿长十四森的米打，高十六森的（米）打，宽十一森的米打，上有接筒两口。

送案之物：

华式扇子一把。

以上各物切勿轻买，如见立宜报明本局，送案之物亦准具领。此布。

德一千九百六年五月初二日
青岛巡捕局启

大德管理青岛地亩局　为

拍卖地亩事：今据侯永奎禀称，欲买大包岛海泊街地图第十二号第十四块，计地七百九十七米打，暂拟价洋七百六十五元一角二分。今定于西历一千九百六年五月二十一日早十一点钟在本局拍卖。买定后准盖住房、铺房，限至西一千九百九年五月三十一日一律修竣。如他人亦欲买者，可以投票，截至五月十四日止，届时前来本局面议可也。勿误。特谕。

右谕通知
德历一千九百六年五月初三日　告示

结婚公告

阿图尔·马克斯·费耶阿本德,职业为火药师,出生于东普鲁士省的托恩,现年29岁,居住地为青岛,为居住于托恩的平板印刷工奥托·费耶阿本德与出生时姓曼、在托恩去世的妻子赫德维希的儿子。

艾尔弗里德·阿德尔贡德·夏洛特·卡努特,出生于奥尔登堡大公国的马里恩齐尔,现年22岁,居住地为青岛,为维修站下士阿尔伯特·卡努特和出生时姓波尔津的妻子安娜的女儿,二人均居住在青岛。

谨此宣布二人结婚,此婚约按照1870年5月4日颁布的法律规定在本官员前缔结。

青岛,1906年5月2日
代理皇家户籍官
贡特

消息

气象天文台记录的青岛在1906年4月的天气情况

过去一个月总的天气情况接近前几年的观察。上旬的气温还有较大幅度的波动,后缓慢升高,在月底时达到11.8度,较月平均气温高出1.7度。极限温度计在9日显示最低温-2.0度,在29日是本月最高温20.4度,温差达到22.4度。下列数字显示出与1898—1903年测得数值的对比:

	1898—1903年五年间	1906年4月
日平均气温/度	10.5	10.1
平均最高温度/度	14.6	14.9
绝对最高温度/度	26.1	20.4
平均最低温度/度	7.9	7.0
绝对最低温度/度	0.7	-2.0

天空平均云量为46%,统计到相同天数的晴天和阴天,各有8天。尽管本月平均空气相对湿度仅为67%,但是在多日的清晨时分均观测到雾和雾气,在10日还再次观测到降水。在6个雨天里共有31.9毫米的总降水量,略少于35.0毫米的5年平均值。风大多来自南向和东南向之间的方向,平均风力为3.5级蒲福风级,在4天里短时达到风暴级别。在下列时间的每日3个观测时间观测到清风至风暴:2日东北偏北风6级,4日东南偏南风6级,5日东南偏南风6级,8日东北偏北风7级,9日东北偏北风8级,17日东北偏北风6级,20日东南风7级,22日北风9级。

在降雨的影响下,结合逐渐的升温,植物开始茁壮成长。上旬已经有丁香、桃树和樱树开花,柳树开始抽出嫩芽,槐树和赤杨开始发芽,大叶的山东橡树也落下了上一年的叶子,有候鸟路过。

户籍所消息:

结婚公告:5月2日,火药师阿图尔·费耶阿本德和艾尔弗里德·卡努特,二人均在青岛。

结婚:4月28日,商人威廉·隆克维茨和米夏丽娜·马诺夫斯基,二人均在青岛。

出生:4月27日,机械制造师伯尼法齐乌斯·坎杜尔斯基得女一名;5月2日,护士古斯塔夫·菲利普得女一名;

死亡:4月19日,工头弗里德里希·艾格布莱希特,享年45岁。

今年4月份在官宰局屠宰和进行兽医检验的牲畜数量为:
419头牛、70头小牛、180只羊、513头猪。
不适合作为人类食物并被销毁的有:
6头牛、2头小牛、8头猪。

带有巡洋舰队轮换部队的运输船"普鲁士"号的行驶时间为:

汉堡	1906年5月10日出发
塞得港	1906年5月24日抵达
苏伊士运河	1906年5月25日出发
科隆坡	1906年6月 5日抵达
科隆坡	1906年6月 6日出发
香港	1906年6月16日抵达
香港	1906年6月17日出发
青岛	1906年6月21日抵达
青岛	1906年6月29日出发
新加坡	1906年7月 8日抵达
新加坡	1906年7月 9日出发
科隆坡	1906年7月15日抵达
科隆坡	1906年7月16日出发
苏伊士运河	1906年7月27日抵达
塞得港	1906年7月28日出发
汉堡	1906年8月11日抵达

市场平均物价

1906年4月

1斤＝577.6克

1银元在各地的平均汇率

青　岛：1 960个铜板

台东镇：1 940个铜板

李　村：1 900个铜板

薛家岛：1 880个铜板

商品名称	单位	青岛,铜板	台东镇,铜板	李村,铜板	薛家岛,铜板
黄豆	1斤	30	52	60	—
豆芽	1斤	32	24	—	—
扁豆	1斤	—	—	—	—
豆腐	1斤	32	30	30	36
豆油	1斤	180	150	180	170
豆饼	1斤	48	56	35	44
花生	1斤	100	90	80	80
花生油	1斤	200	—	190	190
豌豆	1斤	—	54	50	—
大麦	1斤	60	54	52	60
黄瓜	1斤	180	—	—	—
小米	1斤	64	64	72	66
小米面	1斤	68	64	68	—
土豆,中国品种	1斤	20	—	10	18
土豆片,中国品种	1斤	40	30	11	36
高粱	1斤	50	50	56	—
高粱秆	1斤	—	22	30	30
麸皮	1斤	56	52	40	45
南瓜	1斤	—	—	—	—
玉米	1斤	—	78	—	—

(续表)

商品名称	单位	青岛,铜板	台东镇,铜板	李村,铜板	薛家岛,铜板
小红萝卜	1斤	—	—	—	—
大米	1斤	64	64	80	80
麦子	1斤	—	54	54	—
面粉	1斤	—	70	90	—
小麦面包	1个	—	—	20	—
馒头	1个	24	—	20	—
窝头	1个	—	—	46	48
火烧	1个	—	—	10	—
苹果	1斤	540	—	—	—
梨	1斤	260	200	—	—
大头菜	1斤	40	—	120	—
大蒜	1斤	80	—	100	70
胡萝卜	1斤	36	—	50	46
胡椒,红色	1斤	160	160	60~70	—
胡椒,黑色	1斤	800	650	790	—
中国品种萝卜	1斤	—	—	30	—
白萝卜	1斤	20	20	12	24
菠菜	1斤	—	12	38	30
核桃	1斤	160	—	160	—
洋葱	1斤	110	24	72	64
盐	1斤	40	16	10	20
烟草	1斤	280	320	300	300
煎鱼	1斤	160	192	300	—
炖鱼	1斤	300	184	300	—
干鱼	1斤	—	—	180	190
墨鱼	1斤	200	—	400	—
螃蟹	1斤	80	60	120	140
猪肉	1斤	280	200	200	200
猪大油	1斤	320	280	200	240

(续表)

商品名称	单位	青岛,铜板	台东镇,铜板	李村,铜板	薛家岛,铜板
生牛肉	1斤	—	200	200	—
熟牛肉	1斤	—	210	200	—
牛油	1斤	—	260	260	—
鸭子	1只	—	—	600	—
鸡	1只	540	—	390	380
塍鷸	1只	140	—	—	—
鸭蛋	10个	300	300	280	—
鸡蛋	10个	160	140	193	160

船运

1906年4月27日—5月2日期间

到达日	轮船船名	船长	挂旗国籍	登记吨位	出发港	出发日	到达港
(4月23日)	黄金岛号	布里桑德	瑞典	892	天津	4月27日	海参崴
(4月25日)	赣州号	米特雷尔	英国	1 217	香港	4月26日	芝罘
(4月25日)	达哥艾德号	斯蒂恩森	挪威	789	芝罘	4月28日	芝罘
(4月25日)	青岛号	阿特尔特	德国	977	芝罘	4月26日	上海
4月27日	叶世克总督号	特洛依曼	德国	1 045	上海	4月28日	上海
4月27日	道洋丸	小栗	日本	1 343	门司	4月30日	牛庄
4月30日	太仓号	克鲁尔	英国	977	上海	5月1日	上海
4月30日	黄河号	盖瑟尔	德国	690	神户		
4月30日	克莱特克号	韩森	德国	1 208	芝罘	5月1日	上海
4月30日	白河号	代纳特	德国	417	芝罘	5月2日	上海
4月30日	提尔皮茨号	布洛克	德国	1 199	上海	5月1日	芝罘
5月1日	罗德森号	斯滕霍尔特	挪威	757	上海	5月1日	海参崴
5月1日	北神丸	高井	日本	737	神户		
5月1日	萨瑟兰号	华莱士	英国	2 277	波特兰		

Amtsblatt
für das Deutsche Kiautschou-Gebiet.

青島官報

Herausgegeben vom Kaiserlichen Gouvernement Kiautschou.

Der Bezugspreis beträgt jährlich $ 2 = M 4.
Bestellungen nehmen sämtliche deutsche Postanstalten entgegen.

| Jahrgang 7. Nr. 18. | Tsingtau, den 12. Mai 1906. | 第七年 第十八號 |

Amtliche Anzeigen.

Bekanntmachung.

Als gestohlen angemeldet: 1 blau gestrichene Sturmlaterne; 1 eiserne Kasette mit 60 $ Inhalt; Militär- und Privatpapiere.

Tsingtau, den 9. Mai 1906.

Kaiserliches Polizeiamt.

Bekanntmachung.

Am Montag, den 25. Juni 1906, 10 Uhr vormittags, sollen im Polizeidienstgebäude folgende am 2. April 1906 beschlagnahmte Farben öffentlich versteigert werden:

    30 kg Eisenmennig,
    28 „ Oker,
    15 „ Farbe, rote.

Gemäss § 983 B. G. B. werden hiermit die Empfangsberechtigten, deren Aufenthalt unbekannt ist, zur Anmeldung ihrer Rechte aufgefordert.

Tsingtau, den 9. Mai 1906.

Kaiserliches Polizeiamt.

告白

啟者茲將本局據報被竊各物列左

洋式藍色風燈一盞
鐵箱一個內有銀洋六十元 德軍憑單數紙 自己書信數封

以上被竊之物切勿輕買如見立宜報明本局特佈

德一千九百六年五月初九日
青島巡捕局啟

告白

啟者本局欲將西四月初二日入官顏料拍賣各樣顏料列左

鉛丹 三十啟羅
赭石 廿八啟羅
紅顏料 十五啟羅

今訂於西六月二十五日早十點鐘在本局拍賣如欲拍買者屆期可赴本局面議須攜帶現銀洋勿悞但此項顏料按德律如該物主意欲領回可先赴本局報明屆時如該物主不到拍賣後所得之價亦准其領特佈

德一千九百六年 五月 初九日
青島巡捕局啟

Bekanntmachung.

In das Handelsregister ist in Abteilung A unter Nr. 52 die Firma **Deutsch-Chines. Druckerei, Victor Roehr** mit dem Sitze zu Tsingtau eingetragen. Alleiniger Inhaber ist Kaufmann Victor Roehr in Tsingtau.

Tsingtau, den 9. Mai 1906.

Kaiserliches Gericht von Kiautschou I.

Mitteilungen.

Dem Wirklichen Admiralitätsrat Dr. Schrameier ist die Allerhöchste Genehmigung zur Anlegung des ihm von Seiner Majestät dem Kaiser von China verliehenen Ordens vom doppelten Drachen II. Klasse 3. Stufe erteilt worden.

* * *

Die Geschäfte der Bauabteilung IIIb hat Regierungsbaumeister Wentrup in Vertretung übernommen.

Der Kurs bei der Gouvernementskasse beträgt vom 6. d. Mts. ab: 1 $ = 2,22 M.

* * *

Standesamtliche Nachrichten.

Eheschliessungen: 5. Mai, Bankbeamter Rudolf Willkomm aus Tsinanfu und Caroline Seeliger aus Ballenstedt; 9. Mai, Bureauassistent Wilhelm Petersen und Klara Wagner, beide zu Tsingtau.

Schiffsverkehr

in der Zeit vom 3. — 9. Mai 1906.

Ankunft am	Name	Kapitän	Flagge	Reg. Tonnen.	von	Abfahrt am	nach
(30.4.)	D. Hoangho	Geissel	Deutsch	690	Kobe	5.5.	Kobe
(1.5.)	D. Hokoshin Maru	Takai	Japanisch	737	„	4.5.	„
(„)	D. Sutherland	Wallace	Englisch	2277	Portland	8.5.	Manila
4.5.	D. Gouv. Jaeschke	Treumann	Deutsch	1045	Schanghai	5.5.	Schanghai
„	D. Lok Sang	Hussey	Englisch	979	Tschifu		
„	D. Lauschan	Sperling	Deutsch	2056	Emden		
7.5.	D. Tak Sang	Clure	Englisch	977	Schanghai	8.5.	Schanghai
„	D. Tsintau	Artelt	Deutsch	977	„	„	Tschifu
8.5.	D. Lienshing	Wright	Englisch	1049	„	„	„
9.5.	D. Adm. v. Tirpitz	Block	Deutsch	1199	Tschifu	9.5.	Schanghai
„	D. Hino Maru	Takanashi	Japanisch	1098	Kobe		

12. Mai 1906. Amtsblatt—青岛官报 127.

Meteorologische Beobachtungen
in Tsingtau.

Datum. Mai	Barometer (mm) reduz. auf 0° C., Seehöhe 78,64 m			Temperatur (Centigrade).								Dunstspannung in mm			Relat. Feuchtigkeit in Prozenten		
				trock. Therm.			feucht. Therm.										
	7 Vm	2 Nm	9 Nm	7 Vm	2 Nm	9 Nm	7 Vm	2 Nm	9 Nm	Min.	Max.	7 Vm	2 Nm	9 Nm	7 Vm	2 Nm	9 Nm
3	754,4	753,2	753,8	13,5	18,5	13,1	11,6	12,4	9,2	11,5	19,8	9,0	7,0	6,3	79	45	56
4	55,4	56,3	55,5	12,5	15,1	13,0	11,0	10,9	10,1	11,4	16,9	8,9	7,2	7,5	83	56	67
5	55,0	54,4	54,2	12,0	15,7	14,8	11,0	14,0	11,1	11,3	17,5	9,2	10,9	7,6	89	82	61
6	53,9	52,0	51,6	13,1	12,0	10,7	9,3	11,9	10,5	10,3	15,7	6,5	10,3	9,3	57	99	98
7	50,0	50,3	51,3	11,1	13,7	11,0	10,3	11,3	8,9	10,1	14,7	8,9	8,5	7,2	90	73	74
8	53,0	53,1	54,6	10,1	15,7	12,1	9,0	12,5	9,7	9,6	17,1	7,9	8,9	7,5	86	66	72
9	55,0	55,2	56,1	11,5	13,9	11,1	10,9	11,7	9,6	10,3	14,5	9,4	8,9	8,0	93	75	81

Datum. Mai	Wind Richtung & Stärke nach Beaufort (0—12)			Bewölkung						Niederschläge in mm		
				7 Vm		2 Nm		9 Nm				9 Nm
	7 Vm	2 Nm	9 Nm	Grad	Form	Grad	Form	Grad	Form	7 Vm	9 Nm	7 Vm
3	S O 2	S O 3	O S O 3	8	Str	2	Cir-s	9	Str			
4	O S O 2	O S O 4	O S O 3	10	Cir-cum	8	"	8	Cir-s			
5	O S O 2	O S O 4	O S O 2	9	Cum-s	6	"	9	Cum			
6	O 3	N 3	N N W 2	10	Nim	10	Nim	10	Nim		20,7	21,4
7	N 3	N 7	N N W 7	10	"	9	Cum-s	10	Cum-s	0,7		
8	N 5	N N W 3	O S O 4	10	Cum-s	6	Cum	6	Cir			
9	O S O 3	S O 5	S O 3	2	Str	4	Cir-s	10	Nim			

Druck der Missionsdruckerei Tsingtau.

第七年　第十八号

1906 年 5 月 12 日

官方通告

告　白

启者：兹将本局据报被窃各物列左：

洋式蓝色风灯一盏；铁箱一个，内有银洋六十元、德军凭单数纸、自己书信数封。

以上被窃之物切勿轻买，如见立宜报明本局。特布。

德一千九百六年五月初九日
青岛巡捕局启

告　白

启者：本局欲将西四月初二日入官颜料拍卖，各样颜料列左：

铅丹三十启罗[①]、赭石廿八启罗、红颜料十五启罗。

今订于西六月二十五日早十点钟在本局拍卖，如欲拍买者，届期可赴本局面议。须携带现洋，勿误。但此项颜料按德律如该物主意欲领回，可先赴本局报明，届时如该物主不到，拍卖后所得之价亦准具领。特布。

德一千九百六年五月初九日
青岛巡捕局启

告　白

在商业登记 A 部第 52 号现登记注册以下公司："维克多·罗尔德华印刷厂"[②]，所在地为青岛。

公司唯一所有人为青岛的商人维克多·罗尔。

青岛，1906 年 5 月 9 日
胶澳皇家审判厅一处

---

① 译者注：德语 Kilo 音译，即千克。
② 译者注：中文行名为"福昌书局"。

消息

最高敕令准许高等海军部顾问①单维廉佩戴大清皇帝陛下授予的二等第三双龙宝星勋章②。

第三工部局二部的业务由政府建筑师温特鲁普代理。

总督府财务处自本月6日起的汇率为：1元＝2.22马克。

户籍所消息：

结婚：5月5日，来自济南府的银行职员鲁道夫·威尔克姆和来自巴伦施泰特的卡罗利娜·谢丽格；5月9日，办公助理威廉·彼得森和克拉拉·瓦根纳，二人均在青岛。

船运

1906年5月3日—9日期间

到达日	轮船船名	船长	挂旗国籍	登记吨位	出发港	出发日	到达港
(4月30日)	黄河号	盖瑟尔	德国	690	神户	5月5日	神户
(5月 1日)	北神丸	高井	日本	737	神户	5月4日	神户
(5月 1日)	萨瑟兰号	沃雷斯	英国	2 277	波特兰	5月8日	马尼拉
5月 4日	叶世克总督号	特洛依曼	德国	1 045	上海	5月5日	上海
5月 4日	乐生号	胡西	英国	979	芝罘		
5月 4日	崂山号	施伯灵	德国	2 056	埃姆登		
5月 7日	太仓号	克鲁尔	英国	977	上海	5月8日	上海
5月 7日	青岛号	阿特尔特	德国	977	上海	5月8日	芝罘
5月 8日	联兴号	莱特	英国	1 049	上海	5月8日	芝罘
5月 9日	提尔皮茨号	布洛克	德国	1 199	芝罘	5月9日	上海
5月 9日	日野丸	小鸟游	日本	1 098	神户		

---

① 译者注：高等海军部顾问为德意志帝国海军官员级别，从高到低分别为高等海军部枢密顾问、海军部枢密顾问、高等海军部顾问和海军部顾问。

② 译者注：双龙宝星勋章为清政府设立的勋章，由恭亲王奕訢上奏《奏定宝星章程》设定，用于奖给各国在华官员。

Amtsblatt
für das
Deutsche Kiautschou-Gebiet.

青島官報

Herausgegeben vom Kaiserlichen Gouvernement Kiautschou.

Der Bezugspreis beträgt jährlich $ 2 = M 4.
Bestellungen nehmen sämtliche deutsche Postanstalten entgegen.

Jahrgang 7. Nr. 19. Tsingtau, den 19. Mai 1906. 第十九號 第七年

Amtliche Anzeigen.

Bekanntmachung.

Zugelaufen: ein weisser Ziegenbock.
Zugeflogen: ein weisser Kakadu.

Tsingtau, den 16. Mai 1906.

Kaiserliches Polizeiamt.

告白

啓者茲將本局
據報送案之物
開明列左
　白山羊一隻
　白鸚鵡一個
以上所列之
物准失主來
局報明具領
此佈

大德一千九百
六年五月十六日
青島巡捕局啓

Bekanntmachung.

Bei der in Abteilung A. Nr. 6 des Handelsregisters vermerkten offenen Handelsgesellschaft

Diederichsen, Jebsen & Co.

ist folgendes eingetragen worden:

Die dem Kaufmann Reinhard Loeser in Kiel erteilte Prokura ist erloschen.

Tsingtau, den 12. Mai 1906.

Kaiserliches Gericht von Kiautschou I.

Mitteilungen.

Standesamtliche Nachrichten.

Geburt: 8. Mai, ein Sohn dem Bohrmeister Albert Illhardt zu Hungschang.

Todesfall: 13. Mai, Schuzi Matsuwo, 2 Monate alt.

Die Stationärgeschäfte vor Tsingtau hat S. M. Torpedoboot „Taku" von S. M. S. „Luchs" übernommen.

Postverbindungen mit Europa.

Ankommend			Abgehend		
Dampfer	ab Berlin	an Schanghai	Dampfer	ab Schanghai	an Berlin
	1906.	1906.		1906.	1906.
Englisch	1. Juni	5. Juli	Deutsch	2. Juni	6. Juli
Deutsch	5. „	10. „	Französisch	8. „	12. „
Französisch	8. „	12. „	Englisch	12. „	14. „
Englisch	15. „	19. „	Deutsch	16. „	20. „
Deutsch	19. „	24. „	Französisch	22. „	26. „
Französisch	22. „	26. „	Englisch	26. „	28. „
Englisch	29. „	2. August	Deutsch	30. „	3. August
Deutsch	3. Juli	7. „	Französisch	6. Juli	9. „
Französisch	6. „	9. „	Englisch	10. „	11. „
Englisch	13. „	16. „	Deutsch	14. „	17. „
Deutsch	17. „	21. „	Französisch	20. „	23. „
Französisch	20. „	23. „	Englisch	24. „	25. „
Englisch	27. „	30. „	Deutsch	28. „	31. „
Deutsch	31. „	4. September	Französisch	3. August	6. September
Französisch	3. August	6. „	Englisch	7. „	8. „
Englisch	10. „	13. „	Deutsch	11. „	14. „
Deutsch	14. „	18. „	Französisch	17. „	20. „
Französisch	17. „	20. „	Englisch	21. „	22. „
Englisch	24. „	27. „	Deutsch	25. „	28. „
Deutsch	28. „	2. Oktober	Französisch	31. „	4. Oktober
Französisch	31. „	4. „	Englisch	4. September	6. „
Englisch	7. September	11. „	Deutsch	8. „	12. „
Deutsch	11. „	16. „	Französisch	14. „	18. „
Französisch	14. „	18. „	Englisch	18. „	20. „
Englisch	21. „	25. „	Deutsch	22. „	26. „
Deutsch	25. „	30. „	Französisch	28. „	1. November
Französisch	28. „	1. November	Englisch	2. Oktober	3. „
Englisch	5. Oktober	8. „	Deutsch	6. „	9. „
Deutsch	9. „	13. „	Französisch	12. „	15. „
Französisch	12. „	15. „	Englisch	16. „	17. „
Englisch	19. „	22. „	Deutsch	20. „	23. „
Deutsch	23. „	27. „	Französisch	26. „	29. „
Französisch	26. „	29. „	Englisch	30. „	1. Dezember
Englisch	2. November	6. Dezember	Deutsch	3. November	7. „
Deutsch	6. „	11. „	Französisch	9. „	13. „
Französisch	9. „	13. „	Englisch	13. „	15. „
Englisch	16. „	20. „	Deutsch	17. „	21. „
Deutsch	20. „	25. „	Französisch	23. „	27. „
Französisch	23. „	27. „	Englisch	27. „	29. „
		1907.			1907.
Englisch	30. November	3. Januar	Deutsch	1. Dezember	4. Januar
Deutsch	4. Dezember	8. „	Französisch	7. „	10. „
Französisch	7. „	10. „	Englisch	11. „	12. „
Englisch	14. „	17. „	Deutsch	15. „	18. „
Deutsch	18. „	22. „	Französisch	21. „	24. „
			Englisch	25. „	26. „
			Deutsch	29. „	1. Februar

Meteorologische Beobachtungen
in Tsingtau.

Datum. Mai	Barometer (mm) reduz. auf 0° C., Seehöhe 78,64 m			Temperatur (Centigrade).								Dunstspannung in mm			Relat. Feuchtigkeit in Prozenten		
				trock. Therm.			feucht. Therm.										
	7 Vm	2 Nm	9 Nm	7 Vm	2 Nm	9 Nm	7 Vm	2 Nm	9 Nm	Min.	Max.	7 Vm	2 Nm	9 Nm	7 Vm	2 Nm	9 Nm
10	759,0	759,6	758,8	11,1	14,1	10,3	10,8	11,9	9,1	10,3	14,8	9,5	9,1	7,9	96	76	85
11	57,2	55,8	51,7	9,3	12,1	10,0	9,1	10,2	8,9	9,2	14,2	8,5	8,1	7,8	98	78	85
12	47,7	48,0	50,1	12,1	18,0	17,1	12,0	16,5	16,1	10,3	19,3	10,4	13,1	13,0	99	85	90
13	54,1	52,7	53,0	17,7	20,7	14,2	11,7	13,4	10,1	13,8	22,8	6,6	7,0	6,7	44	39	56
14	52,6	52,3	49,8	13,3	15,0	13,1	11,0	13,9	11,4	12,1	16,3	8,4	11,2	9,0	74	88	81
15	48,2	46,7	48,9	13,6	19,0	18,8	13,3	17,4	15,6	12,4	21,6	11,2	13,8	11,2	97	85	70
16	48,9	50,3	53,3	16,7	20,3	16,0	15,0	16,4	11,3	15,2	25,0	11,7	10,8	7,1	82	58	53

Datum. Mai	Wind Richtung & Stärke nach Beaufort (0—12)			Bewölkung						Niederschläge in mm		
				7 Vm		2 Nm		9 Nm				9 Nm
	7 Vm	2 Nm	9 Nm	Grad	Form	Grad	Form	Grad	Form	7 Vm	9 Nm	7 Vm
10	N 3	S O 4	S O 3	10	Cum-s	3	Cir-s	5				
11	S O 3	S O 7	S O 7	10	Nim	10	Cum-s	10				24,1
12	N 2	NNW 6	NNW 2	10	„	6	Cum			24,1	0,7	0,7
13	N 2	W 1	S O 3	8	Str	3	Cir-s					
14	S O 3	O S O 5	O S O 4	3	Cir-s	10	Cum-s					
15	S O 3	S O 2	S O 4		Nebel	4	„					
16	S O 3	NNW 6	NNW 7			5	Str	8	Cum-s			

Schiffsverkehr

in der Zeit vom 10.—17. Mai 1906.

Ankunft am	Name	Kapitän	Flagge	Reg. Tonnen.	von	Abfahrt am	nach
(4.5.)	D. Lok Sang	Hussey	Englisch	979	Tschifu	12.5.	Schanghai
(9.5.)	D. Hino Maru	Takanashi	Japanisch	1098	Kobe	10.5.	Tschifu
11.5.	D. Gouv. Jaeschke	Treumann	Deutsch	1045	Schanghai	12.5.	Schanghai
14.5.	D. Staatssekr. Krätke	Hanssen	„	1208	„	14.5.	Tschifu
„	D. Tak Sang	Clure	Englisch	977	„	15.5.	Schanghai
16.5.	D. Tsintau	Artelt	Deutsch	977	Tschifu	16.5.	„
„	D. Kalgan	Leuis	Englisch	1143	Hongkong		
17.5.	D. Hokoshin Maru	Takai	Japanisch	737	Kobe		

Druck der Missionsdruckerei Tsingtau.

第七年　第十九号

1906年5月19日

官方通告

告白

启者：兹将本局据报送案之物开明列左：

白山羊一只；白鹦鹉一个。

以上所列之物准失主来局报明具领。此布。

大德一千九百六年五月十六日
青岛巡捕局启

告白

在商业登记 A 部第 6 号登记的无限责任公司"捷成洋行"已登记入下列事项：

撤销分配给基尔的商人莱茵哈德·罗泽尔的代理权。

青岛，1906 年 5 月 12 日
胶澳皇家审判厅一处

消息

户籍所消息：

出生：5 月 8 日，洪山的钻探师阿尔伯特·伊尔哈特得子一名。

去世：5 月 13 日，松尾淑子，2 个月大。

"大沽"号从"臭鼬"号军舰处接手了青岛的驻扎工作。

与欧洲的邮政连接

	到达			发出	
轮船	柏林出发	抵达上海	轮船	上海出发	抵达柏林
	1906年	1906年		1906年	1906年
英国	6月 1日	7月 5日	德国	6月 2日	7月 6日
德国	6月 5日	7月10日	法国	6月 8日	7月12日
法国	6月 8日	7月12日	英国	6月12日	7月14日
英国	6月15日	7月19日	德国	6月16日	7月20日
德国	6月19日	7月24日	法国	6月22日	7月26日
法国	6月22日	7月26日	英国	6月26日	7月28日
英国	6月29日	8月 2日	德国	6月30日	8月 3日
德国	7月 3日	8月 7日	法国	7月 6日	8月 9日
法国	7月 6日	8月 9日	英国	7月10日	8月11日
英国	7月13日	8月16日	德国	7月14日	8月17日
德国	7月17日	8月21日	法国	7月20日	8月23日
法国	7月20日	8月23日	英国	7月24日	8月25日
英国	7月27日	8月30日	德国	7月28日	8月31日
德国	7月31日	9月 4日	法国	8月 3日	9月 6日
法国	8月 3日	9月 6日	英国	8月 7日	9月 8日
英国	8月10日	9月13日	德国	8月11日	9月14日
德国	8月14日	9月18日	法国	8月17日	9月20日
法国	8月17日	9月20日	英国	8月21日	9月22日
英国	8月24日	9月27日	德国	8月25日	9月28日
德国	8月28日	10月 2日	法国	8月31日	10月 4日
法国	8月31日	10月 4日	英国	9月 4日	10月 6日
英国	9月 7日	10月11日	德国	9月 8日	10月12日
德国	9月11日	10月16日	法国	9月14日	10月18日
法国	9月14日	10月18日	英国	9月18日	10月20日
英国	9月21日	10月25日	德国	9月22日	10月26日
德国	9月25日	10月30日	法国	9月28日	11月 1日
法国	9月28日	11月 1日	英国	10月 2日	11月 3日
英国	10月 5日	11月 8日	德国	10月 6日	11月 9日
德国	10月 9日	11月13日	法国	10月12日	11月15日
法国	10月12日	11月15日	英国	10月16日	11月17日
英国	10月19日	11月22日	德国	10月20日	11月23日

(续表)

到达			发出		
轮船	柏林出发	抵达上海	轮船	上海出发	抵达柏林
	1906年	1906年		1906年	1906年
德国	10月23日	11月27日	法国	10月26日	11月29日
法国	10月26日	11月29日	英国	10月30日	12月 1日
英国	11月 2日	12月 6日	德国	11月 3日	12月 7日
德国	11月 6日	12月11日	法国	11月 9日	12月13日
法国	11月 9日	12月13日	英国	11月13日	12月15日
英国	11月16日	12月20日	德国	11月17日	12月21日
德国	11月20日	12月25日	法国	11月23日	12月27日
法国	11月23日	12月27日	英国	11月27日	12月29日
		1907年			1907年
英国	11月30日	1月 3日	德国	12月 1日	1月 4日
德国	12月 4日	1月 8日	法国	12月 7日	1月10日
法国	12月 7日	1月10日	英国	12月11日	1月12日
英国	12月14日	1月17日	德国	12月15日	1月18日
德国	12月18日	1月22日	法国	12月21日	1月24日
			英国	12月25日	1月26日
			德国	12月29日	2月 1日

船运

1906年5月10日—17日期间

到达日	轮船船名	船长	挂旗国籍	登记吨位	出发港	出发日	到达港
(5月 4日)	乐生号	胡西	英国	979	芝罘	5月12日	上海
(5月 9日)	日野丸	小鸟游	日本	1 098	神户	5月10日	芝罘
5月11日	叶世克总督号	特洛依曼	德国	1 045	上海	5月12日	上海
5月14日	克莱特克号	韩森	德国	1 208	上海	5月14日	芝罘
5月14日	太仓号	克鲁尔	英国	977	上海	5月15日	上海
5月16日	青岛号	阿特尔特	德国	977	芝罘	5月16日	上海
5月16日	张家口号	罗伊斯	英国	1 143	香港		
5月17日	北神丸	高井	日本	737	神户		

第七年　第二十号

133.

Amtsblatt
für das
Deutsche Kiautschou-Gebiet.

青島官報

Herausgegeben vom Kaiserlichen Gouvernement Kiautschou.

Der Bezugspreis beträgt jährlich $ 2 = M 4.
Bestellungen nehmen sämtliche deutsche Postanstalten entgegen.

| Jahrgang 7. | Nr. 20. | Tsingtau, den 26. Mai 1906. | 第二十號 | 第七年 |

Verordnungen und Bekanntmachungen.

Bekanntmachung.

Zum Schutze der Kiefernbestände im deutschen Kiautschougebiete wird hiermit angeordnet, dass die Grundeigentümer auf ihren mit Kiefern bestandenen Grundstücken in der Zeit vom 1. Juni bis 15. August jeden Jahres für das Sammeln und Töten der Raupen des Kiefernspinners (Gastropacha pini) Sorge zu tragen haben.

Wer das vorgeschriebene Raupen unterlässt wird nach § 368 Ziffer 2 des Reichsstrafgesetzbuches bestraft.

Tsingtau, den 19. Mai 1906.

Der Kaiserliche Zivilkommissar.

大德輔政司崑
出示通行曉諭事照得
有生長松樹之處各該地主應於西歷每年六月
一日起至西歷八月十五日
止須將松樹所生之毛蟲
捉拿戕殺以期保護德境
內各處松樹倘有不遵
即將毛蟲捉拿一經查出
按德律第三百六十八
條第二端罰辦仰各懍
切切特諭
切切
大德一千九百六年五月
右諭通知
九日
告示

Bekanntmachung.

Die Tarife des fiskalischen Wasserwerkes für Zuleitungen (Amtsblatt 1904, Seite 217 und Amtsblatt 1905, Seite 11) werden vom 1. April 1906 ab folgendermassen ermässigt.

Es werden berechnet:
a. für Zuleitungen aus verzinktem Eisenrohr
 1. 1 lfd.m. Zuleitung v. 20 mm lichter Weite 1,80 $
 2. 1　„　　　　„　25　„　　„　　„　2,00 „
 3. 1　„　　　　„　30　„　　„　　„　2,30 „
 4. 1　„　　　　„　40　„　　„　　„　2,70 „

b. für Zuleitungen von grösserer Lichtweite und für sonstige Leistungen werden die Selbstkosten des Materials mit 30% Aufschlag, die Arbeitslöhne mit 100% Aufschlag in Rechnung gestellt. Europäische Aufsicht wird nicht in Rechnung gestellt.

In den Preisen unter a 1 bis a 4 ist einbegriffen: Die Lieferung aller Materialien, sowie die Ausführung aller Erd-, Fels-, Spreng-, Chaussierungs- und Pflasterarbeiten, sowie die erforderlichen Mauerdurchbrüche und der Einbau des Privathaupthahnes, bis zu welchem die Länge der Zuleitungen berechnet wird. Ausgeschlossen ist abgesehen von der Zuschüttung des Rohrgrabens die Wiederherstellung des früheren Zustandes auf dem Privatgrundstücke an gärtnerischen Anlagen

227

134.   Amtsblatt—青島官報   26. Mai 1906.

Zementstrichen, Plattenbelägen, Pflasterarbeiten u. s. w., die von dem Antragsteller selbst zu bewirken ist.

Tsingtau, den 14. Mai 1906.

Der Kaiserliche Baudirektor.

Bekanntmachung.

Die auf Antrag eines Gläubigers entsprechend den Vorschriften der Zivilprozessordnung angeordnete Zwangshaft (zur Erzwingung der Vornahme, Unterlassung oder Duldung einer Handlung - §§ 888 und 890 -, zur Erzwingung des Offenbarungseides - § 901 bis 914 - und zur Vollziehung des persönlichen Sicherheitsarrestes) wird nach § 911 nur vollstreckt, wenn der Gläubiger die durch die Haft entstehenden Kosten einschliesslich der Verpflegungskosten von Monat zu Monat vorausbezahlt.

Die Haftkosten betragen:

1. im Gerichtsgefängnis: täglich 80 Cents, jedoch nur 45 Cents, wenn der Verhaftete auf eigene Kosten verpflegt wird;
2. in den Chinesengefängnissen: täglich 20 Cents, jedoch nur 10 Cents, wenn der Verhaftete auf eigene Kosten verpflegt wird.

Tsingtau, den 17. Mai 1906.

Der Kaiserliche Oberrichter.

Dr. Crusen.

Amtliche Anzeigen.

Bekanntmachung.

Als gestohlen angemeldet: 1 goldene Uhr mit verbeultem Deckel, ohne Glas; 1 silberne Remontoiruhr.

Als verloren angemeldet: 1 Brustblatt für Pferdegeschirr mit Strang und gelber Filzunterlage.

Tsingtau, den 23. Mai 1906.

Kaiserliches Polizeiamt.

啓者茲將本局徼報被竊並遺失各物開明列左
被竊各物
告示表一枚盡有小孔失去玻璃表一枚
遺失之物
馬甞胸皮套一條上帶皮繼一根黃色氈子一塊
以上各物切勿輕買如見立肯報明本局此佈
德一千九百六年五月廿四日
青島巡捕局啟

Mitteilungen.

Am Sonntag, den 27. d. Mts., findet in der Gouvernementskapelle kein Gottesdienst statt.

*   *   *

Standesamtliche Nachrichten.

Geburten: 17. Mai, ein Sohn dem Eisenbahnbuchhalter Hermann Brickner; 20. Mai, eine Tochter dem Bautechniker Ernst Bartenwerfer.

26. Mai 1906. Amtsblatt—青島官報 135.

Meteorologische Beobachtungen
in Tsingtau.

Datum. Mai	Barometer (m m) reduz. auf 0º C., Seehöhe 78,64 m			Temperatur (Centigrade).								Dunstspannung in mm			Relat. Feuchtigkeit in Prozenten		
				trock. Therm.			feucht. Therm.										
	7 Vm	2 Nm	9 Nm	7 Vm	2 Nm	9 Nm	7 Vm	2 Nm	9 Nm	Min.	Max.	7 Vm	2 Nm	9 Nm	7 Vm	2 Nm	9 Nm
17	756,5	756,0	754,3	14,1	20,8	14,9	8,3	15,1	10,3	13,1	22,0	4,7	9,3	6,6	39	51	52
18	54,0	53,8	53,8	14,4	18,4	13,5	12,1	13,9	11,3	12,9	19,1	9,3	9,1	8,7	78	58	75
19	52,8	51,5	51,2	13,3	14,3	12,0	12,1	13,1	10,1	11,7	20,2	9,8	10,5	8,1	87	87	78
20	52,4	51,5	51,3	13,9	17,1	15,4	13,8	15,2	13,1	11,0	20,1	11,7	10,7	9,8	99	81	76
21	53,1	51,4	51,7	14,5	20,0	15,8	12,6	11,3	10,1	13,6	22,4	9,7	4,7	5,8	80	27	43
22	52,8	53,3	55,0	16,5	18,8	15,1	13,7	15,5	12,5	14,8	24,3	10,0	11,1	9,2	71	69	72
23	55,5	56,5	58,1	16,1	19,1	15,5	12,3	11,5	12,7	14,8	20,8	8,4	5,5	9,2	61	34	70

Datum. Mai	Wind Richtung & Stärke nach Beaufort (0—12)			Bewölkung						Niederschläge in mm		
				7 Vm		2 Nm		9 Nm				9 Nm
	7 Vm	2 Nm	9 Nm	Grad	Form	Grad	Form	Grad	Form	7 Vm	9 Nm	7 Vm
17	N W 3	WNW 2	S 4	8	Cir-cum	4	Cir-s	2	Cir-s			
18	S O 2	SSO 4	S O 4									
19	SSO 3	O S O 5	S O 4			10	Str	10	Cum-s			
20	S O 2	S O 4	O S O 2	10	Nebel	2	Cir	10	„			
21	N W 1	S O 3	S O 3	10	Cum-s	2	Str	5	„			
22	O S O 1	S O 3	S O 3	6	Cir-s							
23	O S O 2	S O 4	S O 3									

Schiffsverkehr

in der Zeit vom 18.—23. Mai 1906.

Ankunft am	Name	Kapitän	Flagge	Reg. Tonnen.	von	Abfahrt am	nach
(4.5.)	D. Lauschan	Sperling	Deutsch	2056	Emden	18.5.	Moji
(16.5.)	D. Kalgan	Leuis	Englisch	1143	Hongkong	,,	Tschifu
(17.5.)	D. Hokoshin Maru	Takai	Japanisch	737	Kobe	19.5.	Kobe
18.5.	D. Gouv. Jaeschke	Treumann	Deutsch	1045	Schanghai	,,	Schanghai
,,	D. Maudal	Erichsen	Norweg.	1194	Hongkong	,,	Tschifu
19.5.	D. Thea	Fulda	Deutsch	2208	Manila		
,,	D. Hirundo	Björnnes	Norweg.	1343	Schanghai	22.5.	Kuhinotzu
20.5.	D. Peiho	Deinat	Deutsch	417	,,	20.5.	Tschemulpo
,,	D. Tatzu Maru		Japanisch	1477	Nagasaki		
,,	D. Hoangho	Geissel	Deutsch	690	Kobe		
21.5.	D. Adm. v. Tirpitz	Block	,,	1199	Schanghai	21.5.	Tschifu
,,	D. Tak Sang	Clare	,,	977	,,	22.5.	Schanghai
,,	D. Kisso Maru		Japanisch	1536	Modoran		
23.5.	D. Staatssekr. Kraetke	Hanssen	Deutsch	1208	Tschifu	23.5.	Schanghai

Druck der Missionsdruckerei Tsingtau.

第七年 第二十号

1906 年 5 月 26 日

法令与告白

大德辅政司崑 为

出示通行晓谕事：照得所有生长松树之处，各该地主应于西历每年六月初一日起至西八月十五日止，须将松树所生之毛虫捉拿戕杀，以期保护德境内各处松树。倘有不遵，未将毛虫捉清者，一经查出，即按德律第三百六十八条第二端罚办。仰各懔遵。切切特谕。

右谕通知

大德一千九百六年五月十九日　告示

告白

从国库水厂引水的费率（1904 年《官报》，第 217 页和 1905 年《官报》，第 11 页）从 1906 年 4 月 1 日起，按以下标准调整：

计费标准如下：

a. 从镀锌铁管中引水：

1. 从直径 20 毫米铁管中引水一整月　　1.80 元
2. 从直径 25 毫米铁管中引水一整月　　2.00 元
3. 从直径 30 毫米铁管中引水一整月　　2.30 元
4. 从直径 40 毫米铁管中引水一整月　　2.70 元

b. 从更大直径以及其他铁管中引水，需要在账单里对材料成本加收 30%，工钱加收 100%。欧洲监管人员的有关工资不列入账单费用。

a1 和 a4 下的费用包括：所有材料的供应，以及所有土石方、爆破、混凝土和道路铺设工程的施工。此外还有必需的破墙和私用主管道的安装工程，这段长度的引水管需要另收费。除管沟回填外，不包括将私人地块上的园林设施、水泥层、护壁板等恢复到之前的状态，这些工程由申请者自己负责。

青岛，1906 年 5 月 14 日

皇家工部局局长

告白

根据《民事诉讼法》相关规定,应债权人申请实施的强制拘留(第888条和第890条中关于对某一行为进行强制实施、搁置或者容忍,第901条到第914条中的强制宣誓陈述和实施预防性逮捕),根据第911条,只有当债权人预先按月支付由于关押所产生的费用(包含伙食费)后,才会实施。

拘留费用为:

1. 在法院监狱:每日80分,如果被拘留人自付伙食费,则每日仅收费45分。
2. 在华民监狱:每日20分,如果被拘留人自付伙食费,则每日仅收费10分。

青岛,1906年5月17日
皇家高等法官 克鲁森

官方通告

告白

启者:兹将本局据报被窃并遗失各物开明列左:

被窃各物:

金表一枚,盖有小孔,失去玻璃;把上弦银表一枚。

遗失之物:

马当胸皮套一条,上带皮绳一根;黄色毡子一块。

以上各物切勿轻买,如见立宜报明本局。此布。

德一千九百六年五月廿四日
青岛巡捕局启

消息

本月27日星期日,督署小教堂不举办弥撒。

户籍所消息:

出生:5月17日,铁路公司会计赫尔曼·布里克纳得子一名;5月20日,建筑师恩斯特·巴腾维尔弗得女一名。

船运

1906年5月18日—23日期间

到达日	轮船船名	船长	挂旗国籍	登记吨位	出发港	出发日	到达港
(5月 4日)	崂山号	施伯灵	德国	2 056	埃姆登	5月18日	门司
(5月16日)	张家口号	路易斯	英国	1 143	香港	5月18日	芝罘
(5月17日)	北神丸	高井	日本	737	神户	5月19日	神户
5月18日	叶世克总督号	特洛依曼	德国	1 045	上海	5月19日	上海
5月18日	毛达尔号	埃里克森	挪威	1 194	香港	5月19日	芝罘
5月19日	特亚号	富尔达	德国	2 208	马尼拉		
5月19日	燕子号	比阳内斯	挪威	1 343	上海	5月22日	南岛原①
5月20日	白河号	代纳特	德国	417	上海	5月20日	济物浦
5月20日	西野丸		日本	1 477	长崎		
5月20日	黄河号	盖瑟尔	德国	690	神户		
5月21日	提尔皮茨号	布洛克	德国	1 199	上海	5月21日	芝罘
5月21日	太仓号	克鲁尔	德国	977	上海	5月22日	上海
5月21日	鲭江丸		日本	1 536	室兰		
5月23日	克莱特克号	韩森	德国	1 208	芝罘	5月23日	上海

---

① 译者注:韩国仁川的旧称。

Amtsblatt
für das
Deutsche Kiautschou-Gebiet.

青島官報

Herausgegeben vom Kaiserlichen Gouvernement Kiautschou.

Der Bezugspreis beträgt jährlich $ 2 = M 4.
Bestellungen nehmen sämtliche deutsche Postanstalten entgegen.

Jahrgang 7.   Nr. 21.   Tsingtau, den 2. Juni 1906.

Verordnungen und Bekanntmachungen.

Bekanntmachung
betreffend
die Verwaltung von Tai hsi tschen.

§ 1.

Zum Ortsvorsteher von Tai hsi tschen wird Tschang tsching yün ernannt. Bis zum 1. Januar 1907 können Vorschläge über zu ernennende Ortsvorsteher an mich eingereicht werden.

§ 2.

Die monatliche Grundstückspacht, die 0,20 $ für 100 qm beträgt, wird um ein Drittel erhöht.

Sie wird mit der bisherigen Wasserabgabe vom Ortsvorsteher erhoben und monatlich an die Gemeindekasse abgeführt.

§ 3.

An Standgebühren auf dem Markte werden für den kleinen Platz 10 kleine Käsch, für den grossen Platz 20 kleine Käsch täglich erhoben. Sobald ein Händler sich niederlässt und einen Platz einnimmt, hat er die Gebühren für einen Tag zu zahlen; sobald er den Platz verlässt, verliert er den Anspruch darauf.

Das Geld ist monatlich seitens des Ortsvorstehers an die Gemeindekasse abzuliefern.

§ 4.

An Wiegegebühren werden erhoben: für Mehl, Getreide, Getränke, Salz, Tabak, Fleisch 15 kleine Käsch; für Holz, Stroh, Gras, Gemüse, Fische, Obst 30 kleine Käsch.

Der Ertrag ist monatlich vom Ortsvorsteher an die Gemeindekasse abzuführen.

§ 5.

Die Fäkalienabfuhr wird in öffentlicher Ausschreibung vergeben. Die Abfuhr umfasst auch den Dünger von Vieh.

§ 6.

Die Einnahmen, mit Ausnahme der bisherigen Grundpacht, werden lediglich im Interesse der Gemeinde verwendet. Die Abrechnung der Einnahmen und der Ausgaben wird jährlich im Laufe des Januar im Amtsblatt für das Deutsche Kiautschougebiet bekannt gemacht und in Tai hsi tschen angeschlagen werden.

§ 7.

In Gemeindeangelegenheiten sollen die Gemeindemitglieder sich an den Ortsvorsteher wenden; dieser ist zunächst berufen, Wünsche der Gemeinde u. s. w. an die zuständige Stelle zu übermitteln.

§ 8.

Andere Abgaben als in dieser Bekanntmachung genannt, oder solche, die über die hier genannten Beträge hinausgehen, sind nicht zu leisten. Jeder, der andere oder höhere Abgaben verlangt, macht sich strafbar.

§ 9.

Diese neuen Bestimmungen über die Gemeindeverwaltung von Tai hsi tschen treten am 1. Juni 1906 in Kraft.

Rückständige Pachten sind in der alten Höhe längstens bis zum 14. Juni 1906 an das Landamt abzuführen.

Tsingtau, den 25. Mai 1906.

Der Kommissar für chinesische Angelegenheiten.

大德欽命管理中華事宜輔政司單為

出示曉諭事照得派人經理台西鎮事宜各條列左

一自西歷一千九百六年六月初一即中光緒三十二年閏四月初十日由本署派張慶雲充當該鎮鎮長至該鎮內各房主則可於西一千九百七年正月初一日另行公舉鎮長候定

二凡在該鎮所租之地皮每一百米打每月應繳租價洋二角八分並與向來之自來水費均由該鎮長查收

三集場擺攤分別大小核收小攤每座每日收京錢十文大攤每座每日收京錢二十文其攤主等一經將攤擺設即須出一日之費此項攤費經收後由鎮長彙交作為該鎮公共進款

四公稱費項如米麵雜糧並能喝各物以及鹽烟肉過稱者每價錢一千准予抽收京錢十五文他如木稭草青菜魚菓品過稱者每價錢一千准予抽收京錢三十文惟所收之費亦由鎮長彙交作為該鎮公共進款

五該鎮糞尿各筒應行招人包倒牲口糞亦在其內

六除原定地皮租洋外其餘所收各項公款皆撥充在事諸人薪工並該鎮內各項公共義舉諸費常年所入所出各款每屆西歷正月間開列清單登入青島官報並在該鎮張貼示衆以昭公允

七該鎮長乃衆人仰賴之人所有該鎮公事歸其核辦倘遇事有難解者該商民等即須請其轉呈辦理

八除以上各條訂明各費外即毋須再出他項費款倘有人違犯此章或擅索別項公費或於定數外多收等獎一經查出定即按律懲辦

九以上所訂各條內凡屬創議之新法准自西歷本年六月初一即中閏四月初十日起一律遵行但在此期以前該鎮內所有未繳之地租務於西六月十五日齊赴青島地畝局呈繳勿悮爲此示仰諸色人等一體知悉特諭

大德一千九百六年五月二十六日

右諭通知

告示

Amtliche Anzeigen.

Pachtversteigerung.

Auf Antrag des Tschiau yü fu findet am Mittwoch, den 6. Juni 1906, vormittags 11 Uhr, die Versteigerung der Pacht der Parzelle Nr. $\frac{187}{76}$ am kleinen Hafen im Landamte statt.

Grösse: 1052 qm.
Mindestpreis: 263 $.
Benutzungsplan: Lagerstätten für Rohmaterialien.
Pachtdauer: 1 Jahr fest, später vierteljährliche Kündigung.

Mitbieter werden ersucht, sich zum Versteigerungstermin im Landamte einzufinden.

Tsingtau, den 26. Mai 1906.

Kaiserliches Landamt.

Pachtversteigerung.

Auf Antrag des Tschien yi heng findet am Mittwoch, den 6. Juni 1906, vormittags 11 $\frac{1}{2}$ Uhr, die Versteigerung der Pacht der Parzelle Nr. $\frac{186}{76}$ am kleinen Hafen im Landamte statt.

Grösse: 1048 qm.
Mindestpreis: 262 $.
Benutzungsplan: Lagerstätten für Rohmaterialien.
Pachtdauer: 1 Jahr fest, später vierteljährliche Kündigung.

Mitbieter werden ersucht, sich zum Versteigerungstermin im Landamte einzufinden.

Tsingtau, den 26. Mai 1906.

Kaiserliches Landamt.

Bekanntmachung.

Als verloren angemeldet: 1 silberne Uhr mit Goldrand und einem Riss im Zifferblatt an einer Kette mit einer Schützenpfeife; 3 Sätze Kiautschou-Marken von 3 Pfg.—5 M., 1 5 Pfg. und 1 10 Pfg. Marke (Adler) 1899, 1 2½ $ Marke ohne Wasserzeichen, 2 Sätze neue Marken von 1-50 Cts., 6-7 Stück 50 Cts. Marken, sämtlich in einem Briefumschlage, 2 neue Koreamarken (Jubiläumsmarken); 1 Portemonaie mit 1 Schlüssel und Gold als Inhalt; 1 rosafarbener Sonnenschirm.

Tsingtau, den 30. Mai 1906.

Kaiserliches Polizeiamt.

2. Juni 1906.   Amtsblatt—青島官報   141.

Landversteigerung.

Auf Antrag des Ku tscheng tschang findet am Montag, den 18. Juni 1906, vormittags 11 Uhr, die Versteigerung des Grundstückes Kbl. 12 Nr. 87 Tsingtau Stadt an der Tschifustrasse im Landamte statt.

    Grösse: 1504 qm.
    Mindestpreis: 1443. 84 $.
    Benutzungsplan: Errichtung eines Clubhauses nebst Läden.
    Bebauungsfrist: 30. Juni 1909.
    Gesuche zum Mitbieten sind bis zum 11. Juni 1906 hierher zu richten.

Tsingtau, den 28. Mai 1906.

Kaiserliches Landamt.

大德管理青島地畝局拍賣地畝事茲據古成章票稱欲買大包島芝罘街地圖第十二號第七十八塊計一千五百零四米打暫擬價洋一千四百四十三元八角四分今訂於西一千九百六年六月十八日上午十一點鐘在本局拍賣定後准蓋舖房會館戲館限至西一千九百九年六月三十日一律修竣如他人亦欲買者可以投票截至一千九百六年六月十一日止屆期前來本局面議可也勿候特諭

西告一千九百六年五月二十八日右諭通知

Mitteilungen.

Die Gottesdienst in der Gouvernementskapelle beginnt am I. Pfingstfeiertage um 10 Uhr vormittags; am II. Feiertage findet kein Gottesdienst statt.

    *   *

Der Katasterkontrolleur Gödecke ist zum Vorstande des Katasteramtes Kiautschou mit der für das Schutzgebiet geltenden Amtsbezeichnung „Oberlandmesser" ernannt worden.

    *   *

Standesamtliche Nachrichten.
Geburten: 26. Mai, ein Sohn dem Eisenbahnbeamten Karl Schwengenbecher; 27. Mai, ein Sohn dem Hotelvorstand Lorenz Storm.

    *   *

Der Kurs bei der Gouvernementskasse beträgt vom 24. Mai d. Js. ab: 1 $ = 2,25 M.

    *   *

In der Zeit vom 7. Juni bis Anfang Juli d. Js. wird an mehreren Tagen von der Matrosen-Artillerie-Abteilung Kiautschou nach der Aussenreede zu geschossen werden.

Während der Schiesszeit im Allgemeinen von 7½ Uhr vormittags bis 7½ Uhr nachmittags wird an den Signalmasten der Signalstation und der Salutbatterie ein roter Doppelstander (Internationale Flagge B) wehen.

An den Grenzen des Schussfeldes werden, solange geschossen wird, Dampfboote liegen mit dem gleichen Signalabzeichen, um das Schussfeld frei zu halten. Ihren Anordnungen ist Folge zu leisten.

Während der Dauer des Schiessens wird das Auguste Viktoria-Ufer von der Gouvernements-Werkstatt bis zur Villa Ohlmer durch Posten zeitweise abgesperrt werden.

Die Lotsen werden Schiffen, die beabsichtigen, auf der Aussenreede zu ankern, einen ausserhalb des Schiessbereichs liegenden Ankerplatz anweisen.

Es wird streng davor gewarnt, blindgegangene Geschosse beim Auffinden mitzunehmen oder sogar zu versuchen, den Zünder heraus zu schrauben, da die Geschosse bei der geringsten Bewegung explodieren können.

Über den Fund blindgegangener Geschosse ist dem Polizeiamt sofort Mitteilung zu machen.

    *   *

Die Stationärgeschäfte vor Tsingtau hat S. M. S. „Hansa" übernommen.

    *   *

Die Schantung-Eisenbahn-Gesellschaft hat mit Giltigkeit vom 1. Juni 1906 nachstehende Änderung der Anlage A der Verkehrsordnung Seite 88, IV, deren Überschrift in „Auf- und Abladegebühren, Krahngeld, Rungengebühr" geändert wird, als Absatz 4 eingeführt:

Bei Gestellung von Plattformwagen wird für die Benutzung der Rungen eine Gebühr von 10 Cents für jede Runge und eine Mindestgebühr von $ 1,50 für jeden Wagen erhoben.

* * *

Die Schantung-Eisenbahn-Gesellschaft hat mit Giltigkeit vom 1. September 1906 bis auf Widerruf nachstehenden Ausnahmetarif Nr. 14 eingeführt.

Für die Beförderung von Eis in Wagenladungen werden die folgenden Frachtsätze bei Frachtzahlung für mindestens 15000 kg für jeden Wagen berechnet:

nach Tsingtau-Bahnhof oder Tsingtau-Gr. Hafen	Frachtsatz für 100 kg. mex. $	Fracht für 15000 kg mex. $
von Syfang	0,07	10,50
„ Nantschuang	0,14	21,00
„ Kaumi	0,28	42,00
„ Tsaitschiatschuang	0,31	46,50
„ Taerlpu	0,33	49,50

* * *

Der Kaiserliche Botschafter Freiherr Mumm von Schwarzenstein hat die Geschäfte der Kaiserlichen Botschaft in Tokio am 13. Mai d. Js. übernommen.

* * *

Die Direktion der Leuchtfeuer und Lotsen in Wladiwostok bringt zur Kenntnis der Seeschiffer, dass der Lotsendienst der Amurbucht eingerichtet ist. Der Leuchtturm auf Kap Gamow ist vorübergehend befeuert worden (beständiges weisses Feuer) und bei demselben befindet sich eine Glocke für Nebelsignale. Den nach Wladiwostok gehenden Schiffen wird empfohlen, den Kurs auf Kap Gamow zu setzen, von wo sie nach dem Hafen durch die Amurbucht zu gehen haben, die Inseln „Rimsky-Korsakow", „Stenina" und „Ziwolko" östlich liegen lassend und möglichst dicht bei dem „Matwejew-Steine" und Kap „Tschernjawsky" haltend, um die von ihnen nach Westen gehende Minensperre zu vermeiden.

Die frühere Verordnung, dass in den Hafen einkommende und denselben verlassende Schiffe von Minenlotsen durch die gefährliche Zone geführt werden sollen, bleibt bestehen. Die Minenlotsen werden der geänderten Bestimmung entsprechend in Zukunft bei Kap Gamow an Bord einkommender Schiffe gehen.

Schiffsverkehr

in der Zeit vom 24.—31. Mai 1906.

Ankunft am	Name	Kapitän	Flagge	Reg. Tonnen.	von	Abfahrt am	nach
(19.5.)	D. Thea	Fulda	Deutsch	2208	Manila	26.5.	Taku
(20.5.)	D. Tatzu Maru		Japanisch	1477	Nagasaki	29.5.	Wladiwostock
(„)	D. Hoangho	Geissel	Deutsch	690	Kobe	26.5.	Kobe
(21.5.)	D. Kisso Maru		Japanisch	1536	Modoran	25.5.	Niutschuang
25.5.	D. Gouv. Jaeschke	Treumann	Deutsch	1045	Schanghai	26.5.	Schanghai
26.5.	D. Taishu Maru	Takemuta	Japanisch	901	Moji	29.5.	Tschifu
28.5.	D. Tak Sang	Clure	Englisch	977	Schanghai	„	Schanghai
„	D. Tsintau	Artelt	Deutsch	977	„	„	Tschifu
29.5.	D. Adm. v. Tirpitz	Block	„	1199	Tschifu	„	Schanghai
30.5.	D. Eiger	Fingalsen	Norweg.	875	Niutschuang		
31.5.	D. Hokoshin Maru	Takai	Japanisch	739	Kobe		

Hochwassertabelle für den Monat Juni 1906.

Datum	Tsingtau - Hauptbrücke.		Grosser Hafen, Mole I.		Nükuk'ou.	
	Vormittags	Nachmittags	Vormittags	Nachmittags	Vormittags	Nachmittags
1.	11 U. 22 M.	11 U. 30 M.	11 U. 52 M.	—	—	0 U. 30 M
2.	—	0 „ 31 „	0 „ 00 „	1 U. 04 M.	0 U. 30 M.	1 „ 34 „
3.	0 „ 38 „	1 „ 30 „	1 „ 08 „	2 „ 06 „	1 „ 38 „	2 „ 30 „
4.	1 „ 41 „	2 „ 19 „	2 „ 08 „	2 „ 09 „	2 „ 41 „	3 „ 19 „
5.	2 „ 36 „	2 „ 59 „	3 „ 06 „	3 „ 29 „	3 „ 36 „	3 „ 59 „
6.	3 „ 23 „	3 „ 37 „ ○	3 „ 53 „	4 „ 07 „	4 „ 23 „	4 „ 37 „
7.	4 „ 13 „	4 „ 14 „	4 „ 43 „	4 „ 44 „	5 „ 13 „	5 „ 14 „
8.	5 „ 01 „	4 „ 52 „	5 „ 31 „	5 „ 22 „	6 „ 01 „	5 „ 52 „
9.	5 „ 53 „	5 „ 36 „	6 „ 23 „	6 „ 06 „	6 „ 53 „	6 „ 36 „
10.	6 „ 52 „	6 „ 28 „	7 „ 22 „	6 „ 58 „	7 „ 52 „	7 „ 28 „
11.	7 „ 43 „	7 „ 16 „	8 „ 13 „	7 „ 46 „	8 „ 43 „	8 „ 10 „
12.	8 „ 33 „	8 „ 14 „	9 „ 03 „	8 „ 44 „	9 „ 33 „	9 „ 14 „
13.	9 „ 35 „	9 „ 23 „ ☾	10 „ 05 „	9 „ 53 „	9 „ 35 „	10 „ 23 „
14.	10 „ 39 „	10 „ 40 „	11 „ 09 „	11 „ 10 „	11 „ 39 „	11 „ 40 „
15.	11 „ 52 „	11 „ 59 „	—	0 „ 22 „	—	0 „ 52 „
16.	—	0 „ 47 „	0 „ 29 „	1 „ 17 „	0 „ 59 „	1 „ 47 „
17.	1 „ 00 „	1 „ 35 „	1 „ 30 „	2 „ 05 „	2 „ 00 „	2 „ 35 „
18.	1 „ 57 „	2 „ 18 „	2 „ 27 „	2 „ 48 „	2 „ 57 „	3 „ 18 „
19.	2 „ 38 „	2 „ 51 „	3 „ 08 „	3 „ 21 „	3 „ 38 „	3 „ 51 „
20.	3 „ 23 „	3 „ 26 „	3 „ 53 „	3 „ 56 „	4 „ 23 „	4 „ 26 „
21.	4 „ 04 „	3 „ 55 „ ●	4 „ 34 „	4 „ 25 „	5 „ 04 „	4 „ 55 „
22.	4 „ 39 „	4 „ 25 „	5 „ 09 „	4 „ 55 „	5 „ 39 „	5 „ 25 „
23.	5 „ 15 „	4 „ 53 „	5 „ 45 „	5 „ 23 „	6 „ 15 „	5 „ 53 „
24.	5 „ 49 „	5 „ 28 „	6 „ 19 „	5 „ 58 „	6 „ 4 „	6 „ 28 „
25.	6 „ 28 „	6 „ 06 „	6 „ 58 „	6 „ 36 „	7 „ 28 „	7 „ 06 „
26.	7 „ 06 „	6 „ 43 „	7 „ 36 „	7 „ 13 „	8 „ 06 „	7 „ 43 „
27.	7 „ 45 „	7 „ 27 „	8 „ 15 „	7 „ 57 „	8 „ 45 „	8 „ 27 „
28.	8 „ 29 „	8 „ 25 „	8 „ 59 „	8 „ 55 „	9 „ 29 „	9 „ 25 „
29.	9 „ 27 „	9 „ 28 „ ☽	9 „ 57 „	9 „ 58 „	9 „ 27 „	10 „ 28 „
30.	10 „ 30 „	10 „ 44 „	11 „ 00 „	11 „ 15 „	11 „ 30 „	11 „ 44 „

1) ○ = Vollmond; 2) ☾ = Letztes Viertel; 3) ● = Neumond; 4) ☽ = Erstes Viertel.

Anmerkung: In T'a pu t'ou tritt das Hochwasser 10 Minuten früher als in Nükuk'ou auf.

Meteorologische Beobachtungen
in Tsingtau.

Datum Mai	Barometer (mm) reduz. auf 0° C., Seehöhe 78,64 m			Temperatur (Centigrade).							Dunstspannung in mm			Relat. Feuchtigkeit in Prozenten		
				trock. Therm.			feucht. Therm.									
	7 Vm	2 Nm	9 Nm	7 Vm	2 Nm	9 Nm	7 Vm	2 Nm	9 Nm	Min.	Max.	7 Vm	2 Nm	9 Nm	7 Vm	2 Nm	9 Nm
24	757,8	757,8	755,1	16,3	18,9	15,2	13,1	14,7	14,0	13,3	20,6	9,3	9,9	11,2	67	60	87
25	53,8	52,3	51,8	14,6	16,7	14,9	13,9	15,3	14,8	13,6	19,8	11,4	12,1	12,5	92	85	99
26	50,0	47,8	45,9	15,7	19,3	15,7	15,9	17,3	15,7	13,8	21,6	13,3	13,5	13,3	100	81	100
27	46,9	45,9	48,0	16,1	22,8	17,4	15,9	14,0	10,0	15,3	24,3	12,6	6,6	4,7	88	32	32
28	50,3	49,8	49,7	15,9	23,1	19,1	12,7	16,0	12,9	13,9	27,2	9,0	9,2	7,3	66	44	45
29	47,1	46,8	46,7	20,9	21,1	19,6	14,1	14,9	13,1	14,4	28,3	7,8	8,8	7,7	43	48	47
30	47,2	47,5	48,3	17,1	19,1	15,6	16,1	16,3	13,1	15,3	21,2	13,0	12,1	10,1	90	74	80

146.   Amtsblatt – 報官島青   2. Juni 1906.

Bezeichnung.	Einheit	Tsingtau kl. Käsch	Tai tung tschen kl. Käsch	Litsun kl. Käsch	Hsüetschia tau kl. Käsch
Knoblauch	1 Kätty	100	160	100	—
Knoblauchstiele	„	—	—	—	60
Mohrrüben	„	36	—	50	—
Pfeffer, roter	„	160	160	60-70	—
„ , schwarzer	„	800	500	790	—
Rettig, chin.	„	170	30	20	60
Rüben, weisse	„	—	12	12	—
Spinat	„	36	24	28	—
Wallnüsse	„	120	140	160	—
Zwiebeln	„	14	32	72	—
Salz	„	20	10	10	18
Tabak	„	—	320	300	200
Bratfische	„	130	150	300	—
Kochfische	„	120	150	300	—
Fische, trocken	„	70	160	180	—
Tintenfische	„	120	80	400	100
Krabben	„	50	100	120	—
Schweinefleisch	„	260	200	200	200
Schweinefett	„	280	280	200	—
Rindfleisch, roh	„	—	260	200	—
„ , gekocht	„	—	200	200	—
Rindertalg	„	—	360	200	—
Enten	1 Stück	—	—	600	—
„ , wilde	„	—	—	—	—
Gänse	„	1980	—	—	—
„ , wilde	„	—	—	—	—
Hühner	„	500	—	390	300
Schnepfen	„	—	—	—	—
Enteneier	10 Stück	300	260	280	—
Hühnereier	„	140	140	190	100
Sellerie	1 Kätty	—	—	—	6
Nudeln	„	—	—	—	160
Lauch	„	—	—	—	16
Matten	1 Stück	—	—	—	140

Druck der Missionsdruckerei Tsingtau.

第七年　第二十一号

1906年6月2日

法令与告白

大德钦命管理中华事宜辅政司单　为

出示晓谕事：照得派人经理台西镇事宜各条列左：

一、自西历一千九百六年六月初一，即中光绪三十二年闰四月初十日，由本署派张庆云充当该镇镇长。至该镇内各房主则可于西一千九百七年正月初一日另行公举镇长候定。

二、凡在该镇所租之地皮，每一百米打每月应缴租价洋二角八分，并与向来之自来水费均由该镇长查收。

三、集场摆摊分别大小核收，小摊每座每日收京钱十文，大摊每座每日收京钱二十文。其摊主等一经将摊摆设，即须出一日之费。此项摊费经收后由镇长汇交，作为该镇公共进款。

四、公称费项如米面、杂粮并能喝各物，以及盐、烟、肉过称者，每价钱一千准予抽收京钱十五文。他如木秸草、青菜、鱼、果品过称者，每价钱一千准予抽收京钱三十文。惟所收之费亦由镇长汇交，作为该镇公共进款。

五、该镇粪尿各筒应行招人包倒，牲口粪亦在其内。

六、除原定地皮租洋外，其余所收各项公款皆拨充在事诸人薪工，并该镇内各项公共义举诸费。常年所入所出各款，每届西历正月间开列清单登入《青岛官报》，并在该镇张贴示众，以昭公允。

七、该镇长乃众人仰赖之人，所有该镇公事归其核办。倘遇事有难解者，该商民等即须请其转呈办理。

八、除以上各条订明各费外，即毋须再出他项费款。倘有人违犯此章，或擅索别项公费，或于定数外多收等弊，一经查出，定即按律惩办。

九、以上所订各条内凡属创议之新法，准自西历本年六月初一，即中闰四月初十日起一律遵行。但在此期以前，该镇内所有未缴之地租务于西六月十五日齐赴青岛地亩局呈缴。勿误。为此示,仰诸色人等一体知悉。特谕。

右谕通知
大德一千九百六年五月二十六日　告示

官方通告

大德管理青岛地亩局　为

拍租地亩事:兹据矫玉法禀称,欲租大包岛小码头地图第七十六块东半边地,计一千零五十二米打,暂拟一年租价洋银二百六十三元。今订于西一千九百六年六月初六日即中闰四月十五日上午十一点半钟在本局拍租,租定后准其在该地内堆放木石等物。迨一年以后,每三阅月本局如不追缴,此地仍准该地主留用。如他人亦欲租者,届期可以投赴本局面议可也。勿误。特谕。

右谕通知
德一千九百六年五月二十六日　告示

大德管理青岛地亩局　为

拍租地亩事:兹据谦益恒禀称,欲租大包岛小码头地图第七十六块西半边地,计一千零四十八米打,暂拟一年租价洋银二百六十二元。今订于西一千九百六年六月初六日即中闰四月十五日上午十一点半钟在本局拍租,租定后准其在该地内堆放木石等物。迨一年以后,每三阅月本局如不追缴,此地仍准该地主留用。如他人亦欲租者,届期可以投赴本局面议可也。勿误。特谕。

右谕通知
德一千九百六年五月二十六日　告示

告白

启者:兹将本局据报遗失各物开明列左:

银表一枚,镶有金边,表面有璺一道,带链一条,系有哨子一个;三种信票共若干,即前此界内使用之二种,又朝鲜国者一种,此项信票均装在一信封内;洋式钱夹子一个,内储有钥匙一把,金钱几枚;粉红色旱伞(一)柄。

以上遗失各物切勿轻买,如见立宜报明本局。特布。

德一千九百六年五月三十日
青岛巡捕局启

大德管理青岛地亩局　为

拍卖地亩事：兹据古成章禀称，欲买大包岛芝罘街地图第十二号第七十八块，计一千五百零四米打，暂拟价洋一千四百四十三元八角四分。今订于西一千九百六年六月十八日上午十一点钟在本局拍卖。买定后准盖铺房、会馆、戏馆，限至西一千九百九年六月三十日一律修竣。如他人亦欲买者，可以投禀，截至一千九百六年六月十一日止，届期前来本局面议可也。勿误。特谕。

右谕通知
西一千九百六年五月二十八日　告示

消息

督署小教堂的弥撒在圣灵降临节第一天上午 10 点举办，第二天不举行弥撒。

地籍检查官戈代克被任命为胶澳地籍处董事，他同时拥有适用于租借地的职位名称"高等土地测量员"。

户籍所消息：
出生：5 月 26 日，铁路官员卡尔·施文根贝歇尔得子一名；5 月 27 日，旅店董事洛伦茨·施多姆得子一名。

总督府财务处自今年 5 月 24 日起的汇率为：1 元＝2.25 马克。

在今年 6 月 7 日到 7 月初期间，胶澳水兵炮队将于多日演练向外海口射击。

在一般为上午 7 点 30 分到晚 7 点 30 分之间的射击时间里，信号站和礼炮队的信号杆都会悬挂一面红色双尖旗（B 号国际信号旗[①]）。

只要有射击活动，在射击区边界处就会停留汽艇，带有同样的信号标志，以封锁射击区。必须遵守它们的命令。

在射击期间，从督署水师工艺厂到阿理文别墅之间的奥古斯塔·维多利亚海岸将短时布设岗哨封锁。

导航员将对打算在外海口下锚的船只指示一处射击区外的下锚地。

---

① 译者注：B 号信号旗的意思为：我船正在装载、运输或卸下危险品。

在此严正警告,不要将发现的哑弹取走或者尝试拔掉引信,因为炮弹即使在最微小的移动时也可能爆炸。

在发现哑弹时,必须立即通知巡捕房。

"汉萨"号军舰接手了青岛的驻站工作。

山东铁路公司已经在1906年6月1日将下列《交通法》第88页IV部分附件A的修订作为第4段生效实施,其修改后的标题为《装卸费、吊车费、立柱费①》:

在调度站台车皮时,立柱使用费为每立柱收费10分,每车皮最低收费金额为1.50元。

山东铁路公司自1906年9月1日起施行14号特别费率,直到撤销为止。

对于成车皮运输的冰,在每车皮最少运量为15 000千克时,按照下列运费表收取运费:

青岛火车站或青岛大港站	每100千克的运费 以墨西哥鹰洋计费	15 000千克的运费 以墨西哥鹰洋计费
四方出发	0.07	10.50
南泉出发	0.14	21.00
高密出发	0.28	42.00
蔡家庄出发	0.31	46.50
塔耳堡出发	0.33	49.50

皇家大使穆姆·冯·施瓦岑施坦男爵已于今年5月13日接手了东京的皇家大使馆。

海参崴的灯塔和导航管理处向海员发出通知,阿穆尔湾领航服务现已开启。加莫夫角的灯塔已经临时启用(持续的白光),在它附近还有一个海雾信号钟。推荐前往海参崴的船只将航线定为加莫夫角方向,从那里经过阿穆尔湾驶入港口,航线应使"利姆斯基—科萨科夫""史特妮娜"和"纪沃尔科"三座岛屿位于东侧,并尽量贴近"马特维耶夫礁"和"车尔尼亚夫斯基角",以避开从这几处地方向西的水雷封闭区。

之前的关于进出港船只由水雷领航员引导通过危险区域的法令仍然生效。按照修订后的规定,水雷领航员今后将在加莫夫角附近登上入港船只。

---

① 译者注:立柱指的是在货车旁边挡货用的活动立柱。

船运

1906年5月24日—31日期间

到达日	轮船船名	船长	挂旗国籍	登记吨位	出发港	出发日	到达港
(5月19日)	特亚号	富尔达	德国	2 208	马尼拉	5月26日	大沽
(5月20日)	西野丸		日本	1 477	长崎	5月29日	海参崴
(5月20日)	黄河号	盖瑟尔	德国	690	神户	5月26日	神户
(5月21日)	鲭江丸		日本	1 536	室兰	5月25日	牛庄
5月25日	叶世克总督号	特洛依曼	德国	1045	上海	5月26日	上海
5月26日	大正丸	高松	日本	901	门司	5月29日	芝罘
5月28日	太仓号	克鲁尔	英国	977	上海	5月29日	上海
5月28日	青岛号	阿特尔特	德国	977	上海	5月29日	芝罘
5月29日	提尔皮茨号	布洛克	德国	1 199	芝罘	5月29日	上海
5月30日	艾格尔号	芬加尔森	挪威	875	牛庄		
5月31日	北神丸	高井	日本	739	神户		

市场平均物价

1906年5月

1斤=577.6克

1银元在各地的平均汇率

青　岛：1 980个铜板

台东镇：2 000个铜板

李　村：2 000个铜板

薛家岛：1 980个铜板

商品名称	单位	青岛,铜板	台东镇,铜板	李村,铜板	薛家岛,铜板
黄豆	1斤	70	60	60	180
豆芽	1斤	32	24	—	—
扁豆	1斤	56	—	—	—
豆腐	1斤	32	30	30	38
豆油	1斤	100	150	160	180
豆饼	1斤	25	56	35	48
花生	1斤	110	110	80	100

(续表)

商品名称	单位	青岛,铜板	台东镇,铜板	李村,铜板	薛家岛,铜板
花生油	1斤	—	—	190	—
豌豆	1斤	—	—	50	—
大麦	1斤	—	54	52	—
黄瓜	1斤	160	—	—	—
小米	1斤	90	64	72	—
小米面	1斤	—	—	68	—
土豆,中国品种	1斤	13	28	10	—
土豆苗,中国品种	20斤	—	—	—	1 300
土豆片,中国品种	1斤	—	30	11	—
高粱	1斤	60	50	56	—
高粱秆	1斤	—	—	30	12
麸皮	1斤	—	50	40	—
小红萝卜	1斤	36	30	—	—
大米	1斤	70	64	—	—
麦子	1斤	—	68	54	—
面粉	1斤	—	70	90	70
小麦面包	1个	—	—	20	—
馒头	1个	—	10	—	—
窝头	1个	—	46	46	—
火烧	1个	—	10	10	—
橙子	1斤	220	—	—	—
梨	1斤	180	120	—	—
樱桃	1斤	—	64	—	50
煤油	1斤	—	—	—	120
火柴	10盒	—	—	—	40
大头菜	1斤	280	—	—	—
小白菜	1斤	—	10	—	—
大蒜	1斤	100	160	100	—
蒜苗	1斤	—	—	—	60
胡萝卜	1斤	36	—	50	—
胡椒,红色	1斤	160	160	60～70	—
胡椒,黑色	1斤	800	500	790	—
中国品种萝卜	1斤	170	30	20	60

(续表)

商品名称	单位	青岛,铜板	台东镇,铜板	李村,铜板	薛家岛,铜板
白萝卜	1斤	—	12	12	—
菠菜	1斤	36	24	28	—
核桃	1斤	120	140	160	—
洋葱	1斤	14	32	72	—
盐	1斤	20	10	10	18
烟草	1斤	—	320	300	200
煎鱼	1斤	130	150	300	—
炖鱼	1斤	120	150	300	—
干鱼	1斤	70	160	180	—
墨鱼	1斤	120	80	400	100
螃蟹	1斤	50	100	120	—
猪肉	1斤	260	200	200	200
猪大油	1斤	280	280	200	—
生牛肉	1斤	—	200	200	—
熟牛肉	1斤	—	200	200	—
牛油	1斤	—	360	200	—
鸭子	1只	—	—	600	—
野鸭	1只	—	—	—	—
鹅	1只	1 980	—	—	—
野鹅	1只	—	—	—	—
鸡	1只	500	—	390	300
塍鹬	1只	—	—	—	—
鸭蛋	10个	300	260	280	—
鸡蛋	10个	140	140	190	100
芹菜	1斤	—	—	—	6
面条	1斤	—	—	—	160
葱	1斤	—	—	—	16
草垫	1块	—	—	—	140

Amtsblatt
für das
Deutsche Kiautschou-Gebiet.

报官岛青

Herausgegeben vom Kaiserlichen Gouvernement Kiautschou.

Der Bezugspreis beträgt jährlich $ 2=M 4.
Bestellungen nehmen sämtliche deutsche Postanstalten entgegen.

Jahrgang 7.   Nr. 22.   Tsingtau, den 9. Juni 1906.

Amtliche Anzeigen.

Aufgebot.

Es wird hiermit bekannt gemacht, dass **Christian** Ludwig Friedrich **Buroh**, seines Standes Kaufmann, geboren zu Kiel, 26 Jahre alt, wohnhaft in Tsingtau, Sohn des Stadtwägers Julius Buroh und seiner Ehefrau Elisabeth, geborenen Lassen, beide zu Kiel wohnhaft,

und

Alwine Marie Sophie **Bibow**, geboren zu Kiel, 29 Jahre alt, wohnhaft in Kiel, Tochter des Maurers Karl Bibow und seiner Ehefrau Elise, geborenen Fienke, beide zu Kiel wohnhaft,

beabsichtigen, sich miteinander zu verheiraten und diese Ehe in Gemässheit des Reichsgesetzes vom 4. Mai 1870 vor dem unterzeichneten Beamten abzuschliessen.

Tsingtau, den 1. Juni 1906.

Der Kaiserliche Standesbeamte.

Günther.

Bekanntmachung.

In dem Konkursverfahren über das Vermögen des Gastwirts

Paul Müller,

früher in Tsingtau, jetzt in Schanghai, ist zur Abnahme der Schlussrechnung des Verwalters, zur Erhebung von Einwendungen gegen das Schlussverzeichnis der bei der Verteilung zu berücksichtigenden Forderungen und zur Beschlussfassung der Gläubiger über die nichtverwertbaren Vermögensstücke der Schlusstermin auf Mittwoch, den 27. Juni 1906, vormittags 10 Uhr, vor dem Kaiserlichen Gericht von Kiautschou III, Zimmer Nr. 2, bestimmt.

Tsingtau, den 31. Mai 1906.

Kaiserliches Gericht von Kiautschou III.

Mitteilungen.

Die Witterung zu Tsingtau während des Monats Mai und des Frühjahrs 1906, mitgeteilt von der Meteorologisch-Astronomischen Station.

Mai 1906. Der verflossene Monat Mai wich in meteorologischer Beziehung vom gleichnamigen Monat früherer Jahre in Bezug auf einzelne Elemente nicht unerheblich ab; dies gilt in erster Linie von der Temperatur der Luft. In der ersten Hälfte noch ziemlich niedrig, ging dieselbe erst im letzten Drittel mehr und mehr in die Höhe und stand am 31. mit einem Tagesmittel von 20,4⁰ um 5,2⁰ über der 15,2⁰ betragenden Durchschnittstemperatur des Monats. Während das Minimum-Thermometer am Morgen des 11. mit 9,2⁰ seinen niedrigsten Stand inne hatte, zeigte das Maximum-Thermometer am 29. mit 28,3⁰ seinen höchsten Stand. Die Amplitude betrug somit 19,1⁰. An nur 4, sogenannten Sommertagen, welche ausnahmslos der 2. Hälfte des Monats angehörten, zeigte das Maximum-Thermometer Temperaturen von 25⁰ Celsius und darüber an.

Der Monat erschien im allgemeinen kühl und lag dies wohl auch an der Bewölkung des Himmels, die namentlich während des ersten Drittels sehr gross war. Zu dieser Zeit waren durchschnittlich 7,8 Zehntel des Himmels bedeckt; mit der fortrückenden Zeit änderte sich dieses, immerhin betrug das Mittel der Bewölkung während des Monats noch 5,7 Zehntel, Es kamen 3 heitere und 7 trübe Tage zur Auszählung, erstere gehörten dem letzten, die trüben Tage dagegen hauptsächlich dem ersten Monatsdrittel an. Die relative Feuchtigkeit der Luft war, mit Ausnahme der Tage, an denen es regnete oder stärkerer Nebel herrschte, um diese Jahreszeit verhältnismässig gering, denn sie betrug nur 71%, während sich das aus dem Jahrfünft 1898/1903 hergeleitete Monatsmittel auf 77% belief.

An 6 Tagen fiel messbarer Regen in einer Gesamtmenge von 55,0 m (das Monatsmittel im vorhergenannten Jahrfünft betrug 38,9 mm.). Weitere 3 Tage brachten nur einzelne Regentropfen. Nebel und Dunst in den Frühstunden bis Mittag waren häufige Erscheinungen.

Merkwürdigerweise fehlten im diesjährigen Mai die bisher stets im selben Monat früherer Jahre beobachteten Gewitter.

Während des Monats wehten die Winde mit einer mittleren Stärke von 3,3 der Beaufort-Skala zum überwiegenden Teile aus den Richtungen zwischen O bis SO; zeitweise erreichten dieselben fast Sturmstärke. Es wurden zur Zeit der täglichen 3 Beobachtungstermine an folgenden Tagen frische bis starke Winde notiert: Am 7. N und NNW Stärke 7, am 11. SO Stärke 7, am 12. NNW Stärke 6, am 16. NW und NNW Stärke 7, am 24. O Stärke 7, am 27. WNW Stärke 6, am 29. O Stärke 6 und am 30. O Stärke 7.

Für die Entwickelung des Pflanzenwuchses war der in der ersten Monatshälfte gefallene Regen verbunden mit dem dauernd trüben Wetter, welches die Feuchtigkeit gut in den Boden eindringen liess, von nicht zu unterschätzendem Werte.

Genau zur Monatsmitte stellte sich der Kuckuck, als einer der eifrigsten und somit nützlichsten Raupenvertilger bekannt, ein und liess seinen Lockruf in den umliegenden, angeforsteten Höhenzügen von früh bis spät erschallen. Gegen Ende des Monats wurden auch schon einzelne Racken gesehen, ein Zeichen, dass weiter im Süden die Regenzeit bereits eingesetzt hat.

Frühjahr 1906. Vergleicht man das diesjährige Frühjahr mit einem solchen aus den Jahren 1898 bis 1903 gemittelten, so ergibt sich für das diesjährige eine um 0,6⁰ niedrigere Durchschnittstagestemperatur.

Ebenso waren Luftfeuchtigkeit und Bewölkung des Himmels geringer; die Gesamtniederschlagsmenge, im verflossenen Frühjahr 93,8 betragend, blieb gegen das Mittel aus dem vorher angezogenen Jahrfünft um 13 mm zurück. Die bisher beobachtete grösste Niederschlagsmenge innerhalb der 3 Frühjahrsmonate wurde 1902 mit 156,7 mm Höhe gefunden.

Während in Tsingtau besondere Witterungserscheinungen nicht beobachtet wurden, kam aus Weihsien, welches in der Luftlinie rund 70 Meilen NWzN von uns entfernt liegt, die Nachricht, dass dort am 8. April morgens Regen, Hagel und Schnee niederging, nach Versicherung langjähriger Bewohner dortiger Gegend eine um diese Jahreszeit sehr seltene Naturerscheinung.

9. Juni 1906.   Amtsblatt—青島官報   149.

Die Winde, im ersten Monat häufig wechselnd, im 2. aus den Richtungen S bis SO wehend, holten im letzten Monat noch weiter bis O herum und entwickelten eine Durchschnittsstärke von 3,5 der Beaufort-Skala. Stürmischen Charakter nahm der Wind während des diesjährigen Frühjahrs an 7 Tagen an; 2 von diesen Stürmen, dem Monat März angehörend, waren sogenannte Staub- oder Sandstürme.

*   *   *

Im Gouvernementsschlachthofe wurden im Monat Mai geschlachtet:
- 294 Rinder
- 134 Kälber
- 138 Hammel und Ziegen
- 448 Schweine.

Hiervon wurden 4 Rinder, 1 Ziege und 1 Schwein gänzlich, 3 Rinder bedingt beanstandet.

*   *   *

Der frühere Sanitätsfeldwebel Kuhn ist als Bureaugehilfe beim Gouvernementsschlachthofe angestellt worden.

*   *   *

Der fühere Polizeiwachtmann Schütze ist zum etatsmässigen Gefängnisaufseher ernannt worden.

*   *   *

Der bisher probeweise angestellte Polizeiwachtmann Voigt ist etatsmässig angestellt worden.

*   *   *

Die Stationärgeschäfte vor Tsingtau hat S. M. S. „Jaguar" übernommen.

Meteorologische Beobachtungen
in Tsingtau.

Datum. Mai	Barometer (mm). reduz. auf 0° C., Seehöhe 78,64 m			Temperatur (Centigrade).								Dunstspannung in mm			Relat. Feuchtigkeit in Prozenten		
				trock. Therm.			feucht. Therm.										
	7 Vm	2 Nm	9 Nm	7 Vm	2 Nm	9 Nm	7 Vm	2 Nm	9 Nm	Min.	Max.	7 Vm	2 Nm	9 Nm	7 Vm	2 Nm	9 Nm
31	752,2	752,8	754,4	23,7	22,1	17,8	16,5	17,0	15,1	14,9	25,5	9,6	11,3	11,1	44	57	73
Juni 1	55,9	55,3	54,8	17,5	17,7	16,8	16,3	16,5	14,8	16,0	19,3	13,1	13,2	11,3	88	88	79
2	24,6	54,1	53,9	17,2	17,6	15,3	16,1	16,4	14,1	15,3	19,0	12,9	13,2	11,3	89	88	87
3	50,5	48,5	49,1	17,3	18,8	17,3	16,2	15,3	15,3	15,2	20,5	13,0	10,8	11,7	89	67	80
4	50,9	50,9	50,8	16,1	18,5	15,9	15,3	15,9	15,6	15,2	22,1	12,5	11,8	13,0	91	75	97
5	50,8	50,2	49,9	16,1	18,7	15,6	15,9	17,4	14,8	14,7	21,3	13,3	14,0	12,0	98	87	91
6	48,6	47,5	47,7	14,1	16,1	16,1	13,8	14,9	14,7	14,0	20,4	11,6	11,9	11,6	97	87	85

Datum. Mai	Wind Richtung & Stärke nach Beaufort (0—12)			Bewölkung						Niederschläge in mm		
				7 Vm		2 Nm		9 Nm				9 Nm
	7 Vm	2 Nm	9 Nm	Grad	Form	Grad	Form	Grad	Form	7 Vm	9 Nm	7 Vm
31	N 1	O N O 4	S O 2	3	Cir-s	7	Cir-s	3	Cir-s			
Juni 1	O N O 4	O 5	O 4	7	Str	10	Cum-s	10	Cum-s			
2	O 5	O 6	O 5	8	Cir-s	10	„	10	Str			
3	O 2	O S O 2	O N O 3	10	Nim	9	„	10	Cum-s		3,6	3,6
4	N N W 1	O S O 4	O S O 3			9	Cir-cum	8	Cum			
5	O S O 3	O S O 4	O S O 3	10	Cum-s	7	Cir-s	10	„			5,8
6	O 4	O 5	N O 3	10	Nim	9	Cum	10	„	5,8	1,7	1,7

Schiffsverkehr

in der Zeit vom 1. — 7. Juni 1906.

Ankunft am	Name	Kapitän	Flagge	Reg. Tonnen.	von	Abfahrt am	nach
(30.5.)	D. Eiger	Fingalsen	Norweg.	875	Niutschuang	31.5.	Tientsin
(31.5.)	D. Hokoshin Maru	Takai	Japan.	739	Kobe	1.6.	Kobe
1.6.	D. Peiho	Deinat	Deutsch	417	Schanghai	2.6.	Schanghai
„	D. Kueichow	Hooker	Englisch	1215	Hongkong	„	Tschifu
2.6.	D. Oceano	Davies	„	3050	Portland		
3.6.	D. Tak Sang	Clare	„	977	Schanghai	5.6.	Schanghai
4.6.	D. Staatssekr. Kraetke	Hansen	Deutsch	1208	„	4.6.	Tschifu
6.6.	D. Tsintau	Artelt	„	977	Tschifu	6.6.	Schanghai

Druck der Missionsdruckerei Tsingtau.

第七年 第二十二号

1906年6月9日

官方通告

结婚公告

克里斯蒂安·路德维希·弗里德里希·布罗,职业为商人,出生于基尔,现年26岁,居住地为青岛,为城市过磅员尤利乌斯·布罗与出生时姓拉森的妻子伊丽莎白的儿子,二人均居住于基尔。

艾尔维娜·玛丽·索菲·毕博夫,出生于基尔,现年29岁,居住地为基尔,是泥瓦工卡尔·毕博夫和出生时姓芬克的妻子伊莉莎的女儿,二人均居住于基尔。

谨此宣布二人结婚,此婚约按照1870年5月4日颁布的法律规定在本官员前缔结。

青岛,1906年6月1日
代理皇家户籍官
贡特

告白

关于饭店老板保罗·穆勒(原居青岛,现居上海)的财产破产程序,为了验收管理人的最终决算、对决算目录中财产分配时需要考虑的索款请求提出异议,以及债权人对无法定价的财产物做出决议,现将最终会面的时间定为1906年6月27日星期三上午10点,地点为胶澳皇家审判厅三处2号房间。

青岛,1906年5月31日
胶澳皇家审判厅三处

消息

气象天文台记录的青岛在1906年5月和春季的天气情况

1906年5月。过去的5月份在各气象指标方面与去年同期并无大的不同。首先是

气温的情况大体相同，上半个月的气温还相当低，直到下旬才逐渐达到最高温度，31日的气温为20.4度，比起本月平均气温15.2度多了5.2度。最低温气温计在11日早上记录下9.2度的最低气温，最高温气温计在29日测得28.3度的最高温，温度振幅达到19.1度。只有4天是所谓的夏日天，无一例外地都出现在下半月，最高气温计测得25摄氏度及以上。

本月总体凉爽，这可能是因为多云天气。云量在上旬很高，这个时间段的平均云量约为78%，之后的时间里发生了变化，但是本月的平均云量还是有57%。出现了3个晴天和7个阴天，晴天主要在下旬，而阴天主要在上旬。除了雨天或者浓雾天之外，空气相对湿度对于这个季节来说相对较低，只有71%，而在过去的1898—1903年这五年的月平均值为77%。

有6天出现可测量降雨。总降水量为55.0毫米（过去5年的月度平均值为38.9毫米），另有3天只有零星的雨滴。从早上到中午之前经常出现雾和露水。

值得注意的是，今年5月份没有出现过去几年在同月总能观察到的雷雨。

本月风力平均强度为3.3级蒲福风级，大部分来自东方和东南方之间，风力有时达到了风暴级别。在下列几天里，每天的3个观测时间点记录到风力为冷风到强风：7日北风和西北偏北风7级，11日东南风7级，12日西北偏北风6级，16日西北风和西北偏北风7级，24日东风7级，27日西北偏西风6级，29日东风6级，30日东风7级。

对于植物生长来说，上半月的降雨结合持续的阴天，使得墒情状况良好，这对植被发育的价值不可低估。

布谷鸟准时出现在月中，它是有名的清除松毛虫的能手，鸟叫声从早到晚回响在已经绿化的各处山地。接近月底的时候还看到了个别的秃鼻乌鸦，这也是遥远的南方将要进入雨季的一个信号。

1906年春天。如果拿今年春天与1898—1903年取平均值进行比较，今年春天的气温要比平均值低0.6度。

空气湿度和云量同样偏低。过去的春天总降水量为93.8毫米，比起前面5年的平均值少13毫米。目前为止在3个春季月份观测到的最大降水量为1902年的156.7毫米。

青岛没有观测到特殊天气现象，而位于西北偏北方向、直线距离70英里的潍县在4月8日早上降下雨水、冰雹和雪，长期居住在该地的人十分确切地认为这是这个季节相当罕见的自然现象。

第一个月的风向频繁变换，第二个月的风来自南方到东南方，最后一个月份又继续刮到东方，平均风力为3.5级蒲福风级。今年春天期间，有7天时间刮暴风，其中2天是在3月份，即所谓的沙尘暴。

督署官宰局在5月份屠宰的牲畜数量为：

294头牛，134头小牛，138只绵羊和山羊，448头猪。

其中有4头牛、1只山羊和1头猪被完全拒收，3头牛被有条件接收。

前中士卫生员库恩被聘任为督署官宰局办公室助理。

前巡捕局警卫舒茨被任命为正式编制的巡捕局看守。

此前处于试用阶段的巡捕局警卫沃伊科特已转正为正式编制。

"美洲虎"号皇家海军舰艇已经接手青岛的驻站业务。

船运

1906年6月1日—7日期间

到达日	轮船船名	船长	挂旗国籍	登记吨位	出发港	出发日	到达港
(5月30日)	艾格尔号	芬加尔森	挪威	875	牛庄	5月31日	天津
(5月31日)	北神丸	高井	日本	739	神户	6月1日	神户
6月1日	白河号	代纳特	德国	417	上海	6月2日	上海
6月1日	贵州号	霍克	英国	1 215	香港	6月2日	芝罘
6月2日	大洋号	戴维斯	英国	3 050	波特兰		
6月3日	太仓号	克鲁尔	英国	977	上海	6月5日	上海
6月4日	克莱特克号	韩森	德国	1 208	上海	6月4日	芝罘
6月6日	青岛号	阿特尔特	德国	977	芝罘	6月6日	上海

Amtsblatt
für das
Deutsche Kiautschou-Gebiet.

青島官報

Herausgegeben vom Kaiserlichen Gouvernement Kiautschou.

Der Bezugspreis beträgt jährlich $ 2=M 4.
Bestellungen nehmen sämtliche deutsche Postanstalten entgegen.

| Jahrgang 7. | Nr. 23. | Tsingtau, den 16. Juni 1906. | 第二十三號 | 第七年 |

Amtliche Anzeigen.

Landversteigerung.

Auf Antrag des Malermeisters Matz zu Tsingtau findet am Montag, den 2. Juli 1906, vormittags 11 Uhr, die Versteigerung des Grundstückes Kbl. 6 Nr. 13 des Grundbuchbezirkes Tsingtau Stadt an der Bremerstrasse im Landamte statt.

Grösse: 1014 qm.
Mindestpreis: 1338,48 $
Benutzungsplan: Bau eines Wohn- und Lagerhauses.
Bebauungsfrist: 31. Juli 1909.
Gesuche zum Mitbieten sind bis zum 25. Juni 1906 hierher zu richten.

Tsingtau, den 13. Juni 1906.

Kaiserliches Landamt.

Bekanntmachung.

Bei der in Abteilung B unter Nr. 14 des Handelsregisters vermerkten Firma
Hamburg-Amerikanische Paketfahrt-Aktien-Gesellschaft
ist folgendes eingetragen worden:
Die Prokura des A. L. Jarke ist erloschen.
Prokura ist erteilt an
Carl **Hermann** Gross und
Reinhard Emil Wilhelm Ludwig Loeser, beide in Hamburg. Jeder von ihnen ist berechtigt, in Gemeinschaft mit einem Vorstandsmitgliede die Firma der Gesellschaft zu zeichnen.

Tsingtau, den 11. Juni 1906.

Kaiserliches Gericht von Kiautschou I.

152. Amtsblatt—青島官報 16. Juni 1906.

Bekanntmachung

Als verloren angemeldet: auf dem Wege Prinz Heinrich Strasse und Kaiser Wilhelm Ufer 1 Uhrkette (Doublé) 40 cm. lang mit 2 Haken, an einem Haken befindet sich ein kleiner Schlüssel und in der Mitte der Kette ein Anhängsel mit goldenem Knopf; 1 silberne Kette mit einem Medaillon mit chinesischen Schriftzeichen; 1 goldener Ring, innen gez. G. S. 15. 4. 06.

Zugelaufen: 1 weisser Ziegenbock und 1 weisse Ziege.

Tsingtau, den 13. Juni 1906.

Kaiserliches Polizeiamt.

敬者本局據報遺失各物列左計開

在南海沿普林恩次孩音利西街及開寒樂威廉黑穆兩街中失去假金表錬一條長十森捷米打錬尾上有鈎子兩個一鈎上帶有扣子一個又真金錬一條錬尾上帶有小像盒子一個盒面上有福順兩字又金戒指一個上有洋字係 G. S. 15. 4. 06 號數又走失白公山羊一個白母山羊一個以上各物切勿輕買如見立宜報明本局此佈

西一千九百六年六月十三日

青島巡捕局啓

Bekanntmachung für Seefahrer.

Die auf der Innenreede liegende Boje A ist zwecks Reparatur aufgenommen und während dieser Zeit durch eine Naphtafasstonne ersetzt worden.

Tsingtau, den 12. Juni 1906.

Kaiserliches Hafenamt.

Mitteilungen.

Folgende russische Auszeichnungen sind verliehen worden:

der Stern erster Klasse des Stanislausordens dem Gouverneur Truppel;

der Stern zweiter Klasse des Stanislausordens dem stellvertretenden Gouverneur van Semmern;

der Stanislausorden zweiter Klasse dem Hafenkapitän von Zawadzky und dem Marine-Intendanturrat Reuter;

der St. Annenorden dritter Klasse dem Kapitänleutnant Heyne, dem Marine-Maschinenbaumeister Breymann und dem Marine-Schiffsbaumeister Winter;

die goldene Medaille am Bande des St. Annenordens dem Werkmeister Lepper.

* * *

Der Oberlehrer Dr. Goerke ist zum etatsmässigen Oberlehrer ernannt worden.

* * *

Standesamtliche Nachrichten.

Geburt: 12. Juni, eine Tochter dem technischen Hilfsarbeiter Wladyslaus Reinholz.

Eheschliessung: 9. Juni, Feuerwerker Arthur Feyerabend und Elfriede Karnuth, beide zu Tsingtau.

* * *

Am 19. Juni d. Js. von 9 Uhr vormittags an wird von der Anhöhe nördlich von dem Mohrstedtschen Grundstück in Richtung auf Fouschansohuck (Dschunkenhafen) aus Landgeschützen geschossen.

Das Gelände in der Schussrichtung wird von Seiten der Matrosen-Artillerie-Abteilung abgesperrt und das Betreten desselben verboten.

Die am Dschunkenhafen gelegenen Hütten pp. werden von Seiten des Polizeiamts für die Dauer des Schiessens geräumt.

Am 20. Juni d. Js. von 9 Uhr vormittags an wird von Huitschüenhuck nach Iltishuck geschossen und letztere hierzu abgesperrt werden.

Das Ankern von Fahrzeugen in der Nähe des Schussfeldes wird verboten. Den Anordnungen der Polizeiboote ist Folge zu leisten.

Es wird streng davor gewarnt, blindgegangene

16. Juni 1906.   Amtsblatt—青島官報   153.

Geschosse beim Auffinden mitzunehmen oder sogar zu versuchen, den Zünder heraus zu schrauben, da die Geschosse bei der geringsten Bewegung explodieren können.

Über den Fund blindgegangener Geschosse ist dem Polizeiamt sofort Mitteilung zu machen.

* * *

Die Geschäfte des Kaiserlichen Konsulates in Tsinanfu hat Dr. Merklinghaus von dem in die Heimat beurlaubten Dr. Betz am 1. d. Mts. übernommen.

Meteorologische Beobachtungen

in Tsingtau.

Datum. Juni	Barometer (mm) reduz. auf 0° C., Seehöhe 78,64 m			Temperatur (Centigrade).								Dunstspannung in mm			Relat. Feuchtigkeit in Prozenten		
				trock. Therm.			feucht. Therm.										
	7 Vm	2 Nm	9 Nm	7 Vm	2 Nm	9 Nm	7 Vm	2 Nm	9 Nm	Min.	Max.	7 Vm	2 Nm	9 Nm	7 Vm	2 Nm	9 Nm
7	747,8	748,1	747,8	16,9	19,9	18,2	16,0	16,1	15,6	15,1	22,6	13,0	11,3	11,6	91	05	75
8	49,7	49,6	49,5	18,3	19,5	17,0	17,0	17,8	16,3	16,0	22,6	13,6	14,1	13,4	87	84	93
9	48,8	47,8	48,3	16,3	17,0	15,3	16,3	16,8	15,3	14,8	21,9	13,8	14,1	12,9	100	98	100
10	47,3	46,9	46,4	16,2	19,4	17,8	16,1	18,0	16,9	14,4	21,9	13,6	14,5	13,8	99	87	91
11	44,9	42,0	44,8	18,0	23,7	20,3	17,9	19,8	18,1	15,8	25,8	15,2	14,7	14,1	99	68	80
12	48,2	48,5	48,9	20,3	20,5	17,1	17,5	18,8	16,0	15,5	23,9	13,2	15,1	12,9	74	84	89
13	49,2	50,2	50,2	15,6	18,5	18,0	15,2	17,5	17,1	14,7	19,6	12,6	14,3	14,0	96	90	91

Datum. Juni	Wind Richtung & Stärke nach Beaufort (0—12)			Bewölkung						Niederschläge in mm		
				7 Vm		2 Nm		9 Nm				
	7 Vm	2 Nm	9 Nm	Grad	Form	Grad	Form	Grad	Form	7 Vm	9 Nm	9 Nm 7 Vm
7	Stille	O 2	S O 1	10	Cum-s	6	Cum	2	Cir			
8	N W 1	O 4	O 4	10	„	9	Cum-s	10	Cum-s			
9	N 2	S O 5	S O 3	10	Nebel	10	„	5	„			
10	O 3	O 4	O 7	10	„	4	Cum	8	„			
11	S O 5	S 8	SSW 3	6	Cir-s	10	Cum-s			15,3		15,3
12	S S O 1	S O 5	S O 7					10	Nebel			
13	S O 3	S O 5	S O 5	10	Nebel	10	Cum-s	10	„			

Schiffsverkehr

in der Zeit vom 8.—14. Juni 1906.

Ankunft am	Name	Kapitän	Flagge	Reg. Tonnen.	von	Abfahrt am	nach
(2.6.)	D. Oceano	Davies	Englisch	3050	Portland	12.6.	Moji
8.6.	D. Gouv. Jaeschke	Treumann	Deutsch	1045	Schanghai	9.6.	Schanghai
”	D. Hoangho	Geissel	”	690	Kobe		
9.6.	D. Staatssekr. Kraetke	Hansen	”	1208	Tschifu	9.6.	Schanghai
11.6.	D. Adm. v. Tirpitz	Block	”	1199	Schanghai	11.6.	Tschifu
”	D. Tak Sang	Clare	Englisch	977	”	12.6.	Schanghai
”	D. Schwarzburg	Faass	Deutsch	2082	Manila		
12.6.	D. Hokoshin Maru	Takai	Japan.	735	Kobe	13.6.	Kobe
13.6.	D. Peiho	Deinat	Deutsch	417	Tschemulpo	”	Schanghai

Druck der Missionsdruckerei Tsingtau.

第七年 第二十三号

1906 年 6 月 16 日

官方通告

大德管理青岛地亩局　为

拍卖地亩事：兹据油漆匠马克斯禀称，欲买青岛布利码街①地图第六号第十三块，计一千零十四米打，暂拟价洋一千三百三十八元四角八分。今订于西历一千九百六年七月初二日上午十一点钟在局拍卖。买定后准盖住房、铺房，限至西一千九百九年七月三十一日一律修竣。如他人亦欲买者，可以投禀，截至西六月二十五日止，届期前来本局面议可也。勿误。特谕。

德一千九百六年六月十三日　告示

告白

在商业登记 B 部第 14 号登记的公司"汉堡—美洲包裹运输股份公司"已登记入下列事项：

撤销 A. L. 雅尔克的代理权。

授予卡尔·赫尔曼·格罗斯和莱茵哈德·爱米尔·威廉·路德维希·罗泽尔代理权，二人均在汉堡。二人均有权与一名公司董事会成员一起以公司名义签字。

青岛，1906 年 6 月 11 日
胶澳皇家审判厅一处

启者：本局据报遗失各物列左：

计开：

在南海沿普林恩次孩音利西街②及开塞乐威廉黑穆③两街中失去假金表链一条，长十

---

① 译者注：即今肥城路。
② 译者注：即今广西路。
③ 译者注：即今太平路。

森提(的)米打,链尾上有钩子两个,一钩上带有小钥匙一把,一钩上带有扣子一个;又真金表链一条,链尾上带有小像(相)盒子一个,盒面上有"福""顺"两字;又金戒指一个,上有洋字,系"G.S.15.4.06"号数;又走失白公山羊一个(只)、白母山羊一个(只)。

以上各物切勿轻买,如见立宜报明本局。此布。

西一千九百六年六月十三日
青岛巡捕局启

对海员的告白

因需要维修,放置于内湾的 A 浮标已经取回,在此期间,该处放置一个石脑油桶浮标。

青岛,1906 年 6 月 12 日
皇家船政局

消息

俄国已经颁发下列奖章:

授予总督都沛禄配星一等斯坦尼斯劳斯勋章[①];

授予代理总督师孟配星二等斯坦尼斯劳斯勋章;

授予船长冯·扎瓦斯基和海军军需官罗伊特二等斯坦尼斯劳斯勋章;

授予海军中尉海纳、海军机械工程师布莱曼和海军船舶工程师温特三等圣·安妮勋章[②];

授予工头莱帕圣·安妮金质绶带奖章;

高级教师戈尔克博士已被任命为在编高级教师。

户籍所消息:

出生:6 月 12 日,技术助理工弗拉迪斯劳斯·莱茵霍尔茨得女一名。

结婚:6 月 9 日,火药师阿图尔·费耶阿本德和艾尔弗里德·卡努特结婚,二人均在青岛。

今年 6 月 19 日上午 9 点起将在摩尔施泰特房产以北的土丘上向浮山所(帆船港)方

---

① 译者注:俄国勋章,用于奖励公民服务、美德等行为。
② 译者注:最初为波兰创立骑士勋章,俄国吞并波兰后,由俄国罗曼诺夫王朝继承。

向进行陆地火炮射击。

射击方向的区域将由水兵炮营封锁,禁止进入。

帆船港内的小屋等建筑在射击期间将由巡捕局负责清空。

今年6月20日上午9点起,将从会前角向伊尔蒂斯角[①]方向射击,因此会将伊尔蒂斯角封锁。

禁止船只在射击区域附近下锚。必须遵守警方船只的命令。

因为炮弹即使有最微小的移动也会发生爆炸,严格禁止取走发现的哑弹或者尝试拔出引信。

如发现哑弹,必须立即通知巡捕局。

梅克灵豪斯博士在本月1日接手了回国度假的贝茨博士的工作,代理济南府的皇家领事馆。

船运

1906年6月8日—14日期间

到达日	轮船船名	船长	挂旗国籍	登记吨位	出发港	出发日	到达港
(6月2日)	大洋号	戴维斯	英国	3 050	波特兰	6月12日	门司
6月8日	叶世克总督号	特洛依曼	德国	1 045	上海	6月9日	上海
6月8日	黄河号	盖瑟尔	德国	690	神户		
6月9日	克莱特克号	韩森	德国	1 208	芝罘	6月9日	上海
6月11日	提尔皮茨号	布洛克	德国	1 199	上海	6月11日	芝罘
6月11日	太仓号	克鲁尔	英国	977	上海	6月12日	上海
6月11日	施瓦茨堡号	法斯	德国	2 082	马尼拉		
6月12日	北神丸	高井	日本	735	神户	6月13日	神户
6月13日	白河号	代纳特	德国	417	济物浦	6月13日	上海

---

① 译者注:即今太平角。

Amtsblatt
für das Deutsche Kiautschou-Gebiet.

青島官報

Herausgegeben vom Kaiserlichen Gouvernement Kiautschou.

Der Bezugspreis beträgt jährlich $ 2=M 4.
Bestellungen nehmen sämtliche deutsche Postanstalten entgegen.

Jahrgang 7. Nr. 24. Tsingtau, den 23. Juni 1906.

Verordnungen und Bekanntmachungen.

Bekanntmachung.

Den deutschen Schiffahrtsbeteiligten in Ostasien wird in Erinnerung gebracht, dass nach der Bekanntmachung des Reichskanzlers vom 25. Juli 1898 (Reichsgesetzblatt 1898, Seite 1017) die ständig in den ostasiatischen Gewässern verkehrenden deutschen Schiffe sich bis auf weiteres durch Vermittelung des Gouvernements Kiautschou einer Neuvermessung nach den Regeln der Schiffsvermessungsordnung in Tsingtau, ausnahmsweise auch in anderen ostasiatischen Häfen, unterziehen können.

Die Anträge auf Vermessung sind an das Gouvernement zu richten.

Tsingtau, den 19. Juni 1906.

Der Kaiserliche Zivilkommissar.

Amtliche Anzeigen.

Bekanntmachung.

Als gestohlen angemeldet: 1 silberne Remontoiruhr mit geblümten Goldrändern und Blumenverzierungen auf dem hinteren Deckel.

Tsingtau, den 20. Juni 1906.

Kaiserliches Polizeiamt.

告白

啟者茲將本局報被竊之物列左

把上鏨銀表一枚鑲花金邊背面亦刻有花紋之物切勿輕買如見亦宜報明本局此佈

德一千九百六年六月廿日

青島巡捕局啟

156. Amtsblatt—報官島青 23. Juni 1906.

Landversteigerung.

Auf Antrag des Tschou pei tschu findet am Montag, den 9. Juli 1906, vormittags 11 Uhr, die Versteigerung des Grundstückes Kbl. 12 Nr. 80 des Grundbuchbezirkes Tsingtau Stadt an der Syfang-, Itschou- und Huangtau-Strasse im Landamte statt.

Grösse: 686 qm.
Mindestpreiss: 658.56 $.
Benutzungsplan: Erbauung eines Wohn-und Geschäftshauses.
Bebauungsfrist: 31. Juli 1909.
Gesuche zum Mitbieten sind bis zum 2. Juli 1906 hierher zu richten.

Tsingtau, den 19. Juni 1906.

Kaiserliches Landamt.

大德青島地畝局爲拍賣地畝事茲據周丕住票柄欲買大包島四方街地圖第十二號擬第八號定十塊地計六百八十六米打暨擬買西洋歷七月初九日上午十一點鐘定價至一千九百九年七月三十一日止舖房一局拍賣定以後可蓋住宅舖房一限在局面議可也勿誤特諭截至西七月初二日屆期同律修竣如有人亦欲買者可以投票德一千九百六年六月十九日告示本

Mitteilungen.

Standesamtliche Nachrichten.

Eheschliessung: 16. Juni, Kaufmann Christian Buroh zu Tsingtau und Alwine Bibow aus Kiel.

Geburten: 16. Juni, ein Sohn dem technischen Hilfsarbeiter Julius Kluckow; 20. Juni, eine Tochter dem Pfarrer Wilhelm Schüler.

*　*　*

Die Matrosenartillerieabteilung hält in der Nacht vom 25. zum 26. d. Mts. und eventuell den folgenden Nächten Nachtschiessen ab.

Während dieser Zeit wird die elektrische Strassenbeleuchtung des Auguste Victoria-Ufers zeitweise gelöscht und der Verkehr gesperrt.

Schiffsverkehr

in der Zeit vom 14. — 20. Juli 1906.

Ankunft am	Name	Kapitän	Flagge	Reg. Tonnen.	von	Abfahrt am	nach
(8.6.)	D. Hoangho	Geissel	Deutsch	690	Kobe	15.6.	Kobe
(11.6.)	D. Schwarzburg	Faass	"	2082	Manila	17.6.	Taku
15.6.	D. Gouv. Jaeschke	Treumann	"	1045	Schanghai	16.6.	Schanghai
"	D. Wuhu	Richards	Englisch	1227	Karatzu		
18.6.	D. Staatssekr. Kraetke	Hansen	Deutsch	1208	Schanghai	18.6.	Tschifu
"	D. Victoria	Messer	Chines.	934	Niutschwang		
19.6.	D. Tak Sang	Clare	Englisch	977	Schanghai	20.6.	Schanghai
"	D. Huichow	Brown	"	1212	Hongkong	"	Tschifu
20.6.	D. Adm. v. Tirpitz	Block	Deutsch	1199	Tschifu	"	Schanghai
20.6.	D. Michael Jebsen	Bendixen	"	951	"		
"	D. Borussia	Hahn	"	4272	Hongkong		

Meteorologische Beobachtungen

in Tsingtau.

Da-tum. Juni	Barometer (mm) reduz. auf 0° C., Seehöhe 78,64 m			Temperatur (Centigrade).								Dunst-spannung in mm			Relat. Feuchtigkeit in Prozenten		
				trock. Therm.			feucht. Therm.										
	7 Vm	2 Nm	9 Nm	7 Vm	2 Nm	9 Nm	7 Vm	2 Nm	9 Nm	Min.	Max.	7 Vm	2 Nm	9 Nm	7 Vm	2 Nm	9 Nm
14	752,7	752,8	750,9	17,8	19,0	18,9	17,7	18,6	18,3	14,4	19,3	15,0	15,7	15,3	99	96	94
15	51,7	51,2	51,4	19,3	18,9	18,3	18,6	18,5	17,6	15,7	21,5	15,5	15,6	14,5	93	96	93
16	48,6	48,2	48,3	18,8	19,8	18,5	16,8	18,1	17,5	14,6	23,9	13,0	14,4	14,3	81	84	90
17	48,0	47,2	47,2	18,8	24,3	18,2	18,1	10,1	17,7	17,5	26,9	15,0	14,9	14,8	93	66	95
18	47,5	47,1	47,1	18,6	25,0	20,7	18,1	19,3	19,5	16,4	26,4	15,1	13,0	16,1	95	55	89
19	46,3	46,4	48,3	19,7	19,6	19,6	19,4	19,5	17,9	15,5	25,9	16,6	16,8	14,2	97	99	84
20	47,3	47,7	48,0	18,9	21,3	28,2	18,3	18,1	17,2	16,9	24,6	15,3	14,8	14,0	94	78	90

Da-tum. Juni	Wind Richtung & Stärke nach Beaufort (0—12)			Bewölkung						Niederschläge in mm		
				7 Vm		2 Nm		9 Nm				9 Nm 7 + Vm
	7 Vm	2 Nm	9 Nm	Grad	Form	Grad	Form	Grad	Form	7 Vm	9 Nm	
14	S O S 2	O S O 5	O S O 5	10	Nebel	10	Cum-s	10	Cum-s		19,1	26,9
15	O 5	O 7	O N O 6	10	Cum-s	10	Nim	10	Nim	7,8	0,3	0,3
16	N N O 3	N O 4	N N O 3	10	Nim	10	Cum-s	1	Cum			
17	N 1	N N W 2	S S O 3	10	Cum-s							
18	S O 3	S O 3	S S O 3	6	Cir-s	9	Cir-s	2	"			
19	S S O 3	S S O 1	O 1	10	Cum-s	10	Nim	10	Nim		8,4	9,1
20	N N O 1	O N O 3	S O 1	10	Cum	5	Cir-cum	2	Cir	0,7		

Druck der Missionsdruckerei Tsingtau.

第七年 第二十四号

1906年6月23日

法令与告白

告白

现提醒在东亚的德国航运参与者,根据帝国总理在1898年7月25日发布的告白(1898年《帝国法律报》,第1017页),常在东亚水域行驶的德国船只,在另行通知之前,可以通过胶澳总督府的安排,在青岛依据《船只吨位测量法》的规定重新进行测量,特殊情况下也可以在其他东亚港口进行测量。

测量申请须递交至总督府。

青岛,1906年6月19日
皇家民政长

官方通告

告白

启者:兹将本局据报被窃之物列左:

把上弦银表一枚,镶花金边,背面亦刻有花。

以上之物切勿轻买,如见亦宜报明本局。此布。

德一千九百六年六月廿日
青岛巡捕局启

大德青岛地亩局　为

拍卖地亩事:兹据周丕住禀称,欲买大包岛四方街地图第十二号第八十块地,计六百八十六米打,暂拟价洋六百五十八元五角六分。兹定于西历七月初九日上午十一点钟在局拍卖。买定以后可盖住宅、铺房,限至一千九百九年七月三十一日一律修竣。如有(他)人亦欲买者,可以投票,截至西七月初二日止,届期同来本局面议可也。勿误。特谕。

德一千九百六年六月十九日　告示

消息

户籍所消息：

结婚：6月16日，青岛的商人克里斯蒂安·布罗和来自基尔的艾尔维娜·毕博夫。

出生：6月16日，技术助理工朱利叶斯·克鲁科夫得子一名；6月20日，牧师威廉·舒勒得女一名。

水兵重炮营将于本月25日到26日夜间，以及可能在随后的夜里进行夜间射击。在此期间，奥古斯特·维多利亚海岸的照明将部分熄灭，交通会封锁。

船运

1906年6月14日—20日期间

到达日	轮船船名	船长	挂旗国籍	登记吨位	出发港	出发日	到达港
（6月 8日）	黄河号	盖瑟尔	德国	690	神户	6月15日	神户
（6月11日）	施瓦茨堡号	法斯	德国	2 082	马尼拉	6月17日	大沽
6月15日	叶世克总督号	特洛依曼	德国	1 045	上海	6月16日	上海
6月15日	芜湖号	李夏兹	英国	1 227	唐津		
6月18日	克莱特克号	韩森	德国	1 208	上海	6月18日	芝罘
6月18日	维多利亚号	梅瑟	中国	934	牛庄		
6月19日	太仓号	克鲁尔	英国	977	上海	6月20日	上海
6月19日	徽州号	布朗	英国	1 212	香港	6月20日	芝罘
6月20日	提尔皮茨号	布洛克	德国	1 199	芝罘	6月20日	上海
6月20日	迈克尔·叶布森号	本迪克森	德国	951	芝罘		
6月20日	普鲁士号	哈恩	德国	4 272	香港		

Amtsblatt für das Deutsche Kiautschou-Gebiet.

青島官報

Herausgegeben vom Kaiserlichen Gouvernement Kiautschou.

Der Bezugspreis beträgt jährlich $ 2 = M 4.
Bestellungen nehmen sämtliche deutsche Postanstalten entgegen.

Jahrgang 7.   Nr. 25.   Tsingtau, den 30. Juni 1906.   第二十五號   第七年

Amtliche Anzeigen.

Bekanntmachung.

Bei der im Handelsregister Band A unter Nr. 21 verzeichneten offenen Handelsgesellschaft

Carlowitz & Co.

ist folgendes eingetragen worden:

Die Gesellschafter:

Friedrich Carl Paul Sachse und
Eduard Moritz Hans Schubart

sind am 31. Dezember 1905 aus der Gesellschaft ausgeschieden.

Townsend Rushmore in New York und
Carl Bertram Rosenbaum in Schanghai

sind als persönlich haftende Gesellschafter in die Firma eingetreten.

Der Sitz der Hauptniederlassung ist von Hongkong nach Schanghai verlegt und die Hauptniederlassung in Hongkong ist in eine Zweigniederlassung verwandelt.

Tsingtau, den 22. Juni 1906.

Kaiserliches Gericht von Kiautschou I.

Bekanntmachung.

Als gefunden angemeldet: 1 braune Cigarrentasche (geöffnet ein Schiff vorstellend); 1 schwarze, kleine Dose; 1 goldener Trauring, gez. C. E.; 6 neusilberne Gabeln, gez. O. M. 1/I.

Tsingtau, den 27. Juni 1906.

Kaiserliches Polizeiamt.

告白

啟者茲將本局接到送案各物列左

紫色烟捲夾子一個伸開似船

黑色小盒子一個

光面金戒指一枚裡面刻有西國 C. E. 字樣

假銀叉子六把刻有西國 O. M. 1/I. 字樣

以上送案各物均准具領特佈

德一千九百六年六月二十七日

青島巡捕衙門啓

Mitteilungen.

Der Kurs bei der Gouvernementskasse beträgt vom 25. d. Mts. ab: 1 $ = 2,23 M.

*   *   *

Standesamtliche Nachrichten.
Todesfall: 26. Juni, Fregattenkapitän Wilhelm Schäfer, 43 Jahre alt.

*   *   *

Das Katasteramt hat von Tsingtau und Tapautau (im Osten bis zum neuen Schlachthof, im Norden bis zur Ziegelei von Diederichsen, Jebsen & Co., im Westen bis zum Paroleplatz, im Süden bis zur Aussenreede) eine neue Übersichtskarte im Massstab 1 : 2000, die die Kartenblatt- und Parzellennummern, sowie die Namen der Grundstücks-Eigentümer nachweist, angefertigt.

Die Gesamtkarte (4 Blätter) wird vom Katasteramt zum Preise von 4.00 $, einzelne Blätter zum Preise von 1,00 $, abgegeben.

Meteorologische Beobachtungen

in Tsingtau.

Datum. Juni	Barometer (mm) reduz. auf 0° C., Seehöhe 78,64 m			Temperatur (Centigrade).								Dunstspannung in mm			Relat. Feuchtigkeit in Prozenten		
				trock. Therm.			feucht. Therm.										
	7 Vm	2 Nm	9 Nm	7 Vm	2 Nm	9 Nm	7 Vm	2 Nm	9 Nm	Min.	Max.	7 Vm	2 Nm	9 Nm	7 Vm	2 Nm	9 Nm
21	747,9	747,4	747,0	18,6	20,5	17,7	17,8	19,0	17,6	16,9	23,4	14,6	15,4	14,9	92	86	99
22	46,3	46,6	45,5	17,8	18,7	17,5	17,4	18,1	17,5	16,4	20,5	14,6	15,1	14,9	96	94	100
23	45,9	47,0	48,5	19,1	18,5	17,5	19,1	18,3	17,5	16,8	20,7	16,4	15,5	14,9	100	98	100
24	49,6	49,8	50,2	17,9	19,7	18,9	17,9	18,2	17,2	17,2	21,7	15,3	14,6	13,6	100	86	84
25	50,5	50,8	50,5	17,2	20,1	18,3	16,2	18,2	17,7	17,0	25,9	13,1	14,4	14,7	90	83	94
26	51,2	51,3	51,8	19,6	20,6	18,5	19,0	19,2	17,8	17,5	21,3	16,0	15,7	14,7	94	87	93
27	52,3	51,7	49,9	18,1	19,5	19,1	18,0	19,2	19,0	15,4	21,1	15,3	16,4	16,3	99	97	99

Datum. Juni	Wind Richtung & Stärke nach Beaufort (0—12)			Bewölkung						Niederschläge in mm	
				7 Vm		2 Nm		9 Nm			9 Nm
	7 Vm	2 Nm	9 Nm	Grad	Form	Grad	Form	Grad	Form	7 Vm	7 + Vm
21	N N O 1	S O 3	S S O 3	10	Cum-s	4	Cum-s	10	Cum-s		
22	S O 2	S O 5	S O 6	8	„	10	„	3	Str		
23	S O 2	O S O 5	O S O 5	10	„	10	„	10	Nebel		
24	O S O 2	S O 3	S O 2	10	Nim	5	Cir-s		klar		
25	S O 1	S S O 3	S O 2	7	Cir-cum	3	„	2	Cir-s		
26	S O 2	S O 4	S O 4	8	Cir-s	6	Cir-cum		klar		
27	S O 3	0 4	O N O 4	10	Nebel	10	Nim	10	Nim	0,5	

Schiffsverkehr
in der Zeit vom 22. — 27. Juni 1906.

Ankunft am	Name	Kapitän	Flagge	Reg. Tonnen.	von	Abfahrt am	nach
(18.6.)	D. Victoria	Messer	Chines.	934	Niutschwang	26.6.	Wladiwostok
(20.6.)	D. Michael Jebsen	Bendixen	Deutsch	951	Tschifu	21.6.	Wladiwostok
(„)	D. Borussia	Hahn	„	4272	Hongkong	27.6.	Singapore
22.6.	D. Gouv. Jaeschke	Treumann	„	1045	Schanghai	23.6.	Schanghai
24.6.	D. Hokushin Maru	Takai	Japan.	734	Kobe	25.6.	Kobe
26.6.	D. Tak Sang	Clare	Englisch	977	Schanghai	27.6.	Schanghai
„	D. Adm. v. Tirpitz	Block	Deutsch	1199	„	26.6.	Tschifu
„	D. Staatssekr. Kraetke	Hansen	„	1208	Tschifu	„	Schanghai

Sonnen-Auf-und Untergang
für Monat Juli 1906.

Dt.	Mittelostchinesische Zeit des			
	wahren	scheinbaren	wahren	scheinbaren
	Sonnen-Aufgangs.		Sonnen-Untergangs.	
1.	4 U. 49.5 M.	4 U. 43.9 M.	7 U. 14.7 M.	7 U. 20.3 M.
2.	49.3	44.3	14.6	20.2
3.	50.4	44.8	14.5	20.1
4.	50.9	45.3	14.4	20.0
5.	51.4	45.8	14.3	19.9
6.	51.9	46.3	14.1	19.7
7.	52.4	46.8	14.7	19.5
8.	52.9	47.3	14.7	19.3
9.	53.5	47.1	13.5	19.1
10.	54.1	48.5	13.2	18.8
11.	54.7	49.1	12.9	18.5
12.	55.3	49.7	12.6	18.2
13.	55.9	50.3	12.2	17.8
14.	56.5	50.9	11.8	17.4
15.	57.1	51.5	11.4	17.0
16.	57.8	52.2	11.0	16.6
17.	5.85	52.9	10.5	16.1
18.	59.2	53.6	10.0	15.6
19.	59.9	54.3	9.5	15.1
20.	5 U. 0.3 M.	55.0	8.9	14.5
21.	1.3	56.7	8.3	13.9
22.	2.0	56.4	7.7	13.3
23.	2.7	57.1	7.1	12.7
24.	3.4	57.3	6.5	12.1
25.	4.1	58.5	5.8	11.4
26.	4.9	59.3	5.1	10.7
27.	5.6	5 U. 0.0 M.	4.3	9.9
28.	6.4	1.8	3.5	9.1
29.	7.1	1.5	2.7	8.3
30.	7.9	2.3	1.9	7.5
31.	8.7	3.1	1.1	6.7

Hochwassertabelle für den Monat Juli 1906.

Datum	Tsingtau - Hauptbrücke.		Grosser Hafen, Mole I.		Nükuk'ou.	
	Vormittags	Nachmittags	Vormittags	Nachmittags	Vormittags	Nachmittags
1.	11 U. 39 M.	—	—	0 U. 09 M.	—	0 U. 39 M.
2.	0 „ 07 „	0 U. 46 M.	0 U. 37 M.	1 „ 16 „	1 U. 07 M.	1 „ 46 „
3.	1 „ 17 „	1 „ 47 „	1 „ 47 „	2 „ 17 „	2 „ 17 „	2 „ 47 „
4.	2 „ 24 „	2 „ 35 „	2 „ 54 „	3 „ 05 „	3 „ 24 „	3 „ 35 „
5.	3 „ 22 „	3 „ 19 „	3 „ 52 „	3 „ 49 „	4 „ 22 „	4 „ 19 „
6.	4 „ 13 „ ○	3 „ 56 „	4 „ 43 „	4 „ 26 „	5 „ 13 „	4 „ 56 „
7.	5 „ 01 „	4 „ 36 „	5 „ 31 „	5 „ 06 „	6 „ 01 „	5 „ 36 „
8.	5 „ 49 „	5 „ 21 „	6 „ 19 „	5 „ 51 „	6 „ 49 „	6 „ 21 „
9.	6 „ 38 „	6 „ 08 „	7 „ 08 „	6 „ 38 „	7 „ 38 „	7 „ 08 „
10.	7 „ 23 „	6 „ 56 „	7 „ 53 „	7 „ 26 „	8 „ 23 „	7 „ 56 „
11.	8 „ 01 „	7 „ 44 „	8 „ 31 „	8 „ 14 „	9 „ 01 „	8 „ 44 „
12.	8 „ 45 „	8 „ 42 „	9 „ 15 „	9 „ 12 „	9 „ 45 „	9 „ 42 „
13.	9 „ 38 „ ☽	9 „ 45 „	10 „ 08 „	10 „ 15 „	10 „ 38 „	10 „ 45 „
14.	10 „ 31 „	10 „ 59 „	11 „ 01 „	11 „ 29 „	11 „ 31 „	11 „ 59 „
15.	11 „ 38 „	—	—	0 „ 08 „	—	0 „ 38 „
16.	0 „ 14 „	0 „ 41 „	0 „ 44 „	1 „ 11 „	1 „ 14 „	1 „ 41 „
17.	1 „ 17 „	1 „ 32 „	1 „ 47 „	2 „ 02 „	2 „ 17 „	2 „ 32 „
18.	2 „ 15 „	2 „ 20 „	2 „ 45 „	2 „ 50 „	3 „ 15 „	3 „ 20 „
19.	3 „ 04 „	2 „ 57 „	3 „ 34 „	3 „ 27 „	4 „ 04 „	3 „ 57 „
20.	3 „ 32 „	3 „ 32 „	4 „ 18 „	4 „ 02 „	4 „ 48 „	4 „ 32 „
21.	4 „ 25 „	4 „ 03 „ ●	4 „ 55 „	4 „ 33 „	5 „ 25 „	5 „ 03 „
22.	5 „ 01 „	4 „ 36 „	5 „ 31 „	5 „ 06 „	6 „ 01 „	5 „ 36 „
23.	5 „ 36 „	5 „ 10 „	6 „ 06 „	5 „ 40 „	6 „ 36 „	6 „ 10 „
24.	6 „ 09 „	5 „ 49 „	6 „ 39 „	6 „ 19 „	7 „ 09 „	6 „ 49 „
25.	6 „ 46 „	6 „ 27 „	7 „ 16 „	6 „ 57 „	7 „ 46 „	7 „ 27 „
26.	7 „ 19 „	7 „ 08 „	7 „ 49 „	7 „ 38 „	8 „ 19 „	8 „ 08 „
27.	7 „ 56 „	7 „ 58 „	8 „ 26 „	8 „ 28 „	8 „ 56 „	8 „ 58 „
28.	8 „ 45 „	8 „ 58 „ ☾	9 „ 15 „	9 „ 28 „	9 „ 45 „	9 „ 58 „
29.	9 „ 39 „	10 „ 10 „	10 „ 09 „	10 „ 40 „	10 „ 39 „	11 „ 16 „
30.	10 „ 41 „	11 „ 40 „	11 „ 21 „	—	11 „ 51 „	—
31.	—	0 „ 14 „	0 „ 19 „	0 „ 44 „	0 „ 40 „	1 „ 14 „

1) ○ = Vollmond; 2) ☽ = Letztes Viertel; 3) ● = Neumond; 4) ☾ = Erstes Viertel.

Anmerkung: In T'a pu t'ou tritt das Hochwasser 10 Minuten früher als in Nükuk'ou auf.

Druck der Missionsdruckerei Tsingtau.

第七年 第二十五号

1906 年 6 月 30 日

官方通告

告白

在商业登记 A 部第 21 号登记的无限责任公司"卡洛维茨公司"[①]已登记入下列事项：

1905 年 12 月 31 日，弗里德里·卡尔·保罗·萨赫塞和爱德华·莫里茨·汉斯·舒巴赫被从公司中除名。

授予纽约的股东汤森·拉什莫尔和上海的股东卡尔·贝特拉姆·罗森鲍姆为新晋无限责任合伙人。

主分号的所在地从香港迁至上海，香港的主分号更改为支分号。

青岛，1906 年 6 月 22 日
胶澳皇家审判厅一处

告白

启者：兹将本局接到送案各物列左：

紫色烟卷夹子一个，伸开似船；黑色小盒子一个；光面金戒指一枚，里面刻有西国"C. E."字样；假银叉子六把，刻有西国"O. M. 1/I."字样。

以上送案各物均准具领。特布。

德一千九百六年六月二十七日
青岛巡捕衙门启

消息

总督府财务处自本月 25 日起的汇率为：1 元＝2.23 马克。

[①] 译者注：中文行名为"礼和洋行"。

户籍所消息：

去世：6月26日，海军中校威廉·舍费尔去世，享年43岁。

地籍处制作了一份青岛区和大鲍岛区（东部到新屠宰场，北面到捷成洋行砖瓦厂，西面到口号广场，南面到外海湾边）的概览图，比例尺为1∶2 000，上面标有地籍号、地块号及地块业主姓名。

地图可在地籍处购买，整张图（4页）价格4.00元，单页价格为1.00元。

船运

1906年6月22日—27日期间

到达日	轮船船名	船长	挂旗国籍	登记吨位	出发港	出发日	到达港
（6月18日）	维多利亚号	梅瑟	中国	934	牛庄	6月26日	海参崴
（6月20日）	迈克尔·叶布森号	本迪克森	德国	951	芝罘	6月21日	海参崴
（6月20日）	普鲁士号	哈恩	德国	4 272	香港	6月27日	新加坡
6月22日	叶世克总督号	特洛依曼	德国	1 045	上海	6月23日	上海
6月24日	北神丸	高井	日本	734	神户	6月25日	神户
6月26日	太仓号	克鲁尔	英国	977	上海	6月27日	上海
6月26日	提尔皮茨号	布洛克	德国	1 199	上海	6月26日	芝罘
6月26日	克莱特克号	韩森	德国	1 208	芝罘	6月26日	上海

Amtsblatt
für das
Deutsche Kiautschou-Gebiet.

青島官報

Herausgegeben vom Kaiserlichen Gouvernement Kiautschou.

Der Bezugspreis beträgt jährlich $ 2=M 4.
Bestellungen nehmen sämtliche deutsche Postanstalten entgegen.

Jahrgang 7. | Nr. 26. | Tsingtau, den 7. Juli 1906.

Amtliche Anzeigen.

Bekanntmachung.

Im hiesigen Handelsregister Abt. B Nr. 15 ist heute eingetragen die Firma:

Telefunken,
ostasiatische Gesellschaft für drahtlose Telegraphie mit beschränkter Haftung, Tsingtau.

Der Gegenstand des Unternehmens besteht in der geschäftlichen Betätigung auf dem Gebiete der drahtlosen Wellentelegraphie, namentlich durch den Vertrieb von Apparaten, sowie durch Übernahme von ganzen Einrichtungen für drahtlose Telegraphie zu Wasser und zu Lande, und zwar für das ostasiatische Gebiet. Das Stammkapital beträgt 100000 Mark. Geschäftsführer ist Kaufmann Wilhelm Bargmann in Berlin. Der Gesellschaftsvertrag ist am 3. Mai 1906 abgeschlossen.

Tsingtau, den 27. Juni 1906.

Kaiserliches Gericht von Kiautschou I.

Bekanntmachung.

Im hiesigen Handelsregister Abt. A Nr. 53 ist heute eingetragen die Firma

Cornabé, Eckford & Co.,
Tschifu, Weihaiwei, Tsingtau.

Ihre Inhaber sind:
1. Kaufmann William Alexander Cor in Pinner (Middlesex England),
2. Kaufmann Andrew Millar Eckford in Bedford.

Den Kaufleuten Vyvyan Robert Eckford und Hugh Gibson Smith in Tschifu, sowie Reginald Henderson Eckford und Frederick Larkins in Tsingtau ist Prokura erteilt.

Die Gesellschaft ist eine „Private Company" nach englischem Recht.

Tsingtau, den 28. Juni 1906.

Kaiserliches Gericht von Kiautschou I.

164. Amtsblatt—青島官報 7. Juli 1906.

Bekanntmachuug.

Als gefunden angemeldet: 1 blaue Brille.

Tsingtau, den 4. Juli 1906.

Kaiserliches Polizeiamt.

Landversteigerung.

Auf Antrag der offenen Handelsgesellschaft R. Kappler & Sohn findet am Montag, den 23. Juli 1906, vormittags 11 Uhr, die Versteigerung des Grundstückes Kbl. 8 Nr. $\frac{228}{20}$ an der Berliner Strasse im Landamte statt.

Grösse: 1494 qm.
Mindestpreis: 1240,02 $.
Benutzungsplan: Nebengebäude und Gartenanlagen.
Bebauungsfrist: 31. Juli 1909.
Gesuche zum Mitbieten sind bis zum 16. Juli 1906 hierher zu richten.

Tsingtau, den 4. Juli 1906.

Kaiserliches Landamt.

告白

啟者茲將送案之物開明於左
藍玻璃眼鏡一付
以上送案之物准其具領此佈
大德一千九百六年
七月初四日
青島巡捕局啟

德一千九百六年七月初四日告示

大德管理青島地畝局拍賣青島地畝事茲礦德遠洋行稱欲買青島柏林街地圖第八號第二百二十八塊地計洋一千票為四百九十四元二分今訂於西歷一千九百六年七月二十日十一點鐘在局拍賣定後准蓋樓房限至西一千九百他人亦欲買者可以投票截至日期前來本局所議可也勿誤特諭

Mitteilungen.

Dem Admiralitätsrat Günther ist der Rote Adlerorden 4. Klasse verliehen worden.

* * *

Das Dienstauszeichnungskreuz ist dem Korvettenkapitän Engels und den Hauptleuten von Valentini und Gandenberger von Moisy verliehen worden.

* * *

Folgende russische Ordensauszeichnungen sind verliehen worden:

der St. Annenorden 2. Klasse dem Marine-Generalarzt Koenig;

der St. Stanislausorden 2. Klasse dem Marine-Oberstabsarzt Dr. Meyer;

der St. Annenorden 3. Klasse den Marine-Stabsärzten Dr. Mac Lean und Dr. Opper;

der St. Stanislausorden 3. Klasse den Marine-Oberassistenzärzten Dr. Bockelberg und Schulte.

* * *

Der Kurs bei der Gouvernementskasse beträgt vom 3. d. Mts. ab: 1 $ = 2,26 M.

* * *

Im Gouvernementsschlachthofe wurden im Monat Juni d. Js. geschlachtet und tierärztlich untersucht:

274 Stück Grossvieh
203 „ Kälber
208 „ Hammel
529 „ Schweine

Hiervon wurden 2 Rinder und 1 Schwein gänzlich, 4 Rinder bedingt beanstandet.

* * *

Standesamtliche Nachrichten:

Geburt: 29. Juni, ein Sohn dem Architekten Paul Neumeister.

* * *

Nach einer Bekanntmachung der Schantung-Eisenbahn-Gesellschaft finden im Verkehr sämtlicher Stationen untereinander die Bestimmungen und Frachtsätze des Ausnahmetarifs Nr. 10 auf die Artikel Bohnen, Hirse (Kauliang), Kauliangstengel und kleine Hirse (Hsiau mi) vom 1. Juli d. Js. bis auf Widerruf Anwendung.

* * *

Die Geschäfte des Kaiserlich Deutschen Konsulates in Niutschwang hat Vizekonsul Mezger am 8. Juni d. Js. übernommen.

* * *

Die Telegrammadresse des Kaiserlich Deutschen Generalkonsulates für Niederländisch-Indien in Batavia ist vom 1. d. Mts. ab „Germania" Batavia.

* * *

Nach einer Verfügung des Kommandanten des Wladiwostoker Kriegshafens haben alle nach Wladiwostok bestimmten Schiffe die Insel Askold anzulaufen und daselbst einen Lotsen an Bord zu nehmen. Wegen der vorkommenden schwimmenden Minen soll nur bei Tage gefahren werden.

* * *

Die Witterung zu Tsingtau im Monat Juni 1906. Nach den Aufzeichnungen der Meteorologisch-astronomischen Station.

Während des diesjährigen Juni war die Witterung zum Teil recht erheblich verschieden von der in den meisten früheren Jahren beobachteten; dies gilt hauptsächlich in Bezug auf die Temperatur der Luft, die Feuchtigkeit derselben und die Bewölkung des Himmels.

Die mitlere Tagestemperatur der Luft betrug 18,6°. Das Maximum wurde am 17. zu 26,9°, das Minimum am 6. zu 14,1° notiert. Zum Vergleich mit den im Jahrfünft 1898-1903 gefundenen Werten folgen nachstehend einige Zahlen. Es wurden beobachtet bezw. durch Rechnung gefunden:

	Juni 1898-1903	Juni 1906:
Mittlere Tagestemperatur	20,12°	18,6°
Mittleres Maximum	23,64°	22,6°
Absolutes „	29,6°	26,9°
Mittleres Minimum	17,48°	16,2°
Absolutes „	10,9°	14,1°

An 7 Tagen wurden während der Mittagsstunden Temperaturen über 25° beobachtet.

Der starken Bewölkung des Himmels entsprechend - dieselbe betrug durchschnittlich 7,5 Zehntel- kamen 13 trübe Tage zur Auszählung; diesen stand nicht ein heiterer Tag gegenüber. An 15 Tagen herrschte nebeliges Wetter, die Feuchtigkeit der Luft war denn auch demzufolge so gross, wie sie bisher in gleicher Weise noch nicht beobachtet wurde. An einzelnen Tagen durchschnittlich fast 100%, betragend, stellte sich das Monatsmittel auf 90%, eine Zahl, die annähernd erst während des Monats Juli erreicht zu werden pflegt.

Die Gesamtniederschlagsmenge erreichte an 9 regnerischen Tagen eine Höhe von 73,5 mm.

Das erste Gewitter wurde in diesem Jahre aus NW central über Tsingtau nach SO ziehend in der Zeit von 1 Uhr 24 Minuten bis 4 Uhr 15 Minuten nachmittags am 11. Juni beobachtet. Während einer Gewitterboe, die um 2 Uhr 23 Minuten mit Stärke 8-9 aus SW. einsetzte, fiel Regen mit Hagel vermischt in einer Menge von 15,3 mm; die Farbe der Blitze war geblich weiss, während des Hagelwetters rötlich.

Die Winde, im Mittel 3,4 der Beaufort Scala erreichend, wehten vorzugsweise aus den Richtungen O bis SSO. Frisch bis stürmisch wehte der Wind zur Zeit der täglichen drei Beobachtungstermine aus folgenden Richtungen: Am 2 O Stärke 6, am 10. O Stärke 7, am 11. S Stärke 8, am 12. SO Stärke 7, am 15. O Stärke 7 und ONO Stärke 6 und am 22. SO Stärke 6.

Durchschnittsmarktpreise.

Juni 1906.
1 Kätty = 577,6 g.
Durchschnittskurs für 1 $ in
Tsingtau: 2070 kleine Käsch.
Tai tung tschen: 2060 „ „
Litsun: 2000 „ „
Hsüe tschia tau: 2060 „ „

Bezeichnung.	Einheit	Tsingtau kl. Käsch	Tai tung tschen kl. Käsch.	Litsun kl. Käsch	Hsüe tschia tau kl. Käsch
Bohnen	1 Kätty	—	48	62	—
„ , aufgekeimte	„	—	30	—	—
Schnittbohnen	„	50	40	—	—
Bohnenkäse	„	—	26	35	—
Bohnenöl	„	—	200	175	200
Bohnenkuchen	„	—	48	54	—
Erdnüsse	„	100	100	133	—
Erdnussöl	„	—	—	185	—
Erbsen	„	—	60	50	—
Gerste	„	—	46	48	—
Gurken	„	14	40	28	—
Hirse	„	—	64	45	—
Hirsenmehl	„	—	70	60	—
Kartoffeln, deutsche	„	60	—	—	—
„ , chin.	„	—	—	—	—
Kartoffelscheiben, chin.	„	—	30	—	—
Kauliang	„	—	52	48	—
Kauliangstroh	„	—	—	22	10
Kleie	„	—	50	40	—
Kürbis	„	—	—	—	—
Mais	„	—	60	—	—
Radieschen	„	40	40	10	—
Reis	„	—	84	85	—
Weizen	„	—	64	64	—
Weizenmehl	„	—	80	85	78
Weizenbrot	1 Stück	—	84	20	—
Dampfbrot	„	—	82	20	—
Hirsebrot	„	—	44	—	—
Rostbrot	„	—	80	—	—
Aprikosen	1 Kätty	80	—	—	—
Bananen	„	180	—	—	—
Citronen	1 Stück	139	—	—	—
Aepfel	1 Kätty	—	—	—	—
Apfelsinen	„	—	—	—	—
Birnen	„	—	—	—	—
Schantungkohl	1 Bund	12	—	—	—
Weisskohl	1 Kopf	180	—	—	—
Kohl in kleinen Pflanzen	1 Kätty	—	20	10	—
Kohl in Köpfen	„	—	—	—	16

7. Juli 1906. Amtsblatt—青島官報 167.

Bezeichnung.	Einheit	Tsingtau kl. Käsch	Tai tung tschen kl. Käsch	Litsun kl. Käsch	Hsüetschia tau kl. Käsch
Salat	1 Kopf	10	—	—	—
Sellerie	1 Kätty	50	—	—	—
Petersilie	1 Bund	20	—	—	—
Petersilie, chin.	„	10	—	—	—
Knoblauch	1 Kätty	—	24	54	70
Mohrrüben	„	40	—	—	—
Meerrettig	„	150	—	—	—
Ingwer	„	140	—	—	—
Kohlrabi	„	150	—	—	—
Pfeffer, roter	„	160	100	67	—
„ , schwarzer	„	800	800	813	—
Rettig, chin.	„	—	—	16	—
Rüben, weisse	„	—	—	—	—
„ , rote	1 Bund	40	—	—	—
Spinat	1 Kätty	14	—	—	—
Wallnüsse	„	150	—	157	—
Zwiebeln	„	70	40	21	—
Salz	„	—	12	12	24
Tabak	„	—	300	260	258
Bratfische	„	180	120	119	—
Kochfische	„	129	100	133	—
Schollen, grosse	„	130	—	—	—
„ , kleine	„	160	—	—	—
Aal	„	180	—	—	—
Fische, trocken	„	—	160	160	—
Tintenfische	„	—	200	60	—
Krabben, Querläufer	1 Stück	60	—	—	—
„ , grosse	„	70	80	35	—
Muscheln, lange	1 Kätty	80	—	—	—
Schweinefleisch	„	280	200	208	200
Schweinefett	„	320	280	270	—
Schweineleber	„	280	—	—	—
Schweinezunge	1 Stück	180	—	—	—
Rindfleisch, roh	1 Kätty	—	200	187	—
„ , gekocht	„	—	240	187	—
Rindertalg	„	—	180	193	—
Enten	1 Stück	—	—	—	—
„ , wilde	„	—	—	—	—
Gänse	„	—	—	—	—
„ , wilde	„	—	—	—	—
Tauben	„	180	—	—	—
Hühner, alte	„	700	—	—	—
„ , junge	„	200	250	407	160
Schnepfen	„	—	—	—	—
Enteneier	1 Stück	300	—	313	200
Hühnereier	„	160	180	167	120
Nudeln	1 Kätty	—	—	—	160
Zucker, rot	„	—	—	—	180
„ , weiss	„	—	—	—	300

Meteorologische Beobachtungen
in Tsingtau.

Da-tum. Juni	Barometer (m m) reduz. auf 0° C., Seehöhe 78,64 m			Temperatur (Centigrade).								Dunst-spannung in mm			Relat. Feuchtigkeit in Prozenten		
				trock. Therm.			feucht. Therm.										
	7 Vm	2 Nm	9 Nm	7 Vm	2 Nm	9 Nm	7 Vm	2 Nm	9 Nm	Min.	Max.	7 Vm	2 Nm	9 Nm	7 Vm	2 Nm	9 Nm
28	745,7	744,2	744,4	20,0	22,3	21,4	19,9	22,2	20,5	18,4	25,2	17,2	19,8	17,4	99	99	92
29	45,6	45,0	44,2	20,2	21,9	19,9	19,3	20,0	19,5	18,6	25,6	16,1	16,2	16,6	92	83	96
30	43,8	42,0	43,1	21,3	24,1	20,6	21,3	24,0	20,3	19,6	24,7	18,8	12,1	17,5	101	99	97
Juli 1	43,1	43,7	45,1	21,9	21,6	21,1	21,2	21,1	20,9	19,8	24,0	18,3	18,3	18,3	94	96	98
2	45,5	45,6	45,0	22,0	21,9	21,3	22,0	21,5	21,3	20,5	24,5	19,8	18,8	18,8	100	96	100
3	44,6	45,6	42,9	21,5	23,7	21,7	21,1	23,2	21,6	19,0	25,0	18,3	20,8	19,1	96	96	99
4	43,6	43,8	44,4	21,3	27,4	22,5	21,3	24,2	21,6	20,8	28,4	18,8	20,5	18,6	100	75	92

Datum. Juni	Wind Richtung & Stärke nach Beaufort (0—12)			Bewölkung						Niederschläge in mm		
				7 Vm		2 Nm		9 Nm				9 Nm
	7 Vm	2 Nm	9 Nm	Grad	Form	Grad	Form	Grad	Form	7 Vm	9 Nm	7 Vm
28	O S O 1	WNW 1	N W 2	10	Nim	7	Cum-s	5	Cum	8,7	1,6	1,6
29	NNW 1	S 3	SSO 3	6	Cir-s	4	Cir-s	8	Cum-s			
30	OSO 2	S O 3	O 2	10	Str	8	Cum-s	6	Cum			
Juli 1	NNW 1	SSO 3	SSO 3	4	Cum	4	Cir-s	3	Cum-s			
2	S O 1	S O 3	OSO 4	6	Cir-s	8	Cum-s	10	Nebel			4,1
3	NNW 2	S O 3	S O 3	10	Str	5	„	4	Cum	4,1		
4	S O 2	S 1	SSO 4	10	Nebel	3	Str	10	Nebel			

Schiffsverkehr
in der Zeit vom 28. Juni — 4. Juli 1906.

Ankunft am	Name	Kapitän	Flagge	Reg. Tonnen.	von	Abfahrt am	nach
(15.6.)	D. Wuhu	Richards	Englisch	1227	Karatzu	29.6.	Tschifu
28.6.	D. Kinai Maru	Aai	Japan.	1498	Otaru	3.7.	Karatzu
29.6.	D. Gouv. Jaeschke	Treumann	Deutsch	1045	Schanghai	30.6.	Schanghai
30.6.	D. Kueichow	Hooker	Englisch	1215	Amoy	„	Tschifu
„	D. Tateyama Maru		Japan.	1346	Tschifu	4.7.	Wladiwostok
3.7.	D. Tsintau	Artelt	Deutsch	977	Schanghai	3.7.	Tschifu
„	D. Peiho	Deinat	„	460	„	„	Tschemulpo
„	D. Tak Sang	Clure	Englisch	977	„	„	Schanghai
„	D. Adm. v. Tirpitz	Block	Deutsch	1199	Tschifu	„	„

Druck der Missionsdruckerei Tsingtau.

第七年 第二十六号

1906 年 7 月 7 日

官方通告

告白

今天在本地商业登记 B 部第 15 号登记注册了以下公司:"德律风根①青岛东亚无线电报有限公司"。

公司的经营对象为无线电波电报的商业经营,也就是通过分销设备以及接收水面和陆地上的全套无线电报设施,负责东亚区域东北地区。公司资本金为 100 000 马克。公司经理为柏林的商人威廉·巴格曼。公司合约已经在 1906 年 5 月 3 日缔结。

青岛,1906 年 6 月 27 日
胶澳皇家审判厅一处

告白

今天在本地商业登记 A 部第 53 号登记注册了以下公司:"芝罘、威海卫、青岛柯那倍·艾克福德公司"②。

公司所有人为:

1. 在皮那(英格兰米德尔塞克斯郡)的商人威廉·亚历山大·Con...③
2. 贝德福德的商人安德鲁·米拉·艾克福德。

芝罘的商人薇薇安·罗伯特·艾克福德和休·吉布森·史密斯以及青岛的商人雷吉纳尔德·亨德森·艾克福德和弗里德里克·拉尔金斯被授予代理权。

---

① 译者注:为了回应无线电技术在英国取得的重大发展,由德皇威廉二世于 1903 年发起,德意志帝国通用电力公司和西门子公司联合成立了德律风根公司。
② 译者注:中文行名为"和记洋行"。
③ 译者注:此处原文缺失。

按照英国法律,该公司为一家"私有公司"。

青岛,1906年6月28日
胶澳皇家审判厅一处

告白

启者:兹将送案之物开明于左:

蓝玻璃眼镜一付(副)。

以上送案之物,准其具领。此布。

大德一千九百六年七月初四日
青岛巡捕局启

大德管理青岛地亩局　为

拍卖地亩事:兹据德远洋行禀称,欲买青岛柏林街地图第八号第二百二十八块地,计一千四百九十四米打,暂拟价洋一千二百四十元二分。今订于西历一千九百六年七月二十一日十一点钟在局拍卖。买定后准盖栈房,限至西一千九百九年七月三十一日一律修竣。如他人亦欲买者,可以投票,截至西七月十四日止,届期前来本局面议可也。勿误。特谕。

德一千九百六年七月初四日　告示

消息

海军枢密顾问贡特已被授予四等红鹰勋章。

海军少校恩格尔斯和冯·瓦伦蒂尼、甘顿伯格·冯·莫伊西上尉已被授予优秀勤务十字勋章。

已经颁发了下列俄国勋章:

授予海军少将军医柯尼希二等圣·安妮勋章;

授予海军少校军医迈耶尔博士二等圣·斯坦尼斯劳斯勋章;

授予海军上尉军医马克·雷昂博士和奥普博士三等圣·安妮勋章;

授予海军高等助理医师伯克尔贝尔博士和舒尔特三等圣·斯坦尼斯劳斯勋章。

总督府财务处自本月3日起的汇率为：1元＝2.26马克。

督署官宰局在今年6月份屠宰和进行兽医检验的牲畜数量为：
274头大牛、203头小牛、208只绵羊、529头猪。
其中有2头牛和1头猪被拒收，4头牛被有条件接收。

户籍所消息：
出生：6月29日，建筑师保罗·诺伊迈斯特得子一名。

根据山东铁路公司发布的告白，在全部火车站之间的运输中，从今年7月1日起，对豆子、小米（高粱）、高粱秆和小米①适用第10号特别费率中的规定和运费，直到撤销为止。

副领事梅茨格已于今年6月8日接手了在牛庄的皇家德意志领事馆的事务。

在巴塔维亚的荷属印度德意志皇家总领事馆的电报地址自本月1日起变更为"日耳曼尼亚"巴塔维亚。

根据海参崴军港司令的一项命令，所有目的地为海参崴的船只须停靠阿斯科尔德岛，一名导航员将在那里登船。由于存在漂浮水雷风险，船只仅允许在白天行驶。

气象天文台记录的青岛在1906年6月的天气情况

在今年6月份期间，观测到天气情况部分地与之前多数年份有显著差异，主要体现在气温、空气湿度以及云量方面。

日平均气温为18.6度。最高气温为17日的26.9度，最低温为6日的14.1度。下面列出今年的数值，以与1898—1903年这五年的数值进行对比：

	1898—1903年的6月	1906年6月
日平均气温/度	20.12	18.6
平均最高气温/度	23.64	22.6
绝对最高气温/度	29.6	26.9
平均最低气温/度	17.48	16.2
绝对最低气温/度	10.9	14.1

---

① 译者注：在德国不种植、食用高粱米和小米，德语表达中使用同一个单词，所以需要加上解释。

观测到7天的中午时分气温超过25度。

本月平均云量达到75%,与这种云量情况相适应的是,记录下13个阴天。有15天出现了大雾天气,与之适应,空气湿度还从未以同样方式观测到如此之大的数值。在个别几天几乎达到了100%的情况下,月平均湿度为90%,这是一个几乎只有7月份才会达到的数值。

在9个雨天里的总降水量达到73.5毫米。

今年观测到的第一场雷暴从西北方中央经过青岛向东南移动,时间为6月11日下午1点24分到4点15分。在2点23分发生的强度为8~9级、来自西南方向的雷暴狂风中,落下了夹杂着冰雹的降雨,雨量为15.3毫米。闪电的颜色为黄白色,下冰雹时为偏红色。

风力达到平均3.4级蒲福风级,风向主要为东向至东南偏南。在每天3个观测时间里,轻风至狂风的主要风向为:2日东风6级,10日东风7级,11日南风8级,12日东南风7级,15日东风7级和东北偏东风6级,22日东南风6级。

市场平均物价

1906年6月

1斤=577.6克

1银元在各地的平均汇率

青　岛:2 070个铜板

台东镇:2 060个铜板

李　村:2 000个铜板

薛家岛:2 060个铜板

商品名称	单位	青岛,铜板	台东镇,铜板	李村,铜板	薛家岛,铜板
黄豆	1斤	—	48	62	—
豆芽	1斤	—	30	—	—
扁豆	1斤	50	40	—	—
豆腐	1斤	—	26	35	—
豆油	1斤	—	200	175	200
豆饼	1斤	—	48	54	—
花生	1斤	100	100	133	—
花生油	1斤	—	—	185	—

(续表)

商品名称	单位	青岛,铜板	台东镇,铜板	李村,铜板	薛家岛,铜板
豌豆	1斤	—	60	50	—
大麦	1斤	—	46	48	—
黄瓜	1斤	14	40	28	—
小米	1斤	—	64	45	—
小米面	1斤	—	70	60	—
土豆,德国品种	1斤	60	—	—	—
土豆苗,中国品种	1斤	—	—	—	—
土豆片,中国品种	1斤	—	30	—	—
高粱	1斤	—	52	48	—
高粱秆	1斤	—	—	22	10
麸皮	1斤	—	50	40	—
南瓜	1斤	—	—	—	—
玉米	1斤	—	60	—	—
小红萝卜	1斤	40	40	10	—
大米	1斤	—	84	85	—
麦子	1斤	—	64	64	—
面粉	1斤	—	80	85	78
小麦面包	1个	—	84	20	—
馒头	1个	—	82	20	—
窝头	1个	—	44	—	—
火烧	1个	—	80	—	—
杏	1斤	80	—	—	—
香蕉	1斤	180	—	—	—
柠檬	1个	139	—	—	—
苹果	1斤	—	—	—	—
橘子	1斤	—	—	—	—
梨	1斤	—	—	—	—
山东卷心菜	1把	12	—	—	—
白菜	1棵	180	—	—	—

(续表)

商品名称	单位	青岛,铜板	台东镇,铜板	李村,铜板	薛家岛,铜板
小白菜	1斤	—	20	10	—
大头菜	1斤	—	—	—	16
生菜	1棵	10	—	—	—
芹菜	1斤	50	—	—	—
欧芹	1把	20	—	—	—
香菜	1把	10	—	—	—
大蒜	1斤	—	24	54	70
胡萝卜	1斤	40	—	—	—
青芥辣	1斤	150	—	—	—
姜	1斤	140	—	—	—
苤蓝	1斤	150	—	—	—
胡椒,红色	1斤	160	100	67	—
胡椒,黑色	1斤	800	800	813	—
中国品种萝卜	1斤	—	—	16	—
白萝卜	1斤	—	—	—	—
红萝卜	1把	40	—	—	—
菠菜	1斤	14	—	—	—
核桃	1斤	150	—	157	—
洋葱	1斤	70	40	21	—
盐	1斤	—	12	12	24
烟草	1斤	—	300	260	258
煎鱼	1斤	180	120	119	—
炖鱼	1斤	129	100	133	—
鲽鱼,大个	1斤	130	—	—	—
鲽鱼,小个	1斤	160	—	—	—
鳗鱼	1斤	180	—	—	—
干鱼	1斤	—	160	160	—
墨鱼	1斤	—	200	60	—
螃蟹,横爬品种	1个	60	—	—	—

(续表)

商品名称	单位	青岛,铜板	台东镇,铜板	李村,铜板	薛家岛,铜板
螃蟹,大个	1个	70	80	35	—
贝类,大个	1斤	80	—	—	—
猪肉	1斤	280	200	208	200
猪大油	1斤	320	280	270	—
猪肝	1斤	280	—	—	—
猪舌	1个	180	—	—	—
生牛肉	1斤	—	200	187	—
熟牛肉	1斤	—	240	187	—
牛油	1斤	—	180	193	—
鸭子	1只				
野鸭	1只				
鹅	1只				
野鹅	1只				
鸽子	1只	180			
鸡,老鸡	1只	700			
鸡,雏鸡	1只	200	250	407	160
塍鹌	1只	—			
鸭蛋	1(10)个	300	—	313	200
鸡蛋	1(10)个	160	180	167	120
面条	1斤	—	—	—	160
红糖	1斤	—	—	—	180
白糖	1斤	—	—	—	300

船运

1906年6月28日—7月4日期间

到达日	轮船船名	船长	挂旗国籍	登记吨位	出发港	出发日	到达港
(6月15日)	芜湖号	李夏兹	英国	1 227	唐津	6月29日	芝罘
6月28日	畿内丸	青井	日本	1 498	小樽	7月 3日	唐津
6月29日	叶世克总督号	特洛依曼	德国	1 045	上海	6月30日	上海
6月30日	贵州号	霍克	英国	1 215	厦门	6月30日	芝罘
6月30日	馆山丸		日本	1 346	芝罘	7月 4日	海参崴
7月 3日	青岛号	阿特尔特	德国	977	上海	7月 3日	芝罘
7月 3日	白河号	代纳特	德国	460	上海	7月 3日	济物浦
7月 3日	太仓号	克鲁尔	英国	977	上海	7月 3日	上海
7月 3日	提尔皮茨号	布洛克	德国	1 199	芝罘	7月 3日	上海

Amtsblatt
für das Deutsche Kiautschou-Gebiet

青島官報

Herausgegeben vom Kaiserlichen Gouvernement Kiautschou.

Der Bezugspreis beträgt jährlich $ 2=M 4.
Bestellungen nehmen sämtliche deutsche Postanstalten entgegen.

169.

德歷一千九百零六年七月十四日

| Jahrgang 7. | Nr. 27. | Tsingtau, den 14. Juli 1906. | 第二十七號 | 第七年 |

Amtliche Anzeigen.

Landversteigerung.

Auf Antrag der Techniker Röber und Kluckow findet am Montag, den 30. Juli 1905, vormittags 11 Uhr, die Versteigerung des Grundstückes Kbl. 17 Nr. 4 an der Westpass-Strasse im Landamte statt.
Grösse: 2486 pm.
Mindestpreis: 2983,20 $.
Benutzungsplan: Erbauung eines Wohnhauses.
Bebauungsfrist: 31. Juli 1909.
Gesuche zum Mitbieten sind bis zum 23. Juli 1906 hierher zu richten.

Tsingtau, den 10. Juli 1906

Kaiserliches Landamt.

Bekanntmachung.

Als gestohlen angemeldet: 1 goldene glatte Remontoiruhr mit Sprungdeckel ohne Glas und mit goldener kleingliedriger Kavalierkette; 1 flacher Geldschrankschlüssel; 1 „Mumm" Taschenmesser.

Als gefunden angemeldet: 1 weisse leinene Damenunterhose; 1 silberne Remontoir-Damenuhr mit Goldrändern Nr. 38023.

Tsingtau, den 11. Juli 1906.

Kaiserliches Polizeiamt.

大德管理青島地畝局爲

拍賣地畝事茲據工部局員克盧厘吳律白噲稟佃欲買青島威思噠斯街地圖第十七號第四塊計二千四百八十六米方打算擬價洋二千九百八十三元二角今定於西歷一千九百零五年七月三十日上午十一點鐘在局拍賣買定後准蓋住房限至西歷一千九百零九年七月三十一日一律修竣如他人亦欲買者可以投禀截至七月二十三日止屆時前來本局面議可也勿悞特諭

右諭通知

德歷一千九百零六年七月初十日

告示

告白

啓者茲將本局據報被竊送案各物列左

被竊谷物
平面暗殼金表一枚無玻璃罩帶月小金鍊一條
繫鑰匙鐵櫃鑰匙一把
刀子一把上有Mumm名字
金邊銀地女白布女人貼身褲一條
送案各物
表一枚第28023號
以上被竊之物如見亦宜報明本局送案之物亦准本局領此佈

德一千九百零六年七月十一日

青島巡捕局啓

170. Amtsblatt—青島官報 14. Juli 1906.

Landversteigerung.

Auf Antrag des technischen Hilfsarbeiters Steensen findet am Montag, den 30. Juli 1906, vormittags 11 ½ Uhr, die Versteigerung des Grundstückes Kbl. 16 Nr. 23 Tsingtau Stadt an der Westpassstrasse im Landamte statt.

Grösse: 1163 qm.
Mindestpreis: 1395,60 $.
Benutzungsplan: Bau eines Wohnhauses.
Bebauungsfrist: 31. Juli 1909.
Gesuche zum Mitbieten sind bis zum 23. Juli 1906 hierher zu richten.

Tsingtau, den 11. Juli 1906.

Kaiserliches Landamt.

Bekanntmachung für Seefahrer.

Die Nebelglocke vom Leuchtturm Yu nui san ist zur Reparatur auf einige Tage abgenommen.

Tsingtau, den 12. Juli 1906.

Kaiserliches Hafenamt.

大德青島地畝局
拍賣地畝事茲據工部局員施殿森
稟稱欲買青島威思爾司街地圖第
十六號第二十三塊地計一千一百
六十三米六角茲擬價於西歷七月
十五元十一點半鐘在局拍賣七月
三十一日一律修竣如有他人欲買
日上午蓋住房限至一千九百九年
以後可以定在局面議可也
亦欲買者可以於七月二十三日以
前來本局投票截至西七月二
十三日止屆期勿誤特諭
告示
德一千九百六年七月十一日

Beschluss.

Zum Hülfsbeisitzer des Kaiserlichen Gerichts von Kiautschou wird für den Rest des Jahres 1906 anstelle des wegen Abreise ausscheidenden Brauereidirektors Seifart der Bergwerksdirektor, Bergassessor Dr. Brücher ernannt.

Tsingtau, den 2. Juli 1906.

Der Kaiserliche Oberrichter.

Dr. Crusen.

Mitteilungen.

Dem Kaiserlichen Gouverneur Truppel ist der Rote Adlerorden 2. Klasse mit Eichenlaub verliehen worden.

* * *

Gerichtssekretär Tabbert ist zum Leutnant der Reserve der Marineinfanterie befördert worden.

* * *

Standesamtliche Nachrichten.
Eheschliessung: 7. Juli, Zahntechniker Albert Hahn und Clara Silber, beide zu Tsingtau.

* * *

Die Geschäfte des Kaiserlich Deutschen Konsulates in Nagasaki hat Konsulatsverweser Dr. Specka von Dr. Mecklenburg am 25. Juni d. Js. übernommen.

* * *

Die folgenden Örtlichkeiten in der Kiautschoubucht haben die dabeistehenden chinesischen Bezeichnungen:

Leuchtfeuer auf Yu nui san   T'uan tau 團島
Bucht Fels Tagusfels)   An hu schih 安湖石
Hufeisenriff   Lang ts'ang tau schih 浪倉島石
Taikungtau Rift   T'ien tsch'iau 天橋
Arkona Insel   Tch'ing tau 青島
Engelsriff   Hsiau tau 小島
Teufelsriff   Ho lo tau 河洛島
   oder Mo schih tau 磨石島

14. Juli 190. Amtsblatt—青島官報 171.

Meteorologische Beobachtungen
in Tsingtau.

Da-tum. Juli	Barometer (m m) reduz. auf 0° C., Seehöhe 78,64 m			Temperatur (Centigrade).								Dunst-spannung in mm			Relat. Feuchtigkeit in Prozenten		
				trock. Therm.			feucht. Therm.										
	7 Vm	2 Nm	9 Nm	7 Vm	2 Nm	9 Nm	7 Vm	2 Nm	9 Nm	Min.	Max.	7 Vm	2 Nm	9 Nm	7 Vm	2 Nm	9 Nm
5	744,2	743,9	744,7	20,3	23,3	22,7	20,1	23,2	22,6	18,5	24,9	17,4	21,1	20,3	99	99	99
6	44,0	44,1	44,8	21,8	22,0	21,5	21,8	21,5	21,2	20,0	25,9	19,4	18,7	18,5	100	96	97
7	46,1	47,0	47,1	21,3	21,9	20,8	21,3	21,9	20,8	20,5	22,2	18,8	19,5	18,2	100	100	100
8	47,4	47,8	47,4	20,9	21,4	20,9	20,9	21,4	20,9	20,1	23,1	18,4	18,9	18,4	100	100	100
9	44,5	47,5	41,0	21,0	23,1	23,0	20,9	22,9	22,2	19,3	25,8	18,3	20,7	19,4	99	98	93
10	42,9	43,4	44,3	22,2	25,4	24,1	21,2	23,0	23,4	18,7	26,8	18,1	19,4	21,0	91	80	94
11	44,8	44,6	44,3	20,5	26,5	25,9	20,4	19,3	17,0	20,2	28,3	17,7	12,2	9,0	99	48	37

Da-tum. Juli	Wind Richtung & Stärke nach Beaufort (0—12)			Bewölkung						Niederschläge in mm		
				7 Vm		2 Nm		9 Nm				
	7 Vm	2 Nm	9 Nm	Grad	Form	Grad	Form	Grad	Form	7 Vm	9 Nm	9 Nm 7 + Vm
5	O S O 1	S O 3	N O 1	10	Nebel	2	Cum-s	10	Nim			6,8
6	S O 2	O S O 2	S O 3	10	„	10	Cir-s	8	Cir-s	6,8		
7	S O 1	S O 3	S O 3	10	„	10	Nebel	10	Nebel			
8	S O 3	S O 3	O S O 4	10	„	10	„	10	„			63,6
9	O 2	S 1	N W 2	10	Nim	10	Nim	8	Cum	62,6	132,3	132,3
10	N 4	N 1	N N W 1	8	Cum-s	8	Cir-cum	2	Str			
11	N 2	W 1	Stille	6	Cir-cum	8	„	2	„			

Schiffsverkehr
in der Zeit vom 5.—11. Juli 1906.

Ankunft am	Name	Kapitän	Flagge	Reg. Tonnen.	von	Abfahrt am	nach
6.7.	D. Gouv. Jaeschke	Treumann	Deutsch	1045	Schanghai	7.7.	Schanghai
„	D. Hanyang	Fronbrigde	Englisch	1207	„	8.7.	Tientsin
7.7.	D. Hoangho	Geissel	Deutsch	690	Kobe		
„	D. Dr. H. J. Kiaer	Larssen	Norweg.	691	Tientsin	10.7.	Tientsin
9.7.	D. Staatssekr. Kraetke	Hansen	Deutsch	1208	Schanghai	„	Tschifu
„	D. Hokushin Maru	Takai	Japan.	737	Kobe	„	Kobe
„	D. Tsintau	Artelt	Deutsch	977	Tschifu	„	Schanghai
10.7.	D. Tak Sang	Clare	Englisch	977	Schanghai	11.7.	„
„	D. Hanamet	Gunderson	Amerik.	2072	Tschifu		
„	D. Lodsen	Stensholt	Norweg.	757	Otaru		

Druck der Missionsdruckerei Tsingtau.

第七年 第二十七号

1906 年 7 月 14 日

官方通告

大德管理青岛地亩局 为

拍卖地亩事：兹据工部局员克卢库、吴律白尔禀称，欲买青岛威思坝斯街①地图第十七号第四块，计二千四百八十六米打，暂拟价洋二千九百八十三元二角。今定于西历（一千）九百六年七月三十日上午十一点钟在局拍卖。买定后准盖住房，限至西一千九百九年七月三十一日一律修竣。如他人亦欲买者，可以投禀，截至七月二十三日止，届时前来本局面议可也。勿误。特谕。

右谕通知
德历一千九百六年七月初十日　告示

告 白

启者：兹将本局据报被窃、送案各物列左：

被窃各物：

平面暗壳金表一枚，无玻璃罩，带有小金链一条，链系钱柜钥匙一把；刀子一把，上有"Mumm"名字。

送案各物：

白布女人贴身裤一条；金边银地（底）女表一枚，第 28023 号。

以上被窃之物切勿轻买，如见亦宜报明本局，送案之物亦准具领。此布。

德一千九百六年七月十一日
青岛巡捕局启

---

① 译者注：即今江苏路北段。

大德青岛地亩局　为

拍卖地亩事：兹据工部局员施殿森禀称，欲买青岛威思坝司街地图第十六号第二十三块地，计一千一百六十三米打，暂拟价洋一千三百九十五元六角。兹定于西历七月三十日上午十一点半钟在局拍卖。买定以后可盖住房，限至一千九百九年七月三十一日一律修竣。如有他人亦欲买者，可以投禀，截至西七月二十三日止，届期前来本局面议可也。勿误。特谕。

德一千九百六年七月十一日　告示

对海员的告白

游内山的雾钟因维修需要取下，为期数日。

青岛，1906 年 7 月 12 日
皇家船政局

决议

因胶澳皇家审判厅的临时陪审员赛法特启程离开，自即日起至 1906 年底由矿业公司经理、矿业评估师布吕歇尔博士接任该职。

青岛，1906 年 7 月 2 日
皇家高等法官
克鲁森博士

消息

皇家总督都沛禄被授予二等配橡树叶红鹰勋章。

法院秘书塔伯特被晋升为海军步兵后备军少尉。

户籍所消息：
结婚：7 月 7 日，假牙技工阿尔伯特·哈恩和克拉拉·希尔伯，二人均在青岛。

今年 6 月 25 日领事馆代理施佩卡博士从梅克伦堡博士处接管长崎的德国皇家领事馆的事务。

下列胶州湾内地点的中文名称如下：

游内山的灯塔	团岛
海湾礁石塔霍河①礁	安湖石
马蹄礁	浪沧岛石
大公岛礁	天桥
阿克纳岛	青岛
天使礁	小岛
魔鬼礁	河洛岛或磨石岛

船运

1906年7月5日—11日期间

到达日	轮船船名	船长	挂旗国籍	登记吨位	出发港	出发日	到达港
7月 6日	叶世克总督号	特洛依曼	德国	1 045	上海	7月 7日	上海
7月 6日	汉阳号	福隆布里奇	英国	1 207	上海	7月 8日	天津
7月 7日	黄河号	盖瑟尔	德国	690	神户		
7月 7日	奇亚尔博士号	拉尔森	挪威	691	天津	7月10日	天津
7月 9日	克莱特克号	韩森	德国	1 208	上海	7月10日	芝罘
7月 9日	北神丸	高井	日本	737	神户	7月10日	神户
7月 9日	青岛号	阿特尔特	德国	977	芝罘	7月10日	上海
7月10日	太仓号	克鲁尔	英国	977	上海	7月11日	上海
7月10日	哈那美特号	贡德尔森	美国	2 072	芝罘		
7月10日	罗德森号	斯滕霍尔特	挪威	757	小樽		

---

① 译者注：塔霍河为欧洲大河之一，为伊比利亚半岛最长河流。

Amtsblatt
für das
Deutsche Kiautschou-Gebiet.

青島官報

Herausgegeben vom Kaiserlichen Gouvernement Kiautschou·
Der Bezugspreis beträgt jährlich $ 2=M 4.
Bestellungen nehmen sämtliche deutsche Postanstalten entgegen.

| Jahrgang 7. | Nr. 28. | Tsingtau, den 21. Juli 1906. | 第二十八號 | 第七年 |

173.

德歷一千九百零六年七月廿一日

Amtliche Anzeigen.

Bekanntmachung.

Während der grossen Schulferien wird das Forstamt an jedem Montag und Donnerstag von 4¾ Uhr nachmittags ab für Schulkinder beiderlei Geschlechts im Alter von 6 Jahren und darüber gärtnerische Ferienkurse über Gemüsebau, Erdbeer- Spargel- und Artischockenzucht, Blumenanlagen, Veredelung von Obst- und Rosenwildlingen u. s. w. abhalten.

Bei Regenwetter findet der Unterricht am nächstfolgenden Tage statt.

Zum Unterricht sind kleine Hacken und Spaten, die im Forstgarten aufbewahrt werden können, und ein Taschenmesser mitzubringen

Eltern, die ihre Kinder an diesem Ferienkurse teilnehmen lassen wollen, werden gebeten, dies dem Forstamt unter namentlicher Nennung der Kinder anzuzeigen.

Der Unterricht beginnt am Montag, den 23. Juli 1906, nachmittags 4¾ Uhr, in der Försterei Wildpark.

Tsingtau, den 18. Juli 1906.

Der Kaiserliche Zivilkommissar.

Bekanntmachung.

Im hiesigen Handelsregister Abt. A Nr. 2. ist heute zu der offenen Handelsgesellschaft
Anz & Co.
folgendes eingetragen worden:

Kaufmann Arnhold Berg ist am 30. Juni 1906 aus der Gesellschaft ausgeschieden, Kaufmann Cäsar Benck in Tsingtau ist am 1. Juli 1906 als Gesellschafter eingetreten.

Tsingtau, den 13. Juli 1906.

Kaiserliches Gericht von Kiautschou I.

Bekanntmachung.

Im hiesigen Handelsregister Abt. A Nr. 54 ist heute eingetragen die Firma
Liebe, Wulff & Co.
Schanghai, Tsingtau
und als Inhaber derselben Kaufmann Karl Liebe und Kaufmann Paul Wulff in Schanghai. Offene Handelsgesellschaft seit 1. November 1904 mit Hauptniederlassung in Schanghai. Rudolf Boehme und John Henry Peters in Schanghai ist Prokura erteilt.

Tsingtau, den 16. Juli 1906.

Kaiserliches Gericht von Kiautschou I.

174. Amtsblatt—青島官報 21. Juli 1906.

Landversteigerung.

Auf Antrag des Li yüan schan zu Tapautau findet am Montag, den 6. August 1906, vormittags 11 Uhr, die Versteigerung des Grundstückes Kartenblatt 12 Nr. 91 Tsingtau Stadt an der Pingtustrasse im Landamte statt.
　Grösse: 597 qm.
　Mindestpreis: 573,12 $.
　Benutzungsplan: Bau eines Wohnhauses.
　Bebauungsfrist: 31. August 1909.
　Gesuche zum Mitbieten sind bis zum 30 Juli 1906 hierher zu richten.

Tsingtau, den 18. Juli 1906.

Kaiserliches Landamt.

Bekanntmachung.

Als gefunden angemeldet: 1 Portemonnaie mit Inhalt; 1 dunkelbrauner, weissgerippter Spazierstock; 1 schwarze Hornbrosche und 6 kleine, schwarze Hornknöpfe; 1 schwarze Cravatte (Selbstbinder).

Beschlagnahmt wurde eine Menge Eisen, Messing, Bleiblech, Blei, Zink, Charniere, Schlösser, Nägel, Bleirohre, u. s. w. Die Gegenstände, welche von Diebstählen herrühren, können auf Zimmer Nr. 5 des Polizeiamts besichtigt werden.

Tsingtau, den 18. Juli 1906.

Kaiserliches Polizeiamt.

Bekanntmachung.

W. Eddelbüttel hat ein Gesuch um Schankerlaubnis in der Gastwirtschaft der Germania-Brauerei bei Tai tung tschen eingereicht.

Einwendungen im Sinne der Gouvernementsbekanntmachung vom 10. Oktober 1899 sind bis zum 5. August d. Js. an das Polizeiamt zu richten.

Tsingtau, den 18. Juli 1906.

Kaiserliches Polizeiamt.

21. Juli 1906.   Amtsblatt—青島官報   175.

Mitteilungen.

Während der Beurlaubung des Gouvernementspfarrers bis zum 27. August d. Js. findet nur am 22. d. Mts, sowie am 5. und 19. August Gottesdienst in der Gouvernementskapelle statt.

Die Vertretung der Gottesdienste hat Herr Pfarrer Wilhelm, die der Amtshandlungen Herr Pfarrer Lic. theol. Schüler übernommen.

* * *

Standesamtliche Nachrichten.
Geburten: 11. Juli, eine Tochter dem Polizeiwachtmann Fritsche; 14. Juli, eine Tochter dem Kaufmann Paul Bott; 16. Juli, ein Sohn dem Gouvernementsoberförster Malte Hass.

* * *

Der Lehrer May ist etatsmässig angestellt worden.

* * *

Die Stationärgeschäfte vor Tsingtau hat S. M. S. „Tiger" von S. M. S. „Jaguar" übernommen.

* * *

Die Geschäfte des Kaiserlich deutschen Konsulates für Formosa in Twatutia hat Dr. Mechlenburg von dem in die Heimat beurlaubten Konsul Reinsdorf am 2. d. Mts. übernommen.

* * *

Die Geschäfte des Kaiserlich deutschen Konsulates in Tientsin hat der Kaiserliche Konsul, Legationsrat Knipping von dem in die Heimat beurlaubten stellvertretenden Konsul Dr. Wendschuch am 6. d. Mts. übernommen.

* * *

Die Direktion der Leuchtfeuer und Lotsen in Wladiwostock zeigt zur Kenntnis der Seeschiffer an, dass die Befeuerung des Nikolajefski Leuchtturmes und die Tätigkeit der pneumatischen Sirene am 13. Mai dieses Jahres begonnen hat. Der erwähnte Leuchtturm befindet sich an der Festlandküste der Tartarischen Strasse unter 49⁰ nördlicher Breite und 140⁰ östlicher Länge bei der auf den russischen Seekarten als Imperatorski Gawan verzeichneten Bucht.

Schiffsverkehr
in der Zeit vom 12. — 19. Juli 1906.

Ankunft am	Name	Kapitän	Flagge	Reg. Tonnen.	von	Abfahrt am	nach
(7.7.)	D. Hoangho	Geissel	Deutsch	690	Kobe	13.7.	Kobe
(10.7.)	D. Lodsen	Stensholt	Norweg.	757	Otaru	17.7.	Karatzu
13.7.	D. Gouv. Jaeschke	Treumann	Deutsch	1045	Schanghai	14.7.	Schanghai
16.7.	D. Peiho	Deinat	„	417	„	17.7.	„
„	D. Tak Sang	Clare	Englisch	977	„	„	„
17.7.	D. Adm. v. Tirpitz	Block	Deutsch	1199	„	„	Tschifu
„	D. Staatssekr. Kraetke	Hansen	„	1208	Tschifu	„	Schanghai
18.7.	D. Manschu Maru	Ota	Japan.	3254	Otaru		

Meteorologische Beobachtungen
in Tsingtau.

Datum. Juli	Barometer (mm) reduz. auf 0º C., Seehöhe 78,64 m			Temperatur (Centigrade).								Dunstspannung in mm			Relat. Feuchtigkeit in Prozenten		
				trock. Therm.			feucht. Therm.										
	7 Vm	2 Nm	9 Nm	7 Vm	2 Nm	9 Nm	7 Vm	2 Nm	9 Nm	Min.	Max.	7 Vm	2 Nm	9 Nm	7 Vm	2 Nm	9 Nm
12	744,1	743,3	744,0	23,5	29,1	23,1	19,3	23,4	20,7	22,3	30,5	14,1	17,9	16,7	65	59	80
13	45,4	44,7	46,9	23,7	30,4	25,1	21,3	24,6	21,3	21,3	31,7	17,4	19,4	16,5	80	60	70
14	48,4	48,1	48,7	22,6	27,0	22,4	20,7	26,8	21,1	21,6	28,5	17,0	26,1	17,8	83	98	89
15	50,2	49,9	50,1	24,8	26,7	23,2	18,7	19,5	20,0	21,6	28,7	12,3	12,4	15,4	53	48	73
16	50,1	49,8	49,6	21,7	22,4	21,7	20,6	21,4	21,0	20,8	24,3	17,4	18,3	18,0	90	91	94
17	49,4	48,2	49,4	21,8	22,3	22,3	21,1	21,8	21,8	20,7	24,9	18,2	19,1	19,1	94	96	96
18	49,7	50,2	50,4	22,7	24,6	23,7	22,4	22,5	23,0	21,3	26,1	20,0	18,9	20,5	97	83	99

Datum. Juli	Wind Richtung & Stärke nach Beaufort (0—12)			Bewölkung						Niederschläge in mm	
				7 Vm		2 Nm		9 Nm			9 Nm +7 Vm
	7 Vm	2 Nm	9 Nm	Grad	Form	Grad	Form	Grad	Form	7Vm 9Nm	
12	NNW 1	N W 1	S O 3	2	Str	2	Cum				
13	SSO 1	N W 1	OSO 1			2	"	2	Str		
14	N 2	SSO 2	SSO 2	8	Cir-s	5	Cum-s	2	Cum		
15	Stille	S 2	SSO 2	5	"	5	Cum	2	Str		
16	S O 2	S O 2	S O 2	6	Cum-s	8	Str	10	"		
17	O 2	O 2	O 2	10	Nim	10	Nim	6	Cum	0,8	0,8
18	Stille	S O 2	O 2	9	Cum-s	6	Cum-s	8	Nim		

Druck der Missionsdruckerei Tsingtau.

第七年　第二十八号

1906年7月21日

官方通告

告白

在学校放长假期间,林业局在每周一和周四下午4点3刻起,为6岁及以上的男女学童举办假期园艺课程,内容为蔬菜、草莓、芦笋和洋蓟种植,还有花卉以及水果和野蔷薇的加工等。

如果下雨,课程顺延至第二天。

上课时需要锄头和铲子,可以存放在森林园中,还需要携带一把卷尺。

希望子女参加假期课程的家长,请到林业局给孩子报名。

课程从1906年7月23日下午4点3刻开始,地点在林业局野生公园内。

青岛,1906年7月18日
皇家民政长

告白

在本地商业登记A部第2号登记的无限责任公司"昂斯洋行"已登记入下列事项:

商人阿诺德·伯格已于1906年6月30日被从公司中除名,青岛的商人凯撒·本克在1906年7月1日作为股东加入公司。

青岛,1906年7月13日
胶澳皇家审判厅一处

告白

在本地商业登记A部第54号登记注册了以下公司:"上海、青岛立博和伍尔夫公司"[①],

[①] 译者注：中文行名为"利兴洋行"。

公司所有人为上海的商人卡尔·立博和商人保罗·伍尔夫。该公司是自1904年11月1日起开始营业的贸易公司,总公司在上海。上海的鲁道夫·伯姆和约翰·亨利·彼得斯被授予代理权。

青岛,1906年7月16日
胶澳皇家审判厅一处

大德管理青岛地亩局　为

拍卖地亩事:兹据李元善禀称,款(欲)买大包岛平度街地图第十二号第九十一块,计五百九十七米打,暂拟价洋五百七十三元一角二分。今订于西历一千九百六年八月初六日上午十一点钟在局拍卖。买定后准盖住房,限至西一千九百九年八月三十一日一律修竣。如他人亦欲买者,可以投禀,截至西七月三十日止,届期前来本局面议可也。勿误。特谕。

德一千九百六年七月十八日　告示

告白

启者:兹将送案各物开明列左:

钱夹子一个,内储有钱;深红色手棍一根,上有白纹;黑角料首饰一件;角料小钮子六枚;黑色领子一条。

另有窃出经本局调押之物:铁料各物件。

以上各物,各该失主可赴本局五号房查验具领。此布。

德一千九百六年七月十八日
青岛巡捕局启

告白

W.艾德尔布特尔递交在台东镇附近日耳曼尼亚啤酒厂饭店的酒类经营申请。

如有根据1899年10月10日总督府告白提出的异议,须在今年8月5日前递交至本处。

青岛,1906年7月18日
青岛巡捕局

消息

在督署牧师到今年 8 月 27 日为止的度假时间内,督署小教堂只在本月 22 日以及 8 月 5 日和 19 日举办弥撒。

弥撒的代表为牧师卫礼贤先生,他接手舒勒牧师的官方事务。

户籍所消息:

出生:7 月 11 日,巡捕房看守福里切得女一名;7 月 14 日,商人保罗·波特得女一名;7 月 16 日,总督府高等林业官马尔特·哈斯得子一名。

教师梅已经被纳入编制雇用。

"老虎"号从"美洲豹"号处接手了青岛的驻站业务。

麦西伦伯格博士在本月 2 日从回国度假的莱茵多夫领事处接手了在台湾岛大稻埕①的德意志皇家领事馆事务。

本月 6 日,皇家领事、公使馆参赞科尼平从回国度假的代理领事文德舒赫博士处接手了在天津的德意志皇家领事馆事务。

海参崴灯塔和导航管理处提醒海员,尼古拉耶夫斯克灯塔的照明设施和汽笛已于今年 5 月 13 日开始启用。

该灯塔位于鞑靼街大陆海岸,北纬 49 度,东经 140 度,在俄国海图上,位于名称为帝国港(Imperatorski Gawan)的附近。

---

① 译者注:台湾岛内地名,位于台北市,是该市商业最繁华地带。

船运

1906年7月12日—19日期间

到达日	轮船船名	船长	挂旗国籍	登记吨位	出发港	出发日	到达港
(7月 7日)	黄河号	盖瑟尔	德国	690	神户	7月13日	神户
(7月10日)	罗德森号	斯滕霍尔特	挪威	757	小樽	7月17日	唐津
7月13日	叶世克总督号	特洛依曼	德国	1 045	上海	7月14日	上海
7月16日	白河号	代纳特	德国	417	上海	7月17日	上海
7月16日	太仓号	克鲁尔	英国	977	上海	7月17日	上海
7月17日	提尔皮茨号	布洛克	德国	1 199	上海	7月17日	芝罘
7月17日	克莱特克号	韩森	德国	1 208	芝罘	7月17日	上海
7月18日	万秀丸	小田	日本	3 254	小樽		

Amtsblatt
für das Deutsche Kiautschou-Gebiet.

报官岛青

Herausgegeben vom Kaiserlichen Gouvernement Kiautschou.

Der Bezugspreis beträgt jährlich $ 2 = M 4.
Bestellungen nehmen sämtliche deutsche Postanstalten entgegen.

| Jahrgang 7. | Nr. 29. | Tsingtau, den 28. Juli 1906. |

Verordnungen und Bekanntmachungen.

Verordnung
betreffend
die Anzeigepflicht bei ansteckenden Krankheiten.

Auf Grund des § 15 des Schutzgebietsgesetzes in Verbindung mit § 1 der Verfügung des Reichskanzlers vom 27. April 1898 wird folgendes verordnet.

§ 1.

Jede Erkrankung und jeder Todesfall an
1. Aussatz (Lepra),
2. asiatischer Cholera,
3. orientalischer Beulenpest,
4. Pocken (Blattern),
5. Diphterie (Rachenbräune),
6. Kindbettfieber (Wochenbett- Puerperalfieber),
7. übertragbarer Ruhr (Dysenterie),
8. Scharlach (Scharlachfieber),
9. Typhus (Unterleibstyphus),
10. Tollwut (Lyssa), sowie Bissverletzungen durch tolle oder der Tollwut verdächtige Tiere,

ferner jeder Fall, welcher den Verdacht einer der unter 1—4 genannten Krankheiten erweckt,
ist unverzüglich der Polizei anzuzeigen.

§ 2.

Zur Anzeige sind verpflichtet
1. der zugezogene Arzt,
2. der Haushaltungsvorstand,
3. jede sonst mit der Behandlung oder Pflege des Erkrankten beschäftigte Person,
4. derjenige, in dessen Wohnung oder Behausung der Erkrankungs-oder Todesfall sich ereignet hat.

Die Verpflichtung der unter 2—4 genannten Personen tritt nur dann ein, wenn ein früher genannter Verpflichteter nicht vorhanden ist.

§ 3.

Die Anzeige kann mündlich oder schriftlich erstattet werden. Die Polizei verabfolgt auf Verlangen Meldebogen für schriftliche Anzeigen unentgeltlich.

§ 4.

Mit Geldstrafe bis zu 150 Dollar, im Unvermögensfalle mit Haft bis zu 6 Wochen, wird bestraft, wer die ihm obliegende Anzeige unterlässt oder länger als 24 Stunden, nachdem er von der anzuzeigenden Tatsache Kenntnis erhalten hat, verzögert.

Die Strafverfolgung tritt nicht ein, wenn die Anzeige, obwohl nicht von dem zunächst Verpflichteten, doch rechtzeitig gemacht worden ist

178. Amtsblatt—青島官報 28. Juli 1906.

§ 5.

Diese Verordnung tritt am Tage der Veröffentlichung in Kraft.

Mit dem gleichen Tage wird die Polizeiverordnung, betreffend die Anzeigepflicht bei ansteckenden Krankheiten, vom 5. Juli 1900 (Amtsblatt 1900, Seite 16) aufgehoben.

Tsingtau, den 24. Juli 1906.

Der Kaiserliche Gouverneur.

Allerhöchst mit der Stellvertretung beauftragt.

van Semmern

大德欽命署理總督膠澳文武事宜大臣為

更訂應行報明傳染病症章程事照得報病章程西歷一千九百年七月初五日曾經前任大臣釐訂在案茲復按照德國護衛屬境律例第十五條並參德國樞臣於西歷一千八百九十八年四月二十七日所出之示酌改應行報明傳染病症章程分條列左

第一條凡遇有染患左列諸症或遭該各病身故或疑係左列一二三四各病者立應一律報明巡捕官員

應行報明各病

一癲瘋病　二霍亂病　三東方瘟疫病　四天花　五喉假皮症　六產婦熱症　七能傳染之血痢　八紅熱症　九身虛熱病

十癲狂病或被癲獸以及可疑有癲病之獸咬傷者皆宜立即報明巡捕官查核

第二條列左諸人應盡報病責任

一所延治病之醫士 二病者被屬之人 三或另有侍養病者之人 四或患病或病故該房房主惟如無醫士則病者被屬之人有報明之責任餘可遞次推之

第三條報明巡捕官員准其或面訴或呈稟如欲呈稟者可由巡捕衙門領取報明式單並無絲毫費用

第四條凡負報明之責任未即報明者或知情應行報明故意遲延時逾二十四點鐘以外者一經查出即罰洋至一百五十元之多如無力呈繳罰歇即監押至六禮拜之久但期內若經他人報明其在前有責應報之八雖未報明姑免究罰

第五條此項章程准自曉諭日起一律遵行其西歷一千九百年七月初五日所訂應報傳染病症章程亦自是日作廢為此諭仰各凜遵勿違特諭

右諭通知

大德一千九百六年七月二十四日

告示

Verordnung

betreffend

Schlachtzwang und Fleischbeschau.

Auf Grund des § 15 des Schutzgebietsgesetzes in Verbindung mit § 1 der Verfügung des Reichskanzlers vom 27. April 1898 wird folgendes verordnet.

§ 1.

In dem Gebiete westlich der Linie Iltishuk-Haipobrücke-Haipomündung bis zum Leuchtturm Yu nui san einschliesslich der Ortschaften Tai tung tschen und Tai hsi tschen (Stadgebiet Tsingtau) darf das Schlachten von Rindvieh, Kälbern, Schweinen, Schafen, Ziegen, Pferden, Maultieren und Eseln, ferner das Abhäuten, Brühen, Ausnehmen dieser Tiere, sowie das Reinigen des Fleisches und der Eingeweide nur in dem öffentlichen Schlachthofe vorgenommen werden.

§ 2.

Alles in den Schlachthof gelangte Vieh ist zur Feststellung seines Gesundheitszustandes sowohl vor als nach dem Schlachten einer Untersuchung durch die dazu bestimmten Sachverständigen zu unterwerfen.

§ 3.

Notschlachtungen dürfen ausserhalb des Schlachthofes und ohne vorhergehende Untersuchung vorgenommen werden, wenn zu befürchten steht, dass das Tier vor Ankunft im Schlachthofe verenden oder das Fleisch durch Verschlimmerung des krankhaften Zustandes wesentlich an Wert verlieren werde, oder wenn das Tier infolge eines Unglückfalles sofort getötet werden muss.

Nach der Notschlachtung ist das Tier zur Ausschlachtung und Untersuchung in den Schlachthof zu bringen.

§ 4.

Frisches Fleisch von Tieren der im § 1 bezeichneten Art, die ausserhalb des Stadtgebietes Tsingtau geschlachtet sind, darf in das Stadtgebiet nur in ganzen Tierkörpern, die bei Rindvieh, ausschliesslich der Kälber, und bei Schweinen in Hälften zerlegt sein können, eingeführt werden und unterliegt einer amtlichen Untersuchung im öffentlichen Schlachthofe. Mit den Tierkörpern müssen Brust-und Bauchfell, Lunge, Herz, Nieren, bei Kühen auch das Euter, in natürlichem Zusammenhange verbunden sein.

§ 5.

Für die Untersuchung des Schlachtviehes und des Fleisches und für die Benutzung der Schlachthofeinrichtungen sind die dafür festgesetzten Gebühren zu zahlen.

§ 6.

Wer wissentlich Fleisch, das entgegen dieser Verordnung einer Untersuchung im öffentlichen Schlachthofe nicht unterzogen worden ist oder das bei der Untersuchung als untauglich befunden worden ist oder das als nur bedingt tauglich befunden, aber nicht den amtlichen Anordnungen gemäss zum Genusse für Menschen brauchbar gemacht ist, im Stadtgebiete als Nahrungs- oder Genussmittel für Menschen in Verkehr bringt oder für einen anderen verwendet, wird mit Gefängnis bis zu drei Monaten oder mit Geldstrafe bis zu 1500 Dollar bestraft, soweit nicht nach sonstigen Bestimmungen eine härtere Strafe verwirkt ist.

§ 7.

Mit Geldstrafe bis zu 75 Dollar, im Unvermögensfalle mit Haft bis zu 14 Tagen, wird bestraft,
1. wer eine der im § 6 bezeichneten Handlungen aus Fahrlässigkeit begeht;
2. wer im Stadtgebiete entgegen den §§ 1 und 3 ausserhalb des öffentlichen Schlachthofes schlachtet oder eine der im § 1 bezeichneten Verrichtungen vornimmt.

§ 8.

In den Fällen des § 6 und des § 7 Ziffer 1 ist neben der Strafe auf die Einziehung des Fleisches zu erkennen, in dem Falle des § 7 Ziffer 2 kann neben der Strafe auf die Einziehung des Fleisches erkannt werden.

Ist die Verfolgung oder Verurteilung einer bestimmten Person nicht ausführbar, so kann auf die Einziehung selbstständig erkannt werden.

§ 9.

Diese Verordnung tritt am 1. August 1906 in Kraft.

28. Juli 1906.　　　　　Amtsblatt－青島官報　　　　　181.

Am gleichen Tage treten die Fleischschauordnung vom 4. Juni 1899 und die Verordnung vom 25. Juli 1901, betreffend Abänderung der Fleischschauordnung vom 4. Juni 1899 (Amtsblatt 1901, Seite 245) ausser Kraft.

Tsingtau, den 24. Juli 1906.

Der Kaiserliche Gouverneur.

Allerhöchst mit der Stellvertretung beauftragt.

van Semmern.

大德欽命署理總督膠澳文武事宜大臣師

釐訂宰殺畜牲以及改訂查驗骨肉章程事案查西歷一千八百九十九年六月初四日曾訂立驗肉章程復於西歷一千九百零一年七月二十五日更訂驗肉章程各在案茲者查照德國保衛屬境律例第十五條並參酌德國樞臣於西歷一千八百九十八年四月二十七日所出之示酌定宰殺畜牲暨驗肉章程分條列左

第一條青島內界線自官山迤南山嘴起點直至海泊橋自此過海泊口繞至團島燈塔止所隸界內各處如台東鎮台西鎮凡欲宰殺牛隻牛犢猪羊山羊馬騾驢等畜牲或欲剝皮或欲退毛或欲剖解臟腑以及洗淨骨肉臟腑均應牽入官宰局方可辦理

第二條所有牽入官宰局之各項畜牲當未宰以前及已宰以後均應經特派之專門醫官查驗有無病症

第三條情勢逼迫宰殺如恐畜牲未到官宰局以先即斃者或其畜牲少有疾病恐延時較重因之肉價非常跌落或因不測立應宰殺斃者仍應將該畜牲昇入官宰局以便辦理剝皮剖腑割肉等事暨由專門醫官查驗切不可在於官宰局外剝皮等事

第四條第一條載列各項畜牲如殺在青島內界以外欲將鮮肉運進內界除牛猪姑准分為兩半其餘牛犢等畜牲不准剖分只准

全身運入內界仍應一律投赴官宰局經官查驗其膈膜腑膜心肺腎五藏均應與死身原舊相連不得割分其牛之乳泡亦應相連

第五條 查驗畜牲並查驗骨肉以及使用官宰局一切機件均宜交納另訂之費

第六條 倘有違背以上各條倘其肉或未經官宰局查驗或曾經查驗已由專門醫官判爲廢肉或經官諭如何辦理並未遵照官員指示方可爲人食用之肉知情故犯仍將該肉在於內銷售令人購食或與他人使用者一經查明即罰監禁至三閱月之久或罰洋至一千五百元之多或按別項章程辦理或依德律故犯較重罪名從嚴懲罰

第七條 一設有疎忽誤犯第一第三兩條敢在青島內界官宰局外宰殺畜牲或犯第一條內列各節者一經查出即罰洋至七十五元之多如無力呈繳罰款即監押至十四日之久

第八條 凡犯第六條以及第七條之一各節除罰監禁或罰洋外其犯法之肉亦可入官倘未獲充入官主犯第七條之二除罰監禁或罰洋外並應將該肉罰應罰之人亦可僅將該肉入官

第九條 此項章程訂自西歷一千九百六年八月初一日起一律遵行其西歷一千九百九年六月初四日所訂之驗肉章程並西歷一千九百一年七月二十五日續改之驗肉章程統於本年八月初一日起作廢仰各凜遵勿違

特諭

右諭通知

大德一千九百六年七月二十四日

告示

28. Juli 1906.   Amtsblatt—報官島青   183.

Betriebsordnung für den Schlachthof in Tsingtau.

Betriebszeit.

§ 1.

Der Schlachthof ist geöffnet:
1. zur **Einfuhr von Schlachtvieh** werktäglich:
    a. vom 1. April bis 30. September
       von 6—10 Uhr vormittags
       und 4—6 Uhr nachmittags,
    b. vom 1. Oktober bis 31. März
       von 8—10 Uhr vormittags
       und 3—5 Uhr nachmittags.

Ausserhalb dieser Stunden ist die Einfuhr von Vieh nur mit Genehmigung des Schlachthof-Vorstandes und gegen eine besondere Gebühr von 0,25 $ für jedes Stück Grossvieh und 0,15 $ für jedes Stück Kleinvieh und Schwein zulässig.

Auch dürfen die ausserhalb der gewöhnlichen Einfuhrzeit eingeführten Schlachttiere, bevor ihre Untersuchung im lebenden Zustande stattgefunden hat, nicht in den Schlachthallen oder den Ställen für gesundes Vieh untergebracht werden.

2. zur **Vornahme von Schlachtungen** werktäglich:
    a. vom 1. April bis 30. September, ausschliesslich des Sonnabends,
       von 5—10 Uhr vormittags
       und 3—6 Uhr nachmittags,
    Sonnabends
       von 5 Uhr vormittags—12 Uhr mittags;
    b. vom 1. Oktober bis 31. März, ausschliesslich des Sonnabends,
       von 7 Uhr vormittags—12 Uhr mittags
       und 3—6 Uhr nachmittags,
    Sonnabends
       von 7 Uhr vormittags—1 Uhr nachmittags.

Das Schlachten an den Sonn-und Feiertagen darf nur ausnahmsweise und mit besonderer Erlaubnis des Schlachthof-Vorstandes geschehen.

Zu den festgesetzten Schlusszeiten muss das Schlachten gänzlich beendet sein; es müssen Grossvieh und Pferde (Maultiere) mindestens 1½ Stunden, Kleinvieh und Schweine mindestens 1 Stunde vor Schluss der Schlachtzeit getötet sein.

Zutritt.

§ 2.

Der Zutritt ist nur denjenigen Personen gestattet, welche auf dem Schlachthofe irgend welche zu dessen bestimmungsmässiger Benutzung gehörende Geschäfte haben.

Beim Pförtner ist eine Kontrollmarke in Empfang zu nehmen, welche auf Verlangen vorzuzeigen und beim Verlassen des Schlachthofes wieder abzugeben ist.

Für den Zutritt der ständigen Benutzer des Schlachthofes kann die Verwaltung Dauerkarten ausstellen.

Personen, welche den Schlachthof besichtigen wollen, bedürfen zum Eintritt der Genehmigung des Schlachthof-Vorstandes und haben an der Schlachthof-Kasse eine Eintrittskarte zum Preise von 0,50 $ zu lösen.

Mitbringen von Hunden.

§ 3.

Das Mitbringen von Hunden in den Schlachthof ist untersagt.

Fuhrwerke der Schlächter.

§ 4.

Fuhrwerke, welche in den Schlachthof einfahren, sind auf der dafür bestimmten Stelle aufzustellen. Vor den Schlachthallen und Ställen dürfen die Wagen nur so lange stehen bleiben, als zum Auf-und Abladen nötig ist.

Die Wagenpferde der Schlächter können während des Schlachtens, soweit es der Raum gestattet, in die Pferdestallungen eingestellt werden.

Das Reinigen und Waschen der Schlächterwagen auf dem Schlachthofe ist verboten.

Auf dem Schlachthofe darf nur im Schritt gefahren werden.

Einbringen von Vieh.

§ 5.

Das in den Schlachthof eingeführte Vieh darf niemals direkt in die Ställe gebracht werden, sondern muss nach Anmeldung bei dem Pförtner zunächst sofort dem Schlachthof-Vorstande zum Zwecke der tierärztlichen Untersuchung unter Vorzeigung der erhaltenen Schlachtkarte vorgeführt werden.

Nur als „schlachtbar" bezeichnete Tiere dürfen in die allgemeinen Viehställe eingestellt werden, während die Untersuchung und Schlachtung aller krankheits-und seuchenverdächtigen Tiere im Krankenviehschlachthause zu erfolgen hat.

§ 6.

Zur Feststellung des Gesundheitszustandes ist alles Vieh, das vormittags geschlachtet werden soll, bis 6 Uhr abends des vorhergehenden Tages und alles Vieh, das nachmittags geschlachtet werden soll, bis 10 Uhr vormittags desselben Tages in die Schlachthofstallungen einzustellen.

Bei plötzlich auftretendem grossen Bedarf an Fleisch kann die Schlachthof-Verwaltung auf Antrag von dieser Einstellung absehen.

Die Standgebühr für Stück und Tag beträgt für die Zeit nach den ersten 24 Stunden 0,07 $. Tiere, welche länger als 24 Stunden im Stalle bleiben, werden für Rechnung des Eigentümers nach Anweisung der Schlachthof-Verwaltung gefüttert. Das Mitbringen des Futters ist verboten.

Die Gebühren für die Fütterung werden unter Berücksichtigung der zeitweiligen Futterpreise festgestellt und durch Anschlag im Schlachthofe bekannt gemacht.

Zeichnung der Tiere.

§ 7.

Die in den Schlachthof eingeführten Tiere müssen zur Vermeidung von Verwechselungen mit dem Zeichen der Schlachtenden versehen werden.

Vorbereitung zur Schlachtung.

§ 8.

Bei der Beförderung des Schlachtviehes aus den Ställen nach den Schlachträumen ist mit möglichster Schonung und mit der erforderlichen Vorsicht zur Verhütung von Unglücksfällen zu verfahren.

Das Vieh darf erst dann in den Schlachtraum geführt werden, wenn die Vorbereitungen zum sofortigen Schlachten getroffen, die Gebühren, einschliesslich der Stall- und Futtergebühren, von der Schlachthof-Verwaltung gebucht sind und die Schlachtkarte dem Hallenmeister übergeben worden ist.

Schlachtung.

§ 9.

Die Reihenfolge des Schlachtens bestimmt der Hallenmeister nach der Reihenfolge der Anmeldungen. Er weist den Schlachtenden auch den zu benutzenden Platz und die zu benutzenden Vorrichtungen in den Schlachthallen an.

§ 10.

Verboten ist es, andere als die angewiesenen Schlachtstellen zu benutzen oder ihre Grenzen bei der Schlachtung zu überschreiten.

Die Schlachtstellen dürfen nicht länger besetzt werden, als zum Schlachten und zur Bearbeitung der Tiere, sowie zur Reinigung der Schlachtstelle und der Geräte unbedingt erforderlich ist.

§ 11.

Das Schlachten darf nur von dazu vorgebildeten Leuten bewirkt werden. Die Tötung der Tiere muss schnell, mit Vorsicht und ohne jede Quälerei nach Anordnung des Schlachthof-Vorstandes oder des Hallenmeisters erfolgen.

§ 12.

Jedes Aufblasen des Fleisches, der Lungen u. s. w. ist untersagt.

§ 13.

Das beim Schlachten aufgefangene Blut ist Eigentum des Tierbesitzers, ebenso die beim Enthaaren gewonnenen Borsten der Schweine.

Untersuchung des geschlachteten Viehes.

§ 14.

Ohne Genehmigung des Schlachthof-Vorstandes darf geschlachtetes Vieh nicht aus den Schlachthallen entfernt werden. Es muss vielmehr vom Hallenmeister dem Schlachthof-Vorstande unter Vorzeigung der Schlachtkarte zur Besichtigung angemeldet werden.

Die ausgeschlachteten Schweine müssen ausserdem, bevor sie aus dem Schlachthofe entfernt werden, auf Trichinen untersucht werden.

Die gesund befundenen Tiere oder Teile von solchen werden mit dem amtlichen Stempel versehen, worauf der Eigentümer über sie verfügen kann.

Beanstandetes Fleisch.

§ 15.

Werden Tiere oder Teile von ihnen durch die tierärztliche Untersuchung als untauglich oder nur bedingt tauglich zur menschlichen Nahrung befunden, so ist der Besitzer sofort hiervon zu benachrichtigen. Die weitere Behandlung des nur bedingt tauglichen Fleisches und seine Verwertung unterliegt den Anordnungen des Schlachthof-Vorstandes.

Das als untauglich befundene Fleisch wird unter amtlicher Aufsicht vernichtet.

Kühlhalle.

§ 16.

Die einzelnen Zellen der Kühlhalle des Schlachthofes werden gegen Zahlung der festgesetzten Gebühren unter folgenden Bedingungen vermietet:
1. Die Kühlhalle ist zum Einbringen des im Schlachthofe geschlachteten und untersuchten Fleisches, sowie zum Ausführen des aufbewahrten Fleisches geöffnet:
    a. werktäglich
       vormittags von 4½—6 und 10—11 Uhr und abends von 5—6 Uhr;
    b. an Sonn—und Feiertagen
       vormittags von 4½—6 und 10—11 Uhr.
2. Das Ein-und Ausbringen des Fleisches zu anderen Zeiten unterliegt der Genehmigung des Schlachthof-Vorstandes.
3. Die Benutzung des Vorkühlraumes steht nur den Mietern von Kühlhauszellen frei.

§ 17.

Das Fleisch, sowie die Lungen und Lebern der im Schlachthofe geschlachteten Tiere dürfen nicht früher in die Kühlhalle gebracht werden, als bis sie vollständig abgetrocknet und auf Lufttemperatur abgekühlt sind.

Das Fleisch der geschlachteten Tiere darf am Tage der Schlachtung nicht in das eigentliche Kühlhaus, sondern unter vorstehenden Bedingungen nur in den Vorkühlraum gebracht werden.

§ 18.

Das Salzen und Pökeln des Fleisches in den Kühlzellen kann gestattet werden. Die Pökelfässer müssen aber vor dem Einbringen angemeldet und vorgezeigt werden, aus hartem Holz fest und dicht gearbeitet sein, auf mindestens 15 cm hohen Leisten oder Klötzen stehen und mit einem gut schliessenden Deckel versehen sein.

Innerhalb längstens 4 Wochen, beim Pökeln von Schinken und Speck innerhalb 8 Wochen, ist ein jedes Fass gänzlich zu leeren und zu reinigen.

Fleisch, welches übel riecht oder bereits verdorben ist, geräucherte Fleischwaren, Eingeweideteile, Blut, lose Felle, Haare, alter Talg, altes Fett und die unteren Beinenden der Rinder, ferner Gegenstände, welche nicht zur Aufbewahrung von Fleischteilen notwendig sind, und Handwerkzeug mit Ausnahme von Fleischhaken, Messern und Knochensägen dürfen weder in das Kühlhaus eingeführt, noch dort aufbewahrt werden.

Das im Vorkühlraum untergebrachte Fleisch muss am Morgen des folgenden Tages daraus wieder entfernt werden.

§ 19.

Im Kühlhaus ist die peinlichste Sauberkeit zu beachten; in den vermieteten Zellen sind die Mieter dafür verantwortlich. Insbesondere ist der Fussboden der Zellen stets sauber und trocken zu halten. Zur Reinigung sind feuchte Tücher zu verwenden.

Das Auswaschen der Zellen mit Wasser darf nur auf besondere Anordnung des Schlachthof-Vorstandes erfolgen, der für die gleichzeitige Reinigung sämtlicher Zellen einen bestimmten Tag ansetzen kann.

§ 20.

Das Zerlegen des Fleisches darf im Kühlhause nur mit Messer und Säge erfolgen.

Das Aufhängen von eisernen Haken an den Wänden oder Decken der Zellen ist untersagt.

§ 21.

Die vermieteten Zellen sind verschlossen zu halten; ihre Inhaber und deren Leute sind aber verpflichtet, sie in Gegenwart der Beamten zu öffnen, sobald diese es verlangen.

§ 22.

Ohne Genehmigung der Verwaltung darf ein Mieter die gemietete Zelle einem anderen zur Benutzung oder Mitbenutzung nicht überlassen.

§ 23.

Nach dem Betreten oder Verlassen der Kühlhalle sind die Türen sofort fest zuzumachen.

§ 24.

Jede Kühlzelle erhält eine Nummer; es ist dem Mieter gestattet, ausserdem ein Schild mit seinem Namen daran anzubringen.

§ 25.

Wer gegen die Bestimmungen für das Kühlhaus wiederholt verstösst oder trotz wiederholter Zahlungsaufforderung mit der fälligen Miete im Rückstande bleibt, dem kann die Zelle ohne Einhaltung einer Kündigungsfrist entzogen werden.

Fleischtransport.

§ 26.

Das Fortschaffen des Fleisches von dem Schlachthofe darf nur in geschlossenen oder mit reinen Tüchern überdeckten Wagen oder Karren erfolgen.

Allgemeine Vorschriften.

§ 27.

Alle diejenigen, welche auf dem Schlachthofe schlachten oder sonst daselbst verkehren, haben die vorstehenden Anordnungen zu beobachten und den in dieser Beziehung an sie ergehenden Anordnungen der Schlachthof-Beamten unweigerlich Folge zu leisten.

Beschwerden sind bei dem Schlachthof-Vorstande und Beschwerden über diesen beim Gouvernement anzubringen.

§ 28.

Für das ordnungsmässige Verhalten seines Hülfspersonals haftet der Auftraggeber, insbesondere hat er jeden durch dieses verursachten Schaden nach den Bestimmungen des bürgerlichen Rechts zu ersetzen.

§ 29.

Die Zahlung der Gebühren ist nach Zustellung der monatlichen Abrechnung durch die Schlachthof-Verwaltung an die Gouvernementskasse zu leisten.

Ordnungsvorschriften.

§ 30.

Jede Verunreinigung des Schlachthofes, insbesondere durch Fortwerfen von Papierstücken, sowie jede Beschädigung seiner Einrichtungen und Geräte ist verboten.

Untersagt ist ferner, in den zum Betriebe des Schlachthofes bestimmten Gebäuden und in deren Nähe zu rauchen, sowie die Ställe, Stallböden und Futterräume bei Nachtzeit ohne geschlossene Laterne zu betreten.

§ 31.

Kleider dürfen in den Schlachträumen nicht aufgehängt werden, sondern sind in dem dazu bestimmten Raum unterzubringen.

§ 32.

Das Ein-und Ausschalten des elektrischen Lichtes, die Handhabung der Dampf-und Wasserleitungen zu den Brühkesseln darf nur durch den Hallenmeister erfolgen.

Gebühren-Ordnung.

§ 33.

1. Schlacht- und Untersuchungsgebühren.

Es werden erhoben:
a. für ein Rind $ 3,00
b. für ein Kalb unter 100 kg Lebendgewicht „ 0,75
c. für ein Schaf oder eine Ziege „ 0,75
d. für ein Schwein „ 1,75
e. für ein Spanferkel „ 0,50
f. für ein Pferd, Maultier oder einen Esel „ 5,00

Die gleichen Gebühren gelten für die Untersuchung des in das Stadtgebiet eingeführten frischen Fleisches.

2. Stallgebühren.

Die Stallgebühren für die Zeit nach den ersten 24 Stunden betragen für jedes Stück Vieh und jeden Tag $ 0,07. Bruchteile eines Tages werden als ganzer Tag berechnet.

28. Juli 1906. Amtsblatt – 青島官報 187.

3. Kühlhausmiete.

Die Jahresmiete für das Quadratmeter nutzbarer Kühlhausfläche beträgt $ 32,00.

4. Benutzung des Fleischsterilisators.

Das Sterilisieren
a. eines Stückes Grossvieh kostet $ 5,00
b. eines Stückes Kleinvieh kostet „ 2,00
c. eines Schweines kostet „ 3,00

5. Besichtigungsgebühren.

Für die Besichtigung des Schlachthofes und seiner Einrichtungen hat jede Person eine Gebühr von $ 0,50 zu zahlen.

6. Wiegegebühren.

An Wiegegebühren werden erhoben:
a. für das Stück Grossvieh $ 0,20
b. für das Stück Kleinvieh „ 0,10

Tsingtau, den 24. Juli 1906.

Der Kaiserliche Gouverneur.

Allerhöchst mit der Stellvertretung beauftragt.

van Semmern.

Amtliche Anzeigen.

Landversteigerung.

Auf Antrag des Kaufmanns Yang han jan findet am Montag, den 13. August 1906, vormittags 11 Uhr, die Versteigerung des Grundstückes Kbl. 12 Nr. 89 des Grundbuchbezirks Tsingtau Stadt an der Huangtaustrasse im Landamte statt.
Grösse: 525 qm.
Mindestpreis: 504 $.
Benutzungsplan: Bau eines Wohn- und Geschäftshauses.
Bebauungsfrist: 31. August 1909.
Gesuche zum Mitbieten sind bis zum 6. August 1906 hierher zu richten.

Tsingtau, den 24. Juli 1906.

Kaiserliches Landamt.

Bekanntmachung.

Bei der im Handelsregister A unter Nr. 6 eingetragenen offenen Handelsgesellschaft

Diederichsen, Jebsen & Co in Tsingtau

ist heute folgendes eingetragen worden:
Den Kaufleuten Paul Theodor Pietzker und Hugo Schroeder in Kiel ist Gesamtprokura erteilt.

Tsingtau, den 25. Juli 1906.

Kaiserliches Gericht von Kiautschou I.

大德管理青島地畝局
為拍賣地畝事茲撥楊浩然票揭欲買
大包島黃島街地圖第十二號第八
十九塊地計五百二十五米打暫議
價洋五百零四圓茲定於西歷八月
十三日上午十一點鐘在局拍賣買
定以後可蓋住宅舖房限至西一千
九百九年八月三十一日一律修峻
如他人亦欲買者可以投票截至西
八月初六日止屆期前來本局面
可也勿誤特諭議
告示
德一千九百六年七月二十四日

Bekanntmachung.

In dem Konkursverfahren über das Vermögen des Kaufmanns

Wen tschy hsiu

in Tapautau ist zur Abnahme der Schlussrechnung zur Erhebung von Einwendungen gegen das Schlussverzeichnis und zur Beschlussfassung über die nicht verwertbaren Vermögensstücke der Schlusstermin auf den 13. Oktober 1906, vormittags 10 Uhr, vor dem Kaiserlichen Gericht von Kiautschou bestimmt.

Tsingtau, den 24. Juli 1906.

Kaiserliches Gericht von Kiautschou III.

Landversteigerung.

Auf Antrag der Firma Carlowitz & Co. findet am Montag, den 13. August 1906, vormittags 11½ Uhr, die Versteigerung des Grundstückes Kbl. 16 Nr. 32 an der Frauenlob-, Thetis- und Hansastrasse im Landamte statt.

Grösse: 3508 qm.
Mindestpreis: 5262 $.
Benutzungsplan: Wohn- und Geschäftshäuser, Lagerstätten, industrielle Anlagen.
Bebauungsfrist: 31. August 1909.
Gesuche zum Mitbieten sind bis zum 6. August 1906 hierher zu richten.

Tsingtau, den 25. Juli 1906.

Kaiserliches Landamt.

Landversteigerung.

Auf Antrag der Firma Carlowitz & Co. findet am Montag, den 13. August 1906, vormittags 11¾ Uhr, die Versteigerung des Grundstückes Kbl. 16 Nr. 33 an der Thetis- und Hansastrasse im Landamte statt.

Grösse: 4017 qm.
Mindestpreis: 4820,40 $.
Benutzungsplan: Wohn- und Geschäftshäuser, industrielle Anlagen.
Bebauungsfrist: 31. August 1909.
Gesuche zum Mitbieten sind bis zum 6. August 1906 hierher zu richten.

Tsingtau, den 26. Juli 1906.

Kaiserliches Landamt.

Bekanntmachung.

Als verloren angemeldet: 1 Damensonnenschirm mit rot und grün changierendem, seidenem Überzug und Gloisonné-Griff; 1 silberne Uhr mit Goldrand Nr. 855952 mit Nickelkette, auf dem Wege vom Kiautschouhotel nach dem Höhenlager.

Als gefunden angemeldet: 1 weisses Taschentuch gez. E. W.

Tsingtau, den 25. Juli 1906.

Kaiserliches Polizeiamt.

28. Juli 1906.   Amtsblatt—青島官報   189.

Mitteilungen.

Sitzung des Gouvernements-Rats am 20. Juli 1906.

Der Herr Gouverneur eröffnete die Sitzung um 10 Uhr vormittags.

Ausser den amtlichen Mitgliedern waren als Vertreter der Zivilgemeinde die Herren Miss, Goecke und Augustesen zugegen.

Auf der Tagesordnung stand die Beratung der Entwürfe

1. einer Verordnung, betreffend die Anzeigepflicht bei ansteckenden Krankheiten;
2. einer Verordnung, betreffend Schlachtzwang und Fleischbeschau;
3. einer Betriebsordnung für den Schlachthof in Tsingtau.

Zu Punkt 1 der Tagesordnung führte der Herr Gouverneur zur Begründung aus, dass die jetzt geltende Verordnung über die Anzeigepflicht bei ansteckenden Krankheiten vom 5. Juli 1900 verschiedene Krankheiten aufzähle, für die nach Lage der Verhältnisse eine Anzeigepflicht entbehrlich sei, dagegen einige Krankheiten unbeachtet lasse, deren Bekämpfung für das Schutzgebiet von grösster Wichtigkeit sei. Die neue Verordnung schaffe hier Abhülfe.

Gegen den Entwurf wurden Einwendungen nicht erhoben.

Zu Punkt 2 der Tagesordnung begründet Herr Admiralitätsrat Günther die Vorlage.

Herr Augustesen stellt zur Erwägung, ob nicht in das Gebiet, für welches nach dem Verordnungsentwurf der Schlachtzwang gelten solle, auch noch die Ortschaft Syfang einzubeziehen sei; erstens sei dort eine Kompagnie des Seebataillons untergebracht und zweitens bestehe die Gefahr, dass sich in Syfang Schlächter niederliessen, die mangels einer Fleischbeschau dort billiger als im Stadtgebiet Wurst- und Räucherwaren herstellen und in das Stadtgebiet einführen würden. Dem gegenüber wies der Herr Gouverneur darauf hin, dass die Ausdehnung des Schlachtzwanges und der Fleischbeschau auf Syfang wegen der grossen Entfernung vom Schlachthofe nicht gut durchführbar, ausserdem auch nicht notwendig sei. Denn die Unterbringung der Truppen in Syfang sei nur provisorisch bis zur Fertigstellung der im Stadtgebiete geplanten Kasernen, auch sei beabsichtigt, bei der Erneuerung des Fleischlieferungsvertrages für das III. Seebataillon die Lieferung für die Truppen in Syfang in den Vertrag mitaufzunehmen. Dass sich Schlächtereien in Syfang zu dem von Herren Augustesen angedeuteten Zweck auftun würden, sei nicht wahrscheinlich. Sollte dies aber doch eintreten, so ständen dem Gouvernement ausreichende polizeiliche Mittel zur Verhinderung eines derartigen Vorgehens zur Verfügung.

Sonstige Einwendungen wurden gegen den Verordnungsentwurf nicht geltend gemacht.

Zu Punkt 3 der Tagesordnung begründet Herr Admiralitätsrat Günther die Vorlage und berichtet über das Ergebnis der mit den Vertretern der Zivilgemeinde und sonstigen Interessenten erfolgten Vorbesprechung des Entwurfs.

Herr Augustesen fragte an, ob nicht auch das Aufbewahren geräucherter Fleischwaren in der Kühlhalle gestattet werden könne, nach seinen Erfahrungen würden hieraus Unzuträglichkeiten nicht entstehen. Herr Admiralitätsrat Günther erwiderte hierauf, dass nach dem Gutachten Sachverständiger durch Belegen der Kühlhalle mit Räucherwaren eine Schädigung des frischen Fleisches unvermeidlich sei und deshalb auch in den Schlachthäusern in der Heimat Räucherwaren von den Kühlhallen in der Regel ausgeschlossen seien.

Zu den in der Betriebsordnung vorgeschlagenen Sätzen der Schlacht- und Untersuchungsgebühren erklärte Herr Goecke, dass die Vertreter der Zivilgemeinde jeder Erhöhung der zur Zeit geltenden Gebührensätze widersprechen müssten. Wenn die Deckung der Betriebskosten des neuen Schlachthofes so hohe Gebühren erfordere, so müsse er darauf hinweisen, dass seiner Zeit die Bürgerschaft nicht um ihre Zustimmung zu dem Bau gefragt worden sei, auch den Bau nicht verlangt habe.

Dem gegenüber führte der Herr Gouverneur aus: Der Gesundheitszustand in der Kolonie sei namentlich in der ersten Zeit ihres Bestehens durchaus nicht so günstig gewesen, wie jetzt. Es sei eine der ersten Pflichten des Gouvernements gewesen, eine Besserung der Gesundheitsverhältnisse herbeizuführen, und aus diesem Gesichtspunkte sei der Bau einer ausreichenden, modernen Schlachthofanlage beschlossen worden, zumal der für die Zwischenzeit eingerichtete provisorische Schlachthausbetrieb den Erfordernissen der öffentlichen Gesundheitspflege nicht genügte. Eine Zustimmung der Bürgerschaft zum Bau eines Schlachthofes sei nach der Verfassung des Schutzgebietes nicht vorgesehen gewesen, sodass aus dem Nichteinholen einer solchen Zustimmung keine Einwände gegen die in durchaus gesetzlicher Weise beschlossene u. durchgeführte Errichtung des neuen Schlachthofes hergeleitet werden können. Es könne dahingestellt bleiben, ob nicht die Bürgerschaft damals unter den wenig befriedigenden Gesundheitsverhältnissen ohne weiteres ihre Zustimmung zum Bau gegeben hätte. Jedenfalls geniesse die jetzige Bürgerschaft alle Vorteile der neuen Anlage und müsse deshalb, wie jeder billig Denkende zugeben müsse, auch zu den Betriebskosten beitragen.

Nach einer Debatte über die Höhe der Betriebskosten und der zu erwartenden Einnahmen erklärte der Herr Gouverneur, dass das Gouvernement der Bürgerschaft soweit als möglich entgegenkommen und sich deshalb mit einer Herabsetzung der Gebühren für Rinder von 4 auf 3 $, für Schweine von 2 $ auf 1,75 $ und für Kälber von 1 $ auf 0,75 $ einverstanden erklären wolle. Bei diesen Sätzen würden schon die Einnahmen hinter den Betriebskosten um eine beträchtliche Summe zurückbleiben, sodass eine weitere Ermässigung nicht angängig sei.

Einwendungen hiergegen werden nicht erhoben, nur Herr Augsustesen wünschte Beibehaltung der jetzt geltenden Gebühren.

Herr Goecke beantragt, für die zum Transport geschlachteten Tiere eine erhöhte Schlachtgebühr, etwa im doppelten Betrage der gewöhnlichen Gebühren, zu erheben. Herr Augustesen stimmte dem bei, wollte aber die für den Export geschlachteten chinesischen Schweine, sowie das zur Verproviantierung der Schiffe dienende Schlachtvieh von der erhöhten Gebühr ausgenommen haben.

Der Herr Gouverneur führte aus, dass sich die Folgen der Einführung einer solchen erhöhten Gebühr im Augenblicke nicht übersehen liessen, sagte aber eine sofortige Prüfung des Antrages und, falls sich dabei keine wesentlichen Bedenken ergeben sollten, eine entsprechende Zusatzbestimmung zu der Betriebsordnung zu.

Mit dem Inkrafttreten der Betriebsordnung am 1. August d. Js. erklärte sich die Versammlung einverstanden.

Die Sitzung wurde um 11 Uhr 15 Minuten geschlossen.

* * *

Am Sonntag, den 29. d. Mts, findet in der Gouvernementskapelle kein Gottesdienst statt.

* *

Der Kurs der Gouvernementskasse beträgt vom 21. d. Mts. ab: 1 $ = 2,22 M.

* *

Standesamtliche Nachrichten.

Eheschliessung: 25. Juli, Bankbeamter Julius Gut aus Tsinanfu und Margareta Harlinghausen aus Lippstadt.

Geburten: 18. Juli, ein Sohn dem Kaufmann Wilhelm Scheel; 22. Juli, ein Sohn dem Friseur Ferdinand Örtel.

Todesfall: 24. Juli, Siegfried Örtel, 2 Tage alt.

* *

Nach einer Mitteilung des Kaiserlichen Konsulatsverwesers in Niutschwang bedürfen in Zukunft Reisende in der Mandschurei nicht mehr wie bisher der Erlaubnis der japanischen Behörden und eines japanischen Passes. Die japanische Militäradministration erklärt es jedoch für jedermann, der sich von den grossen Städten und den Eisenbahnlinien ins Innere begeben will, zu seiner eigenen Sicherheit ratsam, einen japanischen Pass nachzusuchen, da im Innern noch nicht Ruhe und Ordnung herrschen.

21. Juli 1906. Amtsblatt—報官島青 191.

Schiffsverkehr
in der Zeit vom 19.—26. Juli 1906.

Ankunft am	Name	Kapitän	Flagge	Reg. Tonnen.	von	Abfahrt am	nach
(10.7.)	D. Hanamet	Gundersen	Amerik.	2072	Tschifu	19.7.	Wladiwostok
(18.7.)	D. Manschu Maru	Ota	Japan.	3254	Otaru	21.7.	Otaru
19.7.	D. Dr. H. I. Kiaer	Larssen	Norweg.	691	Tientsin	"	Tientsin
20.7.	D. Gouv. Jaeschke	Treumann	Deutsch	1045	Schanghai	"	Schanghai
21.7.	D. Tsintau	Artelt	"	977	"	"	Tschifu
	D. Hsiping	Taggart	Englisch	1266	"	22.7.	Tientsin
22.7.	D. Nagata Maru	Oi	Japan.	497	Tschifu	24.7.	Tschifu
"	D. Hokoshin Maru	Takai	"	737	Kobe	25.7.	Kobe
23.7.	D. Tak Sang	Clare	Englisch	977	Schanghai	24.7.	Schanghai
"	D. Peiho	Deinat	Deutsch	417	"	"	"
24.7.	D. Adm. v. Tirpitz	Block	"	1199	Tschifu	"	"

Meteorologische Beobachtungen
in Tsingtau.

Datum. Juli	Barometer (mm) reduz. auf 0° C., Seehöhe 78,64 m			Temperatur (Centigrade).								Dunstspannung in mm			Relat. Feuchtigkeit in Prozenten		
				trock. Therm.			feucht. Therm.										
	7 Vm	2 Nm	9 Nm	7 Vm	2 Nm	9 Nm	7 Vm	2 Nm	9 Nm	Min.	Max.	7 Vm	2 Nm	9 Nm	7 Vm	2 Nm	9 Nm
19	750,2	749,9	749,5	22,8	22,9	22,4	22,8	22,7	22,3	21,5	24,7	20,6	20,4	20,0	100	98	99
20	50,8	50,1	50,9	22,5	34,0	21,9	22,5	23,1	21,8	21,2	25,7	20,2	20,5	19,3	100	92	99
21	51,4	51,3	50,9	22,5	24,2	22,1	21,8	23,1	21,8	21,4	26,0	19,0	20,3	19,2	94	91	97
22	51,1	49,3	48,2	22,9	25,9	22,6	22,1	23,3	22,3	21,2	26,4	19,3	19,7	19,8	93	79	97
23	46,9	46,4	45,5	23,3	25,9	22,6	22,1	23,5	22,0	21,5	27,1	19,0	20,1	19,3	90	81	95
24	45,2	43,9	42,9	23,6	25,0	23,3	22,6	22,7	22,3	21,5	27,1	19,8	19,1	19,4	91	81	91
25	42,2	42,8	43,1	24,1	26,0	23,9	23,4	24,6	23,8	22,3	27,2	21,0	22,1	21,9	94	89	99

Datum. Juli	Wind Richtung & Stärke nach Beaufort (0—12)			Bewölkung						Niederschläge in mm		
				7 Vm		2 Nm		9 Nm				9 Nm
	7 Vm	2 Nm	9 Nm	Grad	Form	Grad	Form	Grad	Form	7 Vm	9 Nm	7 Vm
19	S O 7	S O 6	S O 5	10	Nebel	10	Nim	10	Nim			0,35
20	S O 4	S S O 4	S S O 4	10	Nim	8	Cum-s	10	Str	0,35		
21	S S O 2	S O 3	S O 2	10	Str	2	Cum	2	Cum			
22	S O 2	S S O 3	S O 3	4	Cir-s		Klar		Klar			
23	S S O 1	S S O 3	S O 2	2	Str	4	Str		Klar			
24	S O 1	S S O 3	S O 4	5	Cum-s	6	Cum-s	2	Cum-s			
25	S O 2	S S O 5	S O 4	8	Cir-s	6	"	10	Nebel			

Hochwassertabelle für den Monat August 1906.

Datum	Tsingtau - Hauptbrücke.		Grosser Hafen, Mole I.		Nükuk'ou.	
	Vormittags	Nachmittags	Vormittags	Nachmittags	Vormittags	Nachmittags
1.	1 U. 06 M.	1 U. 19 M.	1 U. 36 M.	1 U. 49 M.	2 U. 06 M.	2 U. 19 M.
2.	2 „ 22 „	2 „ 20 „	2 „ 52 „	2 „ 50 „	3 „ 22 „	3 „ 20 „
3.	3 „ 26 „	3 „ 04 „	3 „ 56 „	3 „ 34 „	4 „ 26 „	4 „ 04 „
4.	4 „ 12 „	3 „ 43 „	4 „ 42 „	4 „ 13 „	5 „ 12 „	4 „ 43 „
5.	4 „ 55 „	4 „ 25 „ ○	5 „ 25 „	4 „ 55 „	5 „ 55 „	5 „ 25 „
6.	5 „ 38 „	5 „ 07 „	6 „ 08 „	5 „ 37 „	6 „ 38 „	6 „ 07 „
7.	6 „ 16 „	5 „ 51 „	6 „ 46 „	6 „ 21 „	7 „ 16 „	6 „ 51 „
8.	6 „ 49 „	6 „ 32 „	7 „ 19 „	7 „ 02 „	7 „ 49 „	7 „ 32 „
9.	7 „ 21 „	7 „ 14 „	7 „ 51 „	7 „ 44 „	8 „ 21 „	8 „ 14 „
10.	7 „ 54 „	8 „ 02 „	8 „ 24 „	8 „ 32 „	8 „ 54 „	9 „ 02 „
11.	8 „ 34 „	8 „ 58 „	9 „ 04 „	9 „ 28 „	9 „ 34 „	9 „ 58 „
12.	9 „ 26 „ ☾	10 „ 01 „	9 „ 56 „	10 „ 31 „	10 „ 26 „	11 „ 01 „
13.	10 „ 29 „	11 „ 21 „	10 „ 59 „	11 „ 51 „	11 „ 29 „	—
14.	11 „ 44 „	—	—	0 „ 14 „	0 „ 21 „	0 „ 44 „
15.	0 „ 38 „	0 „ 46 „	1 „ 08 „	1 „ 16 „	1 „ 38 „	1 „ 46 „
16.	1 „ 46 „	1 „ 45 „	2 „ 16 „	2 „ 15 „	2 „ 46 „	2 „ 45 „
17.	2 „ 45 „	2 „ 31 „	3 „ 15 „	3 „ 01 „	3 „ 45 „	3 „ 31 „
18.	3 „ 29 „	3 „ 06 „	3 „ 59 „	3 „ 36 „	4 „ 29 „	4 „ 06 „
19.	4 „ 05 „	3 „ 41 „	4 „ 35 „	4 „ 11 „	5 „ 05 „	4 „ 41 „
20.	4 „ 41 „ ●	4 „ 18 „	5 „ 11 „	4 „ 48 „	5 „ 41 „	5 „ 18 „
21.	5 „ 16 „	4 „ 54 „	5 „ 46 „	5 „ 24 „	6 „ 16 „	5 „ 54 „
22.	5 „ 45 „	5 „ 30 „	6 „ 15 „	6 „ 00 „	6 „ 45 „	6 „ 30 „
23.	6 „ 17 „	6 „ 09 „	6 „ 47 „	6 „ 39 „	7 „ 17 „	7 „ 09 „
24.	6 „ 49 „	6 „ 54 „	7 „ 19 „	7 „ 24 „	7 „ 49 „	7 „ 54 „
25.	7 „ 37 „	7 „ 42 „	7 „ 57 „	8 „ 12 „	8 „ 27 „	8 „ 42 „
26.	8 „ 08 „	8 „ 39 „	8 „ 38 „	9 „ 06 „	9 „ 08 „	9 „ 39 „
27.	9 „ 05 „ ☽	9 „ 55 „	9 „ 35 „	10 „ 25 „	10 „ 05 „	11 „ 55 „
28.	10 „ 19 „	11 „ 32 „	10 „ 49 „	—	11 „ 19 „	—
29.	11 „ 50 „	—	0 „ 02 „	0 „ 20 „	0 „ 32 „	0 „ 50 „
30.	1 „ 07 „	1 „ 05 „	1 „ 37 „	1 „ 35 „	2 „ 07 „	2 „ 05 „
31.	2 „ 25 „	2 „ 07 „	2 „ 55 „	2 „ 37 „	3 „ 25 „	3 „ 07 „

1) ○ = Vollmond; 2) ☾ = Letztes Viertel; 3) ● = Neumond; 4) ☽ = Erstes Viertel.

Anmerkung: In T'a pu t'ou tritt das Hochwasser 10 Minuten früher als in Nükuk'ou auf.

28. Juli 1906.   Amtsblatt—青島官報   193.

Sonnen-Auf- und Untergang
für Monat August 1906.

Dt.	Mittelostchinesische Zeit des			
	wahren	scheinbaren	wahren	scheinbaren
	Sonnen-Aufgangs.		Sonnen-Untergangs.	
1.	5 U. 7.9 M.	5 U. 2.6 M.	6 U. 59.5 M.	7 U. 4.8 M.
2.	8.8	3.5	58.4	3.7
3.	9.7	4.4	57.3	2.6
4.	10.6	5.3	56.2	1.5
5.	11.5	6.2	55.2	0.5
6.	12.4	7.1	54.2	6 U. 59.5
7.	13.2	7.9	53.2	58.5
8.	13.9	8.6	52.2	57.5
9.	14.6	9.3	51.2	56.5
10.	15.3	10.0	50.3	55.6
11.	16.0	10.7	49.4	54.7
12.	16.9	11.5	48.3	53.6
13.	17.6	12.2	47.2	52.5
14.	18.3	12.9	46.1	51.4
15.	19.0	13.6	45.0	50.3
16.	19.7	14.4	43.9	49.2
17.	20.5	15.2	42.7	48.0
18.	21.3	16.0	41.5	46.8
19.	22.0	16.7	40.2	45.5
20.	22.7	17.4	39.0	44.2
21.	23.5	18.2	38.1	43.4
22.	24.5	19.2	36.6	41.9
23.	25.5	20.2	35.1	40.4
24.	26.5	21.2	34.6	38.9
25.	27.4	22.1	32.1	37.4
26.	28.3	23.0	30.7	36.0
27.	29.1	23.8	29.3	34.6
28.	29.9	24.6	27.9	33.2
29.	30.7	25.4	26.6	31.9
30.	31.5	26.2	25.3	30.6
31.	32.2	26.9	24.0	29.3

Druck der Missionsdruckerei Tsingtau.

第七年 第二十九号

1906年7月28日

法令与告白

大德钦命署理总督胶澳文武事宜大臣师　为

更订《应行报明传染病症章程》事：照得报病章程，西历一千九百年七月初五日曾经前任大臣厘订在案，兹复按照《德国护卫属境律例》第十五条，并参德国枢臣于西历一千八百九十八年四月二十七日所出之示，酌改《应行报明传染病症章程》分条列左：

第一条　凡遇有染患左列诸症，或遭该各病身故，或疑系左列一二三四各病者，立应一律报明巡捕官员。

应行报明各病：一、麻疯病，二、霍乱病，三、东方瘟疫病，四、天花，五、喉假皮症，六、产妇热症，七、能传染之血痢，八、红热症，九、身虚热病，十、癫狂病，或被癫兽以及可疑有癫病之兽咬伤者，皆宜立即报明巡捕官查核。

第二条　列左诸人应尽报病责任：

一、所延治病之医士；二、病者被属之人；三、或另有侍养病者之人；四、或患病或病故该房房主。惟如无医士，则病者被属之人有报明之责任，余可递次推之。

第三条　报明巡捕官员准其或面诉或呈禀，如欲呈禀者，可由巡捕衙门领取报明式单，并无丝毫费用。

第四条　凡负报明之责任，未即报明者，或知情应行报明，故意迟延时逾二十四点钟以外者，一经查出，即罚洋至一百五十元之多。如无力呈缴罚款，即监押至六礼拜之久。但期内若经他人报明，其在前有责应报之人虽未报明，姑免究罚。

第五条　此项章程准自晓谕日起一律遵行，其西历一千九百年七月初五日所订《应报传染病症章程》亦自是日作废。为此谕，仰各凛遵勿违。特谕。

右谕通知

大德一千九百六年七月二十四日　告示

大德钦命署理总督胶澳文武事宜大臣师　为

厘订《宰杀畜牲以及改订查验骨肉章程》事：案查西历一千八百九十九年六月初四日曾订立《验肉章程》，复于西历一千九百一年七月二十五日更订《验肉章程》各在案，兹者查照《德国保卫属境律例》第十五条，并参德国枢臣于西历一千八百九十八年四月二十七日所出之示，酌定《宰杀畜牲暨更验肉章程》分条列左：

第一条　青岛内界其界线定自官山迤南山嘴起点直至海泊桥，自此过海泊口绕至团岛灯塔止。所隶界内各处如台东镇、台西镇，凡欲宰杀牛只、牛犊、猪、羊、山羊、马、骡、驴等畜牲，或欲剥皮，或欲退毛，或欲剖解脏腑，以及洗净骨肉脏腑，均应牵入官宰局，方可办理。

第二条　所有牵入官宰局之各项畜牲，当未宰以前及已宰以后，均应经特派之专门医官查验有无病症。

第三条　情势逼迫宰杀，如恐畜牲未到官宰局以先即毙者，或其畜牲少有疾病，恐延时较重，因之肉价非常跌落，或因不测，立应杀毙者，权准于官宰局外并未经查验以先势迫宰杀。惟势迫宰杀以后，仍应将该死畜异（牲）入官宰局，以便办理剥皮、剖腑、割肉等事，暨由专门医官查验，切不可在于官宰局外剥皮等事。

第四条　第一条载列各项畜牲如杀在青岛内界以外，欲将鲜肉运进内界，除牛、猪姑准分为两半，其余牛犊等畜牲不准剖分，只准全身运入内界，仍应一律投赴官宰局，经官查验其膈膜、腑膜、心、肺、肾，五脏均应与死身原旧相连，不得割分，其母牛之乳泡亦应相连。

第五条　查验畜牲，并查验骨肉，以及使用官宰局一切机件，均宜交纳另订之费洋。

第六条　倘有违背以上各条，其肉或未经官宰局查验，或曾经查验，已由专门医官判为废肉，或经官谕如何办理，并未遵照官员指示方可为人食用之肉，知情故犯，仍将该肉在于内（界）销售，令人购食，或与他人使用者，一经查明，即罚监禁至三阅月之久，或罚洋至一千五百元之多，或按别项章程办理，或依德律故犯较重罪名从严惩罚。

第七条　一、设有疏忽误犯第六条各节；二、违背第一、第三两条，敢在青岛内界官宰局外宰杀畜牲，或犯第一条内列各节者，一经查出，即罚洋至七十五元之多。如无力呈缴罚款，即监押至十四日之久。

第八条　凡犯第六条以及第七条之一各节，除罚监禁或罚洋外，并应将该肉罚充入官。至犯第七条之二，除罚监禁或罚洋外，其犯法之肉亦可入官。倘未获应罚之人，亦可仅将该肉入官。

第九条　此项章程订自西历一千九百六年八月初一日起，一律遵行。其西历一千八百九十九年六月初四日所订之《验肉章程》并西历一千九百一年七月二十五日续改之《验肉章程》，统于西本年八月初一日起作废。仰各凛遵勿违。特谕。

右谕通知

大德一千九百六年七月二十四日　告示

青岛官宰局章程①

官方通告

大德管理青岛地亩局　为

拍卖地亩事：兹据杨浩然禀称，欲买大包岛黄岛街地图第十二号第八十九块地，计五百二十五米打，暂拟价洋五百零四元。兹定于西历八月十三日上午十一点钟在局拍卖。买定以后可盖住宅、铺房，限至西一千九百九年八月三十一日一律修竣。如他人亦欲买者，可以投禀，截至西八月初六日止，届期前来本局面议可也。勿误。特谕。

德一千九百六年七月二十四日　告示

告白

在商业登记A部第6号登记的无限责任公司"青岛捷成洋行"已登记入下列事项：
授予基尔的商人保罗·特奥多·皮茨克和雨果·施罗德总代理权。

青岛，1906年7月25日
胶澳皇家审判厅一处

告白

在对大鲍岛的商人温世修（注：音译）财产的破产程序中，为了进行最终结算，决定于1906年10月13日上午10点在胶澳皇家审判厅举行最终会面，以提出对最终目录和决议的异议。

青岛，1906年7月24日
胶澳皇家审判厅三处

大德管理青岛地亩局　为

拍卖地亩事：兹据礼和行禀称，欲买青岛大码头韩萨街②、台体司街③、福考恩乐浦

---

① 译者注：此号为德文版，内容与第三十一号中文版相同。
② 译者注：即今长山路。
③ 译者注：即今铁山路。

街①三街转角地图第十六号第三十二块,计地三千五百零八米打,暂拟价洋五千二百六十二元。今订于西历一千九百六年八月十三日上午十一点半钟在局拍卖。买定后准盖住房、铺房、栈房、机器厂各房,限至一千九百零九年八月三十一日一律修竣。如有他人亦欲买者,可以投票,截至八月初六日止,届期同赴本局面议可也。勿误。特谕。

右谕通知

大得(德)一千九百六年七月二十五日　告示

大德管理青岛地亩局　为

拍卖地亩事:兹据礼和行禀称,欲买大码头韩萨街地图第十六号第三十三块,计地四千零十七米打,暂拟价洋四千八百二十元四角。今订于西历一千九百六年八月十三号上午十一点三刻在局拍卖。买定后准盖住房、铺房、栈房、机器厂等房,限至西一千九百九年八月三十一日一律修竣。如他人亦欲买者,可以投票,截至西八月初六日止,届期前来本局面议可也。勿误。特谕。

德一千九百六年七月二十六日　告示

告白

启者:兹将本局据报遗失并送案各物分别列左:

红绿绸子砝蓝(珐琅)柄女旱伞一把;第八十五万五千九百五十二号金边银表一枚,带有新白金链子,此物在由小饭店至小泥洼营盘路中遗失。

送案之物:

白布手巾一条,上织有外国字样。

以上遗失各物切物(勿)轻买,如见亦宜报明本局。送案之物并准具领。此布。

德一千九百六年七月二十五日

青岛巡捕局启

消息

总督府参议会在1906年7月20日的会议

上午十点,总督宣布会议开始。

除官方代表外,市民代表米斯、戈克和奥古斯特森出席。

---

① 译者注:即今青城路。

会议日程上要探讨的草案为：

1. 一项关于上报传染病义务的法令；
2. 一项关于强制屠宰和肉类检查的法令；
3. 青岛官宰局营业规程。

对于议程的第一点，总督做出论述，现行1900年7月5日的《传染病申报义务法》列举出来的各种疾病，由于情况变化，不需要再上报，而防治一些未被注意的疾病，对租借地万分重要。新的法令将对此进行补充。

对于该项草案，没有提出异议。

对于日程第2点，枢密顾问贡特对草案进行了论述。

奥古斯特森先生提出，是否要斟酌一下，根据法令草案，强制屠宰都适用在哪些地区，是否应该将四方也纳入。首先，那里驻扎着海军营的一个连；其次，还有一个风险，如果有屠宰场在四方落户，因为缺少肉类检查监管，可以在那里以比城区更低的成本生产香肠和熏制商品，然后再引入城区销售。对此，总督先生回应：由于与官宰局距离过远，强制将屠宰和肉类检查延伸至四方不便施行，而且也没有必要。因为部队只是临时居住在四方，待到城区中规划的军营建成即迁出；而且也有打算，在更新为第三海军营肉类供应合同时，会将为四方的部队供应也一起纳入合同中。让四方的屠宰场按照奥古斯特森先生所暗示的目的去做，是不可能的。即使真的出现这种情况，总督府也有足够的警力来避免那里出现此类行为。

其他对此项法令草案的异议也没有通过。

就日程第三项，枢密顾问贡特先生论述了草案，并对与市民代表和其他利益相关人进行的草案预备会谈做了报告。

奥古斯特森先生询问，是否也可以允许将熏制肉制品保存至冷藏间。按照他的经验，这样不会产生不利于健康的东西。枢密顾问贡特先生对此做出反驳，根据专家的鉴定，熏制食品占用冷藏间会不可避免地损害鲜肉，因此，就算是在家乡的屠宰场里，一般也不会将熏制食品放在冷藏间。

就营业规程中建议的屠宰和检查费用的费率，戈克先生做出声明，市民代表必须反对对目前适用的收费进行任何提价。如果涵盖了新官宰局这么高的运营费用的话，那么他也必须提醒注意，那个时候并没有就建设问题征求市民的同意，市民也没有要求建造它。

就此，总督先生做出陈述：租借地的卫生状况在存在之初并不像现在这样好。总督府的首要任务之一就是要改善卫生条件，从这一点出发做出了建造一处足够大的现代屠宰场设施的决定，尤其是在其间设立的临时屠宰场不足以满足公共卫生需求。并且在租借地宪法中并未规定，建造屠宰场需要市民的同意，那么就不能以未征询市民意见为由反对完全以法律形式决议并执行的设立新屠宰场。是不是市民那时在不十分满意的健康条件下即兴地同意了建造屠宰场，这个事儿可以放一边。无论如何，现在的市民们在享受新设施的所有好处,因此就像每一个穷算计的人必须承认的那样,理应分担其运营费用。

在对运营费用和预期收入进行辩论之后,总督先生宣布,总督府可能接受市民团的意见,同意将屠宰牛的费用从4元降到3元,将屠宰猪的费用从2元降到1.75元,将屠宰小牛的费用从1元降到0.75元。这一费率已经让收入的费用比运营费用低出一大截,之后不可以再继续优惠。

对此没有再提出异议,只是奥古斯特森先生希望保留现在施行的费率。

戈克先生申请提高已屠宰牲畜的运费,大概为普通费用的两倍。奥古斯特森先生对此附议,但是他想把用于出口的中国猪肉以及用作船只给养的已屠宰牲畜从提升运费中排除。

总督先生做出陈述,在目前将运费提升如此之高,后果无法令人忽视,但是也说要对该项申请立即进行审查,如果没有产生重大顾虑,会对营业规程做相应的补充规定。

会议宣布同意该项运营规程在今年8月1日生效。

会议在11点15分结束。

本月29日星期日,督署小教堂不举办弥撒。

总督府财务处自本月21日起的汇率为:1元=2.22马克。

户籍所消息:

结婚:7月25日,来自济南的银行职员尤利乌斯·古特和来自李普施塔特的马佳雷塔·哈灵豪森。

出生:7月18日,商人威廉·希尔得子一名;7月22日,理发师斐迪南·厄尔特尔得子一名。

去世:7月24日,齐格弗里德·厄尔特尔,在世2天。

根据牛庄的皇家代理领事通知,旅行者未来在中国东北地区不再像现在这样需要日本部门的通行证和日本护照。然而日本军政府宣布,为了安全起见,建议每个想从大城市和铁路线进入内陆的人申请日本护照,因为内陆海没有恢复平静的秩序。

船运

1906年7月19日—26日期间

到达日	轮船船名	船长	挂旗国籍	登记吨位	出发港	出发日	到达港
(7月10日)	哈那美特号	贡德尔森	美国	2 072	芝罘	7月19日	海参崴
(7月18日)	万秀丸	小田	日本	3 254	小樽	7月21日	小樽
7月19日	齐亚尔博士号	拉尔森	挪威	691	天津	7月21日	天津
7月20日	叶世克总督号	特洛依曼	德国	1 045	上海	7月21日	上海
7月21日	青岛号	阿特尔特	德国	977	上海	7月21日	芝罘
7月21日	西平号	塔加特	英国	1 266	上海	7月22日	天津
7月22日	永田丸	小井	日本	497	芝罘	7月24日	芝罘
7月22日	北神丸	高井	日本	737	神户	7月25日	神户
7月23日	太仓号	克鲁尔	英国	977	上海	7月24日	上海
7月23日	白河号	代纳特	德国	417	上海	7月24日	上海
7月24日	提尔皮茨号	布洛克	德国	1 199	芝罘	7月24日	上海

Amtsblatt
für das
Deutsche Kiautschou-Gebiet.

青島官報

Herausgegeben vom Kaiserlichen Gouvernement Kiautschou.

Der Bezugspreis beträgt jährlich $ 2=M 4.
Bestellungen nehmen sämtliche deutsche Postanstalten entgegen.

195.

| Jahrgang 7. | Nr. 30. | Tsingtau, den 4. August 1906. | 第三十號 | 第七年 |

Verordnungen und Bekanntmachungen.

Bekanntmachung.

In Syfang ist am heutigen Tage eine Postagentur in Wirksamkeit getreten.

Tsingtau, den 1. August 1906.

Kaiserlich Deutsches Postamt.
Henniger.

Amtliche Anzeigen.

Bekanntmachung.

Der vor dem Gerichtsgebäude gelegene Teil der Yamenlagerstrasse ist, um Störungen der Gerichtssitzungen zu vermeiden, für den Wagen-, Reit- und Radfahrerverkehr dauernd gesperrt.

Tsingtau, den 17. Juli 1906.

Der Kaiserliche Gouverneur.
Allerhöchst mit der Stellvertretung beauftragt.
van Semmern.

Bekanntmachung.

Bei der im hiesigen Handelsregister A Nr. 8 verzeichneten offenen Handelsgesellschaft

Siemssen & Co.

ist folgendes eingetragen worden:

Hans August Siebs in Hongkong ist Prokura erteilt.

Tsingtau, den 25. Juli 1906.

Kaiserliches Gericht von Kiautschou

196. Amtsblatt—青島官報 4. August 1906.

Landversteigerung.

Auf Antrag des Kaufmanns Yang han jan findet am Montag, den 20. August 1906, vormittags 11 Uhr, die Versteigerung des Grundstückes Kartenblatt 12 Nr. 90 des Grundbuchbezirks Tsingtau Stadt an der Huangtau-Strasse im Landamte statt.

Grösse: 597 qm.
Mindestpreis: 573,12 $.
Benutzungsplan: Bau eines Wohn-und Geschäftshauses.
Bebauungsfrist: 31. August 1909.
Gesuche zum Mitbieten sind bis zum 13. August 1906 hierher zu richten.

Tsingtau, den 1. August 1906.

Kaiserliches Landamt.

Bekanntmachung.

Als gestohlen angemeldet: 1 silberne Remontoiruhr mit Goldrändern und einem Blumenkranz auf dem Zifferblatt; 1 goldene Doublé-Kette aus kleinen Ringen zusammengesetzt; 1 silberner Trinkbecher europäischer Arbeit mit Griff und 2 Nickel-Eierbecher.

Als gefunden angemeldet: 1 Ölmantel.

Tsingtau, den 1. August 1906.

Kaiserliches Polizeiamt.

大德管理青島地畝局爲
拍賣事茲據楊浩然稟稱欲買
大包島黃島街地圖第十二號第九
十塊地計五百九十七米達啟擬價
洋五百七十三元一角二分茲定於
西歷八月廿日上午十一點鐘在局
拍賣買定以後可以蓋住宅鋪房限
至西一千九百九年八月三十一日
一律修竣如他人亦欲買者可以投
稟截至西八月十三日止屆期前來
本局面議可也勿誤特諭
德一千九百九年八月初一日
告示

告 白

啓者茲將本局檄報被竊
以及送案各物開明列左
被竊各物
金邊銀表一枚面上鑲有
花圈 金料表鍊一條
西式橡銀耳杯一個
鎳鍋料蛋杯兩個
送案之物 油衣一套
以上各物切勿輕買如
覓立宜報明本局送案
之物亦准具領此佈
大德一千九百六年八月初
一日 青島巡捕局啓

Mitteilungen.

Die Allerhöchste Genehmigung zur Anlegung folgender russischer Ordensauszeichnungen ist erteilt worden, und zwar:

des St. Stanislausordens 1. Klasse dem Gouverneur, Kontreadmiral Truppel,

des St. Stanislausordens 2. Klasse mit dem Stern dem stellvertretenden Gouverneur, Kapitän zur See van Semmern,

des St. Stanislausordens 2. Klasse dem Hafenkapitän, Korvettenkapitän z. D. von Zawadsky und dem Marine-Intendanturrat Reuter,

des St. Annenordens 3. Klasse dem Kapitänleutnant Adolf Heyne, dem Marine-Maschinenbaumeister Breymann und dem Marine-Schiffsbaumeister Winter,

der goldenen Medaille „Für Eifer" am St. Stanislausordensbande dem Werkmeister Lepper.

*   *   *

Standesamtliche Nachrichten.

Todesfall: 31. Juli, Erika Philipp, 2 Monate alt.

*   *   *

Im Schlachthofe wurden im Monat Juli geschlachtet und tierärztlich untersucht:

723 Stück Grossvieh
175   „   Kälber
216   „   Hammel
446   „   Schweine.

Hiervon wurden 2 Schweine gänzlich und 3 Ochsen bedingt beanstandet.

*   *   *

Die Witterung während des Monats Juli 1906 zu Tsingtau. Mitgeteilt von der Meteorologisch-astronomischen Station.

Während des verflossenen Monats Juli ds. Js. stieg die Temperatur der Luft ganz allmählig. Das Tagesmittel während des Monats erreichte 23,5° Cels. Die Extremthermometer zeigten 31,7° am 13. und 18.5° am 5, sodass die Amplitude 13,2° betrug. An 25 Tagen, sogenannten Sommertagen, hatte das Maximumthermometer während der Mittagsstunden einen Stand von über 25° Cels.

Bei einer mittleren Bewölkung des Himmels von 6,6 Zehntel kamen 3 heitere und 11 trübe Tage zur Auszählung. Der Sonnenscheinautograph verzeichnete im Monat 175 Stunden Sonnenschein, das sind ungefähr 40 % des überhaupt möglichen.

Die relative Feuchtigkeit der Luft, welche namentlich im ersten Drittel des Monats infolge des anhaltenden dichten Nebels sehr hoch war (tagelang 100 %), betrug im Durchschnitt 89 %. Der trockenste Tag im Monat war der 15., hier erreichte die Feuchtigkeit im Mittel nur 58 %.

Mit dem in der Nacht vom 8. zum 9. und tagsüber am 9. herniedergegangenen Regen, welcher eine Gesamthöhe von 194,9 mm erreichte, trat ein Umschlag in der Witterung ein, die dauernd dichten Nebel hörten auf. Wenn auch noch an einigen weiteren Tagen Regen fiel, so waren diese Niederschläge doch nicht von Bedeutung. Es sind während des Monats an 10 regnerischen Tagen im Ganzen 210,6 mm Regen gefallen. Im Jahrfünfte 1898-1903 stellte sich das Monatsmittel des Niederschlags für Juli auf 165,9 mm. Die grösste Regenmenge 295,3 mm fiel im Juli 1902, die geringste 77,8 m im gleichen Monat 1901.

Am 5. Juli abends von 7½ Uhr an zogen von WNW und NO zwei Gewitter mit Regen westlich und östlich an Tsingtau vorbei, dieselben waren der Station um 10 Uhr am nächsten. Die Blitze hatten rötlich und geblich-weisse Färbung. Die gefallene Regenmenge betrug 6,8 mm. Während des Nahgewitters dunstete die Erde stark aus und verbreitete einen schwefelartigen Geruch. An 2 weiteren Tagen, am 9. und 26. traten Ferngewitter am nördlichen Himmel auf; ebenso an einigen Tagen Wetterleuchten.

Die mittlere Windstärke betrug 2.6 der Beaufort-Skala. Die Hauptwindrichtung war SO. An folgenden Tagen wurden stärkere Winde beobachtet: am 9. S Stärke 10, dieser Sturm, von 10 Uhr vormittags bis gegen 2½ Uhr nachmittags dauernd, erreichte in den Böen zeitweise Stärke 11—12; am 10. N Stärke 6 und am 19. SO Stärke 7.

Bei dem am 6. wehenden Sturm hat sich auf Grund des von N über S und W nach NW umlaufenden Windes anscheinend ein barometrisches Minimum in nicht zu grosser Entfernung von SW über N nach SSO um Tsingtau herum bewegt, sodass wir uns auf der rechten Seite des Hauptsturmfeldes befanden.

Durchschnittsmarktpreise.

Juli 1906.
1 Kätty = 577,6 g.
Durchschnittskurs für 1 $ in
Tsingtau: 1960 kleine Käsch.
Tai tung tschen: 1980 ,, ,,
Litsun: 2000 ,, ,,
Hsüe tschia tau: 2000 ,, ,,

Bezeichnung.	Einheit	Tsingtau kl. Käsch	Tai tung tschen kl. Käsch.	Litsun kl. Käsch	Hsüe tschia tau kl. Käsch
Bohnen	1 Kätty	100	56	55	—
,, , aufgekeimte	,,	30	30	—	—
Schnittbohnen	,,	50—60	60	—	20
Bohnenkäse	,,	30	30	—	—
Bohnenöl	,,	200	170	178	180
Bohnenkuchen	,,	—	60	53	50
Erdnüsse	,,	100	100	149	—
Erdnussöl	,,	240	200	190	—
Erbsen	,,	—	—	50	60
Gerste	,,	—	56	48	40
Gurken	,,	10	20	19	30
Hirse	,,	70	66	42	—
Hirsemehl	,,	60	68	60	—
Kartoffeln, chin.	,,	—	16	—	—
,, , deutsch	,,	40	—	—	—
Kartoffelscheiben, chin.	,,	—	28	28	—
Kauliang	,,	60	50	60	—
Kauliangstroh	,,	50	16	19	—
Kleie	,,	—	50	38	36
Kürbis	,,	—	12	100	40
Mais	,,	—	60	—	70
Radieschen	,,	30—40	—	—	—
Reis	,,	80	90	85	—
Weizen	,,	100	70	59	60
Weizenmehl	,,	80	86	90	90
Weizenbrot	1 Stück	20	84	20	20
Dampfbrot	,,	20	84	20	—
Hirsebrot	,,	—	48	—	—
Rostbrot	,,	—	80	—	—
Aepfel	1 Kätty	140—180	80	30	200
Apfelsinen	,,	—	-	—	—
Birnen	,,	160	—	—	—
Eierpflaumen	,,	60—80	--	—	—
Pfirsich	,,	90—100	—	—	—

4. August 1906.   Amtsblatt—青島官報   199.

Bezeichnung.	Einheit	Tsingtau kl. Käsch	Tai tung tschen kl. Käsch	Litsun kl. Käsch	Hsüetschia tau kl. Käsch
Aprikosen	1 Kätty	80–100	—	—	—
Bananen	"	180	—	—	—
Citronen	1 Stück	160	—	—	—
Melonen	"	500–520	—	—	—
Kohlrabi	1 Kätty	120–130	—	—	—
Schantungkohl	1 Bund	10–12	—	—	—
Rotkohl	1 Kopf	150–180	—	—	—
Weisskohl	"	70–80	—	—	—
Kohl in kleinen Pflanzen	1 Kätty	—	40	—	—
Knoblauch	"	—	16	53	—
Salat	1 Kopf	10	—	—	—
Sellerie	1 Kätty	40	—	—	—
Tomaten	"	60	—	—	—
Petersilie	1 Bund	10	—	—	—
Ingwer	1 Kätty	130	—	—	—
Mohrrüben	"	40	30	—	—
Meerrettig	"	160	—	—	—
Rettig, chin.	"	—	—	—	—
" , deutsch	"	20	—	—	—
Rüben, rote	1 Bund	40	—	—	—
" , weisse	1 Kätty	40–50	20	—	—
Pfeffer, roter,	"	—	160	70	400
" , schwarzer	"	800	700	869	—
Spinat	"	5–10	—	—	—
Wallnüsse	"	140	140	160	—
Zwiebeln	"	50–60	16	19	24
Eierfrucht	1 Stück	10	—	—	—
Salz	1 Kätty	—	10	12	8
Tabak	"	—	240	260	160
Schollen	"	130–140	—	—	—
Bratfische	"	120–140	120	140	—
Kochfische	"	120–140	130	165	—
Fische, trocken	"	—	160	160	260
Tintenfische	"	—	—	—	—
Aal	"	180	—	—	—
Krabben, grosse	1 Stück	60–80	—	28	—
" , kleine	1 Kätty	200	—	—	—
Muscheln, lange	"	60–80	—	—	—
Schweinefleisch	"	260	200	220	200
Schweinefett	"	300	280	270	220
Schweineleber	"	260	—	—	—
Schweinezunge	"	180	—	—	—
Rindfleisch, roh	"	—	200	210	260
" , gekocht	"	—	240	210	—
Rindertalg	"	—	160	250	—
Enten	1 Stück	500–510	—	608	—

Bezeichnung	Einheit	Tsingtau kl. Käsch	Tai tung tschen kl. Käsch	Litsun kl. Käsch	Hsüe tschia tau kl. Käsch
Enten, wilde	1 Stück	—	—	—	—
Gänse	„	1900 – 1920	—	—	—
„ , wilde	„	—	—	—	—
Hühner, alte	„	400 – 500	400	370	250
„ , junge	„	180	300	—	—
Schnepfen	„	—	—	—	—
Tauben	„	180	—	—	—
Enteneier	10 Stück	300	220	280	—
Hühnereier	„	130 – 140	130	153	120
Petroleum	1 Kätty	—	—	130	—

Meteorologische Beobachtungen
in Tsingtau.

Datum Juli	Barometer (mm) reduz. auf 0°C., Seehöhe 78,64 m			Temperatur (Centigrade).								Dunstspannung in mm			Relat. Feuchtigkeit in Prozenten		
				trock. Therm.			feucht. Therm.										
	7 Vm	2 Nm	9 Nm	7 Vm	2 Nm	9 Nm	7 Vm	2 Nm	9 Nm	Min.	Max.	7 Vm	2 Nm	9 Nm	7 Vm	2 Nm	9 Nm
26	743,8	743,6	744,3	24,6	27,3	24,9	24,2	26,0	24,3	23,5	28,1	22,2	24,2	22,2	97	90	95
27	44,3	43,6	43,4	25,3	26,5	24,9	24,5	24,9	24,6	24,1	29,3	22,4	22,4	22,8	93	87	97
28	44,1	43,7	44,6	24,7	27,1	24,7	24,4	24,1	23,4	24,1	28,9	22,5	20,5	20,6	97	77	89
29	46,6	47,1	48,2	25,8	27,6	24,9	24,3	25,2	24,2	23,2	28,7	21,7	22,3	22,0	88	81	94
30	49,2	49,0	49,3	25,4	26,7	25,1	24,4	24,3	24,0	23,8	29,3	22,1	21,1	21,5	92	81	91
31	48,3	46,3	46,9	25,2	26,2	25,0	24,0	24,2	22,5	24,3	27,9	21,4	21,2	18,7	90	84	80
Aug. 1	44,1	43,4	43,4	25,9	26,9	23,7	23,5	24,1	23,0	23,3	29,6	20,1	20,6	20,5	81	78	94

Datum Juli	Wind Richtung & Stärke nach Beaufort (0—12)			Bewölkung						Niederschläge in mm		
				7 Vm		2 Nm		9 Nm				9 Nm + 7 Vm
	7 Vm	2 Nm	9 Nm	Grad	Form	Grad	Form	Grad	Form	7 Vm	9 Nm	
26	S O 2	S O 3	S O 2	10	Str	8	Str	8	Str			
27	Stille 0	S O 2	S O 1	8	Cum-s	8	Cum-s	10	Cum-s		0,3	0,3
28	„	S S O 2	S O 2	10	C.Str	4	Cum	2	Cum	0,3		
29	„	S 3	S S O 2	5	Cir-s	8	Cir-s	10	„			
30	„	S S O 3	S S O 2	8	Cum-s	8	Cum-s	10	Cum-s			
31	S O 1	S O 1	N O 1	10	„	8	„	9	„		0,9	0,9
Aug. 1	S O 1	O S O 4	S O 2	2	Cum	5	Cir-s	1	Str			

Schiffsverkehr

in der Zeit vom 27. Juli — 2. August 1906.

Ankunft am	Name	Kapitän	Flagge	Reg. Tonnen.	von	Abfahrt am	nach
27.7.	D. Staatssekr. Krätke	Hansen	Deutsch	1208	Schanghai	27.7.	Tschifu
„	D. Gouv. Jaeschke	Treumann	„	1045	„	28.7.	Schanghai
„	D. Hoangho	Geissel	„	690	Kobe	30.7.	Kobe
„	D. Tsintau	Artelt	„	977	Tschifu	27.7.	Schanghai
28.7.	D. Victoria	Messer	Chines.	934	„	„	„
30.7.	D. Peiho	Deinat	Deutsch	417	Schanghai	31.7.	Schanghai
„	D. Lok Sang	Lishmann	Englisch	979	„	„	„
31.7.	D. Adm. v. Tirpitz	Block	Deutsch	1199	„	„	Tschifu
„	D. Dr. H. I. Kiaer	Hoier	Norweg.	691	Tientsin	2.8.	Tientsin

Druck der Missionsdruckerei Tsingtau.

第七年 第三十号

1906 年 8 月 4 日

法令与告白

告白

今天,在四方正式启用了一个邮政代办所。

青岛,1906 年 8 月 1 日
皇家德意志邮政局
海尼格

官方通告

告白

为了避免法庭会议受到打扰,衙门兵营街位于法院建筑前的部分继续对骑马和自行车交通封闭。

青岛,1906 年 7 月 17 日
胶澳总督
最高敕令委托代理
师孟

告白

在本地商业登记 A 部第 8 号登记的无限责任公司"希姆森公司"[①]登记入下列事项:授予香港的汉斯·奥古斯特·齐博斯代理权。

青岛,1906 年 7 月 25 日
胶澳皇家审判厅

---

① 译者注:中文行名为"禅臣洋行"。

大德管理青岛地亩局　为

拍卖地亩事：兹据杨浩然禀称，欲买大包岛黄岛街地图第十二号第九十块地，计五百九十七米达（打），暂拟价洋五百七十三元一角二分。兹定于西历八月廿日上午十一点钟在局拍卖。买定以后可以盖住宅、铺房，限至西一千九百九年八月三十一日一律修竣。如他人亦欲买者，可以投票，截至西八月十三日止，届期前来本局面议可也。勿误。特谕。

德一千九百九年八月初一日　告示

告白

启者：兹将本局据报被窃以及送案各物开明列左：

被窃各物：

金边银表一枚，面上镶有花圈；金料表链一条；西式样银耳杯一个；镍镉料蛋杯两个。

送案之物：

油衣一套。

以上各物切勿轻买，如见立宜报明本局。送案之物亦准具领。此布。

大德一千九百六年八月初一日

青岛巡捕局启

消息

最高敕令批准佩戴下列俄国勋章[①]：

总督、海军少将都沛禄，一等圣·斯坦尼斯劳斯勋章；

代理总督、海军上校师孟，二等配星圣·斯坦尼斯劳斯勋章；

港务局局长、现役海军中校冯·扎瓦斯基和海军军需官罗伊特，二等圣·斯坦尼斯劳斯勋章；

海军中尉阿道夫·海纳、海军机械工程师布莱曼和海军船舶工程师温特，三等圣·安妮勋章；

工头莱帕，配有圣·斯坦尼斯劳斯勋章绶带的"热心"金质奖章。

户籍所消息：

去世：7月31日，艾丽卡·菲利普，在世2个月。

[①] 译者注：因胶澳总督府在日俄战争期间对逃到青岛的俄国军舰官兵的救助，相关人员获得俄国勋章。

官宰局在 7 月份屠宰和进行兽医检验的牲畜数量为：

723 头大型牲畜，175 头小牛，216 只绵羊，446 头猪。

其中 2 头猪被完全拒收，3 头公牛被有条件接收。

气象天文台记录的青岛在 1906 年 7 月的天气情况

在今年已经过去的 7 月份，气温呈逐渐上升趋势。本月日平均气温达到 23.5 度，极限温度计在 13 日测得 31.7 度，在 5 日是 18.5 度，振幅为 13.2 度。在 25 个所谓的夏日里，最高温度计在中午时测得超过 25 摄氏度。

平均云量为 66%，统计到 3 个晴天和 11 个阴天。日照指数计在本月记录下 175 小时的日照时长，约占可能日照时长的 40%。

空气相对湿度在本月上旬由于持续性的浓雾而相当高（月初达到 100%），平均值为 89%。本月最干燥的一天是 15 日，湿度值平均只有 58%。

8 日到 9 日夜间和 9 日整天都有降雨，总降雨量达到 194.9 毫米，天气情况出现转变，持续性的浓雾消失了。即使在另外几天还有降雨，但这些降水意义不大。本月的 10 个雨天，总降雨量达到 210.6 毫米。在 1898—1903 年里，7 月份的月平均降水量为 165.9 毫米，最大降雨量为 1902 年 7 月份的 295.3 毫米，最小降雨量是 1901 年同月份的 77.8 毫米。

从 7 月 5 日晚 7 点 30 分开始，两场来自西北偏西和东北方向的雷暴给青岛带来了降雨。第二天 10 点，气象站又有雷暴，闪电带有红色和黄白色，降雨量为 6.8 毫米，在这场近处雷暴期间，土壤强烈蒸发，散发出类似硫磺的气味。另外两天，也就是 9 日和 26 日，北方天空远处出现雷暴，还有几天有闪电。

平均风力强度为 2.6 级蒲福风级，主要的风向为东南风。在下面几天里观测到较强风：9 日南风 10 级，这场风暴从上午 10 点持续到下午 2 点 30 分左右，阵风短时间达到 11 至 12 级；10 日北风 6 级；19 日东南风 7 级。

在 6 日刮起风暴时，由于从北方经南方和西方刮向西北方的风，似乎让青岛周边不远从西南方向经北方到西方的区域经历了气温最小值的变动，也就是我们处于主风暴区域的右侧。

市场平均物价

1906年7月

1斤＝577.6克

1银元在各地的平均汇率

青　岛：1 960个铜板

台东镇：1 980个铜板

李　村：2 000个铜板

薛家岛：2 000个铜板

商品名称	单位	青岛,铜板	台东镇,铜板	李村,铜板	薛家岛,铜板
黄豆	1斤	100	56	55	—
豆芽	1斤	30	30	—	—
豌豆	1斤	50～60	60	—	20
豆腐	1斤	30	30	—	—
豆油	1斤	200	170	178	180
豆饼	1斤	—	60	53	50
花生	1斤	100	100	149	—
花生油	1斤	240	200	190	—
扁豆	1斤	—	—	50	60
大麦	1斤	—	56	48	40
黄瓜	1斤	10	20	19	30
小米	1斤	70	66	42	—
小米面	1斤	60	68	60	—
土豆,中国品种	1斤	—	16	—	—
土豆,德国品种	1斤	40	—	—	—
土豆片,中国品种	1斤	—	28	28	—
高粱	1斤	60	50	60	—
高粱秆	1斤	50	16	19	—
麸皮	1斤	—	50	38	36
南瓜	1斤	—	12	100	40

(续表)

商品名称	单位	青岛,铜板	台东镇,铜板	李村,铜板	薛家岛,铜板
玉米	1斤	—	60	—	70
小红萝卜	1斤	30~40	—	—	—
大米	1斤	80	90	85	—
麦子	1斤	100	70	59	60
面粉	1斤	80	86	90	90
小麦面包	1个	20	84	20	20
馒头	1个	20	84	20	
窝头	1个	—	48		
火烧	1个	—	80		
苹果	1斤	140~180	80	30	200
橘子	1斤	—	—	—	—
梨	1斤	160	—	—	—
梅子	1斤	60~80	—	—	—
桃	1斤	90~100	—	—	—
杏	1斤	80~100	—	—	—
香蕉	1斤	180	—	—	—
柠檬	1个	160	—	—	—
西瓜	1个	500~520	—	—	—
苤蓝	1斤	120~130	—	—	—
山东白菜	1把	10~12	—	—	—
红色大头菜	1头	150~180	—	—	—
卷心菜	1头	70~80	—	—	—
小白菜	1斤	—	40		
大蒜	1斤	—	16	53	
生菜	1头	10	—	—	—
芹菜	1斤	40	—	—	—
西红柿	1斤	60	—	—	—
欧芹	1把	10	—	—	—
姜	1斤	130	—	—	—

(续表)

商品名称	单位	青岛,铜板	台东镇,铜板	李村,铜板	薛家岛,铜板
胡萝卜	1斤	40	30	—	—
青芥辣	1斤	160	—	—	—
红萝卜,中国品种	1斤	—	—	—	—
红萝卜,德国品种	1斤	20	—	—	—
萝卜,红色	1把	40	—	—	—
萝卜,白色	1斤	40~50	20	—	—
胡椒,红色	1斤	—	160	70	400
胡椒,黑色	1斤	800	700	869	—
菠菜	1斤	5~10	—	—	—
核桃	1斤	140	140	160	—
洋葱	1斤	50~60	16	19	24
鸡蛋果①	1个	10	—	—	—
盐	1斤	—	10	12	8
烟草	1斤	—	240	260	160
鲽鱼	1斤	130~140	—	—	—
煎鱼	1斤	120~140	120	140	—
炖鱼	1斤	120~140	130	165	—
干鱼	1斤	—	160	160	260
墨鱼	1斤	—	—	—	—
鳗鱼	1斤	180	—	—	—
螃蟹,大个	1个	60~80	—	28	—
螃蟹,小个	1斤	200	—	—	—
贝类,长	1斤	60~80	—	—	—
猪肉	1斤	260	200	220	200
猪大油	1斤	300	280	270	220
猪肝	1斤	260	—	—	—
猪舌头	1斤	180	—	—	—

---

① 译者注:鸡蛋果是一种热带香料水果,有"果汁之王"美誉。

(续表)

商品名称	单位	青岛,铜板	台东镇,铜板	李村,铜板	薛家岛,铜板
生牛肉	1斤	—	200	210	260
熟牛肉	1斤	—	240	210	—
牛油	1斤	—	160	250	—
鸭子	1只	500～510	—	608	—
野鸭	1只	—	—	—	—
鹅	1只	1 900～1 920	—	—	—
野鹅	1只	—	—	—	—
老母鸡	1只	400～500	400	370	250
童子鸡	1只	180	300		
塍鹬	1只				
鸽子	1只	180			
鸭蛋	10个	300	220	280	
鸡蛋	10个	130～140	130	153	120
煤油	1斤	—	—	130	—

船运

1906年7月27日—8月2日期间

到达日	轮船船名	船长	挂旗国籍	登记吨位	出发港	出发日	到达港
7月27日	克莱特克号	韩森	德国	1 208	上海	7月27日	芝罘
7月27日	叶世克总督号	特洛依曼	德国	1 045	上海	7月28日	上海
7月27日	黄河号	盖瑟尔	德国	690	神户	7月30日	神户
7月27日	青岛号	阿特尔特	德国	977	芝罘	7月27日	上海
7月28日	维多利亚号	梅瑟	中国	934	芝罘		
7月30日	白河号	代纳特	德国	417	上海	7月31日	上海
7月30日	乐生号	李石曼	英国	979	上海	7月31日	上海
7月31日	提尔皮茨号	布洛克	德国	1 199	上海	7月31日	芝罘
7月31日	奇亚尔博士号	霍耶尔	挪威	691	天津	8月 2日	天津

Amtsblatt
für das
Deutsche Kiautschou-Gebiet.

青島官報

Herausgegeben vom Kaiserlichen Gouvernement Kiautschou.

Der Bezugspreis beträgt jährlich $ 2 = M 4.
Bestellungen nehmen sämtliche deutsche Postanstalten entgegen.

| Jahrgang 7. | Nr. 31. | Tsingtau, den 8. August 1906. | 第三十一號 | 第七年 |

203. 德歷一千九百零六年八月初八日

Verordnungen und Bekanntmachungen.

Übersetzung

der

Betriebsordnung für den Schlachthof in Tsingtau

vom 24. Juli 1906,

(Amtsblatt 1906, Seite 183).

大德欽命署理總督膠澳文
武事宜大臣師
曉諭事照得通用青
島官宰局章程茲已
釐訂分條列左　為

第一條牽拉牲畜入局時
刻
一凡欲將牲畜牽入局
內每禮拜一起至禮
拜六止西歷每年四
月初一日起至九月
三十日止係限每日
早自六點鐘起至十
點鐘止午後自四點
至六點鐘止西歷每年自
十月初一日起至次年
三月三十一日止限
每日早自八點至十
點午後三點至五點

皆准牽入倘逢禮拜以及各項佳節日期概不准牽畜入局若有欲於限訂時刻外牽畜入局者須先經管理該局局總允准並應另納特准費欵大畜牲每隻費洋二角五分小畜牲及猪每口費洋一角五分但限期外牽入該局各項畜牲未經專門醫官查驗以前不准 牽入屠戮

二凡欲在該局舉行宰殺等事西歷每年自四月初一日起至九月三十日止每自禮拜一至禮拜五每日午前自五點鐘起至十點止午後自三點起至六点止每禮拜六早自五点鐘起至午十二点止每年十月初一日起至次年三月三十一日止每自禮拜一至禮拜五每日早自七点鐘起至十二点止午後自三点起至六点止每禮拜六早自七点鐘起至十二点止午後自一点止皆准辦理其欲於禮拜以及各項佳節日期宰殺者祗情勢交迫格外可以通權允准方可至於宰殺等事須在前訂限時內全行告竣大畜牲若騾馬須於限滿時以先至少一点半鐘工夫殺斃其小畜牲若猪須於限滿時以先至少一點鐘工夫殺斃方妥

第二條照章關係宰殺行事之人始准入局其餘事外閒人一律免進倘有事故入局時亦應在門公處領有號票若經局內官員查詢立應呈驗事竣出局該票仍由門公收回設有常川出入該局者亦可由管理該局總辦酌給用專照若有入內祗欲觀看該局者先經管理該局總辦允准始可並應在該局帳房領有入局票據繳洋五角

第三　各狗不准帶入局內

第四條　駛入官宰局各種車輛應於特備處停輪當其起卸時亦准近於屠戮亭以及廠棚前停住但停住之時不准逾於起卸時刻或於卸車應需時刻外延遲其拉車之馬當宰殺畜牲之際權准暫繫於馬棚內隙地惟車輛不准在局內洗刷車在局內祇准緩緩而行

第五條　一切牽入官宰局之各畜牲一經報明諭門公後先應迅速牽至該管局摁驗諭疑有病症或疑有傳染病症之各畜牲應在另備之屠戮病畜亭候驗處呈驗所領之宰殺票據查明諭可宰殺之各牲畜始准牽入公共棚廠其以及宰殺

第六條　各畜牲欲於午前宰殺者須先一日至晚六點鐘牽入該局棚廠以內欲于午後宰殺者須于是日早至晚十點鐘牽入該局棚廠以內以便先期查驗有無病症倘值各肉忽然缺少之時亦可報明該管局摁酌准通融辦理以期濟急

各畜牲栖止棚廠時逾廿四點鐘以外者每口每日應繳栖費洋銀七分其栖止時逾廿四點鐘之各畜牲在局均由該管局摁諭飭分別喂養該畜主不得自備草料惟喂養費項由該管局摁按照時價酌定繕單標示該局以便周知該費多寡即由該管畜主如數照繳

第七條　凡牽入該局之各種畜牲均須身帶該畜主之號數以免在內有混雜更換等獘端

第八條 由棚廠牽拉畜牲至屠戮亭時均宜竭力愛惜不准虐待並應留心以免事生不測當未至屠戮以前應將宰殺事宜全備庶幾立能戕殺所之宰牲票應先呈交亭師查驗方准牽入至應繳各費以及棲止喂養等項該管局總須先登簿

第九條 宰殺次第並指示能用之處以及可用之各項機具皆由該亭師按照報明之先後分別酌定

第十條 宰殺畜牲一經指示一定處所則不准擅用他處亦不准佔逾界綫需用宰畜處所時刻限至必須應用之時止以便辦理宰剖等事並刷洗該地位及所用之一切機具不准遲延

第十一條 宰剖等事祗准專門熟習屠戶辦理其宰畜牲應極迅速以及留意切免殘暴並當遵照官宰局總或亭師之指示

第十二條 不准將肉肺吹氣等獘竇

第十三條 宰殺畜牲所出之血並退下之猪鬃均歸各該畜主收領

第十四條 所有已經宰剖之各畜肉非先經該管局總允准不得搬離屠戮亭復由亭師報明各節並呈宰票經該管局總查看後始可其猪肉離亭以先應再查驗有無毫髮肉蟲所有查無病症之死畜或全身或分段蓋印官戳後各該畜主始可銷用

第十五條 一經專門醫官查明該死畜或全身或分段為廢棄不能用之肉或查明授以方法入始可食各節立應告知各該畜主遵行至用何方而後可供

第十六條官宰局建有冷肉堂堂內安設櫃廚出租費項另行訂定租者應遵各條列左

一欲將在官宰局剖並經驗明之肉搬進冷肉堂或將在堂存放之肉搬出定期每自禮拜一至禮拜六早自四點半鐘起至十一點止晚自五點起至六點止每禮拜及各佳節日期早自四點半至六點又自十點至十一點止均可進出冷肉堂

二若欲於限定時刻外搬肉進出該堂者應先經該管局總允准方可

三其堂外晾肉廈祇准租有冷肉櫃廚之人進用

第十七條凡在官宰局剖各種畜牲之肉以及肝肺各臟應先全行乾而不濕並應較量與空氣之冷相塙方准搬進冷肉堂當宰殺之日其肉雖已乾凉亦祇准搬至晾肉廈是日不准即行搬進冷肉堂

第十八條鮮肉准在冷肉櫃廚內醃鹹但應用之醃肉木料做成堅固並應有堅固桶蓋桶底須有至矮十五桑的米打之木頭墊擱該木桶於裝入櫃廚以先均宜報明以便查看醃肉木桶內須倒空洗淨一次醃火腿以及猪脂之木桶至久於八禮拜內須倒空洗淨一次臭味或已腐敗之肉燻肉各物五臟零件畜血畜毛舊臘舊脂牛腿下部除放肉必需之物件外其餘各物以及各項器具一概不准帶進冷肉堂

人食及應如何使用之處其責均歸管該局總指示其定爲廢棄各肉概由該局監督毀棄

第十九條 凡在冷肉堂者均應竭力潔淨即出租之櫃廚亦應常川潔淨責歸各該租戶承認所最要者櫃廚之底時當乾淨每欲擦抹時須用濕布若欲將櫃廚用水刷洗應先經該管局總允准方可辦理亦能由該局總特定日期一概刷洗

第二十條 欲在冷肉堂內剮割骨肉者祗准使用刀鋸不准任用他項器具並不准將鐵鈎挂在櫃廚牆壁或天花板等處

第二十一條 所有租出之冷該櫃廚均應隨時鎖閉倘遇官員飭令開放該租主並其手下人等立當遵行

第二十二條 所租定之各櫃廚非先經該管官員允准不得有擅讓他人接用以及夥用等獘

第二十三條 凡進出冷肉堂時均當隨手迅速關閉外門

第二十四條 各該櫃廚皆列有號數各該租主亦可將其本身姓氏號數貼挂其上

第二十五條 凡有迭違冷肉堂各項章程或應付租價屢催延不照繳者一經查出立即可以退租不准再用櫃廚此則勿須另示退租限期

第二十六條 搬肉出局祗准用車載拉惟此項車輛必能關閉或有淨布遮蓋方可

並不准在內存放惟挂肉鉄鈎肉刀骨鋸各器具不在禁數存放晾肉之肉均須於次早搬離

第十九條 凡在冷肉堂者均應竭力潔淨即出租之櫃廚亦應常川潔淨責歸

第二十七條 凡在官宰局內宰殺畜牲或因他事進出者上列各條必須一律謹遵該管各官員之指示亦應平心服從遇有受屈之處可投訴於該管局總查辦若受該管局總之屈可投本衙門呈訴

第二十八條 在官宰局行事照章該事主責有攸歸適值其手下人等有損碍諸獎查出即歸其主按私律賠償

第二十九條 官宰局一切費項按月經局核算開列清單交由各該屠戶按月繳納糧台

第三十條 官宰局內不准任意作踐汚穢即如拋棄碎紙等事亦不准損壞房內一切器具等件更嚴禁在於局內或房屋內坩近處所吸烟夜間走入棚廠並棚樓以及存放草料各處者尤應帶有緊罩燈籠以防火險

第三十一條 凡在局內欲脫衣服祗准懸掛於特備之處不准懸掛於屠殺亭上僅歸亭師掌管

第三十二條 局內所有之電氣燈並湯鍋應用之自來熱氣及自來水各種機具

第三十三條 應納各費分別列左

一宰殺畜牲並查驗等費

大牛一頭費洋三元

牛犢一頭生時重在一百啓羅以下者費洋七角五分

綿羊山羊每隻費洋七角五分

大豬每口費洋一元七角五分

小豬每口費洋五角
驛馬騾每匹費洋五元
其由外境運入內界之鮮肉查驗非與右列之費無異
二棲止棚廠費項
各種畜牲棲逾二十四點鐘以外者每隻每一日費洋七分即不足一日亦
按一日核算
三冷肉堂租費
冷肉堂內每租一方米打之大每年租洋三十二元
四使用牧殺肉內微細生類機具費項
大畜牲每隻費洋五元
小牲口每隻費洋二元
豬每隻費洋三元
五游覽官宰局費項
事外他人欲入局查看一切機具每人費洋五角
六過秤費項
大畜牲每隻費洋二角
小畜牲每隻費洋一角為此諭仰各知悉勿違特諭

大德一千九百六年七月廿四日

第七年　第三十一号

1906年8月8日

法令与告白

1906年7月24日的《青岛官宰局章程》翻译件

（载于1906年《官报》，第183页）

大德钦命署理总督胶澳文武事宜大臣师　为

晓谕事：照得《通用青岛官宰局章程》兹已厘订，分条列左：

第一条　牵拉牲畜入局时刻。

一、凡欲将牲畜牵入局内，每礼拜一起至礼拜六止，西历每年四月初一日起至九月三十日止，系限每日早自六点钟起至十点钟止，午后自四点至六点，西历每年自十月初一起至次年三月三十一日止，限每日早自八点至十点，午后三点至五点皆准牵入。倘逢礼拜以及各项佳节日期，概不准牵畜入局。

若有欲于限订时刻外牵畜入局者，须先经管理该局局总允准始可，并应另纳特准费款。大畜牲每只费洋二角五分，小畜牲及猪每口费洋一角五分。但限期外牵入该局，各项畜牲未经专门医官查验以前不准牵入屠戮亭，并不准牵入另备查无疾病畜牲栖止之棚。

二、凡欲在该局举行宰杀等事，西历每年自四月初一日起至九月三十日止，每自礼拜一至礼拜五每日午前自五点钟起至十点钟止、午后自三点起至六点止，每礼拜六早自五点钟起至午十二点止，每年自十月初一日起至次年三月三十一日止，每自礼拜一至礼拜五每日早自七点钟起至十二点止、午后自三点起至六点止，每礼拜六早自七点钟起至午后一点止，皆准办理。其欲于礼拜以及各项佳节日期宰杀者，只情势交迫格外可以通权，然仍由局总特别允准方可，至于宰杀等事须在前订限时内全行告竣。大畜牲若骡马，须于限满时以先至少一点半钟工夫杀毕。其小畜牲若猪，须于限满时以先至少一点钟工夫杀毕方妥。

第二条　照章关系宰杀行事之人始准入局，其余事外闲人一律免进。倘有事故，入局时亦应在门公处领有号票，若经局内官员查询，立应呈验。事竣出局，该票仍由门公收回。设有常川出入该局者，亦可由管理该局总办酌给常用专照。若有入内只欲观看该局者，先经管理该局总办允准始可,并应在该局帐(账)房领有入局票据,缴洋五角。

第三条 各狗不准带入局内。

第四条 驶入官宰局各种车辆应于特备处停轮。当其起卸时,亦准近于屠戮亭以及厂棚前停住。但停住之时不准逾于起卸时刻,或于卸车应需时刻外延迟。其拉车之马当宰杀畜牲之际,权准暂系于马棚内隙地。惟车辆不准在局内洗刷,车在局内只准缓缓而行。

第五条 一切牵入官宰局之各畜牲,一经报明门公后,先应迅速牵至该管局总处,呈验所领之宰杀票据,查明谕可宰杀之各牲畜始准牵入公共棚厩。其验谕疑有病症或疑有传染病症之各畜牲,应在另备之屠戮病畜亭候验以及宰杀。

第六条 各畜牲欲于午前宰杀者,须先一日至晚六点钟牵入该局棚厩以内;欲于午后宰杀者,须于是日早至晚十点钟牵入该局棚厩以内,以便先期查验有无病症。倘值各肉忽然缺少之时,亦可报明该管局总酌准通融办理,以期济急。

各畜牲栖止棚厩时逾廿四点钟以外者,每口每日应缴栖费洋银七分。其栖止时逾廿四点钟之各畜牲,在局均由该管局总谕饬分别喂养,该畜主不得自备草料,惟喂养费项由该管局总按照时价酌定,缮单标示该局,以便周知该费多寡,即由该管畜主如数照缴。

第七条 凡牵入该局之各种畜牲,均须身带该畜主之号数,以免在内有混杂更换等弊端。

第八条 由棚厩牵拉畜牲至屠戮亭时,均宜竭力爱惜,不准虐待,并应留心,以免事生不测。当未至屠戮亭以前,应将宰杀事宜全备,庶几立能戕杀。所领之宰牲票应先呈交亭师查验,方准牵入。至应缴各费以及栖止、喂养等项该管局总须先登簿。

第九条 宰杀次第并指示能用之处,以及可用之各项机具,皆由该亭师按照报明之先后分别酌定。

第十条 宰杀畜牲一经指示一定处所,则不准擅用他处,亦不准占逾界线。需用宰畜处所时刻限至必须应用之时止,以便办理宰剖等事,并刷洗该地位及所用之一切机具,不准迟延。

第十一条 宰剖等事只准专门熟习屠户办理,其宰畜牲应极迅速以及留意,切免残暴,并当遵照官宰局总或亭师之指示。

第十二条 不准将肉肺吹气等弊窦。

第十三条 宰杀畜牲所出之血并退下之猪鬃均归各该畜主收领。

第十四条 所有已经宰剖之各畜肉,非先经该管局总允准,不得搬离屠戮亭。复由亭师报明各节,并呈宰票,经该管局总查看后始可。其猪肉离亭以先,应再查验有无毫发肉虫。所有查无病症之死畜,或全身或分段盖印官戳后,各该畜主始可销用。

第十五条 一经专门医官查明,该死畜或全身或分段为废弃不能用之肉,或查明授以方法人始可食。各节立应告知各该畜主遵行,至用何方而后可供人食,及应如何使用之处,其责均归管该局总指示。其定为废弃各肉,概由该局监督毁弃。

第十六条 官宰局建有冷肉堂,堂内安设柜厨(橱)。出租费项另行订定(拟订)。租者应遵各条列左：

一、欲将在官宰局宰剖并经验明之肉搬进冷肉堂，或将在堂存放之肉搬出，定期每自礼拜一至礼拜六早自四点半钟起至六点止，又自十点至一点止，晚自五点起至六点止。每礼拜及各佳节日期，早自四点半至六点，又自十点至十一点止，均可进出冷肉堂。

二、若欲于限定时刻外搬肉进出该堂者，应先经该管局总允准方可。

三、其堂外晾肉厦只准租有冷肉柜厨（橱）之人进用。

第十七条　凡在官宰局宰剖各种畜牲之肉以及肝、肺各脏，应先全行干而不湿，并应较量与空气之冷相埒，方准搬进冷肉堂。当宰杀之日，其肉虽已干凉，亦只准搬至晾肉厦，是日不准即行搬进冷肉堂。

第十八条　鲜肉准在冷肉柜厨（橱）内腌咸，但应用之腌肉木桶须用硬木料做成，坚固并应有坚固桶盖。桶底须有至矮十五桑的米打①之木头垫搁。该木桶于装入柜厨（橱）以先均宜报明，以便查看。腌肉木桶至久于四礼拜内须倒空洗净一次。腌火腿以及猪脂之木桶，至久于八礼拜内须倒空洗净一次。至有臭味，或已腐败之肉、熏肉各物、五脏零件、畜血、畜皮、畜毛、旧腊、旧脂、牛腿下部，除放肉必需之物件外，其余各物以及各项器具一概不准带进冷肉堂，并不准在内存放。惟挂肉铁钩、肉刀、骨锯各器具不在禁数。存放晾肉厦之肉均须于次早搬离。

第十九条　凡在冷肉堂者均应竭力洁净，即出租之柜厨（橱）亦应常川洁净，责归各该租户承认，所最要者柜厨（橱）之底时当干净。每欲擦抹时须用湿布，若欲将柜厨（橱）用水刷洗，应先经该管局总允准方可办理，亦能由该局总特定日期一概刷洗。

第二十条　欲在冷肉堂内剐割骨肉者，只准使用刀锯，不准任用他项器具，并不准将铁钩挂在柜厨（橱）墙壁，或天花板等处。

第二十一条　所有租出之各该柜厨（橱）均应随时锁闭。倘遇官员饬令开放，该租主并其手下人等立当遵行。

第二十二条　所租定之各柜厨（橱），非先经该管官员允准，不得有擅让他人接用以及伙用等弊。

第二十三条　凡进出冷肉堂时均当随手迅速关闭外门。

第二十四条　各该柜厨（橱）皆列有号数，各该租主亦可将其本身姓氏、号数贴挂其上。

第二十五条　凡有迭违冷肉堂各项章程，或应付租价屡催延不照缴者，一经查出立即可以退租，不准再用柜厨（橱），此则勿须另示退租期限。

第二十六条　搬肉出局只准用车载拉，惟此项车辆必能关闭，或有净布遮盖方可。

第二十七条　凡载官宰局内宰杀畜牲，或因他事进出者，上列各条必须一律谨遵。该管各官员之指示，亦应平心服从。遇有受屈之处，可投诉于该管局总查办。若受该管局总

---

① 译者注：德语Centimeter，即厘米。

之屈,可投本衙门呈诉。

第二十八条 在官宰局行事照章,该事主责有攸归,适值其手下人等有损碍诸弊查出,即归其主按私律赔偿。

第二十九条 官宰局一切费项按月经局核算开列清单,交由各该屠户按月缴纳粮台。

第三十条 官宰局内不准任意作贱污秽,即如抛弃碎纸等事,亦不准损坏房内一切器具等件。更严禁在于局内,或房屋内,或附近处所吸烟。夜间走入棚厩并棚楼以及存放草料各处者,尤应带有紧罩灯笼以防火险。

第三十一条 凡在局内欲脱衣服,只准悬挂于特备之处,不准悬挂于屠戮亭上。

第三十二条 局内所有之电气灯并汤锅,应用之自来热气及自来水,各种机具仅归亭师掌管。

第三十三条 应纳各费分别列左:

一、宰杀畜牲并查验等费:

大牛一头,费用三元。

牛犊一头,生时重在一百启罗以下者,费洋七角五分。

绵羊、山羊,每只费洋七角五分。

大猪,每口费洋一元七角五分。

小猪,每口费洋五角。

骡、马、驴,每匹费洋五元。

其由外境运入内界之鲜肉,查验非项与右列之费无异。

二、栖止棚厩费项:

各种畜牲栖逾二十四点钟以外者,每只每一日费洋七分,即不足一日,亦按一日核算。

三、冷肉堂租费:

冷肉堂内每租一方米打之大,每年租洋三十二元。

四、使用戕杀肉内微细生类机具费项:

大畜牲,每只费洋五元。

小牲口,每只费洋二元。

猪,每只费洋三元。

五、游览官宰局费项:

事外他人欲入局查看一切机具,每人费洋五角。

六、过称费项:

大畜牲,每只费洋二角。

小畜牲,每只费洋一角。

为此谕,仰各知悉勿违。特谕。

大德一千九百六年七月廿四日

Amtsblatt
für das Deutsche Kiautschou-Gebiet.

青島官報

Herausgegeben vom Kaiserlichen Gouvernement Kiautschou.

Der Bezugspreis beträgt jährlich $ 2=M 4.
Bestellungen nehmen sämtliche deutschen Postanstalten entgegen.

Jahrgang 7.   Nr. 32.   Tsingtau, den 11. August 1906.   第三十二號 第七年

211.
德歷一千九百零六年八月十一日

Amtliche Anzeigen.

Bekanntmachung.

Als gestohlen angemeldet: 1 Wagenplan; 12 Dtzd. Nikelketten mit runden Karabinerhaken und kettenförmigen Gliedern; ½ Dtzd. Nikelketten mit je 2 weissen nnd 1 roten Stein, als Gehänge haben diese Ketten einen viereckigen Stein; ½ Dtzd. Nickelketten mit rötlich glänzenden Steinen, als Gehänge 1 Herz aus demselben Stein; ½ Dtzd. Chekpfeifen mit Deckel; 7 Chekpfeifen mit gerippten Deckel; 1 flache, silberne Cylinderuhr; 1 schwarzer Frackanzug; 1 graue Hose.

Als verloren angemeldet: 1 schwarzer Regenschirm mit Knopf.

Tsingtau, den 8. August 1906.

Kaiserliches Polizeiamt.

Bekanntmachung.

In dem Kunkursverfahren über das Vermögen des Schlossermeisters
Artur Grau
in Tsingtau wird zur Abnahme der Schlussrechnung des Verwalters und zur Beschlussfassung der Gläubiger über die nicht verwertbaren Vermögensstücke des Gemeinschuldners Schlusstermin vor dem Kaiserlichen Gerichte von Kiautschou III, Zimmer 2, auf den 27. Oktober 1906, vormittags 10 Uhr, anberaumt; zugleich soll in diesem Termin die Prüfung der nachträglich angemeldeten Forderungen stattfinden.

Tsingtau, den 6. August 1906.

Kaiserliches Gericht von Kiautschou III.

告白

啟者茲將本局臨報被竊並遺失各物列左

被竊各物
車圖一軸
新白金表鍊六條每條上鑲有白石肉塊紅石一塊每箱有方石
新白金表鍊六條每條上鑲有淺紅色石
新白金表鍊十二打
帶重薰煙袋七根
箱有心式淺紅色石
黑布西式巴衣一襲
銀時表一枚
平蓋長煙袋六根
褲子一條

遺失之物
黑色雨傘一把柄上帶有鈕子

以上各物切勿輕買如見亦宜報明本局此佈

德一千九百六年八月初八日 青島巡捕局啟

Mitteilungen.

Am Sonntag, den 12. d. Mts., findet in der Gouvernementskapelle kein Gottesdienst statt.

* * *

Der Kurs bei der Gouvernementskasse beträgt vom 4. d. Mts. ab: 1 $=2,20 M. und vom 9. d. Mts. ab: 1 $=2,21 M.

* * *

Standesamtliche Nachrichten:
Geburt: 30. Juli, ein Sohn dem Buchhändler Otto Rose.

* * *

Der Bundesrat hat in seiner Sitzung vom 17. Mai 1906 beschlossen, in Gemässheit des § 23 des Bürgerlichen Gesetzbuches dem in Tsingtau bestehenden Vereine „Handelskammer zu Tsingtau" die Rechtsfähigkeit zu verleihen.

* * *

Die Stationärgeschäfte vor Tsingtau hat S. M. S. „Iltis" übernommen.

* * *

Die Geschäfte des Kaiserlichen Konsulats in Kobe hat am 28. Juli d. Js. Dolmetscher Dr. Müller übernommen. Der bisherige Konsul Krien ist in den Ruhestand versetzt und ihm aus diesem Anlass der Charakter als Generalkonsul verliehen worden.

* * *

Die Geschäfte des Kaiserlichen Konsulates in Nanking hat der stellvertretende Konsul von Löhneysen am 28. Juli d. Js. übernommen.

* * *

Nach einer Mitteilung der japanischen Militäradministration in Niutschwang an das dortige deutsche Konsulat werden auf Grund einer Vereinbarung zwischen dem japanischen und russischen Hauptquartier in der Mandschurei Pässe für Reisende, welche die japanische und russische Machtsphäre in der Mandschurei zu bereisen gedenken, gemeinschaftlich von den beiden Hauptquartieren ausgestellt.

Schiffsverkehr

in der Zeit vom 2. — 9. August 1906.

Ankunft am	Name	Kapitän	Flagge	Reg. Tonnen.	von	Abfahrt am	nach
(28.7.)	D. Victoria	Messer	Chines.	934	Tschifu	5.8.	Tschifu
2.8.	D. Süllberg	Luppi	Deutsch	782	Hongkong	4.8.	„
3.8.	D. Gouv. Jaeschke	Treumann	„	1045	Schanghai	„	Schanghai
„	D. Staatssekr. Krätke	Hansen	„	1208	Tschifu	3.8.	„
5.8.	D. Adm. v. Tirpitz	Block	„	1199	„	5.8.	„
6.8.	D. Tsintau	Artelt	„	977	Schanghai	6.8.	Tschifu
„	D. Peiho	Deinat	„	417	„	7.8.	Schanghai
„	D. Tak Sang	Clure	Englisch	977	„	„	„
„	D. Hokoshin Maru	Takai	Japan.	737	Kobe	6.8.	Kobe

11. August 1906.   Amtsblatt—青島官報   213.

Meteorologische Beobachtungen
in Tsingtau.

Datum Aug.	Barometer (mm) reduz. auf 0° C., Seehöhe 78,64 m			Temperatur (Centigrade).								Dunstspannung in mm			Relat. Feuchtigkeit in Prozenten		
				trock. Therm.			feucht. Therm.										
	7 Vm	2 Nm	9 Nm	7 Vm	2 Nm	9 Nm	7 Vm	2 Nm	9 Nm	Min.	Max.	7 Vm	2 Nm	9 Nm	7 Vm	2 Nm	9 Nm
2	743,6	743,6	745,8	24,1	26,8	23,8	23,3	24,3	23,2	22,5	29,1	20,8	21,0	20,8	93	80	95
3	44,5	45,1	46,7	26,4	27,3	25,1	24,7	24,9	23,9	23,7	20,0	22,1	21,9	21,3	86	81	90
4	48,9	49,0	49,2	22,8	27,5	23,9	20,6	21,5	21,6	21,4	29,6	16,7	15,4	17,8	81	57	81
5	48,5	47,1	46,0	24,1	25,8	22,9	22,2	21,9	22,3	22,6	29,5	18,7	17,1	19,6	84	70	95
6	41,9	41,8	44,3	23,1	24,8	22,3	23,1	23,3	21,5	20,4	27,1	11,0	20,3	18,6	100	87	93
7	47,0	47,6	49,3	20,0	24,5	21,1	17,8	18,9	17,4	19,4	26,6	13,8	12,8	12,5	79	56	67
8	51,5	50,9	51,7	19,9	27,0	23,3	17,5	21,5	20,1	18,0	29,1	13,4	15,7	15,5	78	60	73

Datum Aug.	Wind Richtung & Stärke nach Beaufort (0—12)			Bewölkung						Niederschläge in mm		
				7 Vm		2 Nm		9 Nm				9 Nm
	7 Vm	2 Nm	9 Nm	Grad	Form	Grad	Form	Grad	Form	7 Vm	9 Nm	7 Vm
2	S O 1	S 4	S S O 2	2	Cir-s	4	Cir-cum	6	Cir-s			
3	Stille 0	S 3	N O 1	5	Cum-s	4	Cum	2	Cir			
4	N 4	N N W 1	S S O 1	8	„	8	Cir-s	5	Cum-s			
5	S O 1	S O 3	0 4	6	„	10	Cum-s	10	Nim			17,5
6	N N O 1	N 6	N 5	10	Nim	10	Nim	10	„	17,5	0,1	3,6
7	N W 6	N W 6	N W 5	7	Cir-s	2	Str		Klar	3,5		
8	N W 2	N W 3	N N W 3	2	Cum-cir	5	Cum		„			

Druck der Missionsdruckerei Tsingtau.

第七年 第三十二号

1906年8月11日

官方通告

告白

启者：兹将本局据报被窃并遗失各物列左：

被窃各物：

车图一轴；新白金表链十二打；新白金表链六条，每条上镶有白石两块、红石一块，并每钳有方石；新白金表链六条，每条上镶有浅红色石并钳有心式浅红色石；平盖长烟袋六根；带画盖烟袋七根；银时表一枚；黑布西式目衣（燕尾服）一袭；裤子一条。

遗失之物：

黑色雨伞一把，柄上带有钮子。

以上各物切勿轻买，如见亦宜报明本局。此布。

德一千九百六年八月初八日
青岛巡捕局启

告白

在对青岛的钳工师傅阿图尔·格劳的财产破产程序中，为了管理人进行最终决算以及债权人对共同债务人无法使用的财产物进行决议，现将最终会见日期确定为1906年10月27日上午10点，地点为胶澳皇家审判厅三处2号房间，本次会见也要审查增补的索款要求。

青岛，1906年8月6日
胶澳皇家审判厅三处

消息

督署小教堂在本月12日星期日不举办弥撒。

总督府财务处自本月 4 日起的汇率为 1 元＝2.20 马克,自本月 9 日起的汇率为：1 元＝2.21 马克。

户籍所消息：
出生：7 月 30 日,书商奥托·罗斯得子一名。

联盟参议院在 1906 年 5 月 17 日的会议中做出决议,根据《公民法典》第 23 条,授予青岛现"青岛商会"法定资格。

"伊尔蒂斯"号军舰已经接手了青岛的驻站工作。

翻译官穆勒博士于今年 7 月 28 日接手了神户的皇家领事馆事务。目前担任领事的科里恩已经退休,并借此时机被授予总领事头衔。

代理领事冯·卢尼森于今年 7 月 28 日接手了南京的皇家领事馆事务。

根据日本驻牛庄军事当局向当地德国领事馆的通报,基于日本和俄国在中国东北地区的司令部之间达成的协议,将为计划穿越日本和俄国在中国东北地区势力范围内的旅客联合签发通行证。

船运

1906 年 8 月 2 日—9 日期间

到达日	轮船船名	船长	挂旗国籍	登记吨位	出发港	出发日	到达港
(7 月 28 日)	维多利亚号	梅瑟	中国	934	芝罘	8 月 5 日	芝罘
8 月 2 日	居尔堡号	卢皮	德国	782	香港	8 月 4 日	芝罘
8 月 3 日	叶世克总督号	特洛依曼	德国	1 045	上海	8 月 4 日	上海
8 月 3 日	克莱特克号	韩森	德国	1 208	芝罘	8 月 3 日	上海
8 月 5 日	提尔皮茨号	布洛克	德国	1 199	芝罘	8 月 5 日	上海
8 月 6 日	青岛号	阿特尔特	德国	977	上海	8 月 6 日	芝罘
8 月 6 日	白河号	代纳特	德国	417	上海	8 月 7 日	上海
8 月 6 日	太仓号	克鲁尔	英国	977	上海	8 月 7 日	上海
8 月 6 日	北神丸	高井	日本	737	神户	8 月 6 日	神户

Amtsblatt
für das Deutsche Kiautschou-Gebiet.

青島官報

Herausgegeben vom Kaiserlichen Gouvernement Kiautschou.

Der Bezugspreis beträgt jährlich $ 2=M 4.
Bestellungen nehmen sämtliche deutsche Postanstalten entgegen.

Jahrgang 7. Nr. 33. Tsingtau, den 18. August 1906.

Amtliche Anzeigen.

Aufgebot.

Es wird hiermit bekannt gemacht, dass **Wilhelm** Carl August **Todenhagen**, seines Standes Tischler, geboren zu Passow in Mecklenburg-Schwerin, 30 Jahre alt, wohnhaft in Tsingtau, Sohn des in Passow verstorbenen Kammerdieners Franz Todenhagen und seiner zu Lübz wohnhaften Ehefrau Sophie, geborenen Köhncke,

und

Clara Anna Maria **Schlüter**, geboren zu Kiel, 28 Jahre alt, wohnhaft in Kiel, Tochter des in Kiel verstorbenen Lagermeisters Detlef Schlüter und seiner zu Kiel wohnhaften Ehefrau Maria, geborenen Voigt,

beabsichtigen, sich miteinander zu verheiraten und diese Ehe in Gemässheit des Reichsgesetzes vom 4. Mai 1870 vor dem unterzeichneten Beamten abzuschliessen.

Tsingtau, den 15. August 1906.

Der Kaiserliche Standesbeamte.

Günther.

Bekanntmachung.

In dem Konkursverfahren über das Vermögen des Schlossermeisters

Artur Grau,

früher in Tsingtau, soll mit Genehmigung des Kaiserlichen Gerichts von Kiautschou III die Schlussverteilung erfolgen.

Laut des auf der Gerichtsschreiberei des Kaiserlichen Gerichts von Kiautschou III ausliegenden Verzeichnisses sind 55,70 $ bevorrechtigte und 9492,13 $, sowie 2163,07 M. nicht bevorrechtigte Forderungen zu berücksichtigen.

Nachdem die übrigen bevorrechtigten Forderungen berichtigt und an die nicht bevorrechtigten Gläubiger 15 % abschläglich verteilt sind, beträgt die Teilungsmasse noch 2569,02 $.

Tsingtau, den 11. August 1906.

Tabbert, Sekretär

Verwalter im A. Grau'schen Konkurse.

216.   Amtsblatt—青島官報   18. August 1906

Bekanntmachung.

Das neue Schuljahr der Gouvernementsschule beginnt am Montag, den 10. September 1906, vormittags 8 Uhr.

Die Ferien für das Schuljahr 1906-1907 sind wie folgt festgesetzt worden:

	Schulschluss	Schulanfang.
1. Herbstferien	Sonnabend, den 17. November 1906	Donnerstag, den 22. November 1906.
2. Weihnachtsferien	„ , den 22. Dezember 1906	Montag, den 7. Januar 1907.
3. Osterferien	„ , den 23. März 1907	Montag, den 8. April 1907.
4. Pfingstferien	Freitag, den 17. Mai 1907	Mittwoch, den 22. Mai 1907.
5. Sommerferien	Sonnabend, den 13. Juli 1907	Montag, den 9. September 1907.

Tsingtau, den 16. August 1906.

Der Kaiserliche Zivilkommissar.

Bekanntmachung.

Bei der in Abteilung B Nr. 3 des Handelsregisters vermerkten Aktiengesellschaft

Deutsch-Asiatische Bank

ist folgendes eingetragen worden:
  Reinold Krummacher in Calcutta,
  Felix Schmidt genannt Decarli in Kobe,
  Felix Kilian in Hongkong
sind zu stellvertretenden Vorstandsmitgliedern bestellt.

Die Prokura des

Alfred Binder

ist erloschen, desgleichen sind erloschen die Prokuren der jetzigen stellvertretenden Vorstandsmitglieder
  Ernst Mirow,
  Reinold Krummacher,
  Felix Schmidt genannt Decarli und
  Felix Kilian.

Zu Prokuristen, zeichnungsberechtigt gemäss Artikel 17 der Statuten, sind bestellt
  Max Schindewolf in Calcutta,
  John Kullmann in Schanghai,
  Hermann Pfeiffer in Tsingtau,
  Paul Offermann in Tientsin,
  Hermann Koch in Schanghai,
  Georg Boden in Kobe,
  Edgar Volder in Singapore,
  Erich Lenz in Schanghai.

Tsingtau, den 14. August 1906.

Kaiserliches Gericht von Kiautschou I.

Bekanntmachung.

Bei der in Abteilung A Nr. 14 des Handelsregisters vermerkten Firma

Snethlage & Siemssen

ist eingetragen worden, dass dem Kaufmann
  Werner Geim in Tsingtau
Prokura erteilt ist.

Tsingtau, den 15. August 1906.

Kaiserliches Gericht von Kiautschou I.

Bekanntmachung.

Bei der in Abteilung A Nr. 50 des Handelsregisters vermerkten Firma

Alfred Siemssen

ist eingetragen worden, dass dem Kaufmann
  Werner Geim in Tsingtau
Prokura erteilt ist.

Tsingtau, den 15. August 1906.

Kaiserliches Gericht von Kiautschou I.

18. August 1906. Amtsblatt—青島官報 217

Bekanntmachung.

Als gestohlen angemeldet: 1 rote Korallenkette, Korallen etwa 3 mm im Durchmesser, Länge der Kette etwa 40 cm; 1 Perlenhalskette, 5—6 reihig, Durchmesser der Perlen etwa 3 mm; 1 schwerer, breiter, goldener, unten offener chinesischer Siegelring mit chinesischen Zeichen; 4 silberne Kettenmanschettenknöpfe; 1 silbernes Geldtäschchen; 1 schweres goldenes Armband, aus drei Golddrähten zusammengedreht.

Als gefunden angemeldet: 1 Zollstock; 1 schwarze Schutzbrille; 1 Pferdezügel für Einspänner; 1 Taschenuhr; 1 Messer mit weissem Horngriff; 2 kleine Schnurrbartbürsten; 1 Maulkorb.

Tsingtau, den 15. August 1906.

Kaiserliches Polizeiamt.

白　告

啓者茲將本局據報被竊送案各物列左
一條長約四十桑的米打其球圓徑約
一串密利米打珠子脖鈕一條長能圓
三密利米打之圓徑約三米利米打
頸重料金戒指一枚上有中華文字
銀料金線鈕成之重大金鐲一個
股金線扭成之重大金鐲一個三
銀鏈夾子一個
重潤五六轉珠之圓徑約三米利米打
頸料金戒指一枚上有中華文字
一條洋尺一條黑眼鏡一副
送案各物切勿輕買亦准具領此佈
單馬車韁一條小刷子兩把時表一枚籠嘴一個白柄角
刀子一把
以上被竊本局送各條物
報明本局送各條物亦准具領此佈
德一千九百六年八月十五日
青島巡捕局啓

Mitteilungen.

Standesamtliche Nachrichten.

Aufgebot: 15. August, Tischler Wilhelm Todenhagen zu Tsingtau und Clara Schlüter zu Kiel.

Todesfälle: 11. August, Techniker Paul Mohrstedt, 55 Jahre alt; 13. August Rainer Grosse, 1 Jahr und 5 Monate alt.

*　*　*

Die Geschäftsräume des Katasteramtes sind nach dem Gouvernementsdienstgebäude — Erdgeschoss des Ostflügels, Eingang: Treppe neben dem Bataillonshause — verlegt worden.

*　*　*

Über den Stall der 5. Kompagnie des III. Seebataillons bei Tai tung tschen ist wegen Rotz unter den Pferden eine sechswöchentliche Quarantäne verhängt. Während dieser Zeit ist das Betreten des Stalles und seiner näheren Umgebung mit Pferden und Maultieren verboten.

Schiffsverkehr
in der Zeit vom 9.—16. August 1906.

Ankunft am	Name	Kapitän	Flagge	Reg. Tonnen.	von	Abfahrt am	nach
9.8.	D. Wo Sang	Lee	Englisch	1127	Schanghai	10.8.	Tschifu
10.8.	D. Gouv. Jaeschke	Treumann	Deutsch	1045	"	"	Schanghai
"	D. Triumph	Hansen	"	769	Hongkong	11.8.	Tschifu
"	D. Kinai Maru	Aoi	Japan.	1468	Otaru	13.8.	Otaru
12.8.	D. Staatssekr. Krätke	Hansen	Deutsch	1208	Schanghai	12.8.	Tschifu
"	D. Hoangho	Geissel	"	690	Kobe	15.8.	Kobe
13.8.	D. Peiho	Deinat	"	417	Schanghai	14.8.	Schanghai
"	D. Tak Sang	Clure	Englisch	977	"	15.8.	"
"	D. Tsintau	Artelt	Deutsch	977	Tschifu	13.8.	"
14.8.	D. Stettin	Jarrell	Englisch	1396	Manila		
16.8.	D. Adm. v. Tirpitz	Block	Deutsch	1199	Schanghai	16.8.	Tschifu

Meteorologische Beobachtungen
in Tsingtau.

Da-tum. Aug.	Barometer (m m) reduz. auf 0º C., Seehöhe 78,64 m			Temperatur (Centigrade).								Dunst-spannung in mm			Relat. Feuchtigkeit in Prozenten		
				trock. Therm.			feucht. Therm.										
	7 Vm	2 Nm	9 Nm	7 Vm	2 Nm	9 Nm	7 Vm	2 Nm	9 Nm	Min.	Max.	7 Vm	2 Nm	9 Nm	7 Vm	2 Nm	9 Nm
9	753,4	752,6	753,2	21,7	26,3	23,8	21,0	22,6	22,5	20,5	28,7	18,0	18,1	19,5	94	72	89
10	53,1	52,3	52,4	24,2	25,3	23,7	22,5	23,2	22,9	22,0	29,1	19,2	19,8	20,3	86	83	93
11	52,5	52,0	51,9	23,9	25,7	23,9	22,3	23,3	22,3	21,0	29,4	19,0	19,8	19,0	86	81	86
12	51,4	51,1	51,2	24,1	26,0	24,3	22,5	22,9	22,9	22,5	28,6	19,3	18,9	19,9	87	76	88
13	51,2	49,9	49,9	24,8	27,0	24,5	22,9	24,5	24,1	24,0	29,6	19,6	21,3	22,1	84	80	97
14	48,1	47,1	46,8	24,7	27,2	24,9	24,5	25,7	24,8	22,4	29,1	22,7	23,6	23,2	98	88	99
15	45,8	44,1	44,7	25,2	27,1	24,0	24,2	25,5	23,3	23,6	30,9	21,8	23,3	20,8	92	87	94

Datum. Aug.	Wind Richtung & Stärke nach Beaufort (0—12)			Bewölkung						Niederschläge in mm		
				7 Vm		2 Nm		9 Nm				9 Nm 7 + Vm
	7 Vm	2 Nm	9 Nm	Grad	Form	Grad	Form	Grad	Form	7 Vm	9 Nm	
9	N N W 1	S S O 3	S O 2	8	Cum-s	3	Cum	2	Cum			
10	Stille 0	S O 3	S S O 1	3	Cir-s	6	Cir-s	2	,,			
11	S S O 1	S S O 3	S O 2	4	,,	8	,,	2	Str			
12	S O 2	S O 3	S O 3	8	Cum-s	8	,,	6	Cum			
13	0 2	O S O 4	O S O 4	8	,,	8	,,	10	Nim		6,3	22,1
14	O S O 4	S S O 2	O S O 3	10	Nim	7	Cum-s	10	,,	15,8	4,3	4,7
15	S 3	S 4	N N W 4	6	Cum-s	10	Nim	10	,,	0,4	8,7	8,7

Druck der Missionsdruckerei Tsingtau.

第七年 第三十三号

1906年8月18日

官方通告

结婚公告

威廉·卡尔·奥古斯特·多顿哈根,职业为木匠,出生于梅克伦堡-什位林的帕索夫,现年30岁,居住地为青岛,为在帕索夫去世的仆从弗朗茨·多顿哈根与在吕不茨居住、出生时姓昆克的妻子索菲的儿子。

克拉拉·安娜·玛丽亚·施昌特,出生于基尔,现年28岁,居住地为基尔,为在基尔去世的仓库管理员戴特莱夫·施昌特和在基尔居住、出生时姓沃伊特的妻子玛丽亚的女儿。

谨此宣布二人结婚,此婚约按照1870年5月4日颁布的法律规定在本官员前缔结。

青岛,1906年8月15日
皇家户籍官
贡特

告白

在对之前在青岛的钳工师傅阿图尔·格劳的财产破产程序中,经胶澳皇家审判厅三处同意,将进行如下分配:

根据在胶澳皇家审判厅三处法庭书记处张贴的目录,需要考虑的是55.70元的优先索款权和9 492.13元以及2 163.07马克的非优先索款权。

在对剩余优先索款权进行更正并向非优先索款权债主按照15%分配之后,仍有2 569.02元的待分配金额。

青岛,1906年8月11日
秘书 塔伯特
阿图尔·格劳破产案管理人

告白

督署学校的新学年将于 1906 年 9 月 10 日星期一上午 8 点开始。

1906—1907 学年度假期确定如下：

	放假	开学
1. 秋季假期	1906 年 11 月 17 日星期六	1906 年 11 月 22 日星期四
2. 圣诞假	1906 年 12 月 22 日星期六	1907 年 1 月 7 日星期一
3. 复活节假期	1907 年 3 月 23 日星期六	1907 年 4 月 8 日星期一
4. 圣灵降临节假期	1907 年 5 月 17 日星期五	1907 年 5 月 22 日星期三
5. 暑假	1907 年 7 月 13 日星期六	1907 年 9 月 9 日星期一

青岛，1906 年 8 月 16 日

皇家民政长

告白

在商业登记 B 部第 3 号登记的股份公司"德华银行"已登记入下列事项：

加尔各答的莱诺德·科鲁姆马赫、神户被称为德卡利的费利克斯·施密特、香港的费利克斯·吉利安，上述三人被任命为代理董事会成员。

撤销阿尔弗雷德·宾德尔的代理权，同样被撤销代理权的现代理董事会成员有：

恩斯特·米洛夫、莱诺德·科鲁姆马赫、被称为德卡利的费利克斯·施密特和费利克斯·吉利安。

任命下列代理人，具有公司章程第 17 条规定的签字权：

加尔各答的马克斯·辛德沃尔夫、上海的约翰·库尔曼、青岛的赫尔曼·普法伊费尔、天津的保罗·奥弗曼、上海的赫尔曼·科赫、神户的格奥尔格·伯顿、新加坡的埃德加·沃尔德、上海的艾里希·伦茨。

青岛，1906 年 8 月 14 日

胶澳皇家审判厅一处

告白

在商业登记 A 部第 14 号登记的公司"祥福洋行"已登记入下列事项：

授予青岛的商人维尔纳·盖姆代理权。

青岛，1906 年 8 月 15 日

胶澳皇家审判厅一处

告白

在商业登记A部第50号登记的公司"阿尔弗雷德·希姆森"[①]已登记入下列事项：授予青岛的商人维尔纳·盖姆代理权。

青岛，1906年8月15日
胶澳皇家审判厅一处

告白

启者：兹将本局据报被窃、送案各物列左：

被窃各物：

红珊瑚球链一条，长约四十桑的米打，其球圆径约三密利米打[②]；珠子脖钏一条，长能围颈五六转，珠之圆径约三米利米打[③]；重阔金料戒指一枚，上有中华文字；银料钮子四个；银钱夹子一个；三股金线扭成之重大金镯。

送案各物：

洋尺一条；黑眼镜一副；单马车缰一条；时表一枚；白柄角刀子一把；小刷子两把；箍嘴一个。

以上被窃各物切勿轻买，如见亦宜报明本局。送案各物亦准具领。此布。

德一千九百六年八月十五日
青岛巡捕局启

消息

户籍所消息：

结婚公告：8月15日，青岛的木匠威廉·多顿哈根和基尔的克拉拉·施吕特。

去世：8月11日，技术员保罗·摩尔施泰特，享年55岁；8月13日，奥古斯特·莱纳·格罗塞，在世1岁零5个月。

地籍处的营业厅搬至总督府办公楼东翼底层，入口在营部大楼旁边的楼梯处。

位于台东镇的第三海军营5连马厩因马匹感染鼻涕症，已被下令隔离6周。期间，禁

---

① 译者注：该公司中文行名也是"祥福洋行"，为同一个老板的两家公司。
②③ 译者注：德语 Millimeter，即毫米。

止骑乘骡马进入该马厩及周边区域。

船运

1906年8月9日—16日期间

到达日	轮船船名	船长	挂旗国籍	登记吨位	出发港	出发日	到达港
8月9日	和生号	李	英国	1 127	上海	8月10日	芝罘
8月10日	叶世克总督号	特洛依曼	德国	1 045	上海	8月10日	上海
8月10日	胜利号	韩森	德国	769	香港	8月11日	芝罘
8月10日	畿内丸	青井	日本	1 468	小樽	8月13日	小樽
8月12日	克莱特克号	韩森	德国	1 208	上海	8月12日	芝罘
8月12日	黄河号	盖瑟尔	德国	690	神户	8月15日	神户
8月13日	白河号	代纳特	德国	417	上海	8月14日	上海
8月13日	太仓号	克鲁尔	英国	977	上海	8月15日	上海
8月13日	青岛号	阿特尔特	德国	977	芝罘	8月13日	上海
8月14日	施特汀号	亚蕾尔	英国	1 396	马尼拉		
8月16日	提尔皮茨号	布洛克	德国	1 199	上海	8月16日	芝罘

Amtsblatt
für das Deutsche Kiautschou-Gebiet.

Herausgegeben vom Kaiserlichen Gouvernement Kiautschou.

Der Bezugspreis beträgt jährlich $ 2=M 4.
Bestellungen nehmen sämtliche deutsche Postanstalten entgegen.

Jahrgang 7. Nr. 34. Tsingtau, den 25. August 1906.

Verordnungen und Bekanntmachungen.

Banknotenausgabe im Deutschen Kiautschougebiete und in China.

Konzession.

Der Deutsch-Asiatischen Bank wird hierdurch auf Grund des § 3 des Schutzgebietsgesetzes und des § 34 des Gesetzes über die Konsulargerichtsbarkeit, sowie nach Massgabe der Kaiserlichen Verordnung über die Ausgabe von Banknoten in den Schutzgebieten vom 30. Oktober 1904 auf die Dauer von 15 Jahren die Befugnis verliehen, Banknoten durch ihre im Deutschen Schutzgebiet Kiautschou und in China befindlichen Niederlassungen unter nachstehenden Bedingungen auszustellen und auszugeben.

I. Der Gesamtbetrieb der Bank regelt sich nach ihrem Statut und den über den Geschäftskreis erlassenen allgemeinen Anweisungen.

II. Für die Ausgabe der Banknoten gelten folgende besondere Bestimmungen.

1.) Die Banknoten sind in Abschnitten zum Nennwert von 1, 5, 10, 25, 50 Dollars und von 1, 5, 10, 20 Taels auszugeben. In der chinesischen Provinz Schantung dürfen nur Noten, die auf die in Tsingtau geltende Währung lauten, ausgegeben werden.

2.) Als Dollar im Sinne dieser Konzession gilt die unter dem Namen „Mexikanischer Dollar" umlaufende Handelsmünze mit einem Feingehalt von 902,7 Tausendteilen, einem Gewicht von 27,073 g und einem Mindesgewicht von 26,633 g oder eine durch den allgemeinen Handelsverkehr an den einzelnen Ausgabeplätzen oder durch gesetzliche Bestimmung als gleichwertig anerkannte Münze. Als Tael gilt die bei Ausgabe der Banknoten am Ausgabeorte gültige gleichnamige Werteinheit der chinesischen Silberwährung.

3.) Die Bank ist verpflichtet, ihre Banknoten an allen ihren Kassen bei Vorzeigung einzulösen, und zwar an den Ausgabeplätzen jederzeit zum Nennwert, bei den übrigen Niederlassungen, soweit es deren Barbestände und Geldbedürfnisse gestatten, zum jeweiligen Wechselkurse. Auf Tsingtau-Währung lautende Noten sind bei allen Niederlassungen der Bank innerhalb des Schutzgebiets und der chinesischen Provinz Schantung zum Nennwert einzulösen. Die Bank ist ferner verpflichtet, ihre Noten jederzeit bei den Ausgabeplätzen zum Nennwert, bei den übrigen Niederlassungen zum jeweiligen Wechselkurse in Zahlung zu nehmen. Die auf Tsingtau-Währung lautenden Noten sind bei allen Niederlassungen der Bank innerhalb des Schutzgebiets und der chinesischen Provinz Schantung zum Nennwert in Zahlung zu nehmen.

4.) Die Bank hat in Höhe des Nennwerts der jeweilig in Umlauf befindlichen Noten für deren Einlösung nach näherer Bestimmung des

Reichskanzlers Sicherheit zu leisten.

Die Sicherheitsleistung kann nur bewirkt werden:

a. durch Stellung von Bürgen, die vom Reichskanzler für tauglich befunden werden,

b. durch Hinterlegung von Wertpapieren, die vom Reichskanzler als geeignet zugelassen werden,

c. durch Bestellung von Hypotheken an Grundstücken der Bank.

Bei Berechnung der Sicherheit erfolgt die Umrechnung:

a. von Taels in Dollars nach dem Verhältnis 72 : 100,

b. von Reichswährung in Dollars alljährlich nach dem Durchschnittskurs des vorangegangenen Jahres.

Die Verwendung der geleisteten Sicherheit zur Befriedigung der Noteninhaber erfolgt nach Anordnung des Reichskanzlers, ohne dass es eines gerichtlichen Verfahrens bedarf.

5.) Die Bank verpflichtet sich, für die ihr verliehene Befugnis zur Notenausgabe jährlich 1% auf den Jahresdurchschnitt des täglichen Notenumlaufs zu zahlen. Der Betrag ist jedesmal nachträglich im Januar des folgenden Jahres an die vom Reichskanzler zu bestimmenden Kassen abzuführen.

6.) Für die ersten vier Monate vom Beginn der Notenausgabe ab bleibt die Bank von der Verpflichtung zur Zahlung befreit.

Die Bank ist verpflichtet, binnen neun Monaten nach Erteilung der Konzession mit der Ausgabe von Noten zu beginnen. Zu diesem Zeitpunkt hat die Bank für die Ausgabe in Tsingtau Noten zum Betrage von wenigstens 500 000 Dollars, davon mindestens 25000 Dollars in Abschnitten zu 1 Dollar, bereit zu halten.

7.) Für beschädigte Noten hat die Bank Ersatz zu leisten, sofern der Inhaber entweder einen Teil der Note einreicht, der grösser ist als die Hälfte, oder den Nachweis führt, dass der Rest der Note, von welcher er nur die Hälfte oder einen kleineren Teil als die Hälfte präsentiert, vernichtet sei.

8.) Der Aufruf und die Einziehung der von der Bank ausgegebenen Noten darf nur auf Anordnung oder mit Genehmigung des Reichskanzlers erfolgen; der Reichskanzler schreibt die Art, die Zahl und die Fristen der über den Aufruf der Noten zu erlassenden Bekanntmachungen, den Zeitraum, innerhalb dessen, und die Stellen, an welchen die Noten eingelöst werden sollen, die Massgaben, unter denen nach Ablauf der Fristen eine Einlösung der aufgerufenen Noten noch stattzufinden hat, und die zur Sicherung der Noteninhaber sonst erforderlichen Massregeln vor.

9.) Für Nachteile, die die Bank durch Änderung der Währung in China oder dem Schutzgebiete erleiden sollte, kann sie Ersatzansprüche an die Reichsregierung nicht geltend machen.

10.) Dem Reichskanzler steht das Recht zu, die Innehaltung der Vorschriften dieser Konzession zu überwachen und zu diesem Zwecke Kommissare in die Plenarsitzungen des Aufsichtsrats und in die Generalversammlungen der Bank zu entsenden, sowie in Berlin und an den Ausgabeorten jederzeit durch Kommissare die Bücher der Gesellschaft einsehen zu lassen, insbesondere soweit sie sich auf den Notenumlauf und die Sicherstellung beziehen.

Die Hauptverbuchung über die Notenausgabe und den Notenumlauf findet bei der Deutsch-Asiatischen Bank in Tsingtau statt.

Die Bank hat eine Nachweisung über die Höhe des Notenumlaufs dem Reichskanzler und dem Kaiserlichen Gouverneur von Kiautschou allmonatlich einzureichen und in drei vom Reichskanzler zu bestimmenden Zeitungen vierteljährlich zu veröffentlichen.

11.) Die Befugnis zur Ausgabe von Banknoten geht verloren:

a. durch Ablauf der Zeitdauer, für welche sie erteilt ist,

b. durch Verzicht,

c. im Falle des Konkurses durch Eröffnung des Verfahrens gegen die Bank.

Die Konzession kann ferner durch den Reichskanzler für verwirkt erklärt werden:

a. wenn die Gesellschaft die Einlösung präsentierter Noten an den Ausgabeorten nicht am Tage der Präsentation bewirkt,

b. wenn die in den Artikeln 1—5 des anliegenden Statuts*) enthaltenen Bestimmungen ohne Genehmigung des Reichskanzlers geändert werden,

c. wenn die Vorschriften des § 4 dieser Konzession über die Sicherheitsleistung für die umlaufenden Noten verletzt worden sind.

Im Falle des Absatzes 2 wird die Einziehung der Noten vom Reichskanzler angeordnet.

Norderney, den 8. Juni 1906.

Der Reichskanzler.

Fürst von Bülow.

---

*) Das Statut ist hier nicht mit abgedruckt.

25. August 1906.　　　　　　　　　　Amtsblatt—青島官報　　　　　　　　　　221.

Anweisung zur Ausführung der Konzession vom 8. Juni 1906.

I.

Zu II, 4.

a. Als Bürgen werden folgende Bankinstitute zugelassen:
1.) Bank für Handel und Industrie,
2.) Berliner Handelsgesellschaft,
3.) S. Bleichröder,
4.) Deutsche Bank,
5.) Disconto-Gesellschaft
6.) Mendelssohn & Co.

Die Bürgen haften anteilsmässig und als Selbstschuldner. Die Bürgschaftsleistung erfolgt durch Übergabe von Sichtwechseln in Abschnitten von nicht weniger als 100 000 M., ausgestellt von der Deutsch-Asiatischen Bank, akzeptiert von dem betreffenden Bürgen.

Die Bank ist verpflichtet, 3 Monate vor Verfall eines Wechsels die Verlängerung der Bürgschaft durch Übergabe eines neuen Wechsels zu veranlassen oder anderweite anweisungsmässige Sicherheit zu leisten.

b. Zur Sicherheitsleistung durch Hinterlegung sind die im Verkehr mit der Reichsbank zur Beleihung zugelassenen Effekten innerhalb der dafür jeweilig festgesetzten Grenzen unbedingt verwendbar.

Zur Sicherheitsleistung durch Hinterlegung anderer Effekten ist in jedem Falle die besondere Zustimmung des Reichskanzlers erforderlich. Die Zustimmung erfolgt unter Vorbehalt des jederzeitigen Widerrufs. Auch Effekten, die an deutschen Börsen nicht gehandelt werden, können zur Sicherheitsleistung zugelassen werden.

Die Hinterlegung erfolgt durch den Reichskanzler bei der Reichsbank auf Kosten der Bank.

Bei Nichterfüllung der durch die Konzession der Bank auferlegten Verpflichtungen ist der Reichskanzler berechtigt, sofort die hinterlegten Wertpapiere im Wege der öffentlichen Ausbietung oder freihändig verkaufen zu lassen.

c. Durch Bestellung von Hypotheken kann bis auf weiteres Sicherheit bis zu 40 % des durch öffentliche Taxe ermittelten Grundstückswerts geleistet werden.

Die Hypotheken sind für die jeweiligen Noteninhaber nach Massgabe des § 1187 B. G. B. einzutragen. Die Bank hat sich der sofortigen Zwangsvollstreckung gemäss § 800 Z. P. O. zu unterwerfen.

Die Bank hat für die jeweiligen Gläubiger einen Vertreter mit unbeschränkter Verfügungsmacht gemäss § 1189 B. G. B. zu bestellen. Im Grundbuch ist zu vermerken, dass bei Fortfall des Vertreters ein neuer Vertreter in gleicher Weise bestellt werden muss. Die Person des Vertreters wird vom Reichskanzler bestimmt.

d. Ist die geleistete Sicherheit nach dem Ermessen des Reichskanzlers unzureichend geworden oder droht sie, es zu werden, so ist die Bank verpflichtet, die Sicherheit zu ergänzen oder anderweite anweisungsmässige Sicherheit zu leisten.

II.

Zu II, 6.

Die Muster der auszugebenden Banknoten sind dem Reichskanzler zur Genehmigung vorzulegen.

III.

Zu II, 10.

Für die vorgeschriebenen Nachweisungen ist der Notenumlauf am 20. eines jeden Monats zu Grunde zu legen.

Norderney, den 8. Juni 1906.

Der Reichskanzler.

Fürst von Bülow.

Bekanntmachung.

Nach amtlicher Mitteilung des Kaiserlich Chinesischen Seezollamtes hier ist der Zoll auf einheimisches Opium seit dem ersten Tage des fünften chinesischen Monats (22. Juni 1906) von 60 auf 115 Haikuan Taels für den Pikul unter Wegfall der bisher neben dem Zoll noch erhobenen sonstigen Abgaben (Likin, Loti u. s. w.) erhöht worden.

Tsingtau, den 21. August 1906.

Der Kaiserliche Gouverneur.

In Vertretung

von Frobel.

大德欽命護理總督膠澳文武事宜大臣富　爲

出示通行曉諭事照得販運土藥進口向按每百斤徵收稅銀關平六十兩正歷辦在案茲准膠海關咨稱土藥一項現已於光緒三十二年五月初一日即西歷一千九百六年六月二十二日起改訂章程每百斤徵收稅銀關平一百二十五兩其向來另徵之落地釐金等項稅課即於是日一律豁免等因前來本護大臣據此合亟曉諭爲此示仰闔屬商民人等一體凛遵勿違特諭

告示

右諭通知

大德一千九百六年八月二十一日

Amtliche Anzeigen.

Aufgebot.

Es wird hiermit bekannt gemacht, dass
Carl Emil Rudolph **Wilhelm Kniffert**, seines Standes Kaiserlich Chinesischer Warenkontrolleur, geboren zu Berlin, 39 Jahre alt, wohnhaft in Tsingtau, Sohn des in Pankow wohnhaften Königlichen Zahlmeisters a. D. Rudolph Kniffert und seiner zu Spandau verstorbenen Ehefrau Emilie, geborenen Schmidt, und
Adolfine Friederike Therese **Erna Studier**, geboren zu Güstrow, 27 Jahre alt, wohnhaft in Tsingtau, Tochter des in Möllin wohnhaften Kaufmanns Ernst Studier und seiner zu Güstrow verstorbenen Ehefrau Anna, geborenen Breem,
beabsichtigen, sich miteinander zu verheiraten und diese Ehe in Gemässheit des Reichsgesetzes vom 4. Mai 1870 vor dem unterzeichneten Beamten abzuschliessen.

Tsingtau, den 22. August 1906.

Der Kaiserliche Standesbeamte.

Günther.

25. August 1906. Amtsblatt—青島官報 223.

Bekanntmachung.

Bei der unter Nr. 11 Abteilung B des Handelsregisters eingetragenen Firma:

Seemannshaus für Unteroffiziere und Mannschaften der Kaiserlichen Marine, gemeinnützige Gesellschaft mit beschränkter Haftung

ist heute folgendes eingetragen worden:

Durch Beschlüsse der Generalversammlung vom 14. Juni 1904 und 8. Mai 1906 ist das Grundkapital um 2500 Mark erhöht und beträgt jetzt 233300 Mark.

Zu Geschäftsführern, und zwar für die Zeit bis zum 1. Mai 1909, sind bestellt:

für das Seemannshaus Kiel:
1. der Kontreadmiral z. D. Felix Stubenrauch in Kiel,
2. Frau Oberleutnant zur See Ella Humann daselbst,
3. der Stabszahlmeister a. D. Emil Wachsmann daselbst;

für das Seemannshaus Wilhelmshaven:
1. der Korvetten-Kapitän Hans Capelle in Wilhelmshaven,
2. Frau Kapitän zur See Amalie Kindt geb. Susemihl daselbst,
3. der Oberzahlmeister a. D. Heinrich Stamm daselbst.

Die Vertretungsbefugnis aller bisherigen Geschäftsführer ist erloschen. Durch Beschluss der Generalversammlung vom 14. Juni 1904 sind die §§ 4 Abs. 1,5,6,7,18a Abs. 4, durch Beschluss der Generalversammlung vom 8. Mai 1906 sind die §§ 9,10,11,18² der Satzungen geändert. Im § 9 heisst es nunmehr:

(Abs. 1) Die Gesellschaft bestellt für die Seemannshäuser Kiel und Wilhelmshaven je drei Geschäftsführer, die durch einfache Stimmenmehrheit in der Generalversammlung gewählt werden.

(Abs. 3) Für das Seemannshaus Tsingtau ernennen die Geschäftsführer des Seemannshauses Kiel drei Bevollmächtigte. Alle für die Geschäftsführer in den folgenden §§ getroffenen Bestimmungen finden auf die Bevollmächtigten sinngemässe Anwendung.

Tsingtau, den 17. August 1906.

Kaiserliches Gericht von Kiautschou I.

Bekanntmachung.

Das unterzeichnete Gericht ersucht um Mitteilung über den jetzigen Aufenthalt des früheren Aufsehers

Simon Wilhelm,

geboren in Kassel am 22. Mai 1874, zu den Aktenzeichen I Nr. 216 und 228 von 1905.

Tsingtau, den 21. August 1906.

Kaiserliches Gericht von Kiautschou I.

Bekanntmachung.

Als gestohlen angemeldet: 12 seidene, weisse und bunte Taschentücher, die bunten Taschentücher haben einen 3 cm. breiten, bunten Rand und das Monogramm W. S.; 1 braunes Taschentuch mit 2 rot eingestickten, englischen Flaggen; 8 grosse Badelaken, rosagestreift und weiss.

Als gefunden angemeldet: 1 ledernes Cigarren-Etui; 1 weisser Strohhut mit schwarzem Band; 1 Fächer, umwickelt mit einem Mützenband von S. M. Torp. „Taku".

Tsingtau, den 22. August 1906.

Kaiserliches Polizeiamt.

白 告

啟者茲將本局據報被竊送案各物列左

被竊各物

白色雜色綢子手巾十二條其雜色者上有三桑的米打寬之雜色邊並有外國字樣

紫色手巾一條繡有二道紅色英國旗識

八條白色洗澡大罩上有淡紅紋

送案各物

皮烟夾一個　白草帽一頂上圍有布箍

扇子一把

以上被竊各物切勿輕買如見亦宜報明本局送案各物亦准具領此佈

德一千九百六年八月二十二日

青島巡捕局啟

Mitteilungen.

Am Sonntag, den 26. d. Mts., findet in der Gouvernementskapelle kein Gottesdienst statt.

* * *

Der stellvertretende Gouverneur, Kapitän zur See van Semmern hat am 21. d. Mts. die Heimreise angetreten.

Bis zu derAnfang September zu erwartenden Rückkehr des Kaiserlichen Gouverneurs, Kontreadmirals Truppel hat Major von Frobel die Vertretung des Gouverneurs übernommen.

* * *

Standesamtliche Nachrichten.

Aufgebot: 22. August, Warenkontrolleur Wilhelm Kniffert und Erna Studier, beide zu Tsingtau.

Geburten: 16. August, eine Tochter dem Maschinenmeister Otto Eichhorn; 19. August, eine Tochter dem Oberfeuerwerker Alfred Wedhorn.

Todesfälle: 19. August, Seesoldet Otto Schmitz, 21 Jahre alt.

* * *

Die Schantung-Eisenbahn-Gessellschaft hat folgenden Ausnahmetarif Nr. 14 für frisches Gemüse, frische Beeren, frisches Kern- und Steinobst mit Gültigkeit vom 1. September 1906 ab erlassen.

Der Frachtberechnung werden die im Kilometerzeiger angegebenen Entfernungen und die nachstehend aufgeführten Frachtsätze zu Grunde gelegt, und zwar:

1. der Frachtberechnung nach den Sätzen unter a ein Gewicht von mindestens 5000 kg. für jeden verwendeten Wagen;
2. der Frachtberechnung nach den Sätzen unter b ein Gewicht von mindestens 15000 kg. für jeden verwendeten Wagen.

Bei Sendungen von mehr als 5000 kg., aber weniger als 15000 kg., wird die Fracht für das wirkliche Gewicht nach den Sätzen unter a oder für 15000 kg. nach den Sätzen unter b für jeden verwendeten Wagen berechnet, je nachdem die eine oder andere Berechnung eine billigere Fracht ergibt.

Weitere Rabattgewährungen gemäss § 4, Absatz 10 und 11, der Tarifvorschriften treten nicht ein..

Die Beförderung von Datteln geschieht wie bisher nach den Sätzen des Ausnahmetarifs 10.

Auf eine Entfernung von Kilometer	Frachtsätze für 100 kg. in mez. $	
	a	b
1— 4	0,06	0,05
5— 9	0,07	0,06
10— 14	0,09	0,07
25— 19	0,10	0,08
20— 24	0,12	0,09
25— 29	0,13	0,10
30— 34	0,15	0,11
35— 39	0,16	0,12
40— 44	0,18	0,13
45— 49	0,19	0,14
50— 55	0,21	0,15
56— 61	0,22	0,16
62— 66	0,24	0,17
67— 72	0,25	0,18
73— 77	0,27	0,19
78— 83	0,28	0,20
84— 88	0,30	0,21
89— 94	0,31	0,22
95— 99	0,33	0,23
100—105	0,34	0,24
106—111	0,36	0,25
112—116	0,37	0,26
117—122	0,39	0,27
123—127	0,40	0,28
128—133	0,42	0,29
134—138	0,43	0,30
139—144	0,45	0,31
145—149	0,46	0,32
150—156	0,48	0,33
157—162	0,49	0,34
163—168	0,51	0,35
169—174	0,52	0,36
175—181	0,54	0,37
182—187	0,55	0,38
188—193	0,57	0,39
194—199	0,58	0,40
200—206	0,60	0,41
207—212	0,61	0,42
213—218	0,63	0,43
219—224	0,64	0,44
225—231	0,66	0,45
232—237	0,67	0,46
238—243	0,69	0,47
244—249	0,70	0,48
250—256	0,72	0,49
257—262	0,73	0,50
263—268	0,75	0,51
269—274	0,76	0,52

25. August 1906. Amtsblatt—青島官報 225.

Auf eine Entfernung von Kilometer	Frachtsätze für 100 kg. in mex. $	
	a	b
275 – 281	0,78	0,53
282 – 287	0,79	0,54
288 – 293	0,81	0,55
294 – 299	0,82	0,56
300 – 313	0,84	0,57
314 – 328	0,85	0,58
329 – 342	0,87	0,59
343 – 357	0,88	0,60
358 – 371	0,90	0,61
372 – 385	0,91	0,62
386 – 399	0,92	0,63
400 – 412	0,94	0,64

Meteorologische Beobachtungen
in Tsingtau.

Datum. Aug.	Barometer (mm) reduz. auf 0° C., Seehöhe 78,64 m			Temperatur (Centigrade).								Dunstspannung in mm			Relat. Feuchtigkeit in Prozenten		
				trock. Therm.			feucht. Therm.										
	7 Vm	2 Nm	9 Nm	7 Vm	2 Nm	9 Nm	7 Vm	2 Nm	9 Nm	Min.	Max.	7 Vm	2 Nm	9 Nm	7 Vm	2 Nm	9 Nm
16	745,6	745,6	745,4	23,9	26,7	26,1	21,5	22,9	24,1	22,5	29,5	17,6	18,4	21,1	80	71	84
17	45,5	44,7	45,0	25,2	29,0	26,5	23,9	25,3	24,3	24,7	31,7	21,2	21,7	21,1	89	73	82
18	46,1	45,5	46,1	23,8	28,6	22,8	22,1	25,9	19,5	22,5	30,9	18,7	23,2	14,8	85	80	72
19	46,9	47,1	48,4	24,0	27,4	23,9	21,0	22,3	22,8	22,5	21,2	16,6	16,9	20,0	75	62	91
20	50,5	50,5	51,7	24,4	25,9	22,7	23,2	23,7	22,5	22,5	29,6	20,4	20,4	20,1	90	82	98
21	52,3	52,2	52,6	23,3	22,8	23,4	22,7	22,4	21,3	22,5	28,6	20,1	19,5	17,5	95	91	82
22	52,2	51,9	52,1	22,5	24,8	23,1	21,2	21,4	19,3	21,0	27,6	17,9	16,9	14,3	89	73	68

Datum. Aug.	Wind Richtung & Stärke nach Beaufort (0—12)			Bewölkung						Niederschläge in mm		
				7 Vm		2 Nm		9 Nm				
	7 Vm	2 Nm	9 Nm	Grad	Form	Grad	Form	Grad	Form	7 Vm	9 Nm	9 Nm + 7 Vm
16	W 2	S O 4	S S O 4	1	Cir-cum	2	Cum-s		Klar			
17	S O 1	S 4	S 4		Klar	2	Cir		„			
18	S S O 3	S S O 3	N 9	2	Cir-s	6	Cir-s	10	Nim			28,1
19	N 1	S S O 2	S O 3	8	Str	2	Cum	2	Cum	28,1		
20	O S O 1	O S O 3	S 1	1	Cir	8	Cum-s	10	Nim		3,9	4,6
21	O 1	S O 3	O S O 1	6	Cir-s	10	Nim	10	Cum-s	0,7	1,5	1,5
22	N 1	S S O 2	O 1	4	„	8	Cir-cum		Klar			

Schiffsverkehr

in der Zeit vom 17. — 22. August 1906.

Ankunft am	Name	Kapitän	Flagge	Reg. Tonnen.	von	Abfahrt am	nach
(14.8.)	D. Stettin	Jarrell	Englisch	1396	Manila	18.8.	Tschenampo
17.8.	D. Hin Sang	Davies	"	1536	Schanghai	17.8.	Tschifu
"	D. Wo Sang	Lee	"	1127	Tschifu	"	Schanghai
"	D. Dr. H. I. Kiaer	Hoier	Norweg.	691	Schanghai	22.8.	Wladiwostok
18.8.	D. Staatssekr. Krätke	Hansen	Deutsch	1208	Tschifu	18.8.	Schanghai
19.8.	D. Hokoshin Maru	Takai	Japan.	737	Kobe	19.8.	Kobe
20.8.	D. Peiho	Deinat	Deutsch	417	Schanghai	21.8.	Schanghai
"	D. Adm. v. Tirpitz	Block	"	1199	Tschifu	"	"
21.8.	D. Tsintau	Artelt	"	977	Schanghai	"	Tshifu
"	D. Tak Sang	Clure	Englisch	977	"	22.8.	Schanghai
"	D. Manshu Maru	Ota	Japan.	3254	Tschifu		

Druck der Missionsdruckerei Tsingtau.

第七年　第三十四号

1906 年 8 月 25 日

法令与告白

在德属胶澳地区和中国发行钞票

许可

依据《租借地法》第 3 条和《领事裁判法》第 34 条,以及依照 1904 年 10 月 30 日《关于在租借地发行钞票的皇家法令》,谨此授予德华银行通过其在胶澳地区和中国境内的其他分行、按照下列条件发行钞票,为期 15 年的许可:

Ⅰ. 银行的整体运营符合其公司章程以及对于其营业范围内公布的一般性指示。

Ⅱ. 对于钞票的发行,适用下列特别规定。

1. 发行钞票的面值为 1 元、5 元、10 元、25 元、50 元和 1 两银、5 两银、10 两银、20 两银。在山东只允许发行适用于青岛的货币。

2. 此许可证意义上的"元"适用以"墨西哥元"名称流通的商业硬币,其净含银量为千分之九百零二点七,标准重量为 27.073 克,最小重量为 26.633 克,或各个发行地一般性贸易中被认可或被认为具有同等价值的硬币。在发行钞票时,"两"适用于在发行地通行的同名中国银两货币单位。

3. 德华银行有义务令其所有出纳在出示货币时进行兑现,即发行地随时按照面值、在其剩余分行、在现金存量和货币需求许可的情况下,按照各自的汇率兑现。青岛版名称的钞票可以在该银行在租借地以及中国山东省内所有分行兑现。此外,该银行还有义务在发行地按照面值、在其所有分行按照各自的汇率接受纸币用于支付。青岛版名称的钞票可以在该银行在保护地以及中国的山东省所有分行按照面值接受用于支付。

4. 该银行须按照帝国总理担保的进一步规定,将其各自流通货币按照面值兑现。

该项担保的施行条件:

a. 通过帝国总理认为合适的担保人;

b. 通过帝国总理认为适合发行的有价证券的交存;

c. 通过银行地皮的抵押;

担保的换算：

a. 银两与元的换算比例为 72∶100；

b. 全年按照上一年的平均汇率换算帝国货币和元的比例。

为满足货币持有人而做的担保，按照帝国总理的法令施行，不需要具备法院程序。

5. 德华银行有义务每年为所授予的钞票发行许可支付日钞票流通年度平均数的 1%。该金额每次都在下一年度一月份支付至由帝国总理指定的收款处。

6. 免除银行对钞票开始发行头四个月的支付义务。

银行有义务在签发许可后九个月内开始发行钞票。在这一时间点前，银行须做好在青岛至少发行金额为 500 000 元的钞票，其中至少 25 000 元为 1 元面值的钞票。

7. 只要持有者递交了大于一半钞票面积的钞票部分或者证明其持有的一半或更小面积钞票的剩余部分已经被毁，银行就须更换该破损钞票。

8. 银行发行的钞票停止流通或者被没收，只能按照帝国总理的命令或许可施行，由帝国总理规定关于钞票停止流通告白的形式、数字和期限，以及钞票兑现的地点、停止流通钞票在期限过期后兑现的方式和其他对于向钞票所有者担保所必须的规则。

9. 银行由于中国或租借地货币变更而承受的损失，不可向帝国政府提出索赔要求。

10. 帝国总理有权监管许可中规定的执行情况，并为此向监事会全体会议和银行全员大会派遣专员，以及在柏林和发行地随时通过专员查看账本，尤其在涉及钞票流通和担保方面。

钞票发行和流通方面的总记账在德华银行青岛分行进行。

银行须按月向帝国总理和皇家胶澳总督递交钞票流通金额的证明，每季度在由帝国总理指定的三份报纸上公布。

11. 失去发行钞票许可证的情况：

a. 许可证有效期过期；

b. 银行主动放弃；

c. 对银行开启破产程序的情况。

此外，也可以由帝国总理宣布许可证失效：

a. 如该银行在发行地对所出示钞票在出示当日未兑现；

b. 在没有帝国总理许可时更改附带章程规定（章程在此次没有印出）中的第 1 至 5 条；

c. 该许可证关于对流通钞票担保的第 4 条规定受到损害时。

出现第 2 款的情况时，由帝国总理下令没收钞票。

诺德尼岛，1906 年 6 月 8 日

帝国总理

冯·比洛侯爵

对执行1906年6月8日许可证的指示

I.
对于Ⅱ,4.

a. 许可下列银行机构担任担保人：

1）贸易与工业银行；

2）柏林贸易公司；

3）S.布莱希罗德①；

4）德意志银行；

5）打折公司；

6）门德尔松有限责任公司。

担保人须按比例担责,为自愿承担偿付责任的担保人。通过交付德华银行签发的不少于100 000马克的即期汇票②,相关担保人接受该项担保。

德华银行有义务在汇票过期前3个月通过交付新的汇票来延长该担保,或者按照指示做其他形式担保。

b. 为了通过交存进行担保,与帝国银行交往中在以抵押贷款目的的确定的范围内批准的财物,无论如何均须可用。

为了通过交存其他财物进行担保,每次都需要有帝国总理的特别许可,该许可每次施行时,都保留被撤销的前提。在德国交易所无法交易的财物也可以许可用于担保。

财物交存通过帝国总理在帝国银行进行,由银行承担费用。

在未尽到银行许可证所规定的义务时,帝国总理有权立即下令将交存的有价证券进行公开出售或转手。

c. 在另行通知前,通过抵押,可以将公开估价地产价值的40%用作担保。

为各钞票所有人的抵押按照《民法典》第1187条进行登记。

银行须根据《民事诉讼法》第800条立即进行强制执行。

银行须根据《民法典》第1189条为各债权人委任一名具有完全代理权的代表。在地籍册中需要标注,如果该代表缺位,必须以同样方式委任一名新代表。代表人由帝国总理指定。

d. 如果帝国总理认为所执行的担保不足或者有失效的危险,则银行有义务增加担

---

① 译者注：德国犹太银行家,其先祖格尔森·冯·布莱希罗德(Gerson von Bleichröder)为德国首富,号称"俾斯麦的银行家",对德意志第二帝国的建立曾经起到巨大作用。

② 译者注：即期汇票,也称作见票即付汇票,即汇票上无到期日的记载,在收款人或者持票人向付款人提示汇票、请求付款之时,即为到期,付款人应即时付款的汇票。

保，或者按照指令以其他方式进行担保。

Ⅱ.

对于Ⅱ,6.

拟发行钞票的样钞须呈送帝国总理批准。

Ⅲ.

对于Ⅱ,10.

钞票流通所需证明以每月20日为基础日期。

诺德尼岛,1906年6月8日

帝国总理

冯·比洛侯爵

大德钦命护理总督胶澳文武事宜大臣富　为

出示通行晓谕事：照得贩运土药进口,向按每百斤征收税银关平六十两正(整)历办在案,兹准胶海关咨称土药一项,现已于光绪三十二年五月初一日,即西历一千九百六年六月二十二日起改订章程,每百斤征收税银关平一百一十五两。其向来另征之落地厘金等项税课、即于是日一律豁免等因前来,本护大臣据此合亟晓谕。为此示,仰阖属商民人等一体凛遵勿违。特谕。

右谕通知

大德一千九百六年八月二十一日　告示

官方通告

结婚公告

卡尔·埃米尔·鲁道夫·威廉·柯尼夫特,职业为大清商检官,出生于柏林,现年39岁,居住地为青岛,为居住于潘可夫的退役皇家军需官D.鲁道夫·柯尼夫特与在施潘道去世、出生时姓施密特的妻子艾米莉的儿子。

阿道芬·弗里德里克·特雷泽·埃尔纳·施图蒂尔,出生于居斯特洛夫,现年27岁,居住地为青岛,为居住于莫林的商人恩斯特·施图蒂尔和在居斯特洛夫去世、出生时姓布雷姆的妻子安娜的女儿。

谨此宣布二人结婚,此婚约按照1870年5月4日颁布的法律规定在本官员前缔结。

青岛,1906年8月22日

皇家户籍官

贡特

告白

在商业登记B部第11号登记的公司"皇家海军士官及士兵的水兵之家公共福利有限责任公司"已登记入下列事项：

根据1904年6月14日和1906年5月8日的全体大会，将资本金提高2 500马克，现资本金为233 300马克。

任命到1909年5月1日前的经理为：

基尔的水兵之家：

1. 基尔的现任海军少将费利克斯·施图本豪赫；
2. 基尔的海军中尉艾拉·胡曼女士；
3. 基尔的现任少校军需官埃米尔·瓦克斯曼。

威廉港的水兵之家：

1. 威廉港的海军少校汉斯·卡佩勒；
2. 威廉港的海军上校阿玛莉·金特，出生时姓苏泽米尔；
3. 威廉港的现任上尉军需官海因里希·施塔姆。

所有目前为止签发的经理委任状全部撤销。1904年6月14日的全员大会决议修订了《章程》第4条第1款、第5款、第6款、第7款、第18a款第4段，1906年5月8日的全员大会决议修订了第9款、第10款、第11款、第18(2)款。第9条现为：

（第1款）公司为基尔与威廉港两地的水兵之家协会各任命了3名经理，他们由全员大会以简单多数票选举产生。

（第3款）基尔的水兵之家董事为青岛的水兵之家任命了3名全权代表。对于这些全权代表，适用所有下文条款中关于董事的规定。

青岛，1906年8月17日
胶澳皇家审判厅一处

告白

本审判厅恳请告知之前的警官西蒙·威廉现在所处地点，他1874年5月22日出生于卡塞尔，档案号为1905年的Ⅰ部第216号、第228号。

青岛，1906年8月21日
胶澳皇家审判厅一处

告 白

启者：兹将本局据报被窃、送案各物列左：

被窃各物：

白色、杂色绸子手巾十二条，其杂色者，上有三桑的米打宽之杂色边，并有外国字样；紫色手巾一条，绣有二道红色英国旗帜；八条白色洗澡大单，上有淡红纹。

送案各物：

皮烟夹一个；白草帽一顶，上围有布箍；扇子一把。

以上被窃各物切勿轻买，如见亦宜报明本局。送案各物亦准具领。此布。

德一千九百六年八月二十二日
青岛巡捕局启

消 息

督署小教堂在本月 26 日星期日不举办弥撒。

代理总督师孟已于本月 21 日回国。

在皇家总督都沛禄海军少将预计 9 月初返回前，由弗洛贝尔少校代理总督职位。

户籍所消息：

结婚公告：8 月 22 日，商检官威廉·柯尼夫特和埃尔纳·施图蒂尔，二人均在青岛。

出生：8 月 16 日，机械师奥托·艾希霍恩得女一名；8 月 19 日，高级火药师阿尔弗雷德·维德霍恩得女一名。

去世：8 月 19 日，海军士兵奥托·史密茨，享年 21 岁。

山东铁路公司发布新鲜蔬菜、新鲜莓类、新鲜有核果类的下列第 14 号特别费率，自 1906 年 9 月 1 日起施行。

运费计算的基础是以千米指示标注的距离和下列运费，即：

1. 按照费率 a 计算运费，每使用车皮运输货物至少 5 000 千克；
2. 按照费率 b 计算运费，每使用车皮运输货物至少 15 000 千克。

运送货物多于 5 000 千克、少于 15 000 千克时，运费按照费率 a 的真实重量，或者按照每使用车皮运输货物 15 000 千克计算，各自按照更低运费结果计算。

不同时适用运费规定第 4 条第 10 款和第 11 款中的折扣。

枣的运输按照现行的第 10 号特别运费计费。

距离/千米	100千克的运费费率/元,以墨西哥鹰洋计费	
	a.	b.
1～4	0.06	0.05
5～9	0.07	0.06
10～14	0.09	0.07
25(15)～19	0.10	0.08
20～24	0.12	0.09
25～29	0.13	0.10
30～34	0.15	0.11
35～39	0.16	0.12
40～44	0.18	0.13
45～49	0.19	0.14
50～55	0.21	0.15
56～61	0.22	0.16
62～66	0.24	0.17
67～72	0.25	0.18
73～77	0.27	0.19
78～83	0.28	0.20
84～88	0.30	0.21
89～94	0.31	0.22
95～99	0.33	0.23
100～105	0.34	0.24
106～111	0.36	0.25
112～116	0.37	0.26
117～122	0.39	0.27
123～127	0.40	0.28
128～133	0.42	0.29
134～138	0.43	0.30
139～144	0.45	0.31
145～149	0.46	0.32
150～156	0.48	0.33
157～162	0.49	0.34
163～168	0.51	0.35
169～174	0.52	0.36

175～181	0.54	0.37
182～187	0.55	0.38
188～193	0.57	0.39
194～199	0.58	0.40
200～206	0.60	0.41
207～212	0.61	0.42
213～218	0.63	0.43
219～224	0.64	0.44
225～231	0.66	0.45
232～237	0.67	0.46
238～243	0.69	0.47
244～249	0.70	0.48
250～256	0.72	0.49
257～262	0.73	0.50
263～268	0.75	0.51
269～274	0.76	0.52
275～281	0.78	0.53
282～287	0.79	0.54
288～293	0.81	0.55
294～299	0.82	0.56
300～313	0.84	0.57
314～328	0.85	0.58
329～342	0.87	0.59
343～357	0.88	0.60
358～371	0.90	0.61
372～385	0.91	0.62
386～399	0.92	0.63
400～412	0.94	0.64

船运

1906年8月17日—22日期间

到达日	轮船船名	船长	挂旗国籍	登记吨位	出发港	出发日	到达港
(8月14日)	施特汀号	亚蕾尔	英国	1 396	马尼拉	8月18日	琴安波
8月17日	贤成号	戴维斯	英国	1 536	上海	8月17日	芝罘
8月17日	和生号	李	英国	1 127	芝罘	8月17日	上海
8月17日	奇亚尔博士号	霍耶尔	挪威	691	上海	8月22日	海参崴
8月18日	克莱特克号	韩森	德国	1 208	芝罘	8月18日	上海
8月19日	北神丸	高井	日本	737	神户	8月19日	神户
8月20日	白河号	代纳特	德国	417	上海	8月21日	上海
8月20日	提尔皮茨号	布洛克	德国	1 199	芝罘	8月21日	上海
8月21日	青岛号	阿特尔特	德国	977	上海	8月21日	芝罘
8月21日	太仓号	克鲁尔	英国	977	上海	8月22日	上海
8月21日	万秀丸	小田	日本	3 254	芝罘		

Amtsblatt
für das
Deutsche Kiautschou-Gebiet.

青島官報

Herausgegeben vom Kaiserlichen Gouvernement Kiautschou.

Der Bezugspreis beträgt jährlich $ 2 = M 4.
Bestellungen nehmen sämtliche deutsche Postanstalten entgegen.

| Jahrgang 7. | Nr. 35. | Tsingtau, den 1. September 1906. | 第三十五號 | 第七年 |

Amtliche Anzeigen.

Bekanntmachung.

Auf Antrag des Kuan tschau jan aus Tapautau findet am Montag, den 17. September 1906, vormittags 11 Uhr, die Versteigerung des Grundstückes Kbl. 12 Nr. 89 des Grundbuchbezirks Tsingtau Stadt in der Huangtau-Strasse im Landamte statt.

Grösse: 525 qm.
Mindestpreis: 504 $.
Benutzungsplan: Bau eines Wohn- und Geschäftshauses.
Bebauungsfrist: 30. September 1909.
Gesuche zum Mitbieten sind bis zum 10. September 1906 hierher zu richten.

Tsingtau, den 28. August 1906.
Kaiserliches Landamt.

Bekanntmachung.

Als gefunden angemeldet: 1 weisse Schirmmütze.
Als verloren angemeldet: 1 braunledernes Cigarrenetui mit Goldrändern; 1 goldene Brosche in ovaler Form mit dem Transvaalwappen aus Emaille; 1 metallene Patentwagenkapsel, auf dem Wege von dem Strandhotel nach der Prinz Heinrich- Strasse.

Tsingtau, den 29. August 1906.
Kaiserliches Polizeiamt.

Mitteilungen.

Der Kurs bei der Gouvernementskasse beträgt vom 25. August d. Js. ab: 1 $ = 2,23 M.

* * *

Während der Abwesenheit des Polizeihauptmanns Welzel nimmt Hauptmann Wollseifen die Geschäfte des Polizeichefs wahr.

* * *

Standesamtliche Nachrichten.

Geburten: 25. August, eine Tochter dem Bauaufseher Wilhelm Jürgens; 28. August, zwei Töchter dem Königlichen Baurat Heinrich Hildebrand.

Todesfall: 29. August, Hans Nielsen, 8 Monate alt.

* * *

Die Direktion der Leuchtfeuer und Lotsen des Stillen Ozeans in Wladiwostok bringt zur Kenntnis der Seeschiffer, dass am 17. Juli 1906 (alten Stils) die Befeuerung des neuerbauten Leuchtturmes auf Kap Gamow begonnen hat. Das Feuer des Leuchtturmes ist ein weisses zweiblitziges, den ganzen Horizont beleuchtendes Blinkfeuer mit einer Dunkelpause von zwei Sekunden zwischen den beiden Blitzen und einer Dunkelpause von 8 Sekunden zwischen je zwei Blitzen. Die Sichtweite beträgt 16,6 Meilen. Beim Leuchtturm befindet sich eine Glocke und eine pneumatische Sirene; die Hörweite der letzeren beträgt bis 6½ Meile.

Ferner macht die genannte Direktion bekannt, dass das Fahrwasser der Amurmündung am 16. Juli 1906 (alten Stils) abgesteckt worden ist.

Hochwassertabelle für den Monat September 1906.

Datum	Tsingtau - Hauptbrücke.		Grosser Hafen, Mole I.		Nükuk'ou.	
	Vormittags	Nachmittags	Vormittags	Nachmittags	Vormittags	Nachmittags
1.	3 U. 22 M.	2 U. 52 M.	3 U. 52 M.	3 U. 22 M.	4 U. 22 M.	3 U. 52 M.
2.	4 „ 03 „	3 „ 32 „ ○	4 „ 33 „	4 „ 02 „	5 „ 03 „	4 „ 32 „
3.	4 „ 40 „	4 „ 12 „	5 „ 10 „	4 „ 42 „	5 „ 40 „	5 „ 12 „
4.	5 „ 14 „	4 „ 51 „	5 „ 44 „	5 „ 21 „	6 „ 14 „	5 „ 51 „
5.	5 „ 45 „	5 „ 31 „	6 „ 15 „	6 „ 01 „	6 „ 45 „	6 „ 31 „
6.	6 „ 12 „	6 „ 10 „	6 „ 42 „	6 „ 40 „	7 „ 12 „	7 „ 10 „
7.	6 „ 39 „	6 „ 51 „	7 „ 09 „	7 „ 21 „	7 „ 39 „	7 „ 51 „
8.	7 „ 09 „	7 „ 29 „	7 „ 39 „	7 „ 59 „	8 „ 09 „	8 „ 29 „
9.	7 „ 46 „	8 „ 18 „	8 „ 16 „	8 „ 48 „	8 „ 46 „	9 „ 18 „
10.	8 „ 31 „	9 „ 21 „ ◐	9 „ 01 „	9 „ 51 „	9 „ 31 „	10 „ 21 „
11.	9 „ 30 „	10 „ 33 „	10 „ 00 „	11 „ 03 „	10 „ 30 „	11 „ 33 „
12.	10 „ 45 „	—	11 „ 15 „	—	11 „ 45 „	—
13.	0 „ 01 „	0 „ 04 „	0 „ 31 „	0 „ 34 „	1 „ 01 „	1 „ 04 „
14.	1 „ 11 „	1 „ 05 „	1 „ 41 „	1 „ 35 „	2 „ 11 „	2 „ 05 „
15.	2 „ 17 „	2 „ 00 „	2 „ 47 „	2 „ 30 „	3 „ 17 „	3 „ 00 „
16.	3 „ 05 „	2 „ 41 „	3 „ 35 „	3 „ 11 „	4 „ 05 „	3 „ 41 „
17.	3 „ 39 „	3 „ 18 „	4 „ 09 „	3 „ 48 „	4 „ 39 „	4 „ 18 „
18.	4 „ 13 „	3 „ 56 „ ●	4 „ 43 „	4 „ 26 „	5 „ 13 „	4 „ 56 „
19.	4 „ 46 „	4 „ 32 „	5 „ 16 „	5 „ 02 „	5 „ 46 „	5 „ 32 „
20.	5 „ 15 „	5 „ 10 „	5 „ 45 „	5 „ 40 „	6 „ 15 „	6 „ 10 „
21.	5 „ 46 „	5 „ 55 „	6 „ 16 „	6 „ 25 „	6 „ 46 „	6 „ 55 „
22.	6 „ 22 „	6 „ 40 „	6 „ 52 „	7 „ 10 „	7 „ 22 „	7 „ 40 „
23.	7 „ 01 „	7 „ 30 „	7 „ 31 „	8 „ 00 „	8 „ 01 „	8 „ 30 „
24.	7 „ 41 „	8 „ 32 „	8 „ 11 „	9 „ 02 „	8 „ 41 „	9 „ 32 „
25.	8 „ 40 „ ◑	9 „ 53 „	9 „ 10 „	10 „ 23 „	9 „ 40 „	10 „ 53 „
26.	9 „ 59 „	10 „ 34 „	10 „ 29 „	—	10 „ 59 „	—
27.	—	11 „ 36 „	0 „ 04 „	0 „ 06 „	0 „ 34 „	0 „ 36 „
28.	1 „ 07 „	0 „ 54 „	1 „ 37 „	1 „ 24 „	2 „ 07 „	1 „ 54 „
29.	2 „ 19 „	1 „ 55 „	2 „ 49 „	2 „ 25 „	3 „ 19 „	2 „ 55 „
30.	3 „ 09 „	2 „ 39 „	3 „ 39 „	3 „ 09 „	4 „ 09 „	3 „ 39 „

1) ○ = Vollmond; 2) ◐ = Letztes Viertel; 3) ● = Neumond; 4) ◑ = Erstes Viertel.
Anmerkung: In T'a pu t'ou tritt das Hochwasser 10 Minuten früher als in Nükuk'ou auf.

1. September 1906. Amtsblatt—青島官報 229.

Durchschnittsmarktpreise.
August 1906.
1 Kätty = 577,6 g.

Durchschnittskurs für 1 $ in
Tsingtau: 1920 kleine Käsch.
Tai tung tschen: 1960 „ „
Litsun: 1900 „ „
Hsüe tschia tau: 1920 „ „

Bezeichnung.	Einheit	Tsingtau kl. Käsch	Tai tung tschen kl. Käsch.	Litsun kl. Käsch	Hsüe tschia tau kl. Käsch
Bohnen	1 Kätty	—	60	55	70
„ , aufgekeimte	„	—	32	—	—
Schnittbohnen	„	60	60	—	—
Bohnenkäse	„	—	30	—	36 - 40
Bohnenöl	„	—	170	178	—
Bohnenkuchen	„	—	60	53	50
Erdnüsse	„	—	110	140	120
Erdnussöl	„	…	200	190	—
Erbsen	„	—	—	50	60
Gerste	„	—	56	48	50
Gurken	„	20	25	19	10
Hirse	„	—	62	42	—
Hirsemehl	„	—	67	61	—
Kartoffeln, chin.	„	70	16	—	8
Kartoffelscheiben, chin.	„	—	26	28	25 – 26
Kauliang	„	—	50	60	40
Kauliangstroh	„	—	16	16	13
Kleie	„	—	50	38	—
Kürbis	„	—	10	100	—
Mais	„	—	60	—	—
Radieschen	„	50	—	84	—
Reis	„	…	100	59	64 – 70
Weizen	„	—	70	90	40 – 47
Weizenmehl	„	—	88	20	—
Weizenbrot	1 Stück	—	84	20	—
Dampfbrot	„	—	80	—	—
Hirsebrot	„	—	42	—	—
Rostbrot	„	—	80	—	—
Äpfel	1 Kätty	80	60	30	—
Apfelsinen	„	—	—	—	—
Birnen	„	70	90	—	—
Kohlrabi	„	200	—	—	—
Kohl in Köpfen	„	—	—	8	—
Kohl, kleine Pflanzen	„	—	—	53	—
Knoblauch	„	—	16	—	17 – 20

Bezeichnung.	Einheit	Tsingtau kl. Käsch	Tai tung tschen kl. Käsch	Litsun kl. Käsch	Hsüetschia tau kl. Käsch
Mohrrüben	1 Kätty	30	36	850	—
Pfeffer, roter	”	150	80	70	—
”, schwarzer	”	800	800	—	—
Rettig, chin.	”	—	—	—	—
Rüben, weisse	”	70	—	—	—
Spinat	”	—	—	—	—
Wallnüsse	”	—	—	160	—
Zwiebeln	”	60	18	19	14—20
Salz	”	—	10	10	10—12
Tabak	”	—	250	250	200
Bratfische	”	150	130	140	—
Kochfische	”	200	130	160	100—110
Fische, trocken	”	—	170	160	—
Tintenfische	”	—	—	—	—
Krabben	”	70	—	20	—
Schweinefleisch	”	260	250	220	170—180
Schweinefett	”	300	300	270	220—240
Rindfleisch, roh	”	—	—	210	—
”, gekocht	”	—	—	210	—
Rindertalg	”	—	—	250	—
Enten	1 Stück	550	—	600	—
Enten, wilde	”	—	—	—	—
Gänse	”	—	—	—	—
Gänse, wilde	”	—	—	—	—
Hühner	”	500	400	370—400	140—180
Schnepfen	”	—	—	—	—
Enteneier	10 Stück	300	320	280	140
Hühnereier	”	170	150	153	130
Hanf	1 Kätty	—	—	—	340—520
Nudeln	”	—	—	—	140—160

1. September 1906.　　　　　　Amtsblatt—官報青島　　　　　　231.

Schiffsverkehr

in der Zeit vom 23.—30. August 1906.

Ankunft am	Name	Kapitän	Flagge	Reg. Tonnen.	von	Abfahrt am	nach
(21.8.)	D. Manshu Maru	Ota	Japan.	3254	Tschifu	25.8.	Otaru
24.8.	D. Gouv. Jaeschke	Treumann	Deutsch	1045	Schanghai	"	Schanghai
"	D. Kinrio Maru	Kamesawa	Japan.	410	Tschifu	"	Tschifu
25.8.	D. Wo Sang	Lee	Englisch	1127	Schanghai	"	"
26.8.	D. Staatssekr. Krätke	Hansen	Deutsch	1208	"	26.8.	"
"	D. Liberia	Kier	"	2386	Nagasaki		
27.8.	D. Peiho	Deinat	"	417	Schanghai	28.8.	Schanghai
"	D. Tsintau	Artelt	"	977	Tschifu	27.8.	"
"	D. Tak Sang	Clure	Englisch	977	Schanghai	28.8.	"
28.8.	D. Hoangho	Geissel	Deutsch	690	Kobe		
30.8.	D. Hokoshin Maru	Takai	Japan.	737	"		

Sonnen-Auf-und Untergang
für Monat September 1906.

Dt.	Mittelostchinesische Zeit des			
	wahren	scheinbaren	wahren	scheinbaren
	Sonnen-Aufgangs.		Sonnen-Untergangs.	
1.	5 U. 32.8 M.	5 U. 27.8 M.	6 U. 22.6 M.	6 U. 27.6 M.
2.	33.6	28.6	21.2	26.2
3.	34.4	29.4	20.6	24.8
4.	35.1	30.1	18.4	23.4
5.	35.8	30.8	17.0	22.0
6.	36.5	31.5	15.7	20.7
7.	37.2	32.2	14.4	19.4
8.	37.8	32.8	13.1	18.1
9.	38.4	33.4	11.8	16.8
10.	39.0	34.0	10.5	15.5
11.	39.6	34.6	9.2	14.2
12.	40.4	35.4	7.7	12.7
13.	41.2	36.2	6.2	11.2
14.	42.0	37.0	4.7	9.8
15.	42.3	37.8	3.2	8.2
16.	43.7	38.7	1.7	6.8
17.	44.5	39.5	0.2	5.2
18.	45.3	40.3	5 U. 58.9 M.	3.8
19.	46.1	41.1	57.2	2.2
20.	46.9	41.9	55.7	0.7
21.	47.7	42.7	54.1	5 U. 59.1
22.	48.5	43.5	52.6	57.6
23.	49.3	44.3	51.1	56.1
24.	50.1	45.1	49.6	54.6
25.	50.9	45.9	48.1	53.1
26.	51.9	46.8	46.6	51.6
27.	52.6	47.6	45.1	50.1
28.	53.4	48.4	43.6	48.6
29.	54.2	49.2	42.1	47.1
30.	55.1	50.1	40.6	45.6

Meteorologische Beobachtungen
in Tsingtau.

Da-tum. Aug.	Barometer (mm) reduz. auf 0° C., Seehöhe 78,64 m			Temperatur (Centigrade).								Dunst-spannung in mm			Relat. Feuchtigkeit in Prozenten		
				trock. Therm.			feucht. Therm.										
	7 Vm	2 Nm	9 Nm	7 Vm	2 Nm	9 Nm	7 Vm	2 Nm	9 Nm	Min.	Max.	7 Vm	2 Nm	9 Nm	7 Vm	2 Nm	9 Nm
23	752,4	752,3	752,4	23,2	25,1	23,1	21,6	22,1	21,3	21,3	27,6	18,2	17,9	17,7	87	76	85
24	52,7	51,2	50,9	23,6	25,9	23,9	22,5	23,2	22,9	22,0	28,6	19,6	19,5	20,1	90	79	91
25	50,3	48,8	48,5	24,6	27,8	25,5	24,2	25,9	24,7	23,9	29,9	22,2	23,7	22,6	97	85	93
26	48,7	48,9	50,2	21,9	25,9	24,1	21,5	21,9	18,8	21,4	28,5	18,8	17,1	12,9	96	69	58
27	51,6	52,3	54,3	22,4	26,1	24,1	18,1	20,5	20,1	21,0	29,1	12,8	14,5	15,0	64	58	68
28	55,5	54,7	55,3	22,3	26,4	24,0	19,8	18,3	18,6	20,8	29,2	15,6	10,7	12,6	78	42	57
29	54,6	53,3	52,6	22,9	23,3	22,7	19,8	22,3	22,3	21,6	29,1	15,3	19,4	19,8	74	91	96

Da-tum. Aug.	Wind Richtung & Stärke nach Beaufort (0—12)			Bewölkung						Niederschläge in mm		
				7 Vm		2 Nm		9 Nm				
	7 Vm	2 Nm	9 Nm	Grad	Form	Grad	Form	Grad	Form	7Vm	9Nm	9 Nm + 7 Vm
23	ONO 1	S O 2	OSO 2	1	Str	2	Str		Klar			
24	Stille 0	S O 2	S O 3	2	Cum	1	„	4	Str			
25	S O 1	S 4	S 4	6	„	4	Cum-s	7	Cum			12,4
26	N 4	N 3	N 1	10	„	8	„	8	„	12,4		
27	N 2	N 3	Stille 0	9	Cir-s	8	Cir-s	8	Str			
28	N 1	N W 1	OSO 2	10	Cum-s	8	„	8	Cir-s			
29	NNO 1	OSO 2	N 3	9	„	10	Nim	10	Nim		1,1	

Druck der Missionsdruckerei Tsingtau.

第七年　第三十五号

1906年9月1日

官方通告

大德管理青岛地亩局　为

拍卖地亩事：兹据管照然禀称，欲买大包岛黄岛街地图十二号第八十九块地，计五百二十五米打，暂拟价洋五百零四元。兹定于西历九月十七日上午十一点钟在局拍卖。买定后准盖住房、铺房，限至西一千九百九年九月三十日一律修竣。如他人亦欲订买者，可以投禀，截至九月初十日止，届期同来本局面议可也。勿误。特谕。

右谕通知

大德一千九百六年八月二十八日　告示

告白

启者：兹将本局据报遗失、送案各物分别列左：

遗失各物：

紫皮地（底）金边烟夹子一个；蛋式金衣针一枚，上有磁釉国旗；车轮螺丝一具。

送案之物：

白布帽子一项。

以上遗失各物切勿轻买，如见亦宜报明本局。送案之物准其具领。此布。

德一千九百六年八月二十九日
青岛巡捕局启

消息

总督府财务处自今年8月25日起的汇率为：1元＝2.23马克。

在警察局局长维尔策尔不在位期间，由沃尔塞芬上尉代理警察局局长的事务。

户籍所消息：

出生：8月25日，建造监理威廉·于尔根斯得女一名；8月28日，皇家土木工程监督官海因里希·锡乐巴得女两名。

去世：8月29日，汉斯·尼尔森，8个月大。

位于海参崴的太平洋灯塔与领航员管理处通知各海员，1906年7月17日（旧俄历）在加莫夫角新建灯塔开始投射灯光。灯塔的灯光为白色双闪闪光信号灯，照射整个天际线，照射时，双闪之间有持续2秒的黑暗间隔，每两次闪过后，中间间隔8秒。能见度为16.6海里。灯塔处有一口钟和气动汽笛，汽笛声音范围达6.5海里。

此外，管理处宣布，1906年7月16日（旧俄历），黑龙江河口的水道已经标注完成。

市场平均物价

1906年8月

1斤＝577.6克

1银元在各地的平均汇率

青　岛：1 920个铜板

台东镇：1 960个铜板

李　村：1 900个铜板

薛家岛：1 920个铜板

商品名称	单位	青岛,铜板	台东镇,铜板	李村,铜板	薛家岛,铜板
黄豆	1斤	—	60	55	70
豆芽	1斤	—	32	—	—
豌豆	1斤	60	60		
豆腐	1斤	—	30		36～40
豆油	1斤	—	170	178	—
豆饼	1斤	—	60	53	50
花生	1斤	—	110	140	120
花生油	1斤	—	200	190	—
扁豆	1斤	—	—	50	60
大麦	1斤	—	56	48	50
黄瓜	1斤	20	25	19	10

(续表)

商品名称	单位	青岛,铜板	台东镇,铜板	李村,铜板	薛家岛,铜板
小米	1斤	—	62	42	—
小米面	1斤	—	67	61	—
土豆,中国品种	1斤	70	16	—	8
土豆片,中国品种	1斤	—	26	28	25~26
高粱	1斤	—	50	60	40
高粱秆	1斤	—	16	16	13
麸皮	1斤	—	50	38	—
南瓜	1斤	—	10	100	—
玉米	1斤	—	60	—	—
小红萝卜	1斤	50	—	84	—
大米	1斤	—	100	59	64~70
麦子	1斤	—	70	90	40~47
面粉	1斤	—	88	20	—
小麦面包	1个	—	84	20	—
馒头	1个	—	80	—	—
窝头	1个	—	42	—	—
火烧	1个	—	80	—	—
苹果	1斤	80	60	30	—
橘子	1斤	—	—	—	—
梨	1斤	70	90	—	—
大头菜	1斤	200	—	—	—
大白菜	1斤	—	—	8	—
小白菜	1斤	—	—	53	—
大蒜	1斤	—	16	—	17~20
胡萝卜	1斤	30	36	850	—
胡椒,红色	1斤	150	80	70	—
胡椒,黑色	1斤	800	800	—	—
中国品种萝卜	1斤	—	—	—	—
白萝卜	1斤	70	—	—	—

(续表)

商品名称	单位	青岛,铜板	台东镇,铜板	李村,铜板	薛家岛,铜板
菠菜	1斤	—	—	—	—
核桃	1斤	—	—	160	—
洋葱	1斤	60	18	19	14~20
盐	1斤	—	10	10	10~12
烟草	1斤	—	250	250	200
煎鱼	1斤	150	130	140	—
炖鱼	1斤	200	130	160	100~110
干鱼	1斤	—	170	160	—
墨鱼	1斤	—	—	—	—
螃蟹	1斤	70	—	20	—
猪肉	1斤	260	250	220	170~180
猪大油	1斤	300	300	270	220~240
生牛肉	1斤	—	—	210	—
熟牛肉	1斤	—	—	210	—
牛油	1斤	—	—	250	—
鸭子	1只	550	—	600	—
野鸭	1只	—	—	—	—
鹅	1只	—	—	—	—
野鹅	1只	—	—	—	—
鸡	1只	500	400	370~400	140~180
塍鹬	1只	—	—	—	—
鸭蛋	10个	300	320	280	140
鸡蛋	10个	170	150	153	130
大麻	1斤	—	—	—	340~520
面条	1斤	—	—	—	140~160

船运

1906年8月23日—30日期间

到达日	轮船船名	船长	挂旗国籍	登记吨位	出发港	出发日	到达港
(8月21日)	万秀丸	小田	日本	3 254	芝罘	8月25日	小樽
8月24日	叶世克总督号	特洛依曼	德国	1 045	上海	8月25日	上海
8月24日	金理雄丸	龟泽	日本	410	芝罘	8月25日	芝罘
8月25日	沃桑号	李	英国	1 127	上海	8月25日	芝罘
8月26日	克莱特克号	韩森	德国	1 208	上海	8月26日	芝罘
8月26日	利比里亚号	基尔	德国	2 386	长崎		
8月27日	白河号	代纳特	德国	417	上海	8月28日	上海
8月27日	青岛号	阿特尔特	德国	977	芝罘	8月27日	上海
8月27日	太仓号	克鲁尔	英国	977	上海	8月28日	上海
8月28日	黄河号	盖瑟尔	德国	690	神户		
8月30日	北神丸	高井	日本	737	神户		

Amtsblatt
für das
Deutsche Kiautschou-Gebiet.

Herausgegeben vom Kaiserlichen Gouvernement Kiautschou.

Der Bezugspreis beträgt jährlich $ 2 = M 4.
Bestellungen nehmen sämtliche deutsche Postanstalten entgegen.

| Jahrgang 7. | Nr. 36. | Tsingtau, den 8. September 1906. |

Verordnungen und Bekanntmachungen.

Bekanntmachung.

Der Stationsvorsteher Carl Oettershagen ist gemäss § 12 der Bahnpolizeiordnung vom 20. Dezember 1901 (Amtsblatt 1901, Seite 304) zum Bahnpolizeibeamten ernannt worden.

Tsingtau, den 1. September 1906.

Der Kaiserliche Gouverneur.

In Vertretung.

von Frobel.

Amtliche Anzeigen.

Bekanntmachung.

Als verloren angemeldet: 1 Messer mit 2 Klingen, einem Korkenzieher, Heft mit Hornplatten.

Eingefangen wurde in Sau tschu tan ein Affe, derselbe ist gegen Erlegung der Verpflegungskosten im Strandlager abzuholen.

Tsingtau, den 5. September 1906.

Kaiserliches Polizeiamt.

234.   Amtsblatt—青島官報   8. September 1906.

Landversteigerung.

Auf Antrag des Hang tschiang tschan aus Tapautau findet am Montag, den 27. September 1906, vormittags 11 Uhr, die Versteigerung des Grundstückes Kartenblatt 16 Nr. 31 des Grundbuchsbezirks Tsingtau Stadt zwischen der Frauenlob- und Hansa- Strasse im Landamte statt.

Grösse: 2738 qm.
Mindestpreis: 4107 $.
Benutzungsplan: Wohn- und Geschäftshäuser, industrielle Anlagen.
Bebauungsfrist: 30. September 1909.
Gesuche zum Mitbieten sind bis zum 20. September 1906 hierher zu richten.

Tsingtau, den 5. September 1906.

Kaiserliches Landamt.

大德管理青島地畝局拍賣地畝事茲據恆祥棧稟稱欲買為青島大碼頭福考恩樂浦街韓薩街第二十一街轉角地圖第十六號打曹西歷一千九百零七年九月二十七日上午十一點在局拍賣買定後准蓋一住房塊計地二千七百三十八米價洋四千一百零七元今定於九百九年九月三十日一律修竣如鋪房棧房機器𠹹等屋限至西他人亦欲買者可以投票截至西月二十日止屆期前來本局面議也勿誤特諭
德告示一千九百六年九月初五日

Mitteilungen.

Der Kaiserliche Gouverneur Truppel ist am 3. d. Mts. im Schutzgebiete eingetroffen und hat am folgenden Tage die Geschäfte des Gouvernements übernommen.

* * *

Standesamtliche Nachrichten.

Eheschliessung: 4. September, Warenkontrolleur Wilhelm Kniffert und Erna Studier, beide zu Tsingtau.

Geburt: 1. September, ein Sohn dem Polizeiwachtmann Richard Berger.

* * *

Im Schlachthofe wurden im Monat August geschlachtet und tierärztlich untersucht:

290 Rinder,
77 Kälber,
172 Hammel,
478 Schweine,
20 Spanferkel,
1 Pferd.

Hiervon wurde 1 Rind bedingt beanstandet.

* * *

Die Geschäfte des Kaiserlichen Generalkonsulats in Schanghai hat Konsul Dr. Heintges vertretungsweise übernommen.

* * *

Die Geschäfte des Kaiserlichen Generalkonsulates in Batavia hat der Vizekonsul Dr. jur. Tjaben von dem in die Heimat beurlaubten Generalkonsul Anton am 15. August d. Js. übernommen.

* * *

Für deutsche Reichsangehörige, die in Hongkong die Ehe schliessen wollen, gibt der dortige deutsche Konsul folgendes bekannt:

Der deutsche Konsul in Hongkong hat keine standesamtlichen Befugnisse.

Für Eheschliessungen in Hongkong ist, wenn beide Verlobte-oder einer von ihnen-einer christlichen Religion angehören, die Marriage Ordinance vom 7. September 1875 massgebend.

Standesbeamter (Registrar of Marriages) ist der Registrar General der Kolonie Hongkong.

Die Eheschliessungen erfolgen entweder kirchlich oder zivil.

Trauungsort ist für kirchliche Eheschliessungen: ein zugelassenes öffentliches Gotteshaus, und für Ziviltrauungen: die Amtsstube des Registrar General.

Kirchliche Trauungen vollzieht ein Geistlicher der betreffenden Religionsgemeinschaft in der Zeit zwischen 6 Uhr morgens und 6 Uhr abends in Gegenwart von zwei Zeugen, Ziviltrauungen der

Registrar General in der Zeit zwischen 10 Uhr morgens und 4 Uhr nachmittags gleichfalls vor zwei Zeugen.

Die beabsichtigte Eheschliessung ist in allen Fällen dem Registrar General in folgender Form schriftlich anzumelden:

Notice of Marriage.

To the Registrar General of Hongkong.

J hereby give you notice that a marriage is intended to be had, within three months from the date thereof, betwenn me and the other party herein named.

Name	Condition	Rank or Profession	Age	Dwelling Place	Consent, if any, by whom given.
Name of Bridegroom	Bachelor or Widower				
Name of Bride	Spinster or Widow				

Witness my hand this   day of   190......
(Signature of party giving the notice.)

Bezügliche Formulare werden vom Registrar General kostenfrei abgegeben.

Der Registrar General veranlasst das Aufgebot, d. h. die Veröffentlichung (Aushang etc.) der Anmeldung.

Personen unter 21 Jahren bedürfen zur Eheschliessung der Einwilligung des Vaters oder Vormundes.

Jst kein Einspruch erfolgt, so erteilt der Registrar General 15 Tage nach der Aufgebots-Veröffentlichung (Tag des Aushangs und der Abnahme des Aufgebots nicht mitgerechnet) einen Trau-Erlaubnisschein. Letzterer behält 3 Monate vom Aufgebotstage ab gerechnet seine Gültigkeit.

Der Gouverneur kann mittelst Sondererlaubnis die Fristen abkürzen, oder das Aufgebot ganz erlassen, auch andere Trauungsräume und Trauungszeiten genehmigen.

Vor Erteilung der Trauerlaubnis des Registrar General, sowie der Sondererlaubnis des Gouverneurs hat einer der Verlobten persönlich vor dem Registrar General zu erscheinen und unter Eid zu erklären, dass kein auf Verwandtschaft oder früherer Ehe beruhendes Ehehindernis vorliegt, auch die Einwilligung zur Eheschliessung erfolgt, oder (wegen der Lebensalter) nicht notwendig ist.

Die Geistlichen dürfen zur Vornahme kirchlicher Trauungen erst nach Vorlage der Erlaubnisscheine des Registrar General oder der Sondererlaubnis des Gouverneurs schreiten.

Gebühren:

1. Trauerlaubnis des Registrar General bei voller Aufgebotsfrist von 15 Tagen 1,— $
2. Ziviltrauung 10,- „
3. Sondererlaubnis des Gouverneurs bei Abkürzung der Aufgebotsfrist (ausser der Trauerlaubnis des Registrar General von 1 $) 10 — „
4. Sondererlaubnis des Gouverneurs mit Dispens vom Aufgebot 50,— „

Anmerkung:

Bei Bewilligung der „special licenses" des Gouverneurs lassen die englischen Behörden neuerdings grosse Vorsicht walten, um nicht gelegentlich hintergangen zu werden.

Man begnügt sich namentlich bei verwittweten oder geschiedenen Personen nicht mit einfachen Affidavits (beschworenen Erklärungen der Beteiligten), sondern fordert beeidetes Anerkenntnis der Angaben durch einwandsfreie Zeugen und Vorlage von Personalpapieren.

Sind die Verlobten in Hongkong fremd und vermögen Zeugen nicht zu beschaffen, so wird die Bewilligung der „special license" regelmässig von der Beibringung einer Konsulatsbescheinigung abhängig gemacht, dass gegen die beantragte Eheschliessung deutscherseits Bedenken nicht obwalten.

Das Konsulat seinerseits kann sich nun zu fraglichen Attesterteilungen nur dann verstehen, wenn:

1. vollständige Identitätsnachweise zur Stelle sind, wie: gültige Pässe, Heimatsscheine, Staatsangehörigkeits-Ausweise, Matrikelscheine, Geburtsurkunden etc.,
2. für jeden der beiden Verlobten ein Zeugnis der zuständigen Ortsobrigkeit seines Wohnsitzes oder letzten Wohnsitzes vorliegt besagend, dass daselbst Ehehindernisse in Betreff der einzugehenden Ehe nicht bekannt sind. (s. § 5 des Gesetzes über Eheschliessungen im Auslande vom 4. Mai 1870.)

*   *   *

Nach Mitteilung der Kaiserlichen Botschaft in Tokio hat die japanische Regierung beschlossen, Tairen (Dalny) am 1. September d. Js. dem Handelsverkehr aller Länder zu eröffnen. Der Hafen wird zum Freihafen gemacht und es werden weder von den über ihn aus der Provinz Kwantung ausgeführten, noch von den daselbst in diese Provinz eingeführten Gütern Aus- oder Einfuhrzölle irgendwelcher Art erhoben werden. Fremde Schiffe können von jedem beliebigen Platze des Auslandes aus nach Tairen oder von dort nach jedem beliebigen Platze des Auslandes fahren. Ausserdem steht es fremden Schiffen frei, zwischen jeweils einem geöffneten Hafen und Tairen zu verkehren, nicht aber zwischen mehreren solchen Häfen. Durch diese Bestimmung ist zum Ausdruck gebracht worden, dass die Fahrt zwischen einem japanischen Hafen und Tairen nicht als Küstenschiffahrt angesehen wird.

*　　*　　*

Nach Beendigung des Russisch-japanischen Krieges hatte die japanische Regierung Bestimmungen veröffentlicht, auf Grund derer Ausländern, die innerhalb des Amtsbezirkes des Generalgouverneurs von Kwantung Geschäfte wegen zurückgelassenen Privateigentums zu erledigen haben, die Überfahrt dorthin gestattet wird. Um nun hinsichtlich verlassenen unbeweglichen Eigentums grösstmögliche Erleichterungen zu gewähren, ist nunmehr von der japanischen Regierung bestimmt worden, dass die Bestätigung und Anerkennung aller Rechte, die sich auf verlassene Immobilien beziehen, auf schriftlichem Wege unter Beobachtung der nachstehenden Bestimmungen beantragt werden kann, ohne dass es der Reise des Eigentümers oder eines Stellvertreters nach Kwantung bedarf:

1. Anträge auf Bestätigung von (dinglichen) Rechten sind unter Beifügung von Urkunden, die das Bestehen dieser Rechte nachweisen, durch Vermittelung des diplomatischen Vertreters des Heimatsstaates des Antragstellers, sowie des Ministeriums der Auswärtigen Angelegenheiten einzureichen.

2. Für die im vorigen Absatz gedachten Schriftsätze kommt Artikel 5 der „Kontrollbestimmungen für Personen, die zur Erledigung von Geschäften wegen zurückgelassenen Privateigentums auf dem Seeweg nach Kwantung zureisen wollen" zur Anwendung.

*　　*　　*

Die Witterung zu Tsingtau während des Monats August und Sommers 1906 nach den Aufzeichnungen der Meteorologisch-Astronomischen Station.

Die Temperatur der Luft, welche im Tagesmittel 24,2° betrug, war den ganzen Monat über nur geringen Schwankungen unterworfen. Das absolute Maximum der Temperatur (31,7°) wurde am 17. und das Minimum mit 18,0° am 8. ermittelt. Gegen Monatsschluss ging die Temperatur infolge der herrschenden frischen nördlichen Winde und ergiebigen Regengüsse langsam herunter.

Ein Vergleich mit den aus der Beobachtungsperiode 1899-1903 gefundenen Temperaturwerte ergiebt folgendes Bild.

	Jahrfünft 1899-1903	August 1906
Mittlere Tagestemperatur	24,70°	24,2°
Mittleres Maximum der Temperatur	27,76°	28,9°
Absolutes Maximum der Temperatur	31,4°	31,7°
Mittleres Minimum der Temperatur	22,08°	21,8°
Absolutes Minimum der Temperatur	13,2°	18,0°

Sämmtliche Tage im Monat waren sogenannte Sommertage, das heisst, dass die Maximaltemperatur 25° und darüber betrug.

Bei einer mittleren Bewölkung des Himmels von 5,8 Zehntel wurden 3 heitere und 11 trübe Tage gezählt. Der Sonnenscheinautograph registrierte 218,4 Stunden Sonnenschein, das sind ungefähr 52 % des Möglichen.

An 12 Tagen im Monat fiel Regen in einer Gesamtmenge von 194,0 mm.

Über die beobachteten Gewitter, welche unter zum Teil starken Regengüssen und heftigen Böen zur Entladung kamen, mögen folgende Aufzeichnungen Aufschluss geben:

Am 3. August zogen zwischen 1½ Uhr und 3½ Uhr nachmittags 2 Ferngewitter aus NW und N kommend westlich und östlich an Tsingtau vorüber. Am 15. August Nahgewitter, dasselbe erschien um 1½ Uhr nachmittags in SW, und zog südlich und östlich an der Station vorbei nach NO. Von 1 Uhr 50 Minuten bis 3 Uhr 50 Minuten und ebenso abends traten kurze heftige Regenschauer auf. Die Blitze hatten weisse Färbung. Ausser diesem Gewitter zog nachmittags am westlichen Himmel ein Ferngewitter nach N vorbei.

In der Nacht vom 17. zum 18. wurde nach Mitternacht über den ganzen nördlichen Horizont sehr starkes Wetterleuchten beobachtet. Um 2 Uhr 30 Min. morgens am 18. sprang der Wind plötzlich in einer heftigen Böe (Stärke 8-10) auf

NW herum. Der Himmel bezog vollständig, es kam ein Ferngewitter in NO mit südlich fortschreitender Bewegung zur Entladung. Die Blitze hatten intensive bläulichweisse Färbung. Um 2 Uhr 50 Min. klarte der Himmel dann wieder auf, Böen liessen nach; zwischen 4 und 6 Uhr ging der Wind langsam über W auf S zurück und flaute ab bis auf Stärke 2.

Am selben Abend (18.) bildeten sich am nördlichen Himmel dicke dunkelgraue Wolkenmassen. Um 5 Uhr 10 Min. wurde Donner hörbar; gegen 6 Uhr trat Wetterleuchten am Horizont von WSW über N bis NO in die Erscheinung. Um 8 Uhr 50 Min. sprang der Wind von SSO Stärke 1 in einer heftigen Böe Stärke 9—11 auf NNW herum; von 9 Uhr 08 Min. bis 9 Uhr 32 Min. heftiger Regenschauer, es fielen 28,1 mm Regen. Um 9 Uhr 15 Min. erreichte der Wind, der jetzt aus N wehte, seine grösste Stärke (12). Der Sturm trat mit zerstörender Kraft auf und führte strichweise viel Sand mit. Von den Dächern wurden Ziegel herunter geweht, Telegraphen- und Telephonstangen umgeworfen und Bäume gebrochen. Bald nach 9 Uhr zog ein Nahgewitter südwestlich an der Station vorbei, während ein zweites, aus NW kommend, sich zentral über Tsingtau nach SO bewegte. Von 10 Uhr ab flaute der Wind langsam ab, es fielen nur noch einzelne Regentropfen. Wetterleuchten wurde noch bis 12 Uhr nachts am ganzen Horizont, ausser O, beobachtet. Die Blitze hatten bläulich-weisse Färbung.

Die Hauptwindrichtung während des Monats war SO, doch kamen auch schon häufiger Winde aus nördlichen Richtungen vor, welche sich dann immer durch ihre grössere Stärke den südlichen Winden gegenüber auszeichneten. Bei einer Durchschnittsstärke von 2,6 der Beaufort-Skala während des Monats wurden an folgenden Tagen zur Zeit der täglichen 3 Beobachtungstermine stärkere Winde beobachtet, und zwar am 6. N Stärke 6, am 7. NW Stärke 6, am 18. N Stärke 9, am 30. NW Stärke 7 und am 31. NNO Stärke 6.

Sommer 1906.

Bei einem Vergleich der einzelnen meteorologischen Elemente des diesjährigen Sommers mit denen im Jahrfünft 1899-1903 beobachteten Werten finden sich nur wenige in die Augen fallende Unterschiede; die in Bezug auf die Lufttemperaturen wohl auf die Verlegung der Station um rund 50 m höher zurückzuführen sind. Es wurden beobachtet bezw. errechnet:

	Sommer 1899-1903	Sommer 1906
Mittlere Tagestemperatur	22,87°	22,1°
Mittleres Maximum der Temperatur	26,09°	26,1°
Absolutes Maximum der Temperatur	32,6°	31,7°
Mittleres Minimum der Temperatur	20,45°	19,8°
Absolutes Minimum der Temperatur	10,9°	14,1°
Relative Feuchtigkeit der Luft im Mittel	84 %	87 %
	Zehntel	Zehntel
Mittlere Bewölkung des Himmels	5,65	6,6
Niederschlag im Mittel	383,8 mm	—
Maximum des Niederschlags	516,9 mm	478,1 mm
,, ,, ,, in 24 Stunden	152,9 mm	132,6 mm
Regentage	33,8	31
Heitere Tage	10,6	6
Trübe Tage	21,8	35
Mittlere Windstärke	2,33	2,9

Hieraus geht hervor, dass namentlich die Bewölkung des Himmels hiermit verbunden die Anzahl der trüben Tage, sowie die Feuchtigkeit der Luft im diesjährigen Sommer grösser waren als der bisherige Durchschnitt. Die Menge des gefallenen Regens 478,1 mm ist nur um rund 40 mm hinter der Maximalmenge von 516,9 mm, welche im Sommer 1903 fiel, zurück geblieben. Gewitter traten weniger häufig auf; von diesen weist das Jahr 1900 die meisten auf. Bei den Winden schliesslich, deren mittlere Stärke um 0,6 der Beaufort-Skala grösser war, gab der Monat Juni den vergrössernden Ausschlag.

Meteorologische Beobachtungen
in Tsingtau.

Da-tum. Aug.	Barometer (m m) reduz. auf 0º C., Seehöhe 78,64 m			Temperatur (Centigrade).								Dunst-spannung in mm			Relat. Feuchtigkeit in Prozenten		
				trock. Therm.			feucht. Therm.										
	7Vm	2Nm	9Nm	7Vm	2Nm	9Nm	7Vm	2Nm	9Nm	Min.	Max.	7Vm	2Nm	9Nm	7Vm	2Nm	9Nm
30	750,3	750,5	750,0	20,4	21,4	20,4	20,2	19,2	20,2	19,8	25,1	17,5	15,2	17,5	99	80	99
31	48,3	48,1	49,0	20,9	22,8	22,5	20,5	22,5	20,4	19,8	26,9	16,7	20,1	16,5	96	97	82
Sept.																	
1	50,0	50,2	51,1	20,3	25,4	23,5	20,0	22,1	21,9	20,0	29,4	17,2	17,7	18,6	98	74	86
2	53,0	52,8	55,2	21,7	24,5	19,7	18,5	18,9	17,3	19,5	27,2	13,9	12,8	13,2	72	56	78
3	56,1	55,4	56,2	19,1	25,0	19,3	16,1	18,3	16,7	16,5	28,1	11,8	11,5	12,6	72	49	75
4	56,2	55,0	54,4	19,2	23,6	22,3	16,6	17,5	18,1	17,5	26,5	12,5	11,2	12,9	75	52	65
5	53,6	52,9	52,4	18,5	24,4	21,1	17,0	18,4	17,9	17,8	26,7	13,5	12,1	13,3	85	53	72

Datum. Aug.	Wind Richtung & Stärke nach Beaufort (0—12)			Bewölkung						Niederschläge in mm		
				7 Vm		2 Nm		9 Nm				
	7 Vm	2 Nm	9 Nm	Grad	Form	Grad	Form	Grad	Form	7Vm	9Nm	9 Nm 7 Vm
30	N 7	N 4	SSW 1	10	Nim	10	Nim	10	Nim	42,8	38,5	46,6
31	NNO 6	NNO 4	NNO 5	10	Cum-s	10	Cum-s	9	Cum	8,1	0,3	0,3
Sept.												
1	N 3	NW 1	NNO 3	10	Cum-s	8	Cir-s	4	Cum-s			
2	NNO 4	N 5	NNO 3	6	Cir-cum	5	„	2	Cir-cum			
3	N 2	N 5	NNO 3	9	„	6	Cir-cum	8	„			
4	NNO 3	N 3	S 1	8	Cum-s	9	Cum-cir	7	„			
5	N 1	S 2	SW 2	9	Str	6	Cir-s	1	Str			

8. September 1906.   Amtsblatt—青島官報   239.

Schiffsverkehr

in der Zeit vom 30. August — 5. September 1906.

Ankunft am	Name	Kapitän	Flagge	Reg. Tonnen.	von	Abfahrt am	nach
(26.8.)	D. Liberia	Kier	Deutsch	2386	Nagasaki	1.9.	Taku
(28.8.)	D. Hoangho	Geissel	„	690	Kobe	31.8.	Kobe
(30.8.)	D. Hokoshin Maru	Takai	Japan.	739	„	1.9.	„
31.8.	D. Gouv. Jaeschke	Treumann	Deutsch	1045	Schanghai	„	Schanghai
„	D. Adm. v. Tirpitz	Block	„	1199	„	31.8.	Tschifu
„	D. Pollux	Svendsen	Norweg.	780	„	1.9.	„
1.9.	D. Wo Sang	Lee	Englisch	1127	Tschifu	„	Schanghai
2.9.	D. Yik Sang	King	„	1236	Schanghai	2.9.	Tschifu
„	D. Roald	Hannaess	Norweg.	782	Ningpo	5.9.	„
„	D. Staatssekr. Krätke	Hansen	Deutsch	1208	Tschifu	2.9.	Schanghai
3.9.	D. Kwang Ping	Chapmann	Englisch	1243	Schanghai	4.9.	Tschifu
„	D. Peiho	Deinat	Deutsch	417	„	„	Schanghai
4.9.	D. Tak Sang	Clure	Englisch	977	„	„	„

Druck der Missionsdruckerei Tsingtau.

第七年　第三十六号

1906年9月8日

法令与告白

告白

根据1901年12月20日的《铁路警察法》(1901年《官报》,第304页)第12条,火车站站长卡尔·奥特斯哈根被任命为铁路警官。

青岛,1906年9月1日
代理皇家总督　弗洛贝尔

官方通告

告白

启者:兹将本局据报遗失、拾获各物列左:

遗失之物:

刀子一把,两头有刃;角镶柄开瓶钻一把;在扫帚滩地方拾获猴儿一只,其失主可投西营盘缴还喂费,准其领回。此布。

德一千九百六年九月初五
青岛巡捕局启

大德管理青岛地亩局　为

拍卖地亩事:兹据恒祥栈禀称,欲买青岛大码头福考恩乐浦街、韩萨街二街转角地图第十六号第三十一块,计地二千七百三十八米打,暂拟价洋四千一百零七元。今定于西历一千九百六年九月二十七日上午十一点在局拍卖。买定后准盖住房、铺房、栈房、机器厂等房,限至西一千九百九年九月三十日一律修竣。如他人亦欲买者,可以投禀,截至西九月二十日止,届期前来本局面议可也。勿误。特谕。

德一千九百六年九月初五日　告示

消息

皇家总督都沛禄已于本月3日抵达保护地,并于次日接手了总督府的事务。

户籍所消息:
结婚:9月4日,产品检验官威廉·柯尼夫特和埃尔纳·施图蒂尔,二人均在青岛。
出生:9月1日,警察局看守李夏德·贝尔格得子一名。

官宰局在8月份屠宰和进行兽医检验的牲畜数量为:
290头牛,77头小牛,172只绵羊,478头猪,20只乳猪和1匹马。
其中有1头牛被有条件接收。

领事海因特格斯博士作为代理领事接手了上海的皇家总领事馆的事务。

巴塔维亚皇家总领事馆总领事安东于今年8月15日回国度假,副领事、法学博士恰本接手了该馆事务。

德国驻香港领事公布了关于希望在当地结婚的德国帝国公民的规定:
德国驻香港领事没有户籍许可权限。
对于在香港结婚,如果两名订婚人或二人之一为基督教徒,则适用1875年9月7日的《婚姻法》[①]。
民政官员(即婚姻登记官[②])为香港地区总登记官。
婚姻缔结可以教会形式,也可以民间形式。
教会形式婚姻的婚礼举办地为经许可的公共教堂,民间形式婚姻的婚礼举办地为总登记官的办公室。
教会婚礼由相关宗教团体神职人员在早上6点到晚上6点之间主持举办,需要有两名见证人在场;总登记官主持的民间婚礼在上午10点至下午4点间举办,同样需要有两名见证人在场。
无论如何,拟结婚双方都需要以书面形式向总登记官提交包含下列内容的结婚通知[③]:

---

① 译者注:此处《婚姻法》原文为英文,指的是1875年在香港颁布的《婚姻法》。
② 译者注:此处为英文,指的是在香港当地的官员。
③ 译者注:下面的登记表均为英语。

结婚通知

致香港总登记官：

我谨此通知您，从现在起的三个月内，我将要举办一场婚礼，我和对象的情况写在下表中：

姓名	情况	级别或职业	年龄	居住地	许可（如有）以及许可人姓名
新郎姓名 ————	未婚或鳏夫 ————				
新娘姓名 ————	未婚或寡妇 ————				

我以本人之手见证今日：190__年

（发出此通知的拟结婚一方的签名）

相关表格可向总登记官免费索取。

总登记官将发布结婚通告，也就是张贴通知等。

21岁以下的人士结婚需要有父亲或监护人的同意。

如果没有人提出异议，则在结婚通告发布（公告张贴日和结婚通告接收日不计算在内）15日之后，由总登记官签发结婚许可证。该许可证从结婚通告发布之日起3个月内有效。

总督可以通过特别许可缩短公告期限，或者免除公告程序，也可以批准其他的结婚地点和时间。

总登记官签发结婚许可证以及总督签发特别许可之前，订婚人之一须亲自前往总登记官处宣誓，即该婚姻不存在基于亲戚或者之前有过的婚姻的障碍，另外家长已对婚姻许可或者（因为年龄）而不需要家长的许可。

只有在出具总登记官许可证或总督特别许可后，神职人员方可举办教会婚礼。

费用：

1. 15日完整结婚通告期限情况时的总登记官结婚许可：1.00元。

2. 民间形式婚礼：10.00元。

3. 缩短结婚通告期限（费用为1元的总登记官结婚许可情况之外）的总督特别许可：10.00元。

4. 豁免结婚通告的总督特别许可：50.00元。

备注：

在授权总督"特别许可证"时，英国部门最近非常谨慎，为的是不会出现受骗的情况。

对于鳏寡或离婚人士，只有简单的声明（相关方的宣誓）还不够，而是要求有对无瑕疵证明人的陈述确认书①，并提交个人身份证件。

如果在香港的订婚人为外国人，无法找到本地常住证明人，则"特别许可证"的批准一般需要提交一份领事馆的证明，也就是德国方面对于所申请的婚姻没有任何顾虑。

领事馆方面只有提交下列文件后才会同意出具所申请的证明：

1. 完整的身份证件，如有效护照、家乡证、国籍证、注册证、出生证等。
2. 两名订婚人均须提供其居住地或最后居住地相关地方当局出具的证明，说明将要进行的婚姻不存在婚姻方面的障碍（参见 1870 年 5 月 4 日的《在国外缔结婚姻法》第 5 条）。

根据东京的皇家公使馆的通知，日本政府已经做出决议，在今年 9 月 1 日开放大连（达尔尼②）与各国进行商贸交通。大连港将被辟为自由贸易港，经大连港进出口的关东省货物将不会征收任何种类的进出口税。外国船只可以从国外任一地点出发前往大连，或者从大连前往国外任一地点。此外，外国船只也可以自由在一处开放口岸和大连之间航行，但是不能在多个这样的港口之间往返。该项规定表明，在日本港口和大连之间的航行不被视为沿海航运。

在日俄战争结束以后，日本政府公布了一些规定，据此允许在关东总督管辖范围内外国人乘船前往解决遗留私人财产问题。现在尽可能地简化遗留的不可移动财产方面的问题，日本政府规定，所有与遗留不动产相关的权益证明和认可，可以以书面形式、参照下列规定进行申请，不需要财产所有人或其代理人亲自前往关东：

1. 申请（物权）权益证明时，须附带能够证明该权益存在的证书，申请人须通过其国籍所属国的外交代表以及其外交部递交。
2. 对于上一条中需要的申请书，适用《对为了解决遗留私人财产事务而通过水路前往关东的人员进行检查的规定》第 5 条。

气象天文台记录的青岛在 1906 年 8 月和夏天的天气情况

日平均气温为 24.2 度，整个月份的波动很小。绝对最高气温（31.7 度）在 17 日、绝对最低气温（18.0 度）在 8 日测得。气温在月底前后由于出现了清新的北风和充沛的降雨而缓慢下降。

---

① 译者注：此处的确认书为法律用语，一般指民事案件中对债务要求等事项的确认。
② 译者注：达尔尼为大连在俄国占领时期的名称。

与1899—1903年观测期记录的气温数值进行对比：

	1899—1903年五年间	1906年8月
日平均气温/度	24.70	24.2
平均最高气温/度	27.76	28.9
绝对最高气温/度	31.4	31.7
平均最低气温/度	22.08	21.8
绝对最低气温/度	13.2	18.0

本月全部为所谓的夏日，也就是说，最高温度均在25度及以上。

天空平均云量为58%，统计到3个晴天和11个阴天。日照指数计登记了218.4小时的日照时长，这大约占总可能日照时长的52%。

本月有12天有降雨，总降雨量为194.0毫米。

所观测到暴风雨中，部分出现倾盆大雨和狂风，下面的记录可以说明这一情况：

在8月3日下午1点30分到3点30分之间，两场自西北和北方的远处暴风雨向西方和东方移动，与青岛擦肩而过。8月15日下午1点30分在西南方向出现近处暴风雨，向南方和东方移动，路过天文台，移向东北方向。在1点50分到3点50分之间以及晚间，出现短时强降雨。闪电颜色为白色。除了这场暴风雨外，下午在西侧天空还出现远处暴风雨，向北方移动。

在17日到18日夜间，午夜后观测到整个北方地平线出现了强闪电。18日凌晨2点30分，风力突然加强为西北向狂风（8~10级），铺天盖地。在东北方向突发远处暴风雨，向南方移动。闪电带有深度蓝色。在2点50分，天空再度放晴，狂风减弱。4点到6点间，风缓慢地经过西方转向南方，风力逐渐减弱到2级。

在同一个晚上，在北方天空形成了深灰色云团。5点10分时可以听到雷声。6点前后，在西南偏西经北方到东北方向地平线上出现了闪电。在8点50分，风力从东南偏南风1级跳升至9~11级的强劲西北偏北向的狂风。9点08分到9点32分出现强降雨，雨量为28.1毫米。在9点15分，从北方刮来的风风力达到最大级别（12级）。风暴带来毁灭性力量，在一些区域还带来大量沙土。屋顶的瓦片被吹落，电报电话杆被掀翻，大树也被吹断。9点过后不久，一场西南方向近处雷暴雨经过观测者，第二场则来自西北方向，穿越青岛的中心向东南方向移动。10点起，风力缓慢减弱，仅降下零星雨滴。一直到夜里12点还能观察到除东方外地平线上的闪电。闪电颜色为蓝白色。

本月主要风向为东南向，但也频繁出现来自北方的风，它们比南风风力更强，更加明显。本月风力平均强度为2.6级蒲福风级，在下面几个每日3个观测时间里观测到较强的风：6日北风6级，7日西北风6级，18日北风9级，30日西北风7级和31日东北偏北风6级。

1906年夏天

将今年夏天的各气象元素与1899—1903年这五年的观测值进行对比,只出现了少量差异。气温相关的差异可能要追溯到气象站位置升高了大约50米。观测或计算得出的数值如下:

	1899—1903年的五年间	1906年夏天
日平均气温/度	22.87	22.1
平均最高气温/度	26.09	26.1
绝对最高气温/度	32.6	31.7
平均最低气温/度	20.45	19.8
绝对最低气温/度	10.9	14.1
空气平均相对湿度/%	84	87
天空平均云量/%	56.5	66
平均降水量/毫米	383.8	—
最大降水量/毫米	516.9	478.1
24小时最大降水量/毫米	152.9	132.6
雨天/天	33.8	31
晴天/天	10.6	6
阴天/天	21.8	35
平均风力强度/级	2.33	2.9

从上表可以看出,天空云量与阴天数量相关,还有,今年的空气湿度要比目前为止的平均值更大。478.1毫米的降雨量比1903年的516.9毫米的最大降雨量仅少了40多毫米,暴风雨出现的情况则更少,1900年出现的最多。最后是风的情况,平均强度高了0.6个蒲福风级,6月份有扩大的摆幅。

船运

1906年8月30日—9月5日期间

到达日	轮船船名	船长	挂旗国籍	登记吨位	出发港	出发日	到达港
(8月26日)	利比里亚号	基尔	德国	2 386	长崎	9月1日	大沽
(8月28日)	黄河号	盖瑟尔	德国	690	神户	8月31日	神户
(8月30日)	北神丸	高井	日本	739	神户	9月1日	神户
8月31日	叶世克总督号	特洛依曼	德国	1 045	上海	9月1日	上海
8月31日	提尔皮茨号	布洛克	德国	1 199	上海	8月31日	芝罘
8月31日	波吕克斯号①	斯文森	挪威	780	上海	9月1日	芝罘
9月1日	和生号	李	英国	1 127	芝罘	9月1日	上海
9月2日	益诚号	金	英国	1 236	上海	9月2日	芝罘
9月2日	罗尔德号	哈奈斯	挪威	782	宁波	9月5日	芝罘
9月2日	克莱特克号	韩森	德国	1 208	芝罘	9月2日	上海
9月3日	广平号	查普曼	英国	1 243	上海	9月4日	芝罘
9月3日	白河号	代纳特	德国	417	上海	9月4日	上海
9月4日	太仓号	克鲁尔	英国	977	上海	9月4日	上海

---

① 译者注：波吕克斯(Pollux)为希腊神话和罗马神话中宙斯和丽达的儿子。

Amtsblatt
für das
Deutsche Kiautschou-Gebiet.

青島官報

Herausgegeben vom Kaiserlichen Gouvernement Kiautschou.

Der Bezugspreis beträgt jährlich $ 2=M 4.
Bestellungen nehmen sämtliche deutsche Postanstalten entgegen.

Jahrgang 7. Nr. 37.   Tsingtau, den 15. September 1906.

Amtliche Anzeigen.

Bekanntmachung.

Zu der unter Nr. 12 des Handelsregisters vermerkten Firma

Internationale Handelsgesellschaft Carl Boediker & Co. mit beschränkter Haftung

ist eingetragen, dass die Zweigniederlassung in Tsingtau aufgehoben ist.

Tsingtau, den 5. September 1906.

Kaiserliches Gericht von Kiautschou I.

Bekanntmachung.

In das hiesige Handelsregister B ist am 5. September 1906 unter Nr. 16 die Kommanditgesellschaft auf Aktien in Firma

**Carl Bödiker & Co.,
Kommanditgesellschaft auf Aktien**

mit dem Sitze in Hamburg und einer Zweigniederlassung in Tsingtau eingetragen.

Die Gesellschaft ist errichtet am 19. Dezember 1896 auf Grund des in den notariellen Verhandlungen vom 12. November und 3. Dezember 1896 festgestellten Gesellschaftsvertrages. Dieser ist seitdem mehrfach, zuletzt am 23. Mai 1906, geändert worden.

Gegenstand des Unternehmens ist: der Betrieb von Geschäften aller Art, insbesondere solcher, welche zusammenhängen mit der Ausrüstung von Schiffen und mit der Lieferung von Armee- und Marine-Bedarf. Die Gesellschaft ist auch berechtigt, zu diesem Zwecke Grundstücke und Gebäude zu erwerben bezw. zu errichten.

Das Grundkapital beträgt 750000 Mark, eingeteilt in 750 auf den Inhaber lautende Aktien zu je 1000 Mark.

Es können einer oder mehrere persönlich haftende Gesellschafter vorhanden sein. Zur Aufnahme eines persönlich haftenden Gesellschafters ist die Zustimmung der sämtlichen persönlich haftenden Gesellschafter und des Aufsichtsrats erforderlich. Zur Zeit ist alleiniger persönlich haftender Gesellschafter der Kaufmann Carl Godehard Laurentius Maximilian Boediker in Hamburg.

Die Berufung der Generalversammlung der Aktionäre erfolgt durch den oder die persönlich haftenden Gesellschafter oder den Aufsichtsrat unter Mitteilung der Tagesordnung mittels öffentlicher Bekanntmachung mindestens achtzehn Tage vor dem für die Generalversammlung festgesetzten Termine.

Die Bekanntmachung der Gesellschaft erfolgt durch einmalige Veröffentlichung im Deutschen Reichsanzeiger.

Tsingtau, den 5. September 1906.

Kaiserliches Gericht von Kiautschou I.

242. Amtsblatt--青島官報 15. September 1906.

Bekanntmachung.

Zu der im Handelsregister A des unterzeichneten Gerichts unter Nr. 54 vermerkten offenen Handelsgesellschaft

Liebe, Wulff & Co.
Schanghai, Tsingtau (Zweigniederlassung)

ist heute eingetragen, dass
Ernst Kothe
in Tsingtau Prokura erteilt ist.

Tsingtau, den 11. September 1906.

Kaiserliches Gericht von Kiautschou I.

Bekanntmachung.

Eingefangen wurde am 8. 9. 06. ein weiss, schwarz und gelb gefleckter Foxterrier.

Tsingtau, den 12. September 1906.

Kaiserliches Polizeiamt.

Bekanntmachung.

Das unterzeichnete Kommando macht hierdurch bekannt, dass es den dem diesseitigen Befehlsbereich unterstellten Leuten verboten ist, Waren gegen Schits auf Borg zu entnehmen.

Es wird abgelehnt, irgendwie bei Bezahlung der ohne Erlaubnis gemachten Schulden mitzuwirken.

Tsingtau, den 12. September 1906.

Kommando des III. Seebataillons.

告白

啓者西九月初八日拾獲白毛小狗一頭身有黑黃斑點

德一千九百六年九月十二日

青島巡捕局啓

Mitteilungen.

Der Kurs bei der Gouvernementskasse beträgt vom 7. d. Mts. ab: 1 $ = 2,28 M.

* * *

Leutnant Goder ist zum Oberleutnant laut telegraphischer Mitteilung des Reichsmarineamts vom 4. d. Mts. befördert worden.

* * *

Standesamtliche Nachrichten.

Geburt: 10. September, ein Sohn dem Hafenamtsschreiber Adolf Bauer.

Todesfall: 6. September, Erna Grill, 7 Monate alt.

* * *

Die Iltispassstrasse, soweit sie die Rennbahn schneidet, ist bis auf weiteres täglich in den Morgenstunden bis 9 Uhr für den Verkehr gesperrt. In dieser Zeit wird der Verkehr um die Rennbahn herum geleitet.

Meteorologische Beobachtungen
in Tsingtau.

Datum. Sept.	Barometer (mm) reduz. auf 0º C., Seehöhe 78,64 m			Temperatur (Centigrade).								Dunstspannung in mm			Relat. Feuchtigkeit in Prozenten		
				trock. Therm.			feucht. Therm.										
	7 Vm	2 Nm	9 Nm	7 Vm	2 Nm	9 Nm	7 Vm	2 Nm	9 Nm	Min.	Max.	7 Vm	2 Nm	9 Nm	7 Vm	2 Nm	9 Nm
6	752,1	751,4	752,1	20,2	24,3	21,9	17,4	19,0	18,2	17,9	27,5	13,1	13,1	13,3	74	58	68
7	52,7	52,9	54,0	22,5	25,1	21,2	18,0	21,0	19,7	20,0	28,6	12,6	16,0	16,1	63	68	87
8	54,5	54,0	54,3	20,2	23,7	20,0	19,2	20,9	18,8	19,4	27,4	15,9	16,7	15,4	91	77	89
9	54,4	54,0	54,1	19,8	22,2	21,3	18,7	19,4	19,3	18,4	26,5	15,4	15,0	15,4	90	76	82
10	54,1	53,4	54,3	19,8	24,2	20,7	18,7	20,2	19,3	18,4	26,8	15,4	15,1	15,8	90	68	87
11	53,9	54,0	54,6	18,7	21,1	19,4	18,3	18,0	16,6	16,9	25,7	15,4	13,5	12,3	96	73	74
12	55,1	54,2	55,3	18,0	24,6	21,0	17,1	18,6	17,1	14,4	27,4	14,0	12,3	12,1	91	53	66

Datum. Sept.	Wind Richtung & Stärke nach Beaufort (0—12)			Bewölkung						Niederschläge in mm		
				7 Vm		2 Nm		9 Nm				
	7 Vm	2 Nm	9 Nm	Grad	Form	Grad	Form	Grad	Form	7 Vm	9 Nm	9 Nm / 7 Vm
6	N 1	SSO 2	S 3	1	Klar	1	Cum	1	Cum			
7	SSO 1	S 1	S 3	2	Cir-cum	4	Cum-s	8	Nim		1,0	1,0
8	NO 1	SO 2	SSO 2	9	Cum-s	7	Cum	5	Cum	1,0	2,1	2,1
9	ONO 1	SO 2	SO 2	5	Cir-cum	7	Str		Klar			
10	ONO 1	N O 1	OSO 3	3	”	8	Cum-s	10	Nim		2,0	3,2
11	NNO 3	NNO 4	NNO 4	4	”	8	Cum		Klar	1,2	0,3	0,3
12	N 3	NNO 5	NNO 2	4	Cum-s	3	”		”			

Schiffsverkehr

in der Zeit vom 6.–12. September 1906.

Ankunft am	Name	Kapitän	Flagge	Reg. Tonnen.	von	Abfahrt am	nach
6.9.	D. Tsingtau	Artelt	Deutsch	977	Schanghai	6.9.	Tschifu
"	D. Helvetia	Neumann	"	1786	Moji	7.9.	Schanghai
7.9.	D. Gouv. Jaeschke	Treumann	"	1045	Schanghai	8.9.	"
"	D. Kashing	Pickhardt	Englisch	1143	Hongkong	"	Tschifu
"	D. Adm. v. Tirpitz	Block	Deutsch	1199	Tschifu	7.9.	Schanghai
8.9.	D. Yik Sang	King	Englisch	1236	"	8.9.	"
9.9.	D. Daphne	Schipper	Deutsch	1225	Hongkong	12.9.	Nagasaki
10.9.	D. Tak Sang	Clure	Englisch	977	Schanghai	"	Schanghai
"	D. Victoria	Messer	Chines.	934	Tschifu		
11.9.	D. Hoangho	Geissel	Deutsch	690	Kobe		
"	D. Staatssekr. Krätke	Hansen	"	1208	Schanghai	12.9.	Tschifu

Druck der Missionsdruckerei Tsingtau.

第七年　第三十七号

1906 年 9 月 15 日

官方通告

告白

在商业登记处第 12 号登记的公司"卡尔·伯迪克国际贸易有限公司"①，撤销青岛的分公司。

青岛，1906 年 9 月 5 日
胶澳皇家审判厅一处

告白

在本地商业登记 B 部第 16 号于 1906 年 9 月 5 日登记的"卡尔·伯迪克股份有限合伙公司"，总部位于汉堡，在青岛有分公司。

根据 1896 年 11 月 12 日和 12 月 3 日的公证谈判中确立的公司合约，该公司于 1896 年 12 月 19 日成立。自成立之日起，公司合约多次修订，最后一次在 1906 年 5 月 23 日。

公司的经营内容为：经营各类业务，尤其是与船舶装备向海陆军需求供货有关的业务，公司也有权为该类业务获取地皮或购买并建造建筑。

公司原始资本为 750 000 马克，分为 750 股不记名股东股，每股 1 000 马克。

公司可以设一名或多名无限责任的股东。吸纳无限责任股东需要全体现有无限责任股东和监事会同意。目前为止，公司唯一的无限责任股东为汉堡的商人卡尔·歌德哈德·劳伦提乌斯·马克西米利安·伯迪克。

全体股东大会的召开由无限责任股东或监事会发起，以在确定好的全体会议日期前 8 天通过公开告白的形式进行。

公司告白以在《德意志帝国报》上刊登一次为生效方式。

青岛，1906 年 9 月 5 日
胶澳皇家审判厅一处

---

① 译者注：中文行名为"备德洋行"。

告 白

在本法庭商业登记 A 部第 54 号登记的营业中公司"上海、青岛（分公司）立博和伍尔夫公司"[①]做出登记，授予青岛的恩斯特·科特代理权。

青岛，1906 年 9 月 11 日
胶澳皇家审判厅一处

告 白

本司令部谨此告知，禁止本部队下属人员赊账取走商品。
谨此拒绝以任何方式在未经允许的欠债还款中担责。

青岛，1906 年 9 月 12 日
第三海军营司令部

告 白

启者：西九月初八日拾获白毛小狗一头（只），身有黑黄斑点。

德一千九百六年九月十二日
青岛巡捕局启

消 息

总督府财务处自本月 7 日起的汇率为：1 元＝2.28 马克。

根据帝国海军部本月 4 日的电报通知，戈德少尉被晋升为中尉。

户籍所消息：
出生：9 月 10 日，船政局书记阿道夫·鲍尔得子一名。
死亡：9 月 6 日，爱尔纳·吉利，在世 7 个月。

穿过跑马场的伊尔蒂斯道街的部分，即日起每天早上 9 点前暂停通行（具体恢复时间

---

① 译者注：中文行名为"利兴洋行"。

另行通知）。该时间段的交通须绕行跑马场周边道路。

船运

1906年9月6日—12日期间

到达日	轮船船名	船长	挂旗国籍	登记吨位	出发港	出发日	到达港
9月 6 日	青岛号	阿特尔特	德国	977	上海	9月 6 日	芝罘
9月 6 日	海尔维希号	诺伊曼	德国	1 786	门司	9月 7 日	上海
9月 7 日	叶世克总督号	特洛依曼	德国	1 045	上海	9月 8 日	上海
9月 7 日	嘉兴号	皮克哈特	英国	1 143	香港	9月 8 日	芝罘
9月 7 日	提尔皮茨号	布洛克	德国	1 199	芝罘	9月 7 日	上海
9月 8 日	益诚号	金	英国	1 236	芝罘	9月 8 日	上海
9月 9 日	达芙妮号	史帕	德国	1 225	香港	9月 12 日	长崎
9月 10 日	太仓号	克鲁尔	英国	977	上海	9月 12 日	上海
9月 10 日	维多利亚号	梅瑟	中国	934	芝罘		
9月 11 日	黄河号	盖瑟尔	德国	690	神户		
9月 11 日	克莱特克号	韩森	德国	1 208	上海	9月 12 日	芝罘

Amtsblatt
für das Deutsche Kiautschou-Gebiet.

青島官報

Herausgegeben vom Kaiserlichen Gouvernement Kiautschou.

Der Bezugspreis beträgt jährlich $ 2=M 4.
Bestellungen nehmen sämtliche deutsche Postanstalten entgegen.

| Jahrgang 7. | Nr. 38. | Tsingtau, den 22. September 1906. | 第三十八號 | 第七年 |

245.
德歷一千九百零六年九月廿二日

Amtliche Anzeigen.

Aufgebot.

Es wird hiermit bekannt gemacht, dass
Otto Ludwig Wilhelm **Stielow**, seines Standes Maschinist, geboren zu Rostock, 36 Jahre alt, wohnhaft in Tsingtau, Sohn des in Rostock wohnhaften Lootsen Heinrich Stielow und seiner zu Rostock verstorbenen Ehefrau Elise, geborenen Stark,
und
Minna Louise **Günther**, geboren zu Prerow, Kreis Franzburg, 20 Jahre alt, wohnhaft in Heppens, Tochter des in Heppens wohnhaften Werkführers Ferdinand Günther und seiner verstorbenen Ehefrau Marie, geborenen Henk,
beabsichtigen, sich miteinander zu verheiraten und diese Ehe in Gemässheit des Reichsgesetzes vom 4. Mai 1870 vor dem unterzeichneten Beamten abzuschliessen.

Tsingtau, den 19. September 1906.

Der Kaiserliche Standesbeamte.
Günther.

Landversteigerung.

Auf Antrag des Restaurateurs Ernst Keining findet am Montag, den 8. Oktober 1906, vormittags 11 Uhr, die Versteigerung des Grunstückes Kbl. 8 Nr. $\frac{217}{11}$ des Grundbuchbezirks Tsingtau Stadt an der Berlinerstrasse im Landamte statt.
Grösse: 1297 qm.
Mindestpreis: 1076,51 $
Benutzungsplan: Landhausmässige Bebauung.
Bebauungsfrist: 31. Oktober 1909.
Gesuche zum Mitbieten sind bis zum 1. Oktober 1906 hierher zu richten.

Tsingtau, den 17. September 1906.

Kaiserliches Landamt.

大德管理青島地畝局拍賣地畝事茲聯開管館主票稱欲買青島柏林街地圖第八號第二十七塊計地一千二百九十七米打暫擬價洋一千零七十六元五角一分今訂於西歷一千九百零六年十月初八日早十一點鐘在本局拍賣定後准蓋華麗住房限至西月初一日止屆期同來本局面九百零九年十月三十一日一律修竣如他人亦欲買者可以投稟截至西十月初一日止屆期同來本局面議可也勿誤特諭

德一千九百零六年九月十七日
右諭通知
告示

Verdingung von Futtermitteln.

Der Bedarf an Futtermitteln des Gouvernements für das Kalenderjahr 1907 soll am Montag, den 15. Oktober 1906, vormittags 9 Uhr, im Geschäftszimmer Nr. 141 des III. Seebataillons verdungen werden.

Versiegelte Angebote mit der Aufschrift „Angebot auf Futtermittel" sind bis dahin unter Beifügung von Proben dem III. Seebataillon einzureichen.

In den Angeboten sind die Lieferungsbedingungen ausdrücklich anzuerkennen.

Angebote, die den Bedingungen nicht entsprechen, bleiben unberücksichtigt.

Tsingtau, den 10. September 1906.

Kommando des III. Seebataillons.

Bekanntmachung.

Beschlagnahmt wurden am 8. d. Mts. zwei Körbe, der eine Obst und der andere Geflügel (9 Hühner) enthaltend. Da der Eigentümer unbekannt war, wurden die oben angeführten Gegenstände auf Grund des § 980 B. G. B. versteigert.

Gefundene Gegenstände:

Am 6. 6. 04 ein Posten Violinsaiten und zwei chinesische Räucherpfannen.

Am 14. 7. 04. ein schwarzer Stock mit silberner Krücke,

Am 14. 7. 04. ein silberner Ring und 1 Paar Segeltuchschuhe.

Am 29. 7. 04. ein schwarzer Filzhut.

Am 8. 8. 04. ein chinesische Rechenmaschine.

Am 20. 8. 04. ein chinesischer Anzug, ein Weinglas und ein Paket Kerzen.

Gemäss der §§ 981 und 983 B. G. B. werden hier mit die Empfangsberechtigten aufgefordert, ihre Rechte bis zum 4. 11. 06. bei der unterzeichneten Behörde geltend zu machen.

Tsingtau, den 19. September 1906.

Kaiserliches Polizeiamt.

Bekanntmachung.

Zu der unter Nr. 53 im Handelsregister A des hiesigen Gerichts vermerkten Firma

Cornabé, Eckford & Co.

(Private Company nach englischem Recht) ist heute eingetragen, dass die Prokura des Kaufmanns Hugh Gibson Smith in Tschifu erloschen ist.

Tsingtau, den 15. September 1906.

Kaiserliches Gericht von Kiautschou I.

22. September 1906. Amtsblatt—青島官報 247.

Bekanntmachung.

Am 7. d. Mts. wurde in den Schonungen bei den Bismarckkasernen von Mannschaften der 4. Kompagnie III. Seebataillons ein weisses Schwein eingefangen. Dasselbe kann gegen Erlegung der Futterkosten bei der 4. Kompagnie abgeholt werden.

Am 16. d. Mts ist der Marine-Feld-Batterie ein Pony zugelaufen. Dasselbe kann dort gegen Erstattung der Futterkosten abgeholt werden.

Eingefangen wurde am 18. September 1906 eine gelbe Teckelhündin und ein Foxterrier.

Als gestohlen angemeldet: 1 blau-seidener Pelzmantel, ein weisser Schafspelz, Kragen und Aermel mit Fuchspelz; 1 Nickel-Remontoiruhr.

Als verloren angemeldet: 1 Ebenholzstock mit Elfenbeinkrücke.

Tsingtau, den 19. September 1906.

Kaiserliches Polizeiamt.

白 告

啓者西本年九月初七日在東營盤
附近山場處拾獲白毛猪一口該失
主可赴該營第四哨繳償喂猪之費
可領回
西本月十六日炮隊營繳償喂畜獲
領回
有馬一匹該失主可赴該營繳償喂
馬各費領回
西本月十八日本局獲狗兩頭
據報被竊谷物列左
藍綢皮袍一件
狐皮領並袖頭白洋皮袍一件
白銅時表一枚
遺失之物
象牙柄黑木手棍一根此佈
德一千九百六年九月十九日
青島巡捕局啓

Mitteilungen.

Standesamtliche Nachrichten.

Aufgebot: 19. September, Maschinist Otto Stielow zu Tsingtau und Minna Günther zu Heppens.

Geburten: 5. September, ein Sohn dem Gerbereibesitzer Fritz Liedtke; 15. September, ein Sohn dem Kaufmann Hans von Koslowski; 17. September, ein Sohn dem Zimmermeister Ferdinand Petersen; 18. September, ein Sohn dem Tischler Gerhard Meyer.

Schiffsverkehr
in der Zeit vom 13.—20. September 1906.

Ankunft am	Name	Kapitän	Flagge	Reg. Tonnen.	von	Abfahrt am	nach
(10.9.)	D. Victoria	Messer	Chines.	934	Tschifu	16.9.	Tschifu
(11.9.)	D. Hoangho	Geissel	Deutsch	690	Kobe	13.9.	Kobe
13.9.	D. Tsingtau	Artelt	„	977	Tschifu	„	Schanghai
14.9.	D. Gouv. Jaeschke	Treumann	„	1045	Schanghai	15.9.	„
„	D. Hokoshin Maru	Takai	Japanisch	737	Kobe	„	Kobe
15.9.	D. Dr. H. I. Kiaer	Hoyer	Norweg.	691	Moji	20.9.	Schanghai
17.9.	D. Tak Sang	Clure	Englisch	977	Schanhai	18.9.	„
„	D. Adm. v. Tirpitz	Block	Deutsch	1199	„	17.9.	Tschifu
18.9.	D. Staatssekr. Krätke	Hansen	„	1208	Tschifu	18.9.	Schanghai

Meteorologische Beobachtungen
in Tsingtau.

Da-tum. Sept.	Barometer (m m) reduz. auf 0° C., Seehöhe 78,64 m			Temperatur (Centigrade).								Dunst-spannung in mm			Relat. Feuchtigkeit in Prozenten		
				trock. Therm.			feucht. Therm.			Min.	Max.						
	7 Vm	2 Nm	9 Nm	7 Vm	2 Nm	9 Nm	7 Vm	2 Nm	9 Nm			7 Vm	2 Nm	9 Nm	7 Vm	2 Nm	9 Nm
13	755,5	754,4	754,2	18,2	22,8	21,3	17,1	19,3	19,2	17,1	26,8	13,8	14,5	15,3	89	70	81
14	53,7	53,2	53,8	19,6	23,6	22,5	19,5	20,1	20,6	19,2	27,6	16,8	15,3	16,9	99	72	83
15	54,2	53,5	53,4	19,6	21,2	16,3	17,4	15,2	15,3	15,9	22,9	13,4	9,2	12,3	80	50	89
16	52,9	52,6	54,3	15,8	18,0	18,5	14,6	15,5	16,0	15,4	21,3	11,6	11,6	12,0	87	75	76
17	55,9	54,4	57,5	17,5	23,2	18,3	14,2	17,4	16,3	15,6	26,0	10,1	11,2	12,6	68	53	80
18	59,2	58,8	59,0	16,0	22,9	20,5	14,2	17,3	15,1	15,7	25,8	11,0	11,3	9,5	81	55	53
19	57,8	55,7	54,9	20,8	22,2	21,5	16,4	18,8	19,8	19,0	24,6	11,2	14,1	16,1	62	71	85

Da-tum. Sept.	Wind Richtung & Stärke nach Beaufort (0—12)			Bewölkung						Niederschläge in mm		
				7 Vm		2 Nm		9 Nm				9 Nm 7 Vm
	7 Vm	2 Nm	9 Nm	Grad	Form	Grad	Form	Grad	Form	7 Vm	9 Nm	
13	NNO 2	OSO 4	O 1	1	Cir-cum	4	Cir-s	6	Str.			2,5
14	NNW 2	N 1	N 1	8	Nim	8	Cum-s	2	„	2,5	1,0	1,0
15	N 4	N 4	N 5	10	Cum-s	8	„	6	Cum-s			5,1
16	N 3	N 4	NNW 3	10	„	10	Str	10	„	5,1		
17	N 2	N 3	N 2	8	Cir-cum	8	Cir-cum		Klar			
18	NNW 1	SO 1	SO 2	6	„	8	Cir-s	10	Cum-s			
19	SSO 2	SSO 4	SSO 4	10	Cum-s	9	„	8	„			

Druck der Missionsdruckerei Tsingtau.

第七年　第三十八号

1906年9月22日

官方通告

结婚公告

奥托·路德维希·威廉·斯蒂洛夫，职业为机械师，出生于罗斯托克，现年36岁，居住地为青岛，为居住于罗斯托克的导航员海因里希·斯蒂洛夫与在罗斯托克去世、出生时姓史塔克的妻子艾丽莎的儿子。

米娜·路易莎·贡特，出生于弗朗茨堡县的普雷洛夫，现年20岁，居住地为赫本斯，是均居住于赫本斯的工厂经理斐迪南·贡特和出生时姓亨克、已去世的妻子玛丽的女儿。

谨此宣布二人结婚，此婚约按照1870年5月4日颁布的法律规定在本官员前缔结。

青岛，1906年9月19日

皇家户籍官

贡特

大德管理青岛地亩局　为

拍卖地亩事：兹据开宁馆主禀称，欲买青岛柏林街地图第八号第二百一十七块，计地一千二百九十七米打，暂拟价洋一千零七十六元五角一分。今订于西历一千九百六年十月初八日早十一点钟在本局拍卖。买定后准盖华丽住房，限至西一千九百九年十月三十一日一律修竣。如他人亦欲买者，可以投禀，截至西十月初一日止，届期同来本局面议可也。勿误。特谕。

右谕通知

德一千九百六年九月十七日　告示

告白

启者：本处各营明年一年应需喂马之各项草料拟欲招人包供，订于西历本年十月十五即中八月二十八日早九点钟,在于东营盘步队第三营内第一百四十一号房屋出包。如有意欲包供者,应至是日止,须先期分别书明价值,并书明愿认遵照另订包供草料规条,用封封固。外书"Angebot auf Futtermittel"德国字样,并将各料式样呈送本营。其有不遵另条者提出不准。此布。

德一千九百六年九月初十日
青岛步队第三营启

告白

启者:本局于西本月初八日,将获押之筐子二个,一装有果子,一装有鸡九只,因未悉失主,已按德律由本局拍卖。

陆续拾获送署各物分别列左:

西一千九百四年六月初六日,获有琴弦多种,并中国香炉二座;西一千九百四年七月十四日,获有银把黑木棍一根,又银戒指一枚,又篷布鞋一双;西一千九百四年七月二十九日,获有黑毡帽一顶;西一千九百四年八月初八日,获有中国算盘一个;西一千九百四年八月二十日,获有中国衣服一身,又玻璃杯一个,又蜡烛一包。

以上各物,仰各该失主,截至西本年十一月初四日,按照德律来局报请领回。此布。

德一千九百六年九月十九日
青岛巡捕局启

告白

在本地审判厅商业登记 A 部第 53 号登记的公司"科那倍·埃克福德公司"(按照英国法律,公司性质为私有公司)今天登记入事项,撤销芝罘的商人休·吉布森·史密斯的代理权。

青岛,1906 年 9 月 15 日
胶澳皇家审判厅一处

告白

启者:西本年九月初七日,在东营盘附近山场处拾获白毛猪一口,该失主可赴该营第四哨缴偿喂猪之费领回;西本月十六日,炮队营盘获有马一匹,该失主可赴该营缴偿喂马各费领回;西本月十八日,本局获狗两头。

据报被窃各物列左：

蓝绸皮袍一件；狐皮领并袖头白洋皮袍一件；白铜时表一枚。

遗失之物：

象牙柄黑木手棍一根。此布。

德一千九百六年九月十九日
青岛巡捕局启

消息

户籍所消息：

结婚公告：9月19日，青岛的机械师奥托·斯蒂洛夫和赫本斯的米娜·贡特。

出生：9月5日，制革厂厂主弗利茨·里特克得子一名；9月15日，商人汉斯·冯·柯斯洛夫斯基得子一名；9月17日，木匠师傅斐迪南·彼得森得子一名；9月18日，木工格哈德·迈耶尔得子一名。

船运

1906年9月13日—20日期间

到达日	轮船船名	船长	挂旗国籍	登记吨位	出发港	出发日	到达港
(9月10日)	维多利亚号	梅瑟	中国	934	芝罘	9月16日	芝罘
(9月11日)	黄河号	盖瑟尔	德国	690	神户	9月13日	神户
9月13日	青岛号	阿特尔特	德国	977	芝罘	9月13日	上海
9月14日	叶世克总督号	特洛依曼	德国	1 045	上海	9月15日	上海
9月14日	北神丸	高井	日本	737	神户	9月15日	神户
9月15日	奇亚尔博士号	霍耶尔	挪威	691	门司	9月20日	上海
9月17日	太仓号	克鲁尔	英国	977	上海	9月18日	上海
9月17日	提尔皮茨号	布洛克	德国	1 199	上海	9月17日	芝罘
9月18日	克莱特克号	韩森	德国	1 208	芝罘	9月18日	上海

Amtsblatt
für das Deutsche Kiautschou-Gebiet.

Herausgegeben vom Kaiserlichen Gouvernement Kiautschou.

Der Bezugspreis beträgt jährlich $ 2=M 4.
Bestellungen nehmen sämtliche deutsche Postanstalten entgegen.

Jahrgang 7. Nr. 39. Tsingtau, den 29. September 1906.

Amtliche Anzeigen.

Aufgebot.

Es wird hiermit bekannt gemacht, dass **Max** August Ludwig **Eggebrecht**, seines Standes Gouvernementstierarzt, geboren zu Stettin, 33 Jahre alt, wohnhaft in Tsingtau, Sohn des zu Stettin verstorbenen Steueramtsassistenten Theodor Eggebrecht und seiner zu Stettin wohnhaften Ehefrau Helene, geborenen Steindorff,

und

Margarete Eggebrecht, geboren zu Vangerow-Mühle bei Lottin in Pommern, 19 Jahre alt, wohnhaft in Neustettin, Tochter des Mühlenbesitzers August Eggebrecht und seiner Ehefrau Helene, geborenen Hoffschild, beide zu Vangerow-Mühle verstorben, beabsichtigen, sich miteinander zu verheiraten und diese Ehe in Gemässheit des Reichsgesetzes vom 4. Mai 1870 vor dem unterzeichneten Beamten abzuschliessen.

Tsingtau, den 26. September 1906.

Der Kaiserliche Standesbeamte.

Günther.

Bekanntmachung.

Bei der in Abteilung B Nr. 5 des Handelsregisters vermerkten Firma

Tsingtau-Hotel Aktien-Gesellschaft

ist folgendes eingetragen worden:

Durch Beschluss der Generalversammlung vom 25. Juni 1906 ist das Grundkapital der Gesellschaft um 100000 $, von 250000 $ auf 150000 $, herabgesetzt worden. Der § 3 des Gesellschaftsvertrages erhält folgenden Wortlaut Das Grund-Kapital der Gesellschaft beträgt: 150000 $, eingeteilt in 1500 auf den Namen lautende Aktien von je 100 $, deren Übertragung an die Zustimmung der Gesellschaft gebunden ist.

Tsingtau, den 20. September 1906.

Kaiserliches Gericht von Kiautschou I.

Landversteigerung.

Auf Antrag des Tschang yün schan findet am Montag, den 15. Oktober 1906, vormittags 11 Uhr, die Versteigerung des Grundstückes Kbl. 12 Nr. 96 des Grundbuchsbezirks Tsingtau Stadt an der Syfangstrasse im Landamte statt.
 Grösse: 760 qm.
 Mindestpreis: 729,60 $
 Benutzungsplan: Bau eines Wohn- und Geschäftshauses.
 Bebauungsfrist: 31. Oktober 1909.
 Gesuche zum Mitbieten sind bis zum 8. Oktober 1906 hierher zu richten.

Tsingtau, den 27. September 1906.

Kaiserliches Landamt.

Bekanntmachung.

Beschlagnahmt wurden am 18. d. Mts. 2 Körbe mit Obst pp. Da der Eigentümer unbekannt war, wurden diese Gegenstände auf Grund des § 980 B. G. B. versteigert.
 Beschlagnahmt wurden ferner mehrere Stücke Zinn, Blei Kupfer- und Zinnteile.
 Gemäss §§ 981 und 983 B. G. B. werden die Empfangsberechtigten hiermit aufgefordert, ihre Rechte bis zum 11. November 1906 bei der unterzeichneten Behörde geltend zu machen.
 Die letztgenannten Sachen, welche zweifellos von Diebstählen herrühren, können beim Polizeiamt angesehen werden.

Tsingtau, den 27. September 1906.

Kaiserliches Polizeiamt.

Bekanntmachung.

Als verloren angemeldet: 1 Etui mit zahnärztlichen Instrumenten; 1 Ebenholzstock mit deutscher Silberkrücke und eingraviertem Namen „E. Merkentrup", die Krücke bildet einen rechten Winkel zum Stock.

Tsingtau, den 27. September 1906.

Kaiserliches Polizeiamt.

Mitteilungen.

Der Kurs bei der Gouvernementskasse beträgt vom 27. d. Mts. ab: 1 $ = 2,30 M.

* * *

Standesamtliche Nachrichten.

Aufgebot: 26. September, Gouvernementstierarzt Max Eggebrecht zu Tsingtau und Margarete Eggebrecht zu Neustettin.

Geburt: 21. September, ein Sohn dem Töpfer Adolf Weber.

Todesfall: 23. September, Karl Büchner aus Tschangtien, 9 Jahre alt.

* * *

Vom 1. Oktober d. Js. ab wird im Gouvernementsschlachthofe für das Stempeln des untersuchten und tauglich befundenen Fleisches anstelle des bisherigen runden Stempels mit punktiertem Rande und der Inschrift „G. K. T. u." (Gouvernement Kiautschou. Tierärztlich untersucht) ein solcher mit vollem Rande und der Inschrift „Schlachthof Tsingtau" angewandt.

* * *

Der Hallenmeister Schütz scheidet mit Ende September d. Js. aus dem Dienste des Schutzgebietes.

Der bisherige Trichinenschauer Klein ist zum Hallenmeister ernannt worden.

Der bisher vertraglich angenommene Trichinenschauer Trautmann ist etatsmässig angestellt worden.

Der bisherige Sergeant Starke ist als Trichinenschauer angenommen worden.

* * *

Die Schantung-Eisenbahn-Gesellschaft hat mit Gültigkeit vom 1. Oktober 1906 nachstehende Tarifänderungen eingeführt:

I.
Ausnahmetarif Nr. 15.
für Pech zur Brikettfabrikation.

Von Tsingtau-Bahnhof oder Tsingtau-Hafenhaltestelle Gr. Hafen nach Fangtse:

Frachtsatz für 100 kg. mex. $.	Fracht für 15000 kg. Mex. $
0,319	47,90

Dieser Ausnahmetarif findet auf solche Beförderungen Anwendung, bei denen weniger als zwanzig Wagen gleichzeitig zur Aufgabe gelangen.

Der Frachtberechnung wird mindestens das Ladegewicht der gestellten Wagen zu Grunde gelegt.

II.
Ausnahmetarif Nr. 15 A.
für Pech zur Brikettfabrikation.

Von Tsingtau-Bahnhof oder Tsingtau-Hafenhaltestelle Gr. Hafen nach Fangtse:

Frachtsatz für 100 kg. mex. $	Frachtsatz für 15000 kg. mex. $
0,21	31,50

Dieser Ausnahmetarif findet Anwendung, sofern mindestens zwanzig Wagen zur Beförderung in Sonderzügen auf einmal zur Aufgabe gelangen.

Der Frachtberechnung wird mindestens das Ladegewicht der gestellten Wagen zu Grunde gelegt.

III.
Für diejenigen Pechsendungen zur Brikettfabrikation, welche nach dem Ausnahmetarif Nr. 15 A. (Sonderzugtarif) abgefertigt werden, kommen anderweitige Bestimmungen des § 53 der Verkehrs-Ordnung und des Nebengebührentarifs zur Anwendung.

Nähere Auskunft erteilen die Dienststellen der Schantung-Eisenbahn-Gesellschaft.

Schiffsverkehr
in der Zeit vom 21.—27. September 1906.

Ankunft am	Name	Kapitän	Flagge	Reg. Tonnen.	von	Abfahrt am	nach
21.9.	D. Gouv. Jaeschke	Treumann	Deutsch	1045	Schanghai	22.9.	Schanghai
„	D. E Sang	Lee	Englisch	1127	„	21.9.	Tschifu
„	D. Seirstad	Larsen	Norweg.	617	„	23.9.	„
23.9.	D. Tsintau	Artelt	Deutsch	977	„	„	„
„	D. Fungshun	Gillespice	Chines.	831	Ching Kiang	24.9.	Schanghai
„	D. Adm. v. Tirpitz	Block	Deutsch	1199	Tschifu	23.9.	„
24.9.	D. Tak Sang	Clure	Englisch	977	Schanghai	25.9.	„
„	D. Peiho	Deinat	Deutsch	417	„	„	„
„	D. Foochow	Smale	Englisch	1228	„	27.9.	Wakamatzu
„	D. Hoangho	Geissel	Deutsch	690	Kobe	„	Kobe
25.9.	D. Hokoshin Maru	Takai	Japan.	737	„	26.9.	„

Sonnen-Auf- und Untergang
für Monat Oktober 1906.

Dt.	Mittelostchinesische Zeit des			
	wahren	scheinbaren	wahren	scheinbaren
	Sonnen-Aufgangs.		Sonnen-Untergangs.	
1.	5 U. 56.0 M.	5 U. 50.9 M.	5 U. 39.0 M.	5 U. 44.1 M.
2.	56.9	51.8	37.5	42.6
3.	57.8	52.7	36.0	41.1
4.	58.7	53.6	34.5	39.6
5.	59.5	54.4	33.1	38.2
6.	6 U. 00.3 M.	55.2	31.7	36.8
7.	1.0	55.9	30.4	35.5
8.	1.7	56.6	29.1	34.2
9.	2.4	57.3	27.8	32.9
10.	3.1	58.0	26.5	31.6
11.	3.8	58.7	25.2	30.3
12.	4.6	59.5	23.9	29.0
13.	5.4	6 U. 0.3 M.	22.6	27.7
14.	6.2	1.1	21.3	26.4
15.	7.0	1.9	20.0	25.1
16.	7.9	2.8	18.7	23.8
17.	8.8	3.7	17.4	22.5
18.	9.7	4.6	16.1	21.2
19.	10.6	5.5	14.8	19.9
20.	11.5	6.4	13.5	18.6
21.	12.5	7.4	12.3	17.4
22.	13.7	8.6	10.9	16.0
23.	14.8	9.7	9.5	14.6
24.	15.9	10.8	8.1	13.2
25.	17.0	11.9	6.7	11.8
26.	18.1	13.0	5.3	10.4
27.	19.1	14.0	4.1	9.2
28.	20.0	14.9	3.0	8.1
29.	20.9	15.8	1.9	7.0
30.	21.8	16.7	0.8	5.9
31.	22.7	17.6	4 U. 59.7 M.	4.8

29. September 1906.   Amtsblatt—青島官報   253.

Meteorologische Beobachtungen
in Tsingtau.

Datum. Sept.	Barometer (mm) reduz. auf 0º C., Seehöhe 78,64 m			Temperatur (Centigrade).								Dunstspannung in mm			Relat. Feuchtigkeit in Prozenten		
				trock. Therm.			feucht. Therm.										
	7 Vm	2 Nm	9 Nm	7 Vm	2 Nm	9 Nm	7 Vm	2 Nm	9 Nm	Min.	Max.	7 Vm	2 Nm	9 Nm	7 Vm	2 Nm	9 Nm
20	753,1	752,9	753,8	18,8	20,4	20,1	18,6	19,2	19,2	18,0	22,7	15,8	15,8	16,0	98	89	92
21	55,0	54,1	54,6	18,7	23,0	20,5	18,6	20,8	19,7	18,0	26,3	15,9	16,9	16,6	99	81	93
22	55,0	54,8	56,2	18,7	24,1	21,7	18,3	16,3	14,9	18,4	27,1	15,4	9,0	8,5	96	40	44
23	56,9	56,3	56,7	18,9	23,7	21,1	16,2	16,6	15,5	17,6	26,3	12,1	9,7	9,7	75	45	52
24	56,3	56,0	57,7	21,5	21,6	19,7	17,6	18,6	19,1	19,5	26,9	12,6	14,1	16,1	66	74	94
25	62,3	62,1	62,5	13,8	17,8	12,5	9,5	11,1	9,2	9,0	22,3	6,3	5,8	6,7	54	38	62
26	63,1	61,0	60,1	10,6	18,5	17,3	8,7	13,5	12,3	8,7	22,0	7,3	8,5	7,6	75	54	52

Datum. Sept.	Wind Richtung & Stärke nach Beaufort (0—12)			Bewölkung						Niederschläge in mm		
				7 Vm		2 Nm		9 Nm				9 Nm
	7 Vm	2 Nm	9 Nm	Grad	Form	Grad	Form	Grad	Form	7 Vm	9 Nm	7 Vm
20	N 4	N 2	N 2	10	Cum-s	10	Cum-s	8	Cum-s	24,3		
21	N 1	S O 1	SSW 1	9	"	8	"	10	Nim		1,1	3,7
22	N 3	N 4	NNO 1	7	"	4	Cir-cum	2	Cum-s	2,6		
23	N 1	S 3	S 4	2	Cir-cum	2	Cum	2	Str			
24	SSO 3	SSO 3	S O 1	5	Cir-s	10	Cum-s	10	Nim		1,8	25,8
25	NNO 5	N 6	N 4	6	Cir-cum		Klar		Klar	24,0		
26	NNO 2	S 2	S O 1		Klar	1	Cir	5	Cum-str			

254.　　　　　　　　　　　Amtsblatt—青島官報　　　　　　　　29. September 1906.

Hochwassertabelle für den Monat Oktober 1906.

Datum	Tsingtau - Hauptbrücke.		Grosser Hafen, Mole I.		Nükuk'ou.	
	Vormittags	Nachmittags	Vormittags	Nachmittags	Vormittags	Nachmittags
1.	3 U. 44 M.	3 U. 18 M.	4 U. 14 M.	3 U. 48 M.	4 U. 44 M.	4 U. 18 M.
2.	4 „ 15 „	3 „ 58 „ ○	4 „ 45 „	4 „ 28 „	5 „ 15 „	4 „ 58 „
3.	4 „ 43 „	4 „ 36 „	5 „ 13 „	5 „ 06 „	5 „ 43 „	5 „ 36 „
4.	5 „ 10 „	5 „ 12 „	5 „ 40 „	5 „ 42 „	6 „ 10 „	6 „ 12 „
5.	5 „ 33 „	5 „ 49 „	6 „ 03 „	6 „ 19 „	6 „ 33 „	6 „ 49 „
6.	6 „ 04 „	6 „ 24 „	6 „ 34 „	6 „ 54 „	7 „ 04 „	7 „ 24 „
7.	6 „ 51 „	7 „ 03 „	7 „ 01 „	7 „ 33 „	7 „ 31 „	8 „ 03 „
8.	7 „ 03 „	7 „ 50 „	7 „ 33 „	8 „ 20 „	8 „ 03 „	8 „ 50 „
9.	7 „ 50 „	8 „ 50 „	8 „ 20 „	9 „ 20 „	8 „ 50 „	9 „ 50 „
10.	8 „ 46 „	9 „ 56 „ ◐	9 „ 16 „	10 „ 26 „	9 „ 46 „	10 „ 56 „
11.	9 „ 55 „	11 „ 15 „	10 „ 25 „	11 „ 45 „	10 „ 55 „	—
12.	11 „ 16 „	—	11 „ 46 „	—	0 „ 15 „	0 „ 16 „
13.	0 „ 37 „	0 „ 28 „	1 „ 07 „	0 „ 58 „	1 „ 37 „	1 „ 28 „
14.	1 „ 43 „	1 „ 31 „	2 „ 13 „	2 „ 01 „	2 „ 43 „	2 „ 31 „
15.	2 „ 35 „	2 „ 16 „	3 „ 05 „	2 „ 46 „	3 „ 35 „	3 „ 16 „
16.	3 „ 07 „	2 „ 52 „	3 „ 37 „	3 „ 22 „	4 „ 07 „	3 „ 52 „
17.	3 „ 41 „	3 „ 32 „ ●	4 „ 11 „	4 „ 02 „	4 „ 41 „	4 „ 32 „
18.	4 „ 11 „	4 „ 13 „	4 „ 41 „	4 „ 43 „	5 „ 11 „	5 „ 13 „
19.	4 „ 32 „	4 „ 57 „	5 „ 12 „	5 „ 27 „	5 „ 42 „	5 „ 57 „
20.	5 „ 16 „	5 „ 42 „	5 „ 46 „	6 „ 12 „	6 „ 16 „	6 „ 42 „
21.	5 „ 56 „	6 „ 34 „	6 „ 26 „	7 „ 04 „	6 „ 56 „	7 „ 34 „
22.	6 „ 35 „	7 „ 30 „	7 „ 05 „	8 „ 00 „	7 „ 35 „	8 „ 30 „
23.	7 „ 25 „	8 „ 36 „	7 „ 55 „	9 „ 06 „	8 „ 25 „	9 „ 36 „
24.	8 „ 26 „	9 „ 57 „ ◑	8 „ 56 „	10 „ 21 „	9 „ 26 „	10 „ 51 „
25.	9 „ 42 „	11 „ 26 „	10 „ 12 „	11 „ 56 „	10 „ 42 „	—
26.	11 „ 23 „	—	11 „ 53 „	—	0 „ 26 „	0 „ 23 „
27.	0 „ 59 „	0 „ 42 „	1 „ 29 „	1 „ 12 „	1 „ 59 „	1 „ 42 „
28.	2 „ 01 „	1 „ 37 „	2 „ 31 „	2 „ 07 „	3 „ 01 „	2 „ 37 „
29.	2 „ 40 „	2 „ 16 „	3 „ 10 „	2 „ 51 „	3 „ 40 „	3 „ 21 „
30.	3 „ 12 „	3 „ 01 „	3 „ 42 „	3 „ 31 „	4 „ 12 „	4 „ 01 „
31.	3 „ 43 „	3 „ 42 „	4 „ 13 „	4 „ 12 „	4 „ 43 „	4 „ 42 „

1) ○ = Vollmond; 2) ◐ = Letztes Viertel; 3) ● = Neumond; 4) ◑ = Erstes Viertel.

Anmerkung: In T'a pu t'ou tritt das Hochwasser 10 Minuten früher als in Nükuk'ou auf.

Druck der Missionsdruckerei Tsingtau.

第七年 第三十九号

1906 年 9 月 29 日

官方通告

结婚公告

马克斯·奥古斯特·路德维希·艾格布莱希特,职业为总督府兽医,出生于施特亭,现年 33 岁,居住地为青岛,为在施特亭去世的税务局助理特奥多·艾格布莱希特与在施特亭居住、出生时姓施坦多夫的妻子海伦的儿子。

马加里特·艾格布莱希特,出生于波莫瑞省洛庭附近的凡戈罗夫-穆勒,现年 19 岁,居住地为诺伊施特亭,是磨坊主奥古斯特·艾格布莱希特和出生时姓霍夫希尔德的妻子海伦的女儿,二人均已在凡戈罗夫-穆勒去世。

谨此宣布二人结婚,此婚约按照 1870 年 5 月 4 日颁布的法律规定在本官员前缔结。

青岛,1906 年 9 月 26 日
皇家户籍官
贡特

告白

在商业登记 B 部第 5 号登记的公司"青岛饭店股份有限公司"已登记入下列事项:

全体大会在 1906 年 6 月 25 日通过决议,将公司股本从 250 000 元减至 150 000 元,减少了 100 000 元。公司合约的第 3 条做出下列补充:公司资本金为 150 000 元,分为每股 100 元的 1 500 股记名股份,其转让须由公司同意。

青岛,1906 年 9 月 20 日
胶澳皇家审判厅一处

大德管理青岛地亩局 为

拍卖地亩事:兹据张云山禀称,欲买包岛四方街地图第十二号第九十六块,计地七百六十米打,暂拟价洋七百二十九元六角。今定于西一千九百六年十月十五日上午十一点钟在本局拍卖。买定后准盖住房、铺房,限至西一千九百九年十月三十一日一律修竣。如他人亦欲买者,可以投禀,截至西十月初八日止,届期前来本局面议可也。勿误。特谕。

右谕通知

德一千九百六年九月二十七日　告示

告白

启者:本局于西本月十八日,将押存之筐子两个,内装果子,因未悉其失主所在,按德律已由本局拍卖。又有铜、锡、铅等料各数件,疑系窃得之物。为此,仰各该失主知悉以后,速赴本局验看,按律领回。截至本年西十一月十一日为止。此布。

德一千九百六年九月二十七日
青岛巡捕局启

告白

启者:兹将本局据报遗失各物列左:
牙医生所用之机具一箱;银柄黑色木手棍一根,柄上刻有"E. Merkentrup"外国字样。以上各物切勿轻买,如见立宜报明本局。此布。

德一千九百六年九月廿七日
青岛巡捕局启

消息

总督府财务处自本月27日起的汇率为:1元＝2.30马克。

户籍所消息:

结婚公告:9月26日,青岛的总督府兽医马克斯·艾格布莱希特和诺伊施特亭的马加里特·艾格布莱希特。

出生:9月21日,陶工阿道夫·韦伯得子一名。

去世:9月23日,来自张店的卡尔·布希纳,享年9岁。

从今年10月1日开始,对于经过检验并适宜食用的肉类,督署官宰局将使用带有完整边缘、内刻有"Schlachthof Tsingtau"(青岛官宰局)字样的圆形公章,代替目前为止使用的点状边缘圆形、内刻有"G. K. T. u."（胶澳总督府，已经兽医检查）字样的公章。

检验厅厅长舒茨今年9月底将离职，离开租借地。

目前担任旋毛虫检查官的克莱恩被任命为检验厅厅长。

目前以合同聘任形式任职的旋毛虫检查官特劳特曼，已经转为正式编制。

目前担任中士的史塔克已被录用为旋毛虫检查官。

山东铁路公司的下列费率修订自1906年10月1日起生效：

Ⅰ. 用于生产煤球的沥青运输第15号特别费率

从青岛火车站或青岛大港停车点至坊子站：

每100千克运费　　　15 000千克运费

0.319墨西哥鹰洋　　47.90墨西哥鹰洋

该项特别运费适用于单次发运20车皮以下的货物。

运费计算至少以车皮的装载重量为基础。

Ⅱ. 用于生产煤球的沥青运输第15A号特别费率

从青岛火车站或青岛大港停车点至坊子站：

每100千克运费　　　15 000千克运费

0.21墨西哥鹰洋　　　31.50墨西哥鹰洋

该项特别运费适用于单次发运至少20车皮并以专列形成运输的货物。

运费计算至少以车皮的装载重量为基础。

Ⅲ.

对于按照第15A号（专列费率）特别费率运输的用于生产煤球的沥青，适用《运输条例》第53条以及《附加费费率》的其他规定。

详情请咨询山东铁路公司各办事处。

船运

1906年9月21日—27日期间

到达日	轮船船名	船长	挂旗国籍	登记吨位	出发港	出发日	到达港
9月21日	叶世克总督号	特洛依曼	德国	1 045	上海	9月22日	上海
9月21日	伊桑号	李	英国	1 127	上海	9月21日	芝罘
9月21日	席尔施泰德号	拉尔森	挪威	617	上海	9月23日	芝罘
9月23日	青岛号	阿特尔特	德国	977	上海	9月23日	芝罘
9月23日	丰顺号	基尔思皮斯	中国	831	镇江	9月24日	上海
9月23日	提尔皮茨号	布洛克	德国	1 199	芝罘	9月23日	上海
9月24日	太仓号	克鲁尔	英国	977	上海	9月25日	上海
9月24日	白河号	代纳特	德国	417	上海	9月25日	上海
9月24日	福州号	施马尔	英国	1 228	上海	9月27日	若松
9月24日	黄河号	盖瑟尔	德国	690	神户	9月27日	神户
9月25日	北神丸	高井	日本	737	神户	9月26日	神户

Amtsblatt
für das
Deutsche Kiautschou-Gebiet

青島官報

Herausgegeben vom Kaiserlichen Gouvernement Kiautschou.

Der Bezugspreis beträgt jährlich $ 2 = M 4.
Bestellungen nehmen sämtliche deutsche Postanstalten entgegen.

255.

| Jahrgang 7. | Nr. 40. | Tsingtau, den 6. Oktober 1906. |

Amtliche Anzeigen.

Bekanntmachung.

Als verloren angemeldet: 1 Spazierstock aus Weichselholz auf dem Wege Koutsy nach Litsun.

Als gefunden angemeldet: 1 messinger Notenhalter in Gestalt einer Lyra auf der Mole I und ein goldener Trauring.

Eingefangen wurde 1 schwarzer Teckel mit gelben Abzeichen und 1 grosser, langhariger, weiss und braun gefleckter Jagdhund.

Tsingtau, den 3. Oktober 1906.

Kaiserliches Polizeiamt.

白 告

啟者茲將本局據報遺失以及送案各物開明列左

遺失之物

手棍一根失於自滄子至李村路上

送案各物

金戒指一個
黃銅架子一個係在大碼頭拾獲
狗兩隻
遺失之物切勿輕買
見立宜報明本局送案
各物亦准具領此佈

德一千九百六年十月初三
青島巡捕局啟

Bekanntmachung.

Über den Nachlass des am 11. August 1906 zu Tsingtau verstorbenen Technikers (Tischlermeisters) Paul Mohrstedt ist die Nachlassverwaltung angeordnet worden. Zum Nachlassverwalter ist der Kaufmann Johannes Walter in Tsingtau bestellt.

Tsingtau, den 1. Oktober 1906.

Kaiserliches Gericht von Kiautschou III.

Mitteilungen.

Wegen erneuter Rotzfälle unter dem Pferdebestande der 5. Kompagnie III. Seebataillons ist die über deren Stall bei Tai tung tschen am 10. August d. Js. verhängte Sperre um 6 Wochen verlängert. Während dieser Zeit ist das Betreten des Stalles und seiner näheren Umgebung mit Pferden und Maultieren verboten.

*   *   *

Standesamtliche Nachrichten.
Geburten: 28. September, eine Tochter dem Marine-Kasernen-und Lazarettinspektor Klein.

*   *   *

Beamtenarzt.
Während der Beurlaubung des Stabsarztes Dr. Opper übernimmt den Dienst als Beamtenarzt Stabsarzt Dr. Mac Lean, Hohenloheweg 236, Sprechstunden 12—1.

*   *   *

Die Hochbauabteilungen IIIb und IIId (B. V. IIIb und IIId) sind aufgelöst.

Die seitherigen Dienstgeschäfte der B. V. IIIb hinsichtlich des Gouvernementsdienstgebäudes übernimmt die B. V. IIIa (Regierungsbaumeister Wentrup), die der B. V. IIId hinsichtlich der Schlachthofneubauten die B. V. IIIc. (Regierungsbaumeister Blaich), die der Polizeineubauten die B. V. IIIa (Regierungsbaumeister Wentrup).

*   *   *

Im Monat September wurden im Schlachthofe geschlachtet und tierärztlich untersucht:
   266 Rinder
   121 Kälber
   155 Hammel
   634 Schweine
   3 Spanferkel
Hiervon wurden 2 Ochsen, 1 Hammel und 1 Schwein gänzlich verworfen, 1 Ochse bedingt beanstandet.

*   *   *

Die Witterung zu Tsingtau während des Monats September 1906 nach den Aufzeichnungen der Meteorologisch-astronomischen Station.

Der Monat September war durch die grosse Anzahl der trüben regnerischen Tage durchweg recht kühl, nur während der Mittagsstunden wurden an 21 Tagen, sogenannten Sommertagen, noch Temperaturen über 25 Cels. beobachtet.

Die Temperatur neigte sich, der Jahreszeit entsprechend, allmählig gegen Monatsschluss. Bei einer durchschnittlichen Temperatur von $20^0,1$ wurde als höchste Temperatur $29^0.4$ am 1. und als niedrigste $8^0,7$ am 26. gemessen, sodass die Amplitude $20^0,7$ betrug. Ein grösserer Temperatursturz ($6^0,5$) vollzog sich infolge einsetzenden scharfen Nordwindes und Regens in der Nacht vom 24 zum 25.

Ein Vergleich mit den im selben Monat aus der fünfjährigen Beobachtungsperiode 1898/1903 gefundenen Temperaturwerten spricht für sich. Es wurde beobachtet bezw. errechnet:

	September 1898/1903	September 1906
Mittlere Tagestemperatur	$21^0, 78$ Cels.	$20^0, 1$ Cels.
Mittleres Maximum der Temperatur	$25^0; 72$	$25^0, 6$
Absolutes Maximum der Temperatur	$30^0, 0$	$29^0, 4$
Mittleres Minimum der Temperatur	$18^0, 02$	$16^0, 7$
Absolutes Minimum der Temperatur	$11^0, 1$	$8^0, 7$

Die Bewölkung des Himmels, im Durchschnitt 6,1 Zehntel betragend, war unverhältnismässig gross, und wird von keinem der im gleichen Monate früherer Beobachtungsjahre gewonnenen Resultate übertroffen; es kam denn auch nur ein heiterer Tag zur Auszählung, welchem 7 trübe Tage gegenüber stehen. Der Sonnenscheinautograph registrierte 162 Stunden 20 Minuten Sonnenschein, das sind etwa 44 % des möglichen.

Bei einer durchschnittlichen relativen Feuchtigkeit der Luft von 73 % fällt die grosse Anzahl (11) über den ganzen Monat verteilten regnerischen Tage auf, welche insgesamt eine Niederschlagsmenge von 102, 6 mm brachten, von der die Hauptmenge (93, 7 mm) in den Nachtstunden von Abends 9 bis Morgens 7 Uhr fiel.

Ausser Regen wurde in den frühen Morgenstunden Tau, Nebel und Dunst beobachtet.

Die Winde wehten mit einer mittleren Stärke von 2,4 der Beaufort-Skala zum überwiegenden

6. Oktober 1906.   Amtsblatt—官報青島

Teil aus nördlichen Richtungen. Stürmisch wehte der Wind während des Monats nur einmal und zwar in der Nacht vom 24. zum 25. aus Nord, dieser Wind hielt mit Stärke 6 noch bis zum Nachmittag des 25. an, hierdurch den oben angeführten Temperatursturz herbeiführend.

Infolge der kühlen Witterung, die auch auf ein Sinken der Temperatur in den nördlicher gelegenen Gegenden schliessen lässt, stellten sich Wandertaube, Waldschnepfe und verschiedene Wildentenarten schon zeitig im Monat ein, um nach kurzer Rast dem wärmeren Süden zuzuziehen.

Meteorologische Beobachtungen
in Tsingtau.

Datum	Barometer (mm) reduz. auf 0° C., Seehöhe 78,64 m			Temperatur (Centigrade).								Dunstspannung in mm			Relat. Feuchtigkeit in Prozenten		
				trock. Therm.			feucht. Therm.										
Sept.	7 Vm	2 Nm	9 Nm	7 Vm	2 Nm	9 Nm	7 Vm	2 Nm	9 Nm	Min.	Max.	7 Vm	2 Nm	9 Nm	7 Vm	2 Nm	9 Nm
27	760,0	760,0	760,6	14,2	17,7	15,9	12,4	13,3	13,5	13,4	22,3	9,6	8,7	10,1	80	58	75
28	59,4	58,0	58,9	13,0	19,4	18,1	12,1	14,3	14,1	12,5	22,5	10,0	9,0	9,5	90	54	62
29	59,6	59,1	60,1	16,7	22,9	19,1	13,5	15,2	16,3	16,0	25,0	9,6	8,2	12,1	68	39	74
30	60,1	59,4	60,4	16,3	21,4	17,3	15,1	20,1	16,3	16,0	22,3	12,0	16,7	13,2	87	88	90
Okt.																	
1	61,2	60,5	60,2	14,7	14,4	12,0	13,6	12,4	11,7	11,6	20,3	10,9	9,5	10,1	88	78	97
2	59,6	58,9	59,7	9,1	8,9	9,1	8,7	0,0	7,7	7,4	17,6	8,1	0,0	7,0	95	00	81
3	58,7	57,4	58,8	9,6	16,3	14,9	5,9	9,8	9,1	7,4	19,6	4,7	5,1	5,1	53	37	41

Datum	Wind Richtung & Stärke nach Beaufort (0—12)			Bewölkung						Niederschläge in mm		
				7 Vm		2 Nm		9 Nm				9 Nm
Sept.	7 Vm	2 Nm	9 Nm	Grad	Form	Grad	Form	Grad	Form	7 Vm	9 Nm	7 Vm
27	NNO 2	NNO 4	N 2	10	Cum-s	10	Nim	8	Cir-s			
28	N 2	WNW 1	SSW 1	4	Str	6	Cum-s	10	Cum-s			
29	N 1	NW 1	SO 2	10	Cir-s	7	Cir-s	6	„			
30	NNO 1	NNW 1	N 1	10	Cum-s	10	Nim	10	Nim	0,6	33,6	
Okt.												
1	NO 1	NNO 1	NNO 1	10	Nim	10	Nim	10	Nim	33,0	8,7	14,6
2	N 6	N 6	N 7	10	„	10	„	4	Cum	2,7	3,6	
3	NNW 5	NW 5	N 1	1	Cum	2	„	0				

Durchschnittsmarktpreise.

Monat September.
1 Kätty = 577,6 g.
Durchschnittskurs für 1 $ in
Tsingtau: 1990 kleine Käsch.
Tai tung tschen: 1940 ,, ,,
Litsun: 1906 ,, ,,
Hsüe tschia tau: 1980 ,, ,,

Bezeichnung.	Einheit	Tsingtau kl. Käsch	Tai tung tschen kl. Käsch.	Litsun kl. Käsch	Hsüe tschia tau kl. Käsch.
Bohnen	1 Kätty	—	60	55	70
Bohnen, aufgekeimte	,,	—	—	—	—
Schnittbohnen	,,	80	65	—	—
Bohnenkäse	,,	—	30	36	36
Bohnenöl	,,	—	170	180	—
Bohnenkuchen	,,	—	60	54	50
Erdnüsse	,,	—	115	128	120
Erdnussöl	,,	—	200	120	—
Erbsen	,,	—	—	46	50
Gerste	,,	—	54	46	50
Gurken	,,	18	30	30	15
Hirse	,,	—	50	40	—
Hirsenmehl	,,	—	65	60	—
Kartoffeln,	,,	60	15	—	12
Kartoffelscheiben, chin.	,,	—	—	26	26
Kauliang	,,	—	50	60	40
Kauliangstroh	,,	—	14	15	14
Kleie	,,	—	48	40	—
Kürbis	,,	—	—	100	—
Mais	,,	—	65	—	—
Radieschen	,,	80	—	—	—
Reis	,,	—	80	100	68
Weizen	,,	—	75	60	50
Weizenmehl	,,	—	80	90	—
Weizenbrot	1 Stück	—	70	20	—
Dampfbrot	,,	—	65	20	—
Hirsebrot	,,	—	40	—	—
Rostbrot	,,	—	68	—	—
Aepfel	1 Kätty	150	80	40—65	—
Apfelsinen	,,	—	—	—	—
Citronen	1 Stück	160	—	—	—
Birnen	1 Kätty	90	65	60	80
Kohlrabi	,,	160	—	—	—
Kohl in Köpfen	,,	—	—	—	—
Weisskohl	1 Kopf	150	—	—	—

6. Oktober 1906.   Amtsblatt—青島官報   259.

Bezeichnung.	Einheit	Tsingtau kl. Käsch	Tai tung tschen kl. Käsch	Litsun kl. Käsch	Hsüetschia tau kl. Käsch
Kohl in kleinen Pflanzen	1 Kätty	—	—	4	—
Knoblauch	,,	—	16	60	16
Mohrrüben,	,,	40	70	36	—
Pfeffer, roter	,,	140	86	850	—
Pfeffer, schwarzer	,,	800	800	70	—
Rettig, chin.	,,	—	—	—	—
Rüben, weisse	,,	—	—	—	—
Spinat	,,	—	—	—	—
Wallnüsse	,,	180	120	160	—
Zwiebeln	,,	—	18	20	18
Salz	,,	—	10	10	10
Tabak	,,	—	250	300	220
Bratfische	,,	270	130	100	—
Kochfische	,,	260	130	160	110
Fische, trocken	,,	—	160	200	—
Tientenfische	,,	—	—	—	—
Krabben	,,	20	—	20	—
Schweinefleisch	,,	260	250	200	180
Schweinefett	,,	320	300	200	220
Rindfleisch, roh	,,	280	—	220	—
Rindfleisch, gekocht	,,	—	—	220	—
Rindertalg	,,	—	—	220	—
Enten	1 Stück	500	560	—	—
Enten, wilde	,,	—	—	—	—
Gänse	,,	—	—	—	—
Gänse, wilde	,,	—	—	—	—
Hühner	,,	360—500	400—450	300	170—200
Schnepfen	,,	—	—	—	—
Tauben	,,	180	—	—	—
Entenvier	10 Stück	300	330	300	160
Hühnereier	,,	130	160	200	140
Nudeln	1 Kätty	—	—	—	140—160

260. Amtsblatt—青島官報 6. Oktober 1906.

Schiffsverkehr

in der Zeit vom 28. September — 3. Oktober 1906.

Ankunft am	Name	Kapitän	Flagge	Reg. Tonnen.	von	Abfahrt am	nach
28.9.	D. Gouv. Jaeschke	Treumann	Deutsch	1045	Schanghai	29.9.	Schanghai
”	D. Tung Shing	Stalker	Englisch	1173	”	28.9.	Tschifu
”	D. E Sang	Lee	”	1127	Tschifu	29.9.	Schanghai
29.9.	D. Adm. v. Tirpitz	Block	Deutsch	1199	Schanghai	30.9.	Tschifu
”	D. Kennebee	Beynon	Englisch	3301	Tschifu		
30.9.	D. Tsintau	Artelt	Deutsch	977	”	30.9.	Schanghai
”	D. Triumpf	Hansen	”	769	”	”	Wladiwostok
1.10.	D. Tak Sang	Clure	Englisch	977	Schanghai	3.10.	Schanghai
”	D. Peiho	Deinat	Deutsch	417	”	”	”
2.10.	D. Prinz Ludwig	v. Binzer	”	5704	”	2.10.	Yokohama

Druck der Missionsdruckerei Tsingtau.

第七年 第四十号

1906年10月6日

官方通告

告白

启者：兹将本局据报遗失以及送案各物开明列左：

遗失之物：

手棍一根，失于自沟子至李村路上。

送案各物：

金戒指一个；黄铜架子一个，系在大码头拾获；狗两只。

以上遗失之物切勿轻买，如见立宜报明本局。送案各物亦准具领。此布。

德一千九百六年十月初三日
青岛巡捕局启

告白

现已下令成立1906年8月11日在青岛去世的工程师（木匠师傅）保罗·摩尔施泰特的遗物管理小组，任命青岛的商人约翰内斯·瓦尔特为遗产管理人。

青岛，1906年10月1日
胶澳皇家审判厅三处

消息

由于第三海军营5连有马匹再次出现鼻涕症，原定于8月10日解除的对台东镇马厩的隔离令将延长6周。在此期间，禁止骡马进入该马厩和附近区域。

户籍所消息：

出生：9月28日，海军兵营和野战医院监察官克莱恩得女一名。

官员专任医师。在上尉军医奥帕博士度假期间，上尉军医马克·里恩博士接手他的工作，办公地址为霍恩洛厄道236号，接诊时间为12时—13时。

地上工程局第三工部局二部和第三工部局四部已经解散。

目前为止由第三工部局二部负责的总督府办公大楼事务由第三工部局一部（政府建筑师温特鲁普）接手，由第三工部局四部负责的官宰局新建筑工作由第三工部局三部（政府建筑师布莱希）接手，巡捕局新建筑工作由第三工部局一部（政府建筑师温特鲁普）接手。

9月份在官宰局屠宰和进行兽医检验的牲畜数量为：
266头牛、121头小牛、155只绵羊、634头猪和3只乳猪。
其中有2头公牛、1只绵羊和1头猪被全部拒收，1头公牛被有条件接收。

气象天文台记录的青岛在1906年9月的天气情况

9月份的天气因大量阴雨天而相当冷，只在21天的中午时分观测到了25摄氏度以上的温度，也就是所谓的夏日。

与这个季节相符的是，气温在逐渐下降，一直持续到接近月末，平均气温为20.1度，测量到的最高气温为1日的29.4度，最低气温为26日的8.7度，温度振幅达20.7度。由于出现了强北风和降雨，较大程度的气温骤降（6.5度）出现在从24日到25日夜间。

与1898—1903年的5年观测期间同月气温数值相比，所观测或计算出的数值为：

	1898—1903年的9月	1906年9月
日平均气温/度	21.78	20.1
平均最高温/度	25.72	25.6
绝对最高温/度	30.0	29.4
平均最低温/度	18.02	16.7
绝对最低温/度	11.1	8.7

平均云量为61%，该数值高得非同寻常，为历史同期最高，全月只观测到了一个晴天，相对应的是有7个阴天，日照指数计记录了162小时20分钟的日照时长，占总可能日照时长的44%。

空气平均相对湿度为73%，特别令人注意的是遍布整月的雨天数量（11天），带来102.6毫米的总降水量，其中大部分（93.7毫米）出现在晚上9点到早上7点的夜间时分。

除了降雨之外，清晨还观测到了露水、雾和湿气。

风大部分刮自北方，平均风力为2.4级蒲福风级。本月只出现一次强风，是24日到

25日夜间的北风,风力为6级,持续到25日下午,带来了上面所说的气温骤降。

由于天气寒冷,导致了北部地区气温下降,旅鸽、丘鹬和各种野雁提前出现,短暂休整后,它们将继续前往温暖的南方。

市场平均物价

1906年9月

1斤＝577.6克

1银元在各地的平均汇率

青　岛：1990个铜板

台东镇：1940个铜板

李　村：1906个铜板

薛家岛：1980个铜板

商品名称	单位	青岛,铜板	台东镇,铜板	李村,铜板	薛家岛,铜板
黄豆	1斤	—	60	55	70
豆芽	1斤	—	—	—	—
豌豆	1斤	80	65	—	—
豆腐	1斤	—	30	36	36
豆油	1斤	—	170	180	—
豆饼	1斤	—	60	54	50
花生	1斤	—	115	128	120
花生油	1斤	—	200	120	—
扁豆	1斤	—	—	46	50
大麦	1斤	—	54	46	50
黄瓜	1斤	18	30	30	15
小米	1斤	—	50	40	—
小米面	1斤	—	65	60	—
土豆	1斤	60	15	—	12
土豆片,中国品种	1斤	—	—	26	26
高粱	1斤	—	50	60	40
高粱秆	1斤	—	14	15	14

(续表)

商品名称	单位	青岛,铜板	台东镇,铜板	李村,铜板	薛家岛,铜板
麸皮	1斤	—	48	40	—
南瓜	1斤	—	—	100	—
玉米	1斤	—	65	—	—
小红萝卜	1斤	80	—	—	—
大米	1斤	—	80	100	68
麦子	1斤	—	75	60	50
面粉	1斤	—	80	90	—
小麦面包	1个	—	70	20	—
馒头	1个	—	65	20	—
窝头	1个	—	40	—	—
火烧	1个	—	68	—	—
苹果	1斤	150	80	40～65	—
橘子	1斤	—	—	—	—
柠檬	1个	160	—	—	—
梨	1斤	90	65	60	80
苤蓝	1斤	160	—	—	—
大头菜	1斤	—	—	—	—
大白菜	1斤	150	—	—	—
小白菜	1斤	—	—	4	—
大蒜	1斤	—	16	60	16
胡萝卜	1斤	40	70	36	—
胡椒,红色	1斤	140	86	850	—
胡椒,黑色	1斤	800	800	70	—
中国品种萝卜	1斤	—	—	—	—
白萝卜	1斤	—	—	—	—
菠菜	1斤	—	—	—	—
核桃	1斤	180	120	160	—
洋葱	1斤	—	18	20	18
盐	1斤	—	10	10	10

(续表)

商品名称	单位	青岛,铜板	台东镇,铜板	李村,铜板	薛家岛,铜板
烟草	1斤	—	250	300	220
煎鱼	1斤	270	130	100	—
炖鱼	1斤	260	130	160	110
干鱼	1斤	—	160	200	—
墨鱼	1斤	—	—	—	—
螃蟹	1斤	20	—	20	—
猪肉	1斤	260	250	200	180
猪大油	1斤	320	300	200	220
生牛肉	1斤	280	—	220	
熟牛肉	1斤	—		220	
牛油	1斤	—		220	
鸭子	1只	500	560	—	
野鸭	1只	—	—	—	—
鹅	1只	—	—	—	—
野鹅	1只	—	—	—	—
鸡	1只	360～500	400～450	300	170～200
䳺鹑	1只	—	—	—	—
鸽子	1只	180	—	—	—
鸭蛋	10个	300	330	300	160
鸡蛋	10个	130	160	200	140
面条	1斤	—	—	—	140～160

船运

1906年9月28日—10月3日期间

到达日	轮船船名	船长	挂旗国籍	登记吨位	出发港	出发日	到达港
9月28日	叶世克总督号	特洛依曼	德国	1 045	上海	9月29日	上海
9月28日	东兴号	施陶克尔	英国	1 173	上海	9月28日	芝罘
9月28日	伊桑	李	英国	1 127	芝罘	9月29日	上海
9月29日	提尔皮茨号	布洛克	德国	1 199	上海	9月30日	芝罘
9月29日	肯尼比号	北农	英国	3 301	芝罘		
9月30日	青岛号	阿特尔特	德国	977	芝罘	9月30日	上海
9月30日	胜利号	韩森	德国	769	芝罘	9月30日	海参崴
10月1日	太仓号	克鲁尔	英国	977	上海	10月3日	上海
10月1日	白河号	代纳特	德国	417	上海	10月3日	上海
10月2日	路德维希亲王号	冯·宾策	德国	5 704	上海	10月2日	横滨

Amtsblatt
für das
Deutsche Kiautschou-Gebiet

報官島青

Herausgegeben vom Kaiserlichen Gouvernement Kiautschou.

Der Bezugspreis beträgt jährlich $ 2 = M 4.
Bestellungen nehmen sämtliche deutsche Postanstalten entgegen.

Jahrgang 7. | Nr. 41. | Tsingtau, den 13. Oktober 1906.

Verordnungen und Bekanntmachungen.

Bekanntmachung.

Dem Konsul der Vereinigten Staaten von Nordamerika Wilbur T. Gracey ist heute die Genehmigung zum Beginn seiner Amtstätigkeit im Schutzgebiete von Kiautschou erteilt worden.

Tsingtau, den 9. Oktober 1906.

Der Kaiserliche Gouverneur.
Truppel.

Mitteilungen.

Für Gestellung des Leichenwagens des Gouvernementslazaretts einschliesslich Bespannung sind von jetzt ab von den nicht zur kostenfreien Lazarettaufnahme berechtigten Personen innerhalb der Ortsgrenze von Tsingtau 5,— $, für Gestellung des Leichenwagens ohne Bespannung 2,— $, zu entrichten.

Diesbezügliche Anträge sind an das Gouvernementslazarett zu richten.

* * *

Der neu eingerichtete vierwöchentliche Schnelldienst der Canadian Pacific Railway Co via Vancouver-Liverpool wird künftig neben den via Suez bestehenden Verbindungen in beiden Richtungen zur Postbeförderung zwischen China und Europa benutzt werden.

Der nächste Dampfer dieses Dienstes, die „Empress of China", verlässt Schanghai am 27. Oktober. Die damit beförderte Post wird in Berlin am 24. November eintreffen.

* * *

Die Stationärgeschäfte vor Tsingtau hat S. M. S. „Niobe" übernommen.

* * *

Die Allerhöchste Genehmigung zur Annahme und Anlegung der ihnen verliehenen chinesischen Ordensdekorationen ist erteilt worden dem Kapitän zur See van Semmern, Fregattenkapitän Funke, Wirklichen Admiralitätsrat Dr. Schrameier, Dolmetscher Dr. Wirtz, Dolmetscher Dr. Michelsen und dem Polizeichef Welzel.

Meteorologische Beobachtungen
in Tsingtau.

Da-tum. Okt.	Barometer (m m) reduz. auf 0º C., Seehöhe 78,64 m			Temperatur (Centigrade).								Dunst-spannung in mm			Relat. Feuchtigkeit in Prozenten		
				trock. Therm.			feucht. Therm.										
	7 Vm	2 Nm	9 Nm	7 Vm	2 Nm	9 Nm	7 Vm	2 Nm	9 Nm	Min.	Max.	7 Vm	2 Nm	9 Nm	7 Vm	2 Nm	9 Nm
4	757,9	756,3	756,9	14,8	19,3	16,7	9,8	13,2	11,8	14,3	22,3	6,0	7,6	7,4	49	46	52
5	59,8	63,0	66,3	12,0	14,5	9,6	10,0	8,0	6,7	8,9	18,3	8,0	4,1	5,6	76	34	62
6	67,7	65,8	65,8	9,1	16,6	12,1	7,2	10,0	8,6	8,0	19,8	6,5	5,2	6,2	75	37	60
7	64,8	62,4	60,9	9,7	14,9	14,5	6,3	9,5	10,5	8,9	18,7	5,1	5,6	7,1	57	45	57
8	60,2	58,8	59,8	14,2	17,2	15,9	10,9	13,0	12,8	13,8	21,6	7,7	8,6	9,2	63	59	67
9	59,7	59,1	58,3	14,8	14,9	15,9	11,8	12,5	12,9	12,8	19,1	8,5	9,4	9,3	68	74	68
10	56,6	56,0	56,5	16,6	17,6	16,9	13,8	15,5	14,5	14,7	20,8	10,1	11,8	10,8	71	79	76

Da-tum. Okt.	Wind Richtung & Stärke nach Beaufort (0—12)			Bewölkung						Niederschläge in mm		
				7 Vm		2 Nm		9 Nm				
	7 Vm	2 Nm	9 Nm	Grad	Form	Grad	Form	Grad	Form	7 Vm	9 Nm	9 Nm 7 + Vm
4	S W 1	S 4	S W 5	0		0		0				
5	N N O 6	N 6	N N O 5	4	Cir-cum	4	Cir	2	Str			
6	N N O 3	N 5	N 2	2	Cum	1	Cir-cum					
7	N 2	N 1	S 1	4	Str	10	Cum-s	10	Cum-s			
8	WSW 1	WNW 1	S 1	8	Cir-s	5	Cir-cum	2	„			
9	N 0 1	N 1	OSO 2	8	Cum-s	8	Cum-s	2	Str			
10	OSO 1	OSO 2	SSO 2	7	„	6	„	8	Cum	0,2	0,2	

13. Oktober 1906. Amtsblatt—青島官報

Schiffsverkehr

in der Zeit vom 4.—10. Oktober 1906.

Ankunft am	Name	Kapitän	Flagge	Reg. Tonnen.	von	Abfahrt am	nach
(29.9.)	D. Kennebee	Beynon	Englisch	3301	Tschifu	4.10.	Schanghai
4.10.	D. Staatssekr. Kraetke	Hansen	Deutsch	1199	Schanghai		Tschifu
5.10.	D. Dacia	Brock	"	3423	"		
6.10.	D. Gouv. Jaeschke	Treumann	"	1045	"	6.10.	Schanghai
7.10.	D. E Sang	Lee	Englisch	1127	"	7.10.	Tschifu
"	D. Adm. v. Tirpitz	Block	Deutsch	1199	Tschifu	"	Schanghai
8.10.	D. Peiho	Deinat	"	417	Schanghai	9.10.	"
"	D. Hokushin Maru	Takai	Japan.	737	Kobe	"	Tschifu
"	D. Chiyoda Maru II.	Jupiter	"	617	Moji		
9.10.	D. Hoangho	Geissel	Deutsch	690	Kobe		
"	D. Tsintau	Artelt	"	977	Schanghai	9.10.	Tschifu
"	D. Tak Sang	Clure	Englisch	977	"	"	Schanghai

Druck der Missionsdruckerei Tsingtau.

第七年　第四十一号

1906 年 10 月 13 日

法令与告白

告白

美利坚合众国领事威尔伯·T. 葛尔锡[①]于今日被批准在胶澳租借地开始其领事工作。

青岛，1906 年 10 月 9 日
皇家总督
都沛禄

消息

从即日起，如需调用督署野战医院的灵车（含马匹牵引），医院将对非免费接收人员在青岛地界内收取 5.00 元劳务费用，仅调用不含马匹牵引的灵车收取 2.00 元。

相关申请须递交至督署野战医院。

加拿大太平洋铁路公司新设立的经温哥华—利物浦的四周迅捷服务，未来除在现有的经苏伊士运河的连接线之外，也可以在中国和欧洲之间的邮件运输上双向实施。

承担该服务的下一班轮船为"中国女皇"号，它将于 10 月 27 日离开上海。它所载运的邮件将于 11 月 24 日抵达柏林。

"尼奥比"号军舰接手了青岛的驻站业务。

最高敕令许可下列人员接受并佩戴中国颁发的勋章：海军上校师孟、海军中校冯克、高等海军部顾问单维廉博士、翻译维尔茨博士、翻译米歇尔森博士和警察局长局维尔策尔。

[①] 译者注：其父 Samuel L. Gracey（中文名：葛尔锡）曾经担任福州的美国领事，并于 1890—1894 年间兼任德国领事。

船运

1906年10月4日—10日期间

到达日	轮船船名	船长	挂旗国籍	登记吨位	出发港	出发日	到达港
（9月29日）	肯尼比号	北农	英国	3 301	芝罘	10月4日	上海
10月4日	克莱特克号	韩森	德国	1 199	上海	10月4日	芝罘
10月5日	达契亚号	布洛克	德国	3 423	上海		
10月6日	叶世克总督号	特洛依曼	德国	1 045	上海	10月6日	上海
10月7日	伊桑号	李	英国	1 127	上海	10月7日	芝罘
10月7日	提尔皮茨号	布洛克	德国	1 199	芝罘	10月7日	上海
10月8日	白河号	代纳特	德国	417	上海	10月9日	上海
10月8日	北神丸	高井	日本	737	神户	10月9日	芝罘
10月8日	千代田丸2号	朱庇特	日本	617	门司		
10月9日	黄河号	盖瑟尔	德国	690	神户		
10月9日	青岛号	阿特尔特	德国	977	上海	10月9日	芝罘
10月9日	太仓号	克鲁尔	英国	977	上海	10月9日	上海

Amtsblatt
für das Deutsche Kiautschou-Gebiet.

青島官報

Herausgegeben vom Kaiserlichen Gouvernement Kiautschou.

Der Bezugspreis beträgt jährlich $ 2=M 4.
Bestellungen nehmen sämtliche deutsche Postanstalten entgegen.

265.
德曆一千九百零六年十月二十日

| Jahrgang 7. | Nr. 42. | Tsingtau, den 20. Oktober 1906. | 第四十二號 第七年 |

Amtliche Anzeigen.

Bekanntmachung.

Am Montag, den 22. Oktober 1906, Vormittags 10 Uhr soll im Strandlager 1 Pony gegen sofortige Zahlung meistbietend versteigert werden.

Tsingtau, den 18. Oktober 1906.

Kaiserliches Polizeiamt.

Bekanntmachung.

Der durch Bekanntmachung vom 22. September 1906, Amtsblatt Nr. 38 bei der Feldbatterie als zugelaufen angemeldete Pony, ist bis jetzt nicht von dem Besitzer abgeholt worden.

Falls sich der Besitzer bis zum 25. d. Mts. nicht meldet, wird das Pferd auf Grund des § 966 B. G. B. versteigert.

Tsingtau, den 18. Oktober 1906.

Kaiserliches Polizeiamt.

告白

啟者茲有馬一匹獲於西十月二十二即中九月初五日早十點鐘在西營盤巡捕局拍賣惟出價全多者當交現洋立即收領此佈

德一千九百六年十月十八日

青島巡捕局啟

告白

啟者前於西九月二十二日有馬一匹跑至炮隊營盤業已登報示明令其失主來署具領如至西本月二十五日終無失主投署報明定將此馬按德律拍賣此佈

德一千九百六年十月十八日

青島巡捕局啟

266. Amtsblatt—青島官報 20. Oktober 1906.

Behanntmachung.

Als verloren angemeldet: eine braune Jagdtasche auf dem Wege von Taitungtschen nach dem Gouvernementsdienstgebäude, 1 grün- graues Wagenkissen aus Plüsch, 1 braunledernes Portmonaie mit Inhalt.

Als gefunden angemeldet: 1 Schlüsselbund mit 13 Schlüsseln, 1 Stück neuer Barchent, darin eingewickelt zwei kleine Stücke Leinen, 1 braungrüner Sommerüberzieher, 1 Pack Baumwolle.

Zugelaufen: 1 braune Ente.

Eingefangen wurden: 1 kleiner schwarzer Teckel, ein gelb- weiss gefleckter Terrier, 1 grosse braune Jagdhündin, 1 grosser brauner Jagdhund und 1 weiss braun gefleckte Jagdhündin.

Tsingtau, den 18. Oktober 1906.

Kaiserliches Polizeiamt.

Bekanntmachung.

Am Mittwoch, den 24. d. Mts. vormittags 9 Uhr sollen auf dem Hofe des Jamenlagers alte Inventarien und Materialien der Garnison- Verwaltung, verschiedene Wagen und Fahrzeuge des ehem. 1. Bataillons I. Ostasiatischen Infanterieregiments, sowie ein Teil der Schiffslazarettausrüstung S. M. S. „Möve" öffentlich meistbietend gegen Baarzahlung verkauft werden.

Kaiserliche Garnison-Verwaltung Kiautschou.

Mitteilungen.

Die Schantung- Eisenbahn- Gesellschaft beabsichtigt zum 1. November d. Js. die Einführung eines Ausnahmetarifs (Nr. 5A) für Grubenholz in der Stationsverbindung Tsingtau, Bahnhof oder Tsingtau, Hafenhaltesstelle Gr. Hafen- Tsetschuan. Der Frachtsatz beträgt 0,53 $ für 100 kg., bezw. 79,50 $ für eine Wagenladung von 15 tons; der Frachtberechnung wird mindestens ein Gewicht von 15000 kg. für jeden verwendeten Wagen zu grunde gelegt.

Ebenfalls mit Gültigkeit vom 1. November 1906 sollen Steinkohlenbriketts in die Ausnahmetarife Nr. 2 (Steinkohlen jeglicher Art in Sonderzügen) und Nr. 3 (Steinkohlen jeglicher Art mit Ausnahme von Feinkohlen) einbezogen werden.

* * *

Am Sonntag den 21. d. Mts. fällt der evangelische Gottesdienst in der Gouvernementskapelle aus.

* * *

Folgende russische Ordensauszeichnungen sind verliehen worden: der St. Annenorden 3. Klasse dem Polizeichef Welzel, der St. Stanislausorden 3. Klasse dem Marine-Stabsarzt Dr. Wiens, den Marine-Oberassistenzärzten Dr. Dörr und Dr. Freyer und dem Marine-Kasernen und Lazarettinspektor Herrmann.

* * *

Standesamtliche Mitteilung.

Eheschliessungen: 13. Oktober, Tischler Wilhelm Todenhagen und Clara Schlüter, 18. Oktober, Maschinist Otto Stielow und Minna Günther, Gouvernementstierarzt Max Eggebrecht und Margarete Eggebrecht.

Geburten: 14. Oktober, ein Sohn dem Maschinisten Franz Wolter.

Gouvernementskassenkurs vom 18. ab: 1,00 $ = 2,32 M.

20. Oktober 1906. Amtsblatt—官報青島 267.

Meteorologische Beobachtungen
in Tsingtau.

Datum. Okt.	Barometer (mm) reduz. auf 0º C., Seehöhe 78,64 m			Temperatur (Centigrade).								Dunstspannung in mm			Relat. Feuchtigkeit in Prozenten		
				trock. Therm.			feucht. Therm.										
	7Vm	2Nm	9Nm	7Vm	2Nm	9Nm	7Vm	2Nm	9Nm	Min.	Max.	7Vm	2Nm	9Nm	7Vm	2Nm	9Nm
11	757,4	757,2	758,8	12,3	15,7	13,9	11,8	12,8	12,7	10,6	19,6	10,0	9,3	10,2	95	69	87
12	59,6	59,1	59,9	14,0	19,7	17,6	12,9	15,8	15,4	14,0	22,8	10,4	10,0	11,7	88	64	78
13	60,0	58,7	59,1	17,5	19,4	18,2	15,9	16,0	15,5	16,8	23,1	12,5	11,5	11,5	84	68	74
14	58,4	57,2	58,0	18,1	19,5	18,8	16,5	17,6	17,6	17,6	23,5	13,0	13,8	14,2	84	82	88
15	57,8	57,0	56,9	19,1	22,0	19,3	18,6	20,3	18,7	17,6	25,1	15,6	16,7	15,7	95	85	94
16	55,6	54,0	53,9	17,3	21,8	18,5	16,7	18,0	18,1	15,9	24,6	13,8	13,0	15,2	94	67	96
17	56,7	58,0	60,3	8,6	12,8	10,1	4,2	8,0	5,5	8,1	21,0	3,6	5,1	4,0	43	47	44

Datum. Okt.	Wind Richtung & Stärke nach Beaufort (0—12)			Bewölkung							Niederschläge in mm	
				7 Vm		2 Nm		9 Nm				9Nm / 7Vm
	7 Vm	2 Nm	9 Nm	Grad	Form	Grad	Form	Grad	Form	7Vm	9Nm	
11	NW 4	N 4	N 3	8	Cum	5	Cum-s	0	Klar			
12	Stille 0	S 2	S 3	0	Klar	1	Cir-s	2	Str			
13	S 2	S 4	S 5	9	Cum-s	8	Cum	4	„			
14	S 4	S 4	S 5	8	„	10	Cum-s	5	Cum			
15	S 2	SSO 2	S 3	9	Cum	5	„	10	Nebel			
16	W 1	N 2	S 2	6	Cir-s	6	Cir-s	4	Str			
17	NNW 9	NNW 9	NNW 8	0	Klar	0	Klar	0	Klar			

268.   Amtsblatt—青島官報   20. Oktober 1906.

Schiffsverkehr

in der Zeit vom 10. — 17. Oktober 1906.

Ankunft am	Name	Kapitän	Flagge	Reg. Tonnen.	von	Abfahrt am	nach
(5.10.)	D. Dacia	Brock	Deutsch	3423	Schanghai	12.10.	Taku
(8.10.)	D. Chiyoda Maru II.	Jupiter	Japan.	917	Moji	13.10.	Mitsuma
(9.10.)	D. Hoangho	Geissel	Deutsch	690	Kobe	11.10.	Kobe
11.10.	D. Staatssekr. Kraetke	Hansen	"	1208	Tschifu	11.10.	Schanghai
12.10.	D. Gouv. Jaeschke	Treumann	"	1045	Schanghai	13.10.	"
14.10.	D. Hin Sang	Davies	Englisch	1536	"	14.10.	Tschifu
"	D. Kashing	Pickard	"	1143	Hongkong	15.10.	"
"	D. Kinai Maru	Aoi	Japan.	1498	Moji		
15.10.	D. Tak Sang	Clure	Englisch	977	Schanghai	16.10.	Schanghai
"	D. Adm. v. Tirpitz	Block	Deutsch	1199	"	15.10.	Tschifu
"	D. Peiho	Deinat	"	417	"	16.10.	Schanghai
"	D. Tsintau	Artelt	"	977	Tschifu	15.10.	"

Druck der Missionsdruckerei Tsingtau.

第七年　第四十二号

1906年10月20日

官方通告

告白

启者：兹有马一匹，拟于西十月二十二即中九月初五日早十点钟，在西营盘巡捕局拍卖。惟出价至多者，当交现洋，立即收领。此布。

德一千九百六年十月十八日
青岛巡捕局启

告白

启者：前于西九月二十二日有马一匹跑至炮队营盘，业已登报示明，令其失主领回，至今日久并未有失主来署具领。如至西本月二十五日终无失主投署报明，定将此马按德律拍卖。此布。

德一千九百六年十月十八日
青岛巡捕局启

告白

启者：兹将本局据报并送案以及获到存局各物列左：

遗失各物：

打猎人所用之紫皮夹子一个；淡绿色绒车枕头一个；紫皮钱夹子一个，内有洋钱。

送案各物：

钥匙十三把；细麻布一包；紫绿色外国布袍一件；棉线一包。

获存各物：

鸭子一只；狗五只。

以上遗失各物切勿轻买,如见立宜报明本局。送案并获存各物均准具领。此布。

德一千九百六年十月十八日
青岛巡捕局启

告白

本月 24 日星期三上午 9 点将在衙门兵营院内公开拍卖管理公家什物局的库存物品和材料、前第一东亚步兵团 1 营遗留各类大车和行驶车辆,以及"海鸥"号军舰上的舰上医院装备,价高者得。

军需局

消息

山东铁路公司计划在今年 11 月 1 日前在青岛火车站或者是青岛大港港口停车点与淄川的连接线上施行对坑木的特别费率(第 5A 号)。运输收费费率为每 100 千克收费 0.53 元,15 吨重的整车皮收费 79.50 元。所使用的每节车皮的运费计算至少以 15 000 千克为基础。

同样自 1906 年 11 月 1 日起生效的还有对煤饼的第 2 号(专列运输的各类煤炭)和第 3 号(除精煤之外的各类煤炭)特别运费。

本月 21 日星期日,在督署小教堂的新教弥撒取消。

已经颁发了下列俄国勋章:授予警察局长维尔策尔三等圣·安妮勋章,授予海军上尉军医韦恩斯博士、海军高级助理医师多尔博士和弗莱耶博士、海军兵营和野战医院督察官赫尔曼三等圣·斯坦尼斯劳斯勋章。

户籍所消息:

结婚:10 月 13 日,木匠威廉·多顿哈根与克拉拉·施吕特结婚;10 月 18 日,机械师奥托·斯蒂洛夫和米娜·贡特、总督府兽医马克斯·艾格布莱希特和马加里特·艾格布莱希特结婚。

出生:10 月 14 日,机械师弗朗茨·沃尔特得子一名。

总督府财务处自 18 日起的汇率为:1.00 元=2.32 马克。

船运

1906年10月10日—17日期间

到达日	轮船船名	船长	挂旗国籍	登记吨位	出发港	出发日	到达港
（10月 5日）	达契亚号	布洛克	德国	3 423	上海	10月12日	大沽
（10月 8日）	千代田丸2号	朱庇特	日本	917	门司	10月13日	三叶
（10月 9日）	黄河号	盖瑟尔	德国	690	神户	10月11日	神户
10月11日	克莱特克号	韩森	德国	1 208	芝罘	10月11日	上海
10月12日	叶世克总督号	特洛依曼	德国	1 045	上海	10月13日	上海
10月14日	贤成号	戴维斯	英国	1 536	上海	10月14日	芝罘
10月14日	嘉兴号	皮卡特	英国	1 143	香港	10月15日	芝罘
10月14日	畿内丸	青井	日本	1 498	门司		
10月15日	太仓号	克鲁尔	英国	977	上海	10月16日	上海
10月15日	提尔皮茨号	布洛克	德国	1 199	上海	10月15日	芝罘
10月15日	白河号	代纳特	德国	417	上海	10月16日	上海
10月15日	青岛号	阿特尔特	德国	977	芝罘	10月15日	上海

Amtsblatt
für das Deutsche Kiautschou-Gebiet.

青島官報

Herausgegeben vom Kaiserlichen Gouvernement Kiautschou.

Der Bezugspreis beträgt jährlich $ 2=M 4.
Bestellungen nehmen sämtliche deutsche Postanstalten entgegen.

Jahrgang 7. Nr. 43. Tsingtau, den 27. Oktober 1906.

Amtliche Anzeigen.

Bekanntmachung.

A. F. Papst hat ein Gesuch um Erteilung der Schankerlaubnis im „Centralhotel" am Kaiser-Wilhelm-Ufer eingereicht.

Einwendungen im Sinne der Gouvernementsbekanntmachung vom 10. Oktober 1899 sind bis zum 17. n. Mts. an die unterzeichnete Behörde schriftlich einzureichen.

Tsingtau, den 24. Oktober 1906.

Kaiserliches Polizeiamt.

Bekanntmachung.

Als gefunden angemeldet: 1 Pack Baumwolle; 1 Schnurrbartbürste mit Kamm; 2 weisse Taschentücher, gestickte Ränder.

Als entlaufen angemeldet: 1 Australier: Fuchs-Wallach mit 3 weissen Fesseln und grosser länglicher Plesse; 1 Pony: Brauner-Wallach ohne Abzeichen, kleiner, weisser Stern unterm Schopf.

Tsingtau, den 25. Oktober 1906.

Kaiserliches Polizeiamt.

白告

啟者茲將本局存案以及據報遺失各物開列左
送案各物
棉花一包
梳箆刷子各一隻
白于巾兩條
遺失各物
紅色大馬一匹　紫毛馬一匹
以上遺失二馬切勿輕買如見立宜官報明本局送案各物均准具領此佈

德一千九百六年十月二十五日

青島巡捕局啟

270.   Amtsblatt—青島官報   27. Oktober 1906.

Mitteilungen.

Der Magistrat von Kaumi hat für seinen Kreis ein Verbot der Ausfuhr von Getreide erlassen.

* * *

Der Kurs bei der Gouvernementskasse beträgt vom 26. Oktober 1906 ab: 1 $ = 2,38 M.

* * *

Standesamtliche Nachrichten.
Geburt, am 21. Oktober eine Tochter dem Architekten Johannes Lieb.

* * *

Meteorologische Beobachtungen
in Tsingtau.

Datum. Okt.	Barometer (mm) reduz. auf 0º C., Seehöhe 78,64 m			Temperatur (Centigrade).								Dunstspannung in mm			Relat. Feuchtigkeit in Prozenten		
				trock. Therm.			feucht. Therm.										
	7 Vm	2 Nm	9 Nm	7 Vm	2 Nm	9 Nm	7 Vm	2 Nm	9 Nm	Min.	Max.	7 Vm	2 Nm	9 Nm	7 Vm	2 Nm	9 Nm
18	761,8	760,6	761,7	8,6	17,4	11,9	5,4	13,3	10,0	8,1	18,4	4,8	8,9	8,0	58	60	77
19	61,0	59,8	61,4	11,5	16,0	10,3	6,7	11,5	7,9	10,9	19,2	4,5	7,4	6,6	43	55	70
20	61,4	61,4	62,0	10,4	18,3	15,9	8,0	13,2	10,7	10,0	22,2	6,6	8,2	6,5	70	53	48
21	61,3	60,3	60,1	12,2	18,0	15,0	11,1	10,7	12,1	11,7	21,7	9,2	5,2	8,8	88	54	69
22	60,0	59,2	59,4	12,2	19,7	15,0	10,2	12,2	11,4	11,7	22,8	8,1	6,0	7,9	76	35	62
23	58,2	56,8	57,5	11,9	21,3	15,6	10,1	12,7	10,9	10,9	23,9	8,1	5,7	6,9	79	31	52
24	56,7	56,0	57,0	11,0	20,4	16,2	9,6	13,8	12,9	10,7	23,3	8,1	7,7	9,1	82	44	66

Datum. Okt.	Wind Richtung & Stärke nach Beaufort (0—12)			Bewölkung						Niederschläge in mm		
				7 Vm		2 Nm		9 Nm				9 Nm + 7 Vm
	7 Vm	2 Nm	9 Nm	Grad	Form	Grad	Form	Grad	Form	7 Vm	9 Nm	
18	N 6	N 5	NNO 1	0		4	Cir-s	4	Cir-s			
19	W 1	S 1	NNW 1	3	Cir-s	3	Cum	2	Str			
20	NNW 1	OSO 1	OSO 1	2	Str	1	Str	0				
21	NNO 1	SW 1	SO 1	0		1	"	0				
22	NNW 1	NNW 2	N 1	4	Str	1	Cir	0				
23	N 2	NNO 3	NNO 1	1	Cir-s	2	Str	6	Cir-s			
24	N 3	NNW 2	N 2	4	"	0		1	Cir			

27. Oktober 1906.   Amtsblatt—青島官報   271.

Schiffsverkehr

in der Zeit vom 18. — 25. Oktober 1906.

Ankunft am	Name	Kapitän	Flagge	Reg. Tonnen.	von	Abfahrt am	nach
(14.10.)	D. Kinai Maru	Aoi	Japan.	1498	Moji	20.10.	Tschifu
18.10.	D. Ting Sang	Reynolds	Englisch	1045	Schanghai	18.10.	"
19.10.	D. Gouv. Jaeschke	Treumann	Deutsch	1045	"	20.10.	Schanghai
"	D. Daphne	Schipper	"	1225	Hongkong	21.10.	Wladiwostok
21.10.	D. Staatssekr. Kraetke	Hansen	"	1208	Schanghai	"	Tschifu
"	D. Adm. v. Tirpitz	Block	"	1199	Tschifu	"	Schanghai
22.10.	D. Poiho	Deinat	"	417	Schanghai	23.10.	"
"	D. Tak Sang	Clure	Englisch	977	"		
"	D. Undine	Torbjörnsen	Norweg.	1017	Tschifu		
23.10.	D. Hoangho	Geissel	Deutsch	690	Kobe		
"	D. Yinhow	Kern	Englisch	902	Schanghai		
25.10.	D. Hokushin Maru	Takai	Japan.	737	Kobe		

Sonnen-Auf- und Untergang
für Monat November 1906.

Dt.	Mittelostchinesische Zeit des			
	wahren	scheinbaren	wahren	scheinbaren
	Sonnen-Aufgangs.		Sonnen-Untergangs.	
1.	6 U. 23.6 M.	6 U. 18.1 M.	4 U. 58.8 M.	5 U. 54.3 M.
2.	24.5	19.0	57.8	3.3
3.	25.4	19.9	56.8	2.3
4.	26.3	20.8	55.9	1.4
5.	27.3	21.8	55.0	0.5
6.	28.3	22.8	54.1	4 U. 59.6 M.
7.	29.2	23.7	53.2	58.7
8.	30.2	24.7	52.3	57.8
9.	31.2	25.7	51.4	56.9
10.	32.2	26.7	50.6	56.1
11.	33.2	27.7	49.8	55.3
12.	34.3	28.8	48.9	54.4
13.	35.4	29.9	48.1	53.6
14.	36.5	31.0	47.3	52.8
15.	37.6	32.1	46.5	52.0
16.	38.7	33.2	45.7	51.2
17.	39.7	34.2	45.1	50.6
18.	40.7	35.2	44.5	50.0
19.	41.6	36.1	44.0	49.5
20.	42.5	37.0	43.5	49.0
21.	43.4	37.9	43.0	48.5
22.	44.4	38.9	42.5	48.0
23.	45.4	39.9	42.0	47.5
24.	46.4	40.9	41.5	47.0
25.	47.4	41.9	41.0	46.5
26.	48.4	42.9	40.5	46.0
27.	49.4	43.9	40.2	45.7
28.	50.4	44.9	39.9	45.4
29.	51.4	45.9	39.7	45.2
30.	52.4	46.9	39.5	44.0

Hochwassertabelle für den Monat November 1906.

Datum	Tsingtau - Hauptbrücke.		Grosser Hafen, Mole I.		Nükuk'ou.	
	Vormittags	Nachmittags	Vormittags	Nachmittags	Vormittags	Nachmittags
1.	4 U. 09 M.	4 U. 19 M.	4 U. 39 M.	4 U. 49 M.	5 U. 09 M.	5 U. 19 M.
2.	4 „ 36 „	4 „ 54 „	5 „ 06 „	5 „ 24 „	5 „ 36 „	5 „ 54 „
3.	5 „ 01 „	5 „ 29 „	5 „ 31 „	5 „ 59 „	6 „ 01 „	6 „ 29 „
4.	5 „ 29 „	6 „ 07 „	5 „ 59 „	6 „ 37 „	6 „ 29 „	7 „ 07 „
5.	5 „ 59 „	6 „ 47 „	6 „ 29 „	7 „ 17 „	6 „ 59 „	7 „ 47 „
6.	6 „ 35 „	7 „ 30 „	7 „ 05 „	8 „ 00 „	7 „ 35 „	8 „ 30 „
7.	7 „ 16 „	8 „ 18 „	7 „ 46 „	8 „ 48 „	8 „ 16 „	9 „ 18 „
8.	8 „ 05 „	9 „ 20 „	8 „ 35 „	9 „ 50 „	9 „ 05 „	10 „ 20 „
9.	9 „ 09 „ ●	10 „ 29 „	9 „ 39 „	10 „ 59 „	10 „ 09 „	11 „ 29 „
10.	10 „ 27 „	11 „ 54 „	10 „ 57 „	—	11 „ 27 „	—
11.	11 „ 51 „	—	0 „ 24 „	0 „ 21 „	0 „ 54 „	0 „ 51 „
12.	1 „ 04 „	0 „ 56 „	1 „ 34 „	1 „ 26 „	2 „ 04 „	1 „ 56 „
13.	1 „ 50 „	1 „ 42 „	2 „ 20 „	2 „ 12 „	2 „ 50 „	2 „ 42 „
14.	2 „ 29 „	2 „ 28 „	2 „ 59 „	2 „ 58 „	3 „ 29 „	3 „ 28 „
15.	3 „ 04 „ ●	3 „ 14 „	3 „ 34 „	3 „ 44 „	4 „ 04 „	4 „ 14 „
16.	3 „ 40 „ ●	3 „ 57 „	4 „ 10 „	4 „ 27 „	4 „ 40 „	4 „ 57 „
17.	4 „ 15 „	4 „ 44 „	4 „ 45 „	5 „ 14 „	5 „ 15 „	5 „ 44 „
18.	4 „ 50 „	5 „ 36 „	5 „ 20 „	6 „ 06 „	5 „ 50 „	6 „ 36 „
19.	5 „ 31 „	6 „ 34 „	6 „ 01 „	7 „ 04 „	6 „ 31 „	7 „ 34 „
20.	6 „ 20 „	7 „ 31 „	6 „ 50 „	8 „ 01 „	7 „ 20 „	8 „ 31 „
21.	7 „ 07 „	8 „ 39 „	7 „ 37 „	8 „ 59 „	8 „ 07 „	9 „ 29 „
22.	8 „ 09 „	9 „ 37 „	8 „ 39 „	10 „ 07 „	9 „ 09 „	10 „ 37 „
23.	9 „ 23 „ ◐	11 „ 00 „	9 „ 53 „	11 „ 30 „	10 „ 23 „	—
24.	10 „ 55 „	—	11 „ 25 „	—	11 „ 55 „	—
25.	0 „ 24 „	0 „ 13 „	0 „ 54 „	0 „ 43 „	1 „ 24 „	1 „ 13 „
26.	1 „ 17 „	1 „ 13 „	1 „ 47 „	1 „ 43 „	2 „ 17 „	2 „ 13 „
27.	2 „ 03 „	2 „ 01 „	2 „ 33 „	2 „ 31 „	3 „ 03 „	3 „ 01 „
28.	2 „ 36 „	2 „ 47 „	3 „ 06 „	3 „ 17 „	3 „ 36 „	3 „ 47 „
29.	3 „ 09 „	3 „ 25 „	3 „ 39 „	3 „ 55 „	4 „ 09 „	4 „ 25 „
30.	3 „ 40 „	4 „ 04 „ ○	4 „ 10 „	4 „ 34 „	4 „ 40 „	5 „ 04 „

1) ○ = Vollmond; 2) ◐ = Letztes Viertel; 3) ● = Neumond; 4) ◑ = Erstes Viertel.

Anmerkung: In T'a pu t'ou tritt das Hochwasser 10 Minuten früher als in Nükuk'ou auf.

Druck der Missionsdruckerei Tsingtau.

第七年　第四十三号

1906 年 10 月 27 日

官方通告

告白

A. F. 帕普斯特递交申请,请求批准在位于威廉皇帝海岸的"中央饭店"经营酒类生意的许可。

如有根据 1899 年 10 月 10 日总督府告白提出的异议,须在本月 17 日前递交至本处。

青岛,1906 年 10 月 24 日
青岛巡捕局

告白

启者:兹将本局存案以及据报遗失各物列左:

送案各物:

棉花一包;梳蓖(笓)、刷子各一只;白手巾两条。

遗失各物:

红色大马一匹;紫毛马一匹。

以上遗失二马切勿轻买,如见立宜报明本局,送案各物均准具领。此布。

德一千九百六年十月二十五日
青岛巡捕局启

消息

高密县令已下令禁止向该县以外销售粮食。

总督府财务处自 1906 年 10 月 26 日起的汇率为:1 元 = 2.38 马克。

户籍所消息：

出生：10月21日，建筑师约翰内斯·李普得女一名。

船运

1906年10月18日—25日期间

到达日	轮船船名	船长	挂旗国籍	登记吨位	出发港	出发日	到达港
(10月14日)	畿内丸	青井	日本	1 498	门司	10月20日	芝罘
10月18日	廷森号	雷诺兹	英国	1 045	上海	10月18日	芝罘
10月19日	叶世克总督号	特洛依曼	德国	1 045	上海	10月20日	上海
10月19日	达芙妮号	史帕	德国	1 225	香港	10月21日	海参崴
10月21日	克莱特克号	韩森	德国	1 208	上海	10月21日	芝罘
10月21日	提尔皮茨号	布洛克	德国	1 199	芝罘	10月21日	上海
10月22日	白河号	代纳特	德国	417	上海	10月23日	上海
10月22日	太仓号	克鲁尔	英国	977	上海		
10月22日	温蒂妮号	托比杨森	挪威	1 017	芝罘		
10月23日	黄河号	盖瑟尔	德国	690	神户		
10月23日	银州号	科恩	英国	902	上海		
10月25日	北神丸	高井	日本	737	神户		

Amtsblatt
für das
Deutsche Kiautschou-Gebiet.

青島官報

Herausgegeben vom Kaiserlichen Gouvernement Kiautschou.

Der Bezugspreis beträgt jährlich $ 2 = M 4.
Bestellungen nehmen sämtliche deutsche Postanstalten entgegen.

| Jahrgang 7. | Nr. 44. | Tsingtau, den 3. November 1906. |

Amtliche Anzeigen.

Landversteigerung.

Auf Antrag der Herren Harrs und Fröhlich findet am Montag, den 19. November 1906, vormittags 11 Uhr, die Versteigerung des Grundstückes Kbl. 6 Nr. 14, des Grundbuchbezirkes Tsingtau-Stadt an der Jrene-und Münchenerstrasse-Ecke im Landamte statt.

Grösse: 1169 qm.
Mindestpreis: 1543,08 $.
Benutzungsplan: Bau von Wohnhäusern.
Bebauungsfrist: 30. November 1909.
Gesuche zum Mitbieten sind bis zum 18. November 1906 hierher zu richten.

Tsingtau, den 30. Oktober 1906.

Kaiserliches Landamt.

Landversteigerung

Auf Antrag des Bauschreibers Krätzig zu Tsingtau findet am Montag, den 19. November 1906, vormittags 11 Uhr, die Versteigerung des Grundstücks Kbl. 12 Nr. $\frac{66}{42}$ des Grundbuchbezirks Tsingtau Stadt am Hohenloheweg-und Kronprinzenstrasse-Ecke im Landamte statt.

Grösse: 1640 qm.
Mindestpreis: 1361,20 $.
Benutzungsplan: Landhausmässige Bebauung.
Bebauungsfrist: 30. November 1909.
Gesuche zum Mitbieten sind bis zum 12. November 1906 hierher zu richten.

Tsingtau, den 3. November 1906.

Kaiserliches Landamt.

Mitteilungen.

Am Sonntag, den 11. November 1906, findet in der Gouvernementskapelle kein Gottesdienst statt.

* * *

Standesamtliche Nachrichten.
Geburten: Am 23 Oktober eine Tochter dem Leutnant a. D. Hans Kropatscheck, am 26. Oktober ein Sohn dem Jngenieur Maximilian Esterer.

* * *

Nach Mitteilung der deutschen Botschaft in Tokio sind abweichend von der früheren Mitteilung, Amtsblatt 1906 Seite 236, die Bestimmungen über den Verkehr fremder Schiffe zwischen Tairen und den geöffneten japanischen Häfen dahin auszulegen. dass ein fremdes Schiff in Tairen Ladung für mehrere japanische Häfen aufnehmen und sie nach einander zwecks Abladung anlaufen könne, ebenso könne es in mehreren japanischen Häfen hintereinander Ladung einnehmen, um sie nach Tairen zu befördern. Es dürfe nur nicht—abgesehen von den vertragsmässigen Ausnahmen—bei Gelegenheit dieser Reise in Japan selbst Küstentransport betreiben, z. B. nicht, wenn in Tairen Ladung für Nagasaki und Kobe genommen ist, nach Löschung der Nagasaki-Ladung dort Ladung für Kobe genommen werden.

Meteorologische Beobachtungen
in Tsingtau.

Datum. Okt.	Barometer (mm) reduz. auf 0° C., Seehöhe 78,64 m			Temperatur (Centigrade).								Dunstspannung in mm			Relat. Feuchtigkeit in Prozenten		
				trock. Therm.			feucht. Therm.										
	7 Vm	2 Nm	9 Nm	7 Vm	2 Nm	9 Nm	7 Vm	2 Nm	9 Nm	Min.	Max.	7 Vm	2 Nm	9 Nm	7 Vm	2 Nm	9 Nm
25	758,2	758,2	759,6	10,9	21,4	16,4	10,4	12,3	14,9	9,9	24,9	9,1	5,1	11,7	94	27	84
26	60,7	60,9	61,2	16,4	19,0	16,7	15,7	15,9	14,0	15,1	22,9	12,9	11,6	10,3	93	71	72
27	60,8	59,3	59,8	15,8	17,7	16,7	12,3	13,4	14,3	15,2	20,7	8,5	8,8	10,7	64	59	75
28	59,3	59,5	60,0	16,2	21,4	16,5	14,5	20,0	15,5	15,5	22,9	11,3	10,5	12,5	82	87	90
29	60,4	56,4	57,9	16,4	17,5	16,2	14,9	14,7	14,2	14,2	21,3	11,7	10,8	10,8	84	72	79
30	56,3	54,5	54,9	16,6	18,0	14,1	14,7	16,8	13,4	13,8	22,4	11,3	13,5	11,0	80	88	93
31	55,2	54,6	55,8	9,6	14,0	9,4	8,8	9,7	6,5	8,8	16,9	8,0	6,4	5,5	89	54	62

Datum. Okt.	Wind Richtung & Stärke nach Beaufort (0—12)			Bewölkung						Niederschläge in mm		
				7 Vm		2 Nm		9 Nm				
	7 Vm	2 Nm	9 Nm	Grad	Form	Grad	Form	Grad	Form	7 Vm	9 Nm	9 Nm + 7 Vm
25	NNO 2	NNW 1	SSO 3	1	Cir	0		0				
26	SSO 2	S 4	SSO 4	0		6	Cir-s	7	Cir-s			
27	SSO 4	SSO 4	SO 2	7	Cir-cum	8	„	10	Cum-s			1,2
28	SO 1	SSO 2	SO 2	10	Cum-s	6	Cum-s	1	Cum	1,2		
29	SO 1	SSO 4	SO 3	4	„	4	Str	6	Cum-s			
30	SO 3	S 2	N 7	9	„	9	Cum-s	10	Nim		4,8	7,4
31	N 6	N 7	NNO 2	6	„	8	Cir-s	0		2,6		

Durchschnittsmarktpreise.

Oktober 1906.
1 Kätty = 577,6 g.
Durchschnittskurs für 1 $ in
Tsingtau: 1980 kleine Käsch.
Tai tung tschen: 1960 ,, ,,
Litsun: 1907 ,, ,,
Hsüe tschia tau: 1940 ,, ,,

Bezeichnung.	Einheit	Tsingtau kl. Käsch	Tai tung tschen kl. Käsch.	Litsun kl. Käsch	Hsüe tschia tau kl. Käsch
Bohnen	1 Kätty	80	70	55	58—60
Bohnen, aufgekeimte	,,	—	—	—	—
Schnittbohnen	,,	80	—	—	—
Bohnenkäse	,,	—	40	36	36—40
Kastanien	,,	150	—	—	—
Bohnenöl	,,	—	182	180	190
Bohnenkuchen	,,	—	62	54	57—60
Erdnüsse	,,	120	135	128	45
Erdnussöl	,,	—	200	190	—
Erbsen	,,	—	—	46	45
Gerste	,,	—	58	70	22—24
Gurken	,,	40	—	35	70—75
Hirse	,,	—	36	46	80
Hirsemehl	,,	—	52	60	12
Kartoffeln	,,	60	20	—	32—40
Kartoffelscheiben, chin.	,,	—	26	26	40
Kauliang	,,	—	36	60	12
Kauliangstroh	,,	—	54	15	40
Kleie	,,	—	48	40	—
Kürbis	,,	—	—	100	—
Mais	,,	—	—	—	—
Radieschen	,,	40	—	—	—
Reis	,,	—	100	100	—
Weizen	,,	—	76	60	80
Weizenmehl	,,	—	90	90	80
Weizenbrot	1 Stück	—	70	20	—
Dampfbrot	,,	—	65	20	72
Hirsebrot	,,	—	42	—	—
Rostbrot	,,	—	70	—	—
Aepfel	1 Kätty	200	—	50—60	—
Apfelsinen	,,	—	—	—	—
Granatäpfel	,,	50	—	—	—
Weintrauben	,,	270	—	—	—
Birnen, deutsch	,,	270	100	40	52—60
,, chin.	,,	100	—	—	—

Bezeichnung.	Einheit	Tsingtau kl. Käsch	Tai tung tschen kl. Käsch	Litsun kl. Käsch	Hsüetschia tau kl. Käsch
Petersilie, deutsch	1 Kätty	16	—	—	—
, chin.	”	10	—	—	—
Kohlrabi	”	150	—	—	—
Kohl in Köpfen	”	150	20	12	14
Kohl in kleinen Pflanz.	”	—	—	—	—
Knoblauch	”	—	30	60	18
Mohrrüben	”	30	—	46	—
Pfeffer, roter	”	100	110	70	—
Pfeffer, schwarzer	”	800	800	850	1000
Rettig, chin.	”	—	—	40	—
Rüben, weisse	”	20	20	—	—
Spinat	”	60	—	18	—
Wallnüsse	”	160	—	130	—
Zwiebeln	”	70	—	20	8—10
Citronen	”	180	—	—	—
Quitten	”	100	—	—	—
Salz	”	—	10	10	20
Tabak	”	—	260	260	180—200
Bratfische	”	300	150	230	100
Kochfische	”	300	146	140	100
Fische, trocken	”	—	200	180	200—220
Tintenfische	”	—	—	—	—
Krabben, kleine	”	200	—	200	230
Schweinefleisch	”	260	260	200	160—180
Schweinefett	”	320	310	160	220
Rindfleisch, roh	”	260	270	160	—
Rindfleisch, gekocht	”	—	—	160	—
Rindertalg	”	—	—	—	—
Enten	1 Stück	500	620	—	160—170
Enten, wilde	”	360	—	—	—
Gänse	”	—	—	—	—
Gänse, wilde	”	—	—	—	—
Tauben	”	180	—	—	—
Hühner, junge	”	340	400	400—500	300—350
, alte	”	500	—	—	—
Schnepfen	”	—	—	—	—
Enteneier	10 Stück	300	—	—	230
Hühnereier	”	200	200	200	200
Hanf	1 Kätty	—	—	—	520—540
Nudeln	”	—	—	—	160—220
Schwarze Schweine leb.	”	—	—	—	130—140

Schiffsverkehr

in der Zeit vom 25. Oktober — 1. November 1906.

Ankunft am	Name	Kapitän	Flagge	Reg. Tonnen.	von	Abfahrt am	nach
(22.10.)	D. Undine	Torbjörnsen	Norweg.	1017	Tschifu	27.10.	Tschifu
(23.10.)	D. Hoangho	Geissel	Deutsch	690	Kobe	26.10.	Kobe
(")	D. Yinhow	Kerr	Englisch	902	Schanghai	25.10.	Niutschwang
(25.10.)	D. Hokushin Maru	Takai	Japan.	737	Kobe	26.10.	Kobe
"	D. Tsingtau	Artelt	Deutsch	977	Schanghai	25.10.	Tschifu
26.10.	D. Gouv. Jaeschke	Treumann	"	1045	"	27.10.	Schanghai
"	D. Wo Sang	Campbell	Englisch	1127	"	26.10.	Tschifu
28.10.	D. Staatssekr. Kraetke	Hansen	Deutsch	1208	Tschifu	28.10.	Schanghai
"	D. Ras Jssa	Porrett	Englisch	2442	Emden		
"	D. Tak Sang	Clure	"	977	Schanghai	30.10.	Schanghai
29.10.	D. Peiho	Deinat	Deutsch	417	"	"	"
30.10.	D. Dr. H. I. Kiaer	Hoger	Norweg.	691	"	"	Tschifu

Druck der Missionsdruckerei Tsingtau.

第七年 第四十四号

1906年11月3日

官方通告

大德管理青岛地亩局 为

拍卖地亩事：兹据德国洋行两执事哈乐司及傅乐约同禀称，欲买青岛依乐纳①及尼公乃乐②两街转角地图第六号第十四块地，计一千一百六十九米打，暂拟价洋一千五百四十三元零八分。今订于西历一千九百六年十一月十九日早十一点钟在局拍卖。买定后准盖住房，限至西一千九百九年十一月三十日一律修竣。如他人亦欲买者，可以投票，截至十一月十二日止，届期前来本局面议可也。勿误。特谕。

右谕通知

西一千九百六年十月三十日　告示

大德管理青岛地亩局 为

拍卖地亩事：兹据局炮台局员理其格禀称，欲买青岛赫很罗黑路并宽普林次③两街转角地图第十二号第六十六块地，计一千六百四十米打，暂拟价洋一千三百六十一元二角。兹定于西历十一月十九日上午十一点钟在局拍卖。买定以后可盖华丽房屋，限一千九百零九年十一月三十日一律修竣。如他人亦欲买者，可以投票，截至十一月十二日止，届期前来本局面议可也。勿误。特谕。

右谕通知

大德一千九百六年十一月初三日　告示

---

① 译者注：即今湖南路。
② 译者注：即今蒙阴路。
③ 译者注：即今湖北路。

消息

督署小教堂在1906年11月11日不举办弥撒。

户籍所消息：

出生：10月23日，退役少尉汉斯·克罗帕切克得女一名；10月26日，工程师马克西米利安·埃斯特勒得子一名。

根据东京德国公使馆通知，1906年《官报》第236页上之前刊登的通知：关于在大连和日本开放口岸之间往来外国船只的规定出现偏差，应该解释为：在大连的外国船只可以接收运往多个日本港口的货物，也可以在它们之间靠岸卸货。船只也可以在多个日本港口连续接收运往大连的货物。除非条约里面规定的例外情况，禁止的是，在日本的旅途中借机经营沿海运输，例如在大连接收了运往长崎和神户的货物，就不能在卸下长崎的货物后再接收运往神户的货物。

市场平均物价

1906年10月

1斤＝577.6克

1银元在各地的平均汇率

青　岛：1980个铜板

台东镇：1960个铜板

李　村：1907个铜板

薛家岛：1940个铜板

商品名称	单位	青岛,铜板	台东镇,铜板	李村,铜板	薛家岛,铜板
黄豆	1斤	80	70	55	58~60
豆芽	1斤	—	—	—	—
豌豆	1斤	80	—	—	—
豆腐	1斤	—	40	36	36~40
板栗	1斤	150	—	—	—
豆油	1斤	—	182	180	190
豆饼	1斤	—	62	54	57~60

(续表)

商品名称	单位	青岛,铜板	台东镇,铜板	李村,铜板	薛家岛,铜板
花生	1斤	120	135	128	45
花生油	1斤	—	200	190	—
扁豆	1斤	—	—	46	45
大麦	1斤	—	58	70	22～24
黄瓜	1斤	40	—	35	70～75
小米	1斤	—	36	46	80
小米面	1斤	—	52	60	12
土豆	1斤	60	20	—	32～40
土豆,中国品种	1斤	—	26	26	40
高粱	1斤	—	36	60	12
高粱秆	1斤	—	54	15	40
麸皮	1斤	—	48	40	—
南瓜	1斤	—	—	100	—
玉米	1斤	—	—	—	—
小红萝卜	1斤	40	—	—	—
大米	1斤	—	100	100	—
麦子	1斤	—	76	60	80
面粉	1斤	—	90	90	80
小麦面包	1个	—	70	20	—
馒头	1个	—	65	20	72
窝头	1个	—	42	—	—
火烧	1个	—	70	—	—
苹果	1斤	200	—	50～60	—
橘子	1斤	—	—	—	—
石榴	1斤	50	—	—	—
葡萄	1斤	270	—	—	—
梨,德国品种	1斤	270	100	40	52～60
梨,中国品种	1斤	100	—	—	—
香菜,德国品种	1斤	16	—	—	—

(续表)

商品名称	单位	青岛,铜板	台东镇,铜板	李村,铜板	薛家岛,铜板
香菜,中国品种	1斤	10	—	—	—
大头菜	1斤	150	—	—	—
大白菜	1斤	150	20	12	14
小白菜	1斤	—	—	—	—
大蒜	1斤	—	30	60	18
胡萝卜	1斤	30	—	46	—
胡椒,红色	1斤	100	110	70	—
胡椒,黑色	1斤	800	800	850	1 000
中国品种萝卜	1斤	—	—	40	—
白萝卜	1斤	20	20	—	—
菠菜	1斤	60	—	18	—
核桃	1斤	160	—	130	—
洋葱	1斤	70	—	20	8～10
柠檬	1斤	180	—	—	—
榅桲	1斤	100	—	—	—
盐	1斤	—	10	10	20
烟草	1斤	—	260	260	180～200
煎鱼	1斤	300	150	230	100
炖鱼	1斤	300	146	140	100
干鱼	1斤	—	200	180	200～220
墨鱼	1斤	—	—	—	—
螃蟹	1斤	200	—	200	230
猪肉	1斤	260	260	200	160～180
猪大油	1斤	320	310	160	220
生牛肉	1斤	260	270	160	—
熟牛肉	1斤	—	—	160	—
牛油	1斤	—	—	—	—
鸭子	1只	500	620	—	160～170
野鸭	1只	360	—	—	—

商品名称	单位	青岛,铜板	台东镇,铜板	李村,铜板	薛家岛,铜板
鹅	1只	—	—	—	—
野鹅	1只	—	—	—	—
鸽子	1只	180	—	—	—
小母鸡	1只	340	400	400~500	300~350
老母鸡	1只	500	—	—	—
䳺鹑	1只	—	—	—	—
鸭蛋	10个	300	—	—	230
鸡蛋	10个	200	200	200	200
大麻	1斤	—	—	—	520~540
面条	1斤	—	—	—	160~220
活黑猪	1斤	—	—	—	130~140

船运

1906年10月25日—11月1日期间

到达日	轮船船名	船长	挂旗国籍	登记吨位	出发港	出发日	到达港
(10月22日)	温蒂妮号	托比扬森	挪威	1 017	芝罘	10月27日	芝罘
(10月23日)	黄河号	盖瑟尔	德国	690	神户	10月26日	神户
(10月23日)	银州号	科恩	英国	902	上海	10月25日	牛庄
(10月25日)	北神丸	高井	日本	737	神户	10月26日	神户
(10月25日)	青岛号	阿特尔特	德国	977	上海	10月25日	芝罘
10月26日	叶世克总督号	特洛依曼	德国	1 045	上海	10月27日	上海
10月26日	和生号	坎贝尔	英国	1 127	上海	10月26日	芝罘
10月28日	克莱特克号	韩森	德国	1 208	芝罘	10月28日	上海
10月28日	拉斯·伊萨号	波雷特	英国	2 442	埃姆登		
10月28日	太仓号	克鲁尔	英国	977	上海	10月30日	上海
10月29日	白河号	代纳特	德国	417	上海	10月30日	上海
10月30日	奇亚尔博士号	霍格尔	挪威	691	上海	10月30日	芝罘

Amtsblatt
für das Deutsche Kiautschou-Gebiet.

Herausgegeben vom Kaiserlichen Gouvernement Kiautschou.

Der Bezugspreis beträgt jährlich $ 2 = M 4.
Bestellungen nehmen sämtliche deutsche Postanstalten entgegen.

Jahrgang 7. Nr. 45. Tsingtau, den 10. November 1906.

Amtliche Anzeigen.

Bekanntmachung.

Im hiesigen Handelsregister Abteilung A Nr. 55 ist heute eingetragen die Firma

von Düring, Wibel & Co.

in Schanghai mit Zweigniederlassungen in Tientsin und Tsingtau, und als Jnhaber derselben die Kaufleute Henry von Düring und Kurt H. Wibel in Schanghai. Offene Handelsgesellschaft seit 1. Januar 1905.

Tsingtau, den 25. Oktober 1906.

Kaiserliches Gericht von Kiautschou I.

Bekanntmachung.

Bei der in Handelsregister A unter Nr. 6 eingetragenen offenen Handelsgesellschaft

Diederichsen, Jebsen & Co.

in Tsingtau ist heute Folgendes eingetragen worden:
Der Familienname des am 25. Juli 1906 in das Handelsregister eingetragenen Gesamtprokuristen wird nicht Pietzker sondern Pietscker geschrieben.

Tsingtau, den 25. Oktober 1906.

Kaiserliches Gericht von Kiautschou I.

Bekanntmachung.

Das Konkursverfahren über das Vermögen des Gastwirts

Paul Müller

in Tsingtau wird nach erfolgter Abhaltung des Schlusstermins und vollzogener Schlussverteilung hierdurch aufgehoben.

Tsingtau, den 31. Oktober 1906.

Kaiserliches Gericht von Kiautschou III.

Jm hiesigen Handelsregister A ist unter Nr. 56 die Firma

J. Georg Walther

eingetragen. Alleiniger Jnhaber ist der Kaufmann Johannes Walther in Tsingtau.
Der Geschäftsbetrieb erstreckt sich auf Export, Jmport, Agenturen pp.

Tsingtau, den 7. November 1906.

Kaiserliches Gericht von Kiautschou. I.

Die im hiesigen Handelsregister A unter Nr. 27 eingetragene Firma

E. Kroebel & Co.

ist heute gelöscht.

Tsingtau, den 7. November 1906.

Kaiserliches Gericht von Kiautschou. I.

Verdingung.

Die Lieferung von Natureis soll öffentlich vergeben werden.

Die Lieferungsbedingungen können bei dem Gouvernementslazarett und bei der Chinesischen Kanzlei des Gouvernements eingesehen werden. Versiegelte Angebote mit der Aufschrift

„Angebot auf Natureis"

sind bis Sonnabend, den 24. d. Mts. vormittags 10 Uhr an die unterzeichnete Behörde einzureichen.

Tsingtau, den 7. November 1906.

Kaiserliches Gouvernementslazarett.

Bekanntmachung.

Als verloren angemeldet: 1 blaue Sattelunterlage, in der Tasche war eine Karte (Kiautschou-Gebiet), 1 Meldetasche in grauer Leinwand, 1 Bleistift und 1 Schriftstück; 1 goldenes Kettenarmband auf dem Wege von Tsingtau nach Syfang.

Als gestohlen angemeldet: 1 weisse und 1 grau-weisse Gans, 1 goldene amerikanische Remontoiruhr mit Sprungdeckel, 1 braune lederne Handtasche.

Als gefunden angemeldet: 1 Nickelremontoiruhr ohne Bügel; abzuholen bei Herrn Generalarzt Koenig.

Tsingtau, den 7. November 1906.

Kaiserliches Polizeiamt.

Mitteilungen.

Der Kurs bei der Gouvernementskasse beträgt vom 6. November d. Js. ab 1,00 $ = 2,39 M.

*　*　*

Die Geschäfte des Kaiserlichen Generalkonsulats in Schanghai hat Generalkonsul von Buri übernommen.

*　*　*

Standesamtliche Nachrichten.
Geburten: Am 5. November ein Sohn dem Bauschreiber Gustav Messedat.

*　*　*

Die am 10. August und 28. September d. Js. über den Stall der 5. Kompagnie III. Seebataillons verhängte Sperre wegen Rotzfälle unter dem Pferdebestande ist beendet.

*　*　*

Im Monat Oktober wurden im Schlachthofe geschlachtet und tierärztlich untersucht:

310 Ochsen,
146 Kälber,
174 Hammel,
645 Schweine,
6 Spanferkel.

Hiervon wurden 1 Ochse, 1 Hammel und 1 Schwein gänzlich, 3 Ochsen, 1 Kalb und 2 Schweine bedingt beanstandet.

10. November 1906. Amtsblatt—青島官報 281.

Die Witterung zu Tsingtau während des Monats Oktober 1906. Nach den Aufzeichnungen der Meteorologisch-astronomischen Station.

Jm Monat Oktober d. Js. stand die Witterung, in erster Linie die Temperatur der Luft, unter dem Einfluss der herrschenden Winde und deren Stärke.

Die mittlere Tagestemperatur der Luft betrug 15,01; dieselbe erreichte am 15. mit 19,09 ihren höchsten und am 2. mit 9,00 ihren tiefsten Stand im Monat. Das absolute Maximum der Temperatur wurde mit 25,01 am Mittag des 15., das absolute Minimum derselben mit 7,04 am 2. und 3. morgens notiert. Ein bedeutender Temperatursturz vollzog sich in der Zeit vom 15. zum 17. und zwar von 19,09 auf 10,04, eine Folge des in der Nacht vom 16. zum 17. einsetzenden NNW-Sturmes, der zeitweilig Stärke 12 der Beaufort-Skala erreichte. Die Tage vom 20. bis einschliesslich 26. bildeten dagegen eine ununterbrochene Reihe warmer, sonniger Tage. Einige Zahlenwerte, aus den verschiedenen Oktobermonaten der Jahre 1898/1903 errechnet bezw. beobachtet, mögen den im diesjährigen Oktober beobachteten Temperaturen gegenüber gestellt werden.

	Oktober 1898/1903.	Oktober 1906.
Mittlere Tagestemperatur	16,04 Cels.	15,01 Cels.
Absolutes Maximum	27,01 „	25,01 „
Mittleres Maximum	19,06 „	21,03 „
Absolutes Minimum	4,07 „	7,04 „
Mittleres Minimum	12,06 „	12,01 „

Die Bewölkung des Himmels machte durchschnittlich 4,3 Zehntel aus; es wurden 10 heitere und 3 trübe Tage gezählt.

Bei einer mittleren relativen Feuchtigkeit der Luft von 70 % traten 5 regnerische Tage auf, an denen insgesamt 25,8 mm Regen fielen. An 7 Tagen wurde schwacher Nebel oder nur strichweise Nebel beobachtet, während Tau und Dunst in den ersten Morgenstunden zu den häufigeren Erscheinungen gehörten.

Am 10 abends wurde von SW über W und N bis NO Wetterleuchten beobachtet, von 9 Uhr 40 Minuten ab war einige Male schwacher Donner in NW hörbar.

Der Sonnenscheinautograph nach Campell-Stokes registrierte 196 Stunden 50 Minuten Sonnenscheindauer im Monat, d. s. ungefähr 57 % der möglichen.

Die Winde waren in Bezug auf Richtung und Stärke häufigen Wechseln unterworfen, vorherrschend waren solche aus nördlichen Richtungen, und zeichneten sich diese durch ihre grössere Stärke aus. Während die mittlere Windstärke im Monat 2,9 der Beaufort-Skala betrug, wurden zur Zeit der täglichen Beobachtungstermine frische bis stürmische Winde an folgenden Tagen beobachtet:
Am 2. N Stärke 7, am 5. N. und NNO Stärke 6, am 17. NNW Stärke 9 (in den Böen Stärke 11 bis 12), Am 30. N Stärke 7 und am 31. N Stärke 7.

Vom Anfang des Monats zogen Wildgänse, vereinzelt auch Kraniche, von NO nach SW über Tsingtau hinweg.

Schiffsverkehr
in der Zeit vom 1. — 8. November 1906.

Ankunft am	Name	Kapitän	Flagge	Reg. Tonnen.	von	Abfahrt am	nach
(28.10.)	D. Ras Jssa	Porret	Englisch	2442	Emden		
2.11.	D. Tsingtau	Hansen	Deutsch	977	Tschifu	2.11.	Schanghai
„	D. Hin Sang	Davies	Englisch	1536	Schanghai	3.11.	Tschifu
„	D. Hao Ting	Paramore	Chines.	1124	Wuhu	5.11.	Schanghai
3.11.	D. Gouv. Jaeschke	Treumann	Deutsch	1045	Schanghai	„	„
5.11.	D. Staatssekr. Kraetke	Hansen	„	1208	„	„	Tschifu
„	D. Tak Sang	Clure	Englisch	977	„	6.11.	Schanghai
6.11.	D. Peiho	Deinat	Deutsch	417	„	„	„
„	D. Hokushin Maru	Takai	Japan.	737	Kobe	7.11.	Kobe
„	D. Dr. H. J. Kiaer	Hoien	Norweg.	691	Tschifu	6.11.	Schanghai
7.11.	D. Hoangho	Geissel	Deutsch	690	Kobe		

Amtsblatt — 青島官報   10. November 1906.

Meteorologische Beobachtungen
in Tsingtau.

Datum. Nov.	Barometer (mm) reduz. auf 0° C., Seehöhe 78,64 m			Temperatur (Centigrade).								Dunst- spannung in mm			Relat. Feuchtigkeit in Prozenten		
				trock. Therm.			feucht. Therm.			Min.	Max.						
	7 Vm	2 Nm	9 Nm	7 Vm	2 Nm	9 Nm	7 Vm	2 Nm	9 Nm			7 Vm	2 Nm	9 Nm	7 Vm	2 Nm	9 Nm
1	755,4	754,5	757,3	9,1	12,8	10,4	7,9	10,2	7,7	5,9	18,2	7,2	7,7	6,2	84	70	66
2	63,1	63,2	64,5	3,1	5,2	2,5	1,1	1,1	-0,5	2,2	14,1	3,8	2,5	2,8	66	38	52
3	65,2	62,8	64,0	3,3	8,3	7,3	-0,2	4,0	2,5	1,6	11,6	2,7	3,5	2,6	46	43	34
4	65,7	65,2	67,8	5,3	11,1	6,7	3,5	5,9	3,7	2,6	12,8	4,8	3,8	4,2	72	39	57
5	68,9	66,6	66,4	5,1	9,9	8,9	3,1	5,9	6,2	4,0	11,9	4,5	4,5	5,5	69	50	65
6	65,2	62,9	63,0	7,5	12,7	11,5	6,3	8,1	8,1	7,0	16,6	6,4	5,3	6,0	83	48	59
7	63,4	62,4	63,0	9,2	12,8	9,9	7,1	8,4	6,7	8,9	15,9	6,3	5,6	5,4	72	51	59

Datum. Nov.	Wind Richtung & Stärke nach Beaufort (0—12)			Bewölkung						Niederschläge in mm		
				7 Vm		2 Nm		9 Nm				9 Nm + 7 Vm
	7 Vm	2 Nm	9 Nm	Grad	Form	Grad	Form	Grad	Form	7 Vm	9 Nm	
1	NNO 1	NNO 5	N 8	4	Str	10	Nim	10	Cum		4,7	4,7
2	NNO 8	NNO 7	N 6	1	Cir	6	Cum-s	5	Cir			
3	NW 2	S 2	W 2	1	„			6	Cir-s			
4	NNO 3	NNO 6	NNO 6	4	Cir-s	8	Cir-s	10	„			
5	NNO 2	N 2	SSO 2	8	Str	5	Str	10	Nim			
6	N 1	SSW 3	SSW 4	3	Cum	2	„	1	Cum			
7	NNW 1	N 1	NNO 3			6	Cum-s	4	Str			

Druck der Missionsdruckerei Tsingtau.

第七年　第四十五号

1906 年 11 月 10 日

官方通告

告白

今天在本地商业登记 A 部第 55 号登记注册了以下公司:"冯·杜灵和威博尔公司"[①],公司主分号在上海,在天津和青岛设分支号。公司股东为上海的商人亨利·冯·杜灵和库尔特·H.威博尔。公司性质为无限责任公司,公司自 1905 年 1 月 1 日起开始营业。

青岛,1906 年 10 月 25 日
胶澳皇家审判厅一处

告白

在本地商业登记 A 部第 6 号登记的无限责任公司"捷成洋行"现公告下列更正事项:在 1906 年 7 月 25 日登记的总代理人的姓氏不是 Pietzker,而是 Pietscker。

青岛,1906 年 10 月 25 日
胶澳皇家审判厅一处

告白

对青岛的饭店老板保罗·穆勒财产的破产程序在举行过最终会见和最终财产分配后,谨此撤销。

青岛,1906 年 10 月 31 日
胶澳皇家审判厅三处

---

① 译者注:中文行名为"荣华洋行"。

在本地商业登记 A 第 56 号登记的公司"J. 格奥尔格·瓦尔特"已登记入下列事项：
公司唯一所有人为青岛的商人约翰内斯·瓦尔特。

公司营业范围覆盖进出口、代理等。

青岛，1906 年 11 月 7 日
胶澳皇家审判厅一处

在本地商业登记 A 部第 27 号登记的公司"E. 科罗贝尔"[①]已经注销。

公司营业范围覆盖进出口、代理等。

青岛，1906 年 11 月 7 日
胶澳皇家审判厅一处

告 白

启者：本医院明年需用之冰，拟欲招人包供。如有欲包供者，可将价值书明，用信套封固，外书"auf Angebot Natureis"德国字样，送呈本医院检阅。限至本年西十一月二十四即中十月初九日早十点钟止。至《包供章程》可赴本医院并督署华文文案处查看。此布。

德一千九百六年十一月初七日
青岛大医院启

告 白

启者：兹将本局据报遗失并被窃，以及送案各物开明列左：

遗失各物：

蓝布褥套一个，内装有地图一张、灰色细布夹子一个、铅笔一枝（支）、文书一纸、金镯一只。

被窃各物：

家雁两个；美国金表一枚；紫皮夹子一个。

送案之物：

银表一枚。

以上遗失并被窃各物切勿轻买，如见立宜报明本局，送案之物亦准具领。此布。

德一千九百六年十一月初七日
青岛巡捕局启

---

① 译者注：中文行名为"立中洋行"。

消息

总督府财务处自今年 11 月 6 日起的汇率为：1.00 元＝2.39 马克。

冯·布里总领事已经接手了上海的德国总领事馆的业务。

户籍所消息：
出生：11 月 5 日，施工记录员古斯塔夫·梅瑟达特得子一名。

今年 8 月 10 日和 9 月 28 日因马匹中鼻涕症而对第三海军营 5 连马厩下达的隔离令已经终止。

10 月份在官宰局屠宰和进行兽医检验的牲畜数量为：
310 头公牛、146 头小牛、174 只绵羊、645 头猪、6 只乳猪。
其中 1 头公牛、1 只绵羊和 1 头猪被完全拒收，3 头公牛、1 头小牛和 2 头猪被有条件接收。

气象天文台记录的青岛在 1906 年 10 月的天气情况

青岛在今年 10 月份的天气情况，主要是气温受到刮风及其强度的影响。

平均气温为 15.01 度；15 日的气温最高，为 19.09 度；2 日是这个月最冷的一天，为 9.00 度。绝对最高气温为 15 日中午的 25.01 度，在 2 日和 3 日早上测得绝对最低气温 7.04 度。明显降温的情况发生在 15 日至 17 日期间，从 19.09 度降到 10.04 度，原因在于从 16 日到 17 日夜间出现的西北偏北方向狂风，短时强度达到 12 级蒲福风级。从 20 日到 26 日连续出现温暖的晴天。下面列出一些来自 1898—1903 年间 10 月份计算或观测到的数值，与今年 10 月份进行对比。

	1898—1903 年的 10 月	1906 年 10 月
日平均气温/度	16.04	15.01
绝对最高气温/度	27.01	25.01
平均最高气温/度	19.06	21.03
绝对最低气温/度	4.07	7.04
平均最低气温/度	12.06	12.01

天空平均云量为 43%，有 10 个晴天、3 个阴天。
空气平均湿度为 70%，出现了 5 个雨天，总降水量为 25.8 毫米。有 7 天出现薄雾或

者仅观测到局部地区的雾,而清晨时分的雾气和露水则属于常见现象。

在10日夜间,从西南经西方和北方、直到东北方向观测到听不见雷声的闪电,从9点40分开始,听到了西北方向不大的雷声。

日照指数计在本月记录下196小时50分钟的日照时长,占总可能日照时长的57%。

风向和强度经常有变化,主要的风向是北风,其风力强度也较大。本月平均风力强度为2.9级蒲福风级。在下面几天的每日观测时间里,观测到了轻风到狂风:2日北风7级,5日北风和东北偏北风6级,17日西北偏北风9级(阵风达到11~12级),30日北风7级,31日北风7级。

从月初开始,野鹅从东北方向经青岛向西南方向飞去,还出现了零星的仙鹤。

船运

1906年11月1日—8日期间

到达日	轮船船名	船长	挂旗国籍	登记吨位	出发港	出发日	到达港
(10月28日)	拉斯·伊萨号	波雷特	英国	2 442	埃姆登		
11月2日	青岛号	韩森	德国	977	芝罘	11月2日	上海
11月2日	贤成号	戴维斯	英国	1 536	上海	11月3日	芝罘
11月2日	海定号	帕拉莫	中国	1 124	芜湖	11月5日	上海
11月3日	叶世克总督号	特洛依曼	德国	1 045	上海	11月5日	上海
11月5日	克莱特克号	韩森	德国	1 208	上海	11月5日	芝罘
11月5日	太仓号	克鲁尔	英国	977	上海	11月6日	上海
11月6日	白河号	代纳特	德国	417	上海	11月6日	上海
11月6日	北神丸	高井	日本	737	神户	11月7日	神户
11月6日	奇亚尔博士号	霍恩	挪威	691	芝罘	11月6日	上海
11月7日	黄河号	盖瑟尔	德国	690	神户		

Amtsblatt
für das
Deutsche Kiautschou-Gebiet.

Herausgegeben vom Kaiserlichen Gouvernement Kiautschou.

Der Bezugspreis beträgt jährlich $ 2 = M 4.
Bestellungen nehmen sämtliche deutsche Postanstalten entgegen.

Jahrgang 7.   Nr. 46.   Tsingtau, den 17. November 1906.

Mitteilungen.

Standesamtliche Nachrichten.

Geburten: Am 3. November eine Tochter dem Schlossermeister Hermann Dieckmann, am 9. November eine Tochter dem Buchhalter Georg Prelle, am 14. November eine Tochter dem Marine-Baurat Rollmann.

Todesfälle: Am 10. November Matrosenartillerist, früherer Schweizer, Paul Mättig.

Schiffsverkehr
in der Zeit vom 8. — 15. November 1906.

Ankunft am	Name	Kapitän	Flagge	Reg. Tonnen.	von	Abfahrt am	nach
9.11.	D. E Sang	Lee	Englisch	1127	Schanghai	9.11.	Niutschwang
„	D. Gouv. Jaeschke	Treumann	Deutsch	1045	„	10.11.	Schanghai
11.11.	D. Tsingtau	Artelt	„	977	„	11.11.	Tschifu
„	D. Hanyang	Trowbridje	Englisch	1207	Hongkong	12.11.	„
12.11.	D. Peiho	Deinat	Deutsch	417	Schanghai	13.11.	Schanghai
„	D. Tak Sang	Clure	Englisch	977	„	„	„
„	D. Seirstad	Larsen	Norweg.	617	„	„	„
14.11.	D. Staatssekr. Kraetke	Hansen	Deutsch	1208	Tschifu	14.11.	Schanghai
15.11.	D. Adm. v. Tirpitz	Block	„	1199	Schanghai	15.11.	Tschifu

Meteorologische Beobachtungen
in Tsingtau.

Datum. Nov.	Barometer (mm) reduz. auf 0° C., Seehöhe 78,64 m			Temperatur (Centigrade).								Dunst-spannung in mm			Relat. Feuchtigkeit in Prozenten		
				trock. Therm.			feucht. Therm.										
	7 Vm	2 Nm	9 Nm	7 Vm	2 Nm	9 Nm	7 Vm	2 Nm	9 Nm	Min.	Max.	7 Vm	2 Nm	9 Nm	7 Vm	2 Nm	9 Nm
8	763,5	761,5	763,5	7,6	11,9	10,7	5,6	7,6	5,5	6,5	15,3	7,6	5,0	3,6	72	48	38
9	63,6	63,8	64,6	5,4	11,6	6,5	3,4	6,4	3,3	5,0	14,5	4,6	4,1	3,9	69	40	54
10	64,7	63,3	63,8	6,7	11,0	10,2	3,6	7,6	7,4	4,0	14,3	4,1	5,3	6,0	56	54	65
11	64,1	63,5	64,5	10,7	13,9	11,3	8,1	9,1	7,5	10,6	16,9	6,5	6,1	6,6	68	52	66
12	65,4	64,4	65,3	10,2	14,8	12,3	7,9	11,9	8,7	7,2	19,6	6,6	7,5	6,2	71	60	59
13	65,2	64,5	65,2	7,3	15,9	13,3	6,7	10,7	10,5	6,6	19,6	7,0	6,7	7,8	91	50	68
14	64,0	61,7	62,2	9,7	15,6	12,3	8,7	12,7	9,7	8,6	20,6	7,8	8,3	7,4	87	62	70

Datum. Nov.	Wind Richtung & Stärke nach Beaufort (0—12)			Bewölkung						Niederschläge in mm		
				7 Vm		2 Nm		9 Nm				
	7 Vm	2 Nm	9 Nm	Grad	Form	Grad	Form	Grad	Form	7 Vm	9 Nm	9 Nm / 7 Vm
8	NNO 1	N 1	NO 1	10	Str	4	Cum-s					
9	NNO 2	NNO 2	NO 1			1	Cum					
10	NO 1	S 3	S 3	1	Cir							
11	SO 1	S 3	SO 1	6	Cir-cum							
12	NNO 2	S 1	OSO 2	1	Cir	2	Str					
13	NNO 3	SSW 2	O 3			1	Cir					
14	NO 1	SSO 3	SSO 1	4	Cir-cum	3	Str					

Druck der Missionsdruckerei Tsingtau.

第七年 第四十六号

1906年11月17日

消息

户籍所消息：

出生：11月3日，钳工师傅赫尔曼·迪克曼得女一名；11月9日，会计格奥尔格·普莱勒得女一名；11月14日，海军建筑师罗尔曼得女一名。

去世：11月10日，前海军炮手、瑞士人保罗·梅迪西。

船运

1906年11月8日—15日期间

到达日	轮船船名	船长	挂旗国籍	登记吨位	出发港	出发日	到达港
11月9日	伊桑号	李	英国	1 127	上海	11月9日	牛庄
11月9日	叶世克总督号	特洛依曼	德国	1 045	上海	11月10日	上海
11月11日	青岛号	阿特尔特	德国	977	上海	11月11日	芝罘
11月11日	汉阳号	福隆布里齐	英国	1 207	香港	11月12日	芝罘
11月12日	白河号	代纳特	德国	417	上海	11月13日	上海
11月12日	太仓号	克鲁尔	英国	977	上海	11月13日	上海
11月12日	席尔施泰德号	拉尔森	挪威	617	上海		
11月14日	克莱特克号	韩森	德国	1 208	芝罘	11月14日	上海
11月15日	提尔皮茨号	布洛克	德国	1 199	上海	11月15日	芝罘

Amtsblatt
für das
Deutsche Kiautschou-Gebiet

青島官報

Herausgegeben vom Kaiserlichen Gouvernement Kiautschou.
Der Bezugspreis beträgt jährlich $ 2 = M 4.
Bestellungen nehmen sämtliche deutsche Postanstalten entgegen.

Jahrgang 7.   Nr. 47.   Tsingtau, den 24. November 1906.   第四十七號   第七年

Amtliche Anzeigen.

Bekanntmachung.

Als verloren angemeldet: 1 Bademantel (weiss mit hellblauem Muster) auf dem Wege vom Badestrande nach dem Hohenloheweg; 1 Silberne Uhrkette.

Tsingtau, den 22. November 1906.

Kaiserliches Polizeiamt.

白 告

啟者茲將本局據
報遺失各物開明
列左
外國洗澡袍子一
件係自會前海岸
至青島路上遺失
銀表練子一條
以上遺失之二物
切勿輕買如見立
宜報明本局此佈
德一千九百零六年十
一月二十二日
青島巡捕局 啟

Mitteilungen.

Marine-Stabsarzt Mac Lean hat den Dienst des Beamtenarztes wieder übernommen.

*   *   *

Standesamtliche Nachrichten.
Geburten: Am 20. November ein Sohn dem Buchdruckereibesitzer Adolf Haupt.

Meteorologische Beobachtungen
in Tsingtau.

Datum. Nov.	Barometer (mm) reduz. auf 0° C., Seehöhe 78,64 m			Temperatur (Centigrade).								Dunstspannung in mm			Relat. Feuchtigkeit in Prozenten		
				trock. Therm.			feucht. Therm.										
	7 Vm	2 Nm	9 Nm	7 Vm	2 Nm	9 Nm	7 Vm	2 Nm	9 Nm	Min.	Max.	7 Vm	2 Nm	9 Nm	7 Vm	2 Nm	9 Nm
15	762,7	761,7	763,9	8,8	16,2	9,5	8,1	10,5	8,3	8,0	19,9	7,6	6,0	7,4	91	44	84
16	64,7	64,4	66,2	5,5	9,9	4,8	2,9	4,2	1,3	3,6	17,1	4,1	2,8	3,0	61	30	46
17	66,7	65,7	67,5	1,2	4,9	0,4	-0,4	1,5	-1,1	-0,7	8,3	3,6	3,1	3,5	72	48	73
18	67,3	66,1	67,5	-1,0	-1,0	-1,9	-3,2	2,6	-3,6	-5,5	2,6	2,5	2,9	2,6	57	69	66
19	66,3	64,3	65,6	-0,8	1,5	-2,9	-2,8	0,3	-3,7	3,4	3,3	2,7	4,0	3,0	62	78	83
20	66,9	66,0	65,3	-3,5	0,4	1,0	-5,7	3,1	-2,4	4,8	1,8	1,8	1,8	3,1	52	39	73
21	65,1	65,8	69,1	1,9	4,3	0,5	-1,3	0,7	-1,3	3,4	4,7	2,5	2,7	3,7	47	43	85

Datum. Nov.	Wind Richtung & Stärke nach Beaufort (0—12)			Bewölkung						Niederschläge in mm	
				7 Vm		2 Nm		9 Nm			9 Nm
	7 Vm	2 Nm	9 Nm	Grad	Form	Grad	Form	Grad	Form	7Vm / 9Nm	7+Vm
15	N 1	NNO 3	N O 3								
16	NNO 6	NNO 7	NNO 6								
17	NNO 6	NNO 7	N O 6	2	Cir	3	Cir-s				
18	N O 7	N O 7	N O 6	10	Str	8	Str	10	Str		
19	NNO 3	NNW 2	N W 7	8	Cum-s	10	Nim	4	Cum	0,3	0,3
20	N 6	NNW 2	W 1	1	Cum	8	Cum	10	Str		
21	N W 1	N 5	N 7	6	Cir·s	3	Cir-cum	3	„		

Schiffsverkehr
in der Zeit vom 15.—22. November 1906.

Ankunft am	Name	Kapitän	Flagge	Reg. Tonnen.	von	Abfahrt am	nach
(7.11.)	D. Hoangho	Geissel	Deutsch	690	Kobe	17.11.	Kobe
(12.11.)	D. Seirstad	Larsen	Norweg.	617	Schanghai	16.11.	Wakamatsu
16.11.	D. Gouv. Jaeschke	Treumann	Deutsch	1045	„	17.11.	Schanghai
„	D. C. Ferd. Laeisz	Meyerdirks	„	3799	„	21.11.	Taku
19.11.	D. Hokushin Maru	Takai	Japanisch	737	Kobe	20.11.	Kobe
„	D. Nord	Prynn	Englisch	1145	Langkat		
„	D. Tak Sang	Clure	„	977	Schanghai	20.11.	Schanghai
„	D. Peiho	Deinat	Deutsch	417	„	„	„
20.11.	D. Tsintau	Artelt	„	977	Tschifu	„	„
„	D. Staatssekr. Kraetke	Hansen	„	1208	Schanghai	21.11.	Tschifu
21.11.	D. Adm. v. Tirpitz	Block	„	1199	Tschifu	„	Schanghai

Druck der Missionsdruckerei Tsingtau.

第七年 第四十七号

1906 年 11 月 24 日

官方通告

告白

启者：兹将本局据报遗失各物开明列左：

外国洗澡袍子一件，系自会前海岸至青岛路上遗失；银表练（链）子一条。

以上遗失之二物切勿轻买，如见立宜报明本局。此布。

德一千九百六年十一月二十二日
青岛巡捕局启

消息

海军上尉军医马克·李恩已经接手官员专任医师职务。

户籍所消息：

出生：11 月 20 日，印刷厂厂主阿道夫·豪普特得子一名。

船运

1906年11月15日—22日期间

到达日	轮船船名	船长	挂旗国籍	登记吨位	出发港	出发日	到达港
（11月 7日）	黄河号	盖瑟尔	德国	690	神户	11月17日	神户
（11月12日）	席尔施泰德号	拉尔森	挪威	617	上海	11月16日	若松①
11月16日	叶世克总督号	特洛依曼	德国	1 045	上海	11月17日	上海
11月16日	莱切号	迈耶尔迪克	德国	3 799	上海	11月21日	大沽
11月19日	北神丸	高井	日本	737	神户	11月20日	神户
11月19日	诺德号	普利恩	英国	1 145	冷吉②		
11月19日	太仓号	克鲁尔	英国	977	上海	11月20日	上海
11月19日	白河号	代纳特	德国	417	上海	11月20日	上海
11月20日	青岛号	阿特尔特	德国	977	芝罘	11月20日	上海
11月20日	克莱特克号	韩森	德国	1 208	上海	11月21日	芝罘
11月21日	提尔皮茨号	布洛克	德国	1 199	芝罘	11月21日	上海

---

① 译者注：日本会津若松市，位于福岛西部。
② 译者注：今印度尼西亚苏门答腊岛冷吉县。

Amtsblatt
für das
Deutsche Kiautschou-Gebiet.

青島官報

Herausgegeben vom Kaiserlichen Gouvernement Kiautschou.

Der Bezugspreis beträgt jährlich $ 2 = M 4.
Bestellungen nehmen sämtliche deutsche Postanstalten entgegen.

| Jahrgang 7. | Nr. 48. | Tsingtau, den 1. Dezember 1906. | 號八十四第 | 年七第 |

Verordnungen und Bekanntmachungen.

Bekanntmachung.

Am 31. Dezember d. Js. läuft die Frist ab, bis zu welcher laut Bekanntmachung vom 1. Oktober 1904 (Amtsblatt 1904 S. 215) von einer Neueinschätzung des Landes abgesehen werden sollte.

Diese Frist wird hiermit bis zum 31. Dezember 1907 verlängert. Für die während des Zeitraums vom 1. Januar 1905 an veräusserten Grundstücke gilt als Wert des Grundstücks der an das Gouvernement gezahlte Kaufpreis.

Tsingtau, den 27. November 1906.

Der Kaiserliche Gouverneur.
Truppel.

大德欽命總督膠澳文武事宜大臣都為
出示再行曉諭事案查本處各地主應
納之地稅原擬定期由本總署委派驗
員會同估計地值按每百抽六完納於
一千九百四年十二月二十一日照辦
嗣經出示展緩限至一千九百六年十
二月三十一日另行估計地值其自一
月三十一日起實出之地稅之地
滿姑再展緩後仍按每百抽六完納地
九百五年正月初一日後買之地價
此諭仰各地主週知一體遵照勿違特
諭
大德一千九百六年十一月二十七
告示
日

Amtliche Anzeigen.

Aufgebot.

Es wird hiermit bekannt gemacht, dass **Leonhard Krewerth**, seines Standes Polizei-Wachtmann, geboren zu Mühlheim am Rhein, 28 Jahre alt, wohnhaft in Tsingtau, Sohn des Müllers Hubert Krewerth und dessen Ehefrau Therese, geborenen Wickrath, beide wohnhaft in Köln am Rhein,

und

Margarete Gustave Antonie Franziska **Matz**, geboren zu Stralsund, 26 Jahre alt, wohnhaft in Tsingtau, Tochter des in Tsingtau wohnhaften Malermeisters Moritz Matz und dessen zu Stralsund verstorbenen Ehefrau Marie, geborenen Beu,

beabsichtigen, sich miteinander zu verheiraten und diese Ehe in Gemässheit des Reichsgesetzes vom 4. Mai 1870 vor dem unterzeichneten Beamten abzuschliessen.

Tsingtau, den 29. November 1906.

Der Kaiserliche Standesbeamte.
In Vertretung.
Rosenberger.

Aufgebot.

Es wird hiermit bekannt gemacht, dass
Adolf Heinrich Lui Otto Stoffregen, seines Standes Kaufmann, geboren zu Hannover, 27 Jahre alt, wohnhaft in Hungschan, Sohn des Kaufmanns Adolf Stoffregen und dessen Ehefrau Luise, geborenen Schulz, beide in Hannover wohnhaft,

und

Georgine Friederike Mathilde Wilhelmine Lippelt, geboren zu Hannover, 23 Jahre alt, wohnhaft in Hannover, Tochter des Kaufmanns Georg Lippelt und dessen Ehefrau Karoline, geborenen Fritzhoff, beide in Hannover wohnhaft,

beabsichtigen, sich miteinander zu verheiraten und diese Ehe in Gemässheit des Reichsgesetzes vom 4. Mai 1870 vor dem unterzeichneten Beamten abzuschliessen.

Tsingtau, den 29. November 1906.

Der Kaiserliche Standesbeamte.
In Vertretung.
Rosenberger.

Bekanntmachung.

Beschluss.

Das Konkursverfahren über das Vermögen des Schlossermeisters

Arthur Grau

früher in Tsingtau, zur Zeit unbekannten Aufenthalts, wird nach erfolgter Abhaltung des Schlusstermins hierdurch aufgehoben.

Tsingtau, den 23. November 1906.

Kaiserliches Gericht von Kiautschou,
Abtl. III.

Bekanntmachung.

Als verloren bezw. abgetrieben angemeldet: 1 eiserne Boje in der Form eines Wasserfasses, mit zwei eisernen Ankern und 50 m Manilatau.

Als verloren angemeldet: 1 schwarzes Handtäschchen.

Tsingtau, den 29. November 1906.

Kaiserliches Polizeiamt.

告 白

啟者茲將本局據報遺失
各物開明列左
鉄浮椿一個鉄錨兩個並
帶廠繩五十米達均被風
鹽水漂去黑皮夾子一個
以上各物切勿輕買如
見立宜報明本局此佈
大德一千九百六年十一月
二十九日
青島巡捕局啓

Mitteilungen.

Der Marine-Feldbatterie-Transport hat unter Führung des Leutnants v. Ziegner mit dem am 21. November von Bremerhaven abgegangenen Reichspostdampfer die Ausreise angetreten. Der Dampfer trifft voraussichtlich am 8. Januar in Schanghai ein.

* * *

Die Geschäftsräume der Artillerie-Verwaltung befinden sich vom 1. Dezember an in dem neuen Artillerie-Verwaltungsgebäude im Hsiaupautau-Tale, Eingang an der Ostpassstrasse.

* * *

Standesamtliche Nachrichten.

Aufgebote: 29. November, Polizei-Wachtmann Leonhard Krewerth und Margarete Matz, beide zu Tsingtau; Kaufmann Otto Stoffregen in Hungschan und Friederike Lippelt aus Hannover.

Geburten: 20. November ein Sohn dem Buchdruckereibesitzer Adolf Haupt, 28. November ein Sohn dem Oberleutnant Tiling.

1. Dezember 1906.   Amtsblatt—青島官報   289.

Meteorologische Beobachtungen
in Tsingtau.

Datum. Nov.	Barometer (mm) reduz. auf 0° C., Seehöhe 78,64 m			Temperatur (Centigrade).								Dunstspannung in mm			Relat. Feuchtigkeit in Prozenten		
				trock. Therm.			feucht. Therm.										
	7 Vm	2 Nm	9 Nm	7 Vm	2 Nm	9 Nm	7 Vm	2 Nm	9 Nm	Min.	Max.	7 Vm	2 Nm	9 Nm	7 Vm	2 Nm	9 Nm
22	771,2	769,5	769,8	-3,1	1,3	-1,4	-3,9	-1,7	-3,0	-3,4	2,4	3,3	2,5	2,8	82	49	68
23	69,9	68,5	68,9	-3,0	1,7	-1,5	-3,7	-0,3	-2,6	-3,5	1,9	3,0	3,4	3,2	85	66	78
24	69,6	68,7	70,5	-0,5	4,3	-0,7	-1,3	0,7	-2,7	-1,8	4,8	3,7	2,7	2,7	85	43	62
25	71,7	70,4	70,4	-3,7	2,1	-1,3	-4,8	-0,5	-2,1	-4,3	3,2	2,6	3,0	3,5	76	57	84
26	68,3	65,0	64,4	-1,2	4,1	2,9	-4,0	1,0	-0,7	-2,2	5,0	1,9	3,1	2,5	46	50	44
27	63,6	62,7	61,8	1,9	6,2	6,1	0,4	2,5	2,5	0,9	6,6	3,8	3,3	3,3	73	46	47
28	58,6	57,6	61,6	5,4	9,5	9,5	4,1	5,2	1,6	2,2	11,0	5,4	4,0	4,7	80	45	84

Datum. Nov.	Wind Richtung & Stärke nach Beaufort (0—12)			Bewölkung						Niederschläge in mm		
				7 Vm		2 Nm		9 Nm				9 Nm +/ 7 Vm
	7 Vm	2 Nm	9 Nm	Grad	Form	Grad	Form	Grad	Form	7 Vm	9 Nm	
22	N 3	N 2	N O 2	10	Cum-s	2	Str	2	Str			
23	N O 3	N N O 2	N O 4	5	Cir-s	10	„	10	Nim		0,5	0,5
24	N O 4	N N O 6	N N O 8	10	Str	5	Cum-s	6	Str			
25	N O 2	N 1	N O 2	8	Cir-s	3	Cum	3	„			
26	O N O 1	W S W 2	W 1	6	Str	10	Str	10	Cir-s			
27	N 3	N 2	W S W 2	1	Cir		Klar		Klar			
28	S W 5	N N O 2	N O 5	1	Cum		„		„			

Schiffsverkehr
in der Zeit vom 22. — 28. November 1906.

Ankunft am	Name	Kapitän	Flagge	Reg. Tonnen.	von	Abfahrt am	nach
(9.11.)	D. Nord	Prynn	Englisch	1145	Langkat	23.11.	Tientsin
23.11.	D. Gouv. Jaeschke	Treumann	Deutsch	1045	Schanghai		
24.11.	D. Huichow	Forsyth	Englisch	1217	Hongkong	25.11.	Weihaiwei
„	D. Dr. H. I. Kiaer	Hoyen	Norweg.	691	Tschifu	24.11.	Schanghai
26.11.	D. Tak Sang	Clure	Englisch	977	Schanghai	27.11.	„
„	D. Tsintau	Artelt	Deutsch	977	„	26.11.	Tschiafu
„	D. Peiho	Kalkofen	„	417	„	27.11.	Schanghai
28.11.	D. Hoangho	Geissel	„	690	Kobe		

Hochwassertabelle für den Monat Dezember 1906.

Datum	Tsingtau - Hauptbrücke.		Grosser Hafen, Mole I.		Nükuk'ou.	
	Vormittags	Nachmittags	Vormittags	Nachmittags	Vormittags	Nachmittags
1.	4 U. 8 M.	4 U. 42 M.	4 U. 38 M.	5 U. 12 M.	5 U. 8 M.	5 U. 42 M.
2.	4 „ 35 „	5 „ 17 „	5 „ 5 „	5 „ 47 „	5 „ 35 „	6 „ 17 „
3.	5 „ 2 „	5 „ 53 „	5 „ 32 „	6 „ 23 „	6 „ 2 „	6 „ 53 „
4.	5 „ 37 „	6 „ 32 „	6 „ 7 „	7 „ 2 „	6 „ 37 „	7 „ 32 „
5.	6 „ 10 „	7 „ 13 „	6 „ 40 „	7 „ 43 „	7 „ 10 „	8 „ 13 „
6.	6 „ 48 „	7 „ 53 „	7 „ 18 „	8 „ 23 „	7 „ 48 „	8 „ 53 „
7.	7 „ 34 „	8 „ 44 „	8 „ 4 „	9 „ 14 „	8 „ 34 „	9 „ 44 „
8.	8 „ 32 „	9 „ 44 „ ◐	9 „ 2 „	10 „ 14 „	9 „ 32 „	10 „ 44 „
9.	9 „ 31 „	10 „ 52 „	10 „ 1 „	11 „ 22 „	10 „ 31 „	11 „ 52 „
10.	11 „ 0 „	—	11 „ 30 „	—	—	0 „ 0 „
11.	0 „ 7 „	0 „ 11 „	0 „ 37 „	0 „ 41 „	1 „ 7 „	1 „ 11 „
12.	0 „ 59 „	1 „ 11 „	1 „ 29 „	1 „ 41 „	1 „ 59 „	2 „ 11 „
13.	1 „ 50 „	2 „ 11 „	2 „ 20 „	2 „ 41 „	2 „ 50 „	3 „ 11 „
14.	2 „ 35 „	2 „ 59 „	3 „ 5 „	3 „ 29 „	3 „ 35 „	3 „ 59 „
15.	3 „ 13 „	3 „ 50 „ ●	3 „ 43 „	4 „ 20 „	4 „ 13 „	4 „ 50 „
16.	3 „ 50 „	4 „ 40 „	4 „ 20 „	5 „ 10 „	4 „ 50 „	5 „ 40 „
17.	4 „ 27 „	5 „ 30 „	4 „ 57 „	6 „ 0 „	5 „ 27 „	6 „ 30 „
18.	5 „ 9 „	6 „ 26 „	5 „ 39 „	6 „ 56 „	6 „ 9 „	7 „ 26 „
19.	6 „ 4 „	7 „ 23 „	6 „ 34 „	7 „ 53 „	7 „ 4 „	8 „ 23 „
20.	6 „ 55 „	8 „ 13 „	7 „ 25 „	8 „ 43 „	7 „ 55 „	9 „ 13 „
21.	7 „ 50 „	9 „ 7 „	8 „ 20 „	9 „ 37 „	8 „ 50 „	10 „ 7 „
22.	8 „ 53 „	10 „ 10 „ ◑	9 „ 23 „	10 „ 40 „	9 „ 53 „	11 „ 10 „
23.	10 „ 8 „	11 „ 7 „	10 „ 38 „	11 „ 47 „	11 „ 8 „	—
24.	11 „ 28 „	—	11 „ 58 „	—	0 „ 17 „	0 „ 28 „
25.	0 „ 21 „	0 „ 39 „	0 „ 51 „	1 „ 9 „	1 „ 21 „	1 „ 39 „
26.	1 „ 12 „	1 „ 35 „	1 „ 42 „	2 „ 5 „	2 „ 12 „	2 „ 35 „
27.	2 „ 00 „	2 „ 25 „	2 „ 30 „	2 „ 55 „	3 „ 00 „	3 „ 25 „
28.	2 „ 36 „	3 „ 11 „	3 „ 6 „	3 „ 41 „	3 „ 36 „	4 „ 11 „
29.	3 „ 14 „	3 „ 54 „	3 „ 44 „	4 „ 24 „	4 „ 14 „	4 „ 54 „
30.	3 „ 44 „	4 „ 31 „ ○	4 „ 14 „	5 „ 1 „	4 „ 44 „	5 „ 31 „
31.	4 „ 13 „	5 „ 5 „	4 „ 43 „	5 „ 35 „	5 „ 13 „	6 „ 5 „

1) ○ = Vollmond; 2) ◑ = Letztes Viertel; 3) ● = Neumond; 4) ◐ = Erstes Viertel.

Anmerkung: In T'a pu t'ou tritt das Hochwasser 10 Minuten früher als in Nükuk'ou auf.

Sonnen-Auf- und Untergang
für Monat Dezember 1906.

Dt.	Mittelostchinesische Zeit des			
	wahren	scheinbaren	wahren	scheinbaren
	Sonnen-Aufgangs.		Sonnen-Untergangs.	
1.	6 U. 53.3 M.	6 U. 47.5 M.	4 U. 39.3 M.	4 U. 45.1 M.
2.	54.2	48.4	39.1	44.9
3.	55.1	49.3	38.9	44.7
4.	56.0	50.2	38.8	44.6
5.	56.9	51.1	38.7	44.5
6.	57.8	52.0	38.7	44.5
7.	58.7	52.9	38.7	44.5
8.	59.6	53.8	38.7	44.5
9.	7 U. 0.5 M.	54.7	38.7	44.5
10.	1.3	55.5	38.7	44.5
11.	2.1	56.3	38.7	44.5
12.	2.9	57.1	38.9	44.7
13.	3.7	57.9	39.1	44.9
14.	4.5	58.7	39.3	45.1
15.	5.2	59.4	39.5	45.3
16.	5.9	0.1	39.7	45.5
17.	6.6	0.7	40.0	45.8
18.	7.2	1.3	40.3	46.1
19.	7.8	1.9	40.6	46.4
20.	8.4	2.5	41.0	46.8
21.	9.0	3.2	41.4	47.2
22.	9.5	3.7	41.9	47.7
23.	10.0	4.2	42.4	48.2
24.	10.5	4.7	42.9	48.7
25.	10.9	5.1	43.5	49.3
26.	11.3	5.5	44.1	49.9
27.	11.7	5.9	44.7	50.3
28.	12.0	6.2	45.4	51.2
29.	12.3	6.5	46.1	51.9
30.	12.6	6.8	46.8	52.6
31.	12.9	7.1	47.5	53.3

Postverbindung mit Europa für 1907

	Ankommend			Abgehend	
Dampfer	ab Berlin	an Schanghai	Dampfer	ab Schanghai	an Berlin
	1906.	**1907.**		**1906.**	**1907.**
Englisch	30. November	3. Januar	Deutsch	1. Dezember	4. Januar
Deutsch	4. Dezember	8. „	Französisch	7. „	10. „
Französisch	7. „	10. „	Englisch	11. „	12. „
über Amerika	12. „	10. „	Deutsch	15. „	18. „
Englisch	14. „	17. „	Französisch	21. „	24. „
Deutsch	18. „	22. „	über Amerika	22. „	20. „
Französisch	21. „	24. „	Englisch	25. „	26. „
Englisch	28. „	31. „	Deutsch	29. „	1. Februar
	1907.			**1907.**	
Deutsch	1. Januar	5. Februar	Französisch	4. Januar	7. „
Französisch	4. „	7. „	Englisch	8. „	9. „
über Amerika	9. „	7. „	Deutsch	12. „	15. „
Englisch	11. „	14. „	Französisch	18. „	21. „
Deutsch	15. „	19. „	über Amerika	19. „	17. „
Französisch	18. „	21. „	Englisch	22. „	23. „
Englisch	25. „	28. „	Deutsch	26. „	1. März
Deutsch	29. „	5. März	Französisch	1. Februar	7. „
Französisch	1. Februar	7. „	Englisch	5. „	9. „
über Amerika	6. „	7. „	Deutsch	9. „	15. „
Englisch	8. „	14. „	Französisch	15. „	21. „
Deutsch	12. „	19. „	über Amerika	16. „	17. „
Französisch	15. „	21. „	Englisch	19. „	23. „
Englisch	22. „	28. „	Deutsch	23. „	29. „
Deutsch	26. „	2. April	Französisch	1. März	4. April
Französisch	1. März	4. „	Englisch	5. „	6. „
über Amerika	6. „	4. „	Deutsch	9. „	12. „
Englisch	8. „	11. „	Französisch	15. „	18. „
Deutsch	12. „	16. „	über Amerika	16. „	14. „
Französisch	15. „	18. „	Englisch	19. „	20. „
Englisch	22. „	25. „	Deutsch	23. „	26. „
Deutsch	26. „	30. „	Französisch	29. „	2. Mai
Französisch	29. „	2. Mai	Englisch	2. April	4. „
über Amerika	3. April	2. „	Deutsch	6. „	10. „
Englisch	5. „	9. „	Französisch	12. „	16. „
Deutsch	9. „	14. „	über Amerika	13. „	12. „
Französisch	12. „	16. „	Englisch	16. „	18. „
Englisch	19. „	23. „	Deutsch	20. „	24. „
Deutsch	23. „	28. „	Französisch	26. „	30. „
Französisch	26. „	30. „	Englisch	30. „	1. Juni
über Amerika	1. Mai	30. „	Deutsch	4. Mai	7. „
Englisch	3. „	6. Juni	Französisch	10. „	13. „
Deutsch	7. „	11. „	über Amerika	11. „	9. „
Französisch	10. „	13. „	Englisch	14. „	15. „

Ankommend			Abgehend		
Dampfer	ab Berlin	an Schanghai	Dampfer	ab Schanghai	an Berlin
Englisch	17. Mai	20. Juni	Deutsch	18. Mai	21. Juni
Deutsch	21. „	25. „	Französisch	24. „	27. „
Französisch	24. „	27. „	Englisch	28. „	29. „
über Amerika	29. „	27. „	Deutsch	1. Juni	5. Juli
Englisch	31. „	4. Juli	Französisch	7. „	11. „
Deutsch	4. Juni	9. „	über Amerika	8. „	7. „
Französisch	7. „	11. „	Englisch	11. „	13. „
Englisch	14. „	18. „	Deutsch	15. „	19. „
Deutsch	18. „	23. „	Französisch	21. „	25. „
Französisch	21. „	25. „	Englisch	25. „	30. „
über Amerika	26. „	25. „	Deutsch	29. „	2. August
Englisch	28. „	1. August	Französisch	5. Juli	8. „
Deutsch	2. Juli	6. „	über Amerika	6. „	4. „
Französisch	5. „	8. „	Englisch	9. „	10. „
Englisch	12. „	15. „	Deutsch	13. „	16. „
Deutsch	16. „	20. „	Französisch	19. „	22. „
Französisch	19. „	22. „	Englisch	23. „	24. „
über Amerika	24. „	22. „	Deutsch	27. „	30. „
Englisch	26. „	29. „	Französisch	2. August	5. September
Deutsch	30. „	3. September	über Amerika	3. „	1. „
Französisch	2. August	5. „	Englisch	6. „	7. „
Englisch	9. „	12. „	Deutsch	10. „	13. „
Deutsch	13. „	17. „	Französisch	16. „	19. „
Französisch	16. „	19. „	Englisch	20. „	21. „
über Amerika	21. „	19. „	Deutsch	24. „	27. „
Englisch	23. „	26. „	Französisch	30. „	3. Oktober
Deutsch	27. „	1. Oktober	über Amerika	31. „	29. September
Französisch	30. „	3. „	Englisch	3. September	5. Oktober
Englisch	6. September	10. „	Deutsch	7. „	11. „
Deutsch	10. „	15. „	Französisch	13. „	17. „
Französisch	13. „	17. „	Englisch	17. „	19. „
über Amerika	18. „	17. „	Deutsch	21. „	25. „
Englisch	20. „	24. „	Französisch	27. „	31. „
Deutsch	24. „	29. „	über Amerika	28. „	27. „
Französisch	27. „	31. „	Englisch	1. Oktober	2. November
Englisch	4. Oktober	7. November	Deutsch	5. „	8. „
Deutsch	8. „	12. „	Französisch	11. „	14. „
Französisch	11. „	14. „	Englisch	15. „	16. „
über Amerika	16. „	14. „	Deutsch	19. „	22. „
Englisch	18. „	21. „	Französisch	25. „	28. „
Deutsch	22. „	26. „	über Amerika	26. „	24. „
Französisch	25. „	28. „	Englisch	29. „	30. „
Englisch	1. November	5. Dezember	Deutsch	2. November	6. Dezember
Deutsch	5. „	10. „	Französisch	8. „	12. „
Französisch	8. „	12. „	Englisch	12. „	14. „
über Amerika	13. „	12. „	Deutsch	16. „	20. „

1. Dezember 1906.   Amtsblatt—青島官報   293.

	Ankommend			Abgehend	
Dampfer	ab Berlin	an Schanghai	Dampfer	ab Schanghai	an Berlin
Englisch	15. „	19. „	Französisch	22. „	26. „
Deutsch	19. „	24. „	über Amerika	23. „	22. „
Französisch	22. „	26. „	Englisch	26. „	28. „
		1908.			1908.
Englisch	29. „	2. Januar	Deutsch	30. „	3. Januar
Deutsch	3. Dezember	7. „	Französisch	6. Dezember	9. „
Französisch	6. „	9. „	Englisch	10. „	11. „
über Amerika	11. „	9. „	Deutsch	14. „	17. „
Englisch	13. „	16. „	Französisch	20. „	23. „
Deutsch	17. „	21. „	über Amerika	21. „	19. „
Französisch	20. „	23. „	Englisch	24. „	25. „
Englisch	27. „	30. „	Deutsch	28. „	31. „

Druck der Missionsdruckerei Tsingtau.

第七年　第四十八号

1906 年 12 月 1 日

法令与告白

大德钦命总督胶澳文武事宜大臣都　为

出示再行晓谕事：案查本处各地主应纳之地税，原拟定期由本总署委派数员会同估计地值，按每百抽六完纳，于一千九百四年十二月三十一日照办。嗣经出示展缓，限至一千九百六年十二月三十一日另议在案。兹因期已将满，姑再展缓，俟至一千九百七年十二月三十一日另行估计地值。其自一千九百五年正月初一日以后卖出之地，仍按拍卖之价每百抽六完纳地税。为此谕，仰各地主周知，一体遵照勿违。特谕。

右谕通知

大德一千九百六年十一月二十七日　告示

官方通告

结婚公告

莱恩哈德·克雷维尔特，职业为巡捕房警卫，出生于莱茵河畔的穆尔海姆，现年 28 岁，居住地为青岛，为磨坊主胡贝尔特·克雷维尔特与出生时姓维克拉特的妻子特蕾莎的儿子，二人均居住在莱茵河畔的科隆。

玛嘉雷特·古斯塔夫·安东妮·弗朗奇斯卡·马茨，出生于史特拉斯隆德，现年 26 岁，居住地为青岛，为居住于青岛的粉刷匠莫里茨·马茨和在史特拉斯隆德去世、出生时姓博伊的妻子玛丽的女儿。

谨此宣布二人结婚，此婚约按照 1870 年 5 月 4 日颁布的法律规定在本官员前缔结。

青岛，1906 年 11 月 29 日
代理皇家户籍官
罗森博格

结婚公告

阿道夫·海因里希·路易·奥托·施多夫雷根,职业为商人,出生于汉诺威,现年27岁,居住地为洪山,为商人阿道夫·施多夫雷根与他出生时姓舒尔茨的妻子路易莎的儿子,二人均居住在汉诺威。

格奥尔基娜·弗里德里克·玛蒂尔德·威廉娜·里贝尔特,出生于汉诺威,现年23岁,居住地为汉诺威,为商人格奥尔格·里贝尔特和出生时姓弗利茨霍夫的妻子卡罗琳的女儿。

谨此宣布二人结婚,此婚约按照1870年5月4日颁布的法律规定在本官员前缔结。

青岛,1906年11月29日
代理皇家户籍官
罗森博格

告白

决议

之前居住在青岛、目前下落不明的钳工阿图尔·格劳的财产破产程序在举行了最终会面后,谨此撤销。

青岛,1906年11月23日
胶澳皇家审判厅三处
罗森博格

告白

启者:兹将本局据报遗失各物开明列左:
铁浮桩一个,铁锚两个,并带麻绳五十米达(打),均被风随水漂去;黑皮夹子一个。
以上各物切勿轻买,如见立宜报明本局。此布。

大德一千九百六年十一月二十九日
青岛巡捕局启

消息

在冯·齐格纳少尉的带领下,运输海军炮队的帝国邮轮于11月21日启程,离开不来梅港。该船预计将于1月8日抵达上海。

炮队管理处从12月1日起，搬入位于小鲍岛谷地的新炮队管理处楼内，入口位于东关街。

户籍所消息：

结婚公告：11月29日，巡捕房警卫莱恩哈德·克雷维尔特和玛嘉雷特·马茨，二人均居住在青岛；洪山的商人奥托·施多夫雷根和来自汉诺威的弗里德里克·里贝尔特。

出生：11月20日，印刷厂厂主阿道夫·豪普特得子一名；11月28日，蒂零中尉得子一名。

船运

1906年11月22日—28日期间

到达日	轮船船名	船长	挂旗国籍	登记吨位	出发港	出发日	到达港
（11月9日）	诺德号	普利恩	英国	1 145	冷吉	11月23日	天津
11月23日	叶世克总督号	特洛依曼	德国	1 045	上海		
11月24日	徽州号	福赛斯	英国	1 217	香港	11月25日	威海卫
11月24日	奇亚尔博士号	霍恩	挪威	691	芝罘	11月24日	上海
11月26日	太仓号	克鲁尔	英国	977	上海	11月27日	上海
11月26日	青岛号	阿特尔特	德国	977	上海	11月26日	芝罘
11月26日	白河号	卡尔科芬	德国	417	上海	11月27日	上海
11月28日	黄河号	盖瑟尔	德国	690	神户		

1907年与欧洲的邮政连接

到达			出发		
轮船	柏林出发	到达上海	轮船	上海出发	到达柏林
	1906年	1907年		1906年	1907年
英国	11月30日	1月3日	德国	12月1日	1月4日
德国	12月4日	1月8日	法国	12月7日	1月10日
法国	12月7日	1月10日	英国	12月11日	1月12日
经美国	12月12日	1月10日	德国	12月15日	1月18日
英国	12月14日	1月17日	法国	12月21日	1月24日
德国	12月18日	1月22日	经美国	12月22日	1月20日
法国	12月21日	1月24日	英国	12月25日	1月26日
英国	12月28日	1月31日	德国	12月29日	2月1日

(续表)

到达			出发		
轮船	柏林出发	到达上海	轮船	上海出发	到达柏林
	1907年			1907年	
德国	1月 1日	2月 5日	法国	1月 4日	2月 7日
法国	1月 4日	2月 7日	英国	1月 8日	2月 9日
经美国	1月 9日	2月 7日	德国	1月12日	2月15日
英国	1月11日	2月14日	法国	1月18日	2月21日
德国	1月15日	2月19日	经美国	1月19日	2月17日
法国	1月18日	2月21日	英国	1月22日	2月23日
英国	1月25日	2月28日	德国	1月26日	3月 1日
德国	1月29日	3月 5日	法国	2月 1日	3月 7日
法国	2月 1日	3月 7日	英国	2月 5日	3月 9日
经美国	2月 6日	3月 7日	德国	2月 9日	3月15日
英国	2月 8日	3月14日	法国	2月15日	3月21日
德国	2月12日	3月19日	经美国	2月16日	3月17日
法国	2月15日	3月21日	英国	2月19日	3月23日
英国	2月22日	3月28日	德国	2月23日	3月29日
德国	2月26日	4月 2日	法国	3月 1日	4月 4日
法国	3月 1日	4月 4日	英国	3月 5日	4月 6日
经美国	3月 6日	4月 4日	德国	3月 9日	4月12日
英国	3月 8日	4月11日	法国	3月15日	4月18日
德国	3月12日	4月16日	经美国	3月16日	4月14日
法国	3月15日	4月18日	英国	3月19日	4月20日
英国	3月22日	4月25日	德国	3月23日	4月26日
德国	3月26日	4月30日	法国	3月29日	5月 2日
法国	3月29日	5月 2日	英国	4月 2日	5月 4日
经美国	4月 3日	5月 2日	德国	4月 6日	5月10日
英国	4月 5日	5月 9日	法国	4月12日	5月16日
德国	4月 9日	5月14日	经美国	4月13日	5月12日
法国	4月12日	5月16日	英国	4月16日	5月18日
英国	4月19日	5月23日	德国	4月20日	5月24日
德国	4月23日	5月28日	法国	4月26日	5月30日
法国	4月26日	5月30日	英国	4月30日	6月 1日
经美国	5月 1日	5月30日	德国	5月 4日	6月 7日

(续表)

到达			出发		
轮船	柏林出发	到达上海	轮船	上海出发	到达柏林
英国	5月3日	6月6日	法国	5月10日	6月13日
德国	5月7日	6月11日	经美国	5月11日	6月9日
法国	5月10日	6月13日	英国	5月14日	6月15日
英国	5月17日	6月20日	德国	5月18日	6月21日
德国	5月21日	6月25日	法国	5月24日	6月27日
法国	5月24日	6月27日	英国	5月28日	6月29日
经美国	5月29日	6月27日	德国	6月1日	7月5日
英国	5月31日	7月4日	法国	6月7日	7月11日
德国	6月4日	7月9日	经美国	6月8日	7月7日
法国	6月7日	7月11日	英国	6月11日	7月13日
英国	6月14日	7月18日	德国	6月15日	7月19日
德国	6月18日	7月23日	法国	6月21日	7月25日
法国	6月21日	7月25日	英国	6月25日	7月30日
经美国	6月26日	7月25日	德国	6月29日	8月2日
英国	6月28日	8月1日	法国	7月5日	8月8日
德国	7月2日	8月6日	经美国	7月6日	8月4日
法国	7月5日	8月8日	英国	7月9日	8月10日
英国	7月12日	8月15日	德国	7月13日	8月16日
德国	7月16日	8月20日	法国	7月19日	8月22日
法国	7月19日	8月22日	英国	7月23日	8月24日
经美国	7月24日	8月22日	德国	7月27日	8月30日
英国	7月26日	8月29日	法国	8月2日	9月5日
德国	7月30日	9月3日	经美国	8月3日	9月1日
法国	8月2日	9月5日	英国	8月6日	9月7日
英国	8月9日	9月12日	德国	8月10日	9月13日
德国	8月13日	9月17日	法国	8月16日	9月19日
法国	8月16日	9月19日	英国	8月20日	9月21日
经美国	8月21日	9月19日	德国	8月24日	9月27日
英国	8月23日	9月26日	法国	8月30日	10月3日
德国	8月27日	10月1日	经美国	8月31日	9月29日
法国	8月30日	10月3日	英国	9月3日	10月5日
英国	9月6日	10月10日	德国	9月7日	10月11日

(续表)

到达			出发		
轮船	柏林出发	到达上海	轮船	上海出发	到达柏林
德国	9月10日	10月15日	法国	9月13日	10月17日
法国	9月13日	10月17日	英国	9月17日	10月19日
经美国	9月18日	10月17日	德国	9月21日	10月25日
英国	9月20日	10月24日	法国	9月27日	10月31日
德国	9月24日	10月29日	经美国	9月28日	10月27日
法国	9月27日	10月31日	英国	10月1日	11月2日
英国	10月4日	11月7日	德国	10月5日	11月8日
德国	10月8日	11月12日	法国	10月11日	11月14日
法国	10月11日	11月14日	英国	10月15日	11月16日
经美国	10月16日	11月14日	德国	10月19日	11月22日
英国	10月18日	11月21日	法国	10月25日	11月28日
德国	10月22日	11月26日	经美国	10月26日	11月24日
法国	10月25日	11月28日	英国	10月29日	11月30日
英国	11月1日	12月5日	德国	11月2日	12月6日
德国	11月5日	12月10日	法国	11月8日	12月12日
法国	11月8日	12月12日	英国	11月12日	12月14日
经美国	11月13日	12月12日	德国	11月16日	12月20日
英国	11月15日	12月19日	法国	11月22日	12月26日
德国	11月19日	12月24日	经美国	11月23日	12月22日
法国	11月22日	12月26日	英国	11月26日	12月28日
		1908年			1908年
英国	11月29日	1月2日	德国	11月30日	1月3日
德国	12月3日	1月7日	法国	12月6日	1月9日
法国	12月6日	1月9日	英国	12月10日	1月11日
经美国	12月11日	1月9日	德国	12月14日	1月17日
英国	12月13日	1月16日	法国	12月20日	1月23日
德国	12月17日	1月21日	经美国	12月21日	1月19日
法国	12月20日	1月23日	英国	12月24日	1月25日
英国	12月27日	1月30日	德国	12月28日	1月31日

Amtsblatt
für das
Deutsche Kiautschou-Gebiet.

Herausgegeben vom Kaiserlichen Gouvernement Kiautschou.

Der Bezugspreis beträgt jährlich $ 2=M 4.
Bestellungen nehmen sämtliche deutsche Postanstalten entgegen.

Jahrgang 7.   Nr. 49.   Tsingtau, den 8. Dezember 1906.

Verordnungen und Bekanntmachungen.

Verordnung
über Abänderung der Verordnung, betreffend Schornstein-Kehrzwang.

Auf Grund des § 15 des Schutzgebietsgesetzes in Verbindung mit § 1 der Verfügung des Reichskanzlers vom 27. April 1898 wird folgendes verordnet:

Die in der Verordnung, betreffend Schornstein-Kehrzwang, vom 14. Dezember 1904 (Amtsblatt 1904 Seite 295) in § 2 unter I, 1 a-d festgesetzten Gebühren werden vom 1. Januar 1907 ab von 7 Cents auf 15 Cents, von 10 Cents auf 20 Cents und von 13 und 20 Cents auf 25 erhöht.

Tsingtau, den 30. November 1906.

Der Kaiserliche Gouverneur.

Truppel.

Amtliche Anzeigen.

Bekanntmachung.

Als gestohlen oder verloren angemeldet: 1 japanisches gelb-schwarzes Zigarrenetui aus Gold und Stahl; 1 goldenes Medaillon, auf beiden Seiten Kinderköpfe in Emaille; 1 Wagendecke aus grauem Lodenstoff mit dunklem Pelz gefüttert; 1 Stück Seide weiss mit Rosen-Guirlanden; 1 Brief enthaltend einige seidene Deckchen; 1 vernickeltes Kettenhundehalsband.

Tsingtau, den 6. Dezember 1906.

Kaiserliches Polizeiamt.

Bekanntmachung.

Die in § 10 des Deutschen Handelsgesetzbuches in Verbindung mit § 3 des Schutzgebietsgesetzes vom 10. September 1900 und § 29 des Konsulargerichtsbarkeitsgesetzes vom 7. April 1900 vorgesehenen Veröffentlichungen des Kaiserlichen Gerichts von Kiautschou erfolgen im Jahre 1907
1. durch den Deutschen Reichsanzeiger in Berlin in den besonders vorgeschriebenen Fällen,
2. durch das Amtsblatt für das Deutsche Kiautschougebiet in Tsingtau,
3. durch den Ostasiatischen Lloyd in Schanghai,
4. nach Ermessen des Gerichts, jedoch ohne Einfluss auf ihre Wirksamkeit, auch in den Tsingtauer Neuesten Nachrichten zu Tsingtau, vorausgesetzt, dass die zahlungspflichtige Partei nicht widerspricht.

Tsingtau, den 1. Dezember 1906.

Kaiserliches Gericht von Kiautschou I.

白 告

啓者茲札本局據報被竊或遺失各物開明列左
日本式金鋼料烟夾子一個
金牌子一個兩面有瓷料孩首之象
灰布車毡一條裏面係有黑皮
白色綢子一疋繡有玫瑰花樣
信封一套內有綢巾數幅
鎳料狗項圈一個
以上各物切勿輕買如見立宜報明本局此佈

德一千九百六年十二月初六日
青島巡捕局啟

Bekanntmachung für Seefahrer.

Die in der inneren Bucht liegenden Fahrwasserbojen werden mit folgenden Ausnahmen Anfang Dezember für die Winterzeit eingezogen und Anfang April nächsten Jahres wieder auf den alten Stellen ausgelegt.

Es bleiben während des Winters liegen: Boje A, Boje 1 und 2. Mittelgrundboje, die Hufeisenriffbojen $\frac{HR}{W}$, $\frac{HR}{N}$, und $\frac{HR}{O}$, und die Hafeneinfahrtsbojen $\frac{HE}{1}$, $\frac{HE}{2}$, $\frac{HE}{3}$, $\frac{HE}{4}$.

Tsingtau, den 1. Dezember 1906.

Kaiserliches Hafenamt.

Mitteilungen.

Der Kurs bei der Gouvernementskasse beträgt vom 1. Dezember ab bei Barzahlungen, soweit der Bestand ausreicht, 2,39 M., bei Checkzahlungen 2,38 M. = 1 $ mex. Wechselziehung vom 29. November 1906.

*   *

Marine-Generaloberarzt Dr. Dirksen (Heinrich) hat am 6. Dezember 1906 den Dienst als Gouvernementsarzt übernommen.

*   *

Im Monat November wurden im Schlachthof geschlachtet und tierärztlich untersucht:
283 Ochsen,
169 Kälber,
141 Hammel,
645 Schweine,
1 Pferd,
6 Spanferkel.

Hiervon wurden 3 Kälber und 7 Schweine gänzlich, 1 Ochse und 2 Kälber bedingt beanstandet.

Die Witterung zu Tsingtau während des Monats November 1906 nach den Aufzeichnungen der Meteorologisch-astronomischen Station.

Im Vergleich zu früheren Jahren war im diesjährigen November die mittlere Tagestemperatur, welche 5°,4 C. betrug, bedeutend niedriger, dies wurde durch die grosse Anzahl der stürmischen Nordwinde herbeigeführt. Wie die mittlere, so lagen auch die höchste und niedrigste Temperatur wie die folgende Zusammenstellung zeigt, um einige Grade tiefer als in früheren Jahren. Es ist beobachtet bezw. errechnet im Monat November:

	Jahrfünft 1898-1903	1906
Mittlere Tagestemperatur	9°,52 Cels.	5°,4 Cels.
Mittleres Maximum der Temperatur	12°,80 „	10°,8 „
Absolutes „ „	20°,1 „	20°,6 „
Mittleres Minimum „	5°,68 „	1°,8 „
Absolutes Minimum „	—2°,3 „	—5°,5 „

Vom 2. bis zum 14. war die Temperatur allmählig in die Höhe gegangen und betrug die mittlere Tagestemperatur am letztgenannten Tage 12°,5 Cels. Dann vollzog sich infolge stürmischer Nordwinde bis zum 18. ein Temperatursturz bis auf —1°,4 Cels., also um rund 14 Grad; hierauf zeigte die thermometrische Kurve, einen Fall vom 28. zum 29. um 7 Grad einschliessend, steigende Tendenz, und stand am Monatsschluss mit 4°,1 um 1°,3 unter dem Monatsdurchschnitt. Am 3. morgens waren zum ersten Mal im Monat die kleinen Stauweiher und Tümpel mit einer 2—3 mm starken Eisschicht bedeckt. Es wurden während des Monats 12 Frosttage gezählt. Frosttage sind solche Tage an denen das Minimumthermometer unter 0° zeigt. Rückblickend wurden gezählt im November 1898 — 1; 1899 — 2; 1900 — 4; 1901 — 2; 1902 — 0; 1903 — 4; 1904 — 2; und 1905 - 6 Frosttage.

Die mittlere Bewölkung des Himmels betrug 4,0 Zehntel, sie war in der zweiten Hälfte des Monats am grössten. Es kamen 9 heitere und 3 trübe Tage zur Aufzählung. Der Sonnenscheinautograph registrierte 180 Stunden 4 Minuten Sonnenschein, das sind ungefähr 59 % des möglichen.

Bei einer durchschnittlichen relativen Feuchtigkeit der Luft von 61 %, dem bisher trockensten Monat, fiel an 3 Tagen Regen und an 2 Tagen Schnee, letzterer blieb jedoch nur auf den höchsten Spitzen des Lauschan und des Perlgebirges 1.—2 Tage liegen und boten die Berge zu dieser Zeit dem Auge eine prächtige Winterlandschaft. Die Gesamtniederschlagsmenge betrug 5,5 mm.

Während des Monats wehte der Wind mit einer Durchschnittsstärke von 3,3 der Beaufortskala hauptsächlich aus nördlichen Richtungen; sehr oft nahmen diese Winde stürmischen Charakter an. Es wurden an folgenden Tagen starke bis stürmische Winde beobachtet:

Am 1. Nord Stärke 8; am 2. NNO Stärke 8; am 4. NNO Stärke 6; am 16. NNO Stärke 7; am 17. NNO Stärke 7; am 18. NO Stärke 7; am 19. NW Stärke 7; am 20. N Stärke 6; am 21. N Stärke 7; am 24. NNO Stärke 8 und am 29. NO Stärke 7. Windstillen traten nur äusserst selten und dann auch nur für kürzere Zeit auf.

Unter dem Einfluss der rauhen Winde traten naturgemäss Erkältungskrankheiten wie Husten und Schnupfen auf.

Herbst 1906.

Wie der vorige Monat so war auch der ganze Herbst kühler als in früheren Jahren. Folgende Temperaturwerte sprechen für sich:

	Herbst 1898/1903	Herbst 1906
Mittlere Tagestemperatur	15°,89 C.	13°,5 C.
Mittleres Maximum der Temperatur	19°,36 „	19°,2 „
Absolutes Maximum „ „	30°,0 „	29°,4 „
Mittleres Minimum „	12°,08 „	10°,2 „
Absolutes „ „ „	-2°,3 „	-5°,5 „

Während die Feuchtigkeit der Luft, durchschnittlich 68 % betragend, dieselbe war wie in früheren Jahren, kam der Niederschlag, (es regnete an 19 Tagen und an 2 Tagen fiel Schnee), mit 133, 9 mm um rund 40 mm höher zu stehen als der im gleichen Zeitabschnitt in den Vorjahren beobachtete Durchschnitt. Der Hauptanteil, 102, 6 mm, entfiel auf den Monat September.

Die mittlere Bewölkung betrug 4, 8 Zehntel, es wurden 20 heitere und 13 trübe Tage gezählt.

An 12 Tagen, welche sämtlich dem November angehörten, sank die Temperatur zeitweise unter den Gefrierpunkt.

Die Winde, zum überwiegenden Teil aus nördlichen Richtungen wehend, arteten an 6 Tagen zum vollen Sturm aus ohne in der Kolonie nennenswerten Schaden zu verursachen; jedoch hatte die Schiffahrt nicht unwesentlich unter dem stürmischen Wetter zu leiden.

Durchschnittsmarktpreise.

November 1906.
1 Kätty = 577,6 g.
Durchschnittskurs für 1 $ in
Tsingtau: 1980 kleine Käsch.
Tai tung tschen: 1960 ,, ,,
Litsun: 1960 ,, ,,
Hsüe tschia tau: 1960 ,, ,,

Bezeichnung.	Einheit	Tsingtau kl. Käsch	Tai tung tschen kl. Käsch.	Litsun kl. Käsch	Hsüe tschia tau kl. Käsch
Bohnen	1 Kätty	—	76	55	55
Bohnen, aufgekeimte	,,	—	—	—	—
Schnittbohnen	,,	—	—	70	—
Bohnenkäse	,,	—	40	38	40
Bohnenöl	,,	—	186	120	200—220
Bohnenkuchen	,,	—	62	55	53—55
Erdnüsse	,,	120	136	120	80—90
Erdnussöl	,,	—	200	200	180
Erbsen	,,	—	—	46	—
Gerste	,,	—	60	49	46—55
Gurken	,,	60	—	—	—
Hirse	,,	—	46	44	70—76
Hirsemehl	,,	—	56	60	—
Kartoffeln, chin.	,,	50	28	—	—
Kartoffelscheiben, chin.	,,	—	30	26	—
Kauliang	,,	—	42	60	—
Kauliangstroh	,,	—	48	15	10—12
Kleie	,,	—	48	40	—
Kürbis	,,	—	—	110	—
Mais	,,	—	—	—	—
Petersilie chin.	1 gr. Bund	60	—	—	—
,, deutsch	1 kl. Bund	20	—	—	—
Radieschen	1 Kätty	50	—	—	6—10
Sellerie	,,	—	—	—	—
Tomaten	,,	100	—	—	—
Reis	,,	—	100	—	88—90
Weizen	,,	—	76	100	—
Weizenmehl	,,	—	88	60	—
Weizenbrot	1 Stück	—	—	90	—
Dampfbrot	,,	—	68	20	—
Hirsebrot	,,	—	42	20	—
Rostbrot	,,	—	—	—	—
Aepfel	1 Kätty	300	—	85	—
Apfelsinen	,,	160	120	—	—

8. Dezember 1906.　　　　Amtsblatt－報官島靑　　　　299.

Bezeichnung.	Einheit	Tsingtau kl. Käsch	Tai tung tschen kl. Käsch	Litsun kl. Käsch	Hsüetschia tau kl. Käsch
Birnen	1 Kätty	100	160	—	130—160
Kohlrabi	„	180	—	—	—
Kohl in Köpfen	„	170	18	12	8—10
Kohl, weiss	„	170	—	—	—
Kohl, kleine Pflanzen	„	—	—	—	—
Knoblauch	„	—	32	60	14—20
Mohrrüben	„	30	50	50	—
Pfeffer, roter	„	100	120	70	—
Pfeffer, schwarzer	„	800	800	850	1000—1100
Rettig, chin.	„	180	—	40	—
Rüben, weisse	„	20	26	—	—
Spinat	„	60	—	18	—
Wallnüsse	„	160	—	120	—
Zwiebeln	„	170	—	20	10
Salz	„	—	10	10	20
Tabak	„	—	260	260	200—220
Bratfische	„	270	180	230	—
Kochfische	„	300	160	140	—
Fische, trocken	„	—	200	200	—
Tintenfische	„	—	—	—	—
Krabben	„	240	—	—	—
Schweinefleisch	„	260	260	200	160
Schweinefett	„	320	310	160	190
Rindfleisch, roh	„	260	270	—	—
„ gekocht	„	—	—	160	—
Rindertalg	„	—	—	160	—
Tauben	1 Stück	180	—	—	—
Enten	„	500	600	—	—
„ , wilde	„	360	—	—	—
Gänse	„	1500	—	—	—
„ , wilde	„	—	—	—	—
Hühner, alte	„	500	—	400—500	300—400
„ , junge	„	300	—	—	—
Schnepfen	„	—	—	—	—
Hasen	„	620	—	—	—
Enteneier	10 Stück	300	—	—	—
Hühnereier	„	200	—	210	220
Hanf	1 Kätty	—	—	—	460—500
Nudeln	„	—	—	—	140—150
Schweine, kl. lebend	1 Stück	—	—	—	130—140
gesp. Holz	1 Kätty	—	—	—	13—14
schmale Matten	1 Stück	—	—	—	100
Leinewand	1 Kätty	—	—	—	100
Erdnusskuchen	„	—	—	—	39—49

300. Amtsblatt- 青島官報 8. Dezember 1906.

Meteorologische Beobachtungen
in Tsingtau.

Datum.	Barometer (mm) reduz. auf 0° C., Seehöhe 78,64 m			Temperatur (Centigrade).								Dunstspannung in mm			Relat. Feuchtigkeit in Prozenten		
				trock. Therm.			feucht. Therm.										
Nov.	7 Vm	2 Nm	9 Nm	7 Vm	2 Nm	9 Nm	7 Vm	2 Nm	9 Nm	Min.	Max.	7 Vm	2 Nm	9 Nm	7 Vm	2 Nm	9 Nm
29	766,7	767,8	769,3	-2,5	-0,2	-2,6	-4,1	-2,5	-4,2	-3,5	0,9	2,5	2,6	2,5	66	58	66
30	67,7	64,4	66,0	-3,3	5,3	7,1	-5,4	1,1	5,3	-4,3	7,7	1,9	2,5	5,6	54	37	74
Dez.																	
1	58,1	57,5	62,1	7,9	7,6	3,7	6,9	6,5	2,6	3,1	10,4	6,8	6,6	4,9	86	85	82
2	66,5	65,8	66,4	-1,1	4,9	4,3	-2,1	2,0	2,0	-1,4	6,4	3,4	3,6	3,9	80	55	63
3	64,7	61,8	61,1	3,7	8,0	6,7	1,3	4,9	5,1	2,9	9,3	3,6	4,6	5,6	60	58	77
4	60,5	57,9	58,1	4,7	10,5	8,3	3,5	6,7	7,2	4,1	11,7	5,2	5,1	6,9	81	53	86
5	56,0	55,6	59,7	7,2	10,7	4,7	6,1	7,5	3,6	4,5	12,2	6,4	5,8	5,3	84	61	82

Datum.	Wind Richtung & Stärke nach Beaufort (0—12)			Bewölkung						Niederschläge in mm		
				7 Vm		2 Nm		9 Nm				9 Nm / 7 Vm
Nov.	7 Vm	2 Nm	9 Nm	Grad	Form	Grad	Form	Grad	Form	7 Vm	9 Nm	
29	N O 7	N O 5	O N O 2	8	Cum-s	5	Cir-s		Klar			
30	O N O 1	S S W 3	W S W 6	1	Cir	8	Cum-s	10	Nim			
Dez.												
1	W 4	N N W 3	N N O 5	8	Str	10	Str	8	Cum			
2	N N O 2	N 1	W S W 1		Klar		Klar	6	„			
3	Stille 0	S W 5	S S W 2	6	Cir-s	6	Str	2	„			
4	N N W 1	S S W 3	S 2									
5	S 3	N 4	N N O 4					1	Str			

Schiffsverkehr
in der Zeit vom 29. November — 6. Dezember 1906.

Ankunft am	Name	Kapitän	Flagge	Reg. Tonnen.	von	Abfahrt am	nach
(28.10.)	D. Ras Issa	Porret	Englisch	2442	Emden	1.12.	Calkutta
(23.11.)	D. Gouv. Jaeschke	Treumann	Deutsch	1045	Schanghai	„	Schanghai
(28.11.)	D. Hoangho	Geissel	„	690	Kobe	30.11.	Kobe
29.11.	D. King George	White	Englisch	2057	New York		
30.11.	D. Adm. v. Tirpitz	Block	Deutsch	1199	Schanghai	30.11.	Tschifu
„	D. Heiping	Budjer	Englisch	1267	Tschingwantau	4.12.	Schanghai
3.12.	D. Tak Sang	Clure	„	977	Schanghai	„	„
„	D. Peiho	Enigk	Deutsch	417	„	„	„
4.12	D. Hokushin Maru	Takai	Japan.	737	Kobe	„	Tschifu
„	D. Daphne	Schipper	Deutsch	1225	Hongkong		
5.12.	D. Adm. v. Tirpitz	Block	„	1199	Tschifu	5.12.	Schanghai
„	D. Tsintau	Artelt	„	977	„	„	„

Druck der Missionsdruckerei Tsingtau.

第七年　第四十九号

1906年12月8日

法令与告白

大德钦命总督胶澳文武事宜大臣都　为

更订《打扫烟筒费项章程》事：案查西历一千九百四年十二月十四日曾订《按分应将烟筒打扫洁净章程》之第二端第一条内载：分别费洋七分、一角、一角三分、二角各项在案。兹查照《德国护卫属境律例》第十五条，并参德国枢臣于西历一千八百九十八年四月二十七日所出之第一条谕示更定：自一千九百七年正月初一日起，向之费洋七分者，现加为一角五分；其向之一角者，现加为二角；向之一角三分以及二角者，现尽加为二角五分。为此仰商民人等周知。自示之后，各宜凛遵勿违，特谕。

右谕通知

德一千九百六年十一月三十日　告示

官方通告

告白

启者：兹将本局据报被窃或遗失各物开明列左：

日本式金钢料烟夹子一个；金牌子一个，两面有瓷料孩首之象（相）；灰布车毡一条，里面系有黑皮；白色绸子一匹，绣有玫瑰花样；信封一套，内有绸巾数幅；镍料狗项圈一个。

以上各物切勿轻买，如见立宜报明本局。此布。

德一千九百六年十二月初六日
青岛巡捕局启

告白

《贸易法典》第10条与1900年9月10日的《租借地法》第3条和1900年4月7日的《领事裁判法》第29条共同规定的胶澳皇家审判厅公开事宜，在1907年度的发布方式为：

1. 在有特殊规定时,通过柏林的《德意志帝国报》;
2. 通过青岛的《青岛官报》;
3. 通过上海的《德文新报》;
4. 经法庭衡量,付款义务方不反对的情况下,也可以在青岛的《青岛新报》上发布,不影响其有效性。

青岛,1906年12月1日
胶澳皇家审判厅一处

对海员的告白

放置在航道的浮标除下列几处外,将在冬季收回,并于明年4月份再次布放在远处。冬季期间仍然在位的浮标为:

浮标A,浮标1和2号,中心浅滩浮标,马蹄礁浮标HR/W、HR/N和HR/O[①],以及港口入口浮标HE/1、HE/2、HE/3、HE/4[②]。

青岛,1906年12月1日
皇家船政局

消息

总督府财务处自12月1日起将1906年11月29日的汇率更改为:储备足够时,使用现金支付的汇率为:2.39马克=1墨西哥银元,使用支票支付为:2.38马克=1墨西哥银元。

海军首席医疗官蒂尔克森博士(海因里希)于1906年12月6日接任督署医师。

11月份在官宰局屠宰和进行兽医检验的牲畜为:
283头公牛、169头小牛、141只绵羊、645头猪、1匹马和6头乳猪。
其中有3头小牛和7头猪被完全拒收,1头公牛和2头小牛被有条件接收。

气象天文台记录的青岛在1906年11月的天气情况

今年11月份的日平均气温5.4度,与之前几年相比,明显偏低,这是由大量的暴风级北风所造成的。如同平均气温一样,下表所展示的最高和最低温度也比之前年份低了好

---

① 译者注:HR即德文马蹄礁的缩写,W,N和O即西、北、东的首字母。
② 译者注:HE即港口入口的缩写。

几度。在 11 月份观测和计算的温度为：

	1898—1903 年这五年的平均值	1906 年
日平均气温/度	9.52	5.4
平均最高气温/度	12.80	10.8
绝对最高气温/度	20.1	20.6
平均最低气温/度	5.68	1.8
绝对最低气温/度	−2.3	−5.5

从 2 日到 14 日，气温逐渐升高，最后一天的日平均温度为 12.5 度。之后由于暴风级的北风，温度在 18 日前骤降到−1.4 度，也就是下降了大约 14 度。之后的气温曲线呈现出上升趋势，但是也包括气温从 28 日到 29 日下降了 7 度，在月底时气温为 4.1 度，比月平均值低 1.3 度。在 3 日早上，水库和池塘在本月第一次出现结冰现象，冰层厚度为 2～3 毫米。本月共有 12 个霜冻天，即最低温度计在 0 度以下的日子。如果回顾，过去几年的 11 月份，在 1898 年的霜冻天为 1 天，1899 年为 2 天，1900 年为 4 天，1901 年为 2 天，1902 年无霜冻天，1903 年为 4 天，1904 年为 2 天，1905 年为 6 天。

天空平均云量为 40%，在下半个月最多。出现 9 个晴天和 3 个阴天。日照指数计记录下 180 小时 4 分钟的日照时长，占总可能日照时长的 59%。

空气平均相对湿度为 61%，本月是到目前为止最干燥的月份。有 3 天下雨，2 天下雪，下雪的情况只出现在崂山和珠山的最高峰，积雪保持时间仅为 1～2 天，这些山峰在这个季节呈现出壮观的冬日景象。总降水量为 5.5 毫米。

本月风向主要为北风，平均风速为 3.3 级蒲福风级，经常出现狂风。连续几日观测到大风到强风：1 日北风 8 级，2 日东北偏北风 8 级，4 日东北偏北风 6 级，16 日东北偏北风 7 级，17 日东北偏北风 7 级，18 日东北偏北风 7 级，19 日西北风 7 级，20 日北风 6 级，21 日北风 7 级，24 日东北偏北风 8 级，29 日东北风 7 级。无风的情况十分罕见，只会短时出现。

在狂风的影响下，出现了咳嗽和流鼻涕之类的感冒症状。

1906 年秋天

与上个月一样，整个秋天都比前几天凉爽。下面统计到的气温数值即说明了这一点：

	1898—1903 年秋天	1906 年秋天
日平均气温/度	15.89	13.5
平均最高气温/度	19.36	19.2
绝对最高气温/度	30.0	29.4
平均最低气温/度	12.08	10.2
绝对最低气温/度	−2.3	−5.5

平均相对湿度为68%,与前几年情况类似,降水(19天下雨,2天下雪)量为133.9毫米,与过去几年同时间段平均值相比,高出大约40毫米。最大的降雨量出现在9月份,为102.6毫米。

平均云量为48%,有20天为晴天,13天为阴天。

有12天的气温短时间降到冰点以下,全部出现在11月份。

风向大部分为北风,有6天达到了完全暴风的级别,没有给租借地造成太大的损失,然而航运在暴风天气里也不是没有受到重大影响。

市场平均物价

1906年12月

1斤＝577.6克

1银元在各地的平均汇率

青　岛：1980个铜板

台东镇：1960个铜板

李　村：1960个铜板

薛家岛：1960个铜板

商品名称	单位	青岛,铜板	台东镇,铜板	李村,铜板	薛家岛,铜板
黄豆	1斤	—	76	55	55
豆芽	1斤	—	—	—	—
豌豆	1斤	—	—	70	—
豆腐	1斤	—	40	38	40
豆油	1斤	—	186	120	200~220
豆饼	1斤	—	62	55	53~55
花生	1斤	120	136	120	80~90
花生油	1斤	—	200	200	180
扁豆	1斤	—	—	46	—
大麦	1斤	—	60	49	46~55
黄瓜	1斤	60	—	—	—
小米	1斤	—	46	44	70~76
小米面	1斤	—	56	60	
土豆,中国品种	1斤	50	28		

(续表)

商品名称	单位	青岛,铜板	台东镇,铜板	李村,铜板	薛家岛,铜板
土豆片,中国品种	1斤	—	30	26	—
高粱	1斤	—	42	60	—
高粱秆	1斤	—	48	15	10~12
麸皮	1斤	—	48	40	—
南瓜	1斤	—	—	110	—
玉米	1斤	—	—	—	—
欧芹,中国品种	1大把	60	—	—	—
欧芹,德国品种	1小把	20	—	—	—
小红萝卜	1斤	50	—	—	6~10
芹菜	1斤	—	—	—	—
番茄	1斤	100	—	—	—
大米	1斤	—	100	—	88~90
麦子	1斤	—	76	100	—
面粉	1斤	—	88	60	—
小麦面包	1个	—	—	90	—
馒头	1个	—	68	20	—
窝头	1个	—	42	20	—
火烧	1个	—	—	—	—
苹果	1斤	300	—	85	—
橘子	1斤	160	120	—	—
梨	1斤	100	160	—	130~160
大头菜	1斤	180	—	—	—
整头大头菜	1斤	170	18	12	8~10
白菜	1斤	170	—	—	—
小白菜	1斤	—	—	—	—
大蒜	1斤	—	32	60	14~20
胡萝卜	1斤	30	50	50	—
胡椒,红色	1斤	100	120	70	—
胡椒,黑色	1斤	800	800	850	1 000~1 100

(续表)

商品名称	单位	青岛,铜板	台东镇,铜板	李村,铜板	薛家岛,铜板
中国品种萝卜	1斤	180	—	40	—
白萝卜	1斤	20	26	—	—
菠菜	1斤	60	—	18	—
核桃	1斤	160	—	120	—
洋葱	1斤	170	—	20	10
盐	1斤	—	10	10	20
烟草	1斤	—	260	260	200~220
煎鱼	1斤	270	180	230	—
炖鱼	1斤	300	160	140	—
干鱼	1斤	—	200	200	—
墨鱼	1斤	—	—	—	—
螃蟹	1斤	240	—	—	—
猪肉	1斤	260	260	200	160
猪大油	1斤	320	310	160	190
生牛肉	1斤	260	270	—	—
熟牛肉	1斤	—	—	160	—
牛油	1斤	—	—	160	—
鸽子	1只	180	—	—	—
鸭子	1只	500	600	—	—
野鸭	1只	360	—	—	—
鹅	1只	1 500	—	—	—
野鹅	1只	—	—	—	—
老母鸡	1只	500	—	400~500	300~400
小母鸡	1只	300	—	—	—
䲠鹌	1只	—	—	—	—
兔子	1只	620	—	—	—
鸭蛋	10个	300	—	—	—
鸡蛋	10个	200	—	210	220
大麻	1斤	—	—	—	460~500

(续表)

商品名称	单位	青岛,铜板	台东镇,铜板	李村,铜板	薛家岛,铜板
面条	1斤	—	—	—	140~150
(小)活猪	1只	—	—	—	130~140
木柴	1斤	—	—	—	13~14
窄席子	1个				100
棉布	1斤				100
花生饼	1斤	—	—	—	39~49

船运

1906年11月29日—12月6日期间

到达日	轮船船名	船长	挂旗国籍	登记吨位	出发港	出发日	到达港
(10月28日)	拉斯·伊萨号	波雷特	英国	2 442	埃姆登	12月 1日	加尔各答
(11月23日)	叶世克总督号	特洛依曼	德国	1 045	上海	12月 1日	上海
(11月28日)	黄河号	盖瑟尔	德国	690	神户	11月30日	神户
11月29日	乔治国王号	怀特	英国	2 057	纽约		
11月30日	提尔皮茨号	布洛克	德国	1 199	上海	11月30日	芝罘
11月30日	黑平号	布德尔	英国	1 267	秦皇岛	12月 4日	上海
12月 3日	太仓号	克鲁尔	英国	977	上海	12月 4日	上海
12月 3日	白河号	恩尼科	德国	417	上海	12月 4日	上海
12月 4日	北神丸	高井	日本	737	神户	12月 4日	芝罘
12月 4日	达芙妮号	史帕	德国	1 225	香港		
12月 5日	提尔皮茨号	布洛克	德国	1 199	芝罘	12月 5日	上海
12月 5日	青岛号	阿特尔特	德国	977	芝罘	12月 5日	上海

Amtsblatt für das Deutsche Kiautschou-Gebiet

青岛官报

Herausgegeben vom Kaiserlichen Gouvernement Kiautschou.

Der Bezugspreis beträgt jährlich $ 2 = M 4.
Bestellungen nehmen sämtliche deutsche Postanstalten entgegen.

Jahrgang 7.   Nr. 50.   Tsingtau, den 15. Dezember 1906.

Amtliche Anzeigen.

Bekanntmachung.

Bei der unter B Nr. 5 im Handelsregister eingetragenen Firma

Tsingtau Hotel Aktien Gesellschaft

ist folgendes eingetragen worden:

Die Vertretungsbefugnis des Lorenz Storm ist erloschen.

Johann Ostrowitzki, bekannt als

J. Ostrow,

ist als Vorstand bestellt.

Tsingtau, den 6. Dezember 1906.

Kaiserliches Gericht von Kiautschou. Abtl. I.

Bekanntmachung.

Das Konkursverfahren über das Vermögen des Kaufmanns

Wen tschy hsin

in Tapautau wird nach erfolgter Abhaltung des Schlusstermins hierdurch aufgehoben.

Tsingtau, den 10. Dezember 1906.

Kaiserliches Gericht von Kiautschou. Abtl. III.

Bekanntmachung.

Als gefunden angemeldet: 9 Kisten Petroleum. Abzuholen beim Polizeiamt.

Tsingtau, den 13. Dezember 1906.

Kaiserliches Polizeiamt.

告白

啓者茲將本局存案之物開明列左

洋油九箱

仰該失主知悉以後可來本局報明具領此佈

德一千九百六年十二月十三日

青島巡捕局啓

Bekanntmachung.

Am Mittwoch, den 19. d. Mts. vormittags 10 Uhr werden am kleinen Hafen in der Nähe des Marktplatzes vier alte Sampans öffentlich meistbietend versteigert.

Tsingtau, den 13. Dezember 1906.

Kaiserliches Polizeiamt.

Bekanntmachung.

Am Montag, den 20. Januar 1907, 10 Uhr Vormittags, sollen im Polizeidienstgebäude 9 Kisten Petroleum, welche am 2. 12. 1906 in der Innenbucht treibend aufgefunden worden sind, versteigert werden.

Gemäss §§ 979-983 B.G.B. werden hiermit die Empfangsberechtigten aufgefordert, ihre Rechte bis zum 18. Januar 1907 bei der unterzeichneten Behörde geltend zu machen.

Tsingtau, den 8. Dezember 1906.

Kaiserliches Polizeiamt.

Mitteilungen.

Die Zahlstunden der Gouvernementskasse sind vom 11. d. Mts. ab von 9—12 Uhr Vormittags.

* * *

Der Gouvernementskassenkurs ist vom 11. d. Mts. ab 2,37 M.=1 $ mex.

* * *

Standesamtliche Nachrichten.

Eheschliessung: 12 Dezember 1906, Kaufmann Otto Stoffregen aus Hungschan und Friederike Lippelt aus Hannover.

Geburt: 8. Dezember, eine Tochter dem Kaufmann Emil Wagner.

* * *

Beamtenarzt. Die Geschäfte des Beamtenarztes versieht Marine-Stabsarzt Dr. Opper (nicht Mac Lean, wie im Amtsblatt Nr. 47 Seite 285 angegeben ist) Wohnung Prinz Heinrich-Strasse 145. Sprechstunde 12—1 Uhr.

* * *

Zwischen der hiesigen Garnison-Verwaltung und dem Friedhofswärter des Europäerfriedhofes ist folgende Vereinbarung getroffen worden:

Der Friedhofswärter ist verpflichtet, die von den Angehörigen etwa gewünschte aussergewöhnliche Ausschmückung der Grabstätten (Bepflanzen mit Lebensbäumen, Rosenstöcken oder besonderen Blumenarten) gegen eine jährliche Entschädigung bis zum Höchstbetrage von 3,00 $ für das Grab auszuführen. Die Entschädigung ist nach besonderer Vereinbarung an den Friedhofswärter direkt zu zahlen.

* * *

Ladelisten über die auf Dampfer „Seydlitz" (Feldbatterietransport) verladenen Güter liegen beim Hafenamt und in der Registratur des Gouvernementsintendanten zur Einsicht aus.

* * *

15. Dezember 1906. Amtsblatt—青島官報 303.

Die Schantung-Eisenbahn-Gesellschaft beabsichtigt zum 1. Januar 1907 die versuchsweise Einführung eines Ausnahmetarifs (Nr. 16) für die Beförderung von eisernen Kesseln und Töpfen in Wagenladungen von den Stationen Tsinanfu-West, Tsinanfu-Ost und Huang tai chiau. Dabei soll ohne Rücksicht auf die Zahl der aufgegebenen Wagenladungen ein Frachtnachlass von 20 % auf Tarif IV gewährt werden. Der Frachtberechnung dieses Ausnahmetarifs wird mindestens ein Gewicht von 15000 kg zu grunde gelegt.

* * *

Nach amtlicher Mitteilung ist das Wrack des russischen Torpedobootszerstörers „Rastoropny" im Hafen von Tschifu bis auf den Schiffsboden zerstört worden. Wachtschiff und Lichtsignal, welche die Wrackstelle bisher kennzeichneten sind zurückgezogen und dafür zwei kleine Holzbaken mit Aufbau am Heck und Bug des Wracks errichtet worden. Vor dem Ankern zwischen diesen Baken wird gewarnt. Bei Springflut-Niedrigwasser befindet sich 16 Fuss Wasser über dem Wrack.

* * *

Meteorologische Beobachtungen
in Tsingtau.

Datum. Dez.	Barometer (mm) reduz. auf 0° C., Seehöhe 78,64 m			Temperatur (Centigrade).								Dunstspannung in mm			Relat. Feuchtigkeit in Prozenten		
				trock. Therm.			feucht. Therm.										
	7 Vm	2 Nm	9 Nm	7 Vm	2 Nm	9 Nm	7 Vm	2 Nm	9 Nm	Min.	Max.	7 Vm	2 Nm	9 Nm	7 Vm	2 Nm	9 Nm
6	762,6	702,6	762,6	2,3	6,6	2,5	0,9	3,1	-0,2	0,5	7,0	4,1	3,6	3,1	75	50	57
7	60,0	58,0	58,6	4,3	8,3	7,1	1,8	5,7	6,7	3,8	8,9	3,7	5,3	7,1	60	65	94
8	60,4	62,0	65,1	-0,3	2,1	0,3	-1,6	-0,2	-1,8	-1,0	8,4	3,4	3,3	3,2	76	62	72
9	66,2	66,3	66,8	-2,5	2,3	0,7	-3,7	0,7	-0,4	-2,7	2,8	2,8	3,9	3,9	74	72	80
10	64,9	62,6	51,5	-3,7	3,7	3,5	-4,5	-1,0	-0,1	-5,0	4,5	2,8	1,8	2,7	82	30	45
11	59,5	58,7	60,4	2,7	6,7	6,5	-0,3	4,7	4,1	1,8	8,4	3,1	5,2	4,7	57	72	65
12	59,6	57,4	58,5	4,7	9,9	6,2	3,3	7,2	5,0	3,9	10,8	5,0	6,0	5,8	78	65	82

Datum. Dez.	Wind Richtung & Stärke nach Beaufort (0—12)			Bewölkung						Niederschläge in mm		
				7 Vm		2 Nm		9 Nm				
	7 Vm	2 Nm	9 Nm	Grad	Form	Grad	Form	Grad	Form	7 Vm	9 Nm	9 Nm / 7 Vm
6	N 4	N 3	NNO 1			1	Str					
7	SSW 4	SSW 6	SW 2	6	Cir	5	Cir-s	10	Cum			
8	NNW 5	N 7	N 6	4	Cum	6	Cum-s					
9	NNO 3	NNO 5	NNO 1	2	Cir	6	Cum					
10	N 1	S 1	SSW 2	1	Cum							
11	SSW 4	SSW 5	S 3	1	Str	1	Str					
12	S 2	S 4	SSW 1	1	Str	4	Cir-s					

Schiffsverkehr

in der Zeit vom 7. — 12. Dezember 1906.

Ankunft am	Name	Kapitän	Flagge	Reg. Tonnen.	von	Abfahrt am	nach
(4.12.)	D. Daphne	Schipper	Deutsch	1225	Hongkong	8.12.	Nagasaki
7.12.	D. Staatssekr. Kraetke	Hansen	"	1208	Schanghai	7.12.	Tschifu
"	D. Gouv. Jaeschke	Treumann	"	1045	"	8.12.	Schanghai
8.12.	D. Ning Tsing	Taui	Chines.	241	Tschifu	10.12.	Tschifu
11.12.	D. Peiho	Vogler	Deutsch	417	Schanghai	11.12.	Schanghai
"	D. Tak Sang	Clure	Englisch	977	"	12.12.	"
"	D. Adm. v. Tirpitz	Block	Deutsch	1199	"	11.12.	Tschifu
12.12.	D. Hoangho	Geissel	"	690	Kobe		
"	D. Staatssekr. Kraetke	Hansen	"	1208	Tschifu	12.12.	Schanghai
"	D. Vorwärts	Ulderup	"	643	Tientsin		

Druck der Missionsdruckerei Tsingtau.

第七年 第五十号

1906年12月15日

官方通告

告白

在商业登记 B 部第 5 号登记的公司"青岛饭店股份有限公司"已登记入下列事项：

撤销洛伦茨·施多姆的代理许可。

任命以 J. 奥斯特洛夫姓名闻名的约翰·奥斯特洛维斯基为董事会主席。

青岛，1906 年 12 月 6 日
胶澳皇家审判厅一处

告白

对大鲍岛的商人温池新（注：音译）财产的破产程序，在执行完最终会面后，谨此撤销。

青岛，1906 年 12 月 10 日
胶澳皇家审判厅三处

告白

启者：兹将本局存案之物开明列左：

洋油九箱。

仰该失主知悉以后可来本局报明具领。此布。

德一千九百六年十二月十三日
青岛巡捕局启

告 白

启者：兹有旧舢板四只，拟于西本月十九即中十一月初四日上午十点钟，在小码头市场拍卖，有愿买者届时临场查看。勿误。此布。

德一千九百六年十二月十三日
青岛巡捕局启

告 白

启者：前于去年西十二月初二日获有在内海飘（漂）荡之洋油九箱，因未悉失主所在，拟于来年西正月二十日早十点钟于本局内拍卖，兹特按照德律先为声明。仰该失主知悉之后来局报明领回，限至西明年正月十八日止。此布。

德一千九百六年十二月初八日
青岛巡捕局启

消 息

总督府财务处的付款时间为自本月 11 日起，上午 9 点至 12 点。

总督府财务处自本月 11 日起的汇率为：2.37 马克＝1 墨西哥银元。

户籍所消息：

结婚：1906 年 12 月 12 日，洪山的商人奥托·施多夫雷根和汉诺威的弗里德里克·里贝尔特。

出生：12 月 8 日，商人艾米尔·瓦格纳得女一名。

官员专任医师。官员专任医师的业务由海军上尉军医奥普博士（并非如《官报》第 47 期第 285 页所公布的马克·雷恩）担任，地点为他在海因里希亲王街 145 号的住处，门诊时间为每天中午 12 点至下午 1 点。

本地军需局和欧人公墓看守人之间已经达成下列协议：

公墓看守人在收取年度最高金额 3.00 元后，有义务替亲属进行额外需求的墓地装饰（种植金钟柏、蔷薇灌木或者特殊花卉）。经过单独协商后，费用直接付给公墓看守人。

"塞得利茨"号轮船（野战炮队运输船）装载货物清单放在船政局，可以在总督府军需官登记处查看。

山东铁路公司打算在1907年1月1日前对成车皮从济南西、济南东和黄台桥（Huang tai chiau）运载的铁锅和铁盆施行特别费率（第16号）。费率不考虑交寄运输的车皮数量，对Ⅳ号费率运费优惠20%，这项特别运费费率以最低15 000千克运量起算。

根据官方通知，俄国鱼雷驱逐舰"敏捷"号遗骸已在芝罘港销毁，只剩船底。目前为止停留在遗骸位置的警戒船和灯光标记信号已被撤回，在遗骸的船头和船尾处放置了两个木制浮标，以警告不要在这两个浮标之间下锚。大潮低水位时，水面距离沉船遗骸16英尺（约4.8米）。

船运

1906年12月7日—12日期间

到达日	轮船船名	船长	挂旗国籍	登记吨位	出发港	出发日	到达港
（12月4日）	达芙妮号	史帕	德国	1 225	香港	12月8日	长崎
12月7日	克莱特克号	韩森	德国	1 208	上海	12月7日	芝罘
12月7日	叶世克总督号	特洛依曼	德国	1 045	上海	12月8日	上海
12月8日	宁清号	陶伊	中国	241	芝罘	12月10日	芝罘
12月11日	白河号	福科勒	德国	417	上海	12月11日	上海
12月11日	太仓号	克鲁尔	英国	977	上海	12月12日	上海
12月11日	提尔皮茨号	布洛克	德国	1 199	上海	12月11日	芝罘
12月12日	黄河号	盖瑟尔	德国	690	神户		
12月12日	克莱特克号	韩森	德国	1 208	芝罘	12月12日	上海
12月12日	前进号	乌尔德鲁普	德国	643	天津		

Amtsblatt
für das
Deutsche Kiautschou-Gebiet.

青島官報

Herausgegeben vom Kaiserlichen Gouvernement Kiautschou.

Der Bezugspreis beträgt jährlich $ 2 = M 4.
Bestellungen nehmen sämtliche deutsche Postanstalten entgegen.

| Jahrgang 7. | Nr. 51. | Tsingtau, den 22. Dezember 1906. |

Verordnungen und Bekanntmachungen.

Bekanntmachung.

Unter Aufhebung der Bekanntmachung vom 25. März 1905 (Amtsblatt 1905, Seite 65) wird für die Einfuhr, Ausfuhr und Lagerung von Waffen und Munition folgendes bestimmt:

§. 1.

Waffen und Munition sind, soweit sie nicht dem Gouvernement oder der deutschen Marine gehören, bei ihrer Ankunft im Schutzgebiete unter genauer Angabe des Inhalts der einzelnen Kolli dem Zollamte anzumelden und zur Lagerung im Zollschuppen gegen Lagerschein zu übergeben.

Für die Überführung aus dem Schiffe oder Ladeschuppen, einschliesslich Transportkosten bis in den Zollschuppen sind an das Zollamt für jedes kleine Kolli 0,25 $ und für jedes grosse Kollo 0,50 $ und für die Lagerung im Zollschuppen monatlich für jedes kleine Kollo 0,10 $, für jedes grosse Kollo 0,20 $ zu zahlen. Als klein gilt ein Kollo, wenn sein Gewicht 25 Kilogramm und sein Mass 0,50 Meter nicht überschreitet. Jeder angefangene Monat wird als voll gerechnet. Die Lagerung ist gebührenfrei, wenn sie die Dauer von 10 Tagen nicht überschreitet.

§. 2.

In besonderen Fällen kann mit Genehmigung des Zollamts die Lagerung im Freihafengebiete in geeigneten Privatschuppen unter Zollverschluss erfolgen; der Einlagernde muss sich auf Verlangen des Zollamts ausdrücklich dazu verpflichten, an dem Lagerbestande ohne Wissen des Zollamtes nichts zu ändern bei Vermeidung einer an das Zollamt zu zahlenden Geldbusse.

§. 3.

Die Händler die durch Lösung eines Gewerbescheines die Berechtigung zum Handel mit Waffen und Muniton erworben haben, können in ihren Geschäftsräumen ein Verkaufslager halten. Dieses soll in der Regel nicht mehr als 20 Waffen derselben Art und 2000 Patronen derselben Art enthalten. Über das Verkaufslager von Waffen und Munition ist genau Buch zu führen unter Angabe des Tages der einzelnen Vorkäufe, der Namen der Käufer und verkauften Stücke, sodass der tatsächliche und der buchmässige Bestand des Lagers jederzeit übereinstimmen.

Kaufleute, die zur Wiederausfuhr Waffen oder Munition unter Zollverschluss lagern, wozu ein Gewerbeschein nicht erforderlich ist, können in ihren Geschäftsräumen ein Musterlager halten, das nicht mehr als 2 Waffen derselben Art und 20 Patronen derselben Art enthalten soll.

§ 4.

Für die Ausfuhr von Waffen und Munition über See gelten die üblichen Ausfuhrvorschriften: das Zollamt überwacht die Verschiffung.

Die Einfuhr in das Hinterland ist nur auf Grund eines Sonderpasses des Gouverneurs von Schantung zulässig. Der Pass ist mit der üblichen Einfuhrerklärung dem Zollamt vorzulegen.

Die Versendung von einzelnen Waffen nebst Munition aus dem Schutzgebiet in das Hinterland an dort sich aufhaltende Nichtchinesen zum eigenen Gebrauch kann das Zollamt unter Garantie der Nichtveräusserung im Hinterland zulassen.

§ 5.

Den durch Lösung eines Gewerbescheines zum Handel mit Waffen und Munition berechtigten Händlern händigt das Zollamt gegen Zahlung des Zolls die zur Ergänzung ihres Verkaufslagers bestimmten Waffen nebst Munition auf Grund einer unentgeltlichen Bescheinigung des Polizeiamts aus.

Anderen Personen händigt das Zollamt Waffen und Munition, die zum Gebrauche im Schutzgebiete oder für ein Musterlager bestimmt sind, gegen Zahlung des Zolles auf Grund einer vom Zivilkommissar gegen die gesetzliche Gebühr von 9 Mark (4,50 $) auszustellenden Bescheinigung aus.

§. 6.

Die genaue Beobachtung der für Waffen, Munition und Sprengstoffe bestehenden gesetzlichen Bestimmungen wird zur Vermeidung von Bestrafungen in Erinnerung gebracht; insbesondere wird auf folgende Bestimmungen hingewiesen:

1. § 8 der Verordnung, betreffend Gewerbescheine, vom 1. November 1904 (Amtsblatt 1904, Seite 251) in der Fassung der Verordnung vom 9. November 1905 (Amtsblatt 1905, Seite 247), wonach für den Handel mit Waffen und Munition die Lösung eines Gewerbescheines vorgeschrieben ist;

2.) § 8 der Polizeiverordnung vom 1. November 1904 (Amtsblatt 1904, Seite 255), welcher im Schutzgebiete den Verkauf von Waffen oder Munition an Chinesen verbietet und Vorlegung des Verzeichnisses der Verkäufe vorschreibt;

3.) §§ 18-20 der Verordnung, betreffend das Verzollungsverfahren, vom 2. Dezember 1905 (Amtsblatt 1905, Seite 265), wonach die Pflicht zur Zollerklärung, zur Lagerung nach den Anordnungen des Gouvernements und zur Beibringung eines Waffenpasses vorgeschrieben ist;

4.) § 24 derselben Verordnung, wonach die Einfuhr in das Schutzgebiet und vom Schutzgebiet nach dem Hinterland durch die Post unzulässig ist;

5.) § 30 derselben Verordnung, wonach bei Zuwiderhandlungen gegen die Zollbestimmungen Konfiskation und Geldstrafe eintreten.

§ 7.

Die Bestimmungen dieser Bekanntmachung treten mit dem Tage der Veröffentlichung durch das Amtsblatt in Kraft.

Tsingtau, den 8. Dezember 1906.

Der Kaiserliche Gouverneur.

Truppel.

大德欽命總督膠澳文武事宜大臣都 為

曉諭更章事照得軍械彈藥進出口及存行棧會於本年西歷一千九百五聲訂章程並載入十三號官報在案茲已將此章程作廢另訂軍械彈藥進出口及存棧新章分條列左

第一條凡軍械彈藥除運歸德境本署不計以及德國水師不當運進德境時一律應先

繕清每箱內裝之式樣件數報明海關並送入關棧存儲領回存儲收條至或自運船或自行棧送至關棧應出之脚力費洋小箱每隻二角五分大箱每隻五角關棧存費小箱每月洋一角大箱每月洋二角至於大小之分按其重不逾二十五啓羅其大不過半米達者則作小箱核算其餘皆按大箱論存棧日期每逾一月有零亦按全月收費但初存關棧未過十日之久則無存費

第二條 海關亦可特准存儲於無稅區地之方便行棧仍由海關監守惟存儲軍械彈藥之人須遵海關指示承認決不私自增減一經違犯即當認繳罰款

第三條 凡商人禀准領有營生執照售賣軍械彈藥者應酌准其將軍械彈藥存舖各若干以便出售但常川軍械每種不得逾二十件藥彈每種不得逾二千顆以示限制至舖內存儲之軍械彈藥何日售出某種若干件以及買主姓名必須逐日詳細登簿俾餘存之數與按簿應存之數常相符合

凡商人進口軍械彈藥起存關棧擬欲復出口毋須領有營生執照者亦准其將式樣存儲舖內但軍械每種不准過二件藥彈每種不准過二十粒之多

第四條 軍械彈藥凡由水路裝運出口者均按平常出口章程辦理當落船時由海關監視

凡欲將軍械彈藥運入華境內地者應先領有山東撫院專照方准起運其專照須與平常進口報單同時呈遞海關

凡欲將零星軍械彈葯自德境運入內地交內地西人自用者如覓有妥保承認運在內地並不轉售或贈諸人即可由海關允准放行

第五條凡領有營生執照准售軍械彈葯商人欲補足鋪內應存之數須先在巡捕衙門領出無費憑單呈經海關驗明納稅方由關鋪發出應添之數其無照之人欲提軍械彈藥或在德境需用或作舖樣須先在輔政司處領有憑單按章繳洋九馬克合洋四元五角呈經海關驗明納稅始由關棧發出應用之件數

第六條所有他項關繫軍械彈藥炸藥等類章程應再詳細示明遵行庶免干罰

一西歷一仟九百四年十一月初一日訂示之營生執照章程第八條復於九百五年十一月初九日量為刪改列入四十六號官報其大概宗旨凡欲售賣軍械彈藥並無區別一律應領營生執照方可准行

二西歷一仟九百四年十一月初一日頒示之營生章程曾經列入第四十七號官報第八條內載不准在德境內將軍械彈藥售與華人又售出之軍械彈藥均應登簿繕單呈驗

三其列入第五十一號官報西歷一仟九百五年十二月初二日出示之德境徵稅辦法章程第十八十九二十各條大概宗旨軍械等項一經運到立應報明海關並遵照本署隨時飭令起卸存儲暨須領有專照方准運入華境等語

四該章第二十四條內載以上各物一概禁止自外郵寄德境以及自德境寄

22. Dezember 1906. Amtsblatt- 報官青島 309.

送內地等語
五該章第三十
條載明凡犯
海關章程者
即充公入官
仍罰繳款項
等語
第七條此項章
程准自列入
官報出示日
起一律遵行
勿違特示
右諭通知
大德一千九百六
年十二月初八
日
告示

Amtliche Anzeigen.

Beschluss.

Zu Beisitzern des Kaiserlichen Gerichts von Kiautschou werden für das Jahr 1907 ernannt:
1. Goecke, Generalbevollmächtigter der Deutsch-Chinesichen Seiden-Industrie-Gesellschaft,
2. Gock, Vertreter der Hamburg-Amerikalinie,
3. Miss, Prokurist,
4. Schmidt, Eisenbahnbetriebsdirektor;

zu Hülfsbeisitzern werden ernannt:
5. Augustesen, Kaufmann,
6. Breymann, Kaiserlicher Marine- Maschinenbaumeister,
7. Dr. Brücher, Direktor der Schantung-Bergbau-Gesellschaft,
8. Eichwede, Kaufmann,
9. Goedeke, Oberlandmesser,
10. Henniger, Kaiserlicher Postdirektor,
11. Laurösch, Vertreter der Deutsch-Asiatischen Bank,
12. Reuter, Kaufmann,
13. Reuter, Kaiserlicher Marine - Intendanturrat,
14. Schomburg, Kaufmann,
15. Stickforth, Ingenieur,
16. Walther, Kaufmann,
17. Wentrup, Königlicher Regierungsbaumeister,
18. Dr. Wirtz, Kaiserlicher Dolmetscher.

Tsingtau, den 12. Dezember 1906.

Der Kaiserliche Oberrichter.

I. V.

Rosenberger.

Bekanntmachung.

Frau Ida Müller hat ein Gesuch um Übertragung der Erlaubnis zum Ausschank alkoholischer Getränke auf ihren Namen für die bisher von W. Eddelbüttel geführte Gastwirtschaft in dem Gebäude auf dem Ehrlick'schen Grundstücke in Syfang eingereicht.

Einwendungen im Sinne der Gouvernementsbekanntmachung vom 10. Oktober 1899 sind bis zum 10. Januar d. Js. an das Polizeiamt zurichten.

Tsingtau, den 19. Dezember 1906.

Kaiserliches Polizeiamt.

Aufgebot.

Es wird hiermit bekannt gemacht, dass

Gustav August Otto **Krämer**, seines Standes Schlachtermeister, geboren zu Althagen bei Ueckermünde, 32 Jahre alt, wohnhaft in Tsingtau, Sohn des zu Neuwarp wohnhaften Bauunternehmers Wilhelm Krämer und seiner in Althagen verstorbenen Ehefrau Friederike, geborenen Reich,

und

Anna Mathilde Margarethe **Kreisel**, geboren zu Burgwitz bei Trebnitz, 22 Jahre alt, wohnhaft in Tsingtau, Tochter des in Puditsch verstorbenen Försters Ernst Kreisel und seiner zu Puditsch wohnhaften Ehefrau Emilie, geborenen Döring,

beabsichtigen, sich miteinander zu verheiraten und diese Ehe in Gemässheit des Reichsgesetzes vom 4. Mai 1870 vor dem unterzeichneten Beamten abzuschliessen.

Tsingtau, den 21. Dezember 1906.

Der Kaiserliche Standesbeamte.

Günther.

Bekanntmachung.

Vom 1. Januar 1907 ab wird mit der Verwaltung des Landamts der Vorstand des Katasteramts beauftragt.

Tsingtau, den 18. Dezember 1906.

Der Kaiserliche Gouverneur.

Truppel.

Bekanntmachung.

Als gefunden wurde angemeldet: ein Zehn-Dollarschein.

Als verloren wurden angemeldet: eine aus Därmen gedrehte Reitpeitsche mit Lederschlaufe; ein Schlüsselring mit vier Schlüsseln.

Als gestohlen wurden angemeldet: 3 rote Tischdecken, 3 Gartentischdecken.

Tsingtau, den 19. Dezember 1906.

Kaiserliches Polizeiamt.

Bekanntmachung.

Bei der in Abteilung B Nr. 3 des Handelsregisters vermerkten Aktiengesellschaft

Deutsch-Asiatische Bank

ist folgendes eingetragen worden:

Max Gutschke in Calcutta ist zum Vorstandsmitgliede bestellt. Zu Prokuristen zeichnungsberechtigt gemäss Artikel 17 der Statuten sind bestellt:

Willy Volkhardt in Calcutta,
Otto Christ „ „ ,
Ernst Powalka „ Berlin,
Jean Häuser „ „ ,

Durch Beschluss der Generalversammlung vom 26. Juni 1906 ist § 17 der Statuten ergänzt:

Darnach kann der Betrieb von Geschäften sowie überhaupt des gesamten Handelsgewerbes der Gesellschaft oder einer Niederlassung der Gesellschaft und die Vertretung der Gesellschaft oder einer Niederlassung innerhalb des ihr übertragenen Geschäftskreises auch sonstigen Handlungsbevollmächtigten der Gesellschaft dergestalt zugewiesen werden, dass ein solcher Bevollmächtigter in Gemeinschaft mit einem ordentlichen oder stellvertretenden Vorstandsmitgliede oder einem Prokuristen oder einem andern gemäss vorstehender Bestimmung bestellten Bevollmächtigten die Gesellschaft zu vertreten bevollmächtigt ist. Die gesetzliche bezw. statutarische Vertretungsbefugnis der Vorstandsmitglieder und Prokuristen wird durch vorstehende Bestimmung nicht berührt. Die Erteilung derartiger Vollmachten seitens des Vorstandes bedarf der Genehmigung des Aufsichtsrats. Zur Legitimation der Bevollmächtigten genügt die von zwei Vorstandsmitgliedern und dem Vorsitzenden des Aufsichtsrats, bezichentlich dessen Stellvertreter in beglaubigter Form zu vollziehende Vollmachtsurkunde. Zur Vornahme einzelner Rechtshandlungen (Auflassungserklärungen, Prozessführung, Vertretung in Zwangsversteigerungen, Behandlung und Abschluss einzelner Geschäfte, Vollziehung einzelner Urkunden etc.) sowie zur Empfangnahme von Postsendungen jeder Art, Geldsendungen, Wertbriefe und Wertpakete eingeschlossen (Postvollmachten) können auch einzelne Personen für sich allein ermächtigt werden, ohne dass es der Genehmigung des Aufsichtsrats bedarf.

Tsingtau, den 15. Dezember 1906.

Kaiserliches Gericht von Kiautschou Abt. I.

22. Dezember 1906.   Amtsblatt—青島官報   311.

Mitteilungen.

Korvettenkapitän Behring hat am 17. d. Mts. die Geschäfte des Chefs des Admiralstabes des Gouvernements übernommen.

* * *

Durch A. K. O. vom 27. 10.06. ist dem Oberrichter Dr. jur. Crusen der Rote Adlerorden 4. Klasse und dem Marinewerkmeister Richard Lepper das Allgemeine Ehrenzeichen verliehen worden.

* * *

Der Gouvernementskassenkurs ist vom 18. d. Mts. ab 2,35 M. = 1,00 $ mex. Wechselziehung vom 17. d. Mts.

* * *

Standesamtliche Nachrichten.

Eheschliessung: 20. 12. 1906, Polizeiwachtmann Leonhard Krewerth und Margarete Matz, beide in Tsingtau.
Aufgebot: 21. 12. 1906, Schlachtermeister Gustav Krämer und Anna Kreisel beide in Tsingtau.
Geburt: 15. 12. 1906, ein Sohn dem Marine-Feuerwerker Otto Hoffmann.

* * *

Weihnachtsgottesdienste.

Evangelischer:

am 23. d. Mts. Gottesdienst in Fangtse,
am 24. d. Mts. nachmittags 4 ¾ Uhr Weihnachtsfeier in der Gouvernementskapelle unter Mitwirkung des Kinderchores,
am 25 d. Mts. vormittags 10 Uhr Gottesdienst in der Gouvernementskapelle.
am 31. d. Mts. nachmittags 5 Uhr Sylvestergottesdienst in der Gouvernementskapelle,
am 1. 1. 1907 vormittags 10 Uhr Gottesdienst in der Gouvernementskapelle.
Am 23., 26. und 30. d. Mts. finden in der Gouvernementskapelle in Tsingtau keine Gottesdienste statt.

Katholischer:

Am 24. d. Mts. nachmittags 5 Uhr Abendfeier,
am 25., 26. und 30. d. Mts. vormittags 9 Uhr Predigt und Gottesdienst,
am 31. d. Mts. nachmittags 5 Uhr Jahresabschlussfeier,
am 1. 1. 1907 vormittags 9 Uhr Predigt und Gottesdienst.

Schiffsverkehr

in der Zeit vom 13. — 19. Dezember 1906.

Ankunft am	Name	Kapitän	Flagge	Reg. Tonnen.	von	Abfahrt am	nach
(12.12)	D. Hoangho	Geissel	Deutsch	690	Kobe	15.12.	Kobe
14.12.	D. Gouv. Jaeschke	Treumann	„	1045	Schanghai	„	Schanghai
15.12.	D. Adm. v. Tirpitz	Block	„	1199	Tschifu	„	„
17.12.	D. Peiho	Vogler	„	417	Schanghai	18.12.	„
„	D. Tak Sang	Clure	Englisch	977	„	19.12.	„
„	D. Ariake Maru	Nakagawa	Japan.	2183	Maruran		
18.12.	D. Staatssekr. Kraetke	Hansen	Deutsch	1208	Schanghai	19.12.	Tschifu

Meteorologische Beobachtungen
in Tsingtau.

Datum. Dez.	Barometer (mm) reduz. auf 0° C., Seehöhe 78,64 m			Temperatur (Centigrade).								Dunst- spannung in mm			Relat. Feuchtigkeit in Prozenten		
				trock. Therm.			feucht. Therm.										
	7Vm	2Nm	9Nm	7Vm	2Nm	9Nm	7Vm	2Nm	9Nm	Min.	Max.	7Vm	2Nm	9Nm	7Vm	2Nm	9Nm
13	759,8	759,9	762,2	1,7	7,1	3,3	-0,5	4,9	1,8	1,2	7,5	3,3	5,2	4,3	63	69	75
14	63,1	61,1	61,0	0,2	6,7	6,4	-0,5	3,7	3,6	-2,0	8,0	4,0	4,2	4,3	87	57	59
15	58,7	55,7	54,7	8,0	9,7	9,7	6,2	8,2	8,9	4,7	10,3	6,0	7,2	8,0	75	80	89
16	52,6	52,1	52,9	9,5	9,7	7,8	9,3	9,2	7,8	6,8	12,7	8,6	8,4	7,9	98	94	100
17	53,5	52,9	51,3	8,3	10,0	9,9	8,0	9,1	8,9	6,7	12,2	7,8	8,1	7,9	96	88	87
18	47,1	53,2	59,8	7,9	-0,0	-1,1	7,9	-1,3	-2,4	-1,6	10,6	8,0	3,5	3,2	100	76	74
19	62,8	61,6	60,6	-4,1	-1,4	-0,9	-5,5	-2,9	-2,3	-4,5	0,6	2,3	2,9	3,1	68	70	73

Datum. Dez.	Wind Richtung & Stärke nach Beaufort (0—12)			Bewölkung						Niederschläge in mm		
				7 Vm		2 Nm		9 Nm				
	7 Vm	2 Nm	9 Nm	Grad	Form	Grad	Form	Grad	Form	7Vm	9Nm	9Nm / 7Vm
13	N 3	N 3	NNO 2									
14	NNO 1	SSO 3	SSO 4			3	Str	10	Str			
15	SSO 3	SSO 5	SO 5	10	Cir-cum	8	Cum	10	Nim			
16	S 1	S 1	SSO 2	10	Nebel	10	Nebel	10	Nebel			
17	SO 3	SSO 4	O 5	2	Cir-s	9	Cum-s	10	Nim			9,3
18	N 6	NNO 10	N 7	10	Nebel	10	"	10	Cum-s	9,3		
19	NNO 2	N 2	SO 1	6	Str	3	Cir-cum	5	"			

Druck der Missionsdruckerei Tsingtau.

第七年 第五十一号

1906年12月22日

法令与告白

大德钦命总督胶澳文武事宜大臣都　为

晓谕更章事：照得军械弹药进出本口及存行栈曾于西历一千九百五年三月二十五日厘订章程，并载入十三号《官报》在案。兹已将此章程作废，另订《军械弹药进出口及存栈新章》分条列左：

第一条　凡军械弹药除运归德境、本署以及德国水帅（师）不计外，其余当运进德境时，一律应先缮清每箱内装之式样、件数报明海关，并送入关栈存储，领回存储收条。至或自运船，或自行栈送至关栈应出之脚力费洋，小箱每只二角五分，大箱每只五角。关栈存费小箱每月洋一角，大箱每月洋二角。至于大小之分，按其重不逾二十五启罗、其大不过半米达（打）者则作小箱核算，其余皆按大箱论。存栈日期每逾一月有零，亦按全月收费。但初存关栈未过十日之久，则无存费。

第二条　海关亦可特准存储于无税区地之方便行栈，仍由海关监守，惟存储军械弹药之人须遵海关指示，承认决不私自增减。一经违犯，即当认缴罚款。

第三条　凡商人禀准领有营生执照售卖军械弹药者，应酌准其将军械弹药存铺各若干，以便出售。但常川军械每种不得逾二十件，药弹每种不得逾二千颗，以示限制。至铺内存储之军械弹药何日售出某种若干件，以及买主姓名，必须逐日详细登簿，俾余存之数与按簿应存之数常相符合。

凡商人进口军械弹药起存关栈，拟欲仍复出口，毋须领有营生执照者亦准其将式样存储铺内，但军械每种不准过二件，药弹每种不准过二十粒之多。

第四条　军械弹药凡由水路装运出口者，均按平常出口章程办理，当落船时由海关监视。

凡欲将军械弹药运入华境内地者，应先领有山东抚院专照方准起运，其专照须与平常进口报单同时呈递海关。

凡欲将零星军械弹药自德境运入内地，交内地西人自用者，如觅有妥保承认运在内地并不转售或赠诸人，即可由海关允准放行。

第五条 凡领有营生执照准售军械弹药商人,欲补足铺内应存之数,须先在巡捕衙门领出无费凭单,呈经海关验明纳税,方由关栈发出应添之数。其无照之人欲提军械弹药,或在德境需用或存铺作样,须先在辅政司处领有凭单,按章缴洋九马克(合西洋四元五角),呈经海关验明纳税,始由关栈发出应用之件数。

第六条 所有他项关系军械、弹药、炸药等类章程,应再详细示明遵行,庶免干罚。

一、西历一千九百四年十一月初一日订示之《营生执照章程》第八条复于(一千)九百五年十一月初九日量为删改,列入四十六号《官报》。其大概宗旨:凡欲售卖军械弹药并无区别,一律应领营生执照,方可准行。

二、西历一千九百四年十一月初一日颁示之《营生章程》曾经列入第四十七号《官报》第八条,内载不准在德境内将军械弹药售与华人,又售出之军械弹药均应登簿缮单呈验。

三、其列入第五十一号《官报》,西历一千九百五年十二月初二日出示之《德境征税办法章程》第十八、十九、二十各条大概宗旨:军械等项一经运到,立应报明海关,并遵照本署随时饬令起卸存储,暨须领有专照,方准运入华境等语。

四、该章第二十四条内载:以上各物一概禁止自外邮寄德境,以及自德境寄送内地等语。

五、该章第三十条载明,凡犯海关章程者,即充公入官,仍罚缴款项等语。

第七条 此项章程准自列入《官报》出示日起一律遵行。勿违。特示。

右谕通知

大德一千九百六年十二月初八日　告示

官方通告

决议

现任命下列人员为胶澳皇家审判厅1907年度陪审员:

1. 戈克,德华缫丝厂全权总代表;

2. 高克,亨宝洋行代表;

3. 米斯,代理商;

4. 施密特,铁路公司运营经理。

任命下列人员为助理陪审员:

5. 奥古斯特森,商人;

6. 布莱曼,皇家海军机械师;

7. 布吕歇博士,山东矿业公司经理;

8. 艾希维德,商人;
9. 戈代克,高级土地丈量员;
10. 海尼格,皇家邮政局局长;
11. 劳罗施,德华银行代表;
12. 罗伊特,商人;
13. 罗伊特,皇家海军军需部参议;
14. 硕姆伯格,商人;
15. 斯迪克福特,工程师;
16. 瓦尔特,商人
17. 温特鲁普,皇家官方建筑师;
18. 维尔茨博士①,皇家翻译官。

青岛,1906年12月12日
代理皇家高等法官
罗森博格

告白

依达·穆勒女士递交申请,请求将目前业利公司拥有的四方地块上由W. 艾德尔布特尔经营饭店的酒类饮料许可证转至她的名下。

如有根据1899年10月10日总督府告白提出的异议,须在明年1月10日前递交至本处。

青岛,1906年12月19日
青岛巡捕衙门

结婚公告

古斯塔夫·奥古斯特·奥托·克莱默,职业为屠宰师,出生于于克蒙德附近的阿尔特哈根,现年32岁,居住地为青岛,为居住在诺伊瓦普的建筑商威廉·克莱默与在阿尔特哈根去世、出生时姓莱希的妻子弗里德里克的儿子。

安娜·玛蒂尔德·玛嘉莱特·克莱泽尔,出生于特雷普尼茨附近的布克维茨,现年22岁,居住地为青岛,为在普地池去世的守林人恩斯特·克莱泽尔和居住在普林池、出生时姓多灵的妻子艾米莉的女儿。

---

① 译者注:此名为音译,他在青岛德华大学任教期间起的中文名为魏理慈。

谨此宣布二人结婚,此婚约按照1870年5月4日颁布的法律规定在本官员前缔结。

青岛,1906年12月21日

皇家户籍官

贡特

大德钦命总督胶澳文武事宜大臣都　为

晓谕周知事:照得德境地亩事宜,向归地亩局经理,历有年所。兹拟量为裁并,所有地亩局向来管理一切事务,准自一千九百七年正月初一日起,归并丈量局员兼理。仰各遵照。特示。

右谕通知

大德一千九百六年十二月十八日　告示

告白

启者:兹将本署据报送案、遗失以及被窃各物分别列左:

送案之物:

十元钞票一张。

遗失各物:

带皮扣马鞭一根;圈套钥匙四把。

被窃各物:

红布抬(台)布三张;小抬(台)布三张。

以上遗失、被窃各物切勿轻买,如见亦宜报明本署,送案之物亦准具领。此布。

德一千九百六年十二月十九日

青岛巡捕衙门启

告白

在商业登记B部第3号登记的股份公司"德华银行"已登记入下列事项:

任命加尔各答的马克斯·古驰克为董事会成员。根据《公司章程》第17条任命下列人员为有权签字的代理人:

加尔各答的维利·福克哈特、加尔各答的奥托·克里斯特、柏林的恩斯特·伯瓦尔卡、柏林的让·豪伊泽尔。

1906年6月26日的全员大会做出决议,对《公司章程》第17条进行增补:

之后，对业务、整个公司的贸易、公司分号和代表处或者交办业务范围之内的分号以及其他公司授予的全权处理等进行运营的指派方式是，授权一名全权授权人与一名常任或代理董事会成员，或一名代理人，或另一名按照前述规定指定的全权代表一起代表公司。董事会成员和全权代理人的法定或符合章程的代表权不受前述规定影响。董事会方面的该项全权授予需要有监事会的同意，对全权授权人的认证只需要由两名董事会成员和监事会主席或其代理人共同出具经过公证的授权证书。对于特定法律行为（如转让声明、进行诉讼、在强制拍卖中的代表、运营或结束单项业务、特定文件的签署等）以及接收各类邮件、汇款、有价证券和包裹（邮政代理权），也可以授权个人独立行使，不需要取得监事会的批准。

青岛，1906 年 12 月 15 日
胶澳皇家审判厅一处

消息

海军少校贝灵已于本月 17 日接手了总督府少将参谋部参谋长的业务。

1906 年 10 月 27 日的最高敕令授予高等法官克鲁森博士四等红鹰勋章，授予海军工长李夏德·莱帕一般荣誉纪念章。

总督府财务处自本月 18 日起的汇率为：2.35 马克＝1.00 墨西哥银元，替换本月 17 日的汇率。

户籍所消息：
结婚：1906 年 12 月 20 日，巡捕房警卫莱昂哈德·克雷维尔特和玛嘉雷特·马茨，二人均在青岛。
结婚公告：1906 年 12 月 21 日，屠宰师古斯塔夫·克莱默和安娜·克莱泽尔，二人均在青岛。
出生：1906 年 12 月 15 日，海军火药师奥托·霍夫曼得子一名。

圣诞节弥撒
新教

本月 23 日，在坊子举办弥撒。
本月 24 日下午 4 点 45 分在督署小教堂举办圣诞节弥撒，儿童合唱团参加。
本月 25 日上午 10 点在督署小教堂举办弥撒。

本月31日下午5点在督署小教堂举办除夕夜弥撒。

1907年1月1日上午10点在督署小教堂举办弥撒。

青岛的督署小教堂在本月23、26、30日不再举办弥撒。

天主教

本月24日下午5点举行晚会。

本月25、26和30日上午9点布道和弥撒。

本月31日下午5点举办年末庆典。

1907年1月1日上午9点布道和弥撒。

船运

1906年12月13日—19日期间

到达日	轮船船名	船长	挂旗国籍	登记吨位	出发港	出发日	到达港
（12月12日）	黄河号	盖瑟尔	德国	690	神户	12月15日	神户
12月14日	叶世克总督号	特洛依曼	德国	1 045	上海	12月15日	上海
12月15日	提尔皮茨号	布洛克	德国	1 199	芝罘	12月15日	上海
12月17日	白河号	福科勒	德国	417	上海	12月18日	上海
12月17日	太仓号	克鲁尔	英国	977	上海	12月19日	上海
12月17日	有明丸	中川	日本	2 183	室兰		
12月18日	克莱特克号	韩森	德国	1 208	上海	12月19日	芝罘

Amtsblatt
für das
Deutsche Kiautschou-Gebiet.

青島官報

Herausgegeben vom Kaiserlichen Gouvernement Kiautschou.

Der Bezugspreis beträgt jährlich $ 2=M 4.
Bestellungen nehmen sämtliche deutsche Postanstalten entgegen.

Jahrgang 7.   Nr. 52.   Tsingtau, den 29. Dezember 1906.

Verordnungen und Bekanntmachungen.

Verordnung
betreffend
die Einfuhr ausserhalb der Provinz Schantung geprägter Zehnkäschstücke.

Auf Grund des § 15 des Schutzgebietsgesetzes in Verbindung mit § 1 der Verfügung des Reichskanzlers vom 27. April 1898 wird folgendes verordnet.

§ 1.

Ausserhalb Schantungs geprägte Zehnkäschstücke dürfen auf dem Seewege in das Schutzgebiet nur eingeführt werden

1. von einzelnen auf dem Seewege eintreffenden Personen bis zu einem Höchstbetrage von 2000 Stück,

2. von Händlern, die auf Dschunken oder Schiffen unter Binnenschiffahrtsbestimmungen eintreffen und im Schutzgebiete Waren einkaufen oder Verbindlichkeiten bezahlen wollen, bis zur Höhe dieses Betrages. Die mitgebrachten Zehnkäschstücke müssen im Manifest verzeichnet sein, sowie bei Ankunft dem Seezollamt angemeldet und daselbst hinterlegt werden. Soweit sie nicht zur Bezahlung von Waren abgehoben werden, müssen sie binnen einer in jedem Falle vom Gouvernement zu bestimmenden Frist wieder ausgeführt werden,

3. in anderen Fällen nur nach eingeholter besonderer Genehmigung des Gouvernements. Die Zehnkäschstücke müssen im Manifest vermerkt sein, dem Seezollamt bei Ankunft angemeldet und ihm bis zum Eintreffen der Einfuhrgenehmigung in Verwahrung gegeben werden. Wird die Genehmigung des Gouvernements versagt, so sind die Zehnkäschstücke binnen einer gleichzeitig zu bestimmenden Frist wieder auszuführen. Wenn diese Zehnkäschstücke zur Einführung in das Hinterland bestimmt sind, tritt an Stelle der Genehmigung des Gouvernements die des Gouverneurs von Schantung.

§ 2.

Ausserhalb Schantungs geprägte Zehnkäschstücke, die entgegen den Bestimmungen des § 1 eingeführt oder innerhalb der gemäss 2 und 3 des § 1 verfügten Frist nicht wieder ausgeführt werden, unterliegen der Einziehung. Die Einziehung erfolgt durch das Seezollamt zur Hälfte zu seinen Gunsten, zur Hälfte zu Gunsten des Gouvernements.

§ 3.

Die Bestimmungen der Verordnung vom 22. Juli 1904, betreffend die chinesischen Zehnkäschstücke bleiben bestehen, soweit sie nicht durch diese Verordnung betroffen werden.

§ 4.

Diese Verordnung tritt am Tage der Veröffentlichung in Kraft. Gleichzeitig wird die Verordnung betreffend die Einfuhr chinesischer Zehnkäschstücke in das Schutzgebiet vom 2. Dezember 1905 (Amtsblatt 1905 Seite 272) aufgehoben.

Tsingtau, den 20. Dezember 1906.

Der Kaiserliche Gouverneur.

Truppel.

大德欽命總督膠澳文武事宜大臣都為

更訂章程事查銅元運進德境各口一事曾於西歷一千九百五年十二月初二日聲訂章程並刊列四十九號官報各在案茲者復按德國護衛屬境律例第十五條並參德國樞臣前於一千八百九十八年四月二十七日宣布之示諭第一條辦理擬將他省銅元運進德境章程量為更改分條列左

第一條除山東省鼓鑄之銅元不計外其他省銅元欲由水路運進德境各口辦法如下

一凡孤客若由水路駛入德境帶有他省銅元其數不過二仟枚者始准運進德境

二凡商人或乘民船或乘遵照內港章程挂號之船來青欲用他省銅元在德境內置買貨物或還賬項始准帶入應需之數其餘一概不准運進德境但前項准帶之銅元其

數多寡應註明於艙單運到時報明海關由海關提存監守若辦貨還賬完竣尚存若干仍由本署勒限悉數運回

三其餘他人應先由本署特准方可進口但帶來數目須註明於艙單運到時報明海關即由海關提存監守直至呈驗本署特准字據止若未經本署特准者亦即勒限運回至欲將前項銅元轉運東省內地宜先稟准山東撫院給有專照則毋須請領本署准照

第二條凡違第一條擅將他省鼓鑄之銅元運進德境或不遵前列勒限依期運回者其銅元一律由海關罰充入官半歸海關半歸本署

第三條西歷一仟九百四年七月二十二日所訂開通銅元以救錢荒章程有與此項章程關碍者應即作罷其餘各條仍舊遵行

第四條此項章程准自出示日起一律遵行其一仟九百五年十二月初二日釐訂銅元運進德境各口章程亦自是日作廢須至章程者

右諭通知

大德一千九百六年十二月二十日

告示

316.   Amtsblatt – 報青官島   29. Dezember 1906.

Amtliche Anzeigen.

Bekanntmachung.

Als gestohlen wurde angemeldet: 1 Messing-Wage mit unterstehendem Kasten.

Tsingtau, den 27. Dezember 1906.

Kaiserliches Polizeiamt.

告白

啓者茲將木署據
報被竊之物列左
銅貨天平一架並
有木箱
以上之物切勿
聽買如見立宜
報明木署此佈
德一千九百六年十
二月二十七日
青島巡捕局啓

Mitteilungen.

Der Kiautschou-Ablösungstransport Frühjahr 1907 verlässt Wilhelmshaven am 12. Januar n. Js. mit Dampfer „Roon":

Es treffen mit demselben im Schutzgebiete ein: Major **Credner**, Hauptleute **Lieber**, **Graf von Brockdorff**, Oberleutnant **Hüttmann**, Leutnants **Mühlmann**, **Tietz**, Kapitänleutnants **Wossidlo**, **Collmann**, Oberleutnants zur See **Mechlenburg**, **Sandleben**, Leutnant zur See **Hoenicke**, Marine-Ober-Stabsarzt Dr. **Martini**, Marine-Stabsarzt Dr. **Esch**.

Es treten die Heimreise an:

Major von **Frobel**, Hauptleute **Mauve**, **Gandenberger von Moisy**, Oberleutnants von **Veltheim**, **Erlenmeyer**, Leutnants **Berthold**, von **Bendemann**, Kapitänleutnants **Frielinghaus**, **Heyne**, Oberleutnants zur See **Richter**, **Duncker**, **Goetting**, Marine-Oberstabsarzt Dr. **Meyer**, Marine-Stabsarzt Dr. **Opper**.

Als I. Adjutant tritt zum Gouvernement: Hauptmann **Pinder**.

*

Den nachgenannten Personen sind folgende russische Orden pp. verliehen worden:
der St. Annenorden 3. Klasse: dem Marine-Stabsarzt Dr. **Böse**,
die goldene Medaille am Bande des St. Stanislausordens: dem Sanitätsvizefeldwebel **Kamlah**, dem Sanitätsmaaten Erich **Schulz**, dem ehem. Obersanitätsgasten **Drewes**, dem ehem. Seesoldaten **Diehl**, dem ehem. Marinekrankenwärter **Mross**, den Pflegeschwestern Luise **Wrege**, Minna **Hafermann**, Sidonie **Knäpel**.

*

Die Vertretung Sr. Excellenz des Gouverneurs, Kontreadmirals **Truppel** hat für die Zeit seiner Reise nach Schanghai Major v. **Frobel** übernommen.

*

Geh. exp. Sekretär und Kalkulator **Schmidt** vom Reichsmarineamt, kommandiert zum Gouvernement Kiautschou, ist zum Rechnungsrat ernannt worden.

*

Evangelischer Gottesdienst.

Am 13. Januar n. Js. fällt der Gottesdienst in der Gouvernementskapelle aus.

*

Standesamtliche Nachrichten.

Geburten: Am 20. Dezember 1906, ein Sohn dem Regierungsbaumeister **Leibbrand**.

*

Der Gouvernementskassenkurs ist vom 24. d. Mts. ab 2,34 M. = 1.00 $ mex. Wechselziehung vom 22. 12. 06.

29. Dezember 1906.   Amtsblatt—官報菁島   317.

Meteorologische Beobachtungen
in Tsingtau.

Da-tum. Dez.	Barometer (mm) reduz. auf 0° C., Seehöhe 78,64 m			Temperatur (Centigrade).								Dunst-spannung in mm			Relat. Feuchtigkeit in Prozenten		
				trock. Therm.			feucht. Therm.										
	7 Vm	2 Nm	9 Nm	7 Vm	2 Nm	9 Nm	7 Vm	2 Nm	9 Nm	Min.	Max.	7 Vm	2 Nm	9 Nm	7 Vm	2 Nm	9 Nm
20	758,8	759,3	763,5	-0,5	0,2	-2,3	-1,7	-1,1	-3,3	-6,1	1,8	3,4	3,6	3,1	77	76	79
21	66,9	65,0	66,3	-5,7	-4,5	-6,7	-7,1	-6,1	-9,7	-7,0	-4,0	1,9	2,0	1,3	65	63	47
22	66,3	64,1	65,8	-5,7	-2,9	-5,7	-7,9	-5,8	-7,9	-7,6	-2,4	1,3	1,4	1,3	45	39	45
23	66,9	66,1	67,4	-6,6	-3,1	-5,5	-8,4	-5,3	-6,7	-8,0	-2,4	1,4	1,9	2,1	52	53	70
24	67,4	65,0	66,6	-6,1	-1,5	-3,3	-7,9	-2,9	-4,9	-8,5	-1,1	1,5	3,0	2,3	54	72	65
25	64,8	63,9	67,1	-3,1	-0,9	-4,7	-5,5	-2,2	-6,0	-5,0	-0,8	1,8	3,2	2,2	48	74	69
26	67,6	65,8	65,1	-3,2	1,5	1,1	-4,8	-2,3	-1,9	-5,2	-3,4	2,3	1,9	2,4	65	37	48

Da-tum. Dez.	Wind Richtung & Stärke nach Beaufort (0—12)			Bewölkung						Niederschläge in mm		
				7 Vm		2 Nm		9 Nm				9 Nm
	7 Vm	2 Nm	9 Nm	Grad	Form	Grad	Form	Grad	Form	7 Vm	9 Nm	7 Vm
20	N O 1	N 6	N 9	10	Cum-s	8	Str	10	Nim			
21	N 7	NNO 8	N 6	4	Cir-cum	3	Cir-cum					
22	N W 3	NNW 6	N 7	10	Cum-s	2	Cum					
23	N 8	N 8	N 7			1	”	1	Str			
24	NNO 4	N 3	N 5	5	Cir-s	6	Cum-s	8	”			
25	N 3	N 5	N 5									
26	N W 3	NW 2	SSW 2									

Schiffsverkehr

in der Zeit vom 19.—27. Dezember 1906.

Ankunft am	Name	Kapitän	Flagge	Reg. Tonnen.	von	Abfahrt am	nach
(29.11.)	S. King George	White	Englisch	2057	New York	24.12.	St. Francisko
22.12.	D. Gouv. Jaeschke	Treumann	Deutsch	1045	Schanghai	22.12.	Schanghai
23.12.	D. King Sing	Leask	Englisch	1223	"	23.12.	Tschifu
"	D. Hokuschin Maru	Takei	Japanisch	737	Kobe	24.12.	"
"	D. Staatssekr. Kraetke	Hansen	Deutsch	1208	Tschifu	25.12.	Schanghai
24.12.	D. Castor	Haakonsen	Norweg.	775	Swatau		
"	D. Peiho	Vogler	Deutsch	417	Schanghai	25.12.	Schanghai
26.12.	D. Szehuen	Sidford	Englisch	1142	Hongkong		
"	D. Tak Sang	Clure	"	977	Schanghai	26.12.	Schanghai
"	D. Adm. v. Tirpitz	Block	Deutsch	1199	"	"	Tschifu

Druck der Missionsdruckerei Tsingtau.

第七年 第五十二号

1906 年 12 月 29 日

法令与告白

大德钦命总督胶澳文武事宜大臣都　为

更订章程事：查铜元运进德境各口一事，曾于西历一千九百五年十二月初二日厘订章程，并刊列四十九号《官报》各在案。兹者复按《德国护卫属境律例》第十五条，并参德国枢臣前于一千八百九十八年四月二十七日宣布之示谕第一条办理。拟将《他省铜元运进德境章程》量为更改，分条列左：

第一条　除山东省鼓铸之铜元不计外，其他省铜元欲由水路运进德境各口，办法如下：

一、凡孤客若由水路驶入德境，带有他省铜元其数不过二千枚者，始准运进德境。

二、凡商人或乘民船，或乘遵照内港章程挂号之船来青，欲用他省铜元在德境内置买货物或还账项，始准带入应需之数，其余一概不准运进德境，但前项准带之铜元其数多寡应注明于舱单。运到时报明海关，由海关提存监守。若办货还账完竣尚存若干，仍由本署勒限悉数运回。

三、其余他人应先由本署特准方可进口，但带来数目须注明于舱单，运到时报明海关，即由海关提存监守，直至呈验本署特准字据止。若未经本署特准者，亦即勒限运回。至欲将前项铜元转运（山）东省内地，宜先禀准山东抚院给有专照，则毋须请领本署准照。

第二条　凡违第一条，擅将他省鼓铸之铜元运进德境，或不遵前列，勒限依期运回者，其铜元一律由海关罚充入官，半归海关，半归本署。

第三条　西历一千九百四年七月二十二日所订《开通铜元以救钱荒章程》有与此项章程关碍者应即作罢，其余各条仍旧遵行。

第四条　此项章程准自出示日起一律遵行，其一千九百五年十二月初二日厘订《铜元运进德境各口章程》亦自是日作废，须至章程者。

右谕通知
大德一千九百六年十二月二十日　告示

官方通告

告白

启者：兹将本署据报被窃之物列左：

铜质天平一架并有木箱。

以上之物切勿轻买，如见立宜报明本署。此布。

德一千九百六年十二月二十七日

青岛巡捕局启

消息

1907年春天的胶澳轮换部队运输船"鲁恩"号将于明年1月12日离开威廉港。

即将乘坐该船抵达保护地的人员有：克雷德纳少校，里波尔和冯·布洛克多夫上尉，胡特曼中尉，穆尔曼、蒂茨少尉，海军上尉沃西德罗、科尔曼，海军中尉梅克伦堡、桑德雷本，海军少尉霍尼克，海军少校军医马尔蒂尼博士，海军上尉军医艾施博士。

回国人员有：

冯·弗洛贝尔少校，毛伟、甘顿伯格·冯·莫伊西上尉，冯·费尔特海姆、艾尔伦迈耶尔中尉，贝托尔德、冯·本德曼少尉，海军上尉福里零豪斯、海纳，海军中尉里希特、邓科尔、戈亭，海军少校军医迈耶尔博士，海军上尉军医奥普博士。

品德尔上尉加入总督府，担任第一副官。

下列人员被俄国授予各项勋章：

三等圣·安妮勋章：海军上尉军医博瑟博士；

圣·斯坦尼斯劳斯绶带金质奖章：医护中士卡姆拉，卫生员艾里希·舒尔茨，前医务长德雷韦斯，前海军陆战士兵蒂尔，前海军护士姆罗斯，护工路易泽·雷格、明娜·哈弗曼、西多妮·科纳佩尔。

在总督、海军少将都沛禄阁下前往上海期间，由冯·弗洛贝尔少校代理其职位。

帝国海军部的高等秘书、计算师施密特被派往胶澳总督府，担任审计委员。

新教弥撒：

今年1月13日在督署小教堂的弥撒取消。

户籍所消息:

出生:1906 年 12 月 20 日,政府建筑师莱普布兰特得子一名。

总督府财务处自本月 24 日起的汇率为:2.34 马克=1.00 墨西哥银元,替换 1906 年 12 月 22 日的汇率。

船运

1906 年 12 月 19 日—27 日期间

到达日	轮船船名	船长	挂旗国籍	登记吨位	出发港	出发日	到达港
(11 月 29 日)	乔治国王号	怀特	英国	2 057	纽约	12 月 24 日	旧金山
12 月 22 日	叶世克总督号	特洛依曼	德国	1 045	上海	12 月 22 日	上海
12 月 23 日	辛国王号	李斯克	英国	1 223	上海	12 月 23 日	芝罘
12 月 23 日	北神丸	高井	日本	737	神户	12 月 24 日	芝罘
12 月 23 日	克莱特克号	韩森	德国	1 208	芝罘	12 月 25 日	上海
12 月 24 日	海狸号	哈肯森	挪威	775	汕头		
12 月 24 日	白河号	福科勒	德国	417	上海	12 月 25 日	上海
12 月 26 日	四川号	西德福德	英国	1 142	香港		
12 月 26 日	太仓号	克鲁尔	英国	977	上海	12 月 26 日	上海
12 月 26 日	提尔皮茨号	布洛克	德国	1 199	上海	12 月 26 日	芝罘

Sachregister

der im Amtsblatt für das deutsche Kiautschougebiet
vom Jahre 1906
enthaltenen Verordnungen und Bekanntmachungen.

	Datum	Seite
Anzeigepflicht bei ansteckenden Krankheiten	24. 7. 06	177
Ausfuhr von Waffen und Munition	8. 12. 06	305
Bahnpolizeibeamter, Ernennung des Öttershagen zum —	1. 9. 06	233
— Ernennung des Paffrath zum —	23. 4. 06	113
Bank, Konzession der Deutsch-Asiatischen — zur Banknotenausgabe	8. 6. 06	219
— Anweisung zur Ausführung der Konzession der Deutsch-Asiatischen — zur Banknotenausgabe	8. 6. 06	221
Banknoten, Konzession der Deutsch-Asiatischen Bank zur — ausgabe	8. 6. 06	219
— Anweisung zur Ausführung der Konzession der Deutsch-Asiatischen Bank zur — ausgabe	8. 6. 06	221
Betriebsordnung für den Schlachthof	24. 7. 06	183
Chinesisches Kommittee, Ersatzwahlen des —	6. 1. 06	11
Deutsch-Asiatische Bank, Konzession der — zur Banknotenausgabe	8. 6. 06	219
— Anweisung zur Ausführung der Konzession der — zur Banknotenausgabe	8. 6. 06	221
Einfuhr von Waffen und Munition	8. 12. 06	305
Entwässerung und Anschluss an die Kanalisation	25. 11. 05	23
— Technische Vorschriften für — anlagen und Kanalisationsanschlüsse	21. 12. 05	26

	Datum	Seite
Excellenz, Verleihung des Prädikats — an den Gouverneur	9. 12. 05	45
Fleischbeschau und Schlachtzwang	24. 7. 06	180
Freibezirk, vgl. Hafen		
Gouverneur, Verleihung des Prädikats Excellenz an den —	9. 12. 05	45
Gracey, vorläufige Genehmigung zur Ausübung der Amtstätigkeit durch den Konsul der Vereinigten Staaten —	9. 10. 06	261
Grundstücke, Verlängerung der Frist für die Neueinschätzung des Landes	27. 11. 06	287
Hafen, Ausübung der Zollkontrolle im Hafen	1. 1. 06	3
Hasen, Schonzeit der —	9. 1. 06	11
Impftermine	10. 1. 06	13
Käschstücke, Einfuhr ausserhalb der Provinz Schantung geprägter Zehn—	20. 12. 06	313
Kanalanschlüsse, Strassen, in denen — herzustellen sind	23. 12. 05	35
Kanalisation, Entwässerung und Anschluss an die —	25. 11. 05	23
— Technische Vorschriften für Entwässerungsanlagen und — anschlüsse	21. 12. 05	26
Kehrzwang für Schornsteine, Abänderung der Verordnung über—	30. 11. 06	295
Kiefernbestände, das Raupen zum Schutze der —	19. 5. 06	133
Konsul, vorläufige Genehmigung zur Ausübung der Amtstätigkeit durch den — der Vereinigten Staaten Gracey	9. 10. 06	261
Konzession der Deutsch-Asiatischen Bank zur Banknotenausgabe	8. 6. 06	219
— Anweisung zur Ausführung der — der Deutsch - Asiatischen Bank zur Banknotenausgabe	8. 6. 06	221
Krankheiten, Anzeigepflicht bei ansteckenden —	24. 7. 06	177
Lagerung von Waffen und Munition	8. 12. 06	305
Land, Verlängerung der Frist für die Neueinschätzung des —	27. 11. 06	287
Leuchtturm, Nebelglocke am — Yu nui san	8. 3. 06	75

	Datum	Seite
Meldepflicht, vgl. Wehrpflicht		
Militärpflicht, vgl. „		
Munition, Einfuhr, Ausfuhr und Lagerung von —	8. 12. 06	305
Nebelglocke am Leuchtturm Yu nui san	8. 3. 06	75
Neueinschätzung des Landes, Verlängerung der Frist für die —	27. 11. 06	287
Neuvermessung von Schiffen	19. 6. 06	155
Öttershagen, Ernennung des — zum Bahnpolizeibeamten	1. 9. 06	233
Opium, Erhöhung des Zolls auf einheimisches —	21. 8. 06	221
Paffrath, Ernennung des — zum Bahnpolizeibeamten	23. 4. 06	113
Postagentur, Eröffnung einer — in Syfang	1. 8. 06	195
Postpakete, zollamtliche Behandlung der — seitens des Postamtes	1. 1. 06	2
— zollamtliche Behandlung der — seitens des Zollamtes	29. 12. 05	1
Raupen, das — zum Schutze der Kiefernbestände	19. 5. 06	133
Rechtsanwalt, Zulassung des Zimmermann als —	16. 2. 06	65
Schiffe, Neuvermessung von —	19. 6. 06	155
Schlachthof, Betriebsordnung für den —	24. 7. 06	183
Schlachtzwang und Fleischbeschau	24. 7. 06	180
Schonzeit der Hasen	9. 1. 06	11
Schornsteinkehrzwang, Abänderung der Verordnung über —	30. 11. 06	295
Seefahrerbekanntmachung, Nebelglocke am Leuchtturm Yu nui san	8. 3. 06	75
Syfang, Eröffnung einer Postagentur in —	1. 8. 06	195
Tai hsi tschen, Verwaltung von —	25. 5. 06	137
Tarif, Abänderung des — des fiskalischen Wasserwerks für Zuleitungen	14. 5. 06	133
Technische Vorschriften für Entwässerungsanlagen und Kanalisationsanschlüsse	21. 12. 05	26
Vereinigte Staaten, vorläufige Genehmigung zur Ausübung der Amtstätigkeit durch den Konsul der — Gracey	9. 10. 06	261
Vermessung von Schiffen	19. 6. 06	155
Vertreter der Zivilgemeinde, Neuwahl der —	24. 2. 06	71
— Namen der —	26. 3. 06	91
Verwaltung von Tai hsi tschen	25. 5. 06	137

	Datum	Seite
Waffen, Einfuhr, Ausfuhr und Lagerung von —	8. 12. 06	305
Wahl des Chinesischen Kommittees	6. 1. 06	11
— von Vertretern der Zivilgemeinde	24. 2. 06	71
Wasserwerk, Abänderung der Bestimmungen über den Bezug von Wasser aus dem fiskalischen —	22. 3. 06	99
— Abänderung der Tarife des fiskalischen — für Zuleitungen	14. 5. 06	133
Wehrpflicht, Ableistung der — und Meldung Militärpflichtiger	31. 1. 06	51
Yu nui san, Nebelglocke am Leuchtturm —	8. 3. 06	75
Zehnkäschstücke, Einfuhr ausserhalb der Provinz Schantung geprägter —	20. 12. 06	313
Zimmermann, Zulassung des — als Rechtsanwalt	16. 2. 06	65
Zivilgemeinde, Wahl von Vertretern der —	24. 2. 06	71
— Namen der Vertreter der —	26. 3. 06	91
Zoll auf einheimisches Opium, Erhöhung des —	21. 8. 06	221
Zollamtliche Bekanntmachung Nr. 66, Zollamtliche Behandlung der Postpakete	29. 12. 05	1
— Nr. 67, Ausübung der Zollkontrolle im Freibezirk	1. 1. 06	3
— Nr. 69, Abfertigung zollfreier Waren	7. 2. 06	52
Zollfreie Waren, Abfertigung —	7. 2. 06	52
Zollkontrolle, Ausübung der — im Freibezirk	1. 1. 06	3
Zuleitungen, Abänderung der Tarife des fiskalischen Wasserwerks für —	14. 5. 06	133
Zwangshaft, Kosten für gemäss der Zivilprozessordnung angeordnete —	17. 5. 06	134

1906年《青岛官报》内含法规和告白的内容索引

报明,传染病症	1906年 7月24日	177
出口,军械弹药	1906年12月 8日	305
铁路警官,任命奥特斯哈根	1906年 9月 1日	233
——任命帕夫拉特	1906年 4月23日	113
银行,德华银行的许可—发行钞票	1906年 6月 8日	219
——执行德华银行许可证的指示—发行钞票	1906年 6月 8日	221
钞票,德华银行许可—发行	1906年 6月 8日	219
——执行德华银行许可证的指示—发行	1906年 6月 8日	221
章程,官宰局	1906年 7月24日	183
华人商务公所,新举	1906年 1月 6日	11
德华银行,许可—发行钞票	1906年 6月 8日	219
——执行许可证的指示—发行钞票	1906年 6月 8日	221
进口,军械弹药	1906年12月 8日	305
排水和下水道连接	1905年11月25日	23
——技术规定——设施和下水道连接	1905年12月21日	26
阁下,授予头衔—向总督	1905年12月 9日	45
查验骨肉和强迫宰杀	1906年 7月24日	180
免税区,参见港口		
总督,授予阁下头衔	1905年12月 9日	45
葛尔锡,临时许可执行美利坚合众国领事事务	1906年10月 9日	261
土地,展缓估地值期限	1906年11月27日	287
港口,在港内进行海关检查	1906年 1月 1日	3
兔子,保育期	1906年 1月 9日	11
种痘时间	1906年 1月10日	13

(续表)

铜元,除山东省鼓铸	1906年12月20日	313
下水道连通,建造	1905年12月23日	35
下水道,排水和连接	1905年11月25日	23
——设施和下水道连接的技术规定	1905年12月21日	26
强制打扫烟筒,章程更订	1906年11月30日	295
松树,毛虫,保护	1906年 5月19日	133
领事,临时许可执行事务,葛尔锡,美利坚合众国	1906年10月 9日	261
许可,德华银行发行钞票	1906年 6月 8日	219
——执行德华银行发行钞票许可的指示	1906年 6月 8日	221
病症,报明,传染	1906年 7月24日	177
存行栈,军械弹药	1906年12月 8日	305
土地,展缓估地值期限	1906年11月27日	287
灯塔,雾钟—游内山	1906年 3月 8日	75
报到义务,参见服役		
军事义务,参见服役		
弹药,进口、出口和存货栈	1906年12月 8日	305
雾钟,游内山灯塔	1906年 3月 8日	75
估地值,展缓期限	1906年11月27日	287
重新测量,船只	1906年 6月19日	155
奥特斯哈根,任命—铁路警官	1906年 9月 1日	233
土药,征收税银	1906年 8月21日	221
普夫拉特,任命—铁路警官	1906年 4月23日	113
邮政代办所,开办—在四方	1906年 8月 1日	195
邮政包裹,海关处理—邮局方面	1906年 1月 1日	2
——海关处理—海关方面	1906年12月29日	1
毛虫—保护松树	1906年 5月19日	133
律师,许可齐默尔曼担任	1906年 2月16日	65
船只,重新测量	1906年 6月19日	155
官宰局,章程	1906年 7月24日	183
强迫宰杀和查验骨肉	1906年 7月24日	180

(续表)

保育期，兔子	1906 年 1 月 9 日	11
强制打扫烟囱，更订章程	1906 年 11 月 30 日	295
海员告白，游内山灯塔的雾钟	1906 年 3 月 8 日	75
四方，开办邮政代办所	1906 年 8 月 1 日	195
台西镇，经理	1906 年 5 月 25 日	137
费率，修订—国库水厂引水	1906 年 5 月 14 日	133
技术规定，排水设施和下水道连接	1905 年 12 月 21 日	26
美利坚合众国，临时许可葛尔锡执行领事事务	1906 年 10 月 9 日	261
测量，船只	1906 年 6 月 19 日	155
民政区代表，重新选举	1906 年 2 月 24 日	71
——姓名	1906 年 3 月 26 日	91
经理，台西镇	1906 年 5 月 25 日	137
军械，进口、出口和存货栈	1906 年 12 月 8 日	305
公举，华人公所新董	1906 年 1 月 6 日	11
——民政区代表	1906 年 2 月 24 日	71
水厂，自来水接通章程	1906 年 3 月 22 日	99
——国库修订费率—引水	1906 年 5 月 14 日	133
兵役，服役—义务服役人员报到	1906 年 1 月 31 日	51
游内山，灯塔雾钟	1906 年 3 月 8 日	75
铜元，进口，除山东省鼓铸	1906 年 12 月 20 日	313
齐默尔曼，许可—担任律师	1906 年 2 月 16 日	65
民政区，选举代表	1906 年 2 月 24 日	71
——代表姓名	1906 年 3 月 26 日	91
关税，本地土药，提高	1906 年 8 月 21 日	221
海关告白，第 66 号，对邮政包裹进行海关处理	1905 年 12 月 29 日	1
——第 67 号，在免税区执行海关检查	1906 年 1 月 1 日	3
——第 69 号，免税商品处理	1906 年 2 月 7 日	52
免税商品，处理	1906 年 2 月 7 日	52
海关检查，执行—在免税区	1906 年 1 月 1 日	3
引水，国库水厂费率修订	1906 年 5 月 14 日	133
强制性，根据《民事诉讼法》实施的费用	1906 年 5 月 17 日	134

(续表)

Chronologisches Inhaltsverzeichnis

der im Amtsblatt für das deutsche Kiautschougebiet vom Jahre 1906 enthaltenen Verordnungen und Bekanntmachungen.

Datum		Seite
25. 11. 05.	Verordnung, betreffend Entwässerung und Anschluss an die Kanalisation	23
9. 12. 05.	Allerhöchste Ordre, betreffend Verleihung des Prädikates „Excellenz" an den Gouverneur	45
21. 12. 05.	Technische Vorschriften für Entwässerungsanlagen und Kanalisationsanschlüsse	26
23. 12. 05.	Bekanntmachung, betreffend Verzeichnis der Strassen, in denen Kanalanschlüsse herzustellen sind	35
29. 12. 05.	Zollamtliche Bekanntmachung Nr. 66, betreffend zollamtliche Behandlung der Postpakete	1
1. 1. 06.	Bekanntmachung des Postamtes, betreffend zollamtliche Behandlung der Postpakete	2
1. 1. 06.	Zollamtliche Bekanntmachung Nr. 67, betreffend Ausübung der Zollkontrolle im Freibezirk	3
6. 1. 06.	Bekanntmachung, betreffend Ersatzwahlen des chinesischen Kommittees	11
9. 1. 06.	Bekanntmachung, betreffend Schonzeit der Hasen	11
10. 1. 06.	Bekanntmachung, betreffend Impftermine	13
31. 1. 06.	Bekanntmachung, betreffend Ableistung der Militärpflicht bei der Besatzung des Kiautschougebietes und Meldung Militärpflichtiger	51
7. 2. 06.	Zollamtliche Bekanntmachung Nr. 69, betreffend Abfertigung zollfreier Waren	52
16. 2. 06.	Bekanntmachung, betreffend Zulassung des Gerichtsassessors Zimmermann als Rechtsanwalt	65
24. 2. 06.	Bekanntmachung, betreffend Neuwahl der Vertreter der Zivilgemeinde	71
8. 3. 06.	Bekanntmachung für Seefahrer, betreffend Nebelglocke am Leuchtturm Yu nui san	75
22. 3. 06.	Bekanntmachung, betreffend Abänderung der Bestimmungen über den Bezug von Wasser aus dem fiskalischen Wasserwerk	99
26. 3. 06.	Bekanntmachung, betreffend Bekanntgabe der Namen der Vertreter der Zivilgemeinde	91
23. 4. 06.	Bekanntmachung, betreffend Ernennung des Betriebskontrolleurs Paffrath zum Bahnpolizeibeamten	113
14. 5. 06.	Bekanntmachung, betreffend Abänderung der Tarife des fiskalischen Wasserwerks für Zuleitungen	133

— II —

Datum		Seite
17. 5. 06.	Bekanntmachung, betreffend Kosten für gemäss der Zivilprozessordnung angeordnete Zwangshaft	134
19. 5. 06.	Bekanntmachung, betreffend das Raupen zum Schutze der Kiefernbestände	133
25. 5. 06.	Bekanntmachung, betreffend die Verwaltung von Tai hsi tschen	137
8. 6. 06.	Konzession der Deutsch-Asiatischen Bank zur Banknotenausgabe im Deutschen Kiautschougebiete und in China	219
8. 6. 06.	Anweisung zur Ausführung der Konzession der Deutsch-Asiatischen Bank zur Banknotenausgabe	221
19. 6. 06.	Bekanntmachung, betreffend Neuvermessung von Schiffen	155
24. 7. 06.	Verordnung, betreffend Anzeigepflicht bei ansteckenden Krankheiten	177
24. 7. 06.	Verordnung, betreffend Schlachtzwang und Fleischbeschau	180
24. 7. 06.	Betriebsordnung für den Schlachthof in Tsingtau	183
1. 8. 06.	Bekanntmachung des Postamtes, betreffend Eröffnung einer Postagentur in Syfang	195
21. 8. 06.	Bekanntmachung, betreffend Erhöhung des Zolls auf einheimisches Opium	221
1. 9. 06.	Bekanntmachung, betreffend Ernennung des Stationsvorstehers Öttershagen zum Bahnpolizeibeamten	233
9. 10. 06.	Bekanntmachung, betreffend vorläufige Genehmigung zur Ausübung der Amtstätigkeit durch den Konsul der Vereinigten Staaten Gracey	261
27. 11. 06.	Bekanntmachung, betreffend Verlängerung der Frist für die Neueinschätzung des Landes	287
30. 11. 06.	Verordnung, betreffend Abänderung der Verordnung über Schornsteinkehrzwang	295
8. 12. 06.	Bekanntmachung, betreffend Einfuhr, Ausfuhr und Lagerung von Waffen und Munition	305
20. 12. 06.	Bekanntmachung, betreffend die Einfuhr ausserhalb der Provinz Schantung geprägter Zehnkäschstücke	313

1906年《青岛官报》刊登的法规和告白目录，按照时间排序

日期		页码
1905年11月25日	更订《青抱(鲍)岛各地主分别接通雨水脏水干筒章程》	23
1905年12月 9日	关于授予胶澳总督"阁下"头衔的最高命令	45
1905年12月21日	关于《排水设施和下水道连接的技术规定》	26
1905年12月23日	可以按照规定建造地块排水设施的街道列表的告白	35
1905年12月29日	关于《邮政包裹海关处理办法》的第66号海关告白	1
1906年 1月 1日	邮政局关于《邮政包裹海关处理办法》的告白	2
1906年 1月 1日	关于在免税区执行海关处理的第67号海关告白	3
1906年 1月 6日	关于华董局公举的告白	11
1906年 1月 9日	关于兔子保育期的告白	11
1906年 1月10日	晓谕华民种痘事	13
1906年 1月31日	关于在胶澳地区占领军中服兵役以及义务兵役人员报到的告白	51
1906年 2月 7日	关于免税商品处理的第69号海关告白	52
1906年 2月16日	关于许可法庭陪审员曼弗雷德·齐默尔曼担任律师的告白	65
1906年 2月24日	关于新选举民政区代表的告白	71
1906年 3月 8日	关于游内山灯塔雾钟的海员告白	75
1906年 3月22日	晓谕更订《自来水接通章程》事	99
1906年 3月26日	关于公布民政区代表姓名的告白	91
1906年 4月23日	任命企业检查官帕夫拉特担任铁路警官的告白	113
1906年 5月14日	关于从国库水厂饮水费率修订的告白	133
1906年 5月17日	关于《民事诉讼法》中规定的强制执行费用的告白	134

(续表)

日期		页码
1906年 5月19日	晓谕捉拿戕杀松毛虫事	133
1906年 5月25日	晓谕派人经理台西镇事宜	137
1906年 6月 8日	德华银行在德属胶澳地区和中国发行钞票的许可	219
1906年 6月 8日	执行德华银行发行钞票许可的指示	221
1906年 6月19日	执行德华银行发行钞票许可的指示	155
1906年 7月24日	更订《应行报明传染病症章程》事	177
1906年 7月24日	厘定《宰杀牲畜以及改订查验骨肉章程》事	180
1906年 7月24日	晓谕《青岛官宰局章程》事	183
1906年 8月 1日	邮政局关于开办四方邮政代办所的告白	195
1906年 8月21日	晓谕土药进口征收税银事	221
1906年 9月 1日	关于任命火车站站长奥特斯哈根担任铁路警官的告白	233
1906年10月 9日	关于临时许可美利坚合众国领事葛尔锡履职的告白	261
1906年11月27日	再行晓谕重估地值展期事	287
1906年11月30日	更订《打扫烟筒费项章程》事	295
1906年12月 8日	晓谕另订《军械弹药进出口及存栈新章》	305
1906年12月20日	晓谕更订《他省铜元运进德境章程》事	313

附录

1906年青岛大事记[①]

1月1日，胶海关根据《会订青岛设关征税修改办法》和《德境以内征税办法章程》，开始在青岛港实施无税区（即保税）制度。

1月6日，管理中华事宜辅政司发布告示，公布了中华商务公局公举董事名单：浙江人傅介堂、浙江人周季芳、山东人朱子兴、山东人徐锡三。

1月16日，《青岛官报》第七年第三号上发布《青抱（鲍）岛各地主分别接通雨水脏水干筒章程》和《排水设施和下水道连接的技术规定》，前者自1905年11月25日起正式实施，后者自1905年12月21日起正式实施。

1月起，《青岛官报》开始按月公布督署官宰局屠宰和兽医检验的牲畜数量。

5月9日，德华印刷厂（即福昌书局）在胶澳皇家审判厅进行了商业登记。

5月17日，德国联盟参议院做出决议，根据《公民法典》第23条，授予青岛的"青岛商会"法定资格。

6月8日，德国总理发布《在德属胶澳地区和中国发行钞票许可》，授予德华银行通过其在德属胶澳地区和中国内的分行发行钞票的为期15年的许可。

6月27日，德律风根公司在青岛设立的德律风根青岛东亚无线电报有限责任公司在胶澳皇家审判厅进行了商业登记。该公司是为了回应无线电技术在英国取得的重大发展，由德皇威廉二世于1903年发起，德意志帝国通用电力公司和西门子公司联合成立的。

6月，青岛的日耳曼尼亚啤酒厂（Germania－Brauerei in Tsingtau）生产的啤酒在慕尼黑举办的德国啤酒厂博览会（Deutsche Brauerei－Ausstellung）上荣获金奖。该厂在1906年9月6日的德文《青岛新报》刊登的广告中，第一次使用了该奖项名称。

7月24日，胶澳督署发布《应行报明传染病症章程》，对10种传染病实行市民报告制度。

7月24日，胶澳督署发布《宰杀畜牲以及改订查验骨肉章程》和《青岛官宰局章程》，规定了青岛内界各处宰杀畜牲均应牵入官宰局，并经特派之专门医官查验有无病症以及牵拉牲畜入局时刻和屠宰办法、宰剖畜肉储存措施、进入官宰局的人员和车辆管理办法、

[①] 本大事记主要依据本年《青岛官报》的编译成果编纂，并参考了《青岛通鉴》《青岛市志·大事记》《青岛世纪图志》《青岛开埠十七年——〈胶澳发展备忘录〉全译》《美国驻中国青岛领事馆政治报告选译》《青岛市市南区志》《青岛新报》等资料。

收费标准等。

8月1日，皇家德意志邮政局正式启用在四方的邮政代办所。

9月4日，都沛禄继任皇家总督。

9月29—30日，在李村举办了农产品展览会，展出农业、畜牧业、工商业、狩猎及渔业产品。

9月，侵占青岛的德军第三海军营的两个连队各自组织了一支足球队，进行了一场正式的足球比赛，德文《青岛新报》做了报道，称该次比赛为青岛的第一场足球比赛。这标志着现代足球运动正式引入青岛。

10月9日，美利坚合众国领事威尔伯·T.葛尔锡被批准在胶澳保护地开始其领事工作。10月10日，领事馆正式开设，馆址位于今河南路8号，是外国在青岛最早设立的外交机构。

12月8日，胶澳督署发布《军械弹药进出口及存栈新章》，规定了军械弹药进出口和送入关栈存储的具体要求。

12月20日，为规范青岛货币流通办法，胶澳督署发布《他省铜元运进德境章程》，规定了他省铜元由水路运进德境各口办法。

同年，《德华日报》创刊，是胶澳督署在青岛创办的一份中文日报，也是青岛历史上外国人办的第一份中文报纸。1914年日德青岛战争爆发后停刊。

同年，李村河水源地开辟，以满足市区自来水供应。

同年，青岛港贸易额上升至863 430海关两，超过了比它开埠早35年的烟台港。

同年，怡和洋行青岛分行设立，行址位于今北京路、河南路路口，业务以航运为主，每月有船来往于港青之间，间或也有远洋轮船至青岛装卸进出口货物。

同年，德国胶澳督署在《胶澳发展备忘录》中提出一项"华人学校计划"，计划内容包括学校结构、组织、招生、教学计划、科系设置、实验以及师资来源等。

同年，广东会馆建立，由大成栈经理古成章等发起创办，馆址在今芝罘路、四方路路口。